Ewige Weisheit

Vollständige Ausgabe

Ewige Weisheit

Vollständige Ausgabe

Gespräche mit
Sri Mata Amritanandamayi

Zusammengestellt von
Swami Jñānamritananda Puri

Mata Amritanandamayi Center, San Ramon
Kālīfornien, Vereinigte Staaten

Ewige Weisheit – vollständige Ausgabe
Zusammengestellt von Swami Jñānamritananda

Publiziert von:
Mata Amritanandamayi Center, P.O. Box 613
San Ramon, CA 94583, Vereinigte Staaten

International: www.amma.org

In Deutschland: www.amma.de

In der Schweiz: www.amma-schweiz.ch

In Indien: www.amritapuri.org
inform@amritapuri.org

Im vorliegenden Buch möchten wir so nahe wie möglich an den ursprünglichen spirituellen Lehren bleiben. Dafür wird, sofern möglich, eine sprachlich etablierte geschlechtsneutrale Formulierung genutzt. Wo dies nicht der Fall ist, wird zur besseren Verständlichkeit das generische Maskulinum verwendet. Auch in diesem Fall sind jedoch Personen mit allen Geschlechtsidentitäten immer ausdrücklich mitgemeint und angesprochen.

Mutter,

Lass jede meiner Handlungen
eine Verehrung von dir,
in völliger Hingabe sein.

Lass jeden Ton, der über meine Lippen kommt,
ein Gesang deines Mantras sein.

Lass jede Bewegung meiner Hände
ein Mudrā der Verehrung sein.

Lass jeden meiner Schritte
eine verehrende Umrundung von dir sein.

Lass mein Essen und Trinken
Gaben für dein heiliges Feuer sein.

Lass mein Ausruhen
eine Verneigung zu deinen Füßen sein.

Amma, lass alle meine Handlungen,
und jeder Trost, den ich spende,
eine Verehrung von dir sein.

Inhalt

Inhalt 6

Vorwort 13

Kapitel 1 21
Montag, 3. Juni 1985 21
Die Mutter, die niemals ausruht 21
Ratschläge für Familien 23
Spirituelle Lebensführung zwecks Läuterung des eigenen Verhaltens 25
Montag, 10. Juni 1985 28
Gurus Anweisungen 28
Dienstag, 11. Juni 1985 30
Mittwoch, 12. Juni 1985 35
Die Bedeutung der richtigen Einstellung 38
Für spirituell Suchende 39
Reichtum und seine Gefahren 41
Mittwoch, der 19. Juni 1985 44
Samstag, 22. Juni 1985 54
Leid des weltlichen Lebens 55
Einzelheiten zum Sādhanā 56
Rat für Haushälter 61

Kapitel 2 91
Mittwoch, der 26. Juni 1985 91
Das Wesen des Gurus 93
Sādhanā ist unerlässlich 94
Hingabe und ihre Bedeutung 96
Ammas Anweisungen 99
Mānasa Pūjā 103

Freitag, 5. Juli 1985 104
Prinzipien des spirituellen Lebens 106
Montag, 8. Juli 1985 112
Glück und Leid des weltlichen Lebens 113
Samstag, 20. Juli 1985 116
Ammas Kuh-Sēvā 119
Haushälter-Ratschläge 120
Dienstag, 6. August 1985 126
Ammas göttliche Bhakti-Stimmung 128
Die Vergangenheit, ein annullierter Scheck 130
Die Ursache von Leid und das Heilmittel 132

Kapitel 3 137
Mittwoch, der 7. August 1985 137
Meditation 137
Sie, die alle Gefahren beseitigt 138
Ist die Zukunft vorherbestimmt? 140
Samstag, der 10. August 1985 144
Die spirituelle Reise 145
Montag, 12. August 1985 151
Samstag, der 24. August 1985 154
Klärung der Zweifel der Brahmachārīs 155
Erfahrungen, die Staunen hervorrufen 159
Donnerstag, der 5. September 1985 162
Erläuterungen zum Missionswerk 164
Uṇṇiyappam 168
Freitag, 6. September 1985 170
Brahmachārya und Anverwandte 171
Am Strand 174
Anweisungen für Brahmachārīs 176
Erinnerungen an Ammas Kindheit 183

Kapitel 4 **187**
Freitag, der 20. September 1985 187
Momente mit den Brahmachārīs 193
Ihre Kinder füttern 195
Amma mit Ottur 198
Sēvā und Sādhanā 199
Nicht-Dualität im täglichen Leben 202
Dienstag, der 24. September 1985 204
Amma segnet eine Kuh 206
Verehrung der Gottheiten und des Gurus 207
Sonntag, der 13. Oktober 1985 210
Samstag, der 19. Oktober 1985 212
Richtiges Verhalten bei Lob und Tadel 215
Sonntag, der 20. Oktober 1985 218
Die Mutter, die unsichtbar Segen gewährt 221
Der innere Schatz 222
Mittwoch, der 23. Oktober 1985 225
Denen die in Not sind geben 229
Keine Armut für den wahren *Devotee* 231
Setze deinen Glauben in Tat um 233
Glaube an Gott und Glaube an sich selbst 236

Kapitel 5 **239**
Freitag, der 25. Oktober 1985 239
Dienstag, 29. Oktober 1985 243
Mutter trinkt vergiftete Milch 243
Amma's wirkliche Form 246
Hingabe an Gott 248
Keine Zeit für Sādhanā 250
Samstag, der 2. November 1985 253
Lasst das Dharma in jungen Jahren beginnen 255
Sonntag, der 3. November 1985 260
Anweisungen für Brahmachārīs 261
Fit für die Verwirklichung 264

Amma's wahre Natur 267
Sēvā-Regeln 268
Montag, der 4. November 1985 270
Vēdānta - das Wahre und das Falsche 271
Ammas bhakti Bhāva 274
Freitag, der 8. November 1985 276
Mutter erzählt alte Geschichten 279
Amma lauscht den *Bhāgavatam*-Worten 284
Tyāga 286
Japa Ratschläge 288

Kapitel 6 **291**
Freitag, den 15. November 1985 291
Das Karma Geheimnis 292
Gurus Mantra-Einweihung 297
Sādhanā in Zurückgezogenheit 300
Samstag, den 16. November 1985 305
Brahmachārya 306
Dienstag, den 7. Januar 1986 313
Verehrung einer Form 314
Amma und ein Gelehrter 316
Abhyasa Yōga – Yōga der Übung 319
Liebe ist wesentlich 322
Mittwoch, den 15. Januar 1986 325
Sorgen der Mitfühlenden 329
Freitag, den 17. Januar 1986 331
Mittwoch, den 22. Januar 1986 336
Der Sādhak und der Wissenschaftler 338
Fragen zu Sādhanā 339
Hingabe an den Guru 344

Kapitel 7 **349**
Freitag, den 7. Februar 1986 349
Zweifel beseitigen 349

Die Verkörperung der Schriften 354
Sonntag, den 16. Februar 1986 357
Dienstag, den 25. Februar 1986 361
Kinder Aufziehen 363
Wo sollte man nach Glück suchen? 364
Der Nutzen von Yajñas 365
Besucher stellen weitere Fragen 368
Mittwoch, den 26. Februar 1986 373
Sannyāsa ist nur für die Mutigen 374
Freitag, den 28. Februar, 1986 379
Zeichen zur Erinnerung 380
Verehrung im Tempel 382
Montag, den 10. März 1986 385

Kapitel 8 **389**
Mittwoch, den 12. März 1986 389
Ausgerichtete Konzentration 392
Der Egoismus weltlicher Beziehungen 394
Rollenspiel für die Gesellschaft 397
Das Geheimnis von Karmayōga 398
Wende dich jetzt sofort Gott zu 400
Mittwoch, den 16. April, 1986 404
Satsang unterwegs 407
Samstag, den 19. April 1986 411
Samstag, den 10. Mai 1986 414
Sonntag, den 18. Mai 1986 417
Mitgefühl mit den Armen 418
Betteln für Ihre Kinder 420
Donnerstag, den 25.Mai 1986 423
Anna Prasanna 423
Freitag, den 30. Mai 1986 425
Ammas Behandlung 425
Samstag, den 31. Mai 1986 427
Dieselbe Wahrheit mit verschiedenen Namen 429

Jede Handlung als Verehrung Gottes 431

Kapitel 9 **435**

Montag, den 9. Juni 1986 435

Sādhanā für sich selbst auszuüben ist unzureichend 438

Mittwoch, den 11. Juni 1986 440

Freitag, den 13. Juni 1986 442

Eine Lektion in Śhraddhā 444

Brahmachārīs und Familienbande 448

Sonntag, den 15. Juni 1986 453

Devotee prüft Dēvī 456

Anweisungen für die Schüler 458

Mittwoch, den 18. Juni 1986 460

Mittwoch, den 25. Juni 1986 462

Erwartung, die Prüfung ohne lernen zu bestehen 466

Spiritualität und Weltlichkeit 467

Samstag, den 28. Juni 1986 471

Bhāva Darśhan 474

Kapitel 10 **479**

Dienstag, den 1. Juli 1986 479

Das Eigene Heim ein Āśhram 483

Entsprechend seinem Saṁskāra 485

Umgang mit Frauen 486

Donnerstag, den 10. Juli 1986 489

Meditieren mit Konzentration 490

Verehrung einer göttlichen Form 493

Donnerstag, den 7. August 1986 496

Wichtigkeit der Āśhram-Regeln 501

Fehler Beseitigen 503

Zwischen richtig und falsch unterscheiden 507

Mittwoch, den 20. August 1986 512

Samstag, den 23. August 1986 513

Handlungen ausführen 515

Geduld 517

Kapitel 11 **525**
Montag, den 25. August 1986 525
Darśhan am Straßenrand 531
Dienstag, den 2. September 1986 532
Meditation an den „Backwaters" 534
Sonntag, den 14. September 1986 537
Amma tröstet einen blinden Jugendlichen 540
Montag, den 15. September 1986 543
Brahmachārīs und Familienbesuche 547
Gott ist im Tempel 549
Bedeutungslosigkeit der Kastenunterschiede 551
Mittwoch, den 17. September 1986 554
Satsang ist wichtig, Sādhanā unerlässlich 555

Glossar **559**

Vorwort

Mahātmās, die fähig sind, das ganze Universum im Ātmā und im Universum zu sehen, sind in der Tat selten. Erkennen wir sie als Mahātmās, wollen sie vielleicht nicht mit uns sprechen oder uns beraten, da ihr Bewusstsein eingetaucht ist in die ewige Stille des Selbst. Deshalb ist es für uns ein großes Glück, wenn ein verwirklichter Mahātmā bereit ist, mit der sanften Liebe einer Mutter und dem unfassbaren Mitgefühl eines Gurus uns zu leiten und Disziplin zu lehren. Auf der ganzen Welt verändern der Darśhan (Begegnung, lebendige Präsenz) von Sri Mata Amritanandamayi Devi und ihre weisen Worte das Leben von Hunderttausenden. Das vorliegende Buch, so unvollständig es auch sein mag, ist eine kostbare Sammlung von Gesprächen zwischen Amma und ihren Schülern, Devotees und fragenden Besuchern in der Zeit von Juni 1985 bis September 1986.

Die Weisheit der Mahātmās, die unter uns sind, um die Welt zu erheben, hat unmittelbare und auch zeitlose Bedeutung. Auch wenn sie ewige Werte verkünden, sind ihre Worte doch auf die heutige Zeit abgestimmt, in der sie leben und antworten entsprechend dem Puls der Zuhörer.

Amma spricht ihre unsterblichen Worte, die die Gesellschaft verändern, in einer Zeit, in der der Mensch seine traditionellen Werte, edlen Ansichten und inneren Frieden verloren hat. Die unnötige Verstrickung in sinnliche Vergnügungen, das Streben nach Macht und Prestige ohne Wissen über das Selbst, lässt den Menschen die Harmonie in seinem Leben verlieren. Mangelnder Glaube, Angst und Wettbewerb haben persönliche Bindungen und familiäre Beziehungen zerstört. Die Liebe ist nur noch eine Fata Morgana in einer Kultur des übermäßigen Konsums geworden.

Die selbstlose Liebe zu Gott weicht einer Form der Hingabe, die von persönlichen Wünschen geleitet wird. Menschen messen dem Intellekt, der nach dem unmittelbaren Gewinn strebt, übermäßige Bedeutung bei, während der von wirklicher Weisheit sprechende, dauerhafte Glanz verworfen wird. In der heutigen Gesellschaft leuchten keine hohen spirituellen Prinzipien und noblen Erfahrungen, es gibt nur noch leere Worte. In einer solchen Situation spricht Amma zu uns in einer Sprache der reinen Hingabe, der Sprache des Herzens, der Weisheit und der Liebe, die ihr ganzes Leben ausmachen. Ihre strahlenden Worte haben eine unmittelbare, aber auch zeitlose Bedeutung.

Die Weisheit der Mutter, die unzählige persönliche Probleme von Hunderttausenden gehört hat, zeigt ihre tiefe Einsicht in das menschliche Wesen. Sie erkennt die Bedürfnisse der Menschen und begibt sich auf die Ebene jedes einzelnen; des Rationalisten, des Gläubigen, des Wissenschaftlers, des einfachen Mannes, der Hausfrau, des Geschäftsmannes, des Gelehrten und des Analphabeten. Ob Mann, Frau oder Kind, sie gibt jedem die passende Antwort, die seinen jeweiligen Bedürfnissen entspricht.

Amma verweist auf ihr eigenes Leben und sagt: „Da ich alles als die Wahrheit oder Brahman sehe, verbeuge ich mich vor dieser Wahrheit, vor meinem Selbst. Ich diene jedem, denn ich sehe jeden als das wahre Selbst." Zwar sieht Amma die Philosophie des Advaita (Nicht-Dualität) als die höchste Wahrheit an; doch ist der Weg, den sie meistens vorschlägt, eine harmonische

Mischung aus Mantra-Japa, Meditation auf die göttliche Form, hingebungsvollem Singen, Archana, Satsang und selbstlosem Dienst für die Welt.

Ihre Empfehlungen sind nicht nur theoretisch, sondern sehr praktisch und im täglichen Leben verwurzelt. Durch ihre Anweisungen erläutert sie die Wichtigkeit von spiritueller Erziehung und Sādhanā und unterstreicht dessen Notwendigkeit für jeden Einzelnen und als auch für die Gesellschaft. Sie erhellt die Rolle des selbstlosen Dienstes bei der Suche nach dem wahren Selbst und die Bedeutung des aufrichtigen Gebets voller Hingabe und reiner Liebe. Sie bespricht auch Themen, wie Verhaltenskodex in Familien, Probleme des täglichen Lebens und das Dharma der Beziehung zwischen Mann und Frau, praktische Richtlinien für spirituell Suchende und gibt manchmal Rätsel philosophischer Natur auf.

Wir hören, wie sie ihre Kinder ermahnt, in ihrem Leben spirituellen Werten zu folgen, auf Luxus zu verzichten, schlechte Gewohnheiten abzulegen und denen zu dienen, die leiden: „Kinder, die Verwirklichung Gottes ist das wahre Ziel des Lebens.“ Spiritualität ist kein blinder Glaube, sondern der Weg, der die Dunkelheit verdrängt. Es ist das Prinzip, das uns lehrt, allen widrigen Umständen oder Hindernissen mit einem Lächeln zu begegnen. Spiritualität ist eine Lehre für den Mind[1]. Mutter weist darauf hin, dass wir alles andere nur dann wirkungsvoll nutzen können, wenn wir dieses Wissen verinnerlichen.

---

[1] Mind ist der Fluss, all unserer Gedanken, Gefühle, Konzepte, innewohnenden Neigungen und Überzeugungen und Angewohnheiten, der mit dem Pendel einer Uhr verglichen werden kann. Wie das Pendel einer Uhr schwingt der Mind ununterbrochen von Glück zu Leid und wieder zurück.

Ammas unendliche Weisheit tröstet diejenigen, die nach Lösungen ihrer Probleme suchen, antwortet denen, die sich für Spiritualität interessieren und gibt ihren Schüler gelegentlich Anweisungen.

Jede Antwort entspricht der Wesensart und den Lebensumständen des Fragenden. Selbst wenn der Fragende nicht dazu in der Lage ist, seine Ideen vollständig darzustellen, gibt Amma die passende Antwort; sie kennt die Sprache des Herzens. Es ist nicht ungewöhnlich, dass Amma schon antwortet, bevor die Frage oder der Zweifel überhaupt geäußert wurde.

Amma beantwortet eine Frage oft so, dass ihre Worte auch einen Rat für einen stillen Zuhörer enthalten. Nur jener wird verstehen, dass die Antwort für ihn war. Wer sich mit Ammas Lehren befasst, sollte sich dieser speziellen Qualität bewusst sein.

Die Worte eines Mahātmās haben verschiedene Bedeutungsebenen. Wir sollten die Bedeutung aufnehmen, die für uns am meisten zutrifft. Eine bekannte Geschichte in den Upaniṣhaden erzählt, als Brahmā(der Schöpfer des Universums) das Wort „Da“ aussprach. Dies deuteten die Dämonen als Ratschlag, Mitgefühl (Dayā) zu entwickeln, die Menschen als Aufforderung, zu geben (Dāna), und die himmlischen Wesen als Anordnung, Zurückhaltung zu üben (Dama).

Es ist eine kostbare Erfahrung Amma zuzuhören und sie zu beobachten, wenn sie mit lebhafter Mimik und vollendeter Gestik spricht. Ihre Sprache ist einfach und gleichzeitig mit äußerst passenden Geschichten und Vergleichen aus dem Leben. Die Liebe, die aus Ammas Augen leuchtet und ihr strahlendes, mitfühlendes Gesicht bleibt dem Zuhörer als Meditationsbild. gegenwärtig

An spiritueller Literatur herrscht heute kein Mangel, doch es ist eine traurige Tatsache, dass die höchsten Ideale nur in den Worten der Menschen, aber nicht in ihrem Leben zu finden sind. Amma hingegen spricht von dem, was sie täglich lebt. Sie gibt niemals einen Rat, den sie nicht selbst in ihrem eigenen Leben vorlebt. Sie erinnert uns immer wieder daran, dass spirituelle Prinzipien und Mantren nicht bloß auf unseren Lippen bleiben, sondern wir sie in unser Leben umsetzen müssen. Das Geheimnis dieser tiefen spirituellen Prinzipien, die beständig aus Amma strömen, die weder Schriften studiert, noch Anleitung von einem Guru erhalten hat, ist nichts anderes als ihre direkte Erfahrung des Selbst.

Das Leben der Mahātmās ist die Grundlage der heiligen Schriften. Amma spricht Worte wie: „Die ganze Welt gehört dem, der die Wahrheit erkannt hat." „Freundlichkeit gegenüber den Armen ist unsere Pflicht gegenüber Gott." „Wenn du Zuflucht in Gott suchst, wird Er dir bringen, was du brauchst und wenn du es brauchst." Solche Worte spiegeln ihr eigenes Leben wider. In jeder ihrer Handlungen schwingen Mitgefühl für die ganze Welt und Liebe zu Gott mit. Diese Einheit von Gedanken, Wort und Tat in Ammas Leben ist der tatsächliche Grund für ihre Aussage, dass es nicht notwendig sei, irgendwelche anderen Schriften zu studieren, wenn man ihr Leben genau betrachtet und analysiert. Amma erstrahlt inmitten der Gesellschaft als eine lebendige Verkörperung von Vēdānta.

Die Mahātmās, die die Welt durch ihre Anwesenheit heiligen, sind selbst Tirtas, d.h. bewegliche, heilige Orte. Regelmäßige Pilgerreisen und Verehrung in Tempeln reinigen unseren Mind erst nach vielen Jahren, doch ein einziger Darśhan, eine Berührung oder ein Wort eines Mahātmās heiligt uns und legt in uns den Samen zu einem erhabeneren Saṁskāra.

Die Worte der Mahātmās sind nicht nur bloße Laute. Mahātmās verströmen durch ihre Worte Gnade. Ihre Worte wecken das Bewusstsein sogar in einem Menschen, der zuhört, ohne ihre Bedeutung zu verstehen. Wenn diese Worte in der Form eines Buches erscheinen, wird ihr Studium zum höchsten Satsang und zur wertvollsten Meditation. Mahātmās wie Amma, welche die Wirklichkeit erfahren haben, transzendieren Zeit und Raum. Ammas Worte zu hören oder zu lesen ermöglicht es uns, eine unsichtbare innere Verbindung mit ihr aufzubauen, aufrechtzuerhalten und bereit zu werden, ihren Segen zu empfangen. Das ist die wahre Bedeutung des Studiums solcher Bücher.

Demütig bieten wir die vorliegende Sammlung von Ammas unsterblichen Worten dem Leser mit dem Gebet an, er möge inspiriert werden, den hohen spirituellen Idealen nachzueifern, die stets durch Ammas Leben leuchten und auf dem Weg der höchsten Wahrheit weiterzugehen.

– Die Herausgeber

Kapitel 1

Montag, 3. Juni 1985

Das erste Licht der Morgendämmerung schimmerte durch den Kokoshain. Aus Ammas Zimmer waren die lieblichen Klänge einer Tambura zu hören. Ein Devotee hatte Amma die Tambura kürzlich geschenkt. Morgens spielte sie sie jeweils für längere Zeit. Bevor Amma das Instrument hochhob, berührte sie es ehrfurchtsvoll und verbeugte sich davor. Sie verbeugte sich erneut, wenn sie es wieder ablegte.

Für Amma ist alles eine Form Gottes. Sie hat schon oft gesagt, dass wir jedes Musikinstrument als eine Form von Dēvī Saraswatī ansehen sollten. Beim Bhajan-Singen fällt es schwer genau festzustellen, wann Amma die Zimbeln niederlegt, mit denen sie gespielt hat, weil dies mit so viel Achtung und Aufmerksamkeit geschieht.

Die Mutter, die niemals ausruht

Amma kam morgens kurz nach neun zur Darśhan-Hütte. Verschiedene Devotees warteten bereits auf sie, und Amma fragte: „Kinder, seid ihr schon lange hier?“ Einer der Devotees: „Erst seit Kurzem. Wir hatten heute das Glück zu hören, wie Amma die Tambura spielte.“

Amma: „Beim Spielen hat Amma die Zeit völlig vergessen. Sie hatte nach dem Bhāva-Darśhan letzte Nacht keine Zeit zum Schlafen, da viele Briefe zu lesen waren. Als sie alle gelesen hatte, war es bereits Morgen. Eine Brahmachāriṇī hatte Amma wiederholt gedrängt schlafen zu gehen, doch Amma erwiderte immer ‚nur noch einen'. Immer, wenn sie dann den nächsten Brief sah, konnte Amma nicht widerstehen ihn zu öffnen und zu lesen. Amma fühlte den Schmerz dieser Kinder und er durchbohrte ihr eigenes Herz. Viele der Kinder erwarten nicht einmal eine Antwort. Alles, was sie möchten, ist, dass Amma von ihrem Kummer erfährt. Wie kann Amma solche Gebete ignorieren? Amma vergisst völlig die eigenen Probleme, wenn ihr die Leiden ihrer Kinder in den Sinn kommen.

Amma ging an diesem Morgen dann gar nicht mehr schlafen. Nach ihrem Bad wollte sie alleine sein und begann deshalb die Tambura zu spielen. Ihr Klang lässt Amma alles vergessen. Wenn sie spielt, bleibt die Zeit stehen. Als die Uhr neun schlug, erinnerte sich Amma wieder an ihre Kinder. Deshalb kam sie sofort hierher."

Dieser Tagesablauf war nicht ungewöhnlich. Die meisten Tage verlaufen so ähnlich. Amma hat oft keine Zeit zu schlafen oder zu essen. Beim Bhāva Darśhan wird es immer sehr spät, bis sie in ihr Zimmer zurückkehrt und dann noch anfängt Briefe zu lesen. Täglich kommen viele Briefe an und die meisten von ihnen erzählen herzzerreißende Geschichten. Amma liest sie alle, bevor sie sich hinlegt. An manchen Tagen hat sie Gelegenheit, Briefe schon mittags zu lesen. Wann kann sie da noch die Zeit zum Ausruhen finden, wenn sie den Problemen ihrer Kinder, die in die Hunderttausende gehen, so viel Aufmerksamkeit widmet? Nur selten kann Amma mehr als zwei Stunden schlafen. Manchmal schläft sie überhaupt nicht. Doch sobald sie sich daran erinnert, dass ihre Devotees auf sie warten, vergisst sie alles und kommt herunter. Dann ist sofort jede Müdigkeit aus ihrem Gesicht verschwunden.

Ratschläge für Familien

Eine junge Frau mit schmutzigen Kleidern und unordentlichem Haar näherte sich Amma mit ihrem Kind auf dem Arm und verbeugte sich vor ihr. Das Gesicht war vom Leid gezeichnet. Amma: „Gehst du heute, Tochter?“ Die Frau: „Ja, Amma, ich war jetzt drei Tage von Zuhause weg.“

Sie legte ihren Kopf auf Ammas Brust und begann zu schluchzen. Amma hob ihren Kopf hoch, wischte ihre Tränen weg und sagte: „Mach dir keine Sorgen, Tochter, alles wird gut.“

Die Frau verbeugte sich erneut vor Amma und ging hinaus.

Ein Devotee: „Ich kenne diese junge Frau, sie hat sich so sehr verändert.“

Amma: „Ihr Mann hatte eine gute Arbeit, aber er kam in schlechte Gesellschaft und begann zu trinken. Bald hatte er kein Geld mehr und bat seine Frau um ihren Schmuck, um den Alkohol zu bezahlen. Als sie zögerte, begann er sie zu schlagen. Aus Angst gab sie ihm schließlich alles. Er verkaufte den Schmuck und gab das Geld für Alkohol aus. Er kam jede Nacht betrunken nach Hause und zog sie dann an ihren Haaren und schlug sie; Wie sie jetzt nach den Schlägen aussieht! Vor ein paar Tagen gab es Streit um das kleine Goldkettchen, das das Baby um den Hals trägt. Die Frau wurde dabei heftig geschlagen. Deshalb nahm sie das Kind und kam hierher. Anfangs war das so eine glückliche Familie. Kann von Rauschmitteln irgendetwas Gutes kommen? Gesundheit, Vermögen und die häusliche Harmonie, alles ist verloren.“

Eine andere Frau: „Einer unserer Nachbarn trinkt. Kürzlich kam er betrunken nach Hause, nahm seine 1 ½ Jahre alte Tochter und warf sie heftig zu Boden. Was für ein Mind ist das! Seine Frau ist ebenfalls in einer sehr traurigen Verfassung wegen der Schläge, die sie einstecken muss."

Amma: „Kinder, wenn Alkohol einen Mann besinnungslos macht, erkennt er nicht einmal mehr seine Frau und seine Kinder. Er kommt nach Hause, nachdem er vielleicht selbst verprügelt wurde. Welche Art von Glück kann man in solchen Dingen finden?

Man bildet sich nur ein, dass man Freude daran hat. Liegt das Glück in Zigaretten, Alkohol und Drogen? Es gibt Leute, die jeden Monat mehrere hundert Rupien dafür ausgeben. Das würde reichen, um die gesamte Ausbildung eines Kindes zu bezahlen. Rauschmittel mögen uns helfen, alles für eine kurze Zeit zu vergessen, aber in Wirklichkeit verliert der Körper seine Vitalität und der Mensch ruiniert sich. Die gesundheitlichen Schäden führen zu einem vorzeitigen Tod. Diejenigen, die der Familie und der Gesellschaft dienen sollten, zerstören sich selbst und schaden anderen."

Devotee: „Warum zerstören sich diese Menschen wissentlich?"

Amma: „Kinder, es ist die egoistische Suche des Menschen nach Vergnügen, die ihn dazu bringt, dem Rauchen und Trinken zu verfallen. Er denkt, dass all das Glück bedeutet. Wir sollen den Menschen die spirituellen Prinzipien erklären. Um das überzeugend zu tun, müssen wir selbst dieser Prinzipien leben. Dann werden uns andere nacheifern. Sie werden dann auch großzügiger und weniger egoistisch.

Wir erleben Menschen, die Unsummen an Geld für maßlosen Komfort und Luxus ausgeben. Gleichzeitig hungert vielleicht der Nachbar oder die Hochzeit eines Mädchens muss abgesagt werden, weil ihre Eltern die erforderlichen tausend Rupien Mitgift nicht aufbringen können. In einer anderen Familie wird eine verheiratete Freu nach Hause zurückgeschickt, weil der Anteil des elterlichen Vermögens, den sie als Mitgift bekommen hatte, nicht groß genug war. Unterdessen geben die Nachbarn Millionen für die Heirat ihrer Tochter aus. Diejenigen, die Mittel haben, aber nicht bereit sind, anderen in ihrer Not zu helfen, fügen der Gesellschaft den größten Schaden zu. Sie verraten sogar ihre eigene Seele."

Spirituelle Lebensführung zwecks Läuterung des eigenen Verhaltens

Ammas Gesicht wurde ernst. Sie sagte nachdrücklich: „Kinder, solch ein egoistischer Mind kann nur durch spirituelle Gedanken großzügig werden. Wir sind alle das eine Selbst. Alle sind Kinder derselben Mutter, der Mutter des Universums. Wir alle atmen dieselbe Luft. Als ich geboren wurde, hatte ich weder Namen noch Kastenzugehörigkeit. Kaste und Religion kamen sehr viel später. Deshalb ist es meine Pflicht, diese Barrieren niederzureißen und jeden wie einen Bruder oder Schwester zu lieben. Wirkliches Glück kann ich im Leben nur finden, wenn ich andere liebe und ihnen helfe. Wahre Verehrung Gottes heißt, denen zu helfen, die leiden. Wenn wir solche Gedanken hegen, wird sich unser Blickwinkel erweitern. Wenn wir diese Prinzipien verstehen, wird sich unser Charakter wesentlich verändern und wir werden mitfühlend.

Heutzutage kennen die meisten Menschen nur ‚Ich' und ‚Mein'. Sie denken an ihr eigenes Glück und an das ihrer Familie. Das ist tödlich. Es ruiniert nicht nur sie selbst, sondern auch die

Gesellschaft. Kinder, solchen Menschen sollten wir erklären, das ist nicht die Art und Weise, wie man leben sollte! Ihr seid keine Teiche, in welchen das Wasser stagniert und mit der Zeit verschmutzt, ihr seid Flüsse, die zum Wohle der Welt fließen sollten. Ihr seid nicht dazu gemacht zu leiden, sondern dazu Glückseligkeit zu erfahren!

Wenn das Wasser eines Teiches in einen Fluss fließt, wird es gereinigt. Wenn es in den Abfluss fließt, wird es noch schmutziger. Der Abfluss ist die egoistische Haltung von ‚Ich' und ‚Mein'. Der Fluss ist Gott. Kinder, lasst uns Zuflucht in Gott suchen, davon werden wir profitieren, gleichgültig ob wir im Leben gewinnen oder verlieren. Wenn wir in Gott Zuflucht suchen, erfahren wir Freude und inneren Frieden. Frieden und Wohlstand werden sich dann in unserer Familie und in der Welt verbreiten."

Amma schaute auf einen Devotee, der in der Nähe saß, und sagte: „Als dieser Sohn das erste Mal zu Amma kam, war er bis zur Bewusstlosigkeit betrunken. Einige Leute stützten ihn und brachten ihn zu mir." Amma lachte.

Der Devotee: „Nachdem ich Amma gesehen hatte, trank ich keinen Alkohol mehr. Einige meiner Freunde hörten auch auf zu trinken, als sie sahen, dass ich es aufgegeben habe. Jetzt mag ich nicht mal mehr etwas über Alkohol hören."

Amma: „Sohn, als du dich zum Besseren verändert hast, haben sich nicht auch andere zur gleichen Zeit geändert? Brachte das nicht auch ihren Familien Frieden?

Kinder, wir bringen Kinder zur Welt und wir erschaffen unsere eigenen Kinder. Was tun wir aber darüber hinaus Gutes für die Welt? Es ist wahr, dass wir für unsere Familie sorgen, aber ist das unsere einzige Pflicht? Wie können wir alleine dadurch Frieden finden? Sind wir damit zufrieden, wenn der

Tod uns ereilt? Wir leben, ohne die Prinzipien eines rechtschaffenen Lebens zu kennen, somit erfahren wir nur Leid und verursachen damit auch Leid für andere. Wir bringen Kinder zur Welt, die ebenfalls Schmerz und Leid erfahren. Ist das Leben heutzutage nicht so?"

Ein Devotee: „Sagt Amma hiermit, wir sollen keine Ehefrauen und Kinder haben?"

Amma: „Nein, Amma sagt, dass wir lernen sollten, in diesem Leben Frieden zu erreichen, statt es auf einer Ebene vergleichbar mit der eines Tieres zu verbringen. Statt dem Vergnügen nachzulaufen, sollten wir das Ziel des Lebens kennen und dafür leben. Führt ein einfaches Leben. Gebt anderen etwas ab, nachdem ihr eure eigenen Bedürfnisse erfüllt habt. Lebt, ohne anderen zu schaden und bringt auch anderen diese Prinzipien bei. Auf diese Art sollten wir eine große Kultur erschaffen. Lasst unsere eigenen Herzen gut werden, das hilft anderen, ebenfalls gut zu werden. Das ist es, was wir brauchen. Wenn wir uns an diese Grundsätze halten, werden wir immer inneren Frieden und Zufriedenheit empfinden, selbst, wenn uns äußerer Komfort fehlt.

Auch wenn wir anderen nicht helfen können, sollten wir ihnen wenigstens keinen Schaden zufügen. Das ist an sich schon ein großer Dienst. Trotzdem ist es nicht genug. Versucht Arbeit zu verrichten, die anderen nützt. Beschränkt euch auf das, was wirklich notwendig ist; unternehmt nichts, was nicht wesentlich ist. Essen, Denken, Schlafen und Reden sollten auf das Wesentliche beschränkt sein. Ein Leben mit solcher Disziplin bewirkt nur gute Gedanken im Mind. Solche Menschen verunreinigen die Atmosphäre nicht, sondern heiligen sie. Solche Menschen sollten wir als unsere Vorbilder betrachten."

Die Gesichter der Devotees zeigten, wie tief sie von Ammas Worten für das Wohlergehen des Einzelnen und der Gesellschaft bewegt waren. Sie erkannten, dass Amma ihren Devotees klare Richtlinien gab, wie sie sich von jetzt an in ihrem Leben verhalten sollten. Sie verbeugten sich vor ihr, erfüllt von den kostbaren Momenten in ihrer Gegenwart.

Montag, 10. Juni 1985

Um 10.00 Uhr saßen einige Brahmachārī und Devotees zusammen mit Amma vor dem Kalari. Auf der rechten Seite des Kalari war das Gebäude, in dem früher Büro, Bibliothek, Küche und Speiseraum untergebracht waren. An der Rückseite des Gebäudes gab es drei kleine Räume für die Brahmacharis. Ammas Familie hatte in diesem Haus gelebt, bis sie in ein neues umzog. Links vom Kalari befanden sich die Vēdānta-Schule, einige Hütten, Ammas Zimmer und die Meditationshalle.

Gurus Anweisungen

Amma: „Amma hat heute einen ihrer Schüler ernsthaft zurechtgewiesen.“ Sie meinte einen der Brahmachārīs.
Devotee: „Warum, Amma?“

Amma: „Er fuhr kürzlich nach Kollam, um das Auto zu reparieren. Bevor er ging, sagte Amma zu ihm, er soll am selben Tag zurückkehren, egal ob die Reparatur fertig ist oder nicht. Trotzdem blieb er über Nacht, weil das Auto noch nicht repariert war. Als er am nächsten Tag zurückkam, tadelte Amma ihn. Gestern fuhr er wieder nach Kollam, ohne es Amma zu sagen oder ihr wenigstens eine Notiz zu hinterlassen. Amma wies ihn erneut zurecht. Amma ist unglücklich, wenn sie ihre Kinder auf ihre Pflicht hinweisen muss. Die Qualität eines spirituell Suchenden zeigt sich darin, wie er den Anweisungen des Meisters folgt. Was kann Amma tun? Sie scheint manchmal ihren Kindern gegenüber sehr grausam zu sein.

Manche Patienten erlauben dem Arzt nicht, ihnen Spritzen zu geben, weil sie Angst haben, dass es ihnen weh tut. Aber der Arzt weiß, dass sie ohne die Spritze nicht geheilt werden. Deshalb gibt er die Injektion, auch wenn er dazu den Patienten mit Gewalt festhalten muss. Wenn er aus Freundlichkeit davon absieht, die Spritze zu geben, wird der Patient vielleicht sterben. Soll der Patient gesundwerden, ist die Behandlung unumgänglich. Ebenso besteht ein wirklicher Meister darauf, dass der Schüler ihm gehorcht. Es ist die Pflicht des Meisters, den Schüler dazu zu bringen, das zu tun, was notwendig ist, damit der Schüler sein Ziel erreicht.

Nachdem der Schmied ein Stück Eisen im Ofen erhitzt hat, schlägt er unentwegt darauf: nicht aus Grausamkeit, sondern um ihm, die gewünschte Form zu geben. Jemand schneidet ein Papier in viele Stücke, um eine wunderbare Blume daraus zu machen. In ähnlicher Weise tadelt und erzieht der Guru den Schüler, nur um ihm die Natur des Selbst zu offenbaren. Jede Bestrafung zeigt sein großes Mitgefühl für den Schüler. Der Schüler sollte Demut und Hingabe entwickeln und sich als Diener des Meisters betrachten. Nur dann wird die Gnade des Meisters fließen und ihn zu seiner eigenen Welt emporheben. Der Schüler sollte die Haltung haben: ‚Ich bin nichts, du bist alles. Ich bin nur dein Werkzeug.'

Alles außer unserem Ego gehört Gott. Nur das Ego ist unsere eigene Schöpfung, und es ist nicht leicht es loszuwerden. Allein durch Gehorsam dem Guru gegenüber können wir das Ego zerstören. Wenn wir den Anweisungen des Gurus folgen und uns seinem Willen beugen, wird das Ego durch seine Gnade beseitigt.

Ein Baumstamm, der den Fluss hinabtreibt, bewegt sich mit der Strömung. So ähnlich sollte der Schüler dem Wunsch des Meisters folgen: mit Hingabe und mit dem Gefühl ‚Du bist alles'. Das ist der einzige Weg, das Ego zu beseitigen. Welche Kraft besitzen wir schon, dass wir sagen können, ‚unser Wille'? Jemand ruft vom oberen Treppenabsatz, ‚Ich komme jetzt herunter', stürzt jedoch nach zehn Stufen und ist tot. Gibt es nicht unzählige Beispiele wie dieses? Wenn es sich um ‚unseren Willen' handelte, würde er dann nicht die ganze Treppe herunterkommen, wie er gesagt hat? Aber dazu war er nicht in der Lage. Deshalb müssen wir verstehen: Alles ist Gottes Wille."

Amma faltete ihre Hände und betete laut: „Oh Dēvī, sei so gütig und lass mich bitte meine Kinder von jetzt an nicht mehr ausschimpfen! Gib ihnen Intelligenz und Unterscheidungsvermögen! Gib ihnen deinen Segen!" Amma blieb einige Momente lang in dieser Haltung. Die um sie Stehenden falteten ebenfalls die Hände, schlossen die Augen und beteten.

Dienstag, 11. Juni 1985

Verkörperung von Mitgefühl

Amma kam um 4.00 Uhr nachmittags zur Darśhan-Hütte herunter. Neben der Hütte lag eine Schlange und die Devotees und Brahmachārīs versuchten sie zu entfernen. Amma ging zu ihnen und sagte: „Kinder, verletzt sie nicht. Werft einfach nur etwas Sand auf sie." So, als hätte die Schlange Ammas Worte gehört, bewegte sie sich langsam davon. Die Schriften sagen:

Viele Verbeugungen vor Dēvī,
die in allen Wesen
in der Form von Mitgefühl wohnt.

Amma setzte sich in der Hütte nieder und begann Darśhan zu geben. Die Devotees kamen einer nach dem anderen zu Amma, verbeugten sich und legten ihr ihre Sorgen zu Füßen. Sie flüsterten Amma all ihre Wünsche und Probleme ins Ohr, die ihren Seelenfrieden störten. Manche brachen beim Anblick von Amma sofort in Tränen aus. Jene, die bedrückt von den Lasten des täglichen Lebens zu ihr kamen, verließen sie zufrieden und froh.

Als alle Devotees gegangen waren, versammelten sich die Brahmachārī um Amma herum.

Ein Brahmachārī: „Amma hat heute über nichts Spirituelles gesprochen."

Amma: „Sohn, all die Leute, die hier gesessen haben, waren voller Leid. Ein hungriges Kind benötigt keinen Vortrag über Vēdānta oder spirituelle Prinzipien. Lasst uns zuerst die Sorgen dieser Menschen lindern, dann können wir über Spiritualität reden. Es ist schwierig für sie so etwas zu begreifen.

Aber diejenigen, die sich nach Gott sehnen, möchten über nichts anderes als über Gott sprechen, selbst wenn sie großes Leid erfahren. Sie werden in Freude und Kummer ausgeglichen sein. Bei freudigen Ereignissen verlieren sie sich nicht in übermäßiger Freude, bei Kummer und Schmerz brechen sie nicht zusammen. Sie können Freude und Leid als Gottes Willen und Segen akzeptieren.

Wenn ihr beim Laufen in einen Dorn tretet, dann werdet ihr vorsichtiger weitergehen. So vermeidet ihr in ein Loch zu fallen, das möglicherweise vor euch ist. Gott gibt uns Leid um uns zu retten. Wahre Gläubige werden sich auch in Zeiten des Kummers an Gottes Füße klammern. In ihren Gebeten werden sie niemals um Glück bitten. Sie werden niemals an ihren egoistischen Vorteil denken. Aber wenn jemand, der leidet, zu uns kommt, sollten wir ihm Trost spenden. Wir sollten die Zeit finden, ein paar tröstende Worte zu sprechen."

Amma sieht die Leiden anderer als ihre eigenen und nimmt gerne die Lasten der Leidenden auf sich. Sie ist das Opferfeuer, worin das Prārabdha eines jeden geopfert wird und sie ist das Licht der Hoffnung für alle Leidenden.

Amma kam nach dem Bhāva-Darśhan aus dem Tempel heraus und alle versammelten sich um sie. Da die meisten Devotees geplant hatten, am Morgen den Āśhram mit dem Bus zu verlassen, umringten sie Amma, um sich nochmals vor ihr zu verbeugen und ihren Segen zu erhalten. Ein junger Mann aber kam nicht zu Amma. Er saß abseits der Gruppe alleine auf der Veranda des Meditationsraumes. Ein Brahmachārī fragte ihn: „Gehst du nicht zu Amma?" Der junge Mann: „Nein." Brahmachārī: „Jeder möchte unbedingt in Ammas Nähe sein und mit ihr sprechen, und du sitzt hier allein?"

Der junge Mann: „Ich war genauso wie sie. Normalerweise warte ich vor dem Kalari um der erste zu sein, der sich vor ihr verbeugt, wenn sie aus dem Tempel herauskommt. Heute jedoch erlaubt es mir mein Mind nicht, in ihre Nähe zu gehen. Ich bin ein solcher Sünder."

Brahmachārī: „Ich kann das gar nicht glauben. Du bildest dir etwas ein. Welchen Fehler hast du gemacht, dass du nicht in Ammas Nähe gehen kannst?"

Junger Mann: „Ich lebe in Kollam. Einige Jahre lang trank ich regelmäßig und dies führte dazu, dass ich mit meiner Frau stritt. Ich schickte sie zu ihren Eltern zurück. Meine Familie und meine Nachbarn hassten mich. Ich hatte keinen einzigen Freund in dieser Welt. Deshalb beschloss ich schließlich, mein Leben zu beenden. In dieser Krise hatte ich das enorme Glück, Ammas Darśhan zu erhalten. Das war der Wendepunkt in meinem Leben.

Nach meinem ersten Darśhan hörte ich völlig auf zu trinken. Das wirkte sich auf mein Verhalten aus und die Leute änderten ihre Meinung über mich. Aber heute habe ich wieder getrunken. Zusammen mit einigen Freunden war ich auf einer Hochzeit und auf dem Rückweg wollten sie etwas trinken. Sie drängten mich mitzumachen und ich gab nach. Später konnte ich das Schuldgefühl, das mich plagte, nicht ertragen. Ich kam geradewegs hierher. Früher hatte ich mich nie schuldig gefühlt, ganz gleich, wie viel ich getrunken hatte. Aber jetzt ist das anders. (Er sprach mit stockender Stimme.) Jetzt finde ich es schwierig, Amma auch nur in die Augen zu schauen."

Brahmachārī: „Diese Reue selbst ist schon Wiedergutmachung für deinen Fehler. Mach dir keine Sorgen. Sag Amma einfach alles und dann wird dein Kummer verblassen."

Der junge Mann: „Ich weiß, dass ich mich einfach nur vor ihr verbeugen muss und mein Unbehagen würde sofort verschwinden: Diese Erfahrung habe ich früher schon gemacht. Aber das ist es nicht, was mir jetzt Sorgen macht. Meine Freunde werden mich nicht in Ruhe lassen, wenn ich zu Hause bin. Deshalb würde ich gerne einige Tage hierbleiben, aber ich habe nicht den Mut Amma zu fragen. Ich fühle mich so schwach, weil ich in den Augen von Amma, die mich mit mehr Liebe überschüttet als die leibliche Mutter, erneut auf Abwege geraten bin."

Seine Augen waren mit Tränen gefüllt. Der Brahmachārī hatte nicht die nötigen Worte, den jungen Mann zu trösten. Aber es war jemand da, der den heftigen Schmerz in seinem schweren Herzen verstand.

Nachdem Amma den anderen Devotees gezeigt hatte, wo sie schlafen konnten, ging sie zu dem jungen Mann, der sofort aufstand und ehrfürchtig mit gefalteten Händen dastand. Amma hielt seine beiden Hände und fragte: „Bist du so schwach, mein Sohn?"

Tränen flossen seine Wangen hinunter. Amma wischte sie weg und fuhr fort: „Sohn, hör auf, dir Sorgen zu machen. Warum bereust du, was vergangen ist? Geh nicht mit diesen Leuten, wenn sie dich wieder rufen, das ist alles.

Einst hatten ein Tempel und ein Spirituosengeschäft jeweils einen Papagei als Haustier. Während der Tempel-Papagei vedische Mantren rezitierte, gab der Papagei des Spirituosen-Geschäftes Obszönitäten von sich. Sohn, die Gesellschaft in die wir uns begeben, beeinflusst unser Verhalten. Sitzen wir in einem Zimmer mit einem eingeschalteten Fernseher, werden wir schließlich irgendwann fernschauen. Wollen wir dies nicht, müssen wir ihn ausschalten oder in ein anderes Zimmer gehen. Wenn wir es mit schlechten Menschen zu tun haben, werden wir ihre Gewohnheiten übernehmen. Wir müssen also besonders darauf achten, nicht in solche Gesellschaft zu geraten. Sohn, wenn du ein Problem auf dem Herzen hast, kannst du zu Amma kommen. Amma ist für dich da. Bleibe für ein paar Tage hier. Besorge dir einige Bücher aus der Bibliothek, lies sie."

Amma wandte sich an den Brahmachārī: „Sorge dafür, dass dieser Sohn oben im Haus an der Nordseite wohnen kann."

Als der junge Mann diese liebevollen Worte von Amma hörte, die jeden seiner Gedanken kannte, konnte er sich nicht mehr beherrschen. Er brach erneut in Tränen aus.

Amma wischte seine Tränen liebevoll weg und tröstete ihn: „Sohn, geh jetzt schlafen Amma wird morgen mit dir reden."

Nachdem sie den jungen Mann mit dem Brahmachārī weggeschickt hatte, ging Amma zum Kokos-Hain vor dem Āśhram. Eine Frau begleitete Amma. Die Frau hatte lange auf sie gewartet um mit Amma alleine zu reden. Als Amma diese Frau getröstet hatte und schließlich in ihr Zimmer ging, war es bereits nach drei Uhr morgens.

Mittwoch, 12. Juni 1985

Bhakti Yōga

Amma kam, begleitet von vier Brahmachārīs und einigen Haushältern, die das erste Mal im Āśhram waren, in den Kalari. Sie sprach zu ihnen über die Wichtigkeit reiner Hingabe für Gott.

Amma: „Ammas Gebet war gewöhnlich so: ‚Oh Dēvī, ich will Dich einfach nur lieben. Es ist in Ordnung, wenn Du mir nicht Deinen Darśhan gibst; gib mir nur ein Herz, das jeden liebt! Es ist in Ordnung, wenn Du mich nicht liebst, aber bitte lass mich Dich lieben! ' Ein Mensch, der Gott wirklich liebt, ist wie jemand, der an Fieber leidet. Er hat keinen Appetit auf Essen. Er schmeckt weder Salziges noch Saures, selbst Süßes empfindet er als bitter. Er wird sich überhaupt nicht sehr für Nahrung interessieren. Aber es ist sehr ungewöhnlich, dass ein Suchender diese Art von Liebe gleich zu Beginn empfindet. Deshalb sollte man am Anfang seine Gewohnheiten mit Hilfe von Śhraddhā kontrollieren. Besonders wenn es sich ums Essen geht. Wenn der Mind zu äußeren Dingen wandert, sollte man ihn wieder dazu bringen, sich auf Gott zu konzentrieren. Nicht ein einziger Moment sollte verschwendet werden."

Ein Devotee: „Amma, ich verschwende keine Zeit. Ich komme entweder hierher, um mit dir zusammen zu sein oder ich gehe in den Tempel. Ist das nicht alles, was ich tun kann?"

Amma: „Hierherzukommen oder in den Tempel zu gehen, ist in Ordnung, aber unser Ziel sollte sein, den Mind zu reinigen. Erreichen wir das nicht, bleibt alles Verschwendung. Glaubt nicht, dass wir Frieden finden können, ohne unseren Mind und unsere Handlungen zu reinigen. Daran sollten wir uns erinnern, wenn wir zu einem Mahātmā gehen oder einen Tempel besuchen. Wir sollten Hingabe haben. Aber heutzutage sind die Meisten mit der Zimmerreservierung beschäftigt, selbst noch bevor sie ihr Haus verlassen. Sobald sie die Fahrt begonnen haben, fangen sie an, über die Familie und die Nachbarn zu reden, und wenn sie wieder zuhause sind, hören sie damit nicht auf. Gott wird einfach vergessen."

Wir mögen jede erdenkliche Anzahl von Mahātmās oder Tempel besuchen und auch unzählige Opfer darbringen, aber nur durch Sādhanā werden wir wirklich weiterkommen. Unsere Herzen müssen auf Gott eingestimmt sein. Einfach nach Tiruppati oder Kāshi (Pilgerorte in Indien) zu gehen, führt nicht zur Befreiung. Den Tempel zu umrunden oder an solchen Orten ein Bad zu nehmen, bewirkt nicht automatisch spirituellen oder materiellen Fortschritt. Wenn man die Befreiung durch einen Besuch in Tiruppati erreichen könnte, dann müssten alle Geschäftsleute dort mittlerweile die Befreiung erlangt haben oder nicht?

Wo immer du auch hingehst, vergiss nicht den Namen Gottes. Schau dir den Split an, der mit Zement gemischt wird, um die Straße zu befestigen. Nur wenn der Split sauber ist, wird der Zement richtig aushärten und fest werden. Ebenso ist es mit unserem Herzen. Nur wenn wir es durch Japa reinigen, können wir Gott darin erwecken. Um den Mind zu reinigen, gibt es keinen besseren Weg, als Göttliche Namen zu rezitieren.

Wenn TV-Programme ausgestrahlt werden, können wir sie zu Hause nur bei eingeschaltetem Fernseher sehen. Es ist sinnlos, andere zu beschuldigen, dass wir nichts auf dem Bildschirm sehen, weil wir den Fernseher nicht eingeschaltet haben. Gottes Gnade fließt immer zu uns, doch um daraus Nutzen ziehen zu können, müssen wir uns auf Seine Welt einstimmen. Was nützt es drinnen zu bleiben, alle Türen geschlossen zu halten und sich dann über die Dunkelheit zu beschweren, während draußen die Sonne strahlt? Wenn wir nur die Türen unserer Herzen öffnen, können wir die Gnade und das Mitgefühl empfangen, die uns Gott ständig schenkt.

Ob wir davon einen Nutzen haben, hängt davon ab, was wir aufnehmen.

Kinder, solange wir uns nicht völlig auf Gottes Welt einstimmen, bringen wir nur die schrillen Töne der Unwissenheit hervor, aber keine göttliche Musik. Wir müssen uns mit unseren mangelnden Qualitäten beschäftigen. Es bringt nichts, andere dafür zu beschuldigen.

Wir sind bereit, auf einen Bus zu warten, egal wie lange es dauert. Es macht uns nichts aus, wegen irgendeiner Rechtsangelegenheit den ganzen Tag im Gerichtsgebäude zu verbringen. Doch wir haben keine Geduld, wenn wir einen Mahātmā oder einen Tempel besuchen. Wenn ihr in einen Āśhram oder Tempel geht, dann verbringt einige Zeit dort und denkt mit Hingabe an Gott. Chantet den göttlichen Namen, meditiert eine Weile oder engagiert euch in selbstloser Arbeit. Nur dann werdet ihr aus dem Besuch einigen Nutzen ziehen können."

Die Bedeutung der richtigen Einstellung

Amma fuhr fort: „Wenn unser Mind rein ist und wir alles tun, um uns an Gott zu erinnern, dann wird seine Gnade mit uns sein, selbst wenn wir nie einen Tempel besuchen. Andererseits werden unzählige Tempelbesuche nichts bringen, wenn wir nicht aufhören, egoistisch zu sein oder andere zu hassen.

Es lebten einmal zwei Frauen als Nachbarinnen. Die eine war eine Devotee und die andere eine Prostituierte. Die Devotee sagte oft zu ihrer Nachbarin: ‚Was du da tust, ist sehr gottlos. Es wird dich in die Hölle bringen.' Sich ständig daran erinnernd, vergoss die Prostituierte jeden Tag viele Tränen und dachte: ‚Was für eine Sünderin bin ich doch! Ich habe keinen anderen Lebensunterhalt. Das ist der Grund, warum ich dies tue. O Gott, bitte verzeih mir! Gib mir wenigstens in meinem nächsten Leben eine Chance zu beten und Dich täglich zu verehren, so wie es meine Nachbarin tut! Bitte vergib mir meine Fehler!'

Die andere Frau dachte, selbst wenn sie im Tempel war, ständig mit Ablehnung an die Prostituierte und ihre Lebensweise. Schließlich starben beide Frauen und kamen an die Himmelspforte. Dort wurde folgendes entschieden: Die Prostituierte sollte in den Himmel kommen und die Devotee in die Hölle. Die Devotee konnte dies nicht fassen. Sie fragte die göttlichen Helfer: ‚Ihr bringt eine Person in den Himmel, die ihr ganzes Leben lang ihren Körper verkauft hat. Ich betete täglich und verehrte Gott im Tempel, trotzdem bringt ihr mich in die Hölle. Was für eine Gerechtigkeit ist das? Dies muss ein Irrtum sein.'

Die Antwort war: ‚Wir irren uns nicht. Selbst als du im Tempel warst und Pūjās durchgeführt hast, dachtest du an die schlechten Handlungen der Prostituierten. Die Prostituierte hat sich jedoch nicht mit ihrer Arbeit identifiziert. Ihre Gedanken waren nur auf Gott ausgerichtet. Es verging nicht ein einziger Tag, an dem sie ihre Fehler nicht tief bereut und Gott um Vergebung gebeten hat. Obwohl sie gezwungen war, ihren Lebensunterhalt mit Prostitution zu verdienen, war sie eine wirkliche Devotee. Deshalb kommt sie in den Himmel.'"

Für spirituell Suchende

Die abendlichen Bhajans waren vorüber. Amma kam aus dem Kalari und legte sich vor dem Meditationsraum in den Sand. Es wurde zum Abendessen geläutet und Amma sagte den Devotees, dass sie essen gehen sollten. Einer nach dem anderen gingen sie; nur ein oder zwei Brahmachārīs blieben zurück, um in Ammas Gegenwart zu meditieren.

Alle Devotees kamen nach dem Abendessen zurück und setzten sich um Amma herum. Eine der Frauen legte Ammas Füße in ihren Schoß und begann sie zu massieren.

Amma: „Habt ihr gegessen, Kinder?"

Ein Devotee: „Ja, Amma, wir haben alle gegessen."

Amma: „Zu Hause hättet ihr sehr leckere Gerichte gehabt. Hier gibt es nichts dergleichen. Ihr habt wahrscheinlich nicht einmal genug gehabt."

Ein anderer Devotee: „Amma, wir haben alle genug gegessen. Wir mögen zuhause eine Menge guter Gerichte haben, aber nichts schmeckt so gut wie das, was wir hier bekommen."

Amma (lachend): „Sohn, du sagst das nur aus Liebe zu Amma." Alle lachten.

Ein Devotee: „Amma, ich habe eine Frage."

Amma: „Kinder, ihr könnt Amma alles fragen."

Devotee: „Ich habe dich zu einem Brahmachārī neulich sagen hören, dass wir Ahiṁsa ablegen sollten. Wir sollten auf niemanden wütend werden. Selbst wenn jemand auf uns wütend ist, sollten wir versuchen, Gott in dieser Person zu sehen und liebevoll mit ihr umzugehen. Ist es nicht sehr schwer dies auszuführen?"

Amma: „Sohn, das Wichtigste ist nicht, ob wir erfolgreich sind, sondern ob wir es aufrichtig versucht haben oder nicht. Diejenigen, die einen spirituellen Weg gehen, sollten zu einigen Opfern bereit sein. Dadurch ist ihr Leben bereits auf diesen Weg ausgerichtet. Wenn ihnen jemand Widerstand entgegenbringt, sollten sie dies als eine von Gott geschaffene Gelegenheit sehen, ihr Ego zu beseitigen. Sie sollten nicht unter dem Bann des Egos zurückschlagen. Nur wenn ein Sādhak Gott in jedem Menschen sieht und liebevoll und mitfühlend ist, kann er wachsen."

Ein Devotee: „Amma, ich habe viele Dinge für Gott aufgegeben, aber ich kann keinen Frieden finden."

Amma: „Sohn, wir reden alle über die von uns gebrachten Opfer. Aber was besitzen wir eigentlich wirklich, das wir aufgeben könnten? Was besitzen wir, das uns gehört? Was wir heute als unser Eigentum ansehen, wird uns morgen nicht mehr gehören. Alles gehört Gott. Nur durch seine Gnade sind wir in der Lage, uns an den Dingen zu erfreuen. Wenn es etwas gibt, das uns gehört, dann sind es unsere Wünsche und unser Ärger. Das ist es, worauf wir verzichten müssen. Selbst wenn wir auf viele Dinge verzichten, unsere Anhaftung daran geben wir nicht auf. Das ist der Grund für unser Leiden. Wirklich verzichten wir, wenn wir tief in unserem Herzen davon überzeugt sind, dass Beziehungen, Reichtum, Stellung oder Ruhm uns keinen andauernden Frieden geben können. Was lehrt die Bhagavad Gītā? Ist es nicht, ohne Anhaftung zu handeln?"

Reichtum und seine Gefahren

Amma begann eine Geschichte zu erzählen. „Einst lebte ein reicher Mann mit seiner Familie in einem großen Haus. Eines Tages kamen einige seiner Freunde zu Besuch. Sie sahen einen Diener und fragten ihn, wo denn sein Herr sei. Nachdem der Diener nachgeschaut hatte, kam er zurück und berichtete, dass sein Herr Kieselsteine zähle. ‚Solch ein reicher Mann zählt Kieselsteine? ', wunderten sich die Gäste. Als der reiche Mann wenig später erschien, fragten sie ihn danach. Er antwortete: ‚Ich habe mein Geld gezählt. Ist mein Diener so dumm zu denken, dass ich Kieselsteine zähle? Jedenfalls tut mir die ganze Verwirrung leid.' Nachdem seine Freunde gegangen waren, schimpfte er heftig mit dem Diener.

Einige Tage später kam ein anderer Freund den reichen Mann besuchen. Er bat den Diener, seinen Herrn zu suchen. Nachdem er im Haus nachgeschaut hatte, berichtete er seinem Herrn: ‚Er liebt seinen Feind'. Der reiche Mann zählte in der Tat sein Geld und legte es in den Safe zurück. Jetzt hatte er das Gefühl, dass der Diener ihn absichtlich beleidigte und er war wütend über seine Unverschämtheit. Er schlug den Diener und warf ihn hinaus. Als der Diener ging, gab ihm der reiche Mann eine Puppe und sagte: ‚Wenn du jemanden triffst, der noch dümmer ist als du, dann gib ihm diese Puppe!' Still ging der Diener davon.

Einige Monate vergingen. Eines Nachts wurde das Haus des reichen Mannes ausgeraubt. Die Räuber stahlen all den Reichtum. Als er versuchte sie aufzuhalten, warfen sie ihn aus dem oberen Stockwerk des Hauses und entkamen mit allem. Am nächsten Morgen fanden ihn die Verwandten auf der Erde vor dem Hause liegend unfähig aufzustehen. Es wurden verschiedene Therapien ausprobiert, aber seine Gesundheit konnte nicht wiederhergestellt werden. All sein Reichtum war weg und so verließen ihn auch seine Frau und seine Kinder. Er hatte ständig Schmerzen und es gab niemanden, der sich um ihn kümmerte. Er hatte nichts zu essen im Haus, deshalb aß er, was immer die Nachbarn ihm gaben.

Sein ehemaliger Diener hörte von seinen Schwierigkeiten und kam zu Besuch. Er hatte die alte Puppe bei sich. Sowie er ankam, bot er dem Herrn die Puppe an. Sein Herr fragte ihn: ‚Warum streust du auch noch Salz in meine Wunden?'

Der Diener antwortete: ‚Wenigstens hast du jetzt verstanden was ich damals gesagt habe. Ist das Geld, das du angehäuft hattest, für dich jetzt überhaupt so viel wert wie ein Kieselstein? Hat sich dein Reichtum nicht in der Tat als dein Feind entpuppt? Dein Reichtum ist die Ursache deines jetzigen Zustands. Hast du nicht alles wegen deines Reichtums verloren? Wer ist dümmer als du, der du den Reichtum zum Objekt deiner Liebe gemacht hast? Die, die dich bis heute geliebt haben, haben in Wirklichkeit dein Geld und nicht dich geliebt. Als dein Geld weg war, warst du in ihren Augen so gut wie tot. Niemand liebt dich jetzt noch. Verstehe wenigstens jetzt, dass Gott dein einziger, dauerhafter Freund ist. Bitte um seine Hilfe!'

Der Diener begann seinen Herrn mit viel Liebe zu pflegen. Da überkam den reichen Mann Reue: ‚Ich weiß nicht, was ich tun soll. Mein Leben war bisher sinnlos. Ich dachte, meine Frau, meine Kinder und mein Reichtum gehörten mir für immer und ich lebte dafür. Aber jetzt ist alles weg. Die sich vor mir mit Respekt verbeugt haben, sehen mich nicht einmal mehr an. Stattdessen spucken sie auf mich voller Verachtung.'

Der Diener tröstete ihn: ‚Denke nicht, dass du niemanden hast, der nach dir schaut. Gott ist mit dir.' Er blieb bei seinem alten Herrn und pflegte ihn."

Amma hörte auf zu erzählen. Ein Mann, der hinten in der Gruppe von Devotees saß, begann laut zu weinen. Es war sein erster Besuch bei Amma. Er weinte bitterlich und konnte seinen Schmerz nicht beherrschen. Amma rief ihn zu sich und tröstete ihn. Immer noch schluchzend sagte der Mann: „Amma, du hast gerade meine Geschichte erzählt. Mein Geld ist weg. Meine Frau und meine Kinder hassen mich. Mein einziger Trost ist mein alter Diener."

Seine Tränen wegwischend sagte Amma: „Was weg ist, ist weg. Trauere nicht darüber. Nur Gott ist immer da. Alles andere wird dich heute oder morgen verlassen. Es reicht, wenn du mit diesen Gedanken lebst. Mach dir keine Sorgen."

Amma bat Brahmachārī Balu, heute Swāmī Amṛitaswarūpānandā, das nachfolgende Lied zu singen. Er sang:

manassē nin svantamāyi

Erinnere dich, Oh Mind an diese höchste Wahrheit:
Niemand ist dein eigen!
Wegen deiner sinnlosen Handlungen
irrst du im Ozean dieser Welt umher.

Obwohl die Menschen dich ehren,
und dich „Herr, Herr" nennen,
ist dies nur für eine kurze Zeit.
Dein Körper, der so lange geehrt wurde,
muss abgelegt werden, wenn das Leben endet.

Die Liebste, um die du gekämpft hast,
all die Zeit, ohne Rücksicht auf dein Leben,

Selbst sie wird sich vor deinem toten Körper fürchten,
sie wird dich nicht begleiten.

Gefangen wie du bist in Mayas Schlingen,
vergiss nicht den heiligen Namen
der Göttlichen Mutter.

Gott zieht die mit Hingabe durchdrungenen Seelen an,
so wie ein Magnet das Eisen.

Stellung, Ansehen und Reichtum sind vergänglich;
die einzige Wirklichkeit ist die universelle Mutter.

Auf unsere Wünsche verzichtend,
lasst uns in Glückseligkeit tanzen
und den Namen von Kāḷī singen.

Mittwoch, der 19. Juni 1985

Mutter des Universums

Ein junger Mann mit langem Haar und Bart kam in den Āśhram. Er näherte sich einem Brahmachārī und stellte sich als Reporter einer Zeitung vor. „Wir haben verschiedene gute und schlechte Dinge über Amma gehört", sagte er. „Ich bin hierhergekommen um herauszufinden, was in diesem Āśhram wirklich vor sich geht. Ich habe mit ein, zwei Bewohnern gesprochen. Da gibt es etwas, was ich überhaupt nicht verstehe."

Brahmachārī: „Was ist das?"

Reporter: „Wie können gebildete Menschen wie du blind an einen Gott in menschlicher Form glauben?"

Brahmachārī: „Was verstehst du unter Gott? Meinst du ein Wesen mit vier Armen, das eine Krone trägt und im Himmel sitzt?"

Reporter: „Nein. Jeder hat seine eigenen Vorstellungen von Gott. Generell stellen wir uns Gott als die Verkörperung all der Eigenschaften vor, die wir als erhaben ansehen."

Brahmachārī: „Was ist also falsch daran, ein Individuum, in dem wir diese göttlichen Eigenschaften sehen können als göttlich zu verehren? Wenn wir dies nicht akzeptieren, dann müssten wir sagen, dass Gott auf Steinfiguren begrenzt ist, die der Mensch im Tempel aufstellt und verehrt.

Die spirituellen Texte Indiens erklären, dass das menschliche Wesen, die individuelle Seele (Jīvātmā), wahrlich von Gott nicht verschieden ist, und dass der Mensch seine Göttlichkeit erkennt, sobald sein Ego (das Gefühl, dass er begrenzt ist) durch ständige Übung zerstört wird. Wenn sich das alles durchdringende Höchste in einer Tempelgottheit manifestieren kann, warum sollte es dann nicht auch in einem Individuum erscheinen?"

Der Reporter wusste darauf keine Antwort.

Der Brahmachārī fuhr fort: „In Amma erleben wir all jene Eigenschaften, die die Schriften Gott zuschreiben, wie Liebe, Mitgefühl, Selbstlosigkeit, Vergebung und Gleichbehandlung aller Menschen. Deshalb betrachten einige von uns Amma als Mutter des Universums. Andere sehen sie als die liebevolle Mutter, die schon in unzähligen Leben mit uns zusammen war. Wieder andere sehen sie als Guru, der die Selbsterkenntnis in uns weckt. Sie selbst beansprucht nicht, Gott, Guru oder überhaupt irgendetwas zu sein. Wenn du Fische aus dem Meer willst, dann bekommst du Fische, wenn du Perlen willst, kannst du Perlen bekommen. Ebenso ist alles in Amma enthalten. Wenn wir uns bemühen, dann können wir das Gewünschte erhalten.

Die Botschaft der Upaniṣhaden ist, dass ein jeder von uns die Essenz des Höchsten ist. Lebten nicht Rāma, Kṛiṣhṇa und Buddha einstmals in menschlicher Form auf dieser Erde? Wenn wir sie anbeten, warum können wir nicht jemanden verehren, der alle ihre unendlich erhabenen Eigenschaften aufweist und gleichzeitig in menschlicher Form unter uns lebt?"

Reporter: „Genügt es nicht, Amma als Guru anzusehen? Warum muss man sie zu Gott machen?"

Brahmachārī: „Gut. Trotzdem sagen die Schriften, dass der Guru niemand anderer als Gott in menschlicher Form ist. In gewisser Weise stellt unsere Tradition sogar den Guru über Gott."

Mittlerweile war Amma in der Darśhan-Hütte angekommen und begann, den Devotees Darśhan zu geben. Der Brahmachārī lud den Reporter ein zu Amma zu gehen: „Gehen wir doch hinein, du kannst deine Fragen direkt an Amma richten."

Der Reporter setzte sich in Ammas Nähe und beobachtete mit Erstaunen, wie sich die Devotees einer nach dem anderen Amma näherten. Amma streichelte und tröstete jede Person mit überfließender Liebe. Als der Reporter Amma vorgestellt wurde, lachte sie.

Amma: „Amma liest keine Zeitung oder sonst etwas, mein Sohn. Die meisten der Kinder hier bekommen nicht einmal eine Zeitung zu Gesicht."

Reporter: „Ich habe einen Brahmachārī gefragt, ob Amma Gott sei."

Amma: „Sie ist nur eine verrückte Frau! All diese Leute rufen sie ‚Amma' (Mutter) und deshalb nennt sie sie ihre Kinder."

Wenn Amma spricht, verbirgt sie meist ihr wahres Selbst. Nur wer ein gewisses Maß an spirituellem Verständnis besitzt, kann Ammas innewohnende Natur ein wenig begreifen. Viele Leute stellen sich unter einem Guru jemanden vor, der lächelnd auf einem prächtigen Thron sitzt, ständig von seinen Schülern bedient wird und über alle seinen Segen verströmt. Diejenigen, die in den Āśhram kommen, müssen diese Idee aufgeben. Wer Amma zum ersten Mal sieht, wird in ihr eine Person finden, die ‚normaler' ist, als die meisten anderen. Man kann sie dabei beobachten, wie sie den Vorhof reinigt, Gemüse schneidet, kocht, den Devotees ihre Zimmer zeigt oder eine Ladung Sand trägt. Trotzdem ist es für jemanden, der die Schriften kennt, einfach, die wahre Mutter zu erkennen. Ihre Demut zeigt ganz klar ihre Größe.

Einmal fragte ein Brahmachārī Amma: „Die meisten Menschen geben vor, sobald sie auch nur den kleinsten Siddhi erlangen, Brahman zu sein und nehmen viele Schüler an; die Menschen vertrauen ihnen. Wenn dies überall geschieht, warum täuscht Amma ihre Kinder und sagt, sie sei nichts?"

Amma gab die folgende Antwort: „Die Brahmachārīs, die heute hier leben, sind diejenigen, die morgen in die Welt hinaus gesandt werden. Sie müssen Vorbilder für die Welt sein. Hier lernen sie durch Ammas Handlungen und durch jedes Wort, das sie spricht. Falls nur eine Spur von Ego in Ammas Worten und Taten vorhanden ist, wird es sich in jedem von euch verzehnfachen. Ihr würdet denken: ‚Wenn Amma das tun kann, warum nicht auch ich?' Das würde der Welt schaden.

Wisst ihr Kinder eigentlich, wie schwer es für Amma ist, auf eurer Ebene zu bleiben? Ein Vater bemüht sich, mit seinem kleinen Kind mitzulaufen, indem er nur ganz kleine Schritte geht. Er tut dies nicht um seinetwillen, sondern um des Kindes willen. Nur wenn er kleine Schritte macht, kann das Kind mit ihm mithalten. Die Rolle, die Amma spielt, ist nicht für sie selbst, sondern für euch alle. Nur für euer Wachstum.

Hat ein Kind Gelbsucht, wird eine liebevolle Mutter vermeiden, ihm stark gewürztes und salziges Essen zu kochen. Sie wird solches Essen vor dem Kind verstecken, da es sonst davon essen würde. Dann würde es vielleicht Fieber bekommen und könnte sogar sterben. Dem Kind zuliebe isst die Mutter auch fades Essen ohne Gewürze. Obwohl sie selbst nicht krank ist, verzichtet sie auf das, was ihr schmeckt. Genauso sind die Worte und Taten Ammas als gutes Vorbild für euch alle gedacht. Bei jedem Schritt denkt sie an euer Wachstum. Nur wenn der Arzt ein Nichtraucher ist, wird der Patient seine Anordnung annehmen, das Rauchen aufzugeben. Nur wenn der Arzt nicht trinkt, wird sich der Patient ebenfalls dazu motiviert fühlen, das Trinken aufzugeben. Amma tut nichts für sich selbst, alles ist für die Welt. Alles ist als Hilfe für euren Fortschritt gedacht."

Der Reporter fragte Amma: „Amma, leitest du diese Menschen hier nicht als ihr Guru?"

Amma: „Das hängt von der Haltung eines jeden Einzelnen ab. Amma hatte keinen Guru und sie hat auch niemanden als Schüler angenommen. Amma sagt nur, dass alles gemäß dem Willen der göttlichen Mutter geschieht."

Reporter: „Ich habe einen Freund, der ein großer Devotee von J. Krishnamurti ist."

Amma: „Viele, die hierherkommen, sind seine Devotees. Besonders die Kinder aus dem Westen mögen ihn."

Reporter: „Krishnamurti nimmt keine Schüler an. Keiner wohnt bei ihm. Wir können in seine Nähe gehen. Wir können mit ihm sprechen. Es wird allgemein geglaubt, dass wir allein durch das Gespräch bekommen, was wir wollen. Seine bloße

Anwesenheit ist eine Inspiration. Er ist sehr fröhlich. Es gibt keine Guru-Aura um ihn herum."

Amma: „Aber gerade seine Aussage, dass man keinen Guru benötigt, ist bereits eine Lehre oder nicht? Wenn ihm jemand nahe ist und ihm zuhört, haben wir dann nicht einen Guru und einen Schüler?"

Reporter: „Er erteilt weder Ratschläge, noch gibt er Anweisungen."

Amma: „Aber was ist mit seinen Reden, Sohn?"

Reporter: „Die Gespräche sind eher locker gehalten.

Amma: „Kein Guru besteht darauf, dass ihm andere gehorchen oder entsprechend seinen Worten leben. Aber jedes Wort eines Gurus ist eine Art Ratschlag. Sein Leben selbst ist eine Lehre. Wir hören auf Krishnamurtis Worte, und wenn wir diesen folgen, werden wir unsere wahre Essenz erkennen, nicht wahr? Diese Bereitschaft, etwas zu befolgen, ist nichts anderes als Schüler sein. Sie vermittelt Demut und gutes Verhalten in uns. Normalerweise werden nur die Kinder gute Erwachsene, die den Rat ihrer Eltern befolgen.

Wenn wir unseren Eltern gehorchen, vermittelt uns dies Pflichtgefühl und richtiges Verhalten. Amma sagt nicht, dass Krishnamurtis Methode falsch ist. Er hat viele Bücher gelesen. Er hat viele weise Menschen besucht und viel von ihnen gelernt. Außerdem hat er etliche Methoden ausprobiert. Dann erreichte er seine jetzige Bewusstseinsebene, weil er verstanden hatte, dass alles in ihm selbst ist. Sohn, du jedoch hast diese Ebene noch nicht erreicht.

Heutzutage ist unsere Aufmerksamkeit in erster Linie auf äußere Dinge ausgerichtet. Wir schauen fast nie nach innen. Wenn Kinder im Schulalter sind, interessieren sie sich hauptsächlich fürs Spielen und sie lernen in erster Linie aus Angst vor ihren Eltern. Aber wenn sie z.B. Ingenieur werden wollen, haben sie gute Noten als Ziel und werden anfangen selbstmotiviert zu lernen. Obwohl wir ein spirituelles Ziel haben, lenken uns unsere Gedanken aufgrund des Drucks, den unsere Vāsanā verursachen, immer wieder davon ab. Um unsere Gedanken in den Griff zu bekommen, ist die Hilfe eines Satguru unbedingt notwendig. Ist einmal ein bestimmtes Stadium erreicht und der innere Guru erweckt, dann ist keine Hilfe mehr nötig. Dieser lenkt uns dann.

Das Lied, das wir auswendig gelernt haben, ist vielleicht vergessen. Wenn uns aber jemand die erste Zeile sagt, können wir wieder das gesamte Lied singen. Ebenso liegt alles Wissen in uns. Der Guru erinnert uns daran; er weckt, was in uns ruht.

In der Behauptung, dass man keinen Guru braucht, ist bereits ein Guru enthalten. Es muss uns schließlich jemand sagen, dass wir keinen Guru brauchen. Ein Guru ist jemand, der unsere Unwissenheit beseitigt. Wenn der Mind noch nicht entsprechend gereinigt wurde, ist es notwendig, einige Zeit unter der Anleitung eines Gurus zu verbringen. Selbst wenn wir ein angeborenes Talent für Musik haben, können wir nur dann unser Talent voll entfalten, wenn wir mit einem kompetenten Lehrer üben.

Gewöhnliche Gurus können die spirituellen Prinzipien nur erklären. Ein Satguru aber, der das Selbst verwirklicht hat, übermittelt dem Schüler einen Teil seiner geistigen Kraft. Dies lässt den Schüler das Ziel schneller erreichen. So wie die Schildkröte ihre Eier im Sand durch Konzentration ausbrütet, wecken die Gedanken des Satgurus die spirituelle Fähigkeit im Schüler.

Satsang und spirituelle Bücher haben die Kraft, uns auf gute Gedanken zu bringen. Das alleine genügt aber nicht, um sich ständig weiterzuentwickeln. Gewöhnliche Ärzte untersuchen den Patienten und verschreiben ihm dann eine Medizin. Ist eine Operation nötig, muss der Patient zu einem Chirurgen gehen. Genauso müssen wir, um zum ultimativen Ziel zu gelangen, unseren Mind von Negativität befreien und Zuflucht bei einem Guru suchen."

Reporter: „Sagen die Schriften nicht, dass alles in uns ist? Warum ist dann soviel Sādhanā notwendig?" Amma: „Obwohl bereits alles in uns ist, nützt es uns nichts, wenn wir es nicht erfahren. Aus diesem Grund ist Sādhanā absolut notwendig. Die Ṛiṣhis, die uns die Mahāvākyas wie ‚Ich bin Brahman' (aham Brahman) und ‚Du bist Das' (tat tvam asi) gegeben haben, waren Wesen, die diese Erfahrungsebene erreicht hatten.

Ihre Lebensweise war anders als unsere. Sie sahen alle lebenden Wesen als gleichwertig an. Sie liebten und dienten allen Wesen ohne Unterschied. In ihren Augen war nichts im Universum von ihnen getrennt. Während sie über göttliche Eigenschaften verfügten, entsprechen unsere eher denen einer Fliege. Eine Fliege lebt auf Schmutz und Exkrementen. Ähnlich kann unser Verstand nur Fehler und Mängel in anderen sehen. Das muss sich ändern. Wir sollten das Gute in allem sehen. Solange wir die Wahrheit nicht durch Sādhanā und Kontemplation verwirklicht haben, hat es keinen Sinn zu sagen, dass bereits alles in uns ist.

Es kommen Leute hierher, welche die Schriften und Vēdānta vierzig oder fünfzig Jahre lang studiert haben. Sogar sie sagen, dass sie bisher keinen Frieden gefunden haben. Wir können kein Licht erhalten, indem wir das Bild einer Lampe an die Wand hängen. Wenn wir etwas sehen wollen, dann müssen wir tatsächlich Licht anschalten. Aus Büchern zu lernen und Reden zu halten, ist nicht genug. Um die Wahrheit zu erfahren, muss man Sādhanā praktizieren und das wirkliche ‚Ich' entdecken. Dazu ist die Hilfe eines Gurus erforderlich."

Reporter: „Ist das die Hilfe, die Amma hier gibt?"

Amma: „Amma macht selbst nichts. Der Paramātman läßt Amma alles tun! Diese Menschen hier brauchen Amma jetzt. Suchende brauchen den Guru. Warum? Unser Mind ist jetzt schwach. Kleine Kinder strecken gerne ihre Hand ins Feuer. Ihre Mutter wird ihnen sagen: ‚Berühre es nicht, mein Kind, es wird deine Hand verbrennen!' Jemand muss es dem Kind sagen, damit es das Feuer meidet. Das ist alles, was Amma tut. An einem bestimmten Punkt brauchen wir jemanden, der uns auf unsere Fehler aufmerksam macht."

Der Reporter: „Ist es nicht wie Sklaverei, wenn jemand dem Guru blind folgt?"

Amma: „Mein Sohn, um die Wahrheit zu erkennen, müssen wir das Gefühl des ‚Ich-Seins' loswerden. Das ist sehr schwierig, wenn man allein Sādhanā ausübt. Um das Ego auszulöschen, ist spirituelle Praxis unter der Anleitung eines Gurus wesentlich. Wenn wir uns vor dem Guru verneigen, verneigen wir uns nicht vor dem Individuum, sondern vor dem Ideal in ihm. Wir tun das, damit wir auch seine Ebene erreichen können.

Wir können nur durch Demut aufsteigen. Der Same enthält in sich bereits den Baum, aber wenn er sich damit begnügt, irgendwo in einem Lagerraum zu liegen, wird er von Mäusen gefressen. Nur wenn er unter die Erde kommt, entfaltet sich seine wahre Form. Wenn man den Knopf drückt, öffnet sich der Schirm; erst dann kann er vor dem Regen schützen.

Weil wir unsere Eltern, die Älteren und die Lehrer respektierten und ihnen gehorchten, sind wir gewachsen und haben Wissen erlangt. Sie haben gute Eigenschaften und gutes Verhalten in uns entwickelt. Auf die gleiche Art und Weise erhebt Gehorsam dem Guru gegenüber den Schüler auf eine höhere Stufe.

Um später einmal König der Könige zu werden, nimmt der Schüler zunächst die Rolle des Dieners an. Wir umzäunen einen kleinen Mangobaum; wir hegen ihn und lassen ihn wachsen, damit wir später die süßen Früchte erhalten. Der Schüler zeigt dem Guru gegenüber Ehrerbietung und Gehorsam, um schließlich die Wahrheit zu erreichen, die der Guru repräsentiert.

Vor Start und Landung eines Flugzeuges werden wir gebeten, die Sicherheitsgurte anzulegen. Das tut man nicht, um uns gegenüber Macht zu demonstrieren, sondern für unsere eigene Sicherheit. Ebenso hält der Guru den spirituellen Schüler dazu an, bestimmte Regeln einzuhalten und sich einzuschränken, aber ausschließlich um ihn emporzuheben. Er tut es nur, um den Schüler vor Gefahren zu schützen, die ihm möglicherweise begegnen könnten. Der Guru weiß, dass das Ego eine Gefahr für den Schüler und für andere bedeutet. Die Straße ist für Autos bestimmt. Wenn man jedoch willkürlich darauf herumfährt, dann passieren mit Sicherheit Unfälle. Deshalb ist es notwendig, die Straßenverkehrsregeln einzuhalten. Gehorchen wir nicht dem Polizisten, der den Verkehr an den Kreuzungen lenkt? Durch diesen Gehorsam verhindern wir viele Unfälle.

Wenn unser Sinn von ‚Ich' und ‚Mein' drauf und dran ist uns zu zerstören, so werden wir gerettet, indem wir den Anweisungen des Satgurus folgen. Er gibt uns das notwendige Training, um diese Situationen später zu vermeiden. Allein die Nähe des Gurus gibt uns Stärke.

Der Guru ist die Verkörperung von Selbstlosigkeit. Weil ein Guru die entsprechenden Eigenschaften lebt, können wir von ihm lernen, was Wahrheit, Dharma, Entsagung und Liebe bedeuten. Der Guru ist die lebendige Verkörperung dieser

Eigenschaften. Indem wir ihm gehorchen und ihm nacheifern, sprießen solche Eigenschaften auch in uns. Gehorsam dem Guru gegenüber zu sein ist keine Sklaverei. Das Ziel des Gurus ist die Sicherheit des spirituellen Schülers. Er weist uns den Weg. Ein wirklicher Guru betrachtet den Schüler niemals als seinen Sklaven. Er ist voller Liebe für ihn. Er möchte, dass der Schüler erfolgreich ist, selbst wenn es für ihn Härte bedeutet. Der wahre Guru ist tatsächlich wie eine Mutter."

Mutters Worte drangen tief in den Mind des Zuhörers ein, entwurzelten Zweifel und pflanzten die Saat des Glaubens. Der Reporter verabschiedete sich zufrieden, weil er so viel Neues erfahren hatte.

Samstag, 22. Juni 1985

Meditation

Amma und die Brahmachārīs saßen im Meditationsraum. Einige Haushälter-Devotees saßen ebenfalls in der Nähe. Ein gerade neu angekommener Brahmachārī wollte die Chance, in Ammas Nähe zu sein, nicht ungenutzt vergehen lassen. Er wünschte sich, mehr über Meditation zu erfahren.

Brahmachārī: „Amma, was ist mit Meditation gemeint?"

Amma: „Stellen wir uns vor, dass wir Pāyasam kochen. Fragt uns jemand, warum wir Wasser in den Topf gießen, dann sagen wir, es sei für den Pāyasam. Aber genau genommen erhitzen wir nur Wasser. Ähnlich ist es, wenn wir den Reis und den Jaggery besorgen; auch dann sagen wir, dass diese Zutaten für den Pāyasam sind. Tatsache jedoch ist, dass der Pāyasam erst noch hergestellt werden muss. Genauso sagen wir, dass wir meditieren, wenn wir mit geschlossenen Augen dasitzen. Eigentlich handelt es sich nicht um Meditation, sondern es ist ein Sādhanā, um die wahre Meditation zu erreichen. Wahre Meditation ist ein besonderer Zustand des Mindes, eine Erfahrung. Sie kann nicht in Worten beschrieben werden.

Sprechen wir nicht über ‚Sadhakam' im Zusammenhang mit Singen? Es bedeutet nur Singen üben. Um wirklich singen zu können, muss man immer wieder üben. Genauso ist es auf dem spirituellen Weg. Sādhanā entspricht dem spirituellen Üben und Meditation ist der Zustand, den du als Ergebnis erreichst.

Meditation ist konstantes, auf Gott ausgerichtetes Denken, wie das Fließen eines Flusses. Du erreichst diesen Zustand in der Meditation nur durch ungeteilte, auf einen Punkt ausgerichtete Konzentration. Am Anfang solltest du den Mind reinigen. Stärke seine Konzentration und entschlacke ihn durch Japa und hingebungsvolle Gesänge; dann übe dich im Meditieren.

Ohne Liebe zu Gott können wir unseren Mind nicht auf Ihn richten. Wenn jemand diese Liebe hat, wird sein Mind nicht mehr zu weltlichen Dingen abschweifen. Für ihn sind weltliche Vergnügungen wie die Ausscheidungen eines Hundes. Kleinkinder heben Schlamm und Schmutz auf und stecken ihn in den Mund. Werden sie das noch tun, wenn sie größer sind und Unterscheidungsvermögen haben?"

Sorgen des weltlichen Lebens

Ein Brahmachārī brachte einige gerade angekommene Briefe und Amma begann sie zu lesen. Während sie las, sagte sie zu den Devotees: „Eigentlich kann man schon alles über das Leben erfahren, wenn man diese Briefe liest. Die meisten Briefe sind Leidensgeschichten."

Brahmachārī: „Sind denn keine Briefe mit Fragen über spirituelle Themen dabei?"

Amma: „Ja, schon, aber die meisten Briefe erzählen leidvolle Geschichten. So wie der Brief, der neulich von einer Tochter kam. Ihr Mann kommt jeden Tag betrunken nach Hause und verprügelt sie. Eines Tages kam ihr zwei Jahre altes Kind dazwischen. Welchen Unterschied gibt es für einen Betrunkenen zwischen einem Kind und einem Erwachsenen? Ein Tritt und das Bein des Kindes war gebrochen. Das Bein ist jetzt in einem Gipsverband. Sogar nach diesem Vorfall trinkt der Ehemann genauso viel wie zuvor. Die Frau muss sich um das Kind kümmern und auch alles andere zu Hause erledigen. Sie bat um Ammas Segen, damit ihr Ehemann mit dem Trinken aufhört."

Ein Devotee: „Amma, liest du all diese Briefe selbst? Da ist ein großes Bündel an Briefen, allein in der heutigen Post."

Amma: „Wenn Amma an die Tränen der Menschen denkt, wie könnte sie es dann fertigbringen, ihre Briefe nicht zu lesen? Einigen schreibt sie sogar selbst eine Antwort. Wenn es sehr viele Briefe sind, dann sagt sie jemandem, was geantwortet werden soll. Es ist schwierig, sie alle zu lesen und zu beantworten. Einige Briefe sind zehn oder zwölf Seiten lang. Amma hat nicht die Zeit, jede Einzelheit zu lesen. Trotzdem liest sie fast bis zum Tagesanbruch Briefe. Sie hat einen Brief in der Hand, während sie isst. Amma diktiert häufig eine Antwort, wenn sie ein Bad nimmt."

Sie gab die Briefe einem Brahmachārī und sagte: „Sohn, bringe die Briefe in Ammas Zimmer. Amma wird sie später lesen."

Einzelheiten zum Sādhanā

Amma fragte einen neu angekommenen Brahmachārī: „Liest du momentan irgendwelche Bücher, Sohn?"

Brahmachārī: „Ja, Amma. Aber die meisten Bücher sagen dasselbe. Vieles wird im gleichen Buch an verschiedenen Stellen wiederholt."

Amma: „Sohn, es gibt nur eines, was gesagt werden muss: ‚Was ist ewig und was ist vergänglich? Was ist gut und was ist schlecht? Wie kann jemand das Ewige verwirklichen?' Die Gītā und die Purāṇas versuchen ein- und dasselbe aufzuzeigen. Die wichtigsten Prinzipien werden wiederholt. Dies geschieht, um ihre Wichtigkeit zu betonen. Wenn man die Prinzipien immer wieder hört, werden sie in das Bewusstsein eindringen und dortbleiben. Es gibt einige scheinbare Unterschiede zwischen den Büchern, das ist alles. Während das Rāmāyaṇa die Schlacht zwischen Rāma und Rāvaṇa behandelt, beschreibt das Mahābhārata den Krieg zwischen den Kauravas und den Pāṇḍavas. Das Grundprinzip ist dasselbe. Wie man die Prinzipien befolgen und sich in den verschiedenen Situationen des Lebens weiterentwickeln kann, das ist es, was all die Mahātmās und all die Bücher zu lehren versuchen."

Ein anderer Brahmachārī: „Amma, mein Körper ist im Moment sehr schwach. Es fing an, nachdem ich Yōgastunden genommen hatte."

Amma: „Sohn, wenn du anfängst, Yōgapositionen zu üben, wirst du dich die ersten Monate erschöpft fühlen. Du solltest gut essen. Wenn sich der Körper erst einmal daran gewöhnt hat, wirst du dich wieder ganz normal fühlen. Dann sollten sich deine Essgewohnheiten ebenfalls wieder normalisieren." Amma lachte.

„Lass mich dich nicht dabei erwischen, wie du dich vollstopfst und sagst: ‚Amma hat mir gesagt, ich soll viel essen.'" Alle lachten.

Amma fuhr fort: „Sādhaks sollten bezüglich ihrer Essgewohnheiten sehr sorgfältig sein. Es ist besser, am Morgen nichts zu essen. Ihr solltet euch bis 11.00 Uhr in Meditation vertiefen. Die tamasische Qualität nimmt zu, wenn man zu viel isst. Der Mind wird schlechte Neigungen haben. Wenn du am Morgen etwas isst, sollte es sehr leicht sein. Der Mind sollte sich auf die Meditation konzentrieren."

Ein junger Mann saß in der Nähe der Tür des Meditationsraumes und hörte Ammas Worten genau zu. Er war ein gebildeter Mann mit Magisterexamen und hatte die letzten vier Jahre in Ṛiṣhikēśh gelebt. Im vorigen Monat hatte er, als er einen Freund in Delhi besuchte, von Amma gehört. Vor zwei Tagen war er im Āśhram angekommen, um Amma erstmals zu begegnen.

Der junge Mann: „Amma, ich habe in den letzten Jahren viel Sādhanā praktiziert, aber das Ergebnis war bisher ziemlich enttäuschend. Es nimmt mir meine Kraft, wenn ich daran denke, dass ich bis jetzt noch nicht in der Lage war, Gott zu verwirklichen."

Amma: „Sohn, weißt du überhaupt, welche Art von Losgelöstheit nötig ist, um die Verwirklichung Gottes zu erlangen? Stell dir vor, dass du Zuhause fest schläfst. Plötzlich wachst du auf, weil dir sehr heiß ist. Du stellst fest, dass um dich herum ein Feuer wütet. Würdest du nicht augenblicklich in helle Aufregung geraten und versuchen, dem Feuer zu entkommen? Denke an deine dringlichen Hilferufe, da du den Tod vor dir siehst. Du musst mit der gleichen Dringlichkeit rufen, um die Vision Gottes zu erhalten. Denk so intensiv daran als wäre ein Nichtschwimmer in tiefes Wasser gefallen nach Luft ringen würde Genauso musst du dich darum bemühen, mit dem Höchsten zu verschmelzen. Dass du noch nicht die Vision Gottes erlangt hast, sollte dir beständig fühlbaren Schmerz bereiten. In jedem Moment sollte dein Herz sich danach verzehren.“

Amma hielt einen Moment inne und fuhr dann fort: „Du kannst die Vision Gottes nicht erlangen, nur indem du in einem Āśhram lebst. Du musst Sādhanā mit größtmöglicher Losgelöstheit praktizieren. Du musst das Gefühl haben: ‚Ich will nichts anderes als Gott’. Für jemanden, der Fieber hat, werden selbst süße Dinge bitter schmecken. Ebenso wird dein Mind nirgendwo anders hinwandern, wenn dich das Fieber der Liebe zu Gott erfasst. Deine Augen möchten nichts anderes sehen als die Form Gottes. Deine Ohren werden sich danach sehnen, den göttlichen Namen zu hören, alle anderen Geräusche werden schmerzhaft und irritierend sein. Dein Mind wird wie ein Fisch auf dem Trockenen zappeln, bis du Gott erreicht hast!“ Amma schloss ihre Augen und versank in Meditation. Alle saßen da und beobachteten sie.

Einige Minuten später stand Amma auf und ging an der Außenmauer des Meditationsraumes entlang. Der Trinkwasser-vorratstank war an der Südseite etwa einen halben Meter von der Mauer des Meditationsraumes entfernt, so dass ein schmaler Gang dazwischen frei war. Das Wasser dieses Tanks wurde zu einem anderen, höhergelegenen Tank gepumpt, von wo es in den gesamten Āśhram verteilt wurde. Bevor sie in die Hütte ging, um den bereits wartenden Besuchern Darśhan zu geben, sagte sie zu den Brahmachārīs: „Im Tank bildet sich Moos, Kinder. Er sollte gereinigt werden.“

Die Dämmerung war hereingebrochen. In göttlicher Stimmung saß Amma auf dem Bett in ihrem Zimmer und sang Bhajans.

Die Flamme in der Öllampe, die bei Anbruch der Dämmerung angezündet worden war, brannte völlig still, so als wäre auch sie eingetaucht in Ammas Lied:

āgamāntapporuḷe jaganmayi

Oh Essenz der Veden,
die das Universum durchdringt,
die mit Weisheit erfüllt ist,
wer kennt Dich?

Oh glückseliges Selbst,
ewiges Wesen, frei von Leid.
Oh Urkraft, höchste Energie,
beschütze mich!

Du wohnst in allen Herzen und kennst alles.
Eifrig bereit, die Glückseligkeit der Befreiung
zu schenken.

Unsichtbar für die Übeltäter,
eine stets leuchtende Erscheinung
in der Meditation der Tugendhaften.

Du erstrahlst als ewige Wahrheit.
Oh Dēvī, Oh Ewige,
zeige mir den Pfad der Erlösung;
leuchte in mir, einem Dummkopf unter den Menschen.

Klar und deutlich sage ich Dir, Oh Mutter,
komm' tritt ein und leuchte in meinem Herzen.
Erwähle mich, Deine Geschichte zu lobpreisen
und befreie mich aus den Fängen von Maya.

An der Wand hinter Amma befand sich ein Bild der Göttin Sarasvatī mit ihrer Vīṇā. Begannen etwa die Finger der Göttin die Vīṇā zu spielen, als Amma anfing zu singen? Bevor das Echo ihres Liedes verklang, nahm Amma das Foto und küsste das Bildnis der Göttin wieder und wieder. Sie hielt das Bild an ihr Herz und saß für eine Weile still da.

Sie blieb in der gleichen Pose ohne die kleinste Bewegung sitzen. Als die Abend-Bhajans im Kalari begannen, legte sie das Bild von Sarasvatī vorsichtig auf das Bett. Zwei Tränenspuren waren auf dem Foto zu sehen. Sie stand auf und begann langsam hin und her zu schreiten, immer noch tief in göttlicher Stimmung eingetaucht.

Die Bhajans endeten gerade mit den letzten Zeilen des Ārati. Amma ging nach draußen und spazierte im kleinen Hof vor dem Meditationsraum.

Rat für Haushälter

Einige Devotees, die etwas entfernt standen, näherten sich Amma. Sie führte sie zum Kalari und setzte sich.

Ein Devotee: „Amma, ich habe eine Frage bezüglich dessen, was du heute Morgen dem Brahmachārī gesagt hast."

Amma: „Was ist es denn, Sohn?"

Devotee: „Amma hat gesagt, dass das weltliche Leben mit Hundekot vergleichbar sei. Sollte man das weltliche Leben als derart schlecht ansehen?"

Amma (lachend): „Hat Amma das nicht zu den Brahmachārīs gesagt? Sie müssen diese Art von Nicht-Anhaftung erreichen, damit sie auf dem spirituellen Weg ausharren. Einen Brahmachārī, der seinen Blick fest auf das Ziel gerichtet hat, wird das weltliche Leben überhaupt nicht interessieren. Amma muss einem Brahmachārī so eine geringschätzige Sichtweise des weltlichen Lebens vermitteln, damit er die Stärke bekommt, zum Ziel zu gelangen. Sonst werden ihn Vergnügungen auf der physischen Ebene anziehen, und er wird Energie verlieren.

Ein Soldat erhält das Training, das er für seine Arbeit in der Armee benötigt, während ein Polizist entsprechend seinen Pflichten als Polizeibeamter ausgebildet wird. Ebenso sind die Anleitungen für Brahmachārīs und Haushälter verschieden. Obwohl natürlich beide das gleiche Ziel haben, ist die Intensität, mit der sie danach streben, unterschiedlich. Der Brahmachārī hat bereits all seine Bindungen aufgegeben und widmet sich gänzlich diesem Weg. Er rezitiert bei jedem Schritt ein Mantra der Nicht-Anhaftung.

Amma würde niemals behaupten, dass das Haushälter-Dasein (Gṛihasthāśhrama) etwas Geringeres ist. Waren nicht all die Ṛiṣhis Haushälter? Lebten nicht auch Rāma und Kṛiṣhṇa als Haushälter? Aber jemand, der das Brahmacharya-Gelöbnis abgelegt hat, muss das weltliche Leben mit Hundekot gleichsetzen. Dann erst wird er dazu in der Lage sein, die nötige Haltung des Nicht-Anhaftens zu bewahren, die wesentlich ist, um auf dem Weg zu bleiben.

Der Rat zuvor war also nicht für Haushälter gedacht, sondern für Brahmachārīs, die allem völlig entsagen sollen. Amma freut sich sehr darüber zu sehen, wie der Sinn für Entsagung in jenen Kindern erwacht sind, die Haushälter sind. Sie müssen nur aufpassen, dass die Flamme nicht erlischt, dann können sie das Ziel erreichen. Amma verlangt von niemandem, alles aufzugeben und ein Sannyāsi zu werden, bevor er nicht den Wunsch zum Entsagen hat.

Bei dem Weg, den Amma vorschreibt, muss man nicht in den Himalaja gehen, mit geschlossenen Augen dasitzen und nur an Mōkṣha denken. Man muss lernen, den Umständen entsprechend zu leben. Der Schakal sitzt im Dschungel und nimmt sich vor, beim nächsten Mal nicht zu heulen, wenn er einen Hund sieht. Doch sobald er dann einen Hund sieht, kann er nicht anders, als aus reiner Gewohnheit zu heulen. Über wirklichen Mut verfügt ein Mensch, der auch inmitten weltlicher Erfahrungen frei von Anhaftung und Besitzgefühl ist. Der wahre Grihasthasrami sollte so sein.

Sobald die Frucht anfängt Form anzunehmen, fällt die Blüte ab. Ebenso werden weltliche Begierden verschwinden, sobald Entsagung reift. Eine solche Person kann später von keinerlei Verlangen gebunden werden, unabhängig davon, ob sie zuhause oder im Wald lebt. Für jemand, der sich die Verwirklichung Gottes als höchstes Ziel gesetzt hat, ist nichts anderes mehr wichtig. Er hat bereits verstanden, dass nichts Physisches von Dauer ist, und dass die wirkliche Glückseligkeit in uns selbst liegt."

Devotee: „Wie können wir den Mind zähmen, wenn er nach äußeren Vergnügungen sucht?"

Amma: „Das Kamel frisst von Dornbüschen, wenn es hungrig ist. Dann blutet sein Maul. Stellt euch vor, ihr seid hungrig. Weil ihr scharfen Pfeffer so gerne mögt, esst ihr nur Pfeffer. Euer Mund wird brennen und der Magen ebenfalls. Ihr wolltet den Hunger stillen, aber jetzt müsst ihr den Schmerz ertragen. Ebenso wird derjenige am Ende leiden, der von materiellen Dingen abhängig ist und davon Glück erwartet.

Nehmt zum Beispiel den Moschusochsen. Wie lange er auch nach der Ursache des Moschusduftes sucht, er wird nichts finden, da der Duft von ihm selbst ausgeht. Glückseligkeit liegt ebenfalls nicht in äußeren Dingen, sondern in uns selbst.

Haben wir erst den nötigen Abstand es so zu sehen, werden wir aufhören, äußeren Vergnügungen nachzulaufen.

Weil wir wissen, dass der Saft in der Frucht ist, schälen wir die Frucht und werfen die Schale weg. Das ist die Haltung, die ein Sādhak haben muss. Dann wird sich sein Mind nicht nach außen wenden. Wir werden fähig, die Essenz von allen Dingen zu erkennen."

Devotee: „Ist es nicht möglich, spirituelle Glückseligkeit zu erfahren, während man ein weltliches Leben führt?"

Amma: „Wie kannst du spirituelle Glückseligkeit erfahren, ohne dich ausschließlich auf Gott zu konzentrieren? Wenn du Pāyasam mit vielen anderen Gerichten mischst, wie kannst du dich dann an seinem Geschmack erfreuen?

Viṣhnu bat Sanaka und die anderen Heiligen wiederholt, sie mögen doch heiraten. Aber sie antworteten: ‚Jeden Augenblick, den wir verheiratet sind, werden wir nicht an dich denken. Wir brauchen nur dich, Herr! Nichts anderes.'

Manche Menschen argumentieren, dass das weltliche Leben in Ordnung sein müsse, da ja nichts von Gott getrennt ist. Es ist in Ordnung, wenn man in allen Situationen an Gott denken kann. Aber sind wir dazu in der Lage? Was machen wir normalerweise, wenn wir etwas Süßes essen? Erfreuen wir uns des süßen Geschmackes oder denken wir an Gott? Wenn man sogar dann an nichts anderes als an Gott denken kann, ist es kein Problem. Dann könnt ihr einen solchen Weg einschlagen."

Devotee: „Schreiben unsere Schriften nicht vier Stadien im Leben vor: Brahmachārya, Gṛihasthāśhrama, Vānaprastha und Sannyāsa? Wenn man das Leben eines Gṛihastha geführt hat und anfängt loszulassen, folgt Vānaprastha. Ein Sannyāsi wird man, wenn man von allem völlig losgelöst ist. Alle weltlichen

Bindungen sind gelöst und man gibt sich gänzlich Gott hin. Das ist in der Tat das Ziel des Lebens."

Ein anderer Devotee: „Es wird auch gesagt, dass man von Brahmacharya direkt zu Sannyāsa übergehen kann, wenn man bereits völlig losgelöst ist."

Amma (lachend): „Natürlich, aber die Eltern erlauben das nicht. Einige der Kinder im Āśhram haben heftigen Widerstand überwunden, um hier zu bleiben."

Devotee: „Verdienen wir überhaupt die Verwirklichung? Wir sind so traurig, dass wir in diesem weltlichen Leben gefangen sind!"

Amma: „Meine lieben Kinder, denkt nicht so! Macht euch bewusst, dass all dies nur dazu dient, euch Gott näher zu bringen. Wenn wir auf einem Ausflug sind und etwas unseren Weg blockiert, werden wir es entfernen und dann weiterfahren. Wenn wir das Hindernis nicht beseitigen, wird es weiterhin den Weg versperren. Das weltliche Leben ermöglicht es uns, das Verlangen und den Zorn in uns zu beseitigen. Amma empfiehlt manchmal den Kindern zu heiraten, in denen die Vāsanās sehr stark vorhanden sind. Wenn die Vāsanās unterdrückt werden, explodieren sie früher oder später. Wir müssen sie transzenṣMind sollte durch Kontemplation gestärkt werden. Wenn ein Kind beim Laufen hinfällt, sollte es aufstehen und weiterlaufen. Wenn es nur daliegt, wird es niemals Fortschritte machen. Das Familienleben ist nicht dazu gedacht, uns von Gott zu entfernen, sondern uns Ihm näherzubringen. Nutzt es zu diesem Zweck, Kinder und macht euch nicht unnötig Sorgen.

Das Familienleben erlaubt es uns, unsere Vāsanās zu überwinden. Geht nicht im Meer der Vāsanās unter. Versteht, was sie sind und wachst darüber hinaus. Wir erreichen unser Ziel nur, wenn wir uns völlig von unseren Vāsanās lösen. Wir sind zufrieden, wenn wir unsere Portion Pāyasam genießen, doch später möchten wir gerne doppelt so viel. Aber wenn wir die wahre Natur dieses Verlangens verstehen, wird der Mind nicht danach streben. Würde jemand den Pāyasam anrühren, wenn eine Eidechse hineingefallen ist?

Sobald uns die Vāsanās zu überwältigen drohen, werden wir widerstehen, da der Mind weiß, dass sie nicht die Ursache wahrer Freude sind und dass sie uns nur Leid bringen. Dieses Wissen muss fest in eurem Mind und Intellekt verankert sein. Lasst nicht zu, dass euer Leben vergeudet wird, indem ihr Sklaven eures Mindes seid! Tauscht nicht einen unschätzbaren Juwel gegen ein Bonbon. Unser Mind wird sich beruhigen, wenn wir aufhören, den Sinnenfreuden so viel Wichtigkeit beizumessen, wie wir es momentan tun.

Macht euch keine Sorgen, wenn ihr nicht sofort die Stärke dazu habt. Setzt euch jeden Tag in Stille hin, denkt darüber nach und nehmt dabei die Haltung eines Zeugen ein. Macht dies zu einer regelmäßigen Gewohnheit. Ihr werdet mit Sicherheit die Kraft bekommen, die ihr braucht. Es hat keinen Sinn, irgendwo zu sitzen und darüber zu weinen, dass ihr zu schwach seid. Findet die Stärke, die ihr braucht. Dann seid ihr ohne zu zögern jeder Herausforderung gewachsen. Kinder, vergießt keine Tränen und denkt nicht, dass ihr unwürdig seid. Das wird euch nur Kraft rauben.

Sohn, bereue nicht, dass du kein Brahmachārī werden konntest oder dass du nicht immer bei Amma sein kannst. Ihr Kinder seid alle wie die Blätter einer Pflanze. Einige Blätter sind dem Stamm sehr nahe, andere sind weit weg von ihm, aber alle Blätter gehören zur selben Pflanze. Ebenso seid ihr alle Ammas Kinder, zweifelt daran nicht. Sei nicht traurig darüber, dass du dich nicht an Ammas physischer Präsenz erfreuen kannst. Du kannst das letztendliche Ziel ebenfalls eines Tages erreichen."

Devotee: „Aber ist unser Leben nicht vergeudet, weil wir in all diesen weltlichen Wünschen gefangen sind?"

Amma: „Warum solltest du dich über die Vergangenheit grämen? Gehe mit Vertrauen vorwärts.

Es lebte einmal ein sehr armer Holzfäller. Er ging jeden Tag in den Wald, um Holz zu schneiden und daraus Kohle zu machen. Die Kohle brachte er in ein Geschäft, wo sie als Brennstoff verkauft wurde. Die Bezahlung war sehr schlecht, nicht einmal genug, um seinen Magen zu füllen. Als Haus hatte er eine alte, verrottete und undichte Hütte. Da es ihm seine Gesundheit nicht erlaubte härter zu arbeiten, war er ständig verzweifelt. Eines Tages kam der König in den Ort. Er hörte von der traurigen Lage des armen Holzfällers. Der König sagte zu ihm: ‚Von heute an musst du dich nicht mehr so abplagen. Ich gebe dir einen Wald aus lauter Sandelholzbäumen. Mit dem Einkommen, das du daraus erhältst, wirst du gut auskommen können.'

Am nächsten Tag ging der Holzfäller wie gewohnt zur Arbeit. Da er jetzt seinen eigenen Wald hatte, musste er nicht mehr nach Bäumen suchen, die er fällen konnte. Er fällte einige Sandelholzbäume, machte daraus Kohle und brachte diese wie immer zu dem Geschäft für Brennmaterialien. Er verdiente nicht mehr als vorher.

Nach einigen Jahren kam der König erneut durch das Dorf. Er fragte nach dem Mann, dem er den Wald mit den Sandelholzbäumen geschenkt hatte. Der König erwartete, dass er jetzt ein reicher Mann sei. Er war sehr erstaunt, als er den Holzfäller sah. Er war eher noch ärmer. Auf seinem Gesicht zeigte sich keinerlei Freude und er hatte sogar vergessen, wie man lacht.

Der König fragte ihn bestürzt: ‚Was ist denn mit dir passiert? Was hast du mit dem Wald gemacht, den ich dir gegeben habe?' ‚Ich fällte die Bäume und verkaufte sie als Brennmaterial', sagte der Mann. Der König konnte es nicht glauben, dass der Mann diese kostbaren Bäume für eine so erbärmliche Summe verkauft hatte. ‚Sind denn noch Bäume übrig?', fragte er. ‚Ja, noch einer', sagte der Mann. Der König erwiderte: ‚Oh du Dummkopf! Was ich dir gab, war ein Wald voller Sandelholzbäume. Sie waren nicht dazu gedacht, als Brennholz verkauft zu werden! Also gut, wenigstens ist noch ein Baum übrig. Fälle ihn und verkaufe ihn, ohne daraus Brennmaterial zu machen. Du wirst genug bekommen, um für den Rest deines Lebens davon leben zu können.' Der Holzfäller folgte dem Rat des Königs und es ging es ihm von da an gut.

Kinder, ihr habt den Wunsch, Gott zu erkennen. Das ist genug. Euer Leben wird erfüllt werden. Führt in Zukunft ein gutes Leben."

Eine Frau kam mit zwei kleinen Kindern zu Amma und fiel vor ihr nieder. Sie legte ihren Kopf auf Ammas Schoß und begann bitterlich zu weinen, während sie ihre Leidensgeschichte erzählte.

Ihr Mann hatte ein Geschäft mittels eines Kredits begonnen, dessen Zinsen unverschämt hoch waren. Das Unternehmen scheiterte. Sie mussten ihr Land verkaufen und verpfändeten den Schmuck der Frau, um die Schulden zurückzuzahlen. Sie konnten den Schmuck nicht rechtzeitig wieder auslösen, deshalb wurde er versteigert. Aufgrund des Drucks der Gläubiger verkauften sie ihr Haus und mieteten ein anderes. Jetzt war kein Geld mehr vorhanden, um die Miete zu zahlen. Die Frau war so verzweifelt, dass sie mit den Kindern zusammen Selbstmord begehen wollte. Zu diesem Zeitpunkt erzählte ihr eine Freundin von Amma und nun war sie gekommen, um Amma zu sehen.

Unter Tränen sagte sie zu Amma: „Mutter, weißt du, wie gut es uns vorherging? Mein Mann hat alles ruiniert. Ich kann dort nicht länger leben. Es ist nicht einmal Geld für die Miete da. Meinen Verwandten geht es gut. Wie kann ich ihnen nur mein Gesicht zeigen? Deshalb beschloss ich, dieses Leben zu beenden und auch das meiner Kinder."

Amma: „Tochter, du musst deshalb nicht sterben. Ist denn der Tod überhaupt in unseren Händen? Welches Recht hast du, das Leben der Kinder zu vernichten?

Wo Feuer ist, da ist auch Rauch, mein Kind. Wo Wünsche sind, da ist auch Schmerz. Ihr wolltet ein grandioses Leben, deshalb habt ihr dieses große Geschäft aufgemacht. Das ist die Ursache für dein Leid. Wenn ihr gelernt hättet, mit dem zufrieden zu sein, was ihr hattet, dann hättet ihr jetzt keine Probleme. Das Leben ist voller Freude und Schmerz. Es gibt kein Leben, das nur Freude ist oder nur Schmerz.

Es gibt für alles eine Zeit. Zu bestimmten Zeiten in unserem Leben geht einfach alles schief, egal was wir beginnen. Es hat keinen Sinn, zusammenzubrechen, wenn das geschieht. Halte dich immer fest an Gott. Er ist unsere einzige Zuflucht. Er wird es nicht versäumen, uns einen Ausweg zu zeigen. Wenigstens bist du gesund. Du kannst für den Lebensunterhalt arbeiten. Gott wird das arrangieren. Es gibt keinen Grund, in einer Ecke zu sitzen und zu weinen. Das ist nur Zeitverschwendung und wird deine Gesundheit ruinieren. Gräme dich nicht über das, was vergangen ist, Tochter! Sich an Vergangenes zu erinnern und darüber zu trauern, gleicht dem Liebkosen eines toten Körpers.

Die Vergangenheit kehrt nie zurück. Über die Zukunft wissen wir auch nichts. Anstatt deine Zeit zu verschwenden und deine Gesundheit zu ruinieren, indem du über die Vergangenheit und die Zukunft nachdenkst, solltest du die Gegenwart stärken. Momentan ruinierst du die Gegenwart, indem du ständig mit deinen Gedanken in der Vergangenheit oder der Zukunft bist. Nur der Paramātman kennt alle drei: Vergangenheit, Gegenwart und Zukunft. Deshalb solltest du ihm alles überlassen, stets an ihn denken und nach vorne schauen. Dann wird immer ein Lächeln auf deinem Gesicht sein.

Stell dir jemand vor, der Eis isst. Während er löffelt, denkt er: ‚In dem Restaurant, in dem ich gestern war, war das Essen nicht abgedeckt. Vielleicht ist eine Küchenschabe oder eine Eidechse hineingefallen? Waren meine Kopfschmerzen möglicherweise durch dieses Essen? Heute Morgen hat mich mein Sohn erneut um neue Kleider gebeten. Wovon soll ich ihm etwas kaufen? Ich habe nicht das Geld dafür. Ich träume schon so lange von einem besseren Haus. Doch ich verdiene nicht genug. Alles würde sich zum Besseren wenden, wenn ich eine entsprechende Arbeit finden könnte!' Während der Mann so in seine Gedanken versunken war, hat er das ganze Eis aufgegessen und dabei nicht einmal dessen Geschmack wahrgenommen. Die Vergangenheit belastete ihn und die Zukunft hat ihm ebenfalls Sorgen bereitet. Daher hat er den angenehmen Moment in der Gegenwart nicht genossen, sondern verschwendet. Hätte er stattdessen Vergangenheit und Zukunft vergessen und seine Aufmerksamkeit auf die Gegenwart gerichtet, hätte er zumindest den Geschmack der Eiscreme genießen können. Deshalb genießt jeden Moment, während ihr vorangeht, Kinder. Überlasst alles Gott und begrüßt alle Lebensumstände mit einem Lächeln. Vergesst die Vergangenheit und die Zukunft und seid ganz im gegenwärtigen Moment.

Wenn du fällst, dann steh auf und gehe mit Begeisterung weiter. Stell dir vor, dass der Sturz dazu gedacht war, deine Aufmerksamkeit zu schärfen. Betrachte die Vergangenheit als einen annullierten Scheck. Es hat keinen Sinn über sie zu grübeln. Es ist auch sinnlos, einfach nur dazusitzen und sich über seine Wunden Gedanken zu machen. Man sollte so schnell wie möglich die Wunden medizinisch versorgen.

Tochter, niemand bringt irgendetwas in diese Welt oder nimmt etwas mit. Wir eignen uns hier Dinge an und verlieren sie dann wieder. Das ist alles. Wenn wir erst einmal erkennen, dass dies die Natur der Dinge ist, werden wir unsere Kraft nicht auf Sorgen verschwenden. Der wahre Reichtum ist Frieden im Mind, Tochter! Wir sollten einen Weg finden diesen zu bewahren.

Bleibe hier, bis dein Mann eine Arbeit bekommt. Deine Kinder können auch hierbleiben. Höre auf, dir Sorgen zu machen.“ Mit Ihrer Hand wischte Amma die Tränen und all die Sorgen weg.

Eine andere Frau sagte: „Amma, ich bin sehr traurig, wenn ich nicht in der Lage bin, meinen Mind mit Gott zu verbinden, viele schlechte Gedanken kommen auf und beunruhigen mich.“

Amma: „Tochter, ärgere dich nicht über schlechte Gedanken. Der Mind ist nur eine Ansammlung von Gedanken. Denke, dass die schlechten Gedanken auftauchen, weil es Zeit ist, dass sie verschwinden. Aber achte darauf, dass du dich nicht mit ihnen identifizierst.

Wenn wir im Bus reisen, dann sehen wir viele schöne Dinge: schöne Häuser, wundervolle Blumen und herrliche Gärten und so weiter. Wir stellen jedoch keine Verbindung zu ihnen her.

Wir lassen sie einfach vorüberziehen, sie sind nicht unser Ziel. Wir müssen lernen Gedanken, die uns durch den Kopf gehen, auf die gleiche Weise zu betrachten. Beobachte sie, aber stelle keine Verbindung zu ihnen her. Klammere dich nicht an sie. Wir stehen am Ufer und schauen zu, wie der Fluss dahinfließt. Es ist interessant, den Fluss zu beobachten. Wenn wir jedoch hineinspringen, verlieren wir bald unsere Kräfte. Versuche, die Fähigkeit zu entwickeln, als Zeuge zurückzutreten, während dir die Gedanken durch den Kopf gehen, Tochter. Das wird deinen Mind stärken."

Eine Frau, die Ammas Worten hörte, sagte: „Amma, wenn wir erst einmal im Netz des Familienlebens verstrickt sind, ist es schwer, wieder herauszukommen, auch wenn wir uns sehr bemühen."

Amma: „Ein Vogel sitzt auf dem trockenen Ast eines Baumes und isst eine Frucht, die er irgendwo gefunden hat. Er weiß, dass der Ast jeden Moment abbrechen könnte. Deshalb ist er sehr wachsam. Du solltest verstehen, dass diese Welt genauso ist. Alles kann jeden Augenblick verloren gehen. Daran solltet ihr denken, Kinder. Haltet euch immer an der Wahrheit fest, dass nur Gott ewig ist. Dann gibt es keinen Grund für Leid.

Wenn wir wissen, dass um uns herum ein Feuerwerk stattfindet, dann wird uns der nächste laute Knall nicht erschrecken und uns dahinführen, unseren Gleichmut zu verlieren. Genauso ist es, wenn wir die wahre Natur dieser Welt verstehen, werden wir unsere Gelassenheit nicht verlieren. Wir sollten lernen, alles als übertragene Pflicht auszuführen und auf unserem Weg voranschreiten, ohne uns mit irgendetwas zu identifizieren, zu binden.

Seht euch einen Bankmanager an und die Angestellten, für die er verantwortlich ist. Er ist außerdem für die Leute zuständig, die einen Kredit aufnehmen wollen und muss ihre Anträge überprüfen. Wenn der Manager sich von dem Lächeln und den Komplimenten der Antragsteller beeindrucken lässt und Kredite vergibt, ohne die Unterlagen sorgfältig zu prüfen, kommt er selbst ins Gefängnis. Er ist sich im Klaren darüber, dass einige dieser Leute gekommen sind, um von ihm Geld auf jedwede Art zu bekommen. Er weiß auch, dass das Geld der Bank nicht sein eigenes ist, trotzdem gibt er es nicht jedem Antragsteller. Er ist mit niemandem ärgerlich und er zögert nicht, dem Kreditwürdigen Geld zu geben. Er tut nur seine Pflicht, das ist alles. Da hat er keinen Grund bekümmert zu sein.

Wir sollten alle so sein. Wir sollten fähig sein, alles mit Aufrichtigkeit und Enthusiasmus zu tun. Wir sollten uns weder entmutigen lassen noch faul werden, weil wir denken, dass uns am Ende nichts bleibt. unsere Arbeit als Pflicht ansehen und sie mit Śhraddhā ausführen. Wir sollten keine Abneigungen entwickeln. Seht alles als einen Aspekt des Paramātman an. Alles folgt demselben höchsten Prinzip.

Hast du nicht schon Bonbons gesehen, die in verschiedenfarbige Papiere eingewickelt sind: rote, weiße, blaue und grüne? Alle sehen anders aus und Kinder werden sich streiten, weil sie das Bonbon in ihrer Lieblingsfarbe möchten. Das Kind, das ein Bonbon in rotem Papier möchte, wird nicht zufrieden sein, wenn es eines in blau bekommt. Es wird weinen, bis es eines in rotem Papier bekommt. Doch wenn man das Papier entfernt, schmecken alle Bonbons gleich. Wir sind wie diese Kinder. Wir denken nicht an das Bonbon. Wir sind von den verschiedenen Verpackungen beeindruckt und kämpfen darum. In Wirklichkeit ist es das gleiche Prinzip, das in allem Lebendigen ist. Auch wenn die äußeren Formen und Farben unterschiedlich sind, ändert sich das höchste Prinzip nicht. Wir können das nicht verstehen, weil wir unsere kindliche Unschuld und innere Reinheit verloren haben.

Wenn jemand ärgerlich auf uns ist und sich feindselig verhält, reagieren wir darauf gewöhnlich mit Ärger und Aggression. Das ist so, als würden wir in einer Wunde an seiner Hand herumstochern und sie damit vergrößern, anstatt für Medizin und Heilung zu sorgen. Der Eiter seiner Wunde wird auch auf unseren Körper spritzen und stinken. Sein Ego wird stärker, während sich unsere Unwissenheit verstärkt. Aber wenn wir ihm vergeben, ist es so, als würden wir Medizin auf seine Wunden auftragen, und wir erweitern unser Bewusstsein. Deshalb sollt ihr ein Leben der Liebe und der Vergebung führen, Kinder. Das mag schwierig sein, aber wenn ihr es versucht, habt ihr bestimmt Erfolg."

Devotee: „Amma, wie können wir bei all den Verpflichtungen, die das Familienleben mit sich bringt, Zeit für Meditation und Japa finden?"

Amma: „Nichts ist schwierig für die, die es wirklich wollen. Du musst wirkliche Sehnsucht haben. Du solltest mindestens einen Tag in der Woche in Stille verbringen und Sādhanā ausüben. Du hast vielleicht Verpflichtungen und Arbeit, doch selbst dann solltest du einen Tag dafür finden. Lässt du dich nicht krankschreiben, wenn es dir nicht gut geht trotz einer Menge unerledigter Arbeit? Nimmst du dir nicht einen Tag frei, um an der Hochzeit von Verwandten teilzunehmen? Wie viel wichtiger ist es, Zeit für Sādhanā zu finden! Wenigstens einen Tag in der Woche solltest du in einen Āśhram gehen und Sādhanā und Sēvā tun. Dieser Tag wird dir außerdem helfen, die Liebe und den Zusammenhalt in der Familie zu stärken.

Machen deine Kinder Unfug, dann erkläre ihnen die Dinge liebevoll. Die Kindheit ist das Fundament des Lebens. Wenn wir unseren Kindern keine Aufmerksamkeit schenken und ihnen keine Liebe und Zuneigung zeigen, dann geraten sie eventuell auf eine schiefe Bahn. Eltern sollten in den ersten Jahren daran denken, besonders liebevoll zu ihren Kindern zu sein, so wie man bei einer zarten, jungen Pflanze viel mehr aufs Gießen achtet. Sobald die Kinder erwachsen sind und eine Arbeit gefunden haben, sollten die Eltern ihnen die Verantwortung für die Familie übertragen und sich in einen Āśhram zurückziehen und dort in Ruhe Sādhanā zu praktizieren. Reinigt euren Mind mit selbstloser Arbeit. Es ist nicht gut, sich bis zu seinem letzten Atemzug an Heim und Kinder zu klammern. Sind die eigenen Kinder erwachsen, wird der Wunsch, die Enkel zu sehen und bei ihrer Erziehung zu helfen, in den Vordergrund treten. Aber alle Lebewesen auf dieser Erde schaffen es und überleben oder nicht? Sie warten nicht auf Hilfe. Überlasse deine Kinder den Händen Gottes. Das sollten liebevolle Eltern tun. Das ist ein Zeichen wahrer Liebe.

Bis jetzt haben wir uns für ‚uns selbst und die eigenen Kinder abgemüht.' In dieser Hinsicht besteht kein Unterschied zwischen uns und den Tieren. Was ist dann eigentlich das besondere Geschenk unseres so kostbaren menschlichen Lebens? Von heute an sollte die Arbeit nicht mehr um unseretwillen geschehen. So wird das ‚Ich' langsam von selbst schwinden. Gleichzeitig werden auch unsere Ängste und Sorgen abnehmen.

Wenn wir einmal in einen Zug einsteigen, warum sollen wir unsere Last weitertragen und uns beschweren, wie schwer sie ist? Wir können sie ablegen. In ähnlicher Weise solltet ihr lernen, in dem Höchsten Zuflucht zu nehmen und alles vollständig aufzugeben, Kinder!

Wenn es einmal in der Woche nicht möglich ist, sollten aber mindestens zwei Tage im Monat in einer Āśhram-Atmosphäre verbracht werden, vertieft in Japa, Meditation und selbstlosen Dienst. Sich an Gott zu erinnern, ist das wahre Fundament des Lebens. Mit der Zeit fallen all unsere Bindungen von uns ab wie die alte Haut einer Schlange und wir können mit Gott verschmelzen. Befolgt eine regelmäßige Disziplin. Manche Leute sagen, dass die Welt um uns herum doch auch Brahman ist, weshalb sich dann von ihr zurückziehen? Ja, alles ist Brahman, aber haben wir diese Bewusstseinsebene erreicht? Gott kann in uns nichts Schlechtes sehen. Er sieht nur das Gute in allem. Wenn wir zu derselben Haltung fähig wären, dann wäre die Aussage, ‚Alles ist Brahman' sinnvoll. Wenn unter Tausenden von Dingen nur eine Sache richtig ist, dann wird Gott nur diese sehen.

Ein Guru hatte zwei Schüler. Er übertrug im Āśhram dem einen der beiden meist mehr Verantwortung. Dem zweiten Schüler gefiel dies nicht, da er sich selbst als den besten Schüler des Āśhrams betrachtete. Er fing an, den ersten Schüler abzulehnen. Eines Tages fragte er den Guru: , Warum vertraust du mir keine Āśhram-Angelegenheiten an? Ich kann diese Dinge besser erledigen als er.'

Der Guru rief beide Schüler zu sich und gab ihnen den Auftrag, hinauszugehen und etwas über das Wesen der Menschen zu erfahren. Als der erste Schüler seines Weges ging, sah er am Straßenrand einen Mann, der ein kleines Kind tröstete und ihm ein Bonbon gab. Erkundigungen ergaben, dass es sich um einen Mörder handelte. Trotzdem war der Schüler von der guten Seite des Mannes sehr beeindruckt. Als er weiterging sah er, wie jemand einem alten Mann, der an der Straßenseite lag und der von Hunger und Durst sehr geschwächt war, Wasser gab. Der Schüler fand heraus, dass dieser Mensch ein Räuber war. Er war erfreut darüber, sogar in einem Räuber Mitgefühl zu finden. Als nächstes sah er eine Frau, die die Tränen einer anderen Frau wegwischte und sie tröstete. Die freundliche Frau war eine Prostituierte. Der Schüler konnte auf die Prostituierte nicht herabsehen, als er das Mitgefühl in ihrem Herzen erkannte. Er kam zum Guru zurück, beschrieb ihm alles und lobte besonders die guten Taten, die er gesehen hatte.

Der zweite Schüler kam ebenfalls zurück. Er berichtete, dass er gesehen habe, wie ein Mann ein Kind schlug. Dann habe er jemanden gesehen, der einen Bettler zurechtwies. Weiterhin sah er eine Krankenschwester, die sehr böse mit einem Patienten war. Das erzeugte nur Hass im Herzen des Schülers gegen die Menschen, die er sah. Der Mann, der das Kind geschlagen hatte, war jedoch sehr großzügig. Er verpflegte und kleidete viele arme Kinder und zahlte ihre Ausbildung. Dieses eine Kind hatte die Angewohnheit zu stehlen. Es hatte nicht geholfen, mit dem Kind darüber zu reden. Der Mann hatte sich schließlich entschieden, das Kind zu schlagen, um es auf diese Weise zur Einsicht zu bringen. Aber der Schüler konnte keine Rechtfertigung dafür akzeptieren. Er dachte bei sich selbst: ‚Sollte es jemandem, wie gutherzig er auch immer sein möge, gestattet sein, ein Kind zu schlagen? Böser Mensch!'

Der zweite Mann, den er entdeckt hatte, war generell immer großzügig im Geben. Als er einen gesunden Mann betteln sah, versuchte er diesen zu überzeugen, seine von Gott gegebene Gesundheit zu nutzen und für seinen Lebensunterhalt zu arbeiten. Der Schüler fand dies ebenfalls nicht gut. Er dachte: ‚Wie großzügig auch immer jemand sein mag, welches Recht hat er jemanden zurechtzuweisen? Wenn er nichts geben wollte, hätte er den Bettler ja einfach wegschicken können.'

Als letztes nun zur Krankenschwester, die ihre Patienten sehr liebte. Sie kümmerte sich Tag und Nacht um sie. Dieser spezielle Patient hatte die Angewohnheit, die Verbände zu entfernen. Das verzögerte die Heilung der Wunden. Die Schwester schimpfte, weil sie es gut mit dem Patienten meinte. Dem Schüler gefiel auch dies nicht: ‚Die Schwester hat wohl Medizin aufgetragen, die ihm Schmerzen verursacht. Das wird wahrscheinlich der Grund sein, warum der Patient den Verband entfernte. Dann schimpfte sie auch noch mit ihm. Gemeine Frau!'

Nachdem der Guru sich die Erklärungen der beiden Schüler angehört hatte, sagte er: ‚Niemand ist ausschließlich nur schlecht in dieser Welt. Wie böse auch immer jemand angeblich ist, es gibt auch etwas Gutes in ihm. Einer von euch beiden sah das Gute in einem Mörder, einem Räuber und einer Prostituierten. Wenn in uns etwas Gutes ist, dann werden wir es auch in anderen erkennen. Solche Augen brauchen wir.

Der Guru sagte dann zu dem zweiten Schüler: ‚Mein Sohn, du hast dein eigenes Wesen in den anderen gesehen. Du konntest selbst in jenen, die viel Gutes in sich haben, nur das Schlechte sehen. An dem Tag, an dem sich dein Wesen ändert, wirst du das Gute in allem erkennen.'

Momentan sind wir noch wie der zweite Schüler. Selbst wenn tausend richtige Eigenschaften vorhanden sind, sehen wir sie nicht, sondern nur den einen Fehler, der da sein mag. Gott sieht in seinen Kindern nur das Gute. Nur wenn wir diese Einstellung erreichen, können wir sagen, dass alles Brahman oder Gott ist.

Es gibt Leute, die fragen: ‚Ist der Guru nicht in uns? Reicht es nicht, unserem eigenen Inneren zu folgen? Warum sollen wir Zuflucht bei jemand anderem suchen?' Es ist wahr, dass ein Guru in uns ist, aber dieser ‚Guru' ist zur Zeit der Sklave unserer Vāsanās. Gefühle und Gedanken sind nicht unter unserer

Kontrolle, sondern werden von unseren Vāsanās gelenkt. Deshalb ist es gefährlich, ihnen einfach zu folgen.

Amma wird euch die Geschichte eines Mannes erzählen, der viele Gurus aufsuchte. Alle sprachen sie nur von Demut, Glaube und Hingabe. Der Mann mochte das nicht. Er wollte von niemandem ein Sklave sein. Er saß am Straßenrand und sagte sich: ‚Keiner der Gurus, die ich aufgesucht habe, ist der Richtige um mich zu führen.' Während er das dachte, schaute er auf und sah ein Kamel, das in der Nähe graste und mit dem Kopf nickte. Der Mann war erstaunt, dass das Kamel verstanden hatte, was er dachte. ‚Das muss der Guru sein, den ich gesucht habe', dachte er bei sich. Er ging zu dem Kamel und fragte es: ‚Willst du mein Guru werden?' Das Kamel nickte wieder mit dem Kopf. Der Mann war glücklich.

Danach tat er nichts mehr, ohne zuerst seinen Kamelguru zu befragen. Das Kamel stimmte allem zu, was er auch immer fragte. Eines Tages fragte er das Kamel: ‚Ich habe ein Mädchen gesehen, darf ich es lieben?' Das Kamel nickte. Nach einigen Tagen kam er zu dem Kamel zurück und fragte: ‚Soll ich es heiraten?' Der Kamelguru gab auch dazu seine Einwilligung. Wieder vergingen einige Tage. Die nächste Frage war: ‚Ist es in Ordnung, wenn ich ein bisschen trinke?' Das Kamel nickte erneut. Der Mann kam an diesem Tag sehr betrunken nach Hause. Bald wurde das zu einer Angewohnheit. Seine Frau war dagegen. Er ging deshalb zu seinem Guru und fragte, ob er mit seiner Frau streiten dürfe. Wieder stimmte der Guru zu. Kurz darauf kam der Mann zurück und fragte: ‚Meine Frau mag überhaupt nicht, dass ich ständig trinke: Soll ich sie umbringen?' Das Kamel nickte auch bei dieser Frage mit seinem Kopf. Der Mann eilte nach Hause und stach auf seine Frau ein, wobei er sie ernsthaft verletzte. Die Polizei kam und nahm ihn fest. Er wurde zu lebenslanger Haft verurteilt.

Unser Mind ist wie der Kamelguru. Richtig oder falsch spielt keine Rolle. Er heißt alles gut, was uns gefällt. Kein Gedanke gilt den nachfolgenden Konsequenzen. Wenn wir von unserem Mind abhängig sind, der ein Sklave unserer Vāsanās ist, sind wir an äußere Dinge gekettet. Unser Mind verfügt noch nicht über genügend Unterscheidungsvermögen, deshalb ist es am besten, den Anleitungen eines wahren Gurus zu folgen. Es kommt heutzutage vor, dass wir falsch handeln und das damit entschuldigen, Gott sei der eigentlich Handelnde. Es ist nicht richtig zu erwarten, dass der Guru mit allem, was wir tun, einverstanden ist. Nur jemand, der den Anleitungen des Gurus folgt, ohne diese in Frage zu stellen, kann dieses Ziel erreichen. Er ist der wahre geistige Schüler.

So wie eine Schildkröte ihre Eier ausbrütet, indem sie an diese denkt, ist der Gedanke des Gurus ausreichend, um den Schüler zum Ziel zu bringen. Ein Satguru ist jemand, der die Wahrheit verwirklicht hat. Seinen Anleitungen zu folgen, wird uns emporheben. Jene ‚Gurus', die allen Wünschen der Schüler zustimmen, sind keine wirklichen Gurus. Sie wissen nur genau wie das Kamel, wie man mit dem Kopf nickt. Sie denken nicht an den Fortschritt des Schülers."

Ein Devotee: „Amma, sagen die Schriften nicht: ‚Alles ist Brahman'?"

Amma: „Aber wir haben diese Ebene noch nicht erreicht! Deshalb müssen wir mit Unterscheidungsvermögen handeln. Es ist nicht weise, in die Nähe eines tollwütigen Hundes zu gehen und zu sagen, dass alles Brahman ist. Der Freund, der dir sagt, du sollst von dem Hund wegbleiben, ist ebenfalls Brahman.

Wenn du dich in diesem Fall nicht für das rechte Verhalten entscheidest, ruinierst du dein Leben.

Welchen Sinn hat es zu sagen: ‚Alles ist Brahman', solange wir Gott nicht erfahren? Denkt an die verschiedenen Dinge, die aus Peddigrohr gemacht sind. Peddigrohr ist im Stuhl, im Tisch und im Korb. Aber das Peddigrohr beinhaltet in sich auch den Stuhl, den Tisch und den Korb. Ebenso ist Gold im Ring, im Armreif und in den Ohrringen. Aber wir sind meistens nur von der äußeren Form dieser Dinge entzückt. Jene, die sich nicht von der äußeren Form faszinieren lassen, sehen das Gold in all den Gegenständen. Wir müssen diese Sichtweise entwickeln. Wir müssen begreifen, dass alles die eine letzte Wahrheit, Gott ist. Die diese Sicht der Dinge erreicht haben, können nichts mehr falsch machen. Diejenigen, die über Brahman reden, aber Brahman nicht erfahren haben, machen Fehler.

Advaita ist der Zustand, in dem es nicht mehr gibt, alles ist nur Eins. Es ist der Zustand, in dem du spontan jeden anderen als identisch mit dir siehst. Es ist nicht etwas, worüber man spricht, es ist ein Zustand des Seins.

Einst lieh sich ein Mann von verschiedenen Leuten Geld und kaufte sich eine Insel. Dort ließ er sich einen Palast bauen. Mit allen, die ihn besuchten, sprach er nur über den Palast und über seine eigene Wichtigkeit. Eines Tages kam ein Sannyāsi und bat um Bhiksha. Der reiche Mann hatte das Gefühl, dass der Sannyāsi ihm nicht genug Respekt entgegenbrachte und war darüber verärgert. Er sagte zu dem Sannyāsi: ‚Weißt du, wem die Insel gehört, der Palast und alles hier? Es gehört mir. Alles ist in meiner Hand. Es gibt hier niemanden, der mir nicht mit Respekt begegnet!'

Der Sannyāsi hörte geduldig zu und fragte dann: ‚Gehört hier alles dir?'

‚Ja', kam die Antwort.

‚Wirklich?'

‚Ja, wirklich.'

Da sagte der Sannyāsi: ‚Wessen Geld hat all dies hier ermöglicht? Stelle deinem Gewissen diese Frage!'

Der reiche Mann war beschämt. Er erkannte seinen Fehler und dass ihm in Wahrheit nichts von all dem gehörte. Er fiel dem Sādhu zu Füßen.

Das Wissen, das wir jetzt haben, wurde nicht durch Sādhanā erlangt. Wir haben einfach nur gelesen, was andere geschrieben haben und sitzen da und wiederholen die Worte: ‚Ich bin Brahman'. Wir sagen: ‚Ich bin Brahman', aber zeigen keinerlei Mitgefühl, Demut und Vergebung gegenüber unseren Nächsten. So haben wir nicht einmal das Recht, das Wort Brahman auszusprechen.

Wir können einem Papagei beibringen, z.B. ‚Brahman, Brahman' zu sagen. Wenn jedoch eine Katze vorbeikommt, kennt der Papagei nur noch Angstschreie. Schreiend wird er sterben. Statt nur das Wort Brahman zu wiederholen, müssen wir das Prinzip verinnerlichen und in unserem Mind durch dauernde Kontemplation verankern. Dieses Prinzip steht für Mitgefühl und Großzügigkeit und muss erfahren werden. Wer Gott erfahren hat, braucht nicht ständig ‚Ich bin Brahman' zu wiederholen. In der Nähe solcher Menschen können wir Gott fühlen. Unter keinen Umständen verlieren sie ihr Lächeln.

Momentan ist Brahman in uns wie der Baum im Samen. Wie würde es klingen, wenn der Samenkorn verkündete: ‚Ich bin der Baum?' Der Baum ist im Samen enthalten, aber der Samen muss zuvor in die Erde und Wurzeln schlagen. Dann muss der Setzling wachsen. Wenn er schließlich ein Baum ist, können wir sogar einen Elefanten daran festbinden; aber wenn wir den

Samen nicht beschützen, wird er von einem Vogel gefressen. Das höchste Prinzip ist natürlich in uns, aber wir müssen es mit Hilfe von Sādhanā lebendig erfahren.

Ein junger Mann ging einmal zu einem Guru und bat darum, sein Schüler zu werden. Es war ein Āśhram mit vielen Aspiranten. Der Guru sagte zu dem jungen Mann: ‚Das spirituelle Leben ist sehr hart. Es ist besser, du gehst wieder und kommst nach einiger Zeit zurück.'

Der junge Mann war sehr enttäuscht. Als der Guru dies sah, fragte er ihn: ‚ Also gut, welche Arbeit kannst du erledigen?' Der Guru schlug verschiedene Arbeiten vor, doch mit keiner dieser Arbeiten war der junge Mann vertraut. Schließlich sagte er: ‚Warum kümmerst du dich nicht um unsere Pferde?'

Der junge Mann sagte: ‚Wie du wünschst.'

Man übertrug ihm also die Verantwortung für die Pferde. Der neue Schüler erfüllte seine Pflicht mit großer Hingabe und die Pferde wurden bald gesünder und kräftiger.

Der Guru gab gewöhnlich seinen Schülern keine besonderen Anleitungen. Jeden Morgen gab er ihnen einen Vers, den sie kontemplieren und in ihrem Leben umsetzen sollten. Das war die Methode, nach der er lehrte.

Eines Morgens begann der Guru seine tägliche Routine früher als gewöhnlich. Er gab den Schülern ihre Verse und wollte sich auf einem der Pferde auf eine Reise begeben. Da kam der junge Schüler angerannt und bat um seine Instruktionen. Er war mit seiner Arbeit so sehr beschäftigt gewesen, dass er nicht hatte kommen können, als der Guru früher als gewöhnlich alle zu sich gerufen hatte. ‚Oh Meister', fragte er, wie lautet denn meine heutige Lektion?' Der Guru antwortete streng: ‚Weißt du denn nicht, dass ich gerade dabei bin, eine Reise anzutreten? Ist das die Zeit, solch eine Frage zu stellen?' Dann bestieg er das

Pferd und trabte davon. Der Junge war keineswegs enttäuscht. Er begann über die Worte des Gurus zu meditieren: ‚Weißt du nicht, dass ich auf eine Reise gehe? Ist das die Zeit, solch eine Frage zu stellen?' Der Guru kam am Abend zurück. Er fand den jungen Mann nicht bei den anderen Schülern und erkundigte sich nach ihm. Die anderen spotteten über ihn: ‚Der Dummkopf sitzt irgendwo und murmelt vor sich hin: ‚Weißt du nicht, dass ich auf eine Reise gehe? Ist dies die Zeit, solch eine Frage zu stellen?' Alle fingen an zu lachen. Der Guru verstand, was geschehen war. Er rief den jungen Mann und fragte ihn, womit er denn beschäftigt sei. Er sagte: ‚Meister, ich meditiere über das, was du mir am Morgen gesagt hast.' Die Augen des Gurus füllten sich mit Tränen. Er legte die Hände auf den Kopf des Schülers und segnete ihn. Den Mitschülern gefiel das ganz und gar nicht. Sie beschwerten sich bei ihrem Guru: ‚Meister, du ignorierst alle, die schon so lange hier sind. Warum bekommt dieser Dummkopf so viel Zuneigung?'

Der Guru bat einen von ihnen, ein Rauschmittel zu besorgen. Als es gebracht wurde, mischte er es mit Wasser und goss jedem ein wenig davon in den Mund. Sie sollten es sofort wieder ausspucken. Dann fragte er sie: ‚Fühlt sich irgendjemand von euch berauscht an?'

‚Wie sollte das denn möglich sein? Hast du uns nicht gesagt, dass wir es sofort wieder ausspucken sollen?'

Der Guru antwortete: ‚Das ist genau die Art, wie du meine morgendlichen Instruktionen behandelst! Du hörst, was ich sage und vergisst es sofort wieder. Der junge Mann ist nicht so, über den du dich beschwert. Er akzeptiert alles ohne geringsten Zweifel, ganz gleich was ich ihm sage, so unschuldig ist er. Zudem waren die Pferde, als du noch dafür verantwortlich warst, nur Haut und Knochen, da du sie nicht ordentlich gefüttert und versorgt hast. Darum waren sie leicht reizbar und haben jeden getreten, der sich ihnen näherte. Nachdem ich ihm die Verantwortung übergeben habe, wurden die Pferde gesund und nahmen an Gewicht zu. Nähert sich ihnen jetzt jemand, kommen sie und zeigen ihre Zuneigung. Er hat ihnen nicht nur Futter, sondern auch Liebe gegeben. Er hat seine Pflicht ernsthaft und regelmäßig ausgeführt. Dies tat er nicht um seiner selbst willen. Meine Worte nimmt er vollständig ohne Zweifel oder Fragen an,

Kinder, ihr müsst genauso sein, ihr dürft kein einziges Wort des Gurus als bedeutungslos ansehen. Wir sollten bereit sein, über seine Worte zu reflektieren und sie verinnerlichen. Bei solchem Verhalten kann der Guru gar nicht anders, als seine Gnade fließen zu lassen. Dann kann er die Gnade nicht zurückhalten."

Unter den Devotees war eine Frau. Sie fragte: „Amma, wenn sich ein Mann nach seiner Heirat aus dem weltlichen Leben zurückziehen will, ist es dann richtig, Frau und die Kinder zu verlassen?" Ihr Mann, der neben ihr stand, lachte, als er die Frage seiner Frau hörte. Alle anderen mussten ebenfalls lachen. Amma antwortete schmunzelnd: „Hab keine Angst, meine Tochter. Mōn wird dich nicht verlassen und hierherkommen. Wenn doch, dann werden wir ihn dazu bringen, dass er zu dir zurückrennt." Alle lachten.

Amma fuhr fort: „Ist man verheiratet, so kann man nicht einfach alles aufgeben und davongehen. Ist die Loslösung von der Welt sehr stark und genügend Geld für die Familie vorhanden, so dass sie ohne ihn leben kann, darf er allem entsagen. Aber diese innere Loslösung muss wahrhaftig und wirklich sein, so wie bei Buddha und Ramatirtha.

Es ist niemals richtig, ein Sannyāsi zu werden, um sich den Verpflichtungen zu entziehen. Man muss die nötige Reife erlangt haben um alles loszulassen. Ansonsten wäre es, als würde man ein Ei öffnen, bevor es ausgebrütet ist."

Ein Devotee: „Amma, ich habe überhaupt keine Lust, jetzt zur Arbeit zu gehen. Der Wahrheit und dem Dharma werden dort keine Bedeutung beigemessen. Zudem verletzen mich die Kollegen, sobald ich nicht nach ihrer Pfeife tanze."

Amma: „Dieses Problem ist nicht nur deines, Sohn. Viele von Ammas Kindern kommen und beschweren sich darüber. Heutzutage ist es schwierig, seine Arbeit mit Aufrichtigkeit zu verrichten. Wahrheit und Dharma haben keinen Wert mehr und deshalb leiden wir unter den Konsequenzen. Diejenigen, die in die Welt hinausgehen um zu arbeiten, müssen viele Hindernisse überwinden. Halten sie an Wahrheit und Ehrlichkeit fest, begegnen ihnen oft durch die Reaktionen ihrer Kollegen Schwierigkeiten. Was hat es für einen Sinn, traurig zu sein und sich schwach zu fühlen? Sohn, schenke dem, was die anderen tun, keine Beachtung. Verhalte dich entsprechend deinem eigenen Gewissen. Gott wird diejenigen nicht im Stich lassen, die das tun. Diejenigen, die Unrecht tun, nur um sofortigen Gewinn zu erzielen, sind sich nicht bewusst, wie viel Leiden vor ihnen liegt. Sie werden die Ergebnisse für ihre Handlungen erleben, wenn nicht heute, dann morgen."

Amma hielt kurz inne und fragte dann: „Wie viel Uhr ist es, Kinder?"

Ein Devotee: „Es ist nach elf."

Amma: „Geht jetzt ins Bett, Kinder. Amma hat noch nicht die Briefe gelesen, die heute Morgen gekommen sind. Lasst Amma in ihr Zimmer gehen."

Amma stand auf und als sie sich den Stufen näherte, kam ein Devotee auf sie zugerannt und verbeugte sich vor ihr.

Amma: „Was ist denn, Sohn?"

Devotee: „Ich fahre morgen früh, Amma. Bevor ich fahre, wird es mir nicht möglich sein, dich nochmals zu sehen. Das ist der Grund, warum ich dich jetzt störe."

Amma (lachend): „Wie kann es für Amma eine Störung sein?"

Devotee: „Ich hatte leider bisher noch keine Gelegenheit, dir den Grund meines Besuches mitzuteilen. Die Heirat meiner Tochter findet nächste Woche statt. Ich muss nicht einmal eine Paisa als Mitgift geben. Der Junge arbeitet am Persischen Golf und sagt, dass er sie dorthin mitnehmen will. Seine Familie ist finanziell sehr gut gestellt."

Dieser Mann hatte sieben Jahre lang versucht, seine Tochter unter die Haube zu bringen. Doch in ihrem Horoskop stand der Mars ungünstig. Sie hatten viele Heiratsangebote in Betracht gezogen, aber meist hatten die Horoskope nicht zusammengepasst. Selbst wenn sie passten, ging etwas schief. Der Vater war lange Zeit deshalb sehr besorgt. Dann hörte er von Amma und brachte seine Tochter zu Ihr. Amma gab ihr ein Mantra und sagte: „Es ist nicht mehr nötig, deswegen herumzulaufen. Rezitiere das Mantra mit Hingabe, Tochter, dann wird alles gut werden." Drei Wochen später kam über einen entfernten Verwandten ein Heiratsangebot. Die Horoskope passten besonders gut zueinander und das Datum der Hochzeit wurde eilig festgelegt.

„Hier habe ich den Hochzeitsring für den Jungen. Bitte segne ihn, Amma." Er gab Amma eine kleine Schachtel. Amma hielt sie vor ihre Augen und gab sie ihm dann zurück. Danach ging Amma in ihr Zimmer. Lilabai, eine Haushälter-Devotee, wartete vor Ammas Zimmertür. Sie war unglücklich darüber, dass sie ihre Tāli irgendwo verloren hatte.

Amma: „Tochter, hast du die Kette nicht mitgebracht, um sie Amma zu geben? Stell dir einfach vor, dass Gott sie genommen hat. Warum deshalb traurig sein?"

Lila war aus Kottayam. Ihre jüngste Tochter lebte im Āśhram und ging von dort in die Schule. Lilas Vater verurteilte es, dass seine Enkelin im Āśhram lebte.

Amma: „Wie geht es deinem Vater?"

Lila: „Er mag es überhaupt nicht, dass wir hierherkommen. Er schimpft deshalb die ganze Zeit mit uns."

Amma: „Das ist ganz normal! Wer sieht es schon gerne, wenn sich die Töchter der Familie auf den spirituellen Weg begeben?"

Lila: „Amma, bist du es, die all die Missbilligung verursacht?"

Amma: „Oh, wirklich?", Wer sagt das?" Amma lachte. „Beginnst du, ein spirituelles Leben zu führen, dann wirst du auf viele Vorbehalte treffen. Nur wenn du diese überwindest, wird es klar, wie stark dein Band zu Gott ist. Wenn dein Vater böse auf dich ist, dann ist das sein Saṁskāra. Warum sich darüber Sorgen? In den Āśhram zu kommen ist dein Saṁskāra. Stell dir vor, dass plötzlich starker Wind und Regen aufkommen, wenn wir gerade zu einer Reise aufbrechen wollen. Bekommen wir Angst und bleiben zuhause, werden wir das Ziel nicht erreichen. Wer sich ernsthaft danach sehnt, das Ziel zu erreichen, wird die Hindernisse ignorieren und vorwärtsgehen. Wenn man einfach nur zuhause bleibt, zeigt man kein großes Verlangen nach dem Ziel.

Bemühe dich, das Ziel zu erreichen. Welche Hindernisse sich auch dir in den Weg stellen mögen, überwinde sie! Darin liegt der wirkliche Mut. Andere werden ihre Meinung entsprechend ihres Mindes äußern. Es ist überflüssig, sich über ihre Bemerkungen zu ärgern. Gebt diesen Leuten nicht mehr Bedeutung als ihnen zusteht. Seid ihnen aber keinesfalls böse."

Amma ging in Ihr Zimmer.

Der mitternächtliche Mond schien durch die Vorhänge in den Raum. Amma begann, Briefe an ihre weltweiten Kinder zu schreiben, von denen die meisten jetzt um diese Zeit in tiefstem Schlaf lagen. Mit Ihren Worten trocknet sie die Tränen Ihrer Kinder.

Als Amma sah, dass die Brahmachārīni, der sie zuvor diktiert hatte, über den Blättern eingeschlafen war, nahm Amma selbst den Stift zur Hand. Sie begann, die kühlende Sandelholzpaste ihrer tröstenden Worte auf die brennenden Gemüter ihrer Kinder in der ganzen Welt aufzutragen. Vielleicht erreichte sie sie in ihren Träumen und ihre Gesichter lächelten im Schlaf.

Kapitel 2

Mittwoch, der 26. Juni 1985

Hingabe

Amma und die Brahmachārīs waren im Meditationsraum. Einige Haushälter-Devotees wie Padmanabhan und Divakaran befanden sich ebenfalls dort.

Padmanabhan, ein Bankbeamter aus Kozhikode, erwähnte einen homöopathischen Arzt, der kürzlich mit seiner Familie den Āśhram besucht hatte.

Amma: „Amma erinnert sich an sie. Er sieht sich selbst als großen Verehrer der Advaita-Philosophie, doch seine Frau ist voller Hingabe. Vielleicht kam er nur zum Darśhan, weil sie ihn darum bat. Er machte großes Getue, als er hereinkam. ‚Es gibt keinen Rāma oder Kṛiṣhṇa,' sagte er. Amma erwiderte: ‚Jeder wird schließlich das gleiche Ziel erreichen, aber man braucht ein Upādhi um Sādhanā auszuführen. Wie kannst du sagen, dass es keinen Rāma oder Kṛiṣhṇa gibt? Selbst wenn du Ochira nicht auf der Karte Indiens findest, kannst du etwa behaupten, dass es den Ort nicht gibt? Unser Verständnis von Advaita ist auf unsere Worte begrenzt. Ohne Hingabe ist es unmöglich, Advaita zu erfahren.' Danach war er still."

Amma nahm einen Stift, der in der Nähe lag und schrieb ‚Namaḥ Śhivaya' auf ihren linken Unterarm. Während sie das

Mantra schrieb, schien es, als würde sie tief in eine göttliche Stimmung eintauchen. Konzentriert schaute sie das Mantra auf ihrem Arm an und sagte zu Padmanabhan: „Wenn Amma früher zu Bett ging, hat sie immer das Kissen an ihr Herz gedrückt. Sie küsste es fortwährend und hatte das Gefühl, dass es sich nicht um ein Kissen, sondern um Dēvī handelte. Manchmal lag sie da, ihre Lippen berührten die Wand und sie stellte sich vor, sie würde die Göttliche Mutter küssen. Oder sie schrieb ‚Namaḥ Śhivaya' auf das Kissen und auf die Matte und küsste dann den Namen. Sie schlief nicht ein, bevor sie nicht lange nach Dēvī gerufen und geweint hatte und fast ohnmächtig war."

Amma schwieg und saß unbeweglich da. Langsam schlossen sich ihre Augen. Man konnte auf ihrem Gesicht die Glückseligkeit erkennen, in der sie sich befand. Alle saßen da und waren vertieft in Ammas Anblick.

Ein Brahmachārī sang das Lied:

mauna ghanāmṛita śhānti nikētam

Dort, wo die undurchdringliche Stille wohnt,
von ewiger Schönheit und ewigem Frieden.
Wo sich der Mind von Gautama Buddhas auflöste,
in einer Lichtfülle, die alle Bindungen auflöst,
an den Ufer der Glückseligkeit,
das jenseits der Gedanken liegt.

Im Wissen, das ewige Harmonie schenkt,
dort, wo es weder Anfang noch Ende gibt,
wo Glückseligkeit nur erkannt wird,
wenn die Bewegungen des Mindes verklingen,
am Ort der Kraft,
dem Reich reinen Bewusstseins.

Am Ziel, das den süßen Zustand
des ewigen Ein-Seins schenkt,
beschrieben als ‚Du bist das';
Ort meiner Sehnsucht,
erreichbar nur durch deine Gnade.

Das Lied endete und wenig später öffnete Amma die Augen.

Das Wesen des Gurus

Divakaran: „Ich habe einen Freund, der einigen Zeit bei einem Swāmī lebte und von ihm ein Mantra erhalten hat. Eines Tages schimpfte der Swāmī ihn wegen etwas und mein Freund verließ den Swāmī noch am gleichen Tag."

Amma: „Sohn, wenn du im spirituellen Leben jemanden als deinen Guru akzeptierst, solltest du ihm gegenüber völliges Vertrauen und Hingabe haben. Der Guru ist manchmal streng, aber nur zum Wohle des Schülers. Der Schüler sollte den Guru nicht kritisieren. Ein Guru ist vielleicht streng, aber er identifiziert sich nicht damit. Eine Mutter gibt ihrem Kind zum Beispiel einen leichten Schlag, um es davon abzuhalten, seine Hand ins Feuer zu strecken. Tut sie das etwa aus Boshaftigkeit dem Kind gegenüber? Nein, sie möchte nur das Kind vor Gefahr schützen. Dein Freund hätte verstehen sollen, dass der Guru nur zu seinem Besten mit ihm schimpfte."

Divakaran: „Er sagte, er ging weg, weil er viele Dinge, die der Guru tat, nicht übernehmen konnte."

Amma: „Der Schüler sollte nicht alles tun, was der Guru tut. Das würde seinen Fortschritt behindern. Niemand kann es dem Guru gleichtun. Um zu entscheiden, welche Handlungen des Gurus zur Nachahmung geeignet sind, sollten wir unser Unterscheidungsvermögen nutzen. Man sollte niemals denken:

‚Wenn mein Guru das macht, warum kann ich dann nicht das Gleiche tun?' Verwirklichte Mahātmās sind ohne Bindungen. Sie sind wie große Bäume, an die man Elefanten anketten kann. Um solche Bäume muss man keinen Zaun errichten. Wir sind wie kleine Pflanzen, die sich vor Kühen und Ziegen fürchten müssen. Wir brauchen einen Zaun um uns selbst zu schützen. Die Handlungen eines Mahātmās sind nicht mit unseren vergleichbar. Wir sollten daher auch nicht versuchen, alle seine Handlungen nachzuahmen.

Die Handlungen eines normalen Menschen sind bestimmt von dem Bewusstsein: ‚Ich bin der Körper'. Ein Mahātmā lebt aus der Erkenntnis, reines Bewusstsein zu sein. Deshalb sind viele seiner Handlungsweisen für gewöhnliche Menschen nur schwer verständlich.

Es war einmal ein Mahātmā, der kochte jeden Morgen etwas Öl und goss es dann sofort über seinen Körper. Anschließend nahm er ein Bad. Einer seiner Schüler sah es und dachte, dies sei die Ursache all der Kräfte des Gurus. Am nächsten Tag kochte er sich auch etwas Öl und schüttete es über seinen Körper. Ihr könnt euch die Folgen vorstellen! (Alle lachten.) Wenn wir alles nachmachen, was der Guru tut, dann werden wir vielleicht auch solche Erfahrungen machen. Deshalb sollten wir nur Dinge tun, die jedem von uns nützen."

Sādhanā ist unerlässlich

Divakaran: „In keinem anderen Āśhram, den ich bisher besucht habe, habe ich einen Tagesablauf gesehen, der diesem hier ähnelt. Hier liegt die Betonung auf Karma-Yōga und Meditation. An vielen anderen Orten wird dem Studium der Schriften die größte Wichtigkeit beigemessen."

Amma: „Solange uns Gedanken über weltliche Angelegenheiten stören, brauchen wir einen strikten Tagesplan mit Japa und Meditation um darüber hinausgehen zu können. Am Anfang ist es notwendig, sich sehr um diese tägliche Routine zu bemühen. Mit der Zeit wird sie zur Gewohnheit. Nur durch Sādhanā können wir Fortschritte machen. Ohne Sādhanā erreichen wir nichts. Was hat es für einen Sinn, Bücher zu studieren und Reden zu halten? Was ist der Unterschied zwischen einem Redner und einem Kassettenrecorder? Er gibt auch nur wieder, was er gelernt hat, das ist alles. Wenn wir ein Kochbuch lesen, wird dadurch unser Hunger gestillt? Wir müssen zuerst etwas kochen und es dann essen. Tapas ist nötig. Es wird die guten Eigenschaften und die guten Vāsanās in uns stärken. Die Reinheit und Konzentration des Mindes sind am wichtigsten.

Amma sagt nicht, dass man die Schriften nicht studieren sollte. Aber es ist unerlässlich, das Studium mit Sādhanā zu kombinieren, denn Sādhanā ist das Wesentliche. Wir sollten darin nicht nachlässig werden. Sādhanā sollte für uns so natürlich werden, wie Zähneputzen und Duschen.

Wenn wir nach der Schulung im Āśhram in Āśhram-Kleidung in die Welt hinausgehen, um Ammas Botschaft zu verbreiten, werden uns Tausende von Menschen lieben und respektieren. Amma sagt dennoch zu ihren Kindern, dass jene, die sie beschimpfen, ihre größten Lehrmeister sind. Nur wegen solch einer unangenehmen Behandlung werden wir uns selbst sorgfältiger beobachten. Solange nur Menschen um uns sind, die uns lieben, sind wir uns selbst gegenüber nicht kritisch. Wenn andere uns gegenüber Feindseligkeit zeigen, sollten wir uns fragen: ‚Warum sind sie mir gegenüber so feindselig? Welche Fehler habe ich gemacht, dass ich diese

Behandlungsweise verdiene?' So werden die Anschuldigungen gegen uns zu Wachstumsstufen."

Padmanabhan: „Amma, was ist besser, sich erst um die eigene Verwirklichung zu bemühen oder sich zuerst für andere einzusetzen?"

Amma: „Zuerst muss unser Egoismus völlig verschwinden, sonst sind wir nicht in der Lage, nur an das Beste der anderen zu denken. Wir sollten versuchen dahin zu kommen. Unsere Gebete und Handlungen, die wir zu diesem Zweck verrichten, bilden den Weg zur Befreiung. Wir müssen uns selbst völlig vergessen und allein an das Wohl der anderen denken. Kümmern wir uns um das Wohl der anderen, wird unser Mind dadurch rein."

Ein Brahmachārī hörte diesem Gespräch zu und wollte mehr über die Kräfte wissen, über die ein Guru verfügt. Amma antwortete: „Es gibt verschiedene Arten von Gurus. Satgurus können allein durch ihr Saṅkalpa Befreiung schenken. Selbst ihr Atem dient dem Wohle der Natur."

Brahmachārī: „Man sagt, dass der Guru den Schüler vor allen Gefahren schützt. Wenn aber dem Schüler eine Gefahr droht, während sich der Guru im Samādhi befindet, wie kann der Guru davon wissen und wie kann er ihn schützen?"

Amma: „Letztlich ist niemand vom Selbst getrennt. Ist nicht jeder ein Teil des Selbst? Obwohl ein Fluss zwei getrennte Ufer hat, gibt es nur ein Flussbett. Wenn der Guru sich im Samādhi befindet, dann ist er eins mit dem Selbst. Dann weiß er auch genau über die Situation seines Schülers Bescheid."

Hingabe und ihre Bedeutung

Padmanabhan: „Amma, viele Menschen erkennen das Potential der Hingabe nicht. Viele Menschen, die regelmäßig in den

Tempel gehen und täglich beten, scheinen kein sehr spirituelles Leben zu führen."

Amma: „Man glaubt allgemein, dass Hingabe bedeutet, möglichst viele Tempel zu besuchen und hundert verschiedene Gottheiten zu verehren. Diese Art von Hingabe ist blinder Glaube und basiert nicht auf dem Verständnis spiritueller Prinzipien. Andere, die das sehen, denken möglicherweise, das ist alles, was zur Hingabe gehört und kritisieren, was damit zusammenhängt. Spirituelle Menschen werden Tattvattile Bhakti, Hingabe, die auf spirituellem Wissen beruht, nicht ablehnen.

Wir sollten begreifen, dass die Verwirklichung Gottes das Ziel unseres Lebens ist und daher Gott mit diesem Ziel vor Augen verehren. Hingabe heißt im Prinzip zu erkennen, dass es ein und derselbe Gott ist, der sich in allen lebendigen Wesen manifestiert, in all den Gottheiten, Namen und Formen. Das bedingt, sich Gott selbstlos hinzugeben. Das ist die Hingabe, die wir haben sollten. Sogar auf dem Jñāna-Weg, dem Weg der Weisheit und Erkenntnis, ist es nicht möglich, ohne Hingabe vorwärts zu kommen.

Mit Kies alleine können wir nichts bauen. Wir müssen auch Zement hinzufügen und Beton herstellen. Wir können die Stufen, die uns zu Gott führen, nicht ohne die bindende Qualität der Liebe bauen.

Es gibt viele verschiedene Arten von Nahrung. Wer unter Verdauungsstörungen oder anderen Krankheiten leidet, kann jedoch nicht alles essen. Kañji, aus gebrochenem Reis hergestellt, ist für jeden bekömmlich. Das entspricht dem Pfad der Hingabe. Er ist für alle spirituell Suchenden passend.

Solange wir das Bewusstsein von ‚Ich' haben, benötigen wir ein Zentrum (Upādhi) als Bezugspunkt für unsere Konzentration, um das Ego aufzulösen. Hingabe ist die Liebe für dieses

Zentrum und die intensive Bemühung, das Ziel zu erreichen. Hingabe kann man auch mit einer Tinktur vergleichen, die man zur Wundreinigung benutzt. Durch Hingabe wird der Mind gereinigt.

Das ‚Feld' des Mindes sollte mit dem Wasser der Hingabe bewässert werden, damit der Samen des Wissens gesät werden kann. Dann können wir die Verwirklichung ernten. Jeder, der Prēma-Bhakti, Hingabe verbunden mit höchster Liebe, nur für eine Sekunde gekostet hat, wird niemals mehr davon ablassen. Solche Hingabe entsteht jedoch nicht in jedem Menschen. Bei einem Lotteriespiel gewinnt nicht jeder den ersten Preis. Diesen bekommt unter Millionen nur eine Person. Mit der echten Hingabe ist es genauso: Nur einer unter einer Million von Menschen ist dazu fähig und erlebt sie."

Während Amma die Größe und Schönheit von Hingabe pries, wurde sie plötzlich still. Ihr Bewusstsein verließ die äußere Welt und stieg zu höheren Ebenen auf. Als sie mit halb geschlossenen Augen dasaß, erinnerte ihre bewegungslose Form jeden an die göttliche Mutter, die jenseits aller Eigenschaften ist und die alles bewirkt, obgleich es scheint, als würde sie nicht handeln.

Hingabe kann nur da vorhanden sein, wo sich der von Gott getrennte Verehrer nach der Einheit zurücksehnt. Deshalb kann es für die liebende Seele in gewisser Hinsicht schöner sein, auf der Ebene der Dualität zu bleiben.

Wenig später öffnete Amma ihre Augen, aber sie war nicht in der Stimmung zu sprechen. Ihr Gesicht zeigte, dass sie sich in einer anderen Welt befand. War das wirklich die gleiche Mutter, die noch vor wenigen Minuten so gesprächig war?

Wiederum vergingen einige Minuten. Amma stand auf und ging zu einem Kind, dem sie zwei Bonbons aus einem Päckchen gab, das ihr ein Devotee geschenkt hatte. Das Kind auf den Kopf küssend sagte Amma: „Dieses Bonbon schmeckt jetzt süß, aber später wird es deinen Zähnen schaden. Wenn man Gott verwirklicht hat, kann man die ganze Zeit Süße erfahren, und es ist auch nicht schlecht für die Zähne!"

Vom Meditationszimmer aus ging Amma in die Darśhan-Hütte. Nacheinander gingen die Devotees, die dort saßen und gewartet hatten, zu Amma und verbeugten sich vor ihr. Eine Frau umarmte Amma und begann zu weinen. Sie war seit vielen Jahren verheiratet, trotzdem hatte sie noch keine Kinder. Das war der Grund ihres Kummers.

Amma: „Tochter, du weinst, weil du keine Kinder hast und diejenigen, die Kinder haben vergießen Tränen wegen des Verhaltens ihrer Kinder!" Amma zog die Frau hoch, wischte ihre Tränen ab und sagte: „Mach dir keine Sorgen, Tochter. Bete zu Gott. Amma macht ein Saṅkalpa für dich."
Hoffnung erhellte das Gesicht der Frau.

Ammas Anweisungen

Amma bat ein Kind, das in der Nähe saß, einen Kīrtan zu singen. Sanft erklang die süße Stimme des Kindes, das weder Scheu noch Stolz zeigte. Amma klatschte und gab damit den Rhythmus vor. Sie sang mit den anderen, während einige Devotees meditierten.

dēvī dēvī jaganmōhinī

Oh Göttin, Bezauberin der Welt,
Oh Chāṇḍikā, Besiegerin der Dämonen
Chanda und Munda,
Oh Chamundesvari, Göttliche Mutter,

Zeige uns den richtigen Weg,
Um den Ozean von Werden und Vergehen zu überqueren.

Das Lied war zu Ende. Amma begann wieder zu sprechen. „Ihr solltet Sugunacchan (Ammas Vater) hören, wenn er Japa macht. Das ist sehr interessant. Er singt mit schnellem Tempo und ohne Luft zu holen ‚Nārāyaṇa, Nārāyaṇa. (alle lachten, als Amma es imitierte). Der Mind wird nicht umherwandern, wenn du so rezitierst. Niemand hat ihm das beigebracht, er hat von selbst damit begonnen."

Amma ging in ihr Zimmer, tauchte jedoch bald wieder auf und ging im Hof auf und ab. Dann kam sie zum Āśhram-Büro und setzte sich. Drei oder vier Brahmachārīs waren bei ihr.

Das Büro war ein kleiner Raum. Amma nahm einige der Briefumschläge hoch, die auf dem Tisch lagen. Es waren Antworten auf Briefe zum Verschicken bereit.

Amma: „Sohn, wer hat die Adressen auf die Umschläge geschrieben? Ist das die Art, wie man etwas schreibt? Sieh mal, wie nachlässig das gemacht wurde! Sollte die Adresse nicht ordentlich geschrieben sein, auch wenn es etwas mehr Zeit in Anspruch nimmt? Oder suche dir dafür jemanden mit einer schönen Handschrift. Wer kann das schon lesen? Die Buchstaben verschwimmen. Diese Adressen sollten neu geschrieben werden. Ein Sādhak sollte alles mit Śhraddhā durchführen."

Sie war dabei, die Umschläge einem Brahmachārī zu geben, als sie die Briefmarken sah.

Amma: „Woran denkt ihr eigentlich bei solchen Arbeiten? Alle Briefmarken sind falsch herum aufgeklebt! Dies ist reine Nachlässigkeit. Wir können Lakṣhya-Bōdham eines Menschen klar aus seinen Handlungen sehen.

Ihr seid alle Devotees. Ihr werdet Gott nicht ohne Geduld und Aufmerksamkeit erreichen. Wie könnt ihr Konzentration beim Meditieren erlangen, wenn ihr keinerlei Śhraddhā bei diesen kleinen Dingen auf der grobstofflichen Ebene zeigt? Meditation ist etwas sehr Subtiles. Es sind Śhraddhā und Geduld für die kleinen Dinge, durch die wir zu großen Leistungen fähig werden.

Hört euch folgende Geschichte an: ‚Es gab einmal einen Mahātmā, der wies seine Frau an, als Gedeck beim Essen immer ein Glas Wasser und eine Nadel in seine Nähe zu legen. Seine Frau befolgte diese Anweisung regelmäßig, ohne nach dem Grund zu fragen. Schließlich, als der Mann sehr alt war und sich dem Tode näherte, sagte er zu ihr: ‚Willst du mich etwas fragen?' Ihre Antwort war: ‚Es gibt nichts, was ich von dir brauche, aber ich würde gerne eines wissen. All die Jahre habe ich deine Anweisung regelmäßig befolgt und dir zum Essen ein Glas Wasser und eine Nadel hingelegt. Aber ich habe niemals verstanden, wofür.' Der Mahātmā antwortete: ‚Wäre ein Reiskorn während des Bedienens oder des Essens auf den Boden gefallen, hätte ich es mit der Nadel aufgepickt, in das Wasser getaucht und gegessen. Weil du aber immer so aufmerksam warst, ist in dieser ganzen Zeit kein einziges Korn auf den Boden gefallen. Deshalb habe ich die Nadel und das Wasser niemals benötigt.'

Sie waren ihr ganzes Leben lang darauf bedacht, nicht einmal ein einziges Reiskorn zu vergeuden. Menschen mit solchem Śhraddhā werden Mahātmās."

Brahmachārī: „Wir werden diese Briefe in neue Umschläge stecken und sie dann verschicken, Amma."

Amma: „Das würde bedeuten, dass diese Umschläge verschwendet sind. Wozu solche Verschwendung und noch dazu mit all den Briefmarken! Es reicht, die Adressen ordentlich auf ein kleines Papier zu schreiben und dieses dann über die alten Adressen zu kleben. Von heute an seid einfach achtsamer."

Amma ging in die Bücherei neben dem Büro und setzte sich auf den Boden, noch bevor die Brahmachārīs für sie eine Matte ausbreiten konnten. Sie nahm ein illustriertes Buch mit Kṛiṣhṇa Geschichten in die Hand und begann, jedes Bild genau anzuschauen. Ein Bild zeigte Kṛiṣhṇa, wie er mit dem Gōvardhan-Berg dastand, den er mit der Spitze seines kleinen Fingers hochgehoben hatte. Es regnete sehr stark und all die Kühe und Hirten fanden Schutz unter dem Berg.

Ein Brahmachārī, der in Ammas Nähe stand, sah das Bild und fragte: „Amma, hat nicht Kṛiṣhṇa Siddhis demonstriert, als er den Berg Govardhana emporhob?"

Amma: „Kṛiṣhṇa hat den Berg nicht emporgehoben, um andere von seinen Kräften zu überzeugen oder um andere zu beeindrucken. Er tat es, weil es sehr heftig regnete und es keine andere Möglichkeit gab, alle die bei ihm waren zu schützen. Er tat das, was in diesem Augenblick nötig war." Sie schwieg einen Moment und fuhr dann fort: „Das Ziel eines Mahātmās ist es, die Menschen auf den Pfad der Rechtschaffenheit zu führen. Zahllose schlechte Menschen haben sich vom Grunde ihres Herzens zum Guten hin gebessert, allein durch den Darśhan eines Mahātmās."

Die Glocke für das Mittagessen klingelte und Amma sagte: „Kinder, geht jetzt essen. Amma hat einiges zu tun" und sie ging in ihr Zimmer.

Mānasa Pūjā

Ein Brahmachārī wartete bereits in Ammas Zimmer auf sie. Er las Amma einen Artikel vor, den er für Matruvani, das Āśhram-Magazin, geschrieben hatte.

Amma: „Kannst du gut meditieren, Sohn?"

Brahmachārī: „Ich bin nicht konzentriert genug, Amma."

Amma: „Versuche Mānasa Pūjā zu machen, Sohn. Der Mind ist wie eine Katze. Wir kümmern uns mit sehr viel Zuneigung um sie, aber in dem Moment, in dem unsere Aufmerksamkeit woanders ist, streckt sie ihren Kopf in den Topf und stiehlt Essen. Die Mānasa Pūjā ist eine Methode, den herumwandernden Mind auf Gott zu konzentrieren.

„Du solltest diese mentale Verehrung üben, indem du dabei ‚Mutter, Mutter!' mit Liebe und Hingabe und intensivem Verlangen rufst. Stell dir vor, die Hand der Göttlichen Mutter zu halten und sie zu baden, indem du Wasser über sie gießt. Stell dir das Wasser vor, wie es auf alle Teile ihres Körpers fließt und nach unten rinnt. Rufe die ganze Zeit: ‚Amma, Amma!' und stelle dir ihre äußere Form vor. Stell dir vor, Abhiṣhēka mit Milch, Honig, Ghee, Sandelholzpaste und Rosenwasser durchzuführen. Wenn diese Substanzen ihren Körper herunterfließen, visualisiere jeden Teil ihres Körpers, vom Kopf bis zu den Füßen. Sprich mit ihr und bete zu ihr. Nach dem Baden trockne ihren Körper mit einem Tuch. Drapiere einen seidenen Sari um sie. Behänge sie mit Schmuck und mache ein zinnoberrotes Zeichen auf ihre Stirn."

Amma hörte mit der Beschreibung auf und meditierte lange Zeit. Dann öffnete sie ihre Augen und fuhr fort: „Lege ihr Fußkettchen an und schmücke sie mit einer Blumengirlande, erfreue dich an ihrer Schönheit. Jetzt biete ihr das Archana mit

Blumen dar, dies repräsentiert deinen Mind. Stell dir vor, wie du die Blüten einzeln ihren Füßen darbringst. Oder stell dir vor, deine Vāsanās in ein Feuer zu opfern, das vor ihr brennt. Nach dem Archana biete ihr den Pāyasam deiner Liebe an. Stell dir vor, dass du das Ārati für sie darbringst und wie jeder Teil ihres Körpers herrlich im Licht der Flamme leuchtet. Am Ende stell dir vor, dass du Amma umrundest. Bete dabei die ganze Zeit zu ihr.

Sohn, bemühe dich, all dies mit reiner Liebe zu tun. Dann wird dein Mind nicht wandern."

Ammas Worte gaben dem Brahmachārī für sein Sādhanā neue Energie. Er verließ ihr Zimmer mit einem Gefühl von Erfüllung, da er gerade einige von Ammas zahlreichen Gesichtern gesehen hatte: Den allwissenden Guru, der seinem Schüler den Weg zeigt, die liebende Mutter, die immer um das Wohlergehen ihrer Kinder besorgt ist und schließlich die fähige Verwalterin des Āśhrams, dessen Angelegenheiten sie mit großem Geschick leitet.

Freitag, 5. Juli 1985

Ein Lehrer und sein Freund kamen um 6.00 Uhr abends aus Kozhencheri an, um Amma zu besuchen. Nachdem sie ihre Hände und Füße gewaschen hatten, betraten sie den Tempel und verbeugten sich vor Amma. Die Musikinstrumente für die Bhajans waren bereits aufgestellt. Einer der Besucher sagte zu dem Brahmachārī, der die Tabla stimmte: „Wir sind heute Morgen losgefahren, aber wir sind zu spät gekommen, weil wir den Weg nicht genau kannten. Wir würden Amma gerne treffen und noch heute Nacht zurückkehren."

Brahmachārī: „Amma ist gerade in ihr Zimmer zurückgegangen. Sie war bis jetzt hier und hat mit allen Besuchern gesprochen. Vielleicht könnt ihr sie treffen, wenn sie für die Bhajans wieder herunterkommt."

Ihre Gesichter zeigten deutlich ihre Enttäuschung, weil sie Ammas Darśhan um ein paar Minuten verpasst hatten.

Brahmachārī: „Es wird vielleicht schwierig für euch sein, heute Nacht zurückzukehren, da wahrscheinlich kein Bus mehr fährt. Ihr könnt Amma später treffen und dann morgen zurückkehren."

Der Lehrer: „Ich habe meiner Familie versprochen, dass ich heute Nacht zurückkehren werde. Sie werden sich Sorgen machen. Wenn wir Amma wenigstens einen Moment sehen könnten. Ich bin sicher, dass es keinerlei Probleme geben wird, wenn wir ihren Segen erhalten."

Brahmachārī: „Wie habt ihr denn von Amma gehört?"

Der Lehrer: „Der Vater einer meiner Schüler erzählte mir von ihr. Als er über Amma sprach, waren seine Augen voller Tränen. Er erzählte mir, dass seine Frau in den letzten Jahren bettlägerig war. Sie konnte ohne die Hilfe anderer nicht einmal aufstehen. Sie hatten sich vielen Behandlungen unterzogen, aber nichts hatte geholfen. Letztes Jahr haben sie Amma getroffen, und nachdem sie Ammas Segen erhalten hatten, wurde seine Frau völlig gesund. Mein Freund sagte mir, dass er und seine Frau noch letzte Woche hier waren."

Der Brahmachārī legte für die Besucher eine Strohmatte aus und sagte: „Setzt euch bitte. Wenn ihr wirklich noch heute Nacht zurückmüsst, könnt ihr euch vor Amma verbeugen, wenn sie zu den Bhajans kommt und dann gehen."

Lehrer: „Mein Schwiegervater besuchte mich neulich. Er hört sich oft spirituelle Vorträge an. Als ich ihm von Amma erzählte, fragte er mich, ob sie selbstverwirklicht ist. Was soll ich ihm darauf antworten?"

Brahmachārī: „Kürzlich hörte ich, wie jemand Amma die gleiche Frage stellte. Sie sagte: ‚Oh, Amma ist nur ein verrücktes Mädchen, das gar nichts weiß!' Aber der Mann beließ es nicht dabei. Er fragte sie wieder und wieder. Schließlich sagte Amma: ‚Frage nicht die Mutter von zehn Kindern, ob sie jemals ein Kind geboren hat!'"

Es war Zeit für die Bhajans. Alle Brahmachārīs waren bereit. Amma betrat den Kalari und der Lehrer und sein Freund kamen nach vorne und verbeugten sich.

Amma legte ihre Hand auf die Schultern von beiden und sagte: „Seid ihr gerade gekommen, Kinder? Amma ist bis vor kurzem hier unten gewesen und ging nur für kurze Zeit in ihr Zimmer."

Lehrer: „Wir kamen, als du gerade in dein Zimmer gegangen warst. Es ist ein großes Glück für uns, dich jetzt zu sehen. Wir haben versprochen, heute Abend zurück zu sein, ansonsten würden wir gerne bis morgen bleiben."

Amma: „Wollt ihr mich etwas fragen, Kinder?"

Sie führte sie zur Veranda des Meditationsraumes. Dort setzten sie sich hin, während die Bhajans im Tempel begannen.

Die Prinzipien des spirituellen Lebens

Der Lehrer: „Ich habe keinerlei finanzielle Probleme Amma, aber ich bin sehr besorgt um meine Kinder. Ich finde keinen inneren Frieden."

Amma: „Sohn, wenn dein Mind ruhelos ist, versuche dein Mantra zu rezitieren. Wenn du Trost in etwas anderem suchst, ist alles verloren. Wenn du durch eine Sache keinen Frieden findest, wirst du dich nach einer anderen umschauen. Wenn das nicht klappt, wirst du wiederum nach etwas anderem schauen. Auf diese Weise findest du keinen inneren Frieden. Nichts bringt dann wirklich inneren Frieden. Aber du wirst bald sehr ruhig und friedvoll, wenn du ständig an Gott denkst und dein Mantra rezitierst. Dein Mind wird Stärke bekommen, jeder Situation zu begegnen."

Lehrer: „Amma, manchmal denke ich sogar daran, ein Sannyāsi zu werden."

Amma: „Das kann man nur nach gründlicher Überlegung entscheiden. Sannyāsa ist nicht etwas, wohin man flüchtet und das man annimmt, wenn man Schwierigkeiten im Leben hat. Es muss aus dem Verständnis für die Ideale kommen. Ein spirituelles Leben ist nur für jemanden mit viel Geduld möglich. Ansonsten ergeben sich nur Enttäuschungen. Im spirituellen Leben braucht man Disziplin und Selbstkontrolle wie in einem Gefängnis. Später wandelt sich dieses Gefängnis zum Weg in die Freiheit. Ein Sādhak sollte immer auf Gott ausgerichtet sein. Nur dann wird er sein Ziel erreichen.

„Viele Besucher fragen die Kinder hier: ‚Warum lebt ihr im Āśhram? Könnt ihr euch nicht eine Arbeitsstelle suchen und ein angenehmes Leben führen?' Sie antworten: ‚Wir haben in der Welt gelebt und hatten genug Geld und alle möglichen Annehmlichkeiten des weltlichen Lebens, doch wir hatten keinen inneren Frieden. Hier erfahren wir Frieden und Gelassenheit ohne äußere Annehmlichkeiten. Durch Japa und Meditation versuchen wir, diesen Frieden zu bewahren. Wir lernen aus der Erfahrung, dass man wahrhaftigen Frieden nur durch die Ausrichtung auf Gott finden kann. Darum wollen wir im Āśhram bleiben.'"

Lehrer: „Dies ist unser erster Besuch, doch wir haben mit Leuten gesprochen, die oft hierherkommen. Jeder von ihnen sieht dich anders, Amma. Einige sehen dich als Dēvī, andere als Kṛiṣhṇa, wieder andere als ihren Guru. Für manche bist du die Mutter, die Verkörperung von Liebe und Zuneigung. In den Augen anderer Leute wiederum bist du nur eine ganz normale Frau. Was davon bist du wirklich, Amma? Das würden wir gerne wissen."

Amma: „Jeder sieht entsprechend seinem Saṅkalpa. Die gleiche Frau ist für ihren Mann die Ehefrau, die Mutter für ihre Kinder und die Schwester für ihren Bruder. Wird nicht auch ein Mann von seiner Frau, seiner Mutter und seiner Tochter völlig verschieden gesehen? Dieselbe Person verhält sich der Mutter gegenüber anders als gegenüber den Kindern. Der Unterschied liegt in der Vorstellung, die jemand hat; es liegt an dessen Saṅkalpa. Nimm eine wundervolle Blume. Die Biene kommt wegen des Nektars, ein Dichter schreibt ein Gedicht darüber, ein Maler malt ein Bild von ihr, für den Wurm ist sie Futter, der Wissenschaftler nimmt die Blütenblätter auseinander, separiert Pollen und Samen und untersucht sie und der Devotee bietet die Blume Gott dar. Jeder sieht die Blume entsprechend seinen Möglichkeiten und seiner Kultur."

Nach einer kurzen Pause fuhr Amma fort: „Sohn, all diese definierenden Rollen vergeben andere. Amma sagt nicht, dass Sie ein Mahātmā oder Gott sei. Ammas Ziel ist es einfach, die Menschen vor der Hitze des weltlichen Lebens zu schützen, indem Sie sie unter den Schirm Gottes bringt. Wenn möglich, möchte Sie einen Sinneswandel bei jenen bewirken, die Schwächeren schaden, und ihnen helfen, Gutes zu tun – etwas, das ihnen selbst und der Welt nützt. Amma sieht keinen

Unterschied zwischen denen, die sie lieben, und jenen, die sie hassen."

Lehrer: „Manche Leute sagen, dies sei ein Ort, wo junge Leute vom Weg abkommen."

Amma: „Sohn, sollten wir nicht uns erkundigen, beobachten und die Sache prüfen, bevor wir eine Meinung über etwas äußern? Viele Menschen haben die Eigenart, Urteile über etwas zu fällen, ohne sich genau zu erkundigen oder eigene Erfahrungen zu machen. Wie kann jemand, der wirklich die Wahrheit sucht, die Meinung solcher Leute übernehmen?

Viele Menschen hatten sehr schlechte Angewohnheiten und gaben diese auf, nachdem sie hier gewesen waren. Notorische Trinker schafften es, auf Alkohol zu verzichten. Wie kann man also sagen, dass dies ein schlechter Ort sei? Warum misst jemand solchen Meinungen einen Wert bei ohne zu wissen, was wirklich geschieht?

Es gibt Menschen, die sind bereit, einen wertlosen Sari zu jedem Preis zu kaufen, nur weil ihnen gesagt wurde, dass er aus dem Ausland kommt. Sie schätzen nichts, was zu Hause hergestellt wurde, egal wie gut es ist.

Jemand hört sich ein Lied im Radio an und sagt: ‚Oh, was für ein schönes Lied!' Da weist sein Freund darauf hin, dass es die Nachbarin ist, die singt, und er ändert gleich seine Meinung: ‚Oh wirklich? Das erklärt es. Ich dachte eigentlich, dass das Lied schrecklich klingt.' Das ist die menschliche Natur. Die Menschen haben die Fähigkeit verloren zu unterscheiden, was gut und schlecht ist. Sie beschließen im Voraus, was sie sehen und sagen werden."

Der Lehrer, auf den Mann zeigend, der ihn begleitete: „Dies ist ein guter Freund von mir. Sein Geschäft läuft nicht so gut und er macht Verluste."

Amma: „Die Zeiten können nicht immer günstig für uns sein, Sohn. Es gibt bestimmte Zeiten, die sind schlecht. Doch vergiss nie: Gott kann dir helfen, auch solche Probleme weitgehend zu lindern."

Der Lehrer: „Er glaubt nicht an Tempel und ähnliches."

Der Freund: „Amma, Gott ist doch überall, nicht wahr? Er ist doch nicht auf die vier Wände eines Tempels begrenzt?"

Amma: „Betrachte es nicht so, Sohn. Der Wind ist auch überall, trotzdem benutzen wir Ventilatoren. Ist nicht der Schatten unter einem Baum etwas Besonderes? Die Atmosphäre ist nicht überall gleich. In einem Tempel fühlt man sich anders als in einem Büro. Empfindest du nicht einen besonderen Frieden und eine Kühle in der Umgebung eines Tempels? Das ist die Eigenschaft einer Atmosphäre, in der man sich ständig an Gott erinnert.

Glaube nicht, es sei Zeitverschwendung, in den Tempel zu gehen. Die Schulkinder in der ersten Klasse benötigen einige Murmeln oder Kerne um zählen zu lernen. Haben sie es einmal gelernt, brauchen sie diese Dinge nicht mehr. Ein Holzbrett kann uns das Schwimmenlernen erleichtern. Sobald du schwimmen kannst, wirst du es jedoch weglegen.

Ein Sportler, der einen Preis im Weitsprung gewonnen hat, springt mehrere Meter weit. Ein Kind muss sehr viel üben, bevor es so weit springen kann. Selbst mit Übung wird es nicht jedem möglich sein so weit zu springen. Es mag ein paar Mahātmās geben, die Gott in allem sehen können. Ihr könnt sie an den Fingern abzählen. Sie brauchen keine Tempel. Aber wir müssen an all die anderen denken. Sie können die Höchste Wahrheit nur durch solche Mittel erreichen."

Amma stand auf und sagte: „Kinder, Amma geht jetzt zu den Bhajans. Wartet beide bis zum Ende der Bhajans, bevor ihr Heim fahrt.“

Noch bevor sie etwas sagen konnten, ging Amma zum Kalari und schloss sich dem Singen an. Die Süße der Hingabe erfüllte die Luft.

kaṇṇunīr illātta kaṇṇu kaleṅkilum

Auch wenn meine Augen tränenlos sind,
pocht mein Herz vor Schmerz;
obwohl meine Lippen schweigen,
so sind sie doch bewegt von deinem Mantra, Oh Mutter!

Oh mystischer, Wunsch erfüllender Baum,
mein Mind verweilt stets bei deinen Blüten.
Aber Maya, die grausame Jägerin,
hat das Ziel, mich zu Fall zu bringen!

Du bist die Verheißungsvolle,
die gekommen ist, um Sandelholzpaste
auf meine Seele zu streichen:
Kühle mich im Mondlicht deiner Liebe
und erfülle mich!

Als das Ārati vorüber war, ging eine Familie auf Amma zu und verbeugte sich vor ihr. Sie lebten in Kozhencheri.

Amma: „Seid ihr heute von zu Hause gekommen, Kinder?“

Devotee: „Wir sind gekommen, um einen Verwandten zu besuchen, der hier in der Nähe in Kayamkulam wohnt. Bevor wir wieder nach Hause zurückkehren, wollten wir den Āśhram aufsuchen.“

Amma: „ Es ist einen Monat her, dass ihr hier wart?“

Devotee: „Ja, wir konnten danach nicht mehr kommen. Mein Vater wurde wegen Rheuma bettlägerig."

Amma: „Wie geht es ihm jetzt?"

Devotee: „Jetzt geht es ihm gut. Er wird nächste Woche mit uns hierherkommen."

Amma: „Amma wird euch etwas Prasādam für ihn geben. Kehrt ihr heute noch nach Hause zurück?"

Devotee: „Ja, Amma, meine Tochter muss morgen arbeiten."

Amma: „Wie kommt ihr denn so spät in der Nacht nach Hause?"

Devotee: „Wir sind in einem Jeep gekommen."

Amma: „Oh, da sind noch zwei andere Besucher, die heute ankamen, sie sind gleichfalls aus eurer Gegend. Sie wollten schon früher mit dem Bus wegfahren, aber Amma bat sie, bis nach den Bhajans zu bleiben."

Devotee: „Das ist kein Problem. Es ist genug Platz in dem Jeep. Wir sind nur zu dritt."

Amma stellte ihnen den Lehrer und seinen Freund vor. Der Lehrer sagte: „Wir wollten gleich nach dem Gespräch mit Amma gehen, aber sie sagte, wir sollten bis nach den Bhajans bleiben. Als sie uns bat, bis zum Ende der Bhajans zu bleiben, sorgten wir uns, dass wir den letzten Bus nicht mehr erreichen werden. Jetzt erleben wir, dass all unsere Probleme verschwinden, wenn wir Amma vertrauen."

Amma bat eine Brahmachārīni, Vibhūti zu bringen, und gab jedem etwas davon als Prasādam. Für den kranken Vater des Devotees gab sie eine zusätzliche Portion. Nachdem sie einem Brahmachārī aufgetragen hatte dafür zu sorgen, dass alle Essen erhalten, kehrte Amma in ihr Zimmer zurück.

Montag, 8. Juli 1985

Es war fünf Uhr nachmittags und Amma saß im Kalari. Ein Brahmachārī, der in die Stadt gefahren war, um Gemüse zu kaufen, kam schwer beladen zurück. Er trug einen Sack Reis auf dem Kopf und balancierte eine Tasche mit Gemüse auf seiner Schulter. Er trug mehr, als er bequem bewältigen konnte.

Amma sah seine Schwierigkeiten. Deshalb nahm sie ihm den Sack Reis vom Kopf und stellte ihn auf den Boden. Sie fragte: „Hast du alleine all diese Sachen gekauft? Hättest du nicht jemanden mitnehmen können?"

Brahmachārī: „Ich hatte nicht gedacht, dass es so schwer sein würde." Zwei Brahmachārīs trugen die Taschen in die Küche.

Amma: „Natürlich, wie kann man wissen, wie schwer Einkäufe sein werden, wenn man zu Hause nicht arbeiten musste und nicht gewohnt ist, schwere Lasten zu tragen? Wie hast du es denn geschafft, den Sack Reis auf deinen Kopf zu hieven?"

Brahmachārī: „Der Fährmann hat mir geholfen."

Amma: „Mein armer Sohn! Von jetzt an gehe nicht mehr alleine zum Markt." Sie strich mit den Fingern über seinen Kopf. Der Sohn stand da, genoss diese Liebkosung von Amma und glückselig vergaß er alles andere.

Glück und Leid des weltlichen Lebens

Amma ging zum Kalari zurück und setzte sich. Eine Frau ging auf Sie zu und verbeugte sich vor ihr. Amma umarmte sie und hielt sie fest. Die Frau legte ihren Kopf in Ammas Schoß und fing an zu weinen. „Nur wenn Amma ein Saṅkalpa trifft, werden sich all meine Probleme lösen", sagte sie unaufhörlich.

Ihren Rücken streichend, tröstete Amma sie: „Tochter, genügt es wirklich, wenn Amma ein Saṅkalpa trifft? Du solltest aber auch bereit sein es zu akzeptieren. Selbst wenn Amma das Licht anschaltet, musst du die Türe öffnen, nur so kann das Licht hineinfallen. Wie kannst du denn das Licht empfangen, wenn alle Türen fest geschlossen sind? Sogar wenn Amma einen Entschluss fasst, damit er dir auch nützt, musst du doch selbst an Gott denken. Du musst dir jeden Tag etwas Zeit nehmen, um den Namen Gottes zu rezitieren. Wie viel Zeit verschwenden wir jeden Tag! Ist es genug zu bitten, dass Amma alles wieder richtig stellt, wenn du selbst nichts tust?"

Die Frau war davon überzeugt, dass ihre Probleme durch bösen Zauber hervorgerufen wurden, den ihre Nachbarn gegen sie richteten. Sie versuchte Amma davon zu überzeugen. Sie wollte, dass Amma die Nachbarn bestraft und sie selbst beschützt. Ihr Anliegen wiederholte sie mehrfach. Ammas Stimme wurde sehr streng, als es offensichtlich wurde, dass die Frau Ammas Worten keine Beachtung schenkte. Nun hörte die Frau auf, sich zu beschweren und begann, Amma voll Angst und Ehrfurcht zuzuhören.

Amma: „Zurzeit gibt es zwei Arten von Freude und Leid. Wenn wir das nicht bekommen, was wir gerne hätten, sind wir traurig; wenn aber andere bekommen, was wir gerne hätten, ist unser Leid noch größer. Ebenso sind wir glücklich, wenn wir Erfolg haben. Wir sind jedoch noch glücklicher, wenn ein anderer scheitert. Unseren eigenen Schmerz vergessend, erfreuen wir uns an dem Schmerz der anderen. Unsere eigene Tochter ist vielleicht noch nicht verheiratet, aber wir freuen uns darüber, dass die Tochter des Nachbarn ebenfalls unverheiratet ist. Doch wir leiden, wenn ihre Hochzeit stattfindet. Kinder, das ist die

Verkommenheit des Mindes, eine ernsthafte Erkrankung, die unseren Frieden zerstört. Es ist wie ein Krebsgeschwür im Mind.

„Einmal gingen zwei Nachbarn Holz kaufen. Einer von ihnen kaufte ein Stück Holz, der andere erstand drei Stück. Als der erste sein Holz zersägte, stellte er fest, dass es innen hohl war. Er war sehr unglücklich darüber, dass er sein Geld verschwendet hatte und verlor sogar seinen Appetit. Kurz danach brachte seine Frau ihm die Nachricht, dass alle drei Hölzer des Nachbarn innen verrottet waren. Der gleiche Mann, der gerade bekümmert war, brach in Freude aus. ‚Oh wirklich! Gib mir etwas Tee.', sagte er und lachte fröhlich. ‚Er verdient es! Er denkt, dass er so reich ist und hat gleich drei auf einmal gekauft.'

Kinder, das Erste, was wir ändern sollten, ist diese Haltung. Wenn unser Mind so funktioniert, dann hilft auch alles Japa der Welt nichts. Wir erlangen weder Gottes Gnade noch Frieden. Einen Topf, in dem etwas sauer geworden ist, müssen wir sehr gut reinigen, bevor wir Milch hineingießen. Sonst verdirbt die frische Milch ebenfalls. Als erstes solltet ihr Kinder um ein Herz beten, das sich über das Glück anderer freut und ihren Kummer teilt.

Wenn der Nachbar verrückt ist, werden wir ebenfalls Probleme haben. Wegen des Lärms, den er in der Nacht macht, können wir nicht schlafen. Selbst tagsüber finden wir vielleicht keinen Frieden. Stellt euch unser Elend vor, wenn unser Bruder jeden Tag betrunken nach Hause kommt und anfängt zu streiten. Wir würden unseren Frieden völlig verlieren. Ist unser Bruder ausgeglichenen, wirkt sich das auch auf uns positiv aus. Führen andere ein friedliches und ruhiges Leben, sollte es uns klar sein, dass wir diejenigen sind, die daraus Nutzen ziehen. Wenigsten haben wir durch sie keine Probleme. Wir sollten fähig sein, uns an ihrem Glück zu erfreuen und Mitgefühl für ihre Sorgen entwickeln. So wie wir das tun, bedeutet es, dass wir uns innerlich weiterentwickeln. Gott wohnt in solchen Herzen gerne. Gottes wirkliche Kinder sind jene, die das Glück und Leid der anderen als ihr eigenes ansehen."

Die Frau weinte die ganze Zeit über und Amma machte eine Pause, um ihr die Tränen abzuwischen. „Sei nicht so traurig, Tochter. Rezitiere regelmäßig das Mantra, das Amma dir gegeben hat. Alles wird gut."

Die Frau war getröstet, verbeugte sich und stand auf. Sie verabschiedete sich, ihre Last und Sorgen hatte sie bei Amma, der Zuflucht aller Leidenden, abgeladen. Bei Amma werden wir getröstet, da wir im Strom ihres Friedens baden, der zu allen trauernden Herzen fließt.

Samstag, 20. Juli 1985

Kompromisslosigkeit in Bezug auf Disziplin

Die Morgenröte des kommenden Tages war noch nicht am östlichen Himmel angebrochen. Die Brahmachārīs waren im Meditationsraum beim Archana, Amma ging in der Dunkelheit auf der Veranda auf und ab, die Hände hinter dem Rücken. An der Art und Weise, wie Sie ging, konnte man eine gewisse Ernsthaftigkeit erahnen. Zwei Männer mit Taschenlampen gingen am Ufer des Kanals an der Ostseite des Āśhrams vorbei. Es waren Fischer, die bereit waren, ihre Netze auszuwerfen.

In diesem Moment kam ein Brahmachārī angerannt, um noch am Archana teilzunehmen. Er war zu spät aufgestanden. Als er leise die Tür des Meditationsraumes öffnen wollte, hielt ihn Amma auf, indem sie nach der Tür griff und diese wieder fest verschloss. Der Brahmachārī stand mit gesenktem Kopf neben der Tür.

Nach einigen Minuten sagte Amma: „Weißt du denn nicht, dass das Archana um 5.00 Uhr morgens beginnt? Kommt nach dem Beginn einer nach dem anderen herein, stört das die Konzentration derer, die pünktlich das Archana begonnen haben. Deshalb sollst du jetzt das Archana draußen rezitieren. Von morgen an sollst du um 4.30 Uhr im Meditationsraum sein. Du musst bei deinem Sādhanā diszipliniert sein. Nur dann wirst du Fortschritte machen.“

Der Brahmachārī legte sein Āsana auf die Veranda und setzte sich. Die Bedeutung eines jeden Mantras wurde ihm klar, als er sich auf Ammas heilige Füße konzentrierte, die vor ihm mit sanften Schritten auf und ab ging.

Ōm nakhadiṭitisamchanna namajjana
tamogunayai namaḥ

Wir verehren Dēvī, deren Zehennägel so hell erstrahlen, dass all die Dunkelheit der Unwissenheit in ihren Devotees, die sich zu ihren Füßen verbeugen, vertrieben wird.

Wir verehren Dēvī, deren Füße, die Lotusblumen an Leuchtkraft weit übertreffen.

Wir verehren Dēvī, deren glückverheißende Lotusfüße mit edelsteinbesetzten Goldkettchen geschmückt sind, die lieblich klimpern.

Wir verehren Dēvī, deren Gang gemächlich und sanft ist, wie der eines Schwans.

Wir verehren Dēvī, die Schatztruhe der Schönheit.

Nach dem Archana kamen die Brahmachārīs langsam heraus und waren sehr überrascht, Amma zu sehen. Sie verbeugten sich. Amma legte die Hände auf den Kopf des Sohnes, der zu spät gekommen war und segnete ihn.

Amma: „Sohn, warst du traurig, als Amma dich davon abhielt, zum Archana zu gehen?"

Brahmachārī: „Welchen Schmerz fühlt man schon, wenn das Herz in Ammas Liebe dahinschmilzt wie der Chandrakānta-Stein im Licht des Vollmondes?"

Amma: „Das ist ein Āśhram, Sohn. Wenn das Archana zu Brahmā Muhūrta stattfindet, dann sollten alle Kinder daran teilnehmen. Niemand sollte mehr schlafen, ein Bad nehmen oder Ähnliches. Jeder sollte fünf Minuten vor Beginn des Archana dasitzen."

Brahmachārī: „Das Wasser tröpfelte heute Morgen nur aus dem Hahn. Deshalb dauerte es so lange, bis ich mein Bad beendet habe."

Amma: „Wirst du vor einer Prüfung oder einem Vorstellungsgespräch auch sagen, dass du zu spät bist, weil kein Wasser oder kein Strom vorhanden war? Die gleiche Einstellung solltet ihr zu eurem Sādhanā haben.

Wenn so viele von euch das Archana zusammen machen, ist die göttliche Mutter auf jeden Fall anwesend. Daher sollte keiner zu spät kommen, reden oder schlafen. Deshalb hat Amma zu dir gesagt, dass du das Archana draußen rezitieren sollst, da es drinnen bereits begonnen hatte."

Amma blickte alle ihre Kinder liebevoll an und ging dann in ihr Zimmer. Sie kam erneut um 7.00 Uhr mit einer Brahmachārīni heraus und ging zur Nordseite des Āśhrams. Sie sammelte das herabgefallene trockene Reisig der Kokospalmen auf. Ein Brahmachārī trug es zur Küche. Er ließ die Gelegenheit nicht ungenutzt, einige Zweifel zu klären.

Brahmachārī: „Amma, kann man den Mind völlig ausschalten?"

Amma: „Der Mind ist eine Ansammlung von Gedanken. Gedanken sind wie die Wellen im Ozean. Eine nach der anderen tauchen sie immer wieder auf. Selbst mit Gewalt kann man die Wellen nicht aufhalten. In den Tiefen des Meeres hört jedoch jeder Wellengang auf. Versucht also, euch auf einen Gedanken zu konzentrieren, statt all die Gedanken gewaltsam zu unterdrücken. Dann erfahrt ihr tieferen Frieden. In euch wird es still. Auch wenn sich an der Oberfläche manchmal noch kleine Wellen kräuseln, ist es darunter friedvoll."

Ammas Kuh-Sēvā

Amma kam zum Kuhstall. Ein Brahmachārī wusch die neu gekaufte Kuh Shāntini, „die Friedliche" genannt. Zwischen dem Namen der Kuh und ihrem Verhalten bestand jedoch keinerlei Verbindung. Bisher war es niemandem gelungen sie zu waschen, ohne zumindest von ihrem Schwanz geschlagen zu werden. Sie zu melken war ein Kampf und drei Menschen waren dazu notwendig. Außerdem musste man ihr noch die Füße zusammenbinden. Es war, als hätte sie das Gelübde abgelegt, die Milch auf dem Boden landen zu lassen oder wenigstens denen eine Milchdusche zu verabreichen, die sie gerade melken.

Dieser Brahmachārī, der Shantinis Charakter sehr gut kannte, benutzte einen Becher, um Wasser über sie zu gießen. Er benetzte ihren Körper zweimal und sah dies als ihr Bad an. Schmutz und Dung klebten immer noch an ihrem Körper. Amma gefiel es gar nicht, wie er die Kuh gewaschen hatte. Sie nahm dem Brahmachārī den Wassereimer ab, während eine Brahmachārīnī in die Küche lief, um eine raue Kokosnussschale zu holen, womit die Kuh abgeschrubbt wurde. Amma zeigte ihrem Sohn, wie man die Kuh wäscht und sie entfernte den Dung, der an Bauch und Beinen klebte.

Alle waren über die plötzliche Friedfertigkeit der Kuh überrascht, nie zuvor hatte man sie so gesehen. Sie stand da wie ein äußerst gehorsames Kind. Vielleicht hatte sie die ganze Zeit auf diese eine Gelegenheit gewartet.

Während Amma die Kuh wusch, meinte Sie: „Sohn, beim Waschen stehe nicht hinter der Kuh. Sie könnte ausschlagen. Diese hier ist etwas widerspenstig. Du musst sie sehr vorsichtig waschen. Dabei solltest du an ihrer Seite stehen." Amma zeigte ihm auch, wie die Kuh im Kuhstall angebunden werden sollte.

Zwei Devotees hatten gehört, dass Amma die Kuh wusch und kamen zum Zuschauen. Als Amma aus dem Kuhstall trat, sagte sie zu ihnen: „Die Kinder hier sind Derartiges nicht gewohnt. Sie kommen direkt von der Universität und wurden vorher von ihren Eltern verwöhnt. Sie können nicht einmal ihre eigene Kleidung waschen. Gestern sah Amma, wie einer von ihnen versuchte, ‚Super-white' zum Wäschewaschen zu benutzen. Es wäre sehr lustig geworden, wenn Amma nicht rechtzeitig eingeschritten wäre. Er schüttete eine ganze Flasche ‚Super-white' in einen halben Eimer Wasser. Amma erschien gerade in dem Augenblick, als er seine Kleidung hineintauchen wollte. Stellt euch vor, was passiert wäre!" Sie lachte. „Er benutzte die Menge ‚Super-white', die normalerweise einen ganzen Monat für so wenig Wäsche reicht. Amma zeigte ihm dann, wie er nur wenig Mittel in den mit Wasser gefüllten Eimer geben und die Kleidung dann nur eintauchen muss, um keinen Blauton zu bekommen.",

Haushälter-Ratschläge

Amma saß auf der Veranda des Meditationsraumes und die Devotees saßen auf dem Boden um sie herum. Herr Menon aus Palakkad begann die Unterhaltung.

Herr Menon: „Amma, ich meditiere regelmäßig, doch wegen verschiedener Probleme bin ich niemals frei von Sorgen. Ich habe mit vielen Haushältern gesprochen und die meisten von ihnen sind in der gleichen Situation. Ich frage mich sogar manchmal, warum man überhaupt Japa und Meditation macht."

Amma: „Sohn Japa und Meditation alleine genügt nicht. Man sollte sich die grundlegenden Prinzipien aneignen. Als Amma jung war, musste sie vor dem Schneiden der Zweige des Kampāṭṭi-Baumes auf den Baum hochklettern, Beim ersten Mal schürfte sie sich den ganzen Körper auf. Ihr Gesicht war so geschwollen, dass Sie überhaupt nichts mehr sehen konnte. Zwei oder drei Tage vergingen, bis alles wieder in Ordnung war. Dann fand sie heraus, dass man den Körper zuerst mit Öl einreiben muss. Danach trug sie immer den schützenden Ölfilm auf, bevor sie diese Zweige schnitt. Ebenso solltet ihr als schützende Hülle die Liebe zu Gott haben, bevor ihr in das Familienleben eintretet. Dann gibt es keinen Grund zu Kummer und Leid.

Man sollte die Überzeugung haben, dass Gott unser einziger wirklicher Verwandter ist. Kinder, ihr solltet wissen, dass letztlich alle anderen Beziehungen und weltlichen Dinge uns nichts als Leid einbringen. Bindet euch allein an Gott. Das bedeutet nicht, dass ihr eure Frau und eure Kinder verlassen oder wie Fremde betrachten solltet. Kümmert euch sehr gut um sie, aber denkt daran, dass der einzige dauerhafte Verwandte Gott ist. Alle anderen Verwandten werden euch heute oder morgen verlassen: Deshalb nehmt immer Zuflucht bei Gott. Stellt euch vor, dass die Schwierigkeiten im Leben zu eurem Besten sind, dann herrschen Frieden und Glückseligkeit in der Familie."

Ein Devotee: „Können wir so wie diejenigen leben, die intensiv Tapas ausüben?"

Mutter: „Amma sagt nicht, dass Haushälter sich einer strengen Askese unterziehen sollten, sondern dass sie die göttlichen Namen wiederholen sollen ganz gleich, was sie gerade tun. Es ist nicht nötig, sich über die Reinheit des Körpers Gedanken zu machen, wenn man beständig das Mantra rezitiert. Gott ist überall. Er ist immer in unseren Herzen; wir wissen es nur nicht. Ein Diamant besitzt einen natürlichen Glanz. Wenn er jedoch in Öl fällt, verliert er ihn. Genauso sind wir dank unserer Unwissenheit nicht in der Lage, Gott zu erkennen.

Rezitiere morgens nach dem Duschen wenigstens zehn Minuten lang die heiligen Namen. Meditiere wenigstens für kurze Zeit. Tue dasselbe am Abend. Ganz gleich wer euch Kummer bereitet, tragt eure Beschwerden in den Pūjā-Raum, wo euer wirklicher Freund ist. Außer eurem Mann oder eurer Frau solltet ihr zusätzlich einen Freund haben und dieser Freund sollte Gott sein. Selbst wenn dein Mann oder deine Frau dich bekümmert, erzählt es Gott und niemandem sonst. Wenn euer Nachbar mit dir streitet, geht in den Pūjā-Raum und beschwert euch: ‚Warum lässt du es zu, dass er mich so behandelt? Wieso warst du nicht bei mir?' Öffne dein Herz und erzähle alles Gott. Dann wird es zum Satsang.

Erzähle es Gott ebenfalls, wenn du glücklich bist. Es ist kein Beweis wirklicher Hingabe, wenn wir Gott in glücklichen Zeiten vergessen und nur an Ihn denken, wenn wir Kummer haben. Wir sollten erkennen, dass Gott uns beides beschert: Freude und Leid.

Wenn ihr nach getaner Arbeit noch Zeit habt, verbringt sie damit, spirituelle Bücher wie die Bhagavad Gītā und das Rāmāyaṇa oder die Biographien von Mahātmās oder Sammlungen ihrer Lehren zu lesen, statt ins Kino zu gehen oder anderen Unterhaltung zu folgen. Lasst keine Möglichkeit ungenutzt, an Satsangs teilzunehmen. Teilt euren Freunden mit, was ihr in den Satsangs gehört habt und bringt auf diese Weise auch ihnen geistigen Frieden. Pflegt wenigsten zwei oder drei Tage in der Woche Brahmacharya. Das ist wichtig, wenn ihr wirklichen Nutzen aus eurem Sādhanā ziehen wollt. (Viele der Anwesenden mussten lachen.) Es gibt nicht einfach nur die Ehefrau oder den Ehemann, wir sind viel mehr den Augen, der Nase, der Zunge, den Ohren und der Haut verhaftet. Diese könnten wir auch als unsere ‚Frauen' oder unsere ‚Männer' bezeichnen. Auch diese Anhaftung sollten wir kontrollieren; erst dann können wir die wahre Essenz in uns kennenlernen."

Ein weiblicher Devotee fragte: „Amma, wo bleibt noch Zeit für Satsang und Lesen, nachdem man die Haushaltspflichten beendet und sich um die Kinder gekümmert hat?"

Amma: „Wer es wirklich möchte, findet Zeit. Selbst jene, die ständig sagen, sie haben keine Zeit, werden mit ihrem kranken Kind ins Krankenhaus gehen oder nicht? Selbst wenn die Behandlung drei oder vier Monate dauert, werden sie das Krankenhaus nicht verlassen, um zur Arbeit zu gehen. Ganz gleich, wie sehr du dich über Zeitmangel beschwerst, wenn es um die Gesundheit deines Kindes geht, wirst du immer Zeit haben. Genauso ist es, wenn du davon überzeugt bist, dass Gott der einzige ist, der dich beschützt, und dass es im Leben keinen Frieden ohne seinen Schutz gibt. Dann wirst du Zeit finden.

Wenn du keine Zeit für die Verehrung Gottes findest, dann versuche wie die Gōpīs zu sein. Sie hatten für ihre Gebete keine spezielle Zeit. Sie sahen Gott, während sie in ihre Arbeit vertieft waren. Sie wiederholten beim Butter Herstellen oder Mahlen der Körner und auch während ihrer anderen Tätigkeiten den heiligen Namen. Die Behälter mit Pfeffer, Koriander und allen anderen Gewürzen waren mit verschiedenen Namen von Kṛiṣhṇa benannt. Wenn sie Pfeffer wollten, dann fragten sie nach Mukunda. Wenn jemand Koriander haben wollte, reichten sie ihm Gōvinda. Wer nach Milch und Joghurt fragte, verwendete dafür ebenfalls die Namen Kṛiṣhṇas. Sie waren mit nichts anderem beschäftigt als die Namen Kṛiṣhṇas überall und zu jeder Zeit zu singen. So konnten sie immer ohne besondere Mühe an Gott denken. Wer keine spezielle Zeit für Sādhanā findet, kann so trotzdem die Erinnerung an Gott wachhalten.

Halte dir immer vor Augen, dass nur Gott wahr und ewig ist. Wiederhole dein Mantra, während du deine Arbeit verrichtest. Dann ist es nicht notwendig, sich an Gott nur zu einer bestimmten Zeit zu erinnern. Dein Mind wird immer auf Gott ausgerichtet sein."

Devotee: „Genügt es nicht, über das Selbst zu kontemplieren? Ist es notwendig, ein Mantra zu wiederholen?"

Amma: „Schulkinder müssen Gedichte und das Einmaleins wiederholen um sie auswendig zu lernen. Einmal zu lesen reicht in der Regel nicht, um sich den Inhalt einzuprägen. Genauso wird es nicht jedem möglich sein, den Mind durch Meditation auf das höchste Prinzip auszurichten. Japa oder das Singen von hingebungsvollen Gesängen in Zurückgezogenheit sind ebenso wichtig. Ist jemand so weit, das höchste Prinzip nur durch Kontemplation zu erreichen, dann braucht er keine andere Technik anzuwenden. Doch auch wenn du dein Mantra rezitierst oder Kīrtans singst, wird dein Mind sehr schnell Konzentration erlangen. Er wird sich nicht mehr so leicht von äußeren Dingen ablenken lassen. Das ist etwas, was jeder tun kann.“

Viele Devotees kamen jetzt im Āśhram an. Sie umringten Amma, um den Nektar ihrer Worte zu trinken. Als die Schar immer größer wurde, ging Amma in die Hütte und begann, Darśhan zu geben.

Eine junge Frau, die ihr inneres Gleichgewicht verloren hatte, kam mit ihren Eltern. Als Amma deren Verzweiflung sah, gab sie ihnen die Erlaubnis, einige Tage im Āśhram zu bleiben. Jemand musste die ganze Zeit bei dem Mädchen bleiben. Wenn niemand auf sie aufpasste, lief sie weg. Deshalb war immer jemand da, der ihre Hand hielt. Amma gab dem Vater ein Stück Sandelholz und wies ihn an, auf die Stirn des Mädchens regelmäßig Sandelholzpaste aufzutragen.

Als die Bhajans vorbei waren, setzte sich Amma mit den Devotees und den Brahmachārīs vor den Kalari. Das kranke Mädchen entwischte in dieser Zeit aus ihrem Zimmer und lief weg. Ihre Mutter und ihre Schwester folgten ihr. Eine Brahmachārīni und eine andere Frau fingen das Mädchen wieder ein und führten sie zu Amma, die sie dazu brachte, sich neben sie zu setzen. Das Mädchen begann, Amma bedeutungslose Fragen zu stellen. Amma hörte aufmerksam zu und besänftigte sie, indem sie ab und zu antwortete.

Auf Ammas Anweisung hin wurde das Mädchen zum Wasserhahn außerhalb des Meditationsraumes gebracht. Amma füllte einen Eimer mit Wasser und ließ es über den Kopf des Mädchens fließen. Sie wiederholte dies mehrmals, während sie die Hand des Mädchens festhielt, damit sie nicht davonlaufen konnte. Das Ganze dauerte ungefähr eine halbe Stunde, dann zeigte sich eine Veränderung im Verhalten des Mädchens. Amma mischte etwas Sandelholzpaste und trug sie auf die Stirn des Mädchens auf. Danach schickte sie das Mädchen mit der Mutter aufs Zimmer zurück. Amma vergaß nicht, dem Mädchen zuvor einen liebevollen Kuss auf die Wange zu drücken.

Amma kam zurück und setzte sich vor den Kalari. Dann rief sie Brahmachārī Balu und bat ihn, einen Kīrtan zu singen. Brahmachārī Srikumar, heute Swāmī Purnamritananda, spielte das Harmonium. Die Luft des Āśhrams wurde erfüllt von den erhebenden und hingebungsvollen Klängen von:

śhrī chakramennoru chakramundu

In dem mystischen Rad Śhrī Chakram
wohnt die Göttin Sri Vidya.
Sie ist das Wesen von Bewegung,
die eine Kraft,
die das Rad des Universums bewegt.

Manchmal reitet sie auf einem Löwen,
manchmal auf einem Schwan,
sie manifestiert sich als die Śhakti von Lord Brahma;
Oh Mutter, die Du die Göttliche Trinität
führst und beherrschst,
ist nicht die Göttin Katyayani eine weitere Form von Dir?

Die Devotees erweisen Deinen Formen Ehrerbietung,
um Ihr Leid zu lindern.
Oh Mutter, wer unter den Menschen,
gefangen von Maya, versteht die Wahrheit,
dass dieser menschliche Körper höchst verachtenswert ist?

Oh Mutter, die Du im göttlichen Spiel auf einem Tiger reitest,
wie kann man als Unwissender je hoffen,
Deine höchst erhabene Majestät zu preisen?

Dienstag, 6. August 1985

Amma kam in Weiß gekleidet die Stufen ihres Zimmers herab. Die Devotees warteten mit gefalteten Händen auf sie und begannen leise, ‚Amma, Amma.' zu singen. Amma ging, begleitet von allen Ihren Kindern, zum Kalari. Da der Tempel zu klein für alle war, mussten einige draußen warten. Ammas strahlendes Lächeln tröstete jeden. Ihre mitfühlenden Augen brachten den schmerzenden Herzen Erleichterung.

Eine junge Frau legte den Kopf in Ammas Schoß und weinte. Amma nahm ihren Kopf zwischen beide Hände, hob ihn hoch und trocknete ihre Tränen. Sie tröstete die junge Frau und sagte: „Weine nicht, Tochter! Amma ist für dich da! Weine nicht!"

Trotzdem fuhr die Frau fort zu weinen, unfähig, ihren Kummer zu beherrschen. Amma zog sie zu sich, streichelte sie liebevoll und strich ihr sanft über den Rücken.

Die junge Frau stammte aus einer reichen Familie. Sie hatte sich in den Bruder eines Freundes verliebt. Da der junge Mann jedoch einer anderen Kaste angehörte, war ihre Familie gegen die Beziehung. Trotzdem setzte sich ihre Liebe durch und sie heirateten. Sie begannen ihr gemeinsames Leben, indem sie ein Haus mieteten. Der Mann lieh sich Geld, um ein Geschäft zu eröffnen, Doch er war nicht erfolgreich. Unter dem Druck der Gläubiger, die den Ehemann wegen der Rückzahlung des Kredites massiv bedrängten, hatte der Mann Hals über Kopf das Haus verlassen. Niemand wusste, wohin er gegangen war.

„Amma, er hat mich und meine Kinder im Stich gelassen. Wir haben niemanden, der sich um uns kümmert!" Die Frau wiederholte dies immer wieder und weinte an Ammas Schulter.

Amma bemühte sich, sie zu trösten: „Hör auf, dir Sorgen zu machen, meine Tochter. Es ist ihm nichts passiert. Er wird zurückkommen."

Die junge Frau hob ihren Kopf von Ammas Schulter hoch und fragte: „Wird mein Mann zurückkommen, Amma?"

Amma: „Sicher wird er zurückkommen. Mach dir keine Sorgen, Tochter!" Nach einer kurzen Pause fuhr Amma fort: „Mutter wird dir ein Mantra geben. Denke immer an Dēvī und rezitiere regelmäßig dein Mantra. All deine Probleme werden in einem Monat verschwinden."

Das Gesicht der Frau erhellte sich. Hoffnungsvolle Erwartung leuchtete aus ihren Augen. Amma schloss ihre Augen kurz und meditierte einen Moment. Dann öffnete sie die Augen und sagte erneut: „Śhiva, Śhiva!"

Ammas göttliche Bhakti-Stimmung

Die Devotees verbeugten sich einer nach dem anderen vor Amma und entfernten sich. Auch Herr Bhaskaran Nair aus Thrissur kam nach vorne und verbeugte sich. Seit dem Tod seiner Frau hatte er sich gänzlich dem spirituellen Weg verschrieben. Er kam häufig in den Āśhram, um Amma zu sehen. Der Frieden, den sein Gesicht ausstrahlte, seine Demut und die Tulasī-Mālā um seinen Hals waren Anzeichen seiner sattvischen Natur.

Amma öffnete das Geschenk, das Herr Nair ihr mitgebracht hatte. Es enthielt ein Bild und die Biographie von Chaitanya Mahaprabhu. Amma schaute sich das Buch an und öffnete es. Sie reichte es ihm und sagte: „Lies ein bisschen, Sohn. Amma hört dir zu." Erfreut begann er zu lesen:

„Wenn die Liebe für Gott einmal in deinem Herzen erblüht, gibt es keine anderen Gedanken mehr. Wird die Zunge, die Kandiszucker gekostet hat, sich nach der Süße anderer wertloser Dinge sehnen? Die gesegneten Seelen, die Liebe für Gott entwickelt haben, sind davon ständig berauscht. Der Geliebte sehnt sich jede Sekunde danach, mit der Geliebten zusammen zu sein. Er macht sich keinerlei Sorgen darüber, ob ihn seine Geliebte ebenfalls liebt oder nicht. Jeden Moment denkt er an seine wunderbare Geliebte, traurig über die Trennung von ihr.

Mahaprabhus Liebe war solcherart. Der Strom von Prēma, der aus der Tiefe seines Herzens strömte, wurde stärker und stärker. Dieser Ganges der Liebe trocknete niemals aus, wie es kleinere Flüsse tun. Er konnte in einem Moment lachen und im nächsten Augenblick tanzen. Ganze schlaflose Nächte hindurch weinte er ununterbrochen und seine Kleidung war davon völlig nass. Er seufzte tief und rief: ‚Oh Kṛiṣhṇa, Oh Kṛiṣhṇa' aus. Mahaprabhu war schließlich nicht mehr dazu in der Lage, die Dinge des Alltags zu erledigen wie sich zu waschen, zu essen oder seine Gebete zu Sonnenauf- und Untergang zu verrichten. Er konnte über nichts anderes reden, als über die glorreichen Taten seines geliebten Kṛiṣhṇa."

Herr Nair warf einen flüchtigen Blick auf Amma. Sie war sich der äußeren Welt nicht mehr bewusst. Ihre Augen schlossen sich langsam. Das Leuchten ihres göttlichen Antlitzes schien die Atmosphäre zu füllen. Tränen benetzten ihre Wangen und blieben darauf liegen. Die göttliche Stimmung von Bhakti, in der Amma sich befand, übertrug sich auf die Devotees. Alle saßen ergriffen und bewegungslos da und schauten sie an. Eine Frau weinte laut und rief: „Amma, Amma!" Herr Nair hörte auf zu lesen, mit demutsvoll gefalteten Händen saß er da und schaute Amma voller Hingabe an. Eine Frau begann andächtig zu singen:

ayi giri nandini nandita mēdini

Oh Tochter des Berges! Bezaubernde Frau,
von allen verehrt, verehrt von Nandi,
Du, die Du mit dem Universum spielst,
Oh Du, die im Berg Vindya wohnt,
Oh Göttin, Gemahlin Śhivas,

Du mit der großen Familie,
Du, die viele wunderbare Dinge getan hat,
Ehrerbietung Dir, Oh Besiegerin des Dämons Mahisha,
wunderschöne Geliebte Śhiva,
Tochter des Himavat!

Nach anderthalb Stunden öffnete Amma ihre Augen. Sie fuhr fort, Darśhan zu geben, um sich dann in den Schatten zwischen der Vēdāntaschule und der Hütte zu setzen. Einige Devotees und Brahmachārīs scharten sich um sie. Einer davon war Surendran, der früher Spirituosen verkauft hatte. Nachdem er Amma begegnet war, hatte er dieses Geschäft aufgegeben. Jetzt betreibt er neben seinem Haus einen Lebensmittel- und Gemischtwarenladen.

Die Vergangenheit, ein annullierter Scheck

Surendran: „Amma, ich habe in meinem Leben viele Fehler gemacht. Die Erinnerung daran macht mir schwer zu schaffen."

Amma: „Sohn, warum machst du dir wegen der vergangenen Fehler Sorgen? Was vergangen ist, ist vorbei. Wenn du dir darüber Sorgen machst, verlierst du deine jetzige Stärke. Triff hier, in diesem Moment, den festen Entschluss, dass du solche Fehler nicht wieder begehst. Das ist notwendig. Dann werden deine guten Taten deinen Mind reinigen. Dein Wunsch, nur gute

Gedanken zu haben und das Richtige zu tun zeigen die Reinheit deines Mindes.

Früher war dir nicht bewusst, dass du Falsches getan hast. Und jetzt, da es dir klar ist, versuchst du, davon Abstand zu nehmen. Das ist genug. Wenn ein kleines Kind mit einem Ball seine Mutter trifft, dann lächelt sie nur. Sie nimmt das Kind hoch und küsst es. Wenn das Kind allerdings älter ist und etwas nach ihr wirft, ist sie nicht so nachsichtig. So haben wir bis heute viele Dinge falsch gemacht, ohne dass es uns bewusst war. Gott wird uns alles verzeihen. Aber die Fehler, die wir bewusst tun, wird er uns nicht verzeihen. Wir sollten uns deshalb bemühen, Fehler nicht zu wiederholen.

Es ist unnötig, über das Bisherige traurig zu sein. Das bisherige Leben ist wie ein annullierter Scheck. Wir können es auch vergleichen mit den Schreibfehlern, die wir mit einem Bleistift machen. Mit einem Radiergummi kann man sie ausradieren. Allerdings geht es nur ein paar Mal. Wenn du zu oft versuchst, an der gleichen Stelle zu radieren, wird das Papier reißen. Gott verzeiht nur die Fehler, die wir unbewusst begehen. Das schlimmste Vergehen aber ist, etwas wiederholt zu tun, obwohl wir wissen, dass es falsch ist. Das sollten wir unbedingt vermeiden."

Devotee: „Amma, verdiene ich es überhaupt, zu Gott zu beten? Habe ich die nötige Reinheit dafür?"

Amma: „Denke nicht so, Sohn. Glaube nicht, dass es dir an geistiger Reinheit zum Beten mangelt, weil du eine Menge Fehler in deinem Leben gemacht hast oder dass du erst dann beten solltest, wenn dein Mind rein geworden ist. Wenn du erst dann im Meer schwimmen gehst, nachdem die Wellen abgeebbt sind, wirst du niemals schwimmen. Du kannst nicht schwimmen lernen, wenn du dich am Rand des Schwimmbeckens aufhältst.

Du musst ins Wasser gehen. Was wäre, wenn der Arzt seinen Patienten aufforderte, erst dann wiederzukommen, nachdem er völlig gesund ist? Gott ist derjenige, der unseren Mind reinigt. Deshalb nehmen wir bei Ihm Zuflucht. Nur durch Ihn können wir gereinigt werden."

Surendran: „Amma, wenn wir erst einmal wahrhaftig an dich glauben und richtige Hingabe für dich entwickelt haben, dann können wir doch nichts mehr falsch machen. Deshalb bitten wir dich nur um die Gnade, dass uns Glaube und Hingabe gegeben werden."

Amma: „Kinder, es genügt, wenn ihr an Gott glaubt. Ihr macht dann keine Fehler mehr. Eurer Leben wird so nur noch reine Freude sein."

Surendran: Amma, bist du nicht selbst Gott?"

Amma: „Amma sagt so etwas nicht gerne. Stell dir eine Blume mit einer duftenden Blüte vor. Die Blume sollte nicht ausrufen: ‚Schaut auf meine Blüte! Wie wundervoll sie ist! Welchen herrlichen Duft sie verströmt. Das kommt alles durch meine Kraft.' Wenn die Blume so sprechen würde, wächst dadurch nur ihr Ego. Alle Macht geht von Gott aus. Wir sollten niemals denken, dass irgendetwas uns gehört. Nichts von alledem ist auf Ammas Macht zurückzuführen. Sie blüht aufgrund Seiner Macht. Gott allein verleiht ihr ihren Duft. Amma behauptet nie, dass irgendetwas von ihr stammt."

Die Ursache von Leid und das Heilmittel

Ein Devotee: „Amma, was ist der Grund von Leid?"

Amma: „Die Haltung von ‚Ich' und ‚Mein' ist der Grund für alles Leid. Wir kamen einst von Kozhikode zurück. Im Bus befand sich ein Vater mit seinem Kind. Er spielte mit dem Kind auf dem Schoß. Nach einiger Zeit schliefen beide ein. Ein wenig später rutschte das Kind vom Schoß des Vaters herunter und fiel auf den Boden. Der Vater merkte das zunächst nicht, wachte dann aber vom Schreien des Kindes auf. Auch er begann zu weinen und rief: ‚Oh mein Sohn, mein Sohn!' Er sah nach, ob das Kind verletzt war. Die Haltung von ‚Ich' und ‚Mein' stellte sich ein und die Sorge um das ‚Mein' (das Kind) kam auf, sobald er erwachte. Ohne diese Haltung gibt es auch keinen Schmerz.

Zwei Jungen spielten mit einem Stock. Ein drittes Kind sah zu und begann zu weinen, weil es auch einen Stock wollte. Als es deshalb ein enormes Geschrei veranstaltete, kam seine Mutter, nahm den anderen Jungen den Stock weg und gab ihn ihrem Kind. Es fing an damit zu spielen, schlief aber bald darauf ein. Der Stock fiel ihm unbemerkt aus der Hand. Es hatte wegen des Stocks vor kurzem noch geweint, doch im Schlaf hat er ‚Ich' und ‚Mein' vergessen. Dadurch wurde er ruhig und konnte friedlich schlafen. Ähnlich ist es, wenn unser Selbst in Brahman verweilt, dann ist da nur Glückseligkeit. Geben wir ‚Ich' und ‚Mein' auf, so können wir diese Glückseligkeit genießen. Dann gibt es kein Leid mehr. Aber wir müssen wirklich die Haltung des persönlichen ‚Ichs' aufgeben!"

Devotee: „Amma, ist das denn für jeden leicht?"

Amma: „Versuche es, mein Sohn! Wir haben vielleicht nicht die Kraft, einen Berg hinaufzuklettern, aber können wir nicht wenigstens eine Handvoll Sand von ihm mitnehmen? Wenn wir eine Handvoll Wasser aus dem Ozean nehmen, dann bleibt viel weniger übrig. Das von uns entnommene Wasser fehlt. Sieh es einfach so. Genauso ist nichts unmöglich, wenn du völlige Hingabe hast und dich ständig bemühst. Gießt du immer wieder Wasser in ein Tintenfass, wird die Farbe so verdünnt, dass man irgendwann gar nicht mehr sieht, ob sich jemals Tinte darin befunden hat. Genauso ist es, wenn sich der Mind durch ständige Erinnerung an Gott ausdehnt. Dann schrumpft das Gefühl der Persönlichkeit langsam und verschwindet schließlich. Der individuelle Mind wird zum universellen Mind."

Ein anderer Devotee: „Amma, viele Menschen hassen mich, nur weil ich Geld habe. Ist es falsch, reich zu sein?"

Amma: „Kinder, es ist nichts Falsches daran reich zu sein. Der Zweck des Lebens liegt jedoch nicht darin Geld anzuhäufen. Man kann Geld zurücklegen, für das, was man benötigt, aber nicht im Übermaß.

Einst gab es in einem Dorf einen Schirmmacher. Während er arbeitete, sang er den Namen Gottes und er sprach mit Besuchern über Gott. Er lebte glücklich und zufrieden mit dem, was er verdiente, und jeder mochte ihn. Er verdiente genug für sein tägliches Leben.

Eines Tages kam ein Landbesitzer und kaufte einen Schirm bei ihm. Von der guten Qualität, dem niedrigen Preis des Schirmes und dem guten Charakter des Mannes beeindruckt, begann der Landbesitzer sich für den Schirmmacher zu interessieren. Er schenkte ihm etwas Geld. Doch sobald er das Geld besaß, änderte sich der Charakter des Schirmmachers. Er war nicht länger auf seine Arbeit konzentriert, sondern begann sich Sorgen zu machen: ‚Wie schütze ich das Geld? Ist es im Hause sicher? Oder wird es gestohlen?' Weil diese Gedanken über das Geld auftauchten, hörte er mit dem Japa auf. Er beendete seine Arbeit nicht mehr rechtzeitig, da er mit Plänen für die Zukunft beschäftigt war: ‚Sollte ich ein Haus bauen oder mein Geschäft vergrößern?' Dies waren seine einzigen Gedanken und deshalb war er mit seiner Aufmerksamkeit nicht mehr bei der Arbeit.

Auch mit den Kunden unterhielt sich nicht mehr gerne, weil er vergessen hatte, liebevoll mit ihnen zu sprechen. Wann immer er etwas gefragt wurde, war er verärgert, da es seine Gedankengänge störte. Als immer weniger Kunden in sein Geschäft kamen, verringerte sich sein Einkommen drastisch. Die Gedanken an das Geld raubten ihm den Frieden. Als seine Gier und seine Selbstsucht sich verstärkten, wurde er ruhelos und depressiv. Bald war auch das Geld verbraucht, das er geschenkt bekam. Er hatte keine Arbeit mehr. Der einst so zufrieden lebende Mann fand sich jetzt in einem elenden Zustand wieder.

Kinder, wenn wir irgendetwas übertreiben, untergräbt das unseren inneren Frieden. Versucht deshalb immer, ein einfaches Leben zu führen. Das genügt, um inneren Frieden zu erlangen. Wir brauchen nichts im Übermaß."

Wie einfach ist der Stil, den Amma anwendet, um Zweifel aus dem Mind ihrer Kinder zu vertreiben! Sie sehnen sich danach, wieder und wieder diese nektarreichen Worte zu hören, die in einfachen Geschichten und Beispielen unbezahlbare Edelsteine der Weisheit enthalten. Sie beten wie Arjuna zu Kṛiṣhṇa: „Ich habe noch immer nicht genug von diesem Nektar. Bitte lass mich mehr und immer mehr davon hören!"

Kapitel 3

Mittwoch, der 7. August 1985

Amma saß an einer ebenen Stelle am Ufer des Kanals, der an der Seite des Āśhrams verlief. Sie saß mit dem Blick auf das Wasser gerichtet. Alle Brahmachārīs kamen und setzten sich zur Meditation um sie herum. Die Atmosphäre war friedlich und feierlich, so dass der Mind sich natürlicherweise nach innen richten konnte. Es schien, als ob sogar die Wellen des Ozeans verstummten. Jeder versuchte zu meditieren. Amma warf allen einen mitfühlenden Blick zu und begann dann langsam zu sprechen.

Meditation

„Kinder, wenn ihr euch zum Meditieren hinsetzt, erwartet nicht, dass sich eurer Mind sofort beruhigt. Zunächst solltet ihr alle Körperteile entspannen. Lockert eure Kleidung, falls sie euch einengt. Überprüft, ob ihr gerade und mit gestreckter Wirbelsäule dasitzt. Dann schließt eure Augen und konzentriert euch auf das Atmen. Ihr solltet bewusst ein- und ausatmen. Normalerweise atmen wir ein und aus, ohne uns dessen bewusst zu sein, was aber nicht richtig ist. Wir sollten uns unseres Atmens bewusst sein. Dann wird auch der Mind wach sein.

Wenn ihr so eine Weile dasitzt, wird sich euer Mind langsam beruhigen. Ihr könnt die Meditation fortsetzen, indem ihr eure Aufmerksamkeit auf euren Atem richtet oder ihr könnt anfangen, auf die Form eurer geliebten Gottheit zu meditieren. Wenn die Gedanken umherwandern, solltet ihr erneut versuchen, euch auf die Meditation zu konzentrieren. Ist das nicht möglich, genügt es auch, wenn ihr beobachtet, wohin der Mind wandert. Er sollte ständig beobachtet werden. Dann hört er auf herumzuwandern und bleibt unter eurer Kontrolle. Fangt jetzt an zu meditieren, Kinder."

Sie, die alle Gefahren beseitigt

Alle Brahmachārīs vertieften sich in Meditation. Nach nicht allzu langer Zeit kam Amma plötzlich aus ihrer Meditation zurück. Ein Brahmachārī bemerkte die ungewöhnliche Veränderung in Amma und fragte sie nach dem Grund. Sie antwortete: „Sohn, einem der Kinder ist etwas zugestoßen." Amma schwieg einen Moment. Dann fuhr sie fort: „Amma hat den Sohn gesehen, der regelmäßig aus Kozhencheri hierherkommt. Als er letzte Woche hier war, sagte ihm Amma, dass er sehr vorsichtig sein muss, wenn er ein Fahrzeug benutzt. Sie betonte, dass er vermeiden solle, in den nächsten drei Monaten selbst ein Fahrzeug zu fahren."

Amma schien ungewöhnlich besorgt zu sein. Sie ging schnell zurück in ihr Zimmer.

Ammas Worte erinnerten Haridas, einen Devotee aus Pattambi, daran, was ihm vor einem Jahr geschehen war. Er berichtete von seinem Erlebnis: „Ich kam gewöhnlich mit meiner Familie in meinem Jeep, um Amma zu besuchen. Eines Tages sagte Amma zu mir: ‚Fahre eine Zeitlang kein Auto, Sohn. Amma sieht Dunkelheit in deiner Zukunft!' Mein Bruder fuhr daraufhin auf dem Rückweg. Zwei Monate später fuhren mein Bruder und ich nach Sultan Battery, um einen Freund zu besuchen. Als wir dort waren, bekam mein Bruder Probleme mit seinem Magen. Es war ihm nicht möglich, das Auto zu fahren und er konnte auch nicht mit mir zusammen wieder nach Hause zurückreisen. Ich musste jedoch wegen finanzieller Angelegenheiten am nächsten Morgen zurück sein. Ich ließ meinen Bruder deshalb im Hause meines Freundes und fuhr noch in der Nacht zurück.

Da ich mich an Ammas Worte erinnerte, fuhr ich sehr langsam und vorsichtig und rezitierte mein Mantra. Auf dem Weg fühlte ich mich sehr müde. Ich hielt an, um eine Tasse Tee zu trinken und wusch mein Gesicht mit kaltem Wasser. Dann setzte ich die Reise fort. Nachdem ich eine Weile gefahren war, fühlte ich mich erneut müde. Ich kämpfte mit dem Schlaf, während ich weiterfuhr. Schließlich döste ich für einen Augenblick ein. Da verlor ich die Kontrolle über den Jeep. Das Fahrzeug schwenkte nach rechts aus. Ich schreckte auf.

Plötzlich fühlte ich, wie jemand das Lenkrad zu ergreifen schien und nach links gegensteuerte. In dem Moment schrie ich ‚Amma!' und trat auf die Bremse. Der Jeep hielt unmittelbar wenige Millimeter vor einem Felsen auf der linken Seite der Straße an. In der Dunkelheit war es nicht möglich, die Umgebung klar zu erkennen. Die Straße war in einen Berg gebaut. Der Berg erhob sich zur Linken, während es rechts gleich nach dem Seitenstreifen steil in den Abgrund ging. Erst nachdem der Jeep knapp vor dem linken Fahrbahnrand zum Stehen gekommen war, wurde mir bewusst, dass der Eingriff des unsichtbaren Retters nicht meine Einbildung war. Eine Woche später besuchte ich den Āśhram. Als Amma mich sah, fragte sie mich: ‚Bist du selbst Auto gefahren, obwohl Amma dir geraten hatte, es nicht zu tun?' Ich konnte nur mit Tränen in den Augen vor ihr stehen."

Amma beschützt Ihre Kinder, so wie eine Mutter ihr Baby bewacht, es in ihrem Arm hält und nie absetzt. Amma weiß über jeden Gedanken und jeden Atemzug ihrer Kinder Bescheid.

Ist die Zukunft vorherbestimmt?

Amma kam aus ihrem Zimmer, nachdem die Bhajans beendet waren. Eine Familie aus Bhopal war im Āśhram angekommen, um Amma zu begegnen. Sie hatten Ferien und besuchten ihre Heimatstadt in Kerala, in der sie von Amma gehört hatten. Sie wollten Amma gerne treffen, bevor sie in der nächsten Woche nach Bhopal zurückkehrten. Der Ehemann hatte die spirituellen Prinzipien von seinem Vater übernommen, der ein glühender Verehrer von Sri Rāmakṛiṣhṇa gewesen war. Seine Frau und seine Kinder besaßen ebenfalls einen tiefen Glauben an Gott. Trotz ihres geschäftigen Lebens fanden sie immer Zeit für ihre spirituelle Praxis. Sie beabsichtigten, nach Ammas Darśhan noch in der Nacht nach Hause zurückzukehren. Da sie ihren eigenen Wagen hatten, war es kein Problem, auch spät in der Nacht zu fahren.

Als der Mann die Gelegenheit hatte, mit Amma zu sprechen, sagte er: „Amma, seit kurzem haben sich die Probleme in unserem Leben verstärkt. Meine Frau musste für einen Monat ins Krankenhaus. Als sie nach Hause kam, wurde unser Sohn krank und musste ebenfalls eine Woche ins Krankenhaus. Meine Frau meint, dass unsere Probleme ein Ende hätten, wenn wir unsere Horoskope anschauen ließen und die Ratschläge des Astrologen befolgten."

Amma: „Gibt es jemanden in eurer Nähe, der Horoskope erstellen kann?“

Der Ehemann: „Mein Schwiegervater kennt sich in Astrologie aus. Meine Frau macht deshalb jeden Tag einen ziemlichen Wirbel. Sie will die Horoskope von uns allen unbedingt zu ihm schicken. Ich selbst glaube nicht an Horoskope und solche Dinge. Ich denke, wir müssen durch das Vorbestimmte hindurchgehen. Warum sich also um Horoskope bemühen?“

Amma erwiderte: „Es ist nicht richtig zu sagen, wir sollten dem Ganzen keine Bedeutung zumessen. Unsere Zukunft kann bis zu einem gewissen Grad voraussagt werden, indem wir die Planetenkonstellationen untersuchen. Wenn wir den Weg vor uns kennen, können wir Probleme vermeiden. Stimmt es nicht, dass wir eine stachelige Hecke oder vor uns liegende Grube umgehen können, sobald wir davon wissen?“

Der Ehemann fragte weiter: „Können wir unsere Bestimmung demnach verändern?“

Amma: „Das Schicksal kann durch Tapas und durch Sādhanā verändert werden. Selbst der Tod kann abgewendet werden. Kennt ihr nicht die Geschichte des Weisen Mārkaṇḍeya? Änderte sich nicht sein Schicksal, als er dem Tod ins Auge schaute und dabei sein Herz voller Gebete erfüllt war? Jedes negative Schicksal kann durch völlige Hingabe an Gott verändert werden. Wir müssen natürlich dazu bereit sein etwas zu tun, anstatt einfach nur irgendwo herumzusitzen und das Schicksal zu beschuldigen. Es ist ein Zeichen von Faulheit, wenn wir dem Schicksal die Schuld geben, ohne selbst etwas zu tun.“

Ehemann: „Dann wäre das Horoskop, das die Zukunft voraussagt, falsch?“

Amma: „Eigene Bemühung könnte dieses Horoskop mit Sicherheit verändern. Amma möchte dir eine Geschichte erzählen. Zwei Freunde ließen sich ein Horoskop erstellen. Beiden wurde vorausgesagt, dass sie an einem Schlangenbiss sterben würden. Einer von ihnen begann, sich dauernd darüber zu sorgen. Durch seine Angst wurde er geisteskrank, wodurch auch seine Familie den Frieden verlor. Der andere hingegen fiel der Angst nicht zum Opfer. Stattdessen dachte er über mögliche Lösungen nach. Da er Klarheit hatte, dass er nur über begrenzte Möglichkeiten zur Vermeidung seines Todes verfügte, wandte er sich Gott zu und gab sich Ihm gänzlich hin. Er nutzte ebenfalls seinen von Gott gegebenen gesunden Körper und seine Intelligenz und traf alle möglichen Vorkehrungen um zu vermeiden, dass er von einer Schlange gebissen wurde. Er blieb zu Hause und betete ständig zu Gott.

Eines Nachts, als er im Dunkeln in seinen Pūjā-Raum ging, stieß er mit dem Fuß versehentlich gegen einen Gegenstand. In dem Raum befand sich die Statue einer Göttin in Form einer Schlange, die ihre Zunge herausstreckte. Sein Fuß war zu genau der Zeit, in der er laut Horoskop von der Schlange gebissen werden sollte, heftig gegen diese Figur gestoßen. Obwohl es eine leblose Schlange war, verletzte er sich; aber er wurde nicht vergiftet. Seine Bemühungen, die Hingabe an Gott, trug Früchte. Sein Freund hingegen wurde Opfer der eigenen Angst, noch bevor irgendetwas geschehen war. So verschwendete er sein Leben. Bemühe dich also in deinem Leben und beklage nicht das Schicksal. Dann können alle Hindernisse überwunden werden."

Der Ehemann hatte eine weitere Frage: „Amma, ich habe eine Frage."

Amma: „Welche, Sohn?"

Der Ehemann: „Wenn das Schicksal verändert werden kann, hätte dann nicht Sri Krishna Duryōdhanas Einstellung ändern und so den Krieg vermeiden können? Wäre Duryōdhana in den

Krieg gezogen, wenn Krishna ihm seine göttliche Form enthüllt hätte?"

Amma antwortete: „Der Herr enthüllte beiden Parteien, sowohl den Pāṇḍavas als auch den Kauravas, seine höchste Form. Aufgrund seiner Demut erkannte Arjuna die Größe des Herrn, aber der egoistische Duryōdhana war dazu nicht in der Lage. Es hat wenig Sinn, jemandem etwas zu offenbaren, der keine Hingabe besitzt. Die spirituellen Prinzipien können nur jemandem übermittelt werden, der es verdient und der die richtige Veranlagung hat. Für Duryōdhana war die Verherrlichung des Körpers wesentlich. Er war nicht bereit, den Rat Sri Krishnas anzunehmen. Seine Sicht war: ‚Was auch immer Krishna sagt, es ist nicht gut für mich, sondern nur für die Pāṇḍavas.' Er legte Krishnas Worte stets gegenteilig aus. Nur durch Krieg kann das Ego solcher Menschen zerstört werden."

Das Gesicht der heiligen Mutter nahm einen ernsten Ausdruck an. Plötzlich stand sie auf. Ihre Aufmerksamkeit war auf etwas anderes gerichtet. Die Familie verbeugte sich und zog sich zurück. Amma ging zum Kokosnusshain und wanderte unter den Bäumen auf und ab. Sie sang leise einige Zeilen eines Bhajans. Bald streckte sie beide Arme zum Himmel und sang wiederholt voller Gefühl die gleichen Verse. Ihre Stimme war gebrochen und zögernd.

Nach einer Weile setzte sich Amma in den Sand und blickte zu Boden. Vergoss sie Tränen für ihre Kinder? Niemand wagte es, in ihre Zurückgezogenheit einzudringen. Jeder schlich sich leise davon. Amma legte sich in den Sand und blieb so mehrere Stunden unbeweglich. Unser begrenzter Mind muss sich geschlagen geben, sobald er versucht, das unergründliche Wesen Ammas zu verstehen. Völlige Hingabe ist das einzige, was da noch bleibt.

Samstag, der 10. August 1985

In Amritapuri brach ein neuer Tag an. Während der Nacht war ein Mann mittleren Alters im Āśhram angekommen. Er war zu betrunken gewesen, um richtig gehen zu können. Zwei Männer stritten jetzt mit ihm wegen des Geldes, das er ihnen schuldete. Er hatte in der Nacht eine Autorikscha gemietet, um in den Āśhram zu kommen. Auf dem ganzen Weg hatte er an allen Spirituosengeschäften anhalten lassen. Als sie den Āśhram erreichten, besaß er kein Geld mehr. Die zwei Männer forderten 60 Rupien. Er hatte nur noch ein paar Münzen. Schließlich gab er ihnen seine teure Uhr und schickte sie weg.

Sein Gang war sehr wacklig. Die Brahmachārīs halfen ihm, zu der Veranda der Vēdānta-Schule zu gehen und sich hinzulegen. Er befolgte den Ratschlag eines Devotees und trank etwas Buttermilch. Ein Anderer war ihm beim Wechseln der Kleider behilflich.

An diesem Tag war ein auswärtiges Programm mit Archana und Bhajans in Kollam geplant. Amma kam um 8.00 Uhr morgens reisefertig aus ihrem Zimmer. Der Mann, der am Abend vorher so betrunken angekommen war, rannte jetzt auf Amma zu. Er hatte sich gewaschen und gänzlich mit heiliger Asche eingerieben. Er warf sich vor Amma auf den Boden und sang laut Lieder an die göttliche Mutter. Er berichtete Amma von seinen Schwierigkeiten. Obwohl sie von seinem Alkoholkonsum wusste, tröstete sie ihn mit sanfter, mütterlicher Liebe: „Amma kommt heute Abend zurück. Bleibe die kommende Nacht hier. Du kannst morgen nach dem Dēvī Bhāva zurückfahren.“ Einige Devotees fuhren ebenfalls mit Amma und den Brahmachārīs nach Kollam. Amma stieg in ein großes Kanu, das als Fähre zum Überqueren der Lagune diente. Darauf bedacht, mit Amma zusammen zu sein, stiegen alle in dasselbe Boot. Es waren jedoch zu viele. Das Boot war gefährlich überladen, denn Amma, die keines ihrer Kinder unglücklich sehen wollte, verlangte von niemandem auszusteigen. Falls das Kanu sich auch nur etwas neigte, würde Wasser hineinfließen. Sollte ein Motorboot während der Überfahrt vorbeifahren, würde die Fähre in seinem Kielwasser mit Sicherheit sinken. Alle waren jedoch fest davon überzeugt, dass kein Unglück geschehen wird, da Amma bei ihnen war.

„Kinder, einige von euch können nicht schwimmen. Wir sollten daher alle sehr aufpassen. Wenn ihr das Boot zum Schaukeln bringt, wird es sinken," sagte sie ernst. Sachte glitt das Boot vom Ufer weg.

Die spirituelle Reise

Amma sagte: „Kinder, die spirituelle Reise ist mit dieser Fahrt zu vergleichen. Wir müssen uns beherrschen und sogar unseren Atem anhalten, solange wir nicht das andere Ufer erreichen. Das Boot kann sinken, wenn wir nicht die entsprechende Beherrschung aufbringen. Genauso ist es auf dem spirituellen Weg. Bis wir das andere Ufer des Ozeans des Saṁsāra erreichen und bis wir dort Purnam erreichen, müssen wir bei jedem Schritt vorsichtig sein. Sind wir dort angekommen, werden wir keine Sorgen mehr haben."

Amma saß auf der hölzernen Sitzbank im Boot, ihre Augen auf das Wasser gerichtet. Wenn sie bei ihren Kindern ist und sie fest an der Hand hält, wovor sollten sich diese fürchten? Niemand im Boot machte sich daher Sorgen.

Auf der anderen Seite des Flusses wohlbehalten angekommen, bestiegen alle den dort wartenden Bus. Während der Fahrt sagte Brahmachārī Venu, heute Swāmī Pranavamritananda, zu Amma: „Kürzlich erzählte mir ein Devotee, dass er an manche Mahātmās nicht glauben kann, da sie inmitten von Luxus lebten und sogar Millionen anhäuften."

Amma antwortete: „Nach solchen Maßstäben kann man sie nicht beurteilen. Schaut all die reich verzierten Gottheiten im Tempel an. Geben wir Gott dafür die Schuld? Die Menschen sehen all die guten Taten der Mahātmās nicht."

Venu: „Der Devotee hat auch einige Beschwerden, die dich betreffen, Amma. Er denkt, dass Amma die Frauen nicht genügend beachtet."

Amma (lachend): „Oh, ist das so?"

Venu: „Er beschwert sich darüber, dass es hier, obwohl Amma eine Frau ist, nicht so viele Brahmachārīnīs gibt."

Amma: Glaubst du wirklich, dass Amma Frauen jetzt ignoriert, nachdem sie so viel Tapas gemacht hat gerade um zu zeigen, dass Frauen keineswegs schwach sind? Außerdem möchte Amma den Frauen helfen, damit sie lernen, sich ihrer Stärke bewusst zu sein. Für ein Leben, das dem Sannyāsa gewidmet ist, benötigt man sehr viel Purushatwam. Nur Mädchen mit guten Purushatwam-Eigenschaften wie Selbstvertrauen und Belastbarkeit sollten in einen Āśhram aufgenommen werden. Ansonsten würden sie mehr Schaden anrichten als Gutes tun, selbst wenn sie hoffen, der Welt zu helfen. Wenn Jungen sich irren, wird die Welt sie nicht so sehr verurteilen: Selbst wenn sie den Āśhram wieder verlassen, können sie Arbeit finden und ihren Lebensunterhalt verdienen. Aber (in Indien) ist das für die Mädchen anders. Sie müssen sehr vorsichtig sein. Sie brauchen Fähigkeiten zur Selbsthilfe, falls sie feststellen, dass ein Leben im Āśhram für sie ungeeignet ist. Deshalb besteht Amma darauf, dass die Mädchen hier ihre Ausbildung fortsetzen.

Mädchen müssen Selbstvertrauen haben. Sie sind von Natur aus mitfühlend und binden sich leicht. Deshalb leiden sie und werden betrogen. Sie sind jedoch gerettet, wenn sie ihre Tendenz sich zu binden in eine Bindung an Gott umwandeln. Hat eine Frau die Leidenschaftslosigkeit eines Mannes, erlangt sie die Kraft von zehn Männern."

Eine Brahmachārī fragte Amma: „Amma, was ist wertvoller: Selbstlos zu handeln oder zu meditieren?"

Amma: „Kinder, was denkt ihr?"

Alle äußerten ihre Meinung. Eine hitzige Debatte begann. Amma erfreute sich daran und hörte lächelnd zu. Schließlich wurden alle still und schauten sie an. „Amma, bitte sag du es uns!"

Da sie nicht lockerließen, sagte Amma: „Ihr braucht beides. Nur Tapas genügt nicht, ihr müsst auch handeln. Seife alleine ist nicht genug, um die Kleider zu waschen; ihr müsst die Kleider sauber bürsten oder ‚schlagen'. Um bestimmte Umstände zu überwinden, ist Karma-Handeln erforderlich. Wir sollten dabei fähig sein, uns ständig an Gott zu erinnern ganz gleich, was wir tun und nicht nur dann, wenn wir meditieren. Außerdem wird sich unser Wesen durch selbstloses Handeln klären, was wiederum der Meditation zugutekommt. Handeln ist ebenfalls wichtig, um den Fortschritt zu prüfen, den wir in der Meditation erreicht haben. Auf der anderen Seite ist ohne Meditation kein selbstloses Handeln möglich. Den Handlungen einer Person, die Tapas praktiziert, wohnt eine besondere Kraft inne, die allen zugutekommt." An diesem Abend war Dr. Sudhamsu Chaturvedi, ein Hochschulprofessor, angekommen, um Amma zu sehen. Er wurde in Uttar Pradesh im Norden Indiens geboren, lebte aber bereits seit vielen Jahren in Kerala und sprach fließend Malayāḷam. Er wartete auf Ammas Rückkehr von ihrer Tagesreise. Er diskutierte mit einigen Brahmachārīs über verschiedene Themen. Seiner Meinung nach war es am wichtigsten, die Schriften zu studieren.

Schließlich kehrte Amma von Kollam zurück. Sie ging zu der südöstlichen Ecke des alten Tempels und setzte sich. Sudhamsu verbeugte sich und setzte sich in ihre Nähe. Ohne einleitende Worte begann Amma zu sprechen.

Amma: „Sohn, du reist häufig. Wenn du an der Bahnstation bist, wie erfährst du dann den Zeitplan des Zuges oder Busses?"

Sudhamsu: „Ich würde am Schalter danach fragen oder auf den Plan schauen, der an der Station aufgehängt ist."

Amma: „Wenn du den Plan angeschaut hast und weißt, von welchem Ort und zu welcher Zeit der Bus abfährt, wirst du dann immer noch dort stehen bleiben oder versuchen, den Bus zu finden und einzusteigen?"

Sudhamsu: „Sobald ich die benötigte Information habe, werde ich selbstverständlich in den Bus einsteigen und reisen. Nur so kann ich den Zielort erreichen."

Amma: „Auf die gleiche Weise zeigen die Schriften nur den Weg auf. Wenn du einfach nur dasitzt und die Schriften liest, wirst du das Ziel nicht erreichen. Als du plantest hierher zu kommen, hast du dir den entsprechenden Bus herausgesucht und bist eingestiegen. So konntest du hierherkommen. Ebenso können wir nur dann spirituelle Erfahrungen machen, wenn wir wirklich das Sādhanā ausüben, das in den Schriften beschrieben wird. Wenn ihr das Bild einer Banane esst, werdet ihr weder den Geschmack noch die Nährstoffe der Banane bekommen. Das Studium der Schriften ist nötig, aber man muss sich ebenfalls dem Sādhanā widmen, um aus ihnen Nutzen zu ziehen."

Der Professor war verblüfft über die Tatsache, dass Amma genau wusste, was er und die Brahmachārīs vor Ammas

Rückkehr diskutiert hatten. Er machte eine Pause und äußerte dann eine andere Frage.

Sudhamsu: „Wenn Jesus wirklich ein Mahātmā war, hätte er dann nicht verhindern können, dass seine Feinde ihn kreuzigen?"

Amma: „Christus opferte sich selbst, um anderen die Größe der Selbstaufopferung und der Vergebung zu zeigen. Wenn Mahātmās wollen, können sie ihr eigenes Leiden in einem einzigen Augenblick beenden. Sie möchten jedoch der Welt ein Beispiel geben, selbst wenn sie dadurch leiden. Niemand kann Mahātmās etwas anhaben. Man kann sich ihnen nicht einmal nähern, wenn sie damit nicht einverstanden sind. Niemand kann sich ihren Entschlüssen widersetzen. Sie leiden freiwillig, um der Welt zu zeigen, wie man feindlich gesinnten Kräften und ungünstigen Umständen entgegentritt."

Sudhamsu stellte eine andere Frage: „Wie ist es zu verstehen, dass all diese Brahmachārīs als ständige Bewohner hierherkommen?"

Amma: „Wenn eine Blume blüht, muss man keine spezielle Einladung verschicken. Die Biene wird ganz von alleine kommen und sich an dem Nektar laben. Diese Kinder hatten ein spirituelles Saṁskāra. Als sie Amma trafen, wurde es erweckt. Kannst du dich nicht sofort an ein Lied erinnern, dass du längst vergessen hattest, sobald du die erste Zeile davon hörst? Diese Kinder waren bereit, ein Leben in Übereinstimmung mit dem Saṁskāra zu führen, das bereits in ihnen war. Amma leitet sie nur an, das ist alles."

Sudhamsu: „Ich praktiziere seit langer Zeit Japa und Meditation, aber ich habe nicht das Gefühl, dass ich weiterkomme."

Amma: „Du solltest ebenfalls Gott lieben. Ohne Liebe trägt noch soviel Japa und Meditation keine Früchte. Wenn deine

Liebe zu Gott sehr stark wird, fallen die schlechten Vāsanās in dir automatisch weg. Ein Boot gegen die Strömung zu rudern, ist sehr anstrengend. Ist jedoch ein Segel vorhanden, dann wird es leicht. Die Liebe zu Gott ist wie ein Segel, das dem Boot hilft leichter vorwärtszukommen.

Wenn zwei Liebende zusammensitzen, mögen sie es gar nicht, wenn sich ihnen eine andere Person nähert. Ein wirklicher Sādhak hat die gleiche Haltung. Er mag nichts, was nicht in Verbindung mit Gott steht. Ständig sich an Gott erinnernd möchte er nicht, dass sich etwas zwischen ihn und Gott stellt. Verglichen mit seiner Liebe zu Gott, ist alles andere wertlos.

Sohn, man sollte wirkliches Lakṣhya-Bōdham haben. Nur dann kann sich das Sādhanā vertiefen. Wenn sich jemand fest vorgenommen hat, einen bestimmten Ort zu erreichen, kann ihn nichts von seinem Ziel abhalten. Verpasst er den Bus, so wird er ein Taxi nehmen. Doch mangelt es ihm an Interesse, wird er vielleicht wieder nach Hause gehen und sich vornehmen, es am nächsten Tag erneut zu versuchen. Kinder, ohne intensives Sādhanā ist es sehr schwierig, das Ziel zu erreichen.

Du musst zunächst das Land vorbereiten, das Gras und das Unkraut beseitigen, bevor du Samen aussäen kannst. Ansonsten kann der Samen kaum sprießen. Auf die gleiche Weise können wir uns nur an der Glückseligkeit des Selbst erfreuen, wenn wir den Mind von den äußeren Dingen befreien und uns allein auf Gott ausrichten.

„Hast du schon gegessen, Sohn?"

„Ja, Amma."

Die Unterhaltung wendete sich nun den persönlichen Problemen der Devotees zu. Ihre Herzen, die in der Hitze des Saṁsāra brannten, wurden durch die nektargleichen Worte von Ammas Liebe gekühlt.

Montag, 12. August 1985

Der Bhāva Darśhan endete in der vergangenen Nacht sehr spät. Als der Darśhan vorüber war, fuhr Amma jedoch fort, mit den Devotees zu sprechen und sie zu trösten. Sie gab sich besondere Mühe, eine Frau zu beruhigen, die Amma seit einem Jahr regelmäßig besuchte. Bevor sie Amma zum ersten Mal sah, war ihre Tochter wegen Krebs im Krankenhaus. Die Ärzte versuchten verschiedene Behandlungsmethoden, doch stellten sich alle als unwirksam heraus. Die Tochter litt geistig wie physisch sehr. Die Situation hatte die Familie außerdem finanziell ruiniert. Durch eine Freundin hatte die Frau von Amma gehört und war zu ihr gekommen. Amma hatte ihr für die kranke Tochter heilige Asche gegeben. Bald nachdem die Tochter die Asche genommen hatte, erholte sie sich wieder. Ihre Schmerzen verschwanden und sie fühlte sich stark genug allem gegenüber zu treten.

Die Ärzte, die sie bereits aufgegeben hatten und glaubten, dass es sich um einen hoffnungslosen Fall handelte, waren sehr erstaunt. Bald konnte die junge Frau das Krankenhaus verlassen. Nach ihrer Entlassung kamen Mutter und Tochter mehrmals zu Amma. Während ihres letzten Besuches hatte Amma angedeutet, dass sehr bald eine Operation anstehen würde. Eine Woche später verschlechterte sich der Zustand der Tochter und sie wurde wieder ins Krankenhaus eingewiesen. Die Ärzte empfahlen eine weitere Operation, die in zwei Tagen stattfinden sollte. Die Mutter war extra gekommen, um Ammas Segen für die Operation zu erbitten. Sie wollte am frühen Morgen wieder nach Hause zurückkehren. Amma organisierte es, dass sie mit einer Familie von Devotees zurückfahren konnte, die auch aus Trissur kam.

Amma war bereit, in ihr Zimmer zurückzukehren. Die Krähen hatten bereits zu krächzen begonnen und kündeten einen neuen Tag an.

Amma kam nicht vor drei Uhr nachmittags in die Darśhan-Hütte. Da es der Tag nach dem Bhāva Darśhan war, hatten sich relativ wenige Devotees eingefunden. Ein Brahmachārī meditierte in der Hütte. Als er Amma sah, verbeugte er sich vor Ihr und nahm die Gelegenheit wahr, Amma etwas zu fragen, bevor die anderen Besucher ankamen.

„Amma, welche Verbindung besteht zwischen Karma und Wiedergeburt? Es wird behauptet, dass die Wiedergeburt vom Karma verursacht wird."

Amma: „Sohn, unsere Körper sind von einer Aura umgeben. So wie ein Kassettenrecorder unsere Worte aufnimmt, so hinterlassen unsere Handlungen einen Eindruck in dieser Aura. Die Aura wird golden, wenn die Handlungen gut sind. Was immer solche Menschen tun, der Weg ebnet sich ihnen wie von selbst und alles wendet sich immer zum Besten. Aber die Aura von jenen, die Schlechtes tun, wird dunkel. Solche Menschen erleben ständig Hindernisse und Probleme. Ihre Aura bleibt nach dem Tod auf der Erde und wird Futter für Würmer und Insekten. Später werden sie hier wiedergeboren."

Als die Devotees zum Darśhan ankamen, verbeugte sich der Brahmachārī erneut und stand auf.

Amma erkundigte sich nach dem Wohlergehen von allen. Einer der Anwesenden legte Amma ein farbig verpacktes Geschenk zu ihren Füßen.

Amma: „Sohn, wie geht es deinem Sohn?"

Devotee: „Durch deine Gnade hat er seine Arbeit wiederbekommen, Amma. Neulich ist ein Brief von seiner Frau angekommen, in dem sie mitteilt, dass er mit dem Gañja Rauchen aufgehört hat. Er benimmt sich gut und redet nur von dir. Er schickte mir sogar seinen ersten Gehaltsscheck. Er bat mich, dir diese Neuigkeiten mitzuteilen und dieses Geschenk zu überbringen. Deshalb bin ich heute hier.“

Mutter: „Amma ist froh, dass er aufgehört hat, Gañja zu rauchen. Sohn, sage ihm, dass Amma sich mehr über den Wandel in seinem Verhalten freut als über das Geschenk.“

Der Sohn des Devotees arbeitete in Bhilai. Er hatte seine Arbeitsstelle verloren, als er begann, sehr viel Gañja zu rauchen. Er musste ein Jahr in seinem Elternhaus in Kerala verbringen, da er keine Arbeit hatte. In dieser Zeit war er Amma begegnet. Ammas Herz schmolz, als sie sein ernsthaftes Bemühen sah, diese schlechte Angewohnheit zu überwinden. Amma hatte ihm einige von ihr gesegnete Moschus-Tabletten gegeben und ihm gesagt, dass er immer dann eine Tablette nehmen sollte, wenn er das Verlangen verspürte Gañja zu rauchen. Er hatte es geschafft, sich das Rauchen langsam abzugewöhnen und schließlich hörte er ganz damit auf. Vor einigen Monaten hatte er völlig unerwartet seine alte Arbeitsstelle wiederbekommen.

Der Devotee fuhr fort: „Alle Tabletten, die Amma ihm gegeben hatte, waren vor seiner Abreise aufgebraucht. Jetzt hat er immer etwas Moschus in seiner Tasche. Er sagt, dass ihn allein schon der Geruch stärkt.“

Amma: „Der Wandel war nur wegen seines starken Glaubens möglich. Mit wahrem Glauben kann man Steine versetzen.“

Amma behauptet nicht, dass etwas wegen ihrer Kräfte geschieht. Sie ist immer im Höheren Selbst verankert und lehrt durch ihre eigenen Handlungen, was totale Hingabe an das Göttliche bedeutet und zu bewirken vermag.

Samstag, der 24. August 1985

Am Freitagabend kam Amma in Kodungallor an, um Bhajans in einem Dēvī-Tempel zu singen. Am nächsten Morgen rezitierten die Brahmachārīs das Lalitā Sahasranāma Archana und Amma zelebrierte das Ārati mit Kampfer. Nachdem sie die Häuser von drei weiteren Devotees besucht hatten, begaben sich Amma und ihre Gruppe wieder auf die Rückreise in den Āśhram.

Zur Mittagszeit hielten sie am Straßenrand an. Die Familie, bei der sie in der vergangenen Nacht gewohnt hatten, hatte für alle Mittagessen eingepackt. Sie saßen im Kreis und Amma verteilte auf Bananenblättern das Essen. Nach dem gemeinsamen Rezitieren des 15. Kapitels der Bhagavad Gītā folgte das Gebet ‚Brahmar Panam' (Bhagavad Gītā Kap. 4, Vers 24) und danach verzehrten sie ihr Mittagessen. Jemand organisierte ein Gefäß von einem nahegelegenen Haus und füllte es mit Wasser, damit jeder seine Hände waschen konnte. Die Menschen, welche die Szene beobachteten, wunderten sich über diese wandernden Nomaden. Sicherlich fragten sie sich, woher sie wohl kämen. Amma reist im Land herum, um das Licht des ewigen Friedens auf den Weg ihrer Kinder zu verströmen, die im Dunkel der Unwissenheit taumeln. Sie denkt dabei weder an Essen noch an Schlaf. Wenn sie herbeieilt, um ihre Kinder, die von Maya verblendet sind, zu trösten und sich ihnen vorbehaltlos zu schenken, wie können sie da etwas von solch höchster Selbstaufopferung wissen?

Klärung der Zweifel der Brahmachārīs

Die Reisegesellschaft machte nach dem Essen keine Pause, sondern reiste sogleich weiter. Brahmachārī Venu hatte seit der vergangenen Nacht sehr starke Ohrenschmerzen. Er konnte deshalb nicht schlafen. Amma ließ ihn im Bus neben sich sitzen und bat die anderen, die in Ihrer Nähe saßen, Platz zu machen, damit Venu sich hinlegen konnte. Amma legte seinen Kopf auf ihren Schoß und tröstete ihn.

„Du hast Ohrenschmerzen, weil du beim Prāṇāyāma (Yōga der Atemtechnik) deinen Atem mit Gewalt zurückgehalten hast", erklärte ihm Amma.

Venu: „Meinst du, dass es nicht richtig ist, Prāṇāyāma zu praktizieren?"

Amma: "Nein, es ist durchaus gut, aber ihr Kinder habt nicht die Geduld, um es richtig zu machen. In früheren Zeiten waren die Menschen noch gesund und hatten Geduld. Deshalb konnten sie diese Übungen richtig durchführen. Heutzutage verfügen die Menschen weder über Gesundheit noch Geduld. Es ist gefährlich, wenn du Prāṇāyāma ohne die direkte Anleitung durch einen Guru praktizierst."

Wegen der vielen Menschen, die in den Āśhram kamen, hatten die Brahmachārīs wenig Gelegenheit, mit Amma über spirituelle Angelegenheiten zu sprechen. Nur wenn sie mit Amma reisten, konnten sie alle in ihrer Nähe sitzen und ihren göttlichen Worten zuhören.

Ein Brahmachārī: „Amma, wer ist größer, Gott oder der Guru?"

Amma: „Im Prinzip sind Gott und der Guru dasselbe. Trotzdem können wir sagen, dass der Guru höher steht als Gott. Die Gnade des Gurus ist etwas Einzigartiges. Wenn der Guru will, kann er die Auswirkungen des göttlichen Missfallens abwenden. Aber nicht einmal Gott kann die Sünde ungeschehen machen, die durch eine Entehrung des Gurus entsteht. Wenn du Gott verwirklicht hast, dann kannst du sagen, dass du mit Gott eins bist. Aber selbst dann kannst du nicht behaupten, dem Guru gleich zu sein, da es der Guru war, der dir die Einweihung in ein Mantra gab, wodurch die Selbstverwirklichung erlangt werden kann. Der Guru weist dem Schüler den Weg, der ihn zum Ziel führt. Der Guru wird immer diesen speziellen Status haben. Sogar nachdem der Schüler die Wahrheit kennt, wird er mit großer Demut vor dem Guru stehen."

Brahmachārī: „Amma, wie oft müssen wir das Mantra wiederholen, das du uns gegeben hast, bis wir Mantra Siddhi erreichen?"

Amma: „Wichtig ist nicht, wie oft du das Mantra wiederholst, sondern wie du es rezitierst. Selbst wenn du es einige Millionen Male wiederholst, nützt es dir nichts, solange du ein achtloses Leben ohne Śhraddhā führst. Wie oft ein Mantra wiederholt werden sollte, hängt auch davon ab, wie lang es ist. Japa sollte mit Konzentration ausgeübt werden; dann ist es unwichtig, wie oft das Mantra wiederholt wird. Selbst eine relativ geringe Zahl wird dann zu Mantra Siddhi führen.

Es ist notwendig, sich auf die Form oder den Klang des Mantras zu konzentrieren. Während des Rezitierens kannst du dich auch auf jeden einzelnen Buchstaben des Mantras konzentrieren. Du wirst nicht immer völlig fokussiert und konzentriert sein, daher wird es notwendig, das Mantra zehn Millionen Male zu wiederholen. Denn je mehr man es rezitiert, desto mehr Zielgerichtetheit wird erreicht.

Die Frage nach der Wiederholung des Mantras ist vergleichbar mit der Frage, wie oft man einer Pflanze Wasser geben muss, bis sie Früchte trägt. Das Wässern ist notwendig, aber die Menge Wasser hängt von vielen verschiedenen Faktoren ab, wie die Art der Pflanze, dem Klima und der Bodenqualität. Wasser alleine genügt nicht. Die Pflanze braucht Sonnenlicht, Dünger, Luft und Schutz vor Schädlingen. Auf dem spirituellen Weg ist es ähnlich. Das Mantra zu rezitieren ist ein Aspekt. Gute Taten, gute Gedanken und das Zusammensein mit weisen Menschen (Satsang) sind ebenfalls notwendig. Ist all das vorhanden, erhält man ein Ergebnis entsprechend dem göttlichen Willen."

Brahmachārī: „Kann jemand Siddhis erlangen, indem er das Mantra rezitiert?"

Amma: „Siddhis hängen von der Art der Konzentration ab. Japa kann zu Siddhis führen. Wenn man Siddhis jedoch ohne Unterscheidungsvermögen benutzt, kommt man vom Weg ab, der zum höchsten Ziel führt. Glaube nicht, dass du einfach jede Art von Leben führen kannst, nachdem du in ein Mantra eingeweiht worden bist. Amma beobachtet euch. Stellt euch vor, ihr reist mit dem Bus. Ihr habt einen Fahrschein gekauft. Wenn der Kontrolleur kommt und ihn sehen möchte, ihr ihn aber nicht vorweisen könnt, müsst ihr den Bus verlassen. Der Kontrolleur wird nicht nachsichtig sein.

Wenn ihr erst einmal die Selbst-Verwirklichung erreicht habt, verfügt ihr auch über alle Siddhis. Die Verwirklichung geht über alle Siddhis hinaus. Seid ihr selbstverwirklicht, dann ist die ganze Welt in euren Händen. Gott statt um Selbstverwirklichung um Siddhis zu bitten kann man mit eurem Bemühen vergleichen, an den königlichen Hof zu gelangen. Dort angelangt, steht ihr vor dem König und bittet ihn aber bloß um ein paar Stachelbeeren."

Brahmachārī: „Wie lange wird es dauern, die Vision Gottes zu erlangen?"

Amma: „Wir können nicht voraussagen, wann wir Gott sehen werden. Es hängt von der Sehnsucht des Suchenden ab und den Bemühungen, die er oder sie unternimmt. Wenn wir in einem normalen Bus reisen, können wir nicht genau sagen, wann wir unser Ziel erreichen, da der Bus an vielen Stellen anhält. Ein Expressbus hält nur selten an, deshalb können wir die Ankunftszeit ziemlich genau voraussagen. Ebenso ist es, wenn wir ständig an Gott denken und daher keinerlei Zeit verschwenden. Wenn wir auf unserem Weg voranschreiten, ohne an irgendetwas zu haften, dann können wir das Ziel in kurzer Zeit erreichen. Mangelt es unserem Sādhanā an Intensität, dann ist nicht leicht vorauszusagen, wann wir das Ziel erreichen werden.

In den Schriften heißt es manchmal, dass weniger als ein Augenblick nötig ist, um Selbstverwirklichung zu erreichen. An anderen Stellen wiederum steht, dass es sogar in Hunderten von Leben schwierig ist, die Verwirklichung zu erlangen. Die Intensität des Sādhanās und das Saṁskāra aus früheren Leben bestimmen die notwendige Zeit, um das Ziel zu erreichen. Mit Sādhanā ist nicht gemeint, einfach irgendwo mit geschlossenen Augen herumzusitzen. Wir müssen uns beständig das Ziel vor Augen halten und uns unaufhörlich bemühen. Vor allem ist ein reines Herz wichtig. Ist unser Herz erst einmal rein, dann ist es leicht, Gottes Gnade zu erhalten."

Brahmachārī: „Amma, bedeutet die Vision Gottes das gleiche wie Gottverwirklichung?"

Amma: „Manche Leute haben bestimmte Visionen während ihrer Meditation. In der Meditation gibt es einen Zustand, der weder Schlafen noch Wachen ist. Man könnte es einen Traumzustand der Meditation nennen. Gelangt man dahin, dann hat man meist Visionen von verschiedenen göttlichen Formen. Doch das sind keine wahren Visionen Gottes. Daher sollten wir davon nicht zu sehr angezogen sein, sondern stattdessen einfach weitergehen."

Zwei Brahmachārīs, die hinten im Bus saßen, hörten Amma nicht zu. Sie diskutierten über einen Abschnitt in den

Upaniṣhaden, die sie gerade studierten. Sie schauten öfters zu Amma hinüber, um zu sehen, ob sie ihnen zuhörte. Schließlich hielt sie im Reden inne und drehte sich zu ihnen um.

Amma: „Kinder, verschwendet nicht eure Zeit damit, zu entscheiden, ob die Frucht am Baum wirklich reif ist, ob sie nur reif aussieht oder ob sie von Ungeziefer befallen ist. Steht auf und pflückt die Frucht! Verschwendet nicht eure Zeit, indem ihr über dies oder das diskutiert. Rezitiert beständig euer Mantra. Wenn ihr spirituellen Fortschritt möchtet, dann müsst ihr euch fortwährend darum bemühen. Es gibt keine Abkürzung."

Erfahrungen, die Staunen hervorrufen

Brahmachārī Venus Ohrenschmerzen waren inzwischen verschwunden, vielleicht wegen Ammas heilender Berührung oder weil er den Nektar ihrer Worte getrunken hatte. Als der Bus Alleppy erreichte, blieb er plötzlich stehen. Brahmachārī Ramakrishnan, heute Swāmī Ramakrishnananda, der den Bus fuhr, wurde unruhig, da er keine Ursache für den Stillstand finden konnte. Hilflos schaute er Amma an. Sie sagte nichts, sondern stieg lächelnd aus dem Bus und ging in eine ihr anscheinend bekannte Richtung. Die Brahmachārīs folgten stillschweigend. Brahmachārī Ramakrishnan schloss sich Amma notgedrungen ebenfalls an und fragte, ob er jemanden rufen solle, um den Bus reparieren zu lassen, oder ob er ein anderes Fahrzeug mieten solle, falls es eine Verspätung geben würde. Amma hüllte sich in geheimnisvolles Schweigen und ging einfach weiter. Ihr Devotee Shekar lebte ganz in der Nähe und Amma ging geradewegs auf sein Haus zu.

Die Mitglieder der Familie waren überglücklich, als sie Amma sahen. Seit langem hatten sie gehofft, dass Amma sie besuchen würde. Sie wussten, dass dies der Tag war, an dem Amma von Kodungaloor zurückkehrte. Sie hatten um einen Besuch Ammas gebetet. Gerade hatten sie über die Möglichkeit eines Besuches gesprochen und mehrheitlich bezweifelt, dass Amma ohne Einladung kommen würde, als Amma unvermittelt das Haus betrat. Sie trauten ihren Augen kaum. Sie empfingen Amma mit Respekt und führten Sie zu dem Pūjā-Raum, wo Amma das Ārati mit Kampfer vollzog. Dann rief sie jedes Mitglied der Familie zu sich und heilte ihre seelischen Schmerzen mit dem Balsam ihrer göttlichen Worte.

Amma kam bald wieder aus dem Haus heraus. Ramakrishnan stand da und brütete vor sich hin. Als Amma wortlos zum Bus zurückging, sagte Ramakrishnan sanft zu ihr: „Amma, der Bus wurde bis jetzt noch nicht repariert." Amma bestieg den Bus und setzte sich. Dann sagte sie: „Versuche den Motor jetzt anzulassen, Sohn." Ramakrishnan startete und konnte ohne Probleme losfahren. Er wandte sich mit strahlendem Gesicht zu Amma. Sie lächelte nur.

Später besuchten sie noch zwei weitere Devotees. Es war 19.30 Uhr, als sie im Āśhram ankamen. Dort fanden gerade die abendlichen Bhajans statt. Brahmachārī Anish, heute Swāmī Amritagitananda, ein Student der Chinmaya Mission in Bombay, wartete darauf, Amma zu begegnen. Es war sein erster Besuch im Āśhram. Nach seinem ersten Darśhan setzte Amma sich mit ihm in den Innenhof zwischen der Vēdānta-Schule und dem alten Tempel und sprach eine Weile mit ihm. Die Brahmachārīs, die Amma auf der Reise begleitet hatten, schlossen sich dem Bhajan-Singen im alten Tempel an. Schließlich ging auch Anish hinein. In die Bhajans versunken stand er da und vergaß alles andere um sich herum. Es war, als würde das Lied, das sie gerade sangen, die Geschichte seines eigenen Lebens erzählen:

akalattā kōvilil

In einem entfernten Tempel brannte
ununterbrochen ein Docht,
um diejenigen zu leiten, die im Dunkeln umherwandeln.
Auf diese Weise zeigte Mutter Ihr Mitgefühl.

Eines Tages, als ich diesen Weg entlangwanderte,
winkte mich die Strahlende mit Ihrer Hand herein;
Sie öffnete die heilige Tür,
nahm etwas heilige Asche
und strich sie auf meine Stirn.

Sie sang Lieder Gottes
und bereitete mir mit Ihren eigenen Händen
einen Schlafplatz.
Dann hatte ich einen neuen Traum,
der die Wahrheit verkündete:
Warum weinst du?
Weißt du nicht, dass du
die heiligen Füße Gottes erreicht hast?

Ich erwachte mit einem Seufzer
und sah deutlich das Lotusgesicht:
Ich sah es so klar.

Donnerstag, der 5. September 1985

Die unermüdliche Mutter

Eine Gruppe von Devotees kam erst nach Mitternacht im Āśhram an, obwohl sie von Kollam bereits am Abend losgefahren war. Die Devotees hatten auf dem Weg Probleme mit ihrem Auto. Die Reparatur dauerte lange und sie wollten gleich wieder nach Hause fahren, weil es schon spät war. Aber da eines der Kinder darauf bestand, kamen sie trotzdem zum Āśhram. Sie hatten nicht erwartet, Amma während der Nacht anzutreffen, doch als sie sich dem Āśhram näherten, sahen sie Amma alleine in dem Kokospalmenhain vor dem Āśhram stehen, als würde sie jemanden erwarten. Alle Gedanken an ihre Probleme verflogen augenblicklich, als sie Amma sahen. Amma setzte sich und unterhielt sich mit ihnen bis 4.00 Uhr morgens.

Amma nahm dann ein Bad und kam erneut um 5.00 Uhr nach unten. Ein Brahmachārī, der dies sah, bat sie, sich doch ein wenig auszuruhen. Amma hatte die ganze Nacht nicht geschlafen. Die kommende Nacht würde Bhāva Darśhan stattfinden und sie würde wieder nicht schlafen. Amma antwortete: „Man sollte während des Archanas nicht schlafen. Wir tun all dies mit einem göttlichen Saṅkalpa. Alle sollten während des Archanas wach sein und daran teilnehmen. Wenn man um diese Zeit schläft, handelt man sich damit Unglück oder Fehlschläge ein. Wenn Amma heute während des Archanas schläft, werdet ihr es morgen alle ebenso tun. Dann wird es im Āśhram keine Disziplin mehr geben."

Brahmachārī: „Aber Amma, wird das nicht deine Gesundheit schädigen, wenn du keine Ruhepause hast?"

Amma: „Gott wird dafür Sorge tragen. Amma ist nicht hier, um sich um diesen Körper zu kümmern. Wenn ihr die Regeln befolgt, wird Ammas Gesundheit nichts geschehen."

Der Brahmachārī wusste, dass es nicht helfen würde, weiter auf seinem Anliegen zu beharren und zog sich deshalb zurück. Amma ging in den Meditationsraum und schloss sich dem Archana der Brahmachārīs an. Nach dem Archana ging sie zum Kokospalmenhain und setzte sich. Eine Brahmachāriṇī brachte ihr eine Tasse Tee. Amma trank die Hälfte davon und gab dann die Tasse zurück.

Amma rief Brahmachārī Sarvatma Chaitanya zu sich, der ansonsten in Frankreich lebte und dessen Aufgabe es war, dort Ammas Lehren zu verbreiten. Zurzeit war er hier, um mit Amma Zeit zu verbringen. Sarvatma kam und verneigte sich vor Ammas Füßen, dann setzte er sich in ihre Nähe.

Sarvatma: „Amma, du hast die letzte Nacht nicht geschlafen. Deshalb bin ich nicht zu dir gekommen. Heute Nacht ist wieder Bhāva-Darśhan. Du solltest dich wenigstens jetzt ein bisschen ausruhen. Ich werde später wiederkommen."

Amma: „Sohn, musst du nicht zurückfahren? Du brauchst dir keine Sorgen um Ammas Wohlergehen zu machen. In den meisten Nächten schläft Amma nicht. Wann gibt es schon dafür Zeit in den Bhāva Darśhan-Nächten? Während der anderen Nächte liest Amma Briefe und meist ist es sehr spät, bis sie damit fertig ist.

Amma ist meistens die ganze Nacht auf und es ist zu Ammas Gewohnheit geworden. Das ist nicht erst seit kurzem so, sondern seit Ammas Kindheit. Vor lauter Kummer, dass sie Gott noch nicht erkannt hatte, schlief sie nicht. Um wach zu bleiben fügte sie sich kleine Verletzungen am eigenen Körper zu. Den ganzen Tag war sie mit den Pflichten des Haushaltes beschäftigt. Wenn sie in der Nacht mit dem Geschirrabwaschen fertig war, schliefen die anderen fest. Erst dann fand

sie Zeit um ungestört zu beten. Sie blieb die ganze Nacht wach, weinte und betete zu Gott.

Die Nacht ist die beste Zeit um zu beten. Die Natur ist ruhig und niemand wird uns stören. Niemand wird es erfahren, wenn man zum Strand geht. Dann kann man dort ganz alleine sein."

Tränen strömten aus Sarvatmas Augen, als er an Ammas Opfer und intensives Tapas dachte. Amma änderte das Gesprächsthema und fragte ihn: „Sohn, was wolltest du Amma fragen?" Sarvatma konnte nicht sprechen, sondern saß einfach nur schweigend da und sah ihr in die Augen.

Erläuterungen zum Missionswerk

Amma sagte zu einer Brahmachāriṇī, die in der Nähe stand: „Dieser Sohn hat an vielen Orten Reden gehalten. An manchen Orten kamen zahlreiche Zuhörer, aber an anderen Orten waren nur einige wenige, worüber Sarvatma sich Sorgen machte. Er dachte, dass die Leute vielleicht deshalb nicht kamen, weil seine Reden nicht gut waren. Sie wandte sich Sarvatma zu: „Sohn, warum machst du dir Gedanken darüber, wie viele Leute kommen? Tust du nicht genau das, worum Amma dich gebeten hat? Achte nur auf eines: Zeige große Demut in deinen Worten und Handlungen. Wir sollten auf die Ebene der Menschen gehen und sie dann emporheben.

Kinder sind daran interessiert zu spielen. Sie kommen nicht einmal pünktlich zum Essen ins Haus. Es ist die Aufgabe der Mutter, ihrem Kind zur richtigen Zeit das Essen zu geben. Das Kind anzuschreien oder zu schlagen, wird nichts nutzen. Sie muss es mit Liebe rufen. Sie muss mit dem Kind seiner Entwicklungsstufe entsprechend reden. Dann wird das Kind hereinkommen und essen. Genauso werden Menschen die spirituellen Ideen vielleicht nicht sofort aufnehmen. Deshalb müssen wir in ihnen zunächst das Interesse wecken. Jeder schätzt es, wenn man ihm mit Demut begegnet. Alle sehnen sich nach Liebe. Wir sollten auf jeden Menschen entsprechend seiner Ebene zugehen und ihm dann helfen zu wachsen."

Sarvatma: „Einige Leute haben gefragt, ob es angemessen sei, im Namen von Mahātmās Organisationen ins Leben zu rufen?"

Amma: „Sohn, man kann vielleicht den Namen eines einzelnen vermeiden, aber wenn du eine Bewegung organisieren willst, dann muss sie letztlich einen Namen haben. Man kann zum Beispiel statt eines persönlichen Namens ein Ideal als Bezeichnung wählen, wie „Pfad der Liebe" oder „Der göttliche Weg". Was immer es ist, es muss einen Namen haben. Dann werden sich einige Menschen zusammentun und es wird eine Gruppe oder eine Organisation entstehen. Die Organisation wird bekannt unter ihrem Leitmotiv, z.B. Liebe oder Selbstaufopferung. Nach einer Weile wird das Bild der Person, welche die Organisation gegründet hat, wohlbekannt, und später wird die ganze Organisation wegen dieses Individuums oder vielleicht auch mehrerer Menschen bekannt sein.

Wir brauchen irgendein Instrument, um den menschlichen, selbstsüchtigen Mind zu verändern und zu weiten. Wir müssen den Mind an ein Ideal binden. Es ist so wie mit einem wilden Pferd, das wir innerhalb einer Umzäunung bändigen. Manche Menschen gehen deshalb zu einem Satguru. Die Bezeichnung ‚Guru, symbolisiert die Ideale, die er durch seine Leben beispielhaft lehrt. Andere wählen andere Methoden. Möchtest du die Struktur einer Organisation vermeiden, ist es schwierig, den Menschen die Lehren zu vermitteln. Warum sollten wir auf den großen Dienst, den uns eine Organisationstruktur leistet, wegen einiger kleinerer Mängel verzichten?

Man kann sich fragen, warum ein Zaun um ein Farmland gezogen wurde, aber der Zaun dient bestimmten Zwecken. Was immer du beginnst, alles hat seine Einschränkungen. Sorge dich nicht darum. Sieh in allem nur das Positive. Diese Einstellung vermittle anderen. Es wird gesagt, dass ein Schwan aus einer Wasser-Milch-Mischung die Milch herausfiltern kann. Sei offen allem gegenüber. Sieh die Dinge nicht nur mit deinem begrenzten Mind. Führe dein Leben mit dem Bewusstsein der Unterscheidung von dem, was vergänglich und dem was unvergänglich ist.

In bestimmten Teilen Indiens benutzt man den ersten Buchstaben des Namens des Vaters als Anfangsbuchstaben für den eigenen Namen. Hat der Vater davon etwas? Wenn man eine Organisation gründet, dann kommen zahlreiche Menschen und ziehen daraus ihren Nutzen. Ein Sannyāsi lebt nicht für sich selbst; er lebt, um anderen die höchsten Prinzipien zu lehren. Aus diesem Grund verbreiten die Schüler die Lehren ihres Gurus. Auch Āśhrams dienen diesem Zweck.

Sieh Mahātmās nicht als Individuen an. Sie stehen für ein Ideal oder für das höchste Prinzip, wenngleich sie äußerlich gesehen einen Namen und einen Körper haben. Aus eurer Perspektive seht ihr sie als handelnde Person. Es ist jedoch kein Ego in ihnen vorhanden und folglich auch kein Ichgefühl. Das ist es, worauf wir unser Augenmerk lenken sollten. Der Guru ist das Prinzip des Einen Selbst, welches das gesamte Universum durchdringt, auch wenn er vielleicht wie ein Individuum erscheint. Diejenigen, die nur für ihre Familie leben oder nur für die Erfüllung ihrer eigenen Wünsche, können wir als Individuen ansehen. Aber fallen Mahātmās in diese Kategorie? Nein. Sie nützen der gesamten Welt. Sie bringen Tausenden von Menschen Frieden.

Sohn, die meisten von uns sind aufgewachsen, indem sie sich an verschiedene Menschen angelehnt haben. Nur ein paar wenige Menschen haben die Kraft, zu wachsen und sich dabei nur auf die inneren Prinzipien zu stützen. In der Kindheit sind wir von unseren Eltern abhängig. Später verlassen wir uns auf unsere Freunde oder unseren Ehepartner. Infolgedessen lernen wir lediglich, einzelne Menschen zu lieben und uns um sie zu kümmern. Wir sind unfähig, unser Leben alleine auf spirituelle Prinzipien zu gründen. Die Mahātmās aber sind jenseits von Namen und Form; auch wenn ihr sie als Individuen handeln seht, ist in ihnen kein Ego. Wenn wir uns auf Mahātmās verlassen, können wir uns sehr schnell weiterentwickeln und unser Bewusstsein wird sich weiten."

Amma stand langsam auf und Sarvatma Chaitanya verbeugte sich. Amma gab dem Sohn, der bald abreisen würde, einen Kuss und ging dann zu den Devotees in die Darśhan-Hütte. Zwischen der Darśhan-Hütte und der Vēdānta-Schule standen einige Töpfe mit blühenden Pflanzen. Zwei Brahmachārīs standen dort und erfreuten sich an der Schönheit der Blumen. Als sie Amma sahen, traten sie zur Seite. Amma ging an einem der Töpfe vorbei, in dem sich eine verwelkte Pflanze befand und sagte zu ihnen: „Man kann daran erkennen, wie aufmerksam ihr alle gegenüber den äußeren Dingen seid. Wäre diese Pflanze verwelkt, wenn ihr etwas mehr Śhraddhā gehabt hättet? Ist sie nicht vertrocknet, weil niemand sie rechtzeitig gegossen hat? Es wird ersichtlich, wie viel Śhraddhā ein Brahmachārī der Welt gegenüber hat, wenn man sich die Pflanzen um ihn herum anschaut. Jemand, der Gott liebt, der liebt alle lebendigen Wesen und wird sich entsprechend um sie kümmern."

Amma ging in die Hütte und Empfing die Devotees.

Unniyappam

Eine weibliche Devotee hatte etwas Unniyappam für die Brahmachārīs mitgebracht. Sie wollte die Süßigkeit Amma überreichen.

Amma: „Tochter, wenn du diesen Kindern solche Sachen bringst, welchen Sinn hat es dann, dass sie ihr Zuhause verlassen haben? Sie sind hier, um sich in Verzicht zu üben. Was soll Amma machen, wenn vom Zuhause aller Brahmachārīs Essen gebracht wird?

Die Frau: „Amma, wir bringen diese Sachen doch nur manchmal. Was kann es schaden?"

Amma: „Wenn man ihnen die Dinge gibt, worauf sie Appetit haben, schadet man ihnen, Tochter. Das ist keine Liebe. Wahre Liebe heißt davon abzusehen, ihnen das Essen zu geben, das ihnen schmeckt. Wahre Liebe bedeutet, sie anzuregen und zu ermutigen, ihre Zunge und ihr Denken zu beherrschen. Wer völlige geistige Kontrolle erreicht hat, kann immer Nektar schmecken. Wenn das Essen den Rachen passiert hat, wird es zu Kot. Es ist unmöglich, ohne Beherrschung der Zunge den Mind zu kontrollieren. Wenn die Kinder hier von ihren Eltern verwöhnt werden und Gelüste auf schmackhaftes Essen haben, warum kommen sie dann hierher? Sie haben ihr Zuhause und die gewohnte Umgebung aufgegeben und sind wegen eines anderen Ziels hierhergekommen."

Die Augen der Frau füllten sich mit Tränen: „Amma, es war mir nicht bewusst, dass ich solch einen schwerwiegenden Fehler begangen habe. Ich betrachte alle hier als meine Kinder. Ich habe nur ihr Wohlergehen im Auge."

Amma zog die Frau zu sich heran und umarmte sie.

Amma: „Tochter, Amma wollte dich nicht traurig stimmen. Sie will nur versuchen, dass du verstehst. Jemand hier muss Verlangen nach Unniyappam gehabt haben, das ist der Grund, warum du es heute gebracht hast!“ Amma lachte und alle stimmten mit ein. „Obwohl Amma so spricht, kocht sie manchmal selbst wohlschmeckendes Essen für ihre Kinder. Sie denkt dann daran, wie viel Bequemlichkeit diese Kinder zu Hause hatten! Sind sie zufrieden mit dem Essen hier? Ausschließlich wird Amma dann ein besonders schmackhaftes Mahl für sie zubereiten. An gewissen Tagen serviert ihnen Amma extra für sie spezielle Snacks.

An manchen Tagen, wenn Amma solche Gedanken im Kopf herumgehen, bringen Devotees etwas Besonderes zu Essen mit. Durch Gottes Gnade mangelt es den Kindern hier an nichts. Zu anderen Zeiten jedoch wechselt Ammas Haltung und sie gibt ihnen dann nur Reis und nichts dazu. Dann wieder schafft sie Umstände, in denen die Kinder nichts zu essen bekommen, damit sie den Hunger zu spüren. Schließlich sollten sie sich auch daran gewöhnen. Man darf nicht Sklave seines Gaumens sein. Nur wenn der Geschmackssinn überwunden wird, kann man den Geschmack des Herzens genießen.“

Amma rief eine Brahmachāriṇī zu sich und vertraute ihr das Unniyappam an, damit sie es unter den Āśhram Bewohnern verteilte. Die Brahmachāriṇī hatte die Unterhaltung nicht mitgehört, die in der Hütte stattgefunden hatte. Sie nahm das Paket von Amma entgegen und flüsterte ihr etwas ins Ohr. Amma begann laut zu lachen und alle schauten sie an und wunderten sich, was da vor sich ging.

Amma: „Hat Amma nicht gesagt, dass sich jemand Unniyappam gewünscht hat? Anscheinend hat ein Sohn der Brahmachāriṇī von den Zeiten erzählt, in denen er es zuhause gegessen hat, und er hatte hinzugefügt, wie schön es wäre, mal wieder Unniyappam zu kosten." Alle lachten.

Der Darśhan dauerte bis zwei Uhr nachmittags. Amma ging in die Essenshalle und stellte sicher, dass alle genügend zu essen bekommen hatten. Erst dann kehrte sie in ihr Zimmer zurück. Um fünf Uhr würde Amma erneut für die Abend-Bhajans herunterkommen, die an Bhāva Darśhan-Tagen früher begannen.

Freitag, 6. September 1985

Brahmachārī Neal Rosner, heute Swāmī Paramatmananda, war damit beschäftigt, die täglichen Aktivitäten im Āśhram mit einer Videokamera aufzunehmen, die ein Devotee am vorhergehenden Tag aus Amerika mitgebracht hatte. Er hatte bereits die Rezitation der vedischen Mantren und des frühmorgendlichen Sahasranāma Archana gefilmt. Allerdings waren die Aufnahmen nicht besonders gut geworden, wahrscheinlich, weil Amma es nicht erlaubt hatte, ein zusätzliches Licht einzusetzen.

„Wenn ihr beim Archana helles Licht anschaltet, wird jeder die Konzentration verlieren." sagte Amma zu Nealu. „Der Mind sollte völlig auf die gewählte Gottheit oder auf das Mantra ausgerichtet sein. Die göttliche Mutter ist während des Archanas anwesend. Der Sinn des Archanas ist es, den Mind zu konzentrieren. Ihr solltet dies verstehen." Amma erinnert uns ständig daran, dass wir uns völlig auf das konzentrieren sollen, was wir gerade in diesem Moment tun.

Amma sagt oft, spirituell Suchende sollten es nicht zulassen, dass man von ihnen Bilder macht. „Das Blitzlicht nimmt etwas von deinen Oas weg."

Anfangs erlaubte Amma keine Videoaufnahmen, aber Nealu war ihr in der letzten Nacht überall hin gefolgt und hatte argumentiert: „Amma, wir bekommen täglich Briefe aus Übersee, in denen nach Videoaufnahmen von dir gefragt wird. Es gibt so viele Kinder in Übersee, die nicht hierherkommen können. Ist es denn nicht für sie? Sie waren es, die diese Kamera geschickt haben. Bitte, nur dieses eine Mal, Amma." Schließlich stimmte Amma zu. „Also gut, wenn du darauf bestehst. Aber behindere nicht die Meditation der Kinder. Stell dich auch nicht vor mich hin mit diesem Ding in der Hand!"

Nealu musste diese Bedingungen akzeptieren. Nealu stand mit der Kamera hinter einer Kokosnußpalme und wartete, dass Amma zur Darśhan-Hütte kommen würde, aber wegen der Bäume gab es nicht genug Licht und Amma würde ja kein Zusatzlicht fürs Filmen erlauben. Als Amma aber zur Hütte ging, erhellten sich die schattigen Bereiche unter den Kokosnußpalmen. Nealu folgte ihr und erfreute sich durch den Sucher der Kamera an der Szene.

Brahmacharya und Anverwandte

Die leibliche Mutter eines der Brahmachārīs wartete darauf, Amma zu treffen. Ihre Tochter war ebenfalls bei ihr. Die Frau verbeugte sich vor Amma und erklärte ihr den Grund für ihre Traurigkeit.

Die Frau (auf den Brahmachārī zeigend): „Amma, wir wollen den Geburtstag seines Vaters feiern. Bitte lass ihn für ein paar Tage nach Hause kommen."

Amma: „Aber Amma hat niemals jemandem verboten, den Āśhram zu verlassen. Natürlich kannst du ihn mitnehmen, wenn er gehen möchte."

Die Frau: „Er wird nicht zustimmen. Er wird nur deinen Worten folgen, Amma."

Der Brahmachārī stand mit hängendem Kopf da, als seine Mutter und seine Schwester mit Amma verhandelten. Amma drehte sich zu ihm um: „Sohn, willst du nicht mit ihnen gehen?" Er nickte halbherzig. Alle drei verbeugten sich vor Amma und verließen die Darśhan-Hütte.

Am Nachmittag, als der letzte Devotee gegangen war, kam Amma aus der Hütte und wurde von dem Brahmachārī mit einem unglücklichen Gesicht erwartet.

Amma: „Bist du nicht gegangen? Wo sind deine Mutter und Schwester?"

Brahmachārī: „Sie sind nach Hause zurückgekehrt. Irgendwie habe ich es geschafft sie wegzuschicken."

Amma: „Möchtest du nicht zum Geburtstagsfest deines Vaters nach Hause gehen?"

Brahmachārī: „Nein, Amma. Ich bin froh, wenn du mich nicht zwingst zu gehen. Ich bin nur traurig, weil ich dir nicht gehorcht habe."

Amma war auf dem Weg zu ihrem Zimmer. Jetzt hielt sie an. Sie lächelte nicht. Ihr Gesicht war ernst, aber doch von Liebe erfüllt. Sie setzte sich auf die Stufen, und der Brahmachārī setzte sich zu ihren Füßen. Amma schaute geradewegs in seine Augen.

Amma: „Sohn, ein Brahmachārī sollte die Verbindungen zu seiner Familie nicht aufrechterhalten. Das ist so, als ob man ein Boot rudert, welches an einem Baum festgebunden ist. Er wird in seinem Sādhanā keine Fortschritte machen. Es ist das gleiche, wenn dein Mind voller Gedanken ist. Das ist dann so, als wenn man ein Boot durch einen See rudert, der mit Algen überwuchert ist. Du machst vielleicht 100 Ruderschläge, kommst aber kaum voran.

Wenn du mit den Mitgliedern deiner Familie sprichst oder ihre Briefe liest, dann bist du all den Neuigkeiten von zuhause und der Nachbarschaft ausgesetzt. Was bedeutet es schon zu sagen, dass man sein Haus verlassen hat? Du denkst an dein Elternhaus und die Nachbarn. Wie kannst du mit solchen Gedanken Konzentration erlangen? Es führt ununterbrochen zu Gedankenwellen.

Am Anfang sollten die Suchenden nicht einmal Zeitung lesen. Wenn du die Zeitung liest, dann hinterlassen all die Nachrichten der Welt einen Eindruck in deinem Mind. Manche der Kinder lesen die Zeitung, gehen dann zu Amma und berichten ihr über all die Neuigkeiten. Amma wird vorgeben zuzuhören um zu prüfen, wie sie denken. Am nächsten Tag kommen sie erneut mit noch mehr Nachrichten; das ist allerdings nicht das, was Amma von euch erwartet. Ein Brahmachārī sollte totale Hingabe an Gott besitzen. Er sollte die feste Überzeugung haben, dass Gott sich um seine Familie kümmert. Wenn dieser feste Glaube vorhanden ist, dann wird sich Gott wirklich gut um die Familie kümmern. Ist Kṛiṣhṇa nicht Kuroramma zu Hilfe geeilt?

Sohn, wenn wir das Wasser auf die Wurzeln eines Baumes gießen, dann erreicht es auch die Äste. Wenn wir jedoch Wasser auf die Äste schütten, dann nützt es dem Baum nichts und unsere Bemühung ist vergeudet. Wenn wir Gott lieben, dann ist das so, als liebten wir jeden. Es nützt allen, weil der gleiche Gott in allen innewohnt. Indem wir Ihn lieben, lieben wir alle. Nur an Einzelne gebunden zu sein, das führt zu Leid.

Wenn wir gerade anfangen, Autofahren zu lernen, dann sollten wir auf einem leeren Parkplatz üben. Sonst gefährden wir unter Umständen uns selbst und andere. Wenn wir dann fahren gelernt haben, können wir das Auto sogar bei starkem

Verkehr mühelos beherrschen. Ebenso sollte sich ein Sādhak anfangs von der Familie und den Freunden fernhalten und sich in Einsamkeit üben. Ansonsten wird es schwer sein, den Mind auf Gott auszurichten. Aber wenn der Sādhak in seinem Sādhanā Fortschritte macht, wird er dazu kommen, in jedem das Göttliche zu sehen, alle zu lieben und allen zu dienen. Seine spirituelle Kraft wird nicht verschwendet werden.

Sohn, wenn du die Beziehungen zur Familie aufrechterhältst, wirst du all die Stärke, die du erworben hast, einbüßen. Es ist genug, wenn du deiner Mutter einen Brief schreibst. Schreibe nur etwas über spirituelle Themen. Solltest du doch einmal nach Hause gehen, dann schlafe nur im Meditationszimmer, und wenn dir jemand von den Familienangelegenheiten erzählen will, schenke ihm kein Gehör. Sprich nur über spirituelle Themen."

Ammas Worte erleichterten das Herz des Brahmachārīs. Er verbeugte sich und ging. Amma begab sich in Ihr Zimmer.

Am Strand

Um 5.30 Uhr nachmittags kam Amma aus ihrem Zimmer und rief die Brahmachārīs zum Strand. Als sie den Strand erreichten, war Amma bereits in tiefe Meditation versunken. Alle setzten sich um sie herum und schlossen die Augen. Die Gegenwart Ammas und das Rauschen des Meeres ließ alle Gedanken an die äußere Welt verschwinden.

Nach zwei Stunden öffnete Amma ihre Augen, stand auf und begann langsam den Strand entlang zu wandern. Als sie sich dem Wasser näherte, sah es so aus, als würden die Wellen des Ozeans miteinander wetteifern, ihre Füße zu küssen; die wenigen glücklichen, denen es gelang, verschmolzen wieder gänzlich zufrieden mit dem Ozean. Langsam wurde es dunkel und Ammas weißer Sari leuchtete, als würde er durch eigenes Licht erhellt. Amma ging weiter am Meer entlang und begann sanft zu singen. Ihre Augen waren auf den Horizont gerichtet. Sie schien völlig eingetaucht in eine göttliche Stimmung. Diejenigen, die ihr folgten, sangen zusammen mit ihr:

ōmkāra mengum

Der Klang ‚Ōm' schwingt überall,
hallt in jedem Atom wider;
Mit einem friedlichen Mind,
lasst uns ‚Ōm Śhakti' singen.

Überflutet voller Tränen der Trauer,
Mutter jetzt bist Du meine einzige Stütze.
Segne mich mit Deinen wundervollen Händen,
denn ich habe alle weltlichen Vergnügungen aufgegeben.

Die Angst vor dem Tod ist verschwunden,
die Sehnsucht nach körperlicher Schönheit ist
verschwunden.
Ich erinnere mich ständig an Deine Form,
die mir durch das Lichte Śhivas leuchtet.

Wenn ich mit innerem Licht erfüllt bin,
das mich überfließt und vor mir leuchtet,
und ich trunken bin von Hingabe,
verschmelze ich mit der Schönheit Deiner Form.

Deine Form ist das, wonach ich mich sehne.
Alle existierende Schönheit kristallisiert sich darin
und erscheint als diese unvergleichliche Schönheit.
Oh, jetzt fließen meine Tränen in Strömen.

Als das Lied beendet war, ging Amma zum Āśhram zurück und alle folgten ihr schweigend. Im Āśhram setzte Amma sich an der westlichen Seite in den Sand. Die Brahmachārīs zogen sich einer nach dem anderen zurück, da sie sahen, dass Amma allein sein wollte.

Anweisungen für Brahmachārīs

Nachdem Amma Darśhan gegeben hatte, kam sie aus der Hütte heraus und ging in Richtung der Brahmachārī-Hütten. Gelegentlich prüfte sie ihre Zimmer, ob alles ordentlich aufgeräumt war, ob jemand unnötige private Dinge aufhob und täglich gekehrt wurde. Sie wünschte, nicht mehr als jeweils ein Buch aus der Bibliothek im Zimmer von jemandem zu sehen, ebenso nicht einen Dhōti oder ein Hemd mehr als wirklich nötig. Es war unmöglich, Amma zu täuschen.

Amma bemerkte eines Tages, dass ein Brahmachārī eine Strohmatte auf ein Stück Teppich gelegt hatte, um darauf zu schlafen: „Wir haben gewöhnlich auf bloßem Zement oder Lehmboden geschlafen. Normalerweise gab es keine Matten oder Leintücher. Manchmal schlief die ganze Familie auf Matten, die auf dem Boden ausgebreitet waren und durch die nässenden Babys wurden die Matten feucht. So sind wir aufgewachsen. Diese Brahmachāriṇī kann euch berichten, dass Amma sogar heute noch meist auf dem bloßen Boden schläft, obwohl sie ein Bett und eine Matratze hat. Es wäre schwer für euch, auf dem schmutzigen Boden zu schlafen, da ihr mit einigem Komfort aufgewachsen seid."

Der Brahmachārī rollte schnell den Teppich auf. An diesem Tag ging Amma in eine der Hütten und zog ein Päckchen unter dem Schreibtisch hervor. Sie schien genau zu wissen, wo es war, als hätte sie es selbst dort versteckt.

„Was ist das, Sohn", fragte sie den Brahmachārī, der in der Hütte lebte. Sein Gesicht wurde blass. Amma setzte sich auf den Boden und öffnete das Paket. Es enthielt Ariyundas.

„Deine Eltern haben diese für ihren geliebten Sohn gebracht, richtig?"

Der Brahmachārī senkte seinen Kopf. Es war die Wahrheit. Seine Eltern hatten sie ihm am Tag zuvor gebracht. Er hatte sie gebeten, das Paket einer bestimmten Brahmachāriṇī zu geben, damit sie die Ariyundas an alle verteilte, damit waren sie aber nicht einverstanden. „Wir brachten noch ein extra Paket für Amma und ihre anderen Kinder. Dieses hier ist nur für dich", sagten sie. Als sie darauf bestanden, gab er nach.

Einige andere Brahmachārīs waren Amma in die Hütte gefolgt. Sie gab jedem ein Ariyunda.

Amma: „Sohn, Amma würde gerne sehen, dass du sogar eine Banane in hundert Stücke schneidest und jedem davon ein Stück gibst. Viele Leute bringen Amma Süßigkeiten und Snacks, aber alleine kann sie nichts davon essen. Sie hebt alles für ihre Kinder auf. Manchmal tut sie ein klein wenig davon in ihren Mund, weil sich die Überbringer darüber freuen. Wisst ihr, wie viele Mühe sich manche Leute machen, um etwas für Amma zuzubereiten, es einzupacken und hierher zu bringen? Außerdem entstehen noch Kosten für Bus und andere Dinge." Sie machte eine Pause und fragte dann den Brahmachārī: „Sohn, hat Amma dich jetzt unglücklich gemacht?"

Amma ließ den Brahmachārī den Kopf auf ihren Schoß legen. Sie teilte eine der Süßigkeiten, steckte sich selbst ein kleines Stück davon in den Mund und fütterte ihn mit dem Rest. Das verstärkte lediglich seinen Schmerz. Amma sagte: „Weine nicht, mein Sohn! Amma sagt dies nur, damit du dich von deiner Familie löst. Wenigstens hast du sie nicht alle alleine aufgegessen, sondern hast einige aufgehoben. Wenn es ein anderer Brahmachārī gewesen wäre, dann hätten wir nicht einmal mehr das Einpackpapier zu sehen bekommen, nicht wahr?", fragte sie die anderen mit einem Lächeln.

Um das Thema zu wechseln, hob Amma ein Buch hoch. Das Buch war mit Staub bedeckt. Sie schüttelte den Staub ab. Es war eine Einführung ins Sanskrit.

Amma: „Bist du nicht in den Sanskritunterricht gegangen?"

Brahmachārī: „In die letzten zwei oder drei Stunden bin ich nicht gegangen, Amma. Die Grammatik geht mir einfach nicht in den Kopf."

Amma: „Wenn man das Buch anschaut, dann sieht es eher so aus, als hättest du es seit mehr als einem Monat nicht berührt. Sohn, du solltest einem Unterrichtsbuch gegenüber nicht so nachlässig sein. Lernen wird Göttin Sarasvatī zugeordnet. Du solltest mit Hingabe und Śhraddhā lernen. Wann immer du ein Buch hochnimmst oder es wieder hinlegst, solltest du es mit Achtung tun und dich vor ihm verbeugen. Halte die Bücher ordentlich und sauber. So haben wir es alle gelernt.

Wie willst du unsere Schriften verstehen, wenn du Widerwillen hast, ihre Sprache zu erlernen? Sanskrit ist unsere Muttersprache. Die Upaniṣhaden und die Gītā werden sich dir nicht vollständig erschließen, wenn du nicht Sanskrit verstehst. Auch um die Mantren und Slokas zu verstehen, solltest du sie in dieser Sprache lernen. Es ist die Sprache unserer Kultur. Wir können die Kultur Indiens nicht von Sanskrit trennen. Es stimmt natürlich, dass wir moderne Übersetzungen der Schriften kaufen können, aber sie sind nicht gleichwertig mit den Originalen. Wenn du den Geschmack von Honig haben möchtest, musst du ihn probieren. Wenn du ihn mit etwas mischst, dann kannst du nicht den wirklichen Honig-Geschmack erkennen. Selbst die Rezitation von Sanskritworten ist gut für die Gesundheit unseres Mindes.

Aber es ist sehr wichtig, dass ihr nicht Sanskrit lernt, um mit eurem Wissen zu prahlen. Man sollte es für die Weiterentwicklung des Mindes tun. Seht Sanskrit lediglich als ein Instrument eurer spirituellen Entwicklung an. Wenn man erst einmal in der Zeitung gelesen hat, wo man Mangos kaufen kann, ist es klug, Mangos zu kaufen und sich darüber zu freuen und nicht nur auf das Bild in der Zeitung zu schauen. Jedenfalls mach dir keine Sorgen, Sohn. Von jetzt an versuche, fleißig Sanskrit zu lernen.

Es ist gut, Sanskrit zu beherrschen. Allerdings ist es unnötig, ein Leben lang Grammatik zu lernen. Wenn ihr heutzutage vor die Menschen tretet und eure Sanskrit-Kenntnisse demonstriert, werden die Leute davon nicht sonderlich beeindruckt sein. Alle religiösen Schriften entstammten von Weisen, die ein Leben mit Tapas ausübten. Durch Tapas wird der Mind klar und durchlässig. Ein Mensch, der sich in Tapas übt, kann in einem Tag das lernen, wofür normale Menschen zehn Tage benötigen. Deshalb ist Tapas so wichtig. Das Studium von Sanskrit und Vēdānta ist auch wichtig. Wir lernen aber, um das Lebensziel und den Weg dorthin zu erkennen. Sobald wir den Weg kennen, sollten wir versuchen, ihn zu gehen.

An der Bahnstation angekommen schauen wir auf den Fahrplan, kaufen eine Fahrkarte und steigen in den richtigen Zug. Viele Menschen, die sich selbst als Gelehrte betrachten, sind wie jene, die an der Bahnstation stehenbleiben und den Fahrplan auswendig lernen. Sie setzen ihr Wissen nicht um.

Wenn wir eine große Tüte voller Zucker haben, müssen wir dann alles aufessen um zu wissen, dass er süß ist? Wenn wir hungrig sind, sollten wir gerade genug essen, um den Hunger zu stillen; wir müssen nicht alles essen, was in der Küche ist. Die sogenannten Gelehrten haben eine andere Denkweise. Sie wollen offensichtlich alles essen und verschwenden damit ihr Leben.

Die meisten Gelehrten heutzutage verfügen nur über Wissen und nicht über Erfahrung und was ist das Ergebnis davon? Selbst wenn sie bis zum Alter von neunzig Jahren studieren, leiden sie noch immer, ohne sich davon zu befreien. Die meisten von ihnen sitzen zuhause und erinnern sich daran, was sie studiert haben. Hätten sie nur das gelernt, was sie wirklich brauchen und gleichzeitig Tapas praktiziert, dann wäre das Wissen für sie und die Welt nützlich gewesen. Das ist der Grund, warum Amma sagt, man sollte die Schriften bis zu einem bestimmten Punkt lernen und sich dann dem Tapas zuwenden. Nur so wird euer Wissen zu Erfahrung und euch Frieden bringen, was euch wiederum befähigt, etwas Gutes für die Welt zu tun.

Nachdem ihr studiert und durch spirituelle Disziplin Stärke erlangt, könnt ihr anderen dienen und so viele Menschen retten. Es gibt einige Leute, die sitzen vor dem Tempel und lesen die Gītā und die Upaniṣhaden, reagieren aber sofort mit Abwehr, wenn sich ihnen jemand weinend nähert. Sie rufen: ‚Rühre mich nicht an, rühre mich nicht an!' Was für Hingabe haben sie? Wie ein Wiedergabegerät, das nur wiedergibt, was andere gesagt haben, leiern diese Menschen lediglich Worte der Weisheit herunter, die jemand anderer bereits zuvor gesagt hat. Aber sie bringen es nicht fertig, dieses Wissen in ihrem Leben umzusetzen. Sie können zu niemandem liebevoll sein, da sie niemals frei von Stolz und Eifersucht sind. Was ist der Sinn solcher Gelehrsamkeit? Kinder, wir sollten unsere Mitmenschen lieben und Leidenden gegenüber voller Mitgefühl sein. Wenn wir dies nicht beachten, können wir Gott niemals verwirklichen. Wenn wir keine Liebe für andere empfinden, sind wir einfach nur selbstsüchtige Wesen."

Ein Brahmachārī, der zugehört hatte, fragte Amma: „Wenn Meditation zu wirklichem Wissen führt, warum können wir dann nicht einfach die ganze Zeit meditieren? Warum dann noch Unterricht? Wozu Karma-Yōga?"

Amma: „Das ist sicher richtig. Aber wer ist schon fähig, den ganzen Tag zu meditieren? Wenn wir eine Stunde lang sitzen, können wir uns dann selbst für fünf Minuten voll konzentrieren? Aus diesem Grund sagt Amma, dass wir nach dem Meditieren für eine bessere Welt arbeiten müssen. Im Namen der Meditation sollten wir nicht eindösen und der Welt eine Last werden. Wir wurden geboren und jetzt sollten wir der Welt nützen, bevor wir sie wieder verlassen. Natürlich, wenn es jemanden gibt, der vierundzwanzig Stunden am Tag meditieren kann, ist das großartig. Amma wird ihn nirgendwo hinschicken. Sie wird alles zur Verfügung stellen, was er wirklich braucht. Setzen sie sich dann zum Meditieren hin, sollten sie auch wirklich meditieren. Es ist keine Meditation, wenn der Mind zu tausend anderen Plätzen wandert. Der Mind muss auf Gott ausgerichtet sein, nur das ist es Meditation. Wenn du während deiner Arbeit an Gott denkst und dein Mantra wiederholst, ist auch das Meditation. Meditation ist nicht bloß Stillsitzen."

Brahmachārī: „Amma, was rätst du, wie sollen wir der Welt dienen?"

Amma: „Heutzutage sind die Menschen verloren, weil sie die Wurzeln ihrer eigenen Kultur nicht kennen.

Es ist wichtig, ihnen zu helfen zu verstehen, was Saṁskāra ist. Zahllose Menschen leiden unter Armut, sowohl materiell als auch spirituell. Wir sollten versuchen dies zu beheben. Haben wir nichts zu essen um den Hungrigen zu geben, dann sollten wir hinausgehen und Essen für sie erbetteln um sie zu speisen. Darin liegt wirkliche Stärke. Tapas sollten wir nicht nur für unsere eigene Befreiung praktizieren. Mittels Tapas sollte wir die Stärke erlangen, die wir brauchen, um der Welt zu dienen. Wenn unser Mind derart mitfühlend geworden ist, lässt die Verwirklichung Gottes nicht mehr lange auf sich warten. Wir können unser Ziel schneller durch mitfühlenden Dienst am Nächsten als durch Tapas alleine erreichen." Amma lachte und fragte: „Wozu ist jemand gut, der halb schlafend im Namen von Tapas herumsitzt und niemandem dient?"

Brahmachārī: „Amma, lass uns zuerst erkennen, wer wir sind. Können wir nicht bis dahin mit dem Dienst an der Welt warten? Zurzeit behaupten so viele Menschen, dass sie der Welt dienen. Die Welt hat sich jedoch kein bisschen verändert. Stimmt es nicht, dass Einzelne, befreite Menschen die ganze Welt verändern können?"

Amma schloss ihre Augen. Sie blieb eine Weile in sich versunken sitzen und öffnete dann langsam ihre Augen.

Amma: „Kinder, wenn ihr meint, keinen selbstlosen Dienst verrichten zu können und nur die Befreiung wollt, dann zeigt die entsprechende Intensität! Wer solches Verlangen hat, wird keinen Moment verstreichen lassen ohne sich an Gott zu erinnern. Essen und Schlafen bedeuten nichts für solche Sucher. Ihre Herzen werden sich durchgängig nach Gott sehnen.

Erinnerungen an Ammas Kindheit

Tränen traten in Ammas Augen. Dann erinnerte sie sich an einige bewegende Szenen aus ihrer Kindheit.

Amma: „Nachdem in Amma die Sehnsucht nach Gott entfacht war, war ihre Qual unbeschreiblich, bis sie das Ziel erreicht hatte. Ihre Tränen hörten niemals auf zu fließen. Es gab keinen Schlaf mehr. Ging die Sonne unter, war ihr Herz aufgewühlt. War ein weiterer Tag verloren? Hatte sie wieder einen Tag verschwendet, ohne den Herrn zu erkennen? Der Schmerz war oft unerträglich. Sie blieb dann die ganze Nacht wach und glaubte, wenn sie nicht schliefe, wäre der Tag nicht verloren. Ständig fragte sie sich: ‚Wo bist du? Wo bist du?' Unfähig, den Schmerz zu ertragen, dass sie den Herrn nicht sehen konnte, fügte sie sich selbst Verletzungen zu. Manchmal wälzte sie sich auf dem Boden hin und her und rief dabei laut den Namen des Herrn. Spontan brach sie in Tränen aus. Ihr war nie zum Lachen zumute. Was gibt es zu lachen, wenn man den Herrn noch nicht kennt? ‚Wie kann ich mich freuen, wenn ich dich nicht sehe? Warum sollte ich essen, wenn ich dich nicht kenne? Warum ein Bad nehmen?' So vergingen für Amma die Tage."

Amma hielt einen Moment inne und fuhr dann fort: „Wenn du tiefe Losgelöstheit erfährst, könnte dir die Welt missfallen. Aber auch diesen Zustand musst du überwinden. Du musst erkennen, dass alles Gott ist. Als sie jung war, hatte Amma viel Liebe für die Armen. Wenn sie hungerten, entwendete sie Nahrung von zuhause und brachte sie ihnen. Später, als sie unter unerträglichen Schmerzen litt, weil sich Gott ihr noch nicht offenbart hatte, wendete sie sich von der Welt ab. Selbst auf die Natur wurde sie böse. Sie sagte: ‚Ich mag dich überhaupt nicht, Mutter Natur, weil du uns die falschen Dinge tun lässt!'

Sie pflegte auf Mutter Natur zu spucken und sie anzuschreien; alle Worte, die ihr gerade einfielen, benutzte sie. Es wurde zu einer Art Verrücktheit.

Wenn Amma Nahrung vorgesetzt wurde, spuckte sie hinein. Es war ein sehr schwieriger Zustand. Sie war auf alles wütend. Sie hatte den Impuls, auf jeden, der in ihre Nähe kam, Schlamm zu werfen. Wenn sie jemanden leiden sah, dachte sie bei sich, dass der Betreffende die Früchte seines schlechten Karmas erfuhr. Aber diese Haltung änderte sich schnell. Sie erkannte: ‚Aus Unwissenheit machen die Menschen Fehler. Wenn wir ihnen vergeben und sie lieben, werden sie aufhören falsch zu handeln. Sind wir hingegen ärgerlich mit ihnen, werden sie dann nicht einfach ihre schlechten Handlungen wiederholen?' Als solche Gedanken in ihr aufstiegen, füllte sich ihr Herz mit Mitgefühl. Ihr Ärger verschwand völlig."

Amma saß für eine Weile versunken in Meditation. Entsprechend seiner Vorstellungskraft malte sich jeder Ammas Kindheit aus. Mutter Natur, die all diese unvergleichlichen Szenen bezeugt hatte, blieb ebenfalls ruhig und still.

Amma sagte mit einer aus großer Tiefe kommenden Stimme: „Kinder, mit jedem Schlag sollte sich euer Herz nach Gott sehnen. Es sollte nicht ein einziger Augenblick vergehen, in dem ihr euch nicht an Gott erinnert. Nur diejenigen, die das immerzu taten, haben die Erlösung erlangt."

Ammas weise Worte über die Losgelöstheit und die Sehnsucht nach Befreiung berührten die Herzen der Zuhörer. Sie saßen alle schweigend da. Sie hatten die Welt um sich herum völlig vergessen.

Kapitel 4

Freitag, der 20. September 1985

Brahmachārīs und Haushälter

Einige Devotees standen vor dem Meditationsraum und warteten auf Amma. Nachdem sie den Brahmachārīs einige Anleitungen zum Meditieren gegeben hatte, erschien sie und begrüßte die Devotees: „Woher kommt ihr, Kinder?"

Devotee: „Von Kollam, Amma."

Amma: „Seid ihr schon einmal hier gewesen, Sohn?"

Devotee: „Ich habe zwei oder dreimal versucht, hierher zu kommen, aber jedes Mal hat es wegen unerwarteter Zwischenfälle nicht geklappt. Ist es letztlich nicht so, dass unsere Entscheidung alleine nicht genügt, um den Darśhan eines Mahātmās zu bekommen? Ich reise wegen geschäftlicher Angelegenheiten oft nach Kanyakumari, aber es war mir bis jetzt noch nicht möglich, Mayiamma [1] dort zu begegnen. Ich weiß nicht, warum. Ich besuche viele Āśhrams. Letztes Jahr fuhr die gesamte Familie nach Ṛiṣhikēśh."

Amma: „Du findest trotz deiner vielen Arbeit Zeit, all dies zu tun. Das ist bereits ein großer göttlicher Segen."

[1] Mayiamma ein Avadut der in Kanyakumari lebte.

Devotee: „Das ist das einzige, was mich aufrecht hält. Wie könnte ich sonst bei all der Geschäftigkeit friedlich schlafen? Die Verbindung mit Āśhrams und Sannyāsins erleichtert mir die Bewältigung von täglichen Problemen und hat mir inneren Frieden gebracht. Außerdem bin ich dadurch innerlich ausgeglichen. Wenn das nicht so wäre, hätte ich schon längst einen Ausweg im Alkohol gesucht."

Amma: „Oh Śhiva! Śhiva!"

Devotee: „Amma, obwohl ich schon viele Āśhrams besucht habe, habe ich noch nie solch eine Atmosphäre so aufgeladen mit göttlicher Präsenz wie hier erlebt. Ich habe auch nirgends so viele junge Āśhram-Bewohner gesehen."

Amma: „Die Kinder, die als erste hierherkamen, begegneten Amma während des Studiums oder auch als Berufsanfänger. Sie ließen alles hinter sich und kamen zu Amma, obwohl die meisten von ihnen nichts über Spiritualität oder Meditation wussten. Die Begegnung mit Amma schien bei ihnen eine Art Verrücktheit auszulösen. Ihre Aufmerksamkeit war nicht länger bei der Arbeit oder bei ihren Studien. Sie aßen nicht mehr zur üblichen Zeit und kümmerten sich auch nicht um ihr Äußeres. Sie schenkten nichts anderem mehr ihre Aufmerksamkeit und wichen nicht von Ammas Seite. Amma versuchte sie loszuwerden, aber niemand ging. Schließlich musste Amma sich geschlagen geben. Sie musste alle hierbehalten. Obwohl Amma für sie alles ist, müssen sie dennoch Sādhanā praktizieren. Heute sind sie wegen ihrer Liebe zu Amma an der äußeren Welt nicht mehr interessiert, doch diesen Zustand können sie nur durch Sādhanā aufrechterhalten.

Muss sich Amma nicht in jeder Weise dieser Kinder annehmen, die bei ihr Zuflucht gesucht haben? Früher hatte sie Zeit, sich um sie zu kümmern, aber jetzt kann sie ihnen nicht mehr genug Aufmerksamkeit widmen, da die Zahl der Devotees so angewachsen ist. Deshalb lässt sie sie meditieren, wann immer sie Zeit dafür hat so wie gerade eben. Weiterhin hat Amma ihnen gesagt, dass sie sofort zu ihr kommen sollen, wenn sie ein Problem haben, und dass sie nicht warten müssen, bis die Zeit passend erscheint. Nach allem ist Amma für sie Mutter, Vater und Guru."

Devotee: „Amma, ich bedauere, dass ich ein Haushälter bin. Wird es mir möglich sein, Selbst-Verwirklichung zu erlangen?"

Amma: „Sohn, in den Augen Gottes gibt es keine Haushälter oder Brahmachārīs. Er schaut nur auf unseren Mind. Du kannst ein wirklich spirituelles Leben führen und Haushälter bleiben. Du wirst in der Lage sein, dich an der Glückseligkeit des Selbst zu erfreuen, aber du musst deinen Mind immer auf Gott ausrichten. Dann kannst du sehr leicht Glückseligkeit erreichen. Eine Vogelmutter denkt an die Jungen im Nest auch bei der Futtersuche. Ebenso musst du ununterbrochen mit deinen Gedanken bei Gott sein, während du mit weltlichen Handlungen beschäftigt bist. Wichtig ist nur, sich Gott oder dem Guru völlig zu ergeben. Hast du einmal solche Hingabe, ist das Ziel nicht mehr weit.

Einst kam ein Guru mit seinen Schülern in ein Dorf, um über spirituelle Themen zu sprechen. Ein Geschäftsmann kam jeden Tag mit seiner Familie, um die Reden zu hören. Als die Satsangs vorüber waren, wurde er Devotee des Gurus. Er und seine Familie beschlossen, fortan im Āśhram des Gurus zu leben.

Als der Guru in seinen Āśhram zurückkam, sah er den Geschäftsmann und seine Familie, die auf ihn warteten. Sie teilten dem Guru ihren Wunsch mit, im Āśhram zu leben. Der Guru beschrieb ihnen die Schwierigkeiten des Āśhram-Lebens. Da jedoch auch seine Ausführungen die neuen Devotees nicht abschreckten, gab der Guru schließlich nach. So wurden der Geschäftsmann und seine Familie ständige Bewohner des Āśhrams.

Wie die anderen Bewohner beteiligten sie sich an der Arbeit im Āśhram. Dennoch mochten es die anderen Schüler nicht, dass ein Haushälter mit seiner Familie im Āśhram lebte. Sie fingen an, sich über den Geschäftsmann und seine Familie zu beschweren. Der Guru entschloss sich, seinen Schülern die Stärke des neuen Devotees zu zeigen. Er rief den Devotee und sagte: ‚Du hast dein Heim und deinen Reichtum aufgegeben und jetzt hast du nichts mehr. Unglücklicherweise verfügen wir nicht über genügend finanzielle Mittel im Āśhram. Irgendwie schaffen wir es, da die Brahmachārīs hart arbeiten. Es wäre leicht, wenn du alleine gekommen wärest; doch ist es schwierig, auch noch die Ausgaben für deine Frau und deine Kinder zu tragen. Deshalb solltest du von morgen an hinausgehen und den Lebensunterhalt für deine Familie verdienen.' Der Devotee stimmte zu.

Am nächsten Tag fand er eine Arbeit in der nahegelegenen Stadt. Jeden Abend brachte er dem Guru seinen Lohn. Nach ein paar Tagen beschwerten sich die Schüler erneut. Deshalb rief der Guru den Devotee wieder zu sich und sagte: ‚Das Geld, das du verdienst, ist ausreichend für deine Ausgaben, aber es genügt nicht für den Unterhalt deiner Frau und deiner Kinder. Da der Āśhram bisher für alle Ausgaben aufgekommen ist, solltest du doppelt so viel arbeiten und deine Schulden an den Āśhram zurückzahlen. Nur danach darfst du und deine Familie im Āśhram essen.'

„Der Devotee rief seine Frau und seine Kinder und erklärte: ‚Solange wir nicht die Schulden zurückgezahlt haben, sollten wir hier nichts essen. Es wäre eine Last für unseren Guru und deshalb eine Sünde. Ich werde euch am Abend etwas zu essen bringen. Bis dahin bitte seid geduldig.' Sie stimmten zu. Vom nächsten Tag an arbeitete er von morgens bis spät in die Nacht und gab all seinen Lohn dem Guru. Er teilte mit seiner Frau und seinen Kindern das Essen, das er an der Arbeitsstelle erhielt. Manchmal hatte er nichts und die Familie blieb hungrig.

Die anderen Schüler waren erstaunt zu sehen, dass der Devotee und seine Frau trotz der Schwierigkeiten den Āśhram nicht verließen. Sie beschwerten sich erneut beim Guru: ‚In der letzten Zeit kommt der Geschäftsmann erst sehr spät nachts nach Hause, während seine Frau und seine Kinder bequem hier im Āśhram leben. Was für eine praktische Abmachung! '

In dieser Nacht wartete der Guru auf den Devotee. Als er kam und sich vor den Füßen des Gurus verbeugte, sagte der Guru zu ihm: ‚Du bist ein Betrüger! Verbeuge dich nicht vor mir. Du lässt deine Familie hier, während du privaten Reichtum anhäufst, indem du draußen arbeitest, und dann auch noch behauptest, dass du alles Einkommen dem Āśhram gibst.' Der Devotee gab keine Antwort. Er hörte dem Guru mit gefalteten Händen zu. Dann ging er still in sein Zimmer.

Später in der Nacht rief der Guru alle Schüler und sagte: ‚Morgen wird im Āśhram ein Fest sein. Es ist kein Brennholz da. Jemand sollte sofort in den Wald gehen und Brennholz sammeln. Wir benötigen es noch vor Sonnenaufgang., Dann ging er zu Bett. Wer würde schon zu so später Stunde in den Wald gehen? Die Schüler weckten den Devotee auf. Sie berichteten ihm von der Anweisung des Gurus, sofort Brennholz für das Fest am nächsten Tag zu holen. Der Devotee ging freudig in den Wald, während die anderen Devotees schlafen gingen.

Als der Guru den Devotee bei Tagesanbruch nicht sah, erkundigte er sich nach ihm. Man antwortete ihm, dass er weggegangen sei, um Holz zu sammeln. Der Guru und die Schüler gingen in den Wald, um den Devotee zu suchen. Sie suchten überall, konnten ihn aber nicht finden. Als sie schließlich seinen Namen riefen, kam eine Antwort. Die Stimme kam aus einem großen Brunnen. Der Devotee war ausgerutscht und in den Brunnen gefallen, nachdem er mit dem Brennholz in der Dunkelheit zurückkehren wollte. Obwohl der Brunnen nicht sehr tief war, war es schwierig, ohne Hilfe herauszuklettern. Zudem hatte der arme Mann kaum noch Kraft, da er seit Tagen nichts gegessen hatte. Der Guru forderte die Schüler auf, den Devotee aus dem Brunnen zu holen. Es war sehr dunkel darin. Als sie ihre Hände hinunter streckten, konnten sie ein Bündel Brennholz fühlen. Sie baten den Devotee, die Hände hoch zu heben, aber er antwortete: ‚Wenn ich sie hochstrecke, wird das Brennholz ins Wasser fallen. Ich halte es hoch, damit es nicht nass wird. Bitte, gebt dies sobald wie möglich unserem Guru. Es ist für das Fest am Morgen. Ihr könnt mich später holen.'

Die Augen des Gurus füllten sich mit Tränen, als er die Hingabe seines Devotees erkannte. Er forderte die Schüler auf, ihn sofort hochzuziehen, aber der Devotee willigte erst ein, nachdem ihm jemand das Brennholz abgenommen hatte. Der Guru umarmte seinen Schüler, der vor Kälte zitterte, nachdem er so lange im kalten Brunnen gestanden hatte. Er war so erfreut über die selbstlose Liebe und die Hingabe des Devotees, dass er ihn auf der Stelle mit Selbst-Verwirklichung segnete.

Kinder, niemand verliert die Chance, Selbst-Verwirklichung zu erlangen, weil er ein Gṛihasthāśhramī ist. Gleichgültig, ob jemand ein Brahmachārī oder Haushälter ist, Glaube und Hingabe für den Guru sind das Wesentliche."

Momente mit den Brahmachārīs

Brahmachārī Ramakrishnan brachte für Amma Wasser. An der Art und Weise, wie er seine Lippen bewegte, konnte man erkennen, dass er sein Mantra rezitierte.

Amma achtet sehr darauf, dass man ununterbrochen das Mantra rezitiert, während man für sie kocht und ihr das Essen serviert. Einmal hatte eine Brahmachāriṇī ihr Tee gebracht. Amma gab ihr die Tasse zurück und sagte: „Während du diesen Tee zubereitet hast, warst du mit deinen Gedanken nicht bei der Sache und auch nicht bei deinem Mantra. Du hast an zu Hause gedacht. Das kannst du selbst trinken."

Die Brahmachāriṇī ging stillschweigend zurück und erinnerte sich daran, dass sie mit einer Brahmachārīnī über ihre frühere Zeit zu Hause sprach, während sie den Tee zubereitete. Sie machte erneut Tee, diesmal mit Śhraddhā und ihrem Mantra. Als Amma den Tee trank, sagte sie: „Diesen Tee hast du mit Liebe zubereitet. Aus diesem Grunde trinke ich ihn und nicht wegen des eigentlichen Geschmacks."

Ramakrishnan verbeugte sich vor Amma und setzte sich zu ihr. Gestern hatte jemand auf der Fähre Schlechtes über den Āśhram gesagt. Ramakrishnan hatte es gehört und konnte es nicht ertragen. Er hatte lautstark reagiert. Als er den Zwischenfall Amma berichtete, sagte sie:

„Sohn, du bist glücklich, sobald alle Amma lobpreisen und euch gegenüber Liebe zeigen. Du bist zufrieden, wenn andere zustimmend mit dem Kopf nicken, bei allem was du sagst. Du trinkst all das wie Nektar. Hier, wo sich Tausende von Menschen einfinden, sagen vielleicht zwei oder drei etwas gegen uns. Dann sollten wir in uns gehen. Wir sollten beobachten, wie geduldig wir solch einer Situation begegnen können. Keinesfalls sollten wir böse werden. Wenn wir ärgerlich reagieren und sie auffordern, nicht mehr hierher zu kommen, nützt das jemandem?

Jede unserer Handlungen sollte der Welt Nutzen bringen. Würdigen wir nicht die Fähigkeiten eines Lehrers, wenn dessen schlechteste Schüler, die sich normalerweise sehr schwer damit tun, etwas zu lernen, ihre Prüfungen erfolgreich bestehen? Wir können erst dann von unserem erfolgreichen Leben sprechen, wenn wir von einem Feld ernten, das verwahrlost und voller Unkraut war.

Die Menschen, denen du gestern begegnet bist, reisen nur an der Oberfläche des Ozeans. Sie wollen nur fischen. Wir jedoch können es ihnen nicht gleichtun, weil wir nach Perlen tauchen. Nur wenn wir tief tauchen und mit Bedacht suchen, finden wir vielleicht eine Perle.

Aus Unwissenheit haben sie vielleicht einiges gesagt, doch reagieren wir ärgerlich, wer ist dann der Unwissende? Wenn wir wie sie viel Wind aufwirbeln, wie wird dann die Meinung anderer in unserer Umgebung über uns sein? Wir sollten darauf achten, unser inneres Gleichgewicht beizubehalten, selbst wenn andere Menschen sich uns widersetzen oder schlecht über uns reden. Das ist Sādhanā. Es ist eine gute Gelegenheit, unsere Geduld zu prüfen. Wir sollten derartige Gelegenheiten voller Gleichmut begegnen."

Ein Brahmachārī erwähnte drei Bewohner eines Āśhrams in Nordindien, die kürzlich hierhergekommen waren und gerne für immer bleiben wollten.

Amma: „In ihrem Āśhram hatte jemand ihnen Ammas Biographie gegeben. Als sie das Buch gelesen hatten, wollten sie sofort hierherkommen, um bei Amma zu sein. Sie fanden einen Vorwand, um ihren Āśhram zu verlassen und reisten danach hierher. Amma musste hartnäckig bleiben und auf ihrer Rückkehr bestehen. Mitglieder anderer Āśhrams können ohne die Erlaubnis der dortigen Verwaltung nicht einfach hier bleiben."

Mittlerweile hatte sich eine Gruppe Devotees um Amma versammelt und Amma führte sie in die Darśhan-Hütte.

Ihre Kinder füttern

Amma spricht häufig über die Bedeutung von Gelübden und Ordensregeln im Leben eines spirituell Suchenden. Gelübde sind Mittel, das Denken zu kontrollieren. Nichtsdestoweniger ist sie dagegen, dass man ein Sklave eines bestimmten Gelübdes oder einer Regel wird. Amma misst dem Fasten und dem Schweigegelübde besondere Wichtigkeit bei. Sie hatte die Āśhram-Bewohner aufgefordert, jeden Samstag zu fasten und möglichst auch zu schweigen. Das wurde regelmäßig befolgt. Manche Bewohner schwiegen den ganzen Tag und sprachen nur mit Amma. Einige hielten das Schweigegelübde bis sechs Uhr am Abend ein. Es wurde von allen erwartet, dass sie bis Sonnenuntergang im Meditationszimmer bleiben. Niemand sollte vorher herauskommen.

Am Samstag ließ Amma um sieben Uhr morgens alle in den Meditationsraum gehen und verschloss die Tür von außen. Bereits zuvor hatte sie ihnen mitgeteilt, sie erwarte, dass alle den ganzen Tag mit Japa und Meditation verbringen. Die Brahmachārīs nahmen ihre Plätze ein und waren bald in Meditation versunken. Um neun Uhr hörten sie Ammas Stimme und öffneten die Augen.

„Kinder!"

Vor jedem von ihnen standen ein Glas mit süßem Kaffee und ein Teller mit etwas gesüßtem Aval und zwei Bananen. Amma blickte sie mit einem Lächeln an.

„Kinder, meditiert erst wieder, nachdem ihr das gegessen und getrunken habt."

Sie schloss die Tür und ging hinaus. Sie aßen alle mit großer Hingabe Ammas Prasād und setzen dann Japa und Meditation fort.

Eine Glocke läutete. Die Brahmachārīs schauten sich erstaunt an, denn es war die Glocke, die zum Mittagessen rief. Es war zwölf Uhr dreißig. Der Brahmachārī, der jeden Tag das Mittagessen zubereitete, war auch im Meditationsraum. Somit erhob sich die Frage: „Wer hatte heute das Mittagessen gekocht? Um was für ein neues Līlā von Amma handelte es sich?" Während sich alle wunderten, kam ein Devotee, um ihnen mitzuteilen, dass Amma sie zum Essen rief und in der Essenshalle warte. Amma hatte die Teller an ihre gewohnten Plätze gestellt, Reis und Curries serviert und zu jedem Teller ein Glas Wasser gestellt. Sie brauchten nur zu essen. Ein Curry gab es zusätzlich, Ammas Zugabe! Sie selbst bediente, während alle aßen.

Amma erklärte den Haushälter-Devotees, die mit den Brahmachārīs aßen: „Nachdem Amma ihre Kinder im Meditationsraum eingeschlossen hatte, dachte sie, wie grausam es doch von ihr war, ihre Kinder derart hungern zu lassen. Sie ging zur Küche, doch fand sie nichts zum Essen. Deshalb bereitete sie etwas süßen Aval und Kaffee zu, außerdem fand sie einige Bananen. All das legte sie vor ihre Kinder. Hätten se den Raum verlassen, hätte sie das abgelenkt. Außerdem wollte Amma ihnen folgendes zeigen: Wenn wir uns Gott ganz hingeben, wird er alles, was wir brauchen, direkt zu uns bringen.

Daraufhin ging sie in die Küche zurück und kochte Reis und Gemüse. Da Amma ihnen gesagt hatte, dass sich niemand außerhalb des Raumes aufhalten sollte, waren sie alle im Meditationsraum. Es ist lange her, seit Amma etwas für ihre Kinder gekocht hat. Heute war sie in der Lage es zu tun. Amma kann beliebig lange fasten, aber sie kann es nicht mit anschauen, wenn ihre Kinder hungern. Da mehr und mehr Devotees kommen, hat Amma für die Kinder, die im Āśhram leben, nicht mehr so viel Zeit wie früher. Sie weiß, dass Gott dafür sorgt, dass es ihnen an nichts mangelt."

Ein Brahmachārī blieb auf dem Weg zum Meditationsraum stehen. Er hörte Schritte hinter sich und drehte sich um. Amma kam mit einem Lächeln auf ihn zu. Brahmachārī Rao, heute Swāmī Amritatmananda, war ebenfalls bei ihr.

„Woran hast du gedacht?" fragte Amma.

„Ich habe daran gedacht, dass du uns vor einiger Zeit an einem Samstag fasten ließt."

Amma: „Warum dachtest du gerade heute daran?"

Brahmachārī: „Weil heute Samstag ist oder nicht?"

Amma: „Vergeude deine Zeit nicht mit herumstehen, sondern geh meditieren." Sie ging mit den beiden in den Meditationsraum.

Amma unterwies die Brahmachārīs, die im Meditationsraum warteten: „Kinder, wenn ihr euch zum Meditieren hinsetzt, versucht nicht, euren Mind mit Gewalt zu beruhigen. Die Folge wäre, dass die Gedanken ums Zehnfache verstärkt zurückkommen,

Es ist wie das Herunterdrücken einer Feder. Versucht herauszufinden, woher die Gedanken kommen und kontrolliert sie mit diesem Wissen. Keinesfalls versetzt den Mind unter Anspannung, unterdrückt ihn nicht. Ist irgendein Körperteil angespannt oder schmerzt, wird der Mind dort verharren. Entspannt also den ganzen Körper und beobachtet die Gedanken, den Mind mit großer Wachsamkeit. Dann wird sich euer Mind beruhigen.

Hängt nicht euren Gedanken nach. Ansonsten ist nur euer Körper anwesend. Eurer Mind ist ganz woanders. Habt ihr nicht schon Autos gesehen, die auf einer staubigen Straße fahren? Im Vorbeifahren wirbeln sie sehr viel Staub auf und ihr könnt überhaupt nichts mehr erkennen. Wenn ihr einem solchem Auto dicht folgt, dann seid ihr ebenfalls in Staub eingehüllt. Selbst wenn ihr am Straßenrand steht, werdet ihr von Staub bedeckt. Deshalb müsst ihr, wenn ein Auto kommt, Abstand halten. Genauso sollten wir unsere Gedanken aus der Ferne bezeugen. Verlieren wir den Abstand, werden sie uns einfach mit sich ziehen. Können wir ein Zeuge bleiben, dann können wir sehen, wie sich der Staub setzt und der Friede einkehrt."

Amma mit Ottur

Ottur Unni Nambudiripad, ein großer Devotee von Krishna und ein gefeierter Dichter, kam in den Āśhram um dort zu leben. Er war 82 Jahre alt und seine Gesundheit war sehr schlecht. Sein einziger Wunsch war es, in Ammas Schoß zu sterben. Es wurde ihm ein Zimmer über der Meditationshöhle hinter dem Kalari zugewiesen.

Es war neun Uhr abends, als Amma in Otturs Zimmer ging. Einige Brahmachārīs befanden sich ebenfalls dort. Obwohl Amma versuchte, ihn davon abzuhalten, kniete sich Ottur unter großen Schwierigkeiten auf den Boden und verbeugte sich vor ihr. Sie half ihm aufzustehen, brachte ihn dazu, sich auf das

Bett zu setzen, und setzte sich dann in seine Nähe. Wäre Amma stehen geblieben, hätte er sich geweigert sich zu setzen.

Ottur: „Amma, bitte sage etwas! Lass mich deine Stimme hören!“

Amma: „Aber du weißt doch alles, Sohn.“

Ottur: „Ist dieser Sohn nicht eine große Belastung für alle Brahmachārīs?“

Ein Brahmachārī: “Nein, überhaupt nicht! Es ist unser Glück, dass wir die Möglichkeit haben dir zu dienen. Wo sonst würden wir solch gute Satsangs bekommen?“

Amma: „Als erstes solltet ihr wirklich um das Glück beten, den Devotees Gottes zu dienen. Das ist für uns der einzige Weg, Gott zu erreichen.“

Sēvā und Sādhanā

Brahmachārī: „Amma, stimmt es nicht, dass selbstloser Dienst, wie großartig er auch immer sein möge, lediglich Karma-Yōga ist? Śhaṅkarāchārya hat gesagt, dass, selbst wenn unser Wesen durch Karma-Yōga gereinigt wird, man nur durch Jñāna Selbst-Verwirklichung erreicht.“

Amma: „Das Selbst ist nicht nur in euch, sondern durchdringt alles im Universum. Wir können die Ebene der Selbst-Verwirklichung nur erreichen, wenn wir erkennen, dass alles ein und dasselbe ist. In Gottes Welt werden wir nicht eingelassen, wenn die Unterschrift der kleinsten Ameise auf unseren „Einreisepapieren“ fehlt. Der erste Schritt ist, ständig an Gott zu denken und zu versuchen, jeden und alles zu lieben, die belebte und die unbelebte Natur miteingeschlossen. Wenn wir solche Großherzigkeit zeigen, ist die Selbst-Verwirklichung nicht mehr weit.

Wir gehen zum Tempel, umrunden ihn dreimal und verbeugen uns vor der Gottheit. Doch draußen am Tempeleingang blicken wir den Bettler nur böse an! Das ist unsere momentane Verfassung. Wir verdienen die Verwirklichung erst, wenn wir sogar in diesem Bettler den Einen sehen, vor dem wir uns gerade verbeugt haben. Wenn wir in der Welt arbeiten, dann sollten wir den Menschen dienen und das Göttliche in jedem sehen. Dadurch werden wir demütig und respektvoll. Tun wir dies, denken aber ‚Ich erweise der Welt einen Dienst!', dann entwerten wir alles durch diese Haltung. Das hat nichts mit Sēvā zu tun. Wirkliches Sēvā bedeutet, dass unsere Worte, unser Lächeln und unsere Handlungen von Liebe und der Haltung ‚Ich bin nichts' begleitet sind.

Die Menschen sind sich ihrer wahren Existenz nicht bewusst. Schaut euch die kleinen Vögel an, die am Teich leben. Sie wissen nicht, dass sie Flügel haben. Sie wollen nicht in die Höhe fliegen, um sich am Blütennektar der Bäume um den Teich herum zu erfreuen. Sie leben einfach von dem, was der Schmutz des Teiches bietet. Doch wenn sie in die Luft flögen und den Nektar kosteten, würden sie nicht mehr in den Schmutz zurückkehren. Ebenso verbringen die Menschen ihr Leben in Unkenntnis der Glückseligkeit, die man durch reine Liebe zu Gott erhält. Unser Ziel ist, ihnen dieses Bewusstsein erwecken und sie zu ihrer wahren Natur zu führen. Das ist unsere Pflicht dem Āśhram gegenüber."

Brahmachārī: „Wie können wir selbstlos dienen, ohne die Wahrheit des Selbst zu kennen?"

Amma: „Kinder, Dienen ist ebenso eine Sādhanā-Form. Du gehst an einen bestimmten Ort und widmest dich ganz dem Sādhanā; nachher behauptest du, dass du die Vollkommenheit erlangt hättest, das wird Amma nicht akzeptieren. In die Welt hinauszugehen und zu dienen ist ein großer Teil des Sādhanās. Wollen wir die Feinde beseitigen, die im tiefsten Inneren unseres Herzens lauern, dann müssen wir der Welt dienen. Nur dann können wir sagen, wie wirkungsvoll unsere Meditation war. Nur wenn jemand mit uns böse wird, wissen wir, ob wir immer noch Wut in uns haben.

Solange der Schakal alleine im Wald lebt, denkt er: ‚Ich bin jetzt stark, ich werde das nächste Mal, wenn ich einen Hund sehe, nicht heulen.' Doch sobald er einen Hund sieht, vergisst er alles und beginnt, laut zu heulen. Wenn wir uns unter Menschen begeben, sollten wir uns nicht von ihrem Ärger berühren lassen. Bei solchen Anlässen kann uns vielmehr klar werden, wieviel wir bereits gewachsen sind. Du hast vielleicht hervorragende Noten in deinem Abschlusszeugnis, aber das heißt noch lange nicht, dass du deshalb auch eine Anstellung erhältst. Um dich für eine gute Arbeitsstelle zu qualifizieren, musst du die Bewerbertests sehr gut bestehen. Ebenso ist es, nachdem du durch Meditation eine bestimmte Ebene erreicht hast, dann solltest du für die Gesellschaft arbeiten; nur wenn du die Stärke hast, jeden Spott und Beschimpfungen auszuhalten, wird Amma sagen, dass du ‚vollkommen' bist.

Sogar ein unerfahrener Fahrer kann ein Auto auf einer freien Wiese steuern. Die eigentliche Fahrprüfung ist aber erst dann bestanden, wenn man auf einer verkehrsreichen Straße sicher fährt. Auch kann man nicht behaupten, jemand sei mutig, weil er sich in Abgeschiedenheit spirituellen Übungen widmet. Wirklich mutig ist jemand, der bei verschiedensten Aufgabenstellungen voranschreiten kann, ohne sich in irgendeiner Weise von schwierigen Umständen einschüchtern zu lassen. Ihn könnte man einen wirklichen Weisen nennen. Sein seelisches Gleichgewicht ist durch keinerlei Widrigkeiten gestört.

Deshalb sollte man ,dienen, als Sādhanā betrachten und es sollte ein Geschenk für Gott sein. Lehnt uns dann jemand ab, empfinden wir vielleicht etwas Feindseligkeit, doch durch Kontemplation können wir uns davon befreien: ,Wer in ihm war das Objekt der Feindseligkeit? Kam der der Ärger nicht aus der Identifikation mit dem Körper? Was habe ich aus den Schriften gelernt? In welche Welt begebe ich mich? Wie konnte ich überhaupt etwas Schlechtes über diese Person denken, nachdem ich erklärt habe, dass ich weder der Körper noch der Mind, sondern die Seele bin?' Diese Art der Selbstprüfung sollten wir wiederholt durchführen. Schließlich werden wir aufhören wütend zu werden. Stattdessen werden wir Reue empfinden und das wird uns auf den richtigen Weg führen."

Brahmachārī: „Begegnet uns jemand mit Feindseligkeit und wir bleiben still, geben wir ihnen dann nicht die Möglichkeit, zu irren und üble Worte zu gebrauchen? Ist es in solchen Situationen richtig, zu schweigen und uns vorzustellen, dass wir der Ātmā sind? Werden sie nicht unsere Geduld als Schwäche ansehen?"

Nicht-Dualität im täglichen Leben

Amma: „Wir sollten alles als Brahman ansehen; aber auch unser Unterscheidungsvermögen benutzen, um in jeder Situation richtig zu handeln. Stellt euch vor, dass wir an der Straßenseite stehen und ein Hund kommt auf uns zugelaufen, gefolgt von einer Gruppe, die ruft: ,Hier kommt ein tollwütiger Hund.' Wenn wir dann stehen bleiben, wird der tollwütige Hund uns beißen, da er kein Unterscheidungsvermögen hat. Deshalb sollten wir zur Seite treten oder vielleicht sogar einen Stock in die Hand nehmen. Amma sagt keineswegs, dass wir angesichts dieser

Bedrohung die Augen schließen sollten. Trotzdem müssen wir den Hund nicht unnötigerweise schlagen, da er nicht weiß, was richtig und was falsch ist. Stattdessen sollten wir ihm nicht die Chance geben uns zu beißen und ihm deshalb aus dem Weg gehen.

Mit anderen Worten, wir sollten nicht nur den Hund, sondern auch die Leute, die uns gewarnt haben, als Brahman ansehen. Alle Beteiligten sollten wir beachten. Wenn wir die Warnung, dem Hund aus dem Weg zu gehen, ignorieren und einfach nur vor ihm stehen und denken, dass er Brahman ist, werden wir mit Sicherheit gebissen. Spätere Einsicht bringt uns nichts mehr.

Kinder, wir sollten unser Unterscheidungsvermögen in jeder Situation einsetzen. Ein spirituell Suchender sollte niemals schwach sein. Denkt an ein kleines Kind, zum Beispiel unseren Śhivan (Ammas Neffe). Er macht viele Fehler und wir geben ihm vielleicht häufig einen Klaps, aber wir haben keine Abneigung gegen ihn. Er erhält die Schläge auch nicht aus Rache für das, was er angestellt hat. Er ist ein kleiner Junge und wir wissen, dass er aus Unwissenheit Fehler macht. Trotzdem ist es gut, ihn heute zu bestrafen, damit er morgen vorsichtig ist. Deshalb geben wir vor ärgerlich zu sein. Diese Einstellung sollten wir haben. Natürlich müssen wir jene zügeln, die ohne Unterscheidungsvermögen handeln, doch dürfen wir unseren eigenen Gleichmut dabei nicht verlieren. Auch wenn wir nach außen hin Missfallen zeigen, sollten wir sie lieben und wünschen, dass sie sich bessern. Auf diese Weise machen wir ebenfalls Fortschritte.

Nach außen wie ein Löwe, doch innerlich wie eine Blüte, so sollte ein Sādhak sein. Sein Herz sollte wie eine blühende Blume sein, die niemals welkt. Doch nach außen sollte er mutig und stark sein wie ein Löwe, dann wird er fähig, die Welt zu leiten. Beim Sādhanā sollte er sich wie der Diener der Diener verhalten. Ein Suchender sollte die Haltung eines Bettlers annehmen. Er bettelt um Essen und geht weg ohne ärgerlich zu werden, selbst wenn er nichts anderes als Beschimpfungen erhält. Dank dieser Haltung wird er sich weiter entwickeln. Kinder, nur ein mutiger Mensch kann geduldig sein. Während des Sādhanās wird diese einem Bettler ähnliche Haltung seinen Mut stärken. Der Same des Mutes gedeiht nur in der Erde der Geduld."

Der betagte „Unnikannan" (Baby-Krishna, wie Amma den Dichter Ottur liebevoll nannte) saß auf seinem Bett und lehnte sich nach vorne. Sein Gesicht strahlte vor Freude, während er die süßen, nektargleichen Worte in sich aufnahm, die Amma verströmte. Als er sah, dass Amma aufstand um zu gehen, verbeugte er sich zu ihr von der Stelle aus, wo er saß, und überreichte ihr ein Paket mit Zucker, das dem Herrn im Guruvayur-Tempel dargebracht worden war. (Ottur hatte sein ganzes Leben mit dem Guruvayur-Tempel in Verbindung gestanden und er hob immer etwas Prasād von dort auf.) Amma gab ihm als erstem die Gelegenheit, sich am Prasād zu erfreuen, indem Sie ihm ein wenig des gesegneten Zuckers vorsichtig auf die Zunge streute.

Dienstag, der 24. September 1985

Koch-Lektion

Es war fünf Uhr am nachmittags. Eine Brahmachārīnī wusch und schnitt Gemüse für das Abendessen. Alle paar Minuten stand sie auf, um das Feuer in der Küche anzufachen. Als Amma in die Küche kam und das sah, sagte sie: „Tochter, du kannst dich um das Feuer kümmern. Amma wird Gemüse schneiden."

Nachdem die Brahmachārīnīzum Feuer gegangen war, begann Amma, das Gemüse zu schneiden. Einige andere schlossen sich ihr an.

Amma: „Kinder, diese Tochter hat sich alleine hier abgemüht. Sie musste das Gemüse schneiden und zugleich das Feuer hüten. Keiner von euch hat ihr geholfen. Erst als Amma kam, seid ihr alle herbeigerannt. Kinder, sich dem Sādhanā zu widmen, bedeutet nicht, müßig irgendwo herumzusitzen. Ihr solltet voller Mitgefühl sein, wenn ihr seht, wie sich ein anderer abmüht. Ihr solltet den Drang haben zu helfen. Sādhanā übt man, damit der Mind sich mit Mitgefühl füllt. Haben wir das erreicht, dann besitzen wir alles. Wenn Amma irgendwo auftaucht, kommen alle angerannt. Das ist keine wirkliche Hingabe. Wer in der Lage ist, alle gleich zu lieben, der liebt Amma wirklich."

Ein Brahmachārī: „Amma, kürzlich kam ich in die Küche um zu helfen, aber es endete damit, dass ich ausgeschimpft wurde."

Amma: „Du mußt irgendeinen Unfug gemacht haben."

Brahmachārī: „Es scheint, dass ich die Gemüsestücke zu groß geschnitten hatte."

Amma und die anderen lachten. Amma rief die Brahmachārīnī.

Amma (immer noch lachend): „Hast du diesen Sohn letztens geschimpft, obwohl er hier war um zu helfen?"

Bri: „Es stimmt, dass er zum Helfen kam, doch als Ergebnis hatte ich doppelt so viel Arbeit. Ich bat ihn, das Gemüse in kleine Stücke zu schneiden. Stattdessen schnitt er große Stücke und ich musste jedes Stück nochmals schneiden. Das dauerte dann doppelt so lange. Ich sagte ihm, dass er mit solch einer Haltung nicht mehr kommen brauche."

Amma: „Aber er ist unerfahren in Küchenarbeit und nicht daran gewöhnt. Hat er es nicht deshalb so gemacht? Hättest du ihm nicht zeigen sollen, wie du es haben möchtest? Zuhause hat er überhaupt keine Arbeiten verrichtet." Amma erklärte nun allen, wie man das Gemüse richtig schneidet. All, das Gemüse war geschnitten, als der Kochunterricht endete. Eine Brahmachārīnī brachte etwas Wasser, und Amma wusch darin ihre Hände und verließ die Küche.

Amma segnet eine Kuh

Amma ging zum Kuhstall. Diejenigen, die ihr folgten, bekamen etwas sehr Überraschendes zu sehen. Amma kniete neben einer Kuh und begann, die Milch direkt aus dem Euter zu trinken! Die Kuh ließ die Milch großzügig fließen. Wenn Amma eine Zitze losließ und anfing, an einer anderen zu saugen, tropfte Milch in ihr Gesicht. Die Augen der Kuh, die das große Glück hatte, die Mutter der Welt zu säugen, schienen zu sagen: „All mein Tapas war für diesen einen Augenblick. Jetzt ist mein Leben erfüllt."

Amma kam aus dem Stall und wischte sich mit dem Zipfel des Saris ihr Gesicht ab. Als sie all ihre Kinder versammelt sah, sagte sie: „Diese Kuh hat es sich schon seit langem gewünscht, Amma Milch zu geben."

Amma erfüllt selbst die stillschweigenden Wünsche einer Kuh. Es muss in der Tat eine gesegnete Seele gewesen sein.

Amma fuhr fort: „Vor langer Zeit, als Ammas Familie und die Nachbarn gegen Amma waren, kamen Vögel und andere Tiere, um ihr zu helfen. Amma kann aus ihrer eigenen Erfahrung sagen, dass Gott dafür sorgt, dass es dir an nichts mangelt, wenn du dich Ihm völlig hingibst. Als niemand da war, um Amma etwas zum Essen zu geben, brachte ihr ein Hund ein Paket mit Reis von irgendwoher. Er hielt das Paket zwischen seinen Zähnen. Manchmal hatte Amma tagelang nichts gegessen. Nach ihrer Meditation lag sie bewusstlos irgendwo im Sand. Wenn sie ihre Augen öffnete, sah sie eine Kuh, die geduldig neben ihr stand, mit dem Euter voller Milch, bereit für sie zum Trinken. Amma trank dann, soviel sie wollte. Diese Kuh kam und bot ihr Milch an, wann immer Amma müde war."

Die Devotees bedauerten, nicht bei diesem Līlā dabei gewesen zu sein. Wenigstens an diesem Tag hatten sie das Glück, Amma dabei zu beobachten, wie sie die Milch aus dem Euter der Kuh trank.

Verehrung der Gottheiten und des Gurus

Als Amma in den Āśhram zurückging, fragte ein Brahmachārī sie: „Existieren all die Götter in Wirklichkeit?"

Amma: „Sie existieren auf der feinstofflichen Ebene. Jede Gottheit repräsentiert eine Eigenschaft, die in uns verborgen ist. Du solltest die von dir ausgewählte Gottheit keinesfalls vom höchsten Selbst getrennt sehen. Den Sehnsüchten der Devotees entsprechend kann Gott jede von ihm gewünschte Form annehmen. Erheben sich nicht die Fluten des Meeres aufgrund der Anziehung des Mondes?"

Brahmachārī: „Amma, ist es nicht besser, Zuflucht zu Mahātmās zu nehmen, die unter uns leben, als Götter zu verehren, die wir niemals gesehen haben?"

Amma: „Ja, ein wirklicher Tāpasvī hat die Macht, die Last unseres Prārabdha auf sich zu nehmen. Wenn wir hingebungsvoll bei einem Mahātmā Zuflucht nehmen, wird unser Prārabdha bald beendet sein. Man muss sich viel mehr bemühen, wenn man Gottheiten verehrt oder Tempel besucht.

Verehren wir unsere erwählte Gottheit mit der inneren Einstellung, dass sie das höchste Selbst ist, können wir in der Tat Selbst-Verwirklichung erlangen. Die äußere Form dient als Leiter. So wie die Schatten um die Mittagszeit verschwinden, werden sich alle Formen schließlich im Formlosen auflösen. Wenn wir jedoch bei einem Satguru Zuflucht nehmen, wird unser Weg sehr viel einfacher sein. Die Hilfe eines Gurus ist notwendig, um die Hindernisse, die bei unserem Sādhanā auftreten, zu beseitigen und uns den Weg zu weisen. Ein Guru kann uns helfen, da er unsere Zweifel in allen Situationen klärt. Dann wird der Weg leichter sein. Ein Kind kann machen, was es möchte, wenn seine Mutter es an der Hand hält. Es wird auch dann nicht fallen, wenn beide Beine den Boden nicht mehr berühren. Das Kind sollte nicht versuchen, sich aus dem Griff der Mutter zu befreien. Es sollte sich von ihr führen lassen. Ebenso kommt der Guru immer, um dem Schüler zu helfen."

Ein Devotee: „Ist die Meditation auf einen Mahātmā gleich einer Meditation auf das Selbst?"

Amma: „Sehen wir den Mahātmā im richtigen Licht, dann können wir Brahman erreichen. In Wirklichkeit ist der Mahātmā formlos. Wenn wir eine bittere Melone aus Schokolade formen, wird die Melone trotzdem süß sein. Die Mahātmās, die vollkommene Selbsterkenntnis haben, sind identisch mit Brahman, der eine Form annimmt. Alle ihre Formen und Stimmungen sind schön."

Br: „Manche Leute meditieren auf Amma, andere auf Kāḷī. Gibt es zwischen den beiden einen Unterschied?"

Amma: „Wenn du die wirkliche Essenz betrachtest, was ist dann der Unterschied? Ganz gleich, auf welche Form du meditierst, wichtig ist das Saṅkalpa, das du der Form zuschreibst. Dementsprechend wird das Ergebnis sein. Manche Menschen meditieren auf bestimmte Gottheiten und erhalten Siddhis. Sie handeln so, um bestimmte Resultate zu erwirken. Ihre Vorstellung von der göttlichen Form ist sehr beschränkt. Wir sollten das Prinzip hinter der Gottheit verstehen. Erst dann können wir über die Form und alle Begrenzungen hinausgehen. Wir sollten begreifen: Das alles durchdringende Selbst ist überall. Wir müssen die Gottheit, die wir verehren, als das ungeteilte Selbst betrachten. Die Verschiedenheit liegt lediglich im Saṅkalpa. Manchmal werden die Gottheiten im Rahmen bestimmter Regeln und Rituale verehrt. Dabei ist lediglich die Vorstellung einer Gottheit vorhanden. Gott selbst wird nicht in Betracht gezogen.

Alle Formen sind gemäß ihrer Natur begrenzt. Weder berühren Bäume den Himmel noch die Wurzeln die Unterwelt. Wir versuchen, das höchste Selbst zu erreichen. Wenn wir in einen Bus steigen, dann haben wir nicht vor in ihm zu bleiben, nicht wahr? Unser Ziel ist es, nach Hause zu kommen. Der Bus bringt uns bis zu unserem Gartentor und es ist unsere Aufgabe, vom Tor zum Haus zulaufen. Gottheiten bringen uns zur Tür des höchsten Sat-Chit-Ānanda; von dort ist es zur Selbst-Verwirklichung nicht mehr weit. Auch jene, die alle Begrenzungen hinter sich gelassen haben, lösen nicht alle Bindungen an eine Form. Es heißt, dass sogar Jīvanmuktas, die schon in diesem Leben befreit sind, sich danach sehnen, den göttlichen Namen zu hören."

Ammas Worte entfachten neues Licht im Mind der Zuhörer, als sie die feinen Nuancen des Sādhanās enthüllte. Erfüllt verneigten sich alle vor Amma und kehrten zu ihren Pflichten zurück.

Sonntag, der 13. Oktober 1985

„Jemand, der jedes Wesen in sich und sich selbst in allem anderen sieht, hat gegen nichts eine Abneigung.“

— Īśhāvāsya Upaniṣhad

Die Sickergruben der Gästehaustoiletten waren voll und Amma schickte sich an sie zu leeren. Sie war gerade von einer Tagesreise zurückgekehrt, wo sie Darśhan gegeben und Bhajans gesungen hatte. Kaum zurück im Āśhram, machte sie sich sogleich an die Arbeit. Ihre Kinder scheuten diese Arbeit nicht, sie hatten in der Tat Amma gebeten nicht mit anzupacken. Aber Amma bestand darauf, ein Beispiel zu geben. Das war meist der Fall. Sehr selten bat sie jemand anderen darum, eine Arbeit zu verrichten.

Amma: „Es macht einer Mutter nichts aus, die Ausscheidungen ihres Babys zu entfernen, weil sie das Gefühl ‚es ist mein' dem Baby gegenüber hat. Wie dem auch sei, wir jedenfalls sollten diese Liebe jedem gegenüber empfinden, dann fühlen wir weder Abneigung noch Ekel.“

Die freudige Aufregung, mit Amma zu arbeiten, ist stets etwas Besonderes. Niemand kümmert es, ob mit Sand, Zement oder Exkrementen gearbeitet wird. Es ist wie ein Rausch und auch jetzt, wo es sich um eine weniger schöne Arbeit handelte, sehnte sich jeder danach, an Ammas Seite zu sein.

Amma fuhr fort: „Früher gab es keine Besuchertoiletten für die Devotees, die zum Darśhan kamen. Das bedeutete für die ersten Kinder Ammas, dass sie morgens erstmal das Āśhramgelände reinigen mussten. Da es keine Zäune zu den Nachbargrundstücken gab, endete die Arbeit meist damit, dass auch die Nachbargrundstücke gereinigt werden mussten.“

Ein Brahmachārī reichte vorsichtig die gefüllten Eimer mit dem Inhalt der Sickergrube mit Achtsamkeit weiter, dass nichts überschwappte. Als die Eimer schneller kamen, ließ seine Aufmerksamkeit nach; ein Eimer fiel auf die Erde und der Kot spritzte über seinen ganzen Körper.

Amma: „Gräme dich nicht, Sohn. Schließlich kann so etwas jedem von uns passieren. Es lässt sich wieder auswaschen. Der wirkliche Schmutz liegt in der Haltung: ‚Ich bin der Handelnde', die wir gewöhnlich einnehmen, wenn wir etwas tun, egal ob es sich um eine ‚Pūjā' oder um das Reinigen des Abwasserkanals handelt. Diese Haltung lässt sich nur sehr schwer ‚herauswaschen'. Meine Kinder, ihr solltet jede Arbeit als eine Gabe für Gott verrichten, dann werdet ihr innerlich gereinigt. Deshalb lässt euch Amma alle diese Dinge tun. Amma möchte nicht, dass ihre Lieblingskinder nichts machen und nur andere anweisen, solche Arbeit zu verrichten. Ein Brahmachārī sollte fähig sein, jegliche Arbeit zu erledigen."

Nicht nur die Brahmachārīs, sondern auch einige Devotees halfen bei der Arbeit. Ein Devotee war von dem Lärm und dem Licht aufgewacht und herausgekommen um zu schauen, was vor sich ging. Als er Amma mittendrin sah, konnte er nicht einfach zuschauen. Er zog sein Hemd aus, band seinen Dhoti hoch und war dabei, sich in den Tank zu begeben.

Amma: „Nein, Sohn. Die Arbeit ist fast beendet. Es ist nicht nötig, dass du heute Nacht auch noch ein Bad nimmst."

Die Lippen des Devotees bebten vor lauter Aufregung: „Wirst du mir wohl den Eimer geben und aus dem Weg gehen, Amma?"

Amma lächelte, als sie seinen befehlenden Ton bemerkte, obwohl es aus Liebe kam.

Amma: „Sohn, Amma empfindet keine Abneigung, den Tank mit den Exkrementen ihrer Devotees zu reinigen. Es ist mir ein Vergnügen."

„Gehe jetzt nicht diesem Vergnügen nach, Amma. Gibst du mir jetzt den Eimer?" sagte der Devotee scherzhaft, als er versuchte, Amma den Eimer aus der Hand zu nehmen.

Oft können wir beobachten, wie sich Devotees Freiheiten mit Amma herausnehmen, die sich Āśhram-Bewohner niemals getrauen würden. Aber Amma ist immer nachsichtig, wenn es um reine, unschuldige Hingabe geht.

Zu der besonderen Stunde vor Sonnenaufgang war die Arbeit beendet. Diejenigen, welche die Āśhram-Abläufe beobachteten, schien es, als ob man die Aussage der Gītā ändern müsste: ‚Wenn für alle Lebewesen Nacht ist, bleibt der Yōgi wach'. Hier wurde die Nacht zum Tag für alle, die mit der Yōgini zusammenarbeiteten.

Samstag, der 19. Oktober 1985

Das Prinzip hinter den Ritualen befolgen

Amma kam am späten Nachmittag in den Kalari, obwohl es noch zu früh für die Bhajans war. Die Brahmachārīs und einige der Haushälter-Devotees waren bei Ihr. Der Verwandte von Ottur, der auch im Āśhram wohnte und sich um den alten Mann kümmerte, war krank. Deshalb sorgten jetzt einige der Brahmachārīs für ihn. Was Rituale betraf, war Ottur normalerweise sehr genau und es war recht schwierig, ihn zufrieden zu stellen. Als die Unterhaltung auf dieses Thema kam, sagte Amma:

„Amma kennt die Āchāras nicht. Sie ist nicht damit aufgewachsen. Trotzdem war Damayantī-Amma? (Ammas leibliche

Muttter) sehr streng. Sie erlaubte uns Kindern keinerlei Freundschaften. Das hatte ein Gutes: wenn du alleine bist, dann kannst du Lieder zur Verehrung Gottes singen und mit ihm reden. Wenn jemand anderer bei dir ist, wird die Zeit mit nutzlosem Gerede verschwendet. Ein klein wenig Staub im gewaschenen Geschirr genügte Damayantī-Amma? um Amma zu schlagen. Nachdem Amma mit dem Hof fegen fertig war und falls Damayantī-Amma doch noch ein wenig Schmutz fand, schlug sie Amma mit dem Besen, bis er zerbrach. (Lachend) Vielleicht ist Amma mit ihren Kindern so streng, weil sie so aufgewachsen ist? Jetzt ist sie ein Schrecken für alle, nicht wahr?

Nachdem Amma in jenen Tagen den vorderen Hof fegte, pflegte sie in einer Ecke zu stehen und sich vorzustellen, dass Krishna vor ihr herginge. Sie stellte sich vor, dass sie dann jeden Seiner Fußabdrücke im Sand sah. Bei all ihren Arbeiten dachte Amma nur an Gott.

Kinder, womit ihr auch beschäftigt seid, ihr solltet nur an Gott denken. Das ist der Sinn aller Rituale. Rituale helfen, gute Angewohnheiten zu pflegen und bringen Ordnung ins Leben. Trotzdem sollten wir über Rituale hinauswachsen. Wir sollten nicht bis zu dem Tag, an dem wir sterben, an sie gebunden sein.“

Ein Brahmachārī: „Bewirken Rituale nicht, dass sich der Mind nach außen, anstatt zu Gott wendet?“

Amma: „Jedes Ritual wurde als Hilfsmittel konzipiert, um eine ununterbrochene Erinnerung an Gott aufrecht zu erhalten. Doch langsam wurden Rituale nur noch zur Routine. Habt ihr noch nicht diese Geschichte gehört? Es gab einmal einen Priester, dessen Katze ihn während der Pūjā störte. Darüber war er so ärgerlich, dass er die Katze eines Tages unter einen Korb steckte, bevor er mit der Pūjā anfing und sie erst wieder freiließ, nachdem die Pūjā beendet war. Dies wurde bald eine Angewohnheit. Sein Sohn half ihm bei der Pūjā. Zu gegebener Zeit starb der alte Priester und der Sohn übernahm die Verantwortung für die Pūjā. Er vergaß niemals, die Katze unter den Korb zu stecken, bevor er mit der Verehrung anfing. Nach einiger Zeit starb die Katze. Am nächsten Tag, als es Zeit war, die Pūjā zu beginnen, war der Sohn besorgt. Wie konnte er mit der Pūjā anfangen, ohne die Katze unter den Korb zu tun? Er rannte nach draußen und fing die Katze des Nachbarn, setzte sie unter den Korb und begann die Pūjā. Da es nicht immer möglich war, die Katze des Nachbarn rechtzeitig zur Pūjā zu fangen, ging er schließlich und besorgte eine neue Katze.

Der Sohn wusste nicht, warum sein Vater die Katze immer unter den Korb gesteckt hatte, denn er hatte ihn niemals danach gefragt. Er machte einfach alles nach, was sein Vater tat. Rituale sollten nicht so sein. Āchāras sollten wir erst dann zelebrieren, wenn wir die dahinterstehenden Prinzipien begriffen haben. Nur dann nützen sie uns. Ansonsten verlieren sie ihren Wert und werden zur bloßen Routine.

Wir sollten soweit kommen, den Gedanken an Gott in allen unseren Handlungen aufrecht zu erhalten. Beispielsweise sollten wir, bei der Platzwahl diesen berühren und uns dann verbeugen, indem wir uns die von uns gewählte Gottheit vorstellen. Das Gleiche sollten wir tun, wenn wir wieder aufstehen. Wann immer wir etwas in die Hand nehmen, sollten wir Ehrerbietung zeigen und uns die Gottheit in dem Gegenstand vorstellen. Wenn wir diese Aufmerksamkeit beibehalten, dann wird unser Mind immer in Gott verweilen und sich nicht in weltlichen Angelegenheiten verirren.

Habt ihr schon einmal eine Mutter beobachtet, die im Hause des Nachbarn arbeitet und ihr Kleinkind zuhause gelassen hat?

Was immer sie tut, ihre Gedanken sind bei dem Kleinkind. Wird es zu nahe zum Brunnen gehen? Werden die anderen Kinder es vielleicht verletzen? Wird es in den Kuhstall gehen und unter eine Kuh kriechen? Wird es in die Nähe des Ofens in der Küche gehen? Solche Gedanken wird sie ganze Zeit haben. Ein Sādhak sollte genauso sein und immerzu an Gott denken.

Die Brahmachārīs hier haben keines der Rituale gelernt. Wenn sie Menschen wie ihm (gemeint war Ottur) dienen, dann lernen sie etwas darüber. (Sich an den Brahmachārī wendend) Sohn, selbst wenn er mit dir schimpft, solltest du nicht ärgerlich werden. Wenn du ärgerlich wirst, ist alles umsonst, was du getan hast. Du solltest jede Gelegenheit, einem Sādhu zu dienen, als großen Segen ansehen."

Richtiges Verhalten bei Lob und Tadel

Ein Brahmachārī beschwerte sich bei Amma über den Charakter eines Haushälter-Devotees. Dieser sehe die kleinsten Fehler der Brahmachārīs als schwerwiegend an und zögere nicht, sie schroff zu kritisieren, ohne irgendeine der guten Seiten in ihnen zu bemerken.

Amma: „Sohn, es ist einfach, die zu mögen, die uns loben, doch sollten wir unsere Kritiker umso mehr lieben. Man könnte sagen, dass sie uns wirklich lieben. Wenn wir unsere Fehler erkennen, können wir sie korrigieren und dadurch vorwärtsschreiten. Wir sollten die, die uns immer nur loben, als unsere Feinde betrachten und jene, die uns kritisieren, als unsere Freunde. Doch sollte diese Haltung unter uns bleiben. Wir müssen sie anderen nicht offenbaren. Es ist wahr, dass es sehr schwierig ist, eine solche Einstellung zu erreichen. Wie dem auch sei, wir sind hier, um das Selbst zu verwirklichen und nicht den Körper. Vergesst das nicht.

Lob und Tadel finden auf der physischen Ebene statt und nicht auf der Ebene des Selbst. Wir sollten beides als gleichwertig betrachten und lernen, unsere Gelassenheit nicht zu verlieren, ob wir nun Liebe oder Hass, Lob oder Tadel erhalten. Das ist wirkliches Sādhanā. Wir machen erst dann Fortschritte, wenn wir dazu in der Lage sind."

Brahmachārī: „Amma, warum hast du gesagt, dass wir jene, die uns loben, als Feinde ansehen sollten?"

Amma: „Weil sie uns von unserem Ziel abbringen. Wir müssen das verstehen und unser Unterscheidungsvermögen nutzen. Das heißt nicht, dass wir jemanden nicht mögen sollten.

Alle Lebewesen sehnen sich nach Liebe. Solange wir nach weltlicher Liebe suchen, werden wir leiden, so wie ein Glühwürmchen in der Flamme stirbt. Alles Streben nach weltlicher Liebe endet in Tränen. Das ist die allgegenwärtige Geschichte unserer Leben. Echte Liebe ist nirgendwo zu finden, es gibt nur unechte Liebe. Sie ist wie das Licht, das von einem Fischer benutzt wird. Er wirft das Netz aus, schaltet ein helles Licht an und wartet. Die Fische werden von dem Licht angezogen. Bald ist das Netz voll und der Fischer füllt seine Körbe. Jeder liebt den anderen selbstsüchtig.

Wenn andere uns lieben, nähern wir uns ihnen in dem Glauben, dass sie uns Frieden bringen. Doch wir sehen nicht, dass der Honig, den sie uns anbieten, ein Tropfen auf einer Nadelspitze ist. Versuchen wir den Honig zu genießen, dann sticht uns die Nadel. Deshalb sollte man die Wahrheit erkennen und mit dem Wissen weitergehen, dass wir keine Freunde außer Gott haben. Dann müssen wir nichts bereuen."

Erde und Himmel waren in das strahlend goldene Licht der Abendsonne getaucht. Bald färbte sich der westliche Himmel dunkelrot.

„Die Fischer werden heute abend sehr froh sein", sagte Amma und zeigte auf die prächtige rote Farbe. „Man sagt, dies bedeute einen guten Fang."

Jemand fing an, Harmonium zu spielen und Amma setzte sich auf ihren Platz im alten Tempel. Bald schien sie völlig von der äußeren Welt abgekehrt. Sie zeigte reine Hingabe, wie ein Gottsucher in der Einsamkeit. Die Bhajans begannen mit:

kumbhōdarā varadā

Oh Du, mit dem großen Bauch
und dem Elefantenkopf,
Segenspendender, Sohn Śhivas,
Herr der Ganas.

Oh Du mit den fünf Händen, die Segen schenken,
Zerstörer von Leid,
Sohn von Śhiva, segne uns mit der Erlösung.
Lasse Deinen wohlwollenden Blick auf uns weilen!

Oh erster Herr, der Du uns über den Fluss des Saṁsāras führst,
Sitz von allem Mitgefühl, Spender von Glückseligkeit,
Oh Hari, Nektar der Glückseligkeit, Beseitiger der Hindernisse,
zeige Dein Mitgefühl.

Der Āśhram und seine Umgebung waren durchdrungen von den Klängen der hingebungsvollen Musik. Alle waren eingetaucht in deren Glut und hingebender Liebe.

Sonntag, der 20. Oktober 1985

Missgeschick verursacht durch einen Hund

„Kinder, wir sollten alle lebenden Wesen lieben, doch diese Liebe sollte andere nicht verletzen. Wir sollten in die Welt hinausgehen und anderen dienen; aber das Mitgefühl, gegenüber einem Lebewesen sollte nicht dazu führen, ein anderes zu verletzen. Wenn wir an einem einsamen Ort leben, dann können wir Hunde, Katzen oder irgendetwas halten. Dies hier ist jedoch ein Ort, wohin viele Menschen kommen und bleiben. Halten wir hier einen Hund, wollen Kinder damit spielen und könnten gebissen werden. Es ist besser, keinen Hund in einem Āśhram zu halten."

Als sie Ammas Stimme hörten, kamen zahlreiche Leute und versammelten sich um sie. Amma war wegen des Lärms aus ihrem Zimmer gekommen. Ammas Großmutter (Acchamma, dass bedeutet die Mutter des Vaters) war hinter die Hütte gegangen, um einen langen Stab zu holen, mit dem sie Blumen von den Bäumen pflückte. Eine Hündin hatte kürzlich Welpen geworfen und zog sie hinter der Hütte auf. Acchamma wusste davon allerdings nichts. Der Hund biss in seiner Aufregung Acchamma, die schrie. Brahmachārīs und Devotees standen um sie herum, als Amma herunterkam.

Amma: „Armes Ding, wie kann sie jetzt Blumen pflücken? Der Biss des Hundes ist ziemlich tief."

Acchamma sammelte jeden Tag in der Āśhram-Umgebung Blumen für die Pūjā im Tempel. Nie gab sie diese Gewohnheit auf, ganz gleich wie schwach sie sich fühlte. Im Sommer, wenn es schwierig war, frische Blumen zu finden, sah sie oft in ihren Träumen, wo sie Blumen finden konnte und ihre Träume waren immer richtig. Sie fand dann viele Blumen an solchen Plätzen und die Nachbarn verwehrten es ihr kaum, die Blumen auf ihrem Grundstück zu pflücken.

Die Āśhram-Bewohner diskutierten den Vorfall.

Brahmachārī Rao: „Unni hat angefangen, den Hund hier zu halten. Er füttert ihn täglich mit Reis, weshalb sollte er also den Āśhram verlassen?"

Amma: „Wo ist Unni? Ruft ihn." Dann sah sie Unni hinter sich. „Ist das dein Hund, Sohn? Bist du hierhergekommen, um Hunde zu züchten?"

Unni: „Amma, an einigen Tagen hintereinander sah ich den Hund beim Wasserhahn warten, als ich meine Hände nach dem Essen wusch. Ich hatte Mitleid mit ihm, als er so dastand."

Amma: „Wie lange fütterst du ihn schon?"

Unni: „Ich habe ihm gelegentlich Futter gegeben. Ich hätte nicht gedacht, dass er seine Jungen hier zur Welt bringt."

Amma: „Braucht der Hund deine Erlaubnis, um seine Jungen zu gebären?"

Unni (sein Lachen unterdrückend): „Amma, ich war bekümmert, als ich seinen hungrigen Blick sah."

Amma: „Wenn du darauf bestehst, den Hund weiterhin zu füttern, dann bringe ihn weit weg und füttere ihn dort. Hättest du das vorher gemacht, hätten wir jetzt nicht dieses Problem."

Sie fuhr mit ernster Stimme fort. „Dir tat der hungrige Hund leid. Hast du jetzt kein Mitleid mit dieser alten Großmutter, die hier steht und wegen des Hundebisses blutet? Wir sollten Gott in allem sehen und unsere Hilfe anbieten, das ist wahr. Das ist Sādhanā. Wir sollten Mitgefühl für alle Lebewesen haben. Es gibt jedoch für alles die richtige Umgebung. Das ist nicht der passende Ort, um Katzen und Hunde zu halten. Weiß das arme Tier, dass dies hier ein Āśhram ist oder dass Acchamma nur versucht hat, den Stab hinter der Hütte zu holen? Du solltest eine Tracht Prügel dafür bekommen, dass du den Hund hier hältst und ihn fütterst!"

Amma ergriff Unnis Hände und hielt sie zusammen.

Unni: „Amma, ich habe ihn nur gelegentlich gefüttert."

Amma: „Nein, nein, sage nichts. Ich werde dich heute anbinden!"

Ohne ihn loszulassen, ging Amma zur Essenshalle. In der Nähe einer Säule bat Sie einen Devotee, einen Strick zu bringen. Wohl wissend, dass alles hr göttliches Spiel war, brachte er ein kleines Stück Seil. Als Amma es sah, änderte sich ihre Stimmung. Sie sagte: „Diese Schnur ist nicht geeignet. Wenn Amma sie verwendet, wird es ihm wehtun. Vielleicht lassen wir ihn für diesmal laufen." Sie ließ den Brahmachārī gehen.

Dr. Lila, heute Swāmīni Atmaprana, brachte Acchamma zu Amma und sagte: „Amma, ich weiß nicht, ob der Hund vielleicht tollwütig ist oder nicht. Sollte ich Acchamma nicht eine Spritze geben?"

Amma: „Der Hund ist nicht tollwütig oder krank. Versorge die Wunde nur mit etwas Medizin, das genügt."

Es war Sonntag, viele Devotees waren gekommen. Als Amma die Darśhan-Hütte erreichte, drängten sie sich um sie. Eine Frau flüsterte in Ammas Ohr: „Ich war über Ammas Stimmung heute Morgen erschrocken."

Amma lachte laut und gab ihr einen liebevollen Kuss auf die Wange. Die Besucher, die mit Amma noch nicht vertraut sind, können verwirrt oder eingeschüchtert sein, wenn sie sehen, wie Amma die Brahmachārīs zurechtweist. Bei solchen Gelegenheiten wird ihr Gesicht sehr ernst; doch sie geraten auch in Erstaunen, wenn sie den Nektar der Liebe und des Mitgefühls spüren, der im nächsten Moment von ihr ausgeht. Amma ist die Liebe selbst. Sie weiß nicht, wie man wirklich böse wird. Sie weiß nur, wie man liebt.

Die Mutter, die unsichtbar Segen gewährt

Amma fragte eine Devotee: „Tochter, Amma hat dich neulich gesucht. Warum bist du so früh weggegangen?“

Als Amma einige Tage zuvor aus ihrem Zimmer kam, lag ein Paket vor der Tür, das gekochten Kachil und Gewürze enthielt. Amma probierte ein Stück und bat eine Brahmachārīni, die Frau zu holen, die das Paket gebracht hatte. Diese konnte nicht gefunden werden, sie war anscheinend gegangen. Niemand wusste genau, wer das Paket vor Ammas Zimmer gelegt hatte.

Devotee: „Ich war an diesem Tag voller Sorgen, Amma. Die Verhandlungen bezüglich eines Grundstückes, das wir kaufen wollten, sollten an diesem Tag abgeschlossen werden. Ich hatte versprochen, um elf Uhr mit dem Geld am Gericht zu sein. Obwohl ich bereits meine Armreifen und meine Halskette verpfändet hatte, konnten wir nicht genug Bargeld aufbringen. Wir fragten verschiedene Leute, aber niemand half uns. Wenn die Urkunde nicht um elf Uhr registriert wäre, würden wir die bereits geleistete Anzahlung verlieren. Auf jeden Fall hatte ich vor, am Morgen Amma aufzusuchen und brachte gekochten Kachil mit. Es war neun Uhr dreißig, als ich eintraf. Jemand sagte mir, dass Amma erst später kommen wird. Wenn ich vor Mittag im Gericht ankam, könnte ich wenigstens die Hälfte der Vorauszahlung zurückverlangen, auch wenn der Vertrag nicht zustande käme. Deshalb ließ ich das Paket vor Ammas Tür und ging. Ich weinte bitterlich, da ich gehofft hatte, mit Ammas Segen wenigstens die Hälfte der Anzahlung zurückzuerhalten.

Als ich nach Ochira kam, sah ich eine alte Freundin von mir, die auf den Bus wartete. Ihr Mann arbeitet in Saudi-Arabien. Da wir uns so zufällig begegneten, dachte ich, dass ich sie ebenfalls um Hilfe bitten könnte. Ich erklärte ihr die Situation: ‚Wenn ich nicht zehntausend Rupien vor Mittag habe, wird der Vertrag hinfällig.' Durch Ammas Gnade hatte sie genau diesen Betrag bei sich! Sie hatte gerade die Rückzahlung einer Schuld von jemandem erhalten und kehrte nun nach Hause zurück. Wortlos gab sie mir das Geld, und ich brach in Tränen aus. Mit Ammas Gnade kam der Kauf zustande!“

Die Augen der Frau füllten sich mit Tränen. Amma umarmte sie fest und wischte die Tränen mit ihrem Sari weg.

Der innere Schatz

Im Haus eines Devotees von Amma sollte eine Pūjā stattfinden. Vor der Durchführung der Pūjā kam der Brahmachārī, um Ammas Segen dafür zu erbitten.

Amma segnete ihn und sagte: „Sohn, auf ihrem Grundstück befindet sich ein Ameisenhaufen. Weil jemand ihnen gesagt hat, er müsse beschützt werden, zerstören sie ihn nicht. Amma denkt nicht, dass dies nötig ist. Selbst wenn wir alles richtigmachen, die Devotees aber nicht den richtigen Glauben und Hingabe besitzen, werden sie aus der Pūjā keinen Nutzen ziehen. Manche Leute glauben blind an etwas und bleiben hartnäckig dabei, ganz gleich, wie oft wir versuchen sie aufzuklären. Deshalb müssen wir uns auf ihre Ebene begeben und das Notwendige. Was immer etwas Frieden gibt, ist auf dieser Ebene das geeignete Mittel.

Das heißt nicht, dass wir sie ihrem blinden Glauben überlassen sollen. Sage ihnen deshalb: ‚Dieser Ameisenhügel wird euch nicht schaden; es ist nicht nötig, ihn in seiner jetzigen Form zu belassen. Bewahrt einfach etwas davon in eurem Pūjāraum auf. Den Rest könnt ihr zerstören. Wenn er weiter wächst, verschwendet ihr diesen Platz.' Gib ihnen am Ende der Pūjā ein wenig Sand des Ameisenhaufens, damit sie ihn im Pūjāraum aufbewahren."

Amma erklärte den Umstehenden: „Einst kam jemand mit einer ähnlichen Geschichte. In der Nähe des Hauses befand sich ein Ameisenhaufen. Ein Astrologe überzeugte ihn, dass sich darunter ein Schatz befinde und dass er ihn finden würde, wenn er einige Pūjās durchführen ließe. Er suchte bei zahlreichen Astrologen und anderen Leuten Hilfe, um den Schatz zu finden. Viele versprachen, ihm zu helfen und nahmen ihm sein Geld ab, aber er fand keinen Schatz. Schließlich kam er hierher. Seine einzige Frage war, wann er den Schatz finden würde. Die Frage, ob sich überhaupt ein Schatz unter dem Ameisenhügel befindet, kam ihn gar nicht. Was konnte Amma schon sagen? Er wurde böse auf sie, nachdem sie ihm sagte, dass es keinen Schatz gibt. ‚Alle Astrologen erklärten mir, dass sich dort ein Schatz befindet. Wenn du ihn nicht sehen kannst, warum sollte ich dann zu dir kommen?', sagte er und ging. Er war gänzlich vom Traum des Schatzes ergriffen. Was können wir schon tun? Er konnte nicht akzeptieren, was Amma ihm gesagt hatte.

Bald danach kam er wieder. Er hatte eine Erfahrung gemacht, die ihn zurückbrachte." Amma lachte. „Nun ist er an dem inneren Schatz interessiert, und nicht mehr an dem äußeren. Hätte Amma ihn anfangs zurückgewiesen, wäre seine Zukunft von Dunkelheit überschattet geblieben. Bei solchen Menschen ist es wichtig, dass wir ihr Verständnis erkennen und ihnen auf dieser Ebene begegnen. Nach und nach können wir dann von den spirituellen Idealen und Prinzipien sprechen.

Alle wollen den äußeren Schatz. Dafür sind sie bereit, jede erdenkliche Mühe auf sich zu nehmen. Niemand will den inneren Schatz. Wir haben in uns einen Schatz, den wir niemals verlieren und den niemand stehlen kann, doch wir finden ihn nicht im Äußeren. Wir müssen in unserem Inneren suchen. Wir müssen Gott die Blumen unseres Herzens darbringen."

Als Amma die Stufen zu ihrem Zimmer hinaufging, schenkte sie ihnen noch ein bezauberndes Lächeln, das sie in ihrem Herzen bewahrten. Einige mögen sich gefragt haben, wie die ‚Blume des Herzens' wohl aussieht, um sie Amma darzubringen. Einige erinnerten sich an ein Lied über die Blume, die der Göttlichen Mutter dargebracht wird, das Amma oft sang:

pakalonte karavalli thazhukatha pushpam

Die Blume, die nicht von Sonnenstrahlen gestreichelt wird,
die Blume, die nicht heimlich vom Wind gestohlen wird,
die reine Seele, der Mind ist diese Blume in voller Blüte.

Der Mind, unbefleckt von Sehnsüchten und Begierden,
der Mind, der keine Flammen des Zorns entfacht,
die Blume, die nicht in Liebe einem Mädchen geschenkt wird,
das ist der Mind, wo die göttliche Kaiserin wohnt.

Der Mind, der deinem Leben seine einen Sinn verleiht,
der Mind, der sich nach dem Wohlergehen der anderen sehnt,
der Mind, von reiner unbefleckter Liebe erfüllt ist,
solchen Mind, den trägt die Göttliche Mutter als Girlande!

Die Stärke, die du suchst, ist direkt in dir.
Gib diese taumelnde Suche auf, Oh Mind!
Strebe kühn zum Ziel des Lebens,

wenn Selbstsucht verblasst,
wird die Göttliche Mutter dort erleuchten.

Wird alles hingegeben, bleibt die Seele ein Mind,
frei von falschem Stolz, erfüllt von Frieden.
Das ist ein Licht, das nicht mit Worten
beschrieben werden kann,
dort wird die göttliche Mutter für immer tanzen!

Als sie dort standen und Ammas süßes Lächeln genossen, erinnerten sie sich an dieses Lied, das sie oft über die Blume sang, die der göttlichen Mutter dargebracht werden sollte.

Mittwoch, der 23. Oktober 1985

Einweihung durch die Göttin des Wissens

Am Vijaya Dashami-Tag trafen die Besucher schon früh mit ihren gerade schulpflichtig gewordenen Kindern im Āśhram ein. Die Kinder erhalten an diesem Tag die Einweihung von der Göttin des Wissens ‚persönlich'. Die meisten der Devotees waren Mütter aus dem umliegenden Küstengebiet. Leute von weiter weg waren bereits zwei Tage zuvor angereist und wohnten im Āśhram. Amma begab sich mit einigen ‚großen' und kleinen Kindern in den Meditationsraum. Die Kleinen hatten ihre Bücher für die Saraswatī-Pūjā, die Göttin des Wissens, aufgestapelt. Viele Devotees hatten schon ihren Platz im Raum eingenommen. Im ganzen Āśhram herrschte eine festliche Stimmung. Im Meditationsraum gab es nicht für alle gleichzeitig Platz, deshalb rief Amma: „Kleine Kinder, kommt zuerst!".

Die Kinder versammelten sich um den Bücherstapel und hielten Tulsi-Blätter in ihren Händen.

Ōm mushika vahana modaka hasta
Chamarakarna vilambita sutra
Vamanarupa maheshwara putra
Viswa vinayaka pahi namaste

Oh Gaṇēśh, der Du auf einer Maus reitest,
der süßes Modaka in seinen Händen hält,
dessen Ohren wie Fächer sind,
der alle Hindernisse beseitigt,
sei so gütig und beschütze mich,
ich verneige mich vor Dir.

Saraswatī namastubyam
Varade Kamarupini
Vidyarambham karishyami
Siddhir Bharata me sada

Oh Saraswatī(Göttin der Weisheit),
wenn ich meine Studien beginne,
verneige ich mich vor Dir,
die Du Segen schenkst
und wunderschön anzusehen bist.
Möge ich immer erfolgreich sein.

Padma putra vishalakshi
Padma Kesara varnini
Nityan padmalaya Dēvī
Sa mam pata Saraswatī.

Ehrerbietung an Saraswatī,
deren Augen groß sind,
wie die Blätter der Lotusblume;
deren Gesicht safrangelb ist

wie das Staubblatt einer Lotusblume
und die immer im Lotus wohnt.

Viele zarte Stimmen wiederholten zum Lob auf Gaṇēśha und die Göttin Saraswatī Zeile für Zeile das Mantra.

Amma: „Kinder, stellt euch jetzt alle vor, dass ihr eure bevorzugte Gottheit vor euch seht. Küsst ihre göttlichen Füße und verbeugt euch."

Amma verbeugte sich zuerst und die Kinder folgten ihrem Beispiel. Viele Kinder warteten draußen. Die Brahmachārī setzten sich an die linke Südseite des Raumes und begannen mit den Bhajans. Amma nahm ihren Platz an der Nordseite ein. Sie hatte einen großen Teller in der Hand, der mit Reis gefüllt war. In diesen Reis schreiben die Kinder mit ihrer Fingerspitze, geführt von Ammas Hand, jeweils die ersten Buchstaben des Alphabets. Die Eltern kamen nacheinander und brachten ihre Kinder zu Amma, damit sie sie bei ihren ersten Schritten in die Welt des Wissens führen möge. Sie setzte ein Kind nach dem anderen auf ihren Schoß und beruhigte es jeweils mit einem Bonbon. Alle beobachteten fasziniert, wie Amma die kleinen Finger der Kinder führte und sie dazu brachte, ein paar Buchstaben in den Reis zu schreiben.

„Hari," sagte Amma. Der kleine Junge, der auf ihrem Schoß saß, ausstaffiert mit einem neuen Mundu mit vergoldeten Borten und mit einem Punkt aus Sandelholzpaste auf seiner Stirn, schaute ihr verwundert ins Gesicht.

Amma stupste ihn an: „Hari! Sag's, ‚Ha-ri!'"

Das Kind wiederholte treuherzig: „Hari, sage es, Hari!" Alle, Amma eingeschlossen, lachten.

Viele der Kinder fingen an zu weinen, als sie in Ammas Nähe kamen, aber Amma ließ sie nicht gehen, bevor sie in den

Reis geschrieben hatten. Währenddessen wurden Bhajans zum Ehren der Göttin des Wissens gesungen, welche die Gefühle in den Herzen der Eltern ausdrückten:

Oh Saraswatī, Göttin allen Wissens,
schenke uns Deinen Segen!
Wir sind keine Gelehrten,
unwissend sind wir,
nur Marionetten in Deinen Händen!

Amma sieht es nicht gerne, wenn ihre Kinder ihr Dakṣhiṇa geben. Trotzdem wollen die Eltern, dass ihre Kinder Amma bei dieser Gelegenheit etwas geben. Viele arme Eltern aus der Küstenregion hatten ihre Kinder gebracht. Damit die Eltern sich nicht verletzt fühlten, hatte Amma angewiesen, dass jedes Kind einfach nur eine Rupie gab, einfach um der Tradition zu genügen. Die Münze sollte vor das Bild von Saraswatī gelegt werden. Sie wollte nicht, dass die Eltern traurig sind, falls ihr Kind keine oder nicht positiv vergleichbare Dakṣhiṇa geben konnte. Die Uhr zeigte 11, und alle Kinder waren nunmehr in das Alphabet eingeweiht.

Danach ging Amma in den Hof. Die Haushälter und die Brahmachārī saßen dort in Reihen. Amma setzte sich zu ihnen und stimmte ein ‚Ōm' an." Alle wiederholten die Ursilbe und schrieben sie in den Sand.

„ŌM."

Der Unterricht ging weiter: „Hari Śhrī Ganapataye Namaḥ!" Schließlich bekamen alle Devotees von Amma Prasād, um die Süße des Lernens zu unterstreichen.

Am Mittag gingen viele Besucher wieder nach Hause. Alle waren glücklich, nachdem sie Unterweisungen von Amma, der Mutter des Wissens, erhalten hatten. Die Brahmachārī saßen einzeln oder in Gruppen und wiederholten ihre Lektionen oder rezitierten vedische Mantren. Mehrere Devotees warteten gespannt, da sie wegen der Feierlichkeiten nicht die Möglichkeit gehabt hatten, zum Darśhan zu gehen und Amma die Last ihrer Sorgen zu übergeben. Die unermüdliche Mutter versammelte sie und ging mit ihnen zur Darśhan-Hütte.

Denen in Not geben

Janaki aus der Stadt Pandalam sprach mit Amma. Sie war eine Lehrerin im Ruhestand und kam regelmäßig Amma besuchen. Sie machte sich Sorgen wegen des Verhaltens ihres ältesten Sohnes.

Amma: „Wie geht es deinem Sohn jetzt?“

Janaki: „Du solltest ihn zur Vernunft bringen, Amma. Ich kann es nicht. Was kann ich tun, wenn jemand in seinem Alter keine Verantwortung für sein Leben übernimmt?“

Amma: „Das geschieht, wenn man den Kindern gegenüber zu viel Zuneigung zeigt.“

Janaki: „Er hat jede Menge Zeit für seine Freunde und Nachbarn. Wenn jemand mit ihm über seine Geldprobleme spricht, ist er bereit, ihm zu helfen, auch wenn er dazu etwas aus unserem Haus stiehlt. Ich bin jetzt in Rente. Es ist traurig, dass er noch nicht auf eigenen Beinen steht. Was bringt es ihm, wenn er auf solche Art all sein Geld weggibt? Morgen werden uns diese Menschen nicht einmal mehr kennen, wenn wir sie um Hilfe bitten.“

Amma: „Wenn wir geben, sollten wir Näheres über den Empfänger wissen. Wir sollten da geben, wo es gebraucht wird und nie eine Erwartung haben. Wenn wir geben, um etwas dafür zu bekommen, ist das dann nicht Handel?

Wichtig ist dabei auch zu erkennen, wer etwas benötigt und dann helfen. Wir sollten denen geben, die ihre Gesundheit verloren haben und nicht mehr arbeiten können: den Körperbehinderten, Kindern, die von ihren Eltern verlassen wurden, den Kranken, die kein Geld für Behandlungen haben und denen, die alt sind und ohne Familie, die ihnen hilft. Das ist unser Dharma und wir sollten nichts für unsere Hilfe erwarten. Wir sollten jedoch zweimal darüber nachdenken, bevor wir solchen geben, die gesund sind und in der Lage zu arbeiten. Wenn wir ihnen Geld geben, werden sie dadurch noch fauler. Wenn viele ihnen etwas geben, werden sie sogar reichlich Geld haben oder nicht? Sie werden es für Alkohol und Drogen ausgeben. In diesem Fall laden wir die Sünden ihrer Handlungen auf uns, denn ohne unser Geld hätten sie diese Fehler nicht begangen.

Wir können einen Teil unserer Nahrung den Hungernden und den Kranken Medizin geben. Wir können Kleidung denjenigen geben, die Schutz vor der Kälte benötigen. Wer keine regelmäßige Arbeit findet, den können wir eine Arbeit verrichten lassen und ihm dafür finanzielle Hilfe zukommen lassen. Wenn wir arm werden, weil wir gedankenlos Geld an andere gaben, sollten wir Gott dafür nicht verantwortlich machen.

Es ist in Ordnung, Āśhrams und anderen Institutionen Geld zu geben, die Hilfe leisten. Sie werden dieses Geld nicht verschwenden, sondern sie geben das Geld für karitative Projekte aus. Aber auch in diesem Fall sollten wir nicht geben, um wegen unserer Spenden erwähnt zu werden. Wir sollten es als Gelegenheit betrachten, Gott zu dienen. Den durchs Spenden erworbene Verdienst erhalten wir auf jeden Fall. Wenn wir eine Schenkung vornehmen, sollten nur wir davon wissen. Gibt es nicht das Sprichwort, dass die linke Hand nicht wissen sollte, was die rechte tut?“

Amma wischte die Tränen der Frau weg, umarmte und tröstete sie mit den Worten: „Hör auf, dir Sorgen zu machen, Tochter. Amma ist für dich da!“

Janaki: „Amma, lass ihn alles weggeben, ganz gleich an wen. Ich habe keine Einwände. Aber ich habe nicht die Kraft eines Tages mit anzusehen, wie er sich ein paar Münzen erbettelt. Du solltest mich vorhergehen lassen, Amma.“

Amma: „Weine nicht, Tochter. Du wirst das nie erleben müssen. Es wird dir niemals an etwas mangeln. Ist Amma nicht immer bei dir?“ Amma umarmte sie erneut und gab ihr einen Kuss.

Keine Armut für den wahren Devotee

Sobald die Frau sich mit einem friedlichen Lächeln, herbeigezaubert durch Ammas Kuss, von ihr zurückgezogen hatte, befand sich der nächste Devotee, ein Mann namens Divakaran, in Ammas Schoß.

Amma: „Sohn, wann bist du gekommen? Amma hat dich nicht gesehen, als sie Prasād verteilte.“

Divakaran: „Ich wollte heute Morgen hier sein, Amma, aber der Bus verspätete sich und so bin ich erst jetzt angekommen.“

Amma: „Das letzte Mal war noch ein anderer Sohn bei dir.“

Divakaran: „Ja, das war Bhaskaran. Er hat immer Schwierigkeiten, Amma. Er hat die letzten siebzehn Jahre regelmäßig den Tempel von Sabarimala besucht. Es gibt nur wenige Tempel, die er noch nicht besucht hat, trotzdem quälen ihn seine Armut und seine anderen Probleme nach wie vor. Wenn ich seinen Fall betrachte, frage ich mich, warum wir an Gott denken sollten.“

Amma: „Sohn, wenn wir ganz in Gott Zuflucht suchen, werden uns nur gute Dinge geschehen, sowohl spirituell als auch materiell. Es gibt keine einzige Aufzeichnung über einen Mahātmā, der verhungert wäre. Die ganze Welt geht vor ihnen auf die Knie. Jemand, der Zuflucht in Gott nimmt, wird nicht unter Armut leiden. Der Hauptgrund für unsere gegenwärtige Not liegt darin, dass wir uns nicht völlig Gott hingegeben haben. Unsere Hingabe äußert sich nicht um der Hingabe willen, sondern um unsere Wünsche zu erfüllen. Doch Wünsche führen immer zu Leid."

Ein anderer Devotee: „Hat Kuchēla (ein Verehrer und Klassenkamerad von Kṛiṣhṇa) nicht fest an den Herrn geglaubt? Trotzdem musste er unter Armut leiden."

Amma: „Es ist nicht richtig zu sagen, dass Kuchēla wegen seiner Armut litt. Er war doch ständig mit seinem Mind in Gott versunken, wie hätte er da Leid erfahren können? Seine reine Hingabe ließ ihn selbst inmitten der Armut glückselig bleiben. Wegen seiner Ergebenheit verschwand sogar seine Armut, welche Teil seines Prārabdha war. Kuchēla brach weder unter der Last der Armut zusammen, noch vergaß er Gott in der Freude, als auf ihn alle Reichtümer hinabflossen.

Wenden wir uns Gott ohne Wünsche ganz zu, wird Er uns im richtigen Moment alles geben, was wir benötigen. Wenn wir uns mit dieser Haltung Ihm zuwenden, wird Er für alles sorgen und wir brauchen uns vor nichts fürchten. Überall wird Wohlstand und Freude herrschen. Die Göttin des Wohlstandes ist die Dienerin derjenigen, die reine Hingabe haben. Doch welche Art der Hingabe haben wir jetzt? Wir sagen, dass wir in den Tempel gehen; doch niemand geht dorthin, nur um dem Herrn zu begegnen. Sogar in Seiner heiligen Gegenwart reden wir nur über weltliche Dinge. Was ist dann der Sinn und Zweck dieser Tempelbesuche, wenn wir dort nur über unsere Familie und unsere Nachbarn reden? Sobald wir in einem Tempel sind, sollten wir allein über Gott meditieren und Ihm all unsere Lasten übergeben. Dabei sollte uns klar sein, dass Gott all unsere Probleme bekannt sind, selbst wenn wir sie Ihm nicht mitteilen. In einen Tempel sollten wir gehen, um Gott zu verehren und die Erinnerung an Ihn zu stärken, nicht um unsere Beschwerden loszuwerden."

An diesem Punkt der Unterhaltung begannen einige andere Devotees, die bisher nichts gesagt hatten, Fragen zu stellen.

Setze deinen Glauben in die Tat um

Ein Devotee: „Aber Amma, du hast selbst gesagt, dass wir unsere Herzen öffnen und alles Gott mitteilen sollten."

Amma: „Erleichtert es uns nicht, wenn wir unsere Probleme denen mitteilen, die uns lieb sind? Wir sollten diese Nähe und Liebe auch für Gott empfinden. Wir sollten das Gefühl haben, dass Er der Einzige ist, der ganz zu uns gehört. Vor Ihm sollten wir nichts verbergen. Das meint Amma, wenn sie sagt, dass wir Ihm alles mitteilen sollten. Es ist gut, die Last unseres Herzens zu erleichtern, indem wir Gott unser Leid mitteilen. Bei all unseren Schwierigkeiten sollten wir uns nur auf Ihn verlassen. Ein wahrer Devotee wird niemals jemand anderem von seinen Schwierigkeiten berichten. Gott ist seine einzige wahre Beziehung. Doch ist es sinnlos, sich mit einem Herzen an Gott zu wenden, das voller Begehren und Familienprobleme ist.

Wir müssen dem Rechtsanwalt die Hintergründe unseres Falles erklären. Nur dann kann er uns vertreten. Genauso müssen wir dem Arzt unsere Symptome mitteilen, erst danach kann er uns behandeln. Doch Gott müssen wir nicht alle Details unserer Probleme mitteilen. Er weiß alles. Er wohnt in uns und beobachtet uns in jedem Augenblick. Sehen, hören und handeln können wir nur durch Gottes Kraft. Seine Kraft ermöglicht es uns, Gott zu erkennen. Selbst die Sonne sehen wir nur dank Seines Lichts. Aus diesem Grund sollten wir uns ganz Gott ergeben und ständig an Ihn denken.

Unsere stärkste Beziehung sollte die zu Gott sein. Wenn wir uns entschließen, Ihm unsere Sorgen mitzuteilen, dann sollte es geschehen, um unsere Beziehung zu ihm zu intensivieren. Es ist unser Glaube an Ihn und unsere Ergebenheit für Gott oder den Guru, die alles Leid vernichten. Ihm lediglich unsere Schwierigkeiten zu schildern, wird nichts nützen."

Ein Brahmachārī, der in der Nähe saß, zweifelte noch: „Amma, ist es denn möglich, Selbst-Verwirklichung zu erlangen, nur indem man an Gott glaubt?"

Amma: „Wenn ihr vollkommenen tiefen Glauben habt, dann ist das bereits die Verwirklichung, aber den habt ihr nicht. So müsst ihr euch darum bemühen und Sādhanā praktizieren. Es genügt nicht, an den Arzt zu glauben, du musst auch die Medizin einnehmen um zu genesen. Genauso ist beides nötig: Glaube und Selbst-Bemühung. Wenn du einen Samen säst, wird er sprießen, doch um gut zu wachsen, braucht er Wasser und Dünger. Der Glaube bringt uns unser wahres Sein zum Bewusstsein. Doch um es direkt zu erfahren, müssen wir uns darum bemühen.

Es gibt eine Geschichte über einen Vater und seinen Sohn. Der Sohn war krank und der Arzt verschrieb ihm eine bestimmte Pflanze als Heilmittel. Sie suchten überall nach der Pflanze, konnten sie jedoch nicht finden. Sie wanderten lange umher und wurden sehr müde und durstig. Als sie einen Brunnen sahen, gingen sie hin. Sie fanden dort einen Strick und einen Eimer. Als der Vater den Eimer in den Brunnen ließ, sah er am Boden des Brunnens die Heilpflanze, nach der sie überall gesucht hatten. Er versuchte, in den Brunnen hinunter zu steigen, doch gelang es ihm nicht. Es gab keine Stufen und der Brunnen war sehr tief.

Der Vater wusste, was er tun musste. Er band den Strick um die Hüfte seines Sohnes und ließ ihn vorsichtig in den Brunnen hinab. ‚Pflücke die Pflanzen, wenn du dort unten bist', wies er den Jungen an. Einige Reisende kamen in diesem Moment vorbei. Sie staunten über das, was der Mann machte. ‚Was für ein Mensch bist du, der du einen kleinen Jungen an einem Strick in einen Brunnen herunterlässt? fragten sie. Der Vater sagte nichts. Der Junge erreichte den Boden des Brunnens und pflückte vorsichtig die Pflanzen. Der Vater zog ihn langsam nach oben, und als er aus dem Brunnen heraus kletterte, fragten ihn die Reisenden: ‚Woher hast du den Mut gehabt, an einem Strick in den Brunnen hinunter zu gehen?' Ohne zu zögern antwortete der Sohn: ‚Es war mein Vater, der das Seil hielt.'

Der Sohn glaubte unerschütterlich an seinen Vater, obwohl er damit noch keinerlei reale Erfahrung gehabt hatte, bis er am Seil angebunden schließlich in den Brunnen stieg, um die Heilpflanzen zu holen. Kinder, so sollten wir an Gott glauben. Wir sollten denken: ‚Gott ist hier, um mich zu beschützen, weshalb sollte ich mich sorgen? Nicht einmal um die Selbst-Verwirklichung mache ich mir Sorgen.' Solches Vertrauen müssen wir haben. Die Ergebenheit von jemandem, der immer von Zweifeln gequält ist, ist keine wirkliche Ergebenheit, solcher Glaube ist kein wirklicher Glaube."

Glaube an Gott und Glaube an sich selbst

Ein junger Mann: „Warum sollten wir von Gott abhängig sein? Ist es nicht genug, uns auf die eigenen Bemühungen zu verlassen? Wir haben doch letztlich alle Kraft in uns. Sind nicht alle Götter vom Menschen erschaffen?“

Amma: „Sohn, derzeit leben wir in der Haltung von ‚Ich' und ‚Mein'. Solange diese Haltung fortbesteht, werden wir nicht in der Lage sein, die Kraft in uns zu finden. Hängt vor dem Fenster ein Vorhang, können wir den Himmel nicht sehen. Zieh, den Vorhang auf und der Himmel wird sichtbar. Genauso werden wir das Licht in uns sehen, sobald wir das Konzept von ‚Ich' aus dem Mind entfernen. Dieses Ich-Konzept kann sich ohne Demut und Hingabe nicht auflösen.

Formen wir das Holz für den Bau eines Kanus richtig, benötigen wir die Kraft des Feuers. Ähnlich ist es mit Demut. Sie formt uns und ihre Kraft hilft uns, unsere wahre Natur zu erkennen.

Ein dicker oder ausgefranster Faden geht nicht durch ein Nadelöhr. Er muss in eine schlanke Form zusammengedrückt werden, damit er hindurchgeht. Durch die Hingabe des Fadens werden zahlreiche Kleidungsstücke zusammengenäht. Genauso ist die Hingabe das Prinzip, welches das individuelle Selbst (Jīvātmā) mit dem höchsten Selbst (Paramātman) verbindet. All das ist bereits verborgen in uns, doch um es nach außen zu bringen, müssen wir uns unaufhörlich bemühen.

Vielleicht sind wir musikalisch begabt, doch nur wenn wir regelmäßig üben, erfreut unser Gesang die Zuhörer. Was wir in uns haben, müssen wir zum Ausdruck bringen und in Erfahrung umsetzen. Es hat keinen Sinn zu behaupten: ‚Alles ist in mir.' Wir sind stolz auf unseren Status, unsere Stellung und Fähigkeiten, dennoch schwanken wir bei widrigen Umständen. Wir verlieren den Glauben an uns selbst. Permanente Bemühung ist notwendig, um dies zu ändern.

Wir denken, dass alles aufgrund unserer Kraft geschieht. Doch ohne Gottes Kraft sind wir nur unbewegliche Körper. Wir prahlen damit, dass wir die ganze Welt niederbrennen können, indem wir auf einen Knopf drücken. Doch müssen wir nicht den Finger bewegen, um auf den Knopf zu drücken? Woher kommt die Kraft dafür?

Es gibt Straßenschilder, die mit spezieller Leuchtfarbe beschrieben sind. Sie leuchten, wenn der Autoscheinwerfer sie anstrahlt. Dies hilft den Fahrern, Informationen über die Straßenverhältnisse und die Route zu erhalten. Doch stellt euch ein solches Schild vor, das nun denkt: ‚Diese Autos fahren nur wegen meines Lichtes. Könnten sie denn ohne mich den Weg finden?' Wenn wir sagen ‚meine Kraft' oder ‚meine Fähigkeit', so entspricht es genau einer derartigen Denkweise. Das Zeichen leuchtet nur, wenn die Scheinwerfer es beleuchten. Gleichermaßen können wir nur durch die Gnade und Kraft des Allerhöchsten handeln. Er ist es, der uns immer schützt. Wenn wir uns Ihm anvertrauen, wird Er uns immer führen. Mit solchem Glauben werden wir niemals ins Schwanken geraten."

Es war bereits Mittag und Amma hatte noch nichts gegessen. Sie war seit dem frühen Morgen mit ihren Kindern zusammen gewesen. Dies geschah fast jeden Tag.

Wir verneigen uns vor ihr,
die Verkörperung der Selbstlosigkeit,
die alle Menschen auf der ganzen Welt
als ihre Kinder betrachtet,
und die immerzu ihre Liebe an alle verströmt.

Kapitel 5

Freitag, der 25. Oktober 1985

Die segenspendende Mutter

Sethuram, der in Assam arbeitete, kam mit seiner Familie und verbeugte sich vor Amma. Nach dem Abschluss der Hochschule hatte er mehrere Jahre lang keine Arbeitsstelle gefunden. Er wurde immer verzweifelter, bis er sich schließlich an Amma wandte. Sie hatte ihm ein Mantra gegeben und ihn angewiesen, es 108 Mal am Tag zu wiederholen und außerdem das Archana zu rezitieren. Er befolgte Ammas Anweisungen genau. Drei Wochen später kam sein Onkel, der in Assam arbeitete, nach Hause zu Besuch. Er versprach, seinem Neffen eine Arbeit zu besorgen. Sethu konnte kurz danach eine Stelle in Assam antreten und verbrachte jetzt gerade seinen Urlaub zuhause in Kerala. Seine Frau begleitete ihn. Sie war eine Kollegin und er hatte sie m it dem Segen der Familie und Ammas geheiratet. Amma hatte selbst die rituelle Namensgebung für die erstgeborene Tochter Saumya durchgeführt. Amma hieß Sethus Frau willkommen und schloss sie mit dem Baby in ihre Arme. Ihr Gesicht strahlte vor Freude wie das einer ‚Stammesmutter', die ihre junge Schwiegertochter in die Familie aufnimmt. Sethu stand daneben und weinte vor Glück.

Amma: „Bleibt ihr nicht bis morgen, Kinder?"

Sethu: „Wir wollten eigentlich gleich nach dem Besuch bei dir wieder abreisen, Amma, doch haben wir jetzt beschlossen, über Nacht hier zu bleiben."

Amma (zu einem Brahmachārī, der neben ihr stand): „Gib ihnen dein Zimmer, Sohn." Zu Sethu sagte Sie: „Kommt nach den Bhajans zu Amma."

Die Brahmachārī waren bereits auf ihren Plätzen und die Bhajans fingen an.

prapañcham eṅgum

Oh, illusorische Erscheinung,
die das ganze Universum erfüllt,
Oh Strahlende, willst Du nicht
in meinem Herzen gleich morgen dämmern
und dort bleiben,
um für immer Dein Licht zu verströmen?

Ich möchte bis zum Übermaß von Dir erfüllt sein,
Deine mütterliche Liebe trinken, Dir nahe sein
und mit Deinem göttlichen Licht verschmelzen.
All mein Leid wird verschwinden!

Wie lange bin ich umhergewandert,
auf der Suche nach Dir, dem Herzen von allem.
Oh Mutter, willst Du nicht vor mir erscheinen und
mir die Glückseligkeit des Selbst gewähren?
Oh, willst Du nicht kommen?

Die Sterne schienen hell. Amma fing an, unter einigen Chembu-Pflanzen nach essbaren Knollen zu suchen, doch fand sie keine. Einige Male zuvor hatte sie mehrmals essbare Knollen ausgegraben. Die hingebungsvolle Musik der Bhajans klang leise aus dem

Tempel. Amma hatte vorher mitgesungen und am Ende eines Kīrtans den Tempel verlassen. Sie war dann zur Nordseite des Āśhrams gegangen. Dies geschah ab und zu. Wenn Amma sich zu sehr in das Singen vertiefte, dann fühlte sie, dass es für sie nicht mehr einfach war, auf unserer Ebene zu verweilen. Also versuchte sie, ihre Gedanken mit praktischer Arbeit auf unsere Ebene zurück zu lenken. Sie hat oft gesagt: „Amma kann keine einzige Zeile völlig konzentriert singen, da sie sich dann nicht auf dieser Bewusstseinsebene halten kann, sondern in Samādhi fällt. Deshalb versucht sie beim Singen einer Zeile bereits an die nächste zu denken. Sie wundert sich, dass ihre Kinder Bhajans singen können, ohne auch nur eine Träne zu vergießen!"

Nachdem Amma unter vielen Chembu-Pflanzen gesucht hatte, fand sie endlich eine Handvoll essbarer Knollen. Sie wusch sie, legte sie in einen Topf mit etwas Wasser und entfachte ein Feuer. Anschließend kochte sie die Knollen. Sie waren noch halb roh, als Amma sich ein heißes Stück davon in den Mund steckte. Sie gab den Rest ihren Kindern, die ihr gefolgt waren und ging anschließend in ihr Zimmer.

Ammas Prasād waren halbrohe, ungesalzene und ungewürzte Chembu-Stücke, die kleinen Spatzeneiern ähnelten! Ihre Kinder, die mit dem Prasād in den Händen zum Tempel zurückgingen, kamen gerade rechtzeitig zum Ārati am Ende der Bhajans. In ihrer Seele erblühte wie eine Blume bei Nacht, was Amma bei früheren Gelegenheiten gesagt hatte: „Meine Kinder, wisst ihr eigentlich, wie viel Mühe es Amma kostet, um hier in eurer Welt zu bleiben?

Eine Stunde nach Mitternacht kam Amma aus ihrem Zimmer herunter. Ein Brahmachārī rezitierte im Tempel still sein Mantra. Als er Amma so unerwartet vor sich stehen sah, verbeugte er sich vor ihr. Amma bat ihn, alle Brahmachārīs und Brahmachārīnīs herbei zu holen. Sobald sie hörten, dass Amma sie rief, waren sie hellwach und eilten zu ihr. Die Brahmachārīs hatten keine Ahnung, warum sie gerufen wurden. Amma empfahl, eine Sitzunterlage mitzunehmen und entfernte sich in Richtung Strand.

Jeder wusste nun, dass Meditationszeit war. Amma ging mit den Brahmachārīs und Brahmachārīnis manchmal zum Strand um zu meditieren. Es gab hierfür keine festgelegten Zeiten. Es konnte jederzeit sein. Sie setzten sich am Strand um Amma herum. Alles war still, außer einem tiefen ‚Ōm', dem Klang des Meeres und dem unablässigen Rauschen der Brandung. Die Lichter der Fischerboote glitzerten weit draußen auf dem Meer. Amma sang dreimal ‚Ōm' und die Anwesenden antworteten alle mit ‚Ōm'. Es klang wie ein Echo. Sie sagte: „Wenn ihr euch schläfrig fühlt, steht auf und rezitiert euer Mantra. Seid ihr dann immer noch schläfrig, lauft ein wenig am Strand entlang und setzt euch dann wieder. Diese nächtliche Stunde, wenn die Natur ruht, ist die beste Zeit zum Meditieren." Zwei Stunden vergingen wie im Flug. Am Ende sang Amma wieder ‚Ōm' und alle Anwesenden wiederholten es. Ihre Anweisungen befolgend, stellten sie sich ihre geliebte, von ihnen gewählte Gottheit vor und verbeugten sich davor. Amma sang die Hymne zum Preisen der Göttlichen Mutter: Sri chakram ennoru.,

Das Mondlicht beleuchtete das Meer. Der Horizont lag teilweise hinter einem dünnen Nebelschleier verborgen. Ein paar einzelne Sterne schienen hoch oben. Sogar die Wellen schienen ruhig zu sein. Die Singenden in den weißen Gewändern glichen einer Schar von Schwänen, die herabgekommen war, um sich ein wenig am Ufer der Zeiten im vagen Zwielicht einer uralten Epoche auszuruhen. Ammas Gestalt leuchtete in ihrer Wahrnehmung, als ob sich der weiße Kailash in den stillen Wassern des Mānasarovar-Sees spiegelte.

Dienstag, 29. Oktober 1985

Mutter trinkt vergiftete Milch

Am Nachmittag rief Amma die Brahmachārīs zu sich. Sie saß in der Mitte Ihres Zimmers. Vor ihr befanden sich viele Pakete, jedes enthielt verschiedene Süßigkeiten.

Amma: „Amma wollte diese Sachen schon seit einiger Zeit an euch verteilen, aber sie hatte bis jetzt noch keine Zeit dazu."

Sie gab jedem einige Süßigkeiten. Sie bemerkte, dass einige der Āśhram-Bewohner fehlten, und fragte nach ihnen.

Ein Brahmachārī: „Zwei Brahmachārīs haben eine Augeninfektion und ruhen sich aus."

Amma: „Liegen sie im Bett? Können sie nicht einmal mehr laufen?"

Brahmachārī: „Sie haben keine Probleme mit dem Laufen, doch sie befürchten, dass sie dich anstecken könnten, Amma."

Amma: „Sie müssen sich darüber keine Gedanken machen. Welche Krankheiten ihr auch habt, ihr könnt trotzdem zu Amma kommen. Sohn, Menschen mit allen möglichen ansteckenden Krankheiten erhalten Ammas Darśhan. Wie viele Menschen kommen mit Augeninfektionen, Windpocken und Hautkrankheiten? Bis jetzt hat Amma niemals die regelmäßige Routine des Darśhans unterbrochen. Gott hat sie immer beschützt. Sie glaubt daran, dass das auch weiterhin so bleiben wird.

Einmal brachte eine Devotee ein Glas Milch. Amma trank es ganz aus. Wenig später begann sie zu erbrechen. Sie wurde aufgrund des Wasserverlustes sehr schwach. Doch sie dachte nur an die Menschenmenge, die darauf wartete, Darśhan zu erhalten. Unter ihnen waren sehr arme Menschen, die als Tagelöhner viele Tage arbeiten mussten, täglich ein paar Paise sparten, um genug Geld für den Bus zu haben. Müssten sie weggehen, ohne Amma zu begegnen, wann würden sie dann wieder die Gelegenheit haben? Dieser Gedanke belastete Amma. Sie betete und setzte sich erneut auf. Sie rief die wartenden Devotees zu sich, tröstete sie und gab ihnen die benötigten Ratschläge. Dann musste sie wieder erbrechen. Deshalb ließ sie die Türen schließen, setzte sich auf den Boden und übergab sich abermals. Wenig später wechselte sie ihre Kleidung und fuhr fort, Darśhan zu geben. Nachdem sie weitere zehn Menschen empfangen hatte, erbrach sie erneut. Als sie zu schwach war um aufzustehen, stellte sie sich vor, dass sie einen Kīrtan singen und tanzen würde. Das gab ihr etwas Energie. Dann musste sie kurz darauf wieder erbrechen und gab bald danach wiederum Darśhan.

Das ging so bis zum Morgen. Am Ende war sie sehr schwach, doch hielt sie durch, bis sie wirklich alle Devotees empfangen hatte. Sobald sie der letzten Person Darśhan gegeben hatte, brach Amma zusammen. Sie wurde in ihr Zimmer getragen. Alle waren besorgt und fürchteten, dass sie sterben könnte. Wäre Amma nur ihr eigenes Wohlergehen wichtig gewesen, dann hätte sie den Darśhan abgesagt. Es hätte genügt, sich in ihrem Zimmer hinzulegen, und sie hätte sich wahrscheinlich sehr schnell besser gefühlt. Doch als sie an den Kummer all der wartenden Menschen dachte, konnte sie das nicht. Sie war bereit im Notfall zu sterben.

Die Milch, die Amma gegeben worden war, enthielt Gift. Eine feindlich gesinnte Familie hatte die Milch einer Devotee mitgegeben. Die Frau wusste weder, dass die Milch vergiftet war, noch dass die Familie, die ihr diese gegeben hatte, Amma gegenüber feindselig gesinnt war."

Einige Zeit später verteilte Amma Süßigkeiten an alle und ging dann nach unten. Sie setzte sich in die Nähe des Wassertanks an der Südseite des Meditationsraumes. Dort wuchsen einige Zuckerrohrpflanzen am Ufer eines Teiches. Eine der Zuckerrohrpflanzen war abgebrochen und ein Brahmachārī schnitt diese ab und brachte sie Amma. Sie schnitt sie in kleine Stücke und gab sie den Brahmachārīs. Da dieses Zuckerrohr nicht weit vom Meer wuchs, hatte es einen leicht salzigen Geschmack. Amma kaute ebenfalls einige Stücke.

Die Reste ausspuckend sagte sie: „Kinder, wenn ihr die Schriften studiert, dann solltet ihr euch an diese Reste erinnern. Wir spucken die Reste aus, nachdem wir den Saft des Zuckerrohrs essen. Genauso sollten wir die Essenz der Schriften aufnehmen und den Rest wegwerfen. Es wäre unklug, den Schriften bis zum Tode anzuhaften. Das gleiche sollten wir mit den Worten eines Mahātmās tun. Wir sollten nur das annehmen, was wir in unser eigenes Leben integrieren können. Nicht alle Anleitungen passen für jeden gleichermaßen. Die Mahātmās berücksichtigen immer die jeweiligen Umstände und die Verständnisebene der Person, die sie unterweisen."

Amma ging zum Tempel. Die wartenden Devotees eilten zu ihr. Sie nahm sie alle mit hinein und setzte sich.

Mutters wirkliche Form

Eine Devotee verbeugte sich vor Amma und begann in ihrem Schoß heftig zu schluchzen. Ihr Kummer rührte von dem Spott, den sie durch einige Leute erfahren musste, als sie auf der

Fähre über den Kanal fuhr. Amma wischte ihre Tränen weg und tröstete sie. Dann sagte sie zu den Devotees:

„Wenn du einen Baumstamm kneifst, wird er nichts spüren, aber wenn du eine zarte Knospe kneifst, dann wird sie Schmerz empfinden. Amma kann alles hinnehmen, was man über sie sagt, doch wenn jemand die Devotees in irgendeiner Weise verletzt, wenn sie schreckliche Sachen über ohre Kinder sagen, dann kann sie das nicht ertragen. Auch wenn alle ein und derselbe Ātmān sind, kann Amma angesichts des Leids ihrer Kinder nicht tatenlos zusehen. Krishna zuckte nicht, als Bhīṣhma hundert Pfeile auf ihn schoss. Doch als Pfeile in Arjunas Richtung flogen, als sein Devotee in Gefahr war, stürzte Krishna da nicht mit seinem Chakra auf Bhīṣhma los? Für Krishna ist es wichtiger, die Devotees zu beschützen, als ein Versprechen zu halten. Das hat Krishna uns gezeigt."

Ein Devotee: „Amma, ist es denn nicht möglich, von diesen Leuten befreit zu werden, die Gott verleumden und über den spirituellen Weg schimpfen?"

Amma: „Sohn, mit einer solchen Einstellung richten wir mehr Schaden an als jene. Eine spirituelle Person sollte niemals daran denken, jemanden zu verletzen. Sein Gebet zu Gott sollte sein, dass sich diese Leute bessern ein gutes Herz entwickeln. Das Ziel von Hingabe und Gebet ist, Liebe für alle zu kultivieren. Seid nicht traurig, wenn jemand schlecht über euch redet. Ihr müsst denken, dass auch das zu eurem Besten ist. Gibt es eine Welt ohne Gegensätze? Können wir die Helligkeit des Lichtes nicht nur deshalb erkennen, weil es Dunkelheit gibt?"

Devotee: „Wie glücklich können wir uns schätzen, dass wir dich haben, Amma. Wenn wir bei dir sind, gibt es nur Glückseligkeit!"

Amma (lachend): „Seid euch dessen nicht so sicher, Kinder. Gegenwärtig seid ihr alle krank. Ihr alle habt infizierte Wunden. Amma wird die Wunden ausquetschen, damit der Eiter herauskommt. Sie wird eure kleinen Fehler groß erscheinen lassen. Dann wird es ein wenig wehtun.

Amma sagt ihren Kindern: ‚Amma mag den Herrn des Todes mehr als Śhiva.' Rufen die Menschen nicht nach Śhiva, weil sie sich vor dem Tod fürchten? Wer würde sonst Zuflucht bei Śhiva suchen? Wenigstens werdet ihr aus Angst vor Amma Gott rufen." Amma lachte.

„Früher sangen die Brahmachārīs und die Kinder immer ‚Amma, snehamayi!' (Die Mutter, durchdrungen von Liebe!). Jetzt singen sie: ‚Amme, kruramayi!' (Die Mutter, von Grausamkeit durchdrungen!)"

Amma lachte und sang ‚Amma, kruramayi!' langsam zu der Melodie. Alle krümmten sich vor Lachen.

Amma fuhr fort: „Manchmal behauptet Amma, dass ihre Kinder etwas Falsches getan haben, selbst wenn es richtig war. Warum? Weil sie Śhraddhā brauchen. So lernen sie jeden ihrer Schritte zu beobachten. Falls Amma sie treten oder schlagen würde, hätte das keine Wirkung. Sie würden nur lächelnd dastehen. Sie sagen oft: ‚Wir mögen es, wenn Amma uns schimpft. Wenigstens können wir dastehen und Amma anschauen. Noch besser ist es, wenn sie uns einige Male schlägt.' Wie oft Amma ihre Kinder auch züchtigt, sie wissen, dass Amma nicht anders kann, als im nächsten Moment zu lächeln. Deshalb bleibt als einzig wirksames Mittel, dass Amma in Hungerstreik tritt. Die Kinder können es nicht ertragen, wenn Amma nicht isst."

Eine Weile lang sprach niemand. Alle fanden es erstaunlich, welches Maß an Zuneigung und Fürsorge Amma ihren Kindern schenkte. Sogar bei ihren leiblichen Müttern kam es in dieser Form selten vor.

Hingabe an Gott

Eine Devotee stellte die Frage: „Amma, du sagst, dass wir Gott in allem sehen sollen, doch wie ist das möglich?“

Amma: „Kinder, ihr müsst eure Vāsanās loswerden. Gott sollte eure einzige Zuflucht werden. Ihr müsst es euch angewöhnen, immer an Gott zu denken, ganz gleich, was ihr macht. Dann werdet ihr langsam die Einheit in der Vielfalt erkennen.“

Ein Mädchen kam zu Amma und umarmte sie. Sie legte ihren Kopf auf Ammas Schulter und begann zu schluchzen. Sie war die Tochter eines Lkw-Fahrers und ihr Vater war meist nicht zuhause. Ihre Stiefmutter drängte sie zu einem unmoralischen Leben. Sie hatte die Schulbildung beendet und wollte studieren. Aber niemand in der Familie wollte, dass sie auf ein College geht.

Das Mädchen: „Amma, ich habe niemanden! Ich bleibe hier und arbeite.“

Ammas Augen füllten sich voller Mitgefühl. Sie sagte: „Tochter, Gott ist immer da sich um uns zu kümmern. Er ist die Heimat des Mitgefühls. Er ist unsere wahre Mutter und unser Vater. Die Menschen, die wir unsere Eltern nennen, haben uns nur aufgezogen. Wenn sie unsere wirklichen Eltern wären, könnten sie uns dann nicht vor dem Tod retten? Doch dazu sind sie nicht in der Lage. Wir existierten bereits, bevor wir ihre Kinder wurden. Gott ist unser wirklicher Vater, unsere wahre Mutter und unser Beschützer.“

Amma tröstete das Mädchen und gab ihr Vertrauen: „Gehe nach Hause, Tochter und sage deinem Vater mit

Entschiedenheit, dass du studieren möchtest. Er wird zustimmen. Es ist Amma, die dir dies sagt. Mach dir keine Sorgen, Tochter!“

Eine Devotee: „Ich möchte gerne jeden Tag hierherkommen und dich besuchen, Amma, aber ich wohne alleine zuhause. Wie kann ich herkommen und das Haus unbewacht lassen? Heute habe ich das Haus abgeschlossen und den Nachbarn den Schlüssel gegeben, bevor ich ging.“

Amma: „Es ist gut, jemanden zu bitten, ein Auge auf das Haus zu werfen, wenn du hierherkommst. Wir müssen den äußeren Dingen Aufmerksamkeit schenken. Doch kann nicht trotzdem etwas gestohlen werden, selbst wenn wir die sichersten Schlösser benutzen und das Haus gegen Einbruch bewachen lassen? Wie können wir das erklären? In Wirklichkeit sind nicht die Wachen unser Schutz. Unser wirklicher Beschützer ist Gott. Wenn wir alles in Seine Obhut geben, dann wird Er wach bleiben und uns immer beschützen. Andere Bewacher werden einschlafen, worauf die Diebe ihre Chance ergreifen und unser Eigentum stehlen werden. Doch mit Gott als unserem Wächter haben wir nichts zu befürchten!

Stellt euch vor, wir besteigen ein Boot. Wir haben eine schwere Tasche und statt sie abzustellen, behalten wir sie weiterhin in der Hand. Sieht der Bootsmann das, sagt er: ‚Ihr seid jetzt im Boot. Wollt ihr nicht die Tasche abstellen?' Wir sind nicht darauf vorbereitet, die Tasche abzustellen. Stattdessen weinen wir und beschweren uns, dass die Tasche zu schwer ist. Ist das nötig? Also: warum tragen wir all diese Lasten? Legt alles zu Gottes Füßen! Er wird sich um alle unsere Lasten kümmern!“

Keine Zeit für Sādhanā

Inzwischen hatte sich Soman, ein Lehrer, mit einer Frage genähert: „Amma, nach der Schule sind hundert Sachen zu erledigen. Wie kann ich da Zeit für Japa finden?"

Amma: „Sohn, du findest die Zeit, wenn du es wirklich möchtest. Du musst die Überzeugung haben, dass es nichts Größeres gibt, als an Gott zu denken. Dann wirst du die Zeit sogar inmitten deiner Arbeit finden. Einst ging ein reicher Mann zu seinem Guru und beschwerte sich: ‚Meister, ich habe keinen inneren Frieden. Ich mache mir ständig Sorgen. Was kann ich tun?'

Der Guru sagte: ‚Ich werde dir ein Mantra geben. Rezitiere es regelmäßig.' Der reiche Mann erwiderte: ‚Ich habe so viele Verpflichtungen, woher soll ich die Zeit nehmen, das Mantra zu rezitieren?'

Der Guru fragte: ‚Wo nimmst du dein Bad?' ‚Im Fluss.' ‚Wie lange brauchst du um dorthin zu gelangen?' ‚Drei Minuten.' Der Guru sagte: ‚Dann sage dein Mantra beginnend beim Haus, bis du zum Fluss kommst. Versuche das.'

Nach ein paar Monaten kam der Mann sehr freudig zurück, um den Guru zu besuchen. Er verneigte sich zu seinen Füßen und sagte: ‚Meine Rastlosigkeit ist weg. Ich bin innerlich ruhig und friedlich. Ich rezitiere das Mantra, das du mir gegeben hast, regelmäßig. Jetzt ist es unmöglich für mich, es nicht zu sprechen! Zunächst wiederholte ich es, wenn ich zum Fluss ging. Später rezitierte ich es auch auf dem Weg zurück und beim Baden. Dann sagte ich es auch auf dem Weg zur Arbeit. Dann im Büro. Wann immer der Gedanke an das Mantra aufkam, begann ich es zu sprechen. Ich wiederhole es, wenn ich ins Bett gehe. Ich schlafe ein, während ich es rezitiere. Jetzt habe ich den

Wunsch, es jeden Tag mehr und mehr zu wiederholen. Ich bin unglücklich, wenn ich dies nicht tue.'"

Amma fuhr fort: „Durch beständige Übung wurde die Wiederholung des Mantras zur Gewohnheit. Ihr solltet früh aufstehen. Sobald ihr aufgewacht seid, meditiert zehn Minuten. Nach dem Bad meditiert erneut eine halbe Stunde. Am Anfang genügt es, kurz zu meditieren. Danach könnt ihr eure Pflichten erledigen. Bevor du zur Schule gehst, meditiere erneut eine halbe Stunde. Die Zeit, die nach dem Meditieren noch übrig ist, sollte man mit Japa ausfüllen. Wir können Japa praktizieren, wenn wir gehen oder sitzen, eigentlich bei jeder Tätigkeit. Sohn, Amma schlägt diese Disziplin vor, weil du das spirituelle Leben magst. Anfänger müssen nur eine halbe Stunde oder eine Stunde meditieren. Der Rest der Zeit kann für Japa oder das Singen von Kīrtans verwendet werden."

Soman: „Amma, wie kann ich immer auf Gott konzentriert bleiben? Ich bin jetzt ein Jahr lang verheiratet. Ich muss noch das Geld zurückzahlen, das ich mir geliehen habe, um unser Haus zu bauen und meiner Frau geht es nicht sehr gut. Wenn man all diese Probleme ständig im Mind hat, wie kann man dann Japa machen und meditieren?"

Amma: „Das ist wahr. Doch was hat es für einen Sinn, sich Sorgen zu machen? Wird dir das helfen, das Geld zu bekommen, um den Kredit zurückzuzahlen? Erledige die Arbeit und verschwende keine Zeit. Versuche, die ganze Zeit das Mantra zu rezitieren. Selbst wenn du es manchmal vergisst, fang wieder an, sobald du dich daran erinnerst.

Wenn du die Wurzeln eines Baumes gießt, kommt das Wasser auch in die Zweige und in die Blätter. Es macht keinen Sinn, wenn du das Wasser oben auf den Baum schüttest. Indem man sich Sorgen macht, erreicht man gar nichts. Konzentriere dich auf Gott, suche Seinen Schutz und du wirst bekommen, was du benötigst. Deine Probleme werden auf irgendeine Art gelöst, und du wirst inneren Frieden finden. Denjenigen, die zu Gott beten und ernsthaft meditieren, wird es an nichts Wesentlichem mangeln. Das ist Gottes Wille. Amma hat es selbst erfahren. Das gilt selbst dann, wenn es euch möglich ist, nur das Lalitā Sahasranāma täglich mit Liebe und Hingabe zu rezitieren. Meine lieben Kinder, ihr werdet keinen inneren Frieden finden, wenn ihr kein Sādhanā macht. Ganz gleich, wie reich ihr seid, wenn ihr friedvoll schlafen wollt, müsst ihr Zuflucht bei Gott suchen. Selbst wenn ihr vergesst zu essen, vergesst nicht an Gott zu denken."

Völlige Hingabe an Gott ist das Wesentliche von Ammas Lehre. Wie auch immer unsere Last aussehen mag, wenn wir sie in Gottes Hand legen, wird uns das Gewicht der Last nicht niederdrücken. Amma sichert uns im Lichte ihrer eigenen Erfahrungen zu, dass Gott sich in jeder Weise um uns kümmert. Ihre Antworten auf alle Fragen, die weltliche Dinge betreffen, heben uns zur Ebene der Hingabe und Spiritualität empor. Ihre liebevollen Worte zu hören und ihre segensreiche Gegenwart zu erleben, all dies wird zur unvergesslichen Erfahrung.

Als Amma sich von ihrem Sitz erhob, verbeugten sich alle Devotees vor ihr und standen auf.

Samstag, der 2. November 1985

Mutter in Ernakulam

Amma und Ihre Gruppe wohnten im Haus ihres Devotees Gangadharan Vaidyar in der Nähe von Ernakulam. Am nächsten Morgen brachen sie zum Haus eines anderen Devotees in Eloor auf. Auf dem Weg besuchten sie drei weitere Devotees und ihre Familien.

Es hatten sich viele Menschen in dem Haus in Eloor versammelt, um Amma zu begegnen und viele kamen das erste Mal. Es warteten Eltern mit geistig zurückgebliebenen Kindern und Menschen, die auf irgendeine Weise behindert waren. Auch waren Leute gekommen, die seit Jahren Arbeit suchten. Ferner spirituell Suchende, die Unterweisungen für ihr Sādhanā brauchten, sowie solche, die ein Leben der Entsagung in Ammas Āśhram führen wollten.

Ein Besucher kam mit seinem etwa 12 Jahre alten Sohn nach vorne. Er verbeugte sich vor Amma, und während er seinen Sohn in Ammas Nähe zerrte, sagte er: „Amma, dieser Junge ist sehr ungezogen. Er geht in die beste Schule, aber er zeigt seine Fähigkeiten nur, indem er Unfug treibt und nicht beim Lernen. Er ist noch ein Kind und fragte doch schon ein Mädchen in seiner Klasse, ob sie ihn heiraten möchte. Dann verprügelte er den Jungen, der dies dem Lehrer berichtete. Amma, bitte segne ihn und bring ihn zur Vernunft."

Amma (den Jungen umarmend): „Was ist das, Sohn? Sagt dein Vater die Wahrheit?" Sie hielt Ihren Finger vor seine Nase (In Indien bedeutet dies „Schande"). Der Junge war sehr beschämt und wollte aus Ammas Schoß fliehen. Amma ließ ihn allerdings nicht gehen. Sie brachte ihn dazu, auf ihrem Schoß zu sitzen, gab ihm einen Apfel und einen Kuss auf die Wange. Sie konnte nicht lange mit seinem Vater reden, da sie nur kurz in diesem Haus bleiben würde. Sie willigte ein, dass er später nochmals zu ihr kommen könnte. Er verneigte sich erneut und ging. Amma war für den Besuch des Krishna-Tempels in der Nähe bereits spät dran. Sie würde dort Bhajans singen.

Trotzdem stand sie nicht auf, bevor sie nicht allen Anwesenden Darśhan gegeben hatte.

Nach den Bhajans standen noch weitere Hausbesuche bei Devotees an. Es war sehr spät, als sie zu Vaidyars Haus in Ernakulam zurückkam. Obwohl sie geplant hatte, in den Āśhram zurückzukehren, gab sie dem Drängen der Devotees nach und beschloss, über Nacht zu bleiben.

Der Devotee, der bereits zuvor mit seinem Sohn beim Darśhan gewesen war, wartete auf Amma. Weil es so spät wurde, verlor er allmählich die Hoffnung, Amma in dieser Nacht noch zu begegnen. Plötzlich sah er einen Brahmachārī signalisieren, dass Amma ihn rief. Deshalb ging er zu ihr und verbeugte sich.

Der Mann: „Ich hatte nicht erwartet, Amma heute Nacht nochmals zu treffen."

Amma: „Amma hatte eigentlich geplant, gleich weiter zu reisen, doch entschied sie sich zu bleiben, da alle Kinder hier darauf bestanden. In Haripad warten auch schon einige. Wir werden sie morgen auf dem Rückweg besuchen. Als Amma hier ankam, hatte sie das Gefühl, dass du unglücklich bist. Sohn, du musst dir wegen deines Jungen keine Sorgen machen. All den Unfug wird er lassen, wenn er älter ist."

Der Vater: „Amma, die Kinder heutzutage machen Sachen, die mir in meiner Jugend nicht einmal im Traum eingefallen wären. Ich kann den Grund dafür nicht verstehen, so sehr ich auch darüber nachdenke."

Lasst das Dharma in jungen Jahren beginnen

Amma: „Sohn, früher wuchsen die Kinder in einer Gurukula unter der direkten Aufsicht eines Gurus auf. Sie lebten mit dem Guru zusammen und wurden darin unterwiesen, wie man den

Guru respektiert und sich den Eltern gegenüber verhält; auch wie man in dieser Welt zu leben hat. Es wurde ihnen beigebracht, was die Essenz Gottes ist. Diese Dinge wurden nicht nur gelehrt, sondern sie wurden auch ins tägliche Leben umgesetzt. Selbstloses Arbeiten für den Guru, Tapas und das Studium der Schriften waren die Grundlage ihrer Erziehung. Deshalb konnte dieses Zeitalter Menschen wie Harischandra hervorbringen.

Der Devotee: „Wie war König Harischandra?"

Amma: „Er zeigte, dass ihm sein Wort wichtiger war als sein Reichtum, seine Frau und sein Kind. Das ist das Beispiel, das uns die Menschen von früher vorgelebt haben. Es war das Ergebnis ihrer Erziehung. Wenn die Kinder dann nach abgeschlossener Erziehung aus der Gurukula zurückkamen und ein Familienleben entsprechend den spirituellen Prinzipien als Gṛihasthāśhrama begannen, erhielten sie von ihren Eltern die Verantwortung für den Haushalt und es begann eine neue Lebensphase für die Eltern. Man zog sich traditionsgemäß in den Wald zurück, Vānaprastha genannt. Selbst ein König trug nur ein einziges Kleidungsstück, um zwecks Tapas in den Wald gehen. Er würde nichts von den äußeren Zeichen der Königswürde beibehalten. In jenen vergangenen Tagen hatten die meisten gewissermaßen das Ziel, alles aufzugeben und ein Leben in Sannyāsa zu führen. Aufgrund dieser Kultur waren die heranwachsenden Kinder fest im Dharma verwurzelt. Wie auch immer die Lebensumstände aussahen, nichts konnte sie beirren, sie gingen mutig ihren Weg."

Ein Devotee: „Amma, aber heute passiert genau das Gegenteil. Tag für Tag zerfällt unsere Gesellschaft mehr."

Amma: „Wie können sich heutzutage gute Eigenschaften in den Kindern entwickeln? Nur sehr wenige Eltern halten die Grundsätze ein, die für diese Lebensphase gültig sind. Wie können sie also ihren Kindern gute Eigenschaften vermitteln? Früher führten die Eltern das Leben wahrer Gṛihasthasramis. Sie nahmen sich trotz ihrer Arbeit Zeit für Tapas. Sie dachten niemals, das Leben sei nur zum Essen und Trinken bestimmt. Sie aßen um zu leben. Sie gaben ihren Kindern gute Anleitungen und waren Vorbilder für sie, da sie entsprechend dem lebten, was sie ihnen vermittelten. Doch wer tut das noch heutzutage? Wo sind die Gurukulas? Selbst im Kindergarten rufen die Kinder schon politische Parolen. An den Schulen wird politisiert und es gibt sogar Streiks. Man kann Kinder sehen, die bereit sind, die Mitglieder einer gegnerischen Partei zu vernichten. So werden sie in einer sehr destruktiven Art aufgezogen.

Der Sohn, der seinen alten und kranken Vater pflegen und trösten sollte, verlangt stattdessen seinen Anteil des Besitzes. Wenn der Familiensitz aufgeteilt wird und es geschieht, dass auf dem Grundstücksanteil des Bruders ein paar Kokosnusspalmen mehr stehen, ist er bereit, das Messer zu zücken und seinen Vater zu erstechen. Der Sohn ist gewillt, seinen Vater wegen eines kleinen bisschen Besitzes zu töten!

Doch was zeigten uns Rāmā und andere? Um das Wort seines Vaters zu ehren, gab Rāma das Königreich auf. Auch Daśharatha, sein Vater, wich nicht von seinem Wort ab. Er hielt das Versprechen, welches er seiner Frau Kaikeyi gegeben hatte. Das Versprechen war die Gegenleistung für ein großes Opfer, das seine Frau erbracht hatte. Was Daśharatha damals an seiner Frau beeindruckte, war nicht ihre Schönheit oder die Liebe, die sie für ihn zeigte, sondern ihre Selbstlosigkeit auf dem Schlachtfeld, wo sie ihr Leben riskierte um ihn zu retten. Später hielt er aus selbstsüchtigen Gründen sein Wort nicht ein, und Rāma akzeptierte auch dann die Worte seines Vaters bedingungslos.

Was ist mit Sītā? Hat sie etwa ein großes Getue veranstaltet, als Rāma sich entschied, in den Wald zu gehen? Sie sagte nicht zu ihm: ‚Du solltest nicht in den Wald gehen. Du bist der rechtmäßige Erbe des Königreichs. Du solltest gekrönt werden, ganz gleich mit welchen Mitteln.' Als ihr Mann in den Wald ging, folgte sie ihm stillschweigend. Sein Bruder Lakśhmaṇa begleitete beide. Was zeigte uns Bhārata darüber hinaus? Er sagte nicht: ‚Jetzt sind sie alle weg gegangen und ich kann das Königreich regieren.' Stattdessen suchte er seinen Bruder. Er erhielt Rāmas Sandalen, brachte sie zurück und stellte sie auf den Thron um zu zeigen, dass er das Land nur im Namen von Rāma regierte. So war es damals. Das sind die Vorbilder, denen wir in unseren Leben nacheifern sollten. Doch wer beachtet solche Werte noch und setzt sie in die Praxis um?

Die Völker des Altertums lehrten uns die wahren Prinzipien, doch schenken wir ihnen keine Aufmerksamkeit. Jetzt sehen wir das Ergebnis, was wir verloren haben. Welche Art von Kultur erleben die Kinder hingegen heutzutage? Man findet überall nur Fernseher und Kinos. Die Filme handeln ausschließlich von Liebesgeschichten, Sexualität, Heirat und Gewalt. Zeitschriften und Bücher befassen sich meist mit weltlichen Themen. Kinder sehen und lesen all dies. Das ist die Kultur, die unsere Jugend heutzutage aufnimmt. Das wird nur dazu führen, dass mehr Menschen wie Kamsa werden (Name eines dämonischen Königs, der versuchte Krishna zu töten, dann aber selbst von Krishna getötet wurde). Wir werden in Zukunft kaum noch Menschen wie Harischandras finden.

Wollen wir dies ändern, müssen wir unseren Kindern besondere Aufmerksamkeit widmen. Wir sollten sehr vorsichtig in der Auswahl ihrer Bücher sein. Wir dürfen ihnen nur Informationen zugänglich machen, die ihnen in ihren Studien helfen oder spirituelle Angelegenheiten erklären. Ja, mehr noch, wir sollten sogar Druck auf sie ausüben, damit sie spirituelle Bücher lesen. Diese Kultur, die auf spirituellen Prinzipien beruht, nehmen sie auf und behalten sie bei, wenn sie heranwachsen. Selbst wenn sie etwas Falsches tun, werden sie es tief in ihrem Innern spüren und ihre Handlung bedauern. Dadurch werden sie sich ändern.

Viele Kinder sehen TV und Filme und träumen von einem Leben als verheiratete Paare, so wie in den Filmen gezeigt. Wie viele Menschen aber können ein derartig glückliches und luxuriöses Leben überhaupt führen? Werden sie älter, heiraten und entdecken sie, dass es unerreichbar ist, dann sind sie enttäuscht und die Eheleute entfernen sich innerlich voneinander. Einmal kam eine junge Frau zu Amma. Sie hatte sehr jung geheiratet und war bereits geschieden. Amma fragte sie nach den Gründen und sie erzählte ihre Geschichte. Sie hatte einen Film über ein reiches Ehepaar mit einem großen Haus, einem Auto und teurer Kleidung gesehen. Im Film fuhren sie abends zum Strand und es gab keinen Augenblick, in dem sie nicht glücklich waren. Nachdem das Mädchen den Film gesehen hatte, begann sie davon zu träumen.

Bald war sie verheiratet, doch hatte ihr Mann nur eine schlecht bezahlte Arbeit. Es war nicht genug Geld zur Verfügung, so konnte er ihr nicht das Leben bieten, nach dem sich seine Frau sehnte. Sie wollte ein Auto, mehr und mehr Saris, tägliche Ausflüge, ständig ins Kino, und so weiter. Sie wurde immer wieder enttäuscht. Was konnte der arme Mann tun? Schließlich fingen sie an zu streiten und es gab sogar Schläge. Sie waren beide unglücklich. Deshalb wurde die Ehe geschieden und das machte sie nur noch verzweifelter. Sie bedauerten, dass all das passierte. Was konnten sie tun?

Denkt an die alten Zeiten. Damals waren ein Mann und seine Frau bereit, füreinander zu sterben. Sie liebten sich gegenseitig wirklich. Obwohl sie verschiedene Körper hatten, waren sie im Herzen eins. Kinder: Liebe und Selbstlosigkeit sind die tragenden und beflügelnden Elemente des Ehelebens. Sie helfen euch, in den Himmel der Freude und der Zufriedenheit emporzusteigen."

Amma sieht auch diejenigen Dinge genau an, die andere vielleicht als unbedeutsam erachten. Sie ignoriert dabei Wohlergehen und Annehmlichkeiten für sich selbst, schenkt aber ihren Kindern die größtmögliche Aufmerksamkeit, um ihnen Lösungen für ihre Probleme vorzuschlagen.

Ein Besucher, der intensiv Ammas Worten zuhörte, sagte: „Wieder zu Hause, möchte ich alles, was du gesagt hast, in die Praxis umsetzen. Bitte gib mir deinen Segen, Amma!"

Amma: „Sohn, kein Wort und keine Handlung, die mit Śhraddhā ausgeführt wird, ist verschwendet. Wenn nicht heute, dann ziehst du morgen den Nutzen daraus.

Amma sät die Samen und geht weiter. Einige Samen sprießen schon morgen und andere vielleicht erst Jahre später. Selbst wenn niemand da ist um es zu hören: Mutter Natur zeichnet jedes eurer ernsthaften Gebete auf. Strengt euch an, Kinder, Amma ist bei euch!"

Sonntag, der 3. November 1985

Wessen Karma verursacht die Behinderung?

Amma und die Brahmachārīs brachen von Gangadharan Vaidyars Haus am Morgen um sechs Uhr dreißig auf. Auf dem Weg sprachen die Brahmachārīs über die behinderten Kinder, die am Tag zuvor zu Amma gekommen waren:

„Das Los dieser Kinder zu sehen, ist wirklich beklagenswert. Ihre Körper wachsen, doch ihr Verstand entwickelt sich nicht mit. Was für ein Leben!"

„Die Situation ihrer Eltern ist sogar noch bedauernswerter. Haben sie irgendwelche Freiheiten im Leben? Können sie ihre Kinder zurücklassen und ausgehen ohne sich zu sorgen?"

„Wessen Prārabdha ist es: Das der Kinder oder das der Eltern?"

Am Ende beschlossen sie, Amma zu fragen. Sie hatte der Diskussion aufmerksam zugehört.

Amma: „Solche Kinder leben mehr oder weniger wie in einem Traum. Sie sind sich ihres Leidens, so wie wir es sehen, nicht bewusst. Wenn sie sich dessen bewusst wären, würden sie sich selbst bedauern und denken: ‚Ach, warum bin ich nur unter solchen Bedingungen in der Welt?' Dieses Bewusstsein haben sie jedoch nicht. Es sind ihre Eltern, die leiden. Sie sind diejenigen, die mit den Schwierigkeiten umgehen müssen. Deshalb kann man sagen, dass es im Wesentlichen das Prārabdha der Eltern ist."

Br: „Arme Eltern! Was können sie vom Leben erwarten? Was können wir für sie tun?"

Anweisungen für Brahmachārīs

Amma: „Kinder, dieses Mitgefühl, das ihr für sie empfindet, wird ihnen bereits zu innerem Frieden verhelfen und es wird ebenfalls eure Herzen weiten. Wir müssen für die Leidenden Mitgefühl empfinden. Je tiefer der Brunnen ist, desto mehr Wasser kann er speichern. Nur Mitgefühl kann die Brunnenquelle des Paramātman zum Fließen bringen. Dieses höchste Prinzip erwacht in uns durch Mitgefühl.

Selbst wenn sie meditieren, denken manche Leute darüber nach, wie sie sich rächen könnten. Kinder, indem ihr Backsteine aufeinander schichtet, könnt ihr kein Haus bauen. Ihr braucht Zement, damit die Steine zusammenhalten. Dieser Zement ist die Liebe. Nur einen sauberen Kessel kann man frisch beschichten. Zuerst muss er saubergeschrubbt werden. Nur wenn unser Mind rein ist, kann sich die Hingabe darin tief verankern, so dass wir uns der göttlichen Gegenwart erfreuen können. Denkt an Kuchēla. Seine Kinder hungerten, er ging fort, um Nahrung zu erbetteln. Auf dem Rückweg streckte jemand weinend die Hand aus und klagte, dass seine Familie nichts zu essen habe. Kuchēla gab ihm das Essen, welches er bekommen hatte.

Kennt ihr die Geschichte des Weisen Durvāsas und des Königs Ambarīṣha? Der Weise ging zu Ambarīṣha, weil er den König verleiten wollte, ein geleistetes Versprechen zu brechen. Versagte dann der König, würde er ihn mit einem Fluch belegen. Doch Ambarīṣha war ein aufrichtiger Verehrer Gottes. Obwohl Durvāsas mit Ambarīṣha sehr böse wurde, reagierte er in keiner Weise und behielt die Haltung eines Dieners gegenüber dem Weisen. Er war sich seiner eigenen Macht bewusst, doch zeigte er keinerlei Widerstand dem Weisen gegenüber. Mit gefalteten Händen betete er zu Durvāsas:,Bitte vergib mir, falls ich Fehler begangen habe. Ich habe nur versucht, mein Versprechen einzuhalten. Vergib mir meine Unwissenheit.' Durvāsas jedenfalls vergab ihm nicht und beschloss ihn zu töten. Doch bevor dies geschehen konnte, kam Viṣhṇus Sudarśhana Chakra um Ambarīṣha zu retten. Erschrocken über das Sudarśhana rannte Durvāsas hilfesuchend zu den Göttern. Als der Weise gegangen war, dachte Ambarīṣha keineswegs: Oh gut, er ist weggegangen. Jetzt kann ich in Frieden etwas essen.' Durvāsas gelang es nicht, Hilfe von den Dēvas zu erhalten. Er hatte deshalb keine andere

Wahl, als Zuflucht bei Ambarīṣha selbst zu suchen. Sogar noch als Durvāsas kam und um Vergebung bat, wollte der König ihm die Füße waschen und das Waschwasser trinken. Gott ist ganz auf Seiten solcher Menschen. Er wird immer Menschen mit so viel Demut helfen. Menschen, die denken: ‚Ich möchte Glück, Reichtum und Erlösung!' finden Gott nicht an ihrer Seite."

Amma hielt inne. Sie saß schweigend da und schaute aus dem kleinen Fenster an der rechten Seite des Busses. Sie fuhren an Bäumen und Häusern vorbei. Ein Lastkraftwagen überholte hupend. Alle Augen waren auf Amma gerichtet. Ein Brahmachārī brach die Stille und rief: „Amma!"

„Ja, was willst du?", fragte Amma abwesend. Der Brahmachārī senkte die Stimme und sagte: „Es tut mir leid, dass ich Amma kürzlich ärgerlich gemacht habe."

Amma: „Das ist alles bereits Vergangenheit. Warum machst du dir darüber jetzt Gedanken? Amma hat es auf der Stelle vergessen. War Amma nicht aus Liebe so streng mit dir?"

Tränen begannen aus seinen Augen zu strömen. Amma wischte sie mit dem Zipfel ihres Saris weg und sagte: „Mach dir keine Sorgen, mein Lieber."

Vor einigen Tagen hatte Amma ihn gebeten, die Terrasse des Tempels zu reinigen, bevor sie den Āśhram verließen. Doch in der Eile des Aufbruchs hatte er es vergessen. Als Amma zur Abfahrt bereit war, bemerkte sie, dass die Terrasse immer noch schmutzig war. Deshalb rief sie den Brahmachārī und schimpfte mit ihm. Dann fing sie selbst an sauber zu machen. Als die anderen dies sahen, kamen sie alle um zu helfen, während der Brahmachārī mit hängendem Kopf beschämt dastand. Amma verließ den Āśhram erst, als der ganze Bereich gereinigt war.

Amma fuhr fort: „Wenn Amma etwas mit Strenge zu euch sagt, dann nicht deshalb, weil sie wirklich ärgerlich wäre. Es ist nur, um euch davor zu bewahren egoistisch zu werden. Amma würde gerne, solange sie gesund ist, all die nötigen Arbeiten selbst erledigen. Doch befindet sich ihr Mind oft auf einer anderen Bewusstseinsebene, deshalb neigt sie dazu, die Arbeiten zu vergessen. Nur deshalb bittet sie euch darum, dass ihr Arbeiten erledigt. Amma würde z.B. gerne selbst ihre Kleider waschen. Doch sobald sie es versucht, hindert eine Brahmachāriṇī sie daran. Amma möchte niemandem Sorgen bereiten.

Amma liebt es, anderen zu dienen und nicht bedient zu werden. Sie braucht keine Bedienung. Trotzdem muss sie es akzeptieren, um Menschen glücklich zu machen. Auch dann denkt Amma nur daran, was für euch gut ist.

Ihr Kinder habt mehr Glück als andere Menschen. Ihr müsst euch um nichts sorgen: Amma ist hier, um sich um all eure Probleme zu kümmern. Sie ist hier, um euren Sorgen zuzuhören und euch zu trösten. Es gibt ein Sprichwort, das besagt, dass man erst dann in die Welt hinausgehen sollte, wenn man die Selbstverwirklichung erlangt hat. Dies trifft nicht auf diejenigen zu, die sich einem Satguru ergeben haben. Ein Schüler, der von einem Satguru in die Welt geschickt wird, muss sich vor nichts fürchten. Der Guru ist immer da um ihn zu beschützen."

Ein Brahmachārī, der zugehört hatte, fragte: „Amma, du hast oft gesagt, dass man das Selbst in nur drei Jahren verwirklichen kann. Welches Sādhanā empfiehlst du dafür?

Fit für die Verwirklichung

Amma: „Jemand mit intensivem Verlangen benötigt keine drei Jahre. Warum? Er braucht nicht einmal solange, wie man braucht, um ein Lotusblatt mit einer Nadel zu durchstechen. Doch muss das Verlangen unglaublich intensiv sein. Mit jedem

Atemzug sollte der Suchende nach Gott rufen: ‚Wo bist du?' Er muss in den Zustand kommen, in dem er nicht länger leben kann, solange er Gott noch nicht verwirklicht hat.

Einige Menschen kommen auch nach 50-60 Jahren Tapas nicht ans Ziel. Wenn ihr das befolgt, was Amma sagt, dann könnt ihr euer Ziel mit Sicherheit in drei Jahren erreichen. Aber ihr braucht Śhraddhā. Ihr braucht wahres Lakṣhya-Bōdham und echte Hingabe. Amma spricht über Menschen, die das haben. Wenn ihr in Indien einen normalen Bus nehmt, dann wisst ihr nicht genau, wann er sein Ziel erreicht, weil er an vielen Stellen anhält. Doch wenn ihr einen ‚Expressbus' nehmt, könnt ihr genau sagen, wann er ankommt, weil er nicht hier und dort anhält. Wir können bei jenen nicht sicher sein, denen es nur zwei Tage lang gelingt, Entsagung zu praktizieren.

Sohn, wenn der Gedanke, dass du geboren bist, stirbt, so ist das die Selbst-Verwirklichung. Wenn dir bewusst wird, dass du reines Sein bist ohne Geburt, Wachstum und Tod, dann bist du verwirklicht. Das ist nicht etwas, was du von woanders bekommst. Du musst deinen Mind unter Kontrolle bringen. Das ist es, was notwendig ist.

Wisst ihr, wie Amma lebte? Nie ließ sie ihre eigenen Fußabdrücke zurück, wenn sie den vorderen Hof fegte. Falls ihre Fußspuren noch da waren, beseitigte sie sie mit dem Besen. War alles sauber gefegt, sollte Gott als erster seine Fußspuren hinterlassen. Sie war überzeugt, dass Gott dort entlanglief. Geschah es, dass sie bei einem Atemzug nicht an Gott dachte, hielt sie sich die Nase zu um nicht mehr zu atmen. Dann dachte sie an Gott und erst danach atmete erneut. Beim Gehen folgte ein nächster Schritt, nachdem sie an Gott gedacht hatte. Falls sie es bei einem Schritt vergaß, ging sie einen Schritt zurück, dachte an Gott und ging erst dann wieder weiter.

Kennt ihr die Geschichte des Mannes, der nach Tambrans Löwen suchte? Wir benötigen die Intensität, mit der er suchte. Wir sollten nie von der Suche ablassen und stets rufen: ‚Wo bist du? Wo bist du?' Aufgrund der Intensität unserer Suche wird es überall so heiß, dass Gott nicht mehr ruhig bleiben kann. Er wird vor uns erscheinen.

Bevor Amma zu meditieren begann, entschied sie, wie viele Stunden sie meditieren wird. Bevor diese Zeit nicht um war, stand sie nicht auf. Konnte sie nicht so lange sitzen, machte sie Mutter Natur laut Vorwürfe, bereit sie zu schlagen. In der Nacht schlief sie überhaupt nicht, Sie saß wach da und weinte. Sie war normalerweise nicht müde. Wenn die Zeit zum Schlafen nahte, war sie bekümmert, dass wieder ein weiterer Tag verschwendet war. Amma kann nicht einmal die Erinnerung an diese Zeit ertragen. Es war so schwer."

Brahmachārī: „Stört es nicht die Meditation, wenn ein ‚normaler' Mensch nicht schläft?"

Amma: „Wer sich danach sehnt, Gott zu erkennen, wird nicht einen Moment aufhören, an ihn zu denken. Er wird nicht müde sein und sich auch nicht hinlegen. Selbst wenn er liegt, wird sein Kummer ihn wachhalten. Amma spricht von solch Suchenden. Für jene, welche der Welt entsagen und die Verwirklichung Gottes suchen, ist Tapas die beste Form des Ausruhens. Es gibt kein besseres Ausruhen als Tapas. Wer Tapas praktiziert, benötigt keinen Schlaf. Ein solcher Zustand ist unser Ziel."

Brahmachārī: „Heißt es nicht in der Gītā, dass jemand, der zu viel schläft und jemand, der überhaupt nicht schläft, Yōga nicht erlangen wird?"

Amma: „Amma sagt nicht, dass du den Schlaf völlig aufgeben solltest. Du solltest genug schlafen, jedoch gerade genug.

Ein Sādhak wird nicht in der Lage sein zu schlafen, wenn er an sein Ziel denkt. Er wird sich nicht zum Schlafen hinlegen. Er wird mit dem Japa fortfahren und einschlafen ohne es zu bemerken. Studenten, die ein Examen bestehen wollen, ist nicht nach Schlaf zumute. Sie werden in der Nacht aufbleiben und lernen. Studieren wird zu ihrer zweiten Natur. Ein Sādhak nimmt automatisch diese Haltung an.

Kinder, die Amma wirklich lieben, sollten die Prinzipien, die sie lehrt, in sich aufnehmen. Sie sollten bereit sein, alles aufzugeben und entsprechend dieser Prinzipien leben. Sie sind es, die Amma wirklich lieben. Das Ziel eines solchen Menschen ist es, unentwegt an diesen Prinzipien festzuhalten, selbst wenn es bedeutet, dem Tod ins Auge zu schauen. Jemand, der einfach nur die Worte daher sagt: ‚Amma, ich liebe dich', liebt sie nicht wirklich.

Ein König hatte zwei Diener. Einer von ihnen war immer in der Nähe des Königs, ohne sich um irgendeine seiner Pflichten zu kümmern. Der andere verbrachte den ganzen Tag damit das zu tun, was der König ihm auftrug. Er mühte sich ab, ohne zu essen oder zu schlafen. Es kümmerte ihn nicht, ob der König dies alles sah oder davon wusste. Wer ist der bessere der beiden? Wen schätzt der König am meisten?“

Mutters wahre Natur

Amma fuhr fort zu sprechen und ihr Wesen weiter zu erklären: „Der Fluss fließt von selbst. Er reinigt alles, was hineinkommt. Er braucht kein Wasser aus dem Teich. Ihr müsst Amma nicht um ihrer selbst willen lieben. Amma liebt jeden von euch. Doch um euretwillen zeigt sie ihre Liebe vielleicht nicht immer. Nach außen hin zeigt Amma einer bestimmten Brahmachāriṇī gegenüber keinerlei Liebe. Doch wenn die Brahmachāriṇī nicht da ist, dann füllen sich Ammas Augen mit Tränen bei dem Gedanken an sie, ihre harte Arbeit und ihr Leiden. Amma liebt die Einstellung dieser Tochter; ihr Handeln und diese Liebe kommen ganz von selbst, Amma tut, zumindest bewusst, nichts dazu. Trotzdem zeigt Amma ihre Liebe nicht einmal für eine Sekunde. Sie findet Fehler in allem, was die Brahmachāriṇī tut. Sie spricht sie die meiste Zeit nicht einmal als ‚Mōḷ' an.

Amma denkt oft: ‚Bin ich wirklich so grausam, dass ich dieser Brahmachāriṇī gegenüber kein Mitgefühl zeigen kann? Ich lasse sie immer leiden!' Selbst wenn sich Amma nachts entschließt, dieser Brahmachāriṇī am nächsten Morgen Liebe zu zeigen, endet es damit, dass sie sie wegen irgendetwas schimpft. Sie hat die Brahmachāriṇī schon geweckt und sie aufstehen lassen. Sie hat sie hinausgeworfen und die Tür verschlossen. Sie hat sie auf viele Arten bestraft. Das hat nichts damit zu tun, dass Amma sie nicht liebt. Amma liebt diese Brahmachāriṇī sehr. Amma prüft jedoch ihren Mind. Sie ist noch niemals ins Schwanken geraten. Das zeigt ihre tiefe, reine Liebe."

Sēvā-Regeln

An diesem Punkt stellte eineBrahmachārī die Frage: „Amma, du sagst oft, dass ein Sādhak keine engen Verbindungen zu weltlichen Menschen haben sollte, dass er nicht ihre Kleidung und andere Dinge benutzen und nicht ihr Schlafzimmer betreten sollte. Wie kann er dann selbstlose Arbeit in der Welt verrichten?"

Amma: „Diese Arbeit schadet nicht, doch sollte man niemals sein Śhraddhā verlieren. Es ist wahr, dass alles das gleiche Selbst ist, dass alles Gott ist, und dass Gott in jedem und in allem ist.

Doch sollte man mit Unterscheidungsvermögen entsprechend der Umstände handeln. Besucht ein Sādhak ein Haus, dann sollte er es vermeiden, in die Schlafzimmer zu gehen. Wenn du einen Ort aufsuchst, an dem mit Kohle gehandelt wird, bleibt etwas Kohlenstaub an dir haften, selbst wenn du nichts berührst. Es heißt, dass man in Kurukṣhētra immer noch den Klang der früheren Schlacht vernehmen kann. Hältst du dich gleichgültig wie lange in diesen Räumen auf, werden diese Schwingungen in dein Unterbewusstsein gelangen und früher oder später wirst du die Auswirkungen erleiden. Falls ihr ein Haus besucht, dann wohnt deshalb im Pūjā-Raum und haltet euch möglichst darin auf. Sprecht auch dort mit den Familienmitgliedern.

Versucht, in euren Gesprächen weltliche Angelegenheiten zu vermeiden. Es ist besser nicht über das zu reden, aus dem kein spiritueller Nutzen gezogen werden kann. Unterhaltungen über unnötige Dinge wirken wie Wirbelwind. Der Mind wird unmerklich davon heruntergezogen. Die Kleidung von anderen Menschen enthält die Schwingung ihres Mindes. Deshalb sollten Sādhaks nicht die Kleidungsstücke von weltlichen Menschen tragen. Es ist auch nicht gut, ihre Seife zu verwenden. Wenn ihr jemandem eure Seife ausleiht, nehmt sie besser nicht wieder zurück. Tragt die notwendige Kleidung und euer Āsana mit euch, wo ihr auch hingeht.

Sādhaks sollten mit niemandem enge Bindungen eingehen, insbesondere nicht mit Haushältern. Doch sollte unser Verhalten nicht verletzend wirken. Bestehen sie auf etwas, erklärt euren Standpunkt mit einem Lächeln. Nachdem der Suchende durch sein Sādhanā erst einmal eine bestimmte Stufe erreicht hat, ist er nicht mehr so leicht zu beeinflussen und wird so unberührt bleiben wie ein Lotusblatt, auf das ein Tropfen Wasser fällt. Doch auch dann sollte man wachsam bleiben."

Nachdem Amma einige Devotees zu Hause und ihren Zweig-Āśhram in Ernakulam besucht hatte, erreichte sie mit der Gruppe um die Mittagszeit Haripad. Prof. N.M.C. Warrier und seine Familie waren die ganze Nacht wach geblieben, weil Amma gesagt hatte, sie würde am Abend kommen. Da sie sich entschieden hatten, nichts vor Ammas Ankunft zu essen, hatte niemand in der Familie etwas zu sich genommen. So hatte Amma ihnen die Möglichkeit zu einer guten Meditation geschenkt. Was macht Gott nicht alles, um die Aufmerksamkeit seiner Devotees fest an sich zu binden?

Für Ammas Willkommen hatte der Sohn der Familie einige Kalams mit Reismehl und Turmerikpulver auf den Boden gezeichnet und in deren Mitte eine Öllampe angezündet. Amma sah sich die Zeichnung genau an und meinte: „Hier ist ein kleiner Fehler. Es sollte kein Fehler unterlaufen, wenn man ein Kalam zeichnet. Es heißt, dass es sonst Streit in der Familie gibt. Wir sollten solche Zeichnungen mit einem sicheren Entschluss ausführen. Sohn, du solltest zunächst im Sand üben. Miss alles aus und vergewissere dich, dass es richtig ist. Erst nachdem du genug geübt hast, solltest du ein Kalam zeichnen. Doch ist das, was du gemacht hast, trotzdem in Ordnung, weil du es mit einem reinen Herzen getan hast, das voller Liebe und Hingabe für Amma ist. Das nächste Mal solltest du aber aufmerksamer sein."

Amma besuchte fünf weitere Familien in Haripad. Besucht sie ein Haus, wird sie meist auch von den Nachbarn eingeladen. Ganz gleich wie müde sie ist und unabhängig vom Drängen anderer sich doch auszuruhen, besuchte Amma alle Häuser. Die Familien freuen sich sosehr, wenn Ammas heilige Füße ihr

Heim betreten und es segnen, dass die Devotees dazu neigen, Ammas viele Verpflichtungen zu vergessen.

Als Amma im Āśhram ankam, sah sie, dass viele Devotees seit dem Morgen auf sie gewartet hatten. Obwohl körperlich mitgenommen, änderte Amma nicht das normale Programm und der Dēvī Bhāva fand wie gewohnt statt.

Montag, der 4. November 1985

Amma war um drei Uhr nachmittags im Zimmer von Brahmachārī Srikumar und saß neben ihm auf seinem Bett. Er hatte seit zwei Tagen Fieber. Ein Brahmachārī brachte ein Gefäß mit heißem Wasser für Srikumar. Das Gefäß war fest mit einem Bananenblatt verschlossen.

Amma: „Setz dich auf den Boden und halte deinen Kopf in den Dampf, dann wirst du dich besser fühlen."

Eine Strohmatte wurde auf den Boden gelegt und Amma war Srikumar behilflich, sich im Bett aufzusetzen. Sie hielt seine Hand und half ihm auf die Strohmatte. Er wurde mit einem dicken Tuch bedeckt.

Amma: „Sohn, öffne jetzt das Gefäß. Inhaliere solange den Dampf, bist du richtig schwitzt. Dann wird das Fieber verschwinden."

Einige Devotees, die für einen Darśhan angereist waren, kamen zur Hütte, als sie hörten, dass Amma sich dort befand.

Amma: „Sri Mōn (mein Sohn Sri) hat nun seit zwei Tagen Fieber. Amma dachte, dass es gut wäre, ihm ein Dampfbad zuzubereiten. Wann seid ihr gekommen, Kinder?

Eine Frau: „Vor einiger Zeit, doch haben wir erst jetzt herausgefunden, dass Amma hier sitzt."

Amma nahm das Tuch weg, das Srikumar bedeckte. Er hatte genug geschwitzt. Sie half ihm, sich wieder auf das Bett zu legen. Amma unterhielt sich mit den Devotees und nach einigen einleitenden Worten wendete sich die Unterhaltung ernsthaften Dingen zu.

Vēdānta, das Wahre und das Falsche

Ein Devotee: „Amma, letztens hat mich mein Freund besucht. Er liebt die Frau einer seiner Freunde. Während wir uns darüber unterhielten, sagte er: „Kabīrdas gab seine Frau weg, als jemand ihn darum bat, nicht wahr? Was ist daran also falsch?“
Amma: „Hat aber Kabīrdas nicht freudig seine Frau jemandem gegeben, der darum gebeten hatte? Er betrog nicht seinen Freund und nahm ihm seine Frau weg. Lasst diese Person, die im Sinne von ‚Vēdānta' spricht, seinen Freund fragen, ob er bereit ist, seine Frau wegzugeben. Wenn er danach fragt, wird er vielleicht nicht mehr lange auf Erden sein.“ Amma lachte „Kabīr war ein rechtschaffener Mensch. Für ihn war das Dharma höherstehend als seine Frau oder er selbst. Deshalb zögerte er nicht. Seine Einstellung war das zu geben, worum er gebeten wurde. Er entfernte sich nicht vom Dharma, selbst als ihn jemand um seine Frau bat. Doch hat eine Frau ihr eigenes Dharma. Wenn eine Frau ihrem Mann gegenüber wirkliche Hingabe empfindet, schaut sie nicht einmal in das Gesicht eines anderen Mannes. Rāvaṇa raubte Sītā. Er setzte alles daran, sie in Versuchung zu führen, doch sie wurde niemals schwach. Sie dachte nur an Rāma. Sie hatte entschieden, dass sie keinem anderen Mann nachgeben würde, selbst wenn dies bedeutete zu sterben. Das ist das Dharma einer Ehefrau.

Was wir in Kabīr sehen, ist das Zeichen eines befreiten Wesens. Er hatte alle Konzepte von ‚Ich' und ‚Mein' aufgegeben. ‚Alles ist das Selbst oder Gott', das ist die Haltung, die ein spiritueller Mensch haben sollte. Er sollte Gott in allem sehen oder er sollte alles als sein eigenes Selbst sehen. Aus einer bestimmten Sicht ist alles Gott. Von daher kann man niemanden hassen oder auf ihn wütend sein, sondern ihn nur verehren. Aus einer anderen Sicht ist nichts von unserem eigenen Selbst getrennt, es gibt keine Zwei. Beseitige die Grenze zwischen zwei Feldern und es gibt nur noch ein Feld. Wir sehen uns selbst in allem. So wie die rechte Hand kommt, um die Wunde an der linken Hand zu versorgen, sehen wir das Leid eines anderen Menschen als unser eigenes und eilen zu Hilfe."

Ein Brahmachārī war gerade dabei, den Āśhram zu verlassen, um ein paar Tage nach Ernakulam zu fahren und einiges zu besorgen. Er nahm einen Schirm aus der Hütte. Der Schirm hatte aber keinen Griff und war etwas ausgebleicht. Deshalb stellte er ihn zurück. Ein neuer Schirm hing hinter der Tür. Stattdessen nahm der Brahmachārī diesen Schirm. Er verbeugte sich vor Amma und ging hinaus.

Amma rief ihn zurück. Sie nahm ihm den neuen Schirm ab und bat ihn, den alten Schirm zu nehmen, den er zuerst in der Hand gehabt hatte. Der Brahmachārī tat dies, ohne zu zögern und ging. Alle schauten erstaunt zu. Danach gefragt sagte Amma: „Er wollte nicht den alten Schirm, nur den neuen. Ein Brahmachārī sollte nicht auf äußeren Glanz hereinfallen. Man lebt in einem Āśhram, damit man nicht mehr von luxuriösen Dingen angezogen wird."

Wenig später bat Amma jemanden, den Brahmachārī zurückzurufen. Sie nahm ihm den alten Schirm ab und gab ihm den neuen. Er verbeugte sich erneut und stand dann auf.

Amma: „Sohn, ein spirituell Suchender sollte nicht von äußerer Schönheit beeindruckt sein. Die ist vergänglich. Es wird ihn ruinieren. Er sollte nach der inneren Schönheit suchen, die unvergänglich ist. Nur dadurch kann er wachsen. Nur wenn er die äußeren Versuchungen völlig ablegt, kann er Fortschritte erzielen. Amma gibt dir den neuen Schirm, weil sie in dir die Hingabe sah, die dich das Gute und das Schlechte gleichermaßen akzeptieren ließ. Du hattest den besseren Schirm gewählt, um die Anerkennung von anderen zu erhalten, nicht wahr? Sei nicht vom Lob der anderen beeindruckt. Möchtest du eine Anerkennungsurkunde von anderen, dann wirst du keine von Gott erhalten. Was wir wirklich brauchen, ist Gottes Urkunde. Deshalb musst du deinen Mind, der im Äußeren sucht, nach innen richten. Du musst suchen und entdecken, was in dir liegt.

Ich werde alle Lebensbereiche meiner Kinder im Auge behalten. Ich werde sogar kleine Dinge beachten. Wer außer Amma ist da, um selbst eure kleinsten Fehler zu korrigieren? Doch sollte sich eure Aufmerksamkeit nicht auf den äußeren Glanz richten. Ihr solltet euch allein auf Gott ausrichten."

Da Amma hier ist, um selbst die scheinbar unwichtigen Dinge im Leben ihrer Kinder zu beachten, warum sollten sich diese dann um die äußeren Dinge kümmern? Das ist Ammas Einstellung.

Ammas Bhakti Bhāva

Amma: „Amma hat nach den letzten zwei, drei Tagen des Reisens die Stimme verloren! Es gab nie eine Pause. Jetzt fällt es ihr schwer, Bhajans zu singen. Amma hat in all den Jahren noch nie solche Schwierigkeiten gehabt. Wozu hat man eine Zunge, wenn man keine Bhajans singen kann?"

Brahmachārī: „Du hast das Prārabdha derjenigen auf dich genommen, die dich in Eloor besuchten, Amma. Das ist die Ursache. Es kamen viele kranke Menschen und sie waren nicht mehr dieselben, als sie gingen. Sie gingen lächelnd davon."

Amma: „Ist mein Schmerz das Ergebnis ihres Prārabdhas, und wenn ich erleide, was sie hätten durchleiden sollen, dann bin ich nicht unglücklich darüber. Schließlich ist jemand geheilt worden. Doch selbst dann kann ich, ohne Gottes Namen zu singen, keinen einzigen Tag verbringen."

Amma weinte plötzlich. Die Tränen strömten ihr Gesicht hinunter. Sie verkörperte das Bild einer Gottessuchenden, die mit schmerzendem Herzen klagte, Gottes Namen nicht singen zu können. Abendrot tauchte die ganze Umgebung in purpurrote Farbe und alles schien Iire segensvolle Stimmung widerzuspiegeln. Ammas Schluchzen hörte langsam auf, und sie glitt in einen Zustand von Samādhi, der eine Stunde anhielt.

Alle Anwesenden erhielten von Amma eine Lehre, wie man nach Gott weint und ruft. Kurz nachdem sie aus dem Samādhi zurückgekehrt war, ging Amma zu den Bhajans im alten Tempel.

kaṇṇante kāloccha

Ich hörte die Schritte Kaṇṇas,
in einer silbrigen Mondlicht-Nacht.
Ich hörte die Töne seiner Flöte
und mein Mind verschmolz
in einem goldenen Traum!

Oh Duft des Winters,
der sich im Weiß
des silbernen Mondes ausbreitet!
Meine Mind glänzt glückselig
in diesem honigsüßen Lächeln!

Oh Kaṇṇa,
ich habe zahllose Geschichten zu erzählen.
Kaṇṇa, bitte gehe nicht!
Bitte bleib für ein Bad
im See der Glückseligkeit meines Mindes!

Als Amma in ihr Zimmer zurückkehrte, wartete bereits ein Brahmachārī auf sie. Er hatte geschwollene Augen und sein ganzes Gesicht war verändert.

Amma: „Was ist denn mit dir geschehen, Sohn?"

Brahmachārī: „Es fing heute Morgen an. Mein Gesicht schwoll an."

Amma: „Kein Grund zur Besorgnis. Die Schwellung ist durch Staub entstanden, der dir in die Augen geraten ist."

Amma bat eine Brahmachārīnī, etwas Rosenwasser zu bringen. Als sie damit zurückkam, ließ Amma den Brahmachārī sich auf den Boden legen. Sie gab ihm ihr Kissen, damit er seinen Kopf darauflegen konnte. Aber er zögerte, es zu benutzen.

Amma: „Wahre Ehrerbietung gegenüber Amma liegt nicht in der Zurückweisung der Dinge, die ihr gehören. Amma sieht es nicht so. Ein Zeichen der Ehrerbietung liegt für Amma im Gehorsam ihr gegenüber."

Sie legte den Kopf des zögernden Brahmachārīs auf das Kissen und goss etwas Rosenwasser in seine Augen. Er musste so einige Zeit ruhig liegenbleiben.

Freitag, der 8. November 1985

Brahma Muhūrta

Der Morgenstern ging auf. Als die Brahmachārīs aufstanden, schien das angezündete Licht durch die Löcher der

Palmblätter-Hütte. Mit einer Taschenlampe ging Amma zu jeder Hütte, und prüfte, ob ihre Kinder auf waren. Die meisten Brahmachārīs hatten schon ihr Bad beendet. Die vedischen Mantren hallten durch den Raum.

In einer der Hütten brannte kein Licht, deshalb leuchtete Amma mit der Taschenlampe hinein. Der Brahmachārī schlief fest. Amma zog an einer Ecke seines Betttuches. Er drehte sich zur anderen Seite um und deckte sich wieder zu. Amma machte dies Spaß. Sie zog erneut an dem Tuch. Er schob die Hand weg, welche das Tuch hielt, und rollte sich wieder zusammen. Amma holte Wasser von draußen und näherte sich ihrem Sohn erneut. Sie tropfte etwas Wasser in sein Gesicht.

Er setzte sich auf und blickte wegen dieser Unterbrechung seines Schlafes irritiert um sich. Vor ihm waren zwei durchdringende Augen. Selbst in seinem schlaftrunkenen Zustand erkannte er sofort die Gestalt in reinem Weiß. Zitternd stand er auf. Als Amma sah, dass er wach war, verschwand ihr Lächeln. Jetzt setzte sie ein ernstes Gesicht auf.

Amma: „Während des Archanas kommen alle Gottheiten hierher. Liegst du hier, um ihre Ungunst auf dich zu ziehen? Wenn du nicht einmal am Morgen aufstehen kannst, warum lebst du dann im Āśhram? Warum gehst du nicht und suchst dir ein Mädchen und lebst ein glückliches Leben mit ihr? Weinen dann deine Kinder Tag und Nacht wegen irgendetwas, musst du ihnen etwas vorsingen und sie an deiner Schulter einschlafen lassen. Erst dann werden Leute wie du lernen."

Amma war nicht bereit, ihre Tirade zu beenden. „Seit wie viel Tagen warst du nicht beim Archana?"

Der Brahmachārī sagte zögernd: „Seit zwei Tagen." Er brachte es nicht fertig, den Kopf zu heben und Amma anzuschauen.

„Du solltest dich schämen das zu sagen. Sogar Acchamma, die über siebzig ist, steht um 4.30 Uhr auf."

Die Brahmachārīs, die jetzt vom Archana zurückkehrten, bekamen Amma flüchtig in ihrer Gestalt als Kāḷī zu sehen. Sie verneigten sich vor ihr. Als Amma aus der Hütte trat, war ihre Stimmung völlig verändert. Sie zeigte ein freundliches, lächelndes und wohlwollendes Gesicht. Sie setzte sich mit ihren Kindern in die Nähe der Darśhan-Hütte. Wo war die grimmige Stimmung von Sekunden zuvor? Augenblicklich erblühte ihr Lotusgesicht in einem Lächeln sanfter Liebe.

Amma: „Ich fragte ihn, warum er hier lebt, wenn er nicht in der Lage ist, die Āśhram-Regeln zu befolgen und seinem Sādhanā nachzugehen. Es muss ihn verletzt haben. Es ist schmerzlich für Amma, ihre Kinder zu schimpfen. Doch ist es mehr Ammas Tadel als ihre Liebe, welche die Unreinheiten in euch ausmerzt. Zeigt euch Amma nur Liebe, werdet ihr nicht in euch gehen. Hinter Ammas Zurechtweisung steht nichts anderes als ihre Liebe für euch. Es ist ihr Mitgefühl. Es ist wirkliche Liebe, Kinder. Es mag euch vielleicht aus der Fassung bringen, wenn Amma euch straft, doch macht es Amma, um eure Vāsanā zu schwächen und das wirkliche Selbst in euch zu erwecken. Es gibt keine Möglichkeit, die Vāsanās zu beseitigen, ohne dass es ein wenig schmerzt.

Der Bildhauer bricht mit einem Meißel den Stein, nicht weil er auf den Stein ärgerlich wäre, sondern um die wirkliche Form im Innern hervorzubringen. Der Schmied erhitzt das Eisen und schlägt es, um ihm die gewünschte Form zu geben. Um einen entzündeten Abszess zu heilen, muss man den Eiter herausdrücken. Manchmal wird der Arzt den Abszess auch aufschneiden. Wer das beobachtet, mag denken, dass der Arzt grausam ist. Doch wenn er aus Zuneigung zum Patienten einfach nur etwas Medizin aufträgt, um dem Patienten den Schmerz der Abszess-Öffnung zu ersparen, wird es nicht heilen. Genauso sind die Zurechtweisung und die Disziplinierung durch den Guru vielleicht schmerzlich für den Schüler, doch ist das einzige Ziel des Gurus, die Vāsanās zu beseitigen.

Kinder, wenn die Kuh an einer jungen Kokospalme herumknabbert, hat es keinen Sinn, ihr freundlich zu sagen: ‚Friss sie nicht auf, meine Liebe.' Doch wenn du die Kuh anschreist: ‚Geh weg! Verschwinde!,' wird die Kuh aufhören, die Pflanze zu fressen und weggehen. Ammas Worte müssen in euch die gewünschte Veränderung bewirken. Deswegen nimmt Amma solch eine Stimmung an."

Wer außer Amma war für die Bewohner des Āśhrams da, um sie zu schimpfen, ja gar den Stock zu schwingen und ihnen davon gegebenenfalls eine Kostprobe zu geben?

Amma blieb für einige Augenblicke still und fuhr dann fort: „Kinder, wenn ihr deshalb aus eurer Fassung geratet, wird Amma aufhören euch zu tadeln. Amma möchte, dass ihr glücklich seid. Sie möchte euch nicht verletzen."

Als die Brahmachārīs diese Worte hörten, bebten ihre Herzen. Immer dann, wenn Amma sie in die Pflicht nahm, vertiefte sich ihre Liebe für sie, und das Band zu ihr wurde nur noch stärker.

Amma stand auf und ging aus dem Esssaal. Sie fuhr fort, mit den Brahmachārīs zu sprechen, die ihr wie Schatten folgten.

Amma: „Amma hat nicht die Absicht, euch durch ihre Strenge zu verletzen. Sie gibt euch nur die Möglichkeit selbst zu sehen, wie stark eure Verbindung zu Amma ist. Nur diejenigen, die bereit sind zu bleiben, obwohl sie Schläge erhalten und ihr Ego stirbt, können sich weiterentwickeln. Ein Brahmachārī muss die ganze Last der Welt auf seinen Schultern tragen, deshalb sollte er nicht durch Kleinigkeiten erschüttert werden. Ich werde meine Kinder wirklich wachrütteln. Alleine diejenigen, die nach Selbst-Verwirklichung streben, werden bleiben, die anderen allerdings werden gehen."

Mutter erzählt alte Geschichten

Im Tempel (Kalari) fanden gerade die abendlichen Bhajans statt. Ottur hatte seit einigen Tagen gehofft, etwas Zeit mit Amma zu verbringen. Jetzt ging er langsam zu Ammas Zimmer. Er freute sich sehr, als er sie sah. Sie nahm seine Hand, um ihn neben sich sitzen zu lassen. Ottur aber verbeugte sich vor ihr, um ihr seine Ehrerbietung zu zeigen und legte dann seinen Kopf wie ein kleines Kind in ihren Schoß. Amma streichelte ihm liebevoll den Rücken. Ottoors Neffe, Nārāyaṇan und ein anderer Brahmachārī waren ebenfalls im Zimmer.

Ottor hob den Kopf und sagte: „Die Brahmachārīs kommen und erzählen mir die alten Geschichten. Ich bereue es sehr, dass ich nicht das Glück hatte, diese Dinge mit eigenen Augen zu sehen. Amma, es genügt, wenn du über diese Begebenheiten von früher erzählst. Sie berichteten mir, dass deine Familie dich angebunden und geschlagen hat. Als ich das hörte, kam mir der kleine Ambādi Kaṇṇa (Kṛiṣhṇa) in den Sinn. Warum haben sie dich denn geschlagen?"

Amma lachte und begann zu erzählen: „In jenen Tagen brachte Amma den Menschen in der Umgebung etwas zum Essen, selbst dann, wenn sie es von zuhause stehlen musste. Deshalb haben sie Amma geschlagen. Amma sammelte bei den Nachbarn gewöhnlich Tapioka-Schalen und Kadi, um damit die Kühe zu füttern. In den meisten der Nachbarhäuser hungerten die Menschen und Amma hatte Mitleid mit ihnen. Deshalb füllte sie im Haus ihrer Eltern, wenn es niemanden sah, einen Topf mit gekochtem Reis. Sie gab vor, dass sie Kadi besorgen wolle und brachte den Reis zu den hungernden Nachbarn. In manchen Familien gab man der Großmutter keine Seife, oder was sie sonst noch so benötigte, deshalb brachte ihnen Amma Seife. Sie wusch ihnen außerdem die Kleidung."

Ottur: „Oh, das waren Menschen mit gutem Karma, dass sie an Ammas Līlā teilhaben konnten!"

Amma: „So handelte Amma eine Zeitlang, doch später fühlte sie sich von allem völlig losgelöst. Sie mochte nicht, dass sich ihr jemand näherte und sie am Meditieren hinderte. Sie fühlte gegen alles eine Abneigung. Sie konnte nicht einmal Mutter Natur leiden. Sie hasste ihren eigenen Körper, deshalb biss und verletzte sie sich selbst. Sie riss sich sogar die eigenen Haare aus. Erst später merkte sie, dass sie sich diese Verletzungen selbst zugefügt hatte."

Ottur (mit Erstaunen): „Haben deine Eltern das alles bemerkt?"

Amma: „Als Ammas Vater sie laut weinen sah, kam er und hob sie hoch. Er hatte keine Ahnung, warum Amma sich so verhielt oder warum sie weinte. Eines Tages sagte Amma zu ihm: ‚Bringe mich an einen abgelegenen Ort. Bringe mich zum Himalaja!' und sie fing an zu weinen. Amma war damals noch sehr jung. Ihr Vater drückte sie an seine Schulter, damit sie zu weinen aufhörte sagte: „Ich werde dich bald dorthin bringen. Schlaf jetzt ein wenig, mein Kind!"

Plötzlich glitt Amma im Samādhi. Ihre Hände waren ganz still und formten ein mystisches Mudrā. Nur die zu Herzen gehenden Klänge und Rhythmen der Bhajans, die vom Tempel herübertönten, unterbrachen die Stille.

amba māta jaganmāta

Oh göttliche Mutter, Mutter des Universums,
Oh allermutigste Mutter,
Du schenkst Wahrheit und göttliche Liebe!
Oh Du, die Du das Universum selbst bist,
Du bist Mut, Wahrheit und göttliche Liebe.

Als die Bhajans den Höhepunkt erreichten, waren die Brahmachārīs völlig ins Singen eingetaucht und hatten alles andere vergessen. Amma blieb im Zustand des Samādhi. Langsam ging das Lied zu Ende. Die Instrumente verklangen, während das Harmonium für den nächsten Kīrtan eingestimmt wurde. Amma kam langsam aus ihrem erhabenen Zustand zurück. Die Unterhaltung ging weiter.

Ottur: „Wie alt warst du damals?"

Amma: „Sieben oder acht. Ammas Vater hielt sie an seinen Schultern und ging umher. Hatte er ihr nicht versprochen, sie zum Himalaja zu bringen? Wie jedes Kind, glaubte sie ihm völlig und schlief erneut an seiner Schulter ein. Als sie aufwachte und sah, dass er sie nicht zum Himalaja brachte, fing sie wieder an zu weinen. Danach hatte Ammas Vater Schwierigkeiten mit Amma. Amma meditierte in der Nacht im Hof, ohne zu schlafen. Ammas Vater blieb ebenfalls auf, um auf Amma aufzupassen. Er hatte Angst, seine Tochter dort in der Nacht alleine zu lassen.

Amma sammelte oft Zweige, um die Ziegen zu füttern. Es gab einen großen Baum, der sich über das Wasser neigte. Sie kletterte auf diesen Baum und setzte sich. Plötzlich überkam sie das Gefühl, Krishna zu sein. Dann saß sie mit den Beinen schwingend auf dem Baum und ganz von selbst entstanden die Flötentöne in ihr. Brach Amma einige Zweige des Baumes ab und warf sie nach unten, dann hoben die anderen Mädchen sie auf und Amma stellte sich vor, dass sie die Gōpīs waren. Diese Gedanken kamen ihr ganz von selbst, so dass sie sich selbst fragte, ob sie verrückt geworden sei.

Amma ging normalerweise alleine Wasser holen, da ihre Familie es nicht mochte, wenn sie mit anderen Kontakt hatte. Eines Tages kletterte sie plötzlich auf den Banyan-Baum und legte sich dort auf einen Zweig, so wie Gott Viṣhṇu auf Ananta (eine große Schlange, welche die Zeit repräsentiert) liegt. Der Ast war recht dünn, brach jedoch nicht ab. Dieser Baum steht immer noch am Strand."

Ottur: „Du bist hochgeklettert und hast dich auf einen dünnen Ast gelegt?"

Amma: „Ja, wie der Herr, der auf Ananta ruht. Einige, die dies beobachteten, sagten zum Beispiel, dass Ammas Körper verschiedene Farben annahm. Amma weiß es nicht. Es war wahrscheinlich ihr Glaube. Amma kann jetzt gar nicht mehr an diese Zeit zurückdenken."

Ottur: „Ich würde gerne die Geschichte hören, wie Amma Wasser in Pañchāmṛitam verwandelte."

Amma: „Amma hat es diejenigen, die nicht an sie glaubten, selbst machen lassen. Sie selbst hat nichts berührt.

Damals gab es viele Menschen, die nicht an Amma glaubten. Es war die Zeit, als sie mit den Bhāva-Darśhans gerade anfing. Amma bat einige Menschen, die sie ablehnten, etwas Wasser zu bringen. Sie brachten also Wasser in einem Krug und Amma forderte sie auf sich vorzustellen, dass das Wasser verwandelt wird. Auf der Stelle, als sie es in ihren Händen hielten, verwandelte es sich in Pañchāmṛitam."

Die Bhajans im alten Tempel waren zu Ende. Das Mantra, welches Frieden schenken soll, war überall zu hören.

ōm purnamadah purnamidam
purnat purnamudachyate
purnasya purnam adaya
purnam evavashishyate
ōm shanti, shanti, shantihi
ōm śhrī gurubhyo namaḥ!
harihi ōm!

Ōm, dies ist das Ganze, das ist das Ganze, aus dem Ganzen offenbart sich das Ganze, wenn man das Ganze vom Ganzen wegnimmt, bleibt das Ganze.
Ōm Friede, Friede, Friede!
Ich verneige mich vor dem Guru!
Hari Ōm!

Einige Augenblicke lang war es überall still. Dann begann die Glocke für das Ārati zu erklingen. Nārāyaṇan half Ottur aufzustehen und sie gingen zum Kalari, um dem Ārati beizuwohnen. Der Brahmachārī ging in sein Zimmer zurück mit einem Gefühl der Ehrfurcht und der Dankbarkeit, dieser Szene beigewohnt zu haben, in welcher liebevolle Hingabe auf der einen Seite und tiefe mütterliche Zuneigung für den Devotee auf der anderen Seite so wunderbar zusammenschwangen.

Amma lauscht den Bhāgavatam-Worten

Kavyakaustubham[2] Ottur erörterte das Śhrīmad Bhāgavatam vor dem Kalari[3] Ein nektargleicher Strom der Hingabe ergoss sich und war am überfließen. Alle waren tief ergriffen. Amma befand sich unter den Zuhörern, sie lauschte den Geschichten von Kṛiṣhṇas Kindheitsstreichen. Ottur, der schon weit über achtzig Jahre alt war und dessen Gedanken stets in Kṛiṣhṇa weilten, erzählte die Geschichte, als ob er sie selbst erlebt hätte:

„Was für Flausen hat er jetzt im Kopf? Wer weiß? Er hat den Topf zerbrochen und alles mit Joghurt überschwemmt, einschließlich sich selbst (Kṛiṣhṇa). Daher lässt sich leicht herausfinden, wohin er gelaufen ist. Joghurt-Fußspuren, da sind ein paar sichtbar, doch nach ein paar Schritten ist nichts mehr zu sehen, keine Fußspuren mehr.

Nun, wir befinden uns in einer ähnlich misslichen Lage. Mit Hilfe von verschiedenen Zeichen können wir drei oder vier Schritte auf den Herrn zugehen, nur ein paar Schritte, wenn wir alle Upaniṣhaden und Purāṇas miteinbeziehen, aber das ist auch schon alles. Danach müssen wir ihn durch unsere persönliche Suche finden.

Yaśhōdā sucht nach Kṛiṣhṇa. Sie weiß, wo sie nach ihm suchen muss. Einfach da, wo Butter oder Milch aufbewahrt

---

[2] Der Edelstein Kaustuhba unter den Dichtern." (Viṣhṇu trug den wertvollen Kaustubha-Edelstein auf seiner Brust.) Dieser Titel wurde Ottur Unni Namboodiripad als herausragender Dichter verliehen. Er war ein berühmter Dichter und Sanskritgelehrter sowie der Autor von Ammas 108 Namen. Seine letzten Jahre verbrachte er im Āśhrambei Amma.

[3] Der kleine Tempel, in dem in der ersten Zeit der Bhāva-Darśhan abgehalten wurde. In Ammas Kindheit befand sich dort ein Kuhstall, der dann zu einem Tempel umgebaut wurde.

wird! Da kannst du Ihn nicht verfehlen! Welch ein Segen wäre es, wenn wir den Herrn so einfach zu Gesicht bekämen! Aber so war es: Wann immer du ihn sehen möchtest, musstest du dich einfach umschauen.
So macht sich Yaśhōdā auf die Suche und findet ihn auf einem umgedrehten Mörser sitzend. Eine wahre Armee umgibt ihn; Sri Rāmas Armee![4] Die Kampfgenossen Kṛiṣhṇas strecken all ihre Hände aus und verschlingen die Köstlichkeiten. Kṛiṣhṇa bedauert, dass er zwei seiner vier Arme im Gefängnis lassen musste, denn tausend Arme wären zu wenig, um all die Affen zu füttern.[5] Beeilt euch!' fordert er sie auf. ‚Ihr müsst alles aufessen, bevor Mutter kommt!' In kurzen Abständen schaut der allwissende Zeuge mit einem verstohlenen Blick umher. Dann erblickt er sie!

Es wird gesagt, dass eine Krähe und der Wind nie einen Raum betreten, wenn der Weg hinein und hinaus frei ist. Kṛiṣhṇa hat ebenfalls entsprechend vorgesorgt. Er hat sich einen Fluchtweg offengehalten. Als er um Haaresbreite vom Zugriff seiner Mutter entfernt ist, flüchtet er.

Warum läuft er weg? Nun, Yaśhōdā hält einen Stock in ihrer Hand und Kṛiṣhṇa weiß sehr wohl, dass sie noch nicht in dem Alter für einen Gehstock ist. Es ist ihm klar, dass der Stock für ihn gedacht ist; also rennt er davon."

---

[4] Ottur bezieht sich hier auf die Gōpīs, die Kuhhirten, die Kṛiṣhṇa Spielgefährten waren, als „Sri Ramas Armee der Affen."

[5] Bei seiner Geburt befanden sich Kṛiṣhṇas Eltern, Devaki und Vāsudēva, im Gefängnis seines Onkels Kaṁsa. Kṛiṣhṇa erschien seinen Eltern als herrlicher, vierarmiger Viṣhṇu und nahm anschließend wieder die Gestalt des Menschenkindes an. Die Macht Māyās ließ seine Eltern sofort ihre Vision vergessen.

„und seine Mutter folgte Ihm, den selbst der geübte und enthaltsame Mind eines Yōgis ohne Seine Gnade nicht erreichen kann“.

—Bhāgavatam 10.9

Während der Satsang weiterging, erhob sich Amma und ging auf die Westseite des Āśhrams zu. Zwischen Kalari und Vēdāntaschule blieb sie vor ein paar Topfpflanzen stehen, die von den Balken des Schulgebäudes herunterhingen. Sanft strich sie über jede Pflanze; anschließend nahm sie jeden einzelnen Zweig von jeder Pflanze in die Hand und küsste sie. Sie berührte die Pflanzen so liebevoll wie eine Mutter ihr Neugeborenes.

Ein Mädchen wandte sich mit einer Frage an Amma, aber Amma gab ihr ein Zeichen still zu sein. Als das Mädchen die Hand nach einer Pflanze ausstreckte, hinderte Amma sie daran, die Pflanze zu berühren, als ob sie befürchtete, dass der Griff des Mädchens der Pflanze Schmerzen bereiten konnte. Amma fuhr eine Weile fort, mit den Pflanzen zu kommunizieren. Vielleicht hatten sie, wie Ammas menschliche Kinder, das Bedürfnis, Amma ihren Kummer mitzuteilen. Wer außer Amma konnte sie trösten?

Inzwischen war der Satsang zu Ende. Amma kehrte zum Kalari Maṇḍapam, der offenen Veranda des kleinen Tempels, zurück und setzte sich.

Tyāga

Ein Haushälter: „Amma, du sprichst immer über die Wichtigkeit von Tyāga (Entsagung). Was ist Tyāga?”

Amma: „Sohn, jede Handlung, die nicht für die eigene Bequemlichkeit oder Eigennutz geschieht, ist Tyāga. Amma bezeichnet jede Handlung als Tyāga, die Gott zum Wohle der

Welt dargebracht wird ohne irgendein Gefühl von „ich“ oder „mein“ oder ohne Rücksicht auf das eigene Wohlbefinden. Bemühungen im eigenen Interesse oder zum eigenen Nutzen können nicht als Tyāga betrachtet werden.”

Der Haushälter: „Könntest du das erklären, Amma?”

Amma: „Wenn dein Kind krank ist, bringst du es ins Krankenhaus. Wenn es erforderlich ist, gehst du zu Fuß, selbst wenn es ein weiter Weg ist. Du bist bereit, viele Menschen um Hilfe zu bitten, damit dein Kind ins Krankenhaus aufgenommen wird. Sind die Räume belegt, so bist du auch gewillt, mit deinem Kind auf dem schmutzigen Fußboden zu schlafen. Du nimmst dir einige Tage frei, um beim Kind zu sein. Aber weil es sich um dein eigenes Kind handelt, können all diese Mühen nicht als Tyāga bezeichnet werden.

Leute sind gewillt, unzählige Male die Stufen des Gerichtes hinauf- und hinunter zu laufen, nur um für ein kleines Stück Land zu kämpfen. Sie tun es jedoch für sich selbst. Menschen machen Überstunden und opfern Schlaf, um Überstunden bezahlt zu bekommen. Das ist kein Tyāga. Wenn du jedoch auf alle Bequemlichkeiten verzichtest, um jemandem zu helfen, so handelt es sich um Tyāga. Hilfst du einem armen Menschen mit dem Geld, das du hart erarbeitet hast, so ist es Tyāga. Nehmen wir einmal an, das Kind deines Nachbarn sei krank und es gibt niemanden, der bei ihm im Krankenhaus bleibt. Wenn du bei diesem Kind bleibst, ohne von irgendjemandem etwas zu erwarten, nicht einmal ein Lächeln, so lässt sich das als Tyāga bezeichnen; ebenso, wenn man seine Ausgaben einschränkt, indem man auf einige persönliche Annehmlichkeiten verzichtet und das damit Ersparte für einen guten Zweck verwendet.

Durch solche aufopfernden Handlungen klopfst du an die Tür, die zum Reich des Selbst führt. Durch solche Taten gewinnst du Zugang in jene Welt, die wir als Karma-Yōga bezeichnen. Andere Tätigkeiten führen nur zum Tod. Die mit der Einstellung von ‚ich' und ‚mein' ausgeführten Handlungen können niemals von wirklichem Nutzen für dich sein.

Besuchst du eine Freundin, die du lange nicht gesehen hast, überreichst du ihr vielleicht einen Blumenstrauß. Aber zuerst freust du dich über die Schönheit und den Duft der Blumen; darüber hinaus erlebst du die Freude am Geben. Desgleichen bekommst du Freude und Frieden durch deine selbstlosen Tyāga-Handlungen.

Kinder, findet jemand, der Tyāga ausübt, keine Zeit für Japa, wird er trotzdem die Unsterblichkeit erreichen. Sein Leben wird für andere wie Nektar sein. Ein von Tyāga erfülltes Leben ist die größte Art des Satsang[6], da es anderen als sichtbares Beispiel dient."

Japa Ratschläge

Brahmachārī: „Amma, ist es gut, auf Schlaf zu verzichten und nachts aufzubleiben, um Japa zu machen?"

Amma: „Seit vielen Jahren bist du es gewohnt zu schlafen. Damit abrupt aufzuhören, wird Störungen verursachen. Schlafe mindestens vier oder fünf Stunden, nicht weniger als vier. Reduziere den Schlaf nicht abrupt, sondern allmählich."

Brahmachārī: „Beim Chanten meines Mantras verliere ich oft die Konzentration."

Amma: „Das Mantra sollte mit großer Aufmerksamkeit rezitiert werden. Achte entweder besonders auf den Klang oder auf die Bedeutung des Mantras; du kannst beim Rezitieren auch jede einzelne Silbe visualisieren. Eine weitere Möglichkeit

---

[6] Sat = Wahrheit, Sein; sanga = Gesellschaft (Umgang) mit.

besteht darin, dir dabei deine geliebte Gottheit vorzustellen. Lege fest, wie viele Male am Tag du insgesamt das Mantra wiederholen möchtest. Das wird dazu beitragen, Japa entschlossen auszuüben. Sei jedoch nicht unachtsam und nicht lediglich darauf bedacht, eine bestimmte Anzahl zu erreichen. Am wichtigsten ist die Konzentration. Verwenden wir dabei eine Mālā, hilft uns diese beim Zählen, aber auch zur Aufrechterhaltung der Konzentration.

Am Anfang fällt die Konzentration nicht leicht, daher solltest du beim Chanten deine Lippen bewegen. Mit der Zeit wird es dir gelingen, das Mantra ohne Lippen- oder Zungenbewegung innerlich zu rezitieren. Verrichte Japa mit Aufmerksamkeit, niemals mechanisch. Jede Wiederholung sollte wie das Kosten einer Süßigkeit sein. Schließlich wirst du einen Zustand erreichen, in dem, selbst wenn du das Mantra loslässt, das Mantra dich nicht loslassen wird.

Band Yaśhōdā Kṛiṣhṇa nicht an einen Mörser? Genauso stelle dir vor, du bindest deine geliebte Gottheit mit dem Seil der Liebe an und dann befreist du sie. Stelle dir dies in deinem Mind vor und zwar so lebhaft, als ob du einen Film siehst. Stell dir vor, dass du mit Ihr spielst, mit Ihr sprichst und Ihr hinterherläufst, Ihr folgst um Sie zu fangen. Bist du erfüllt von Liebe, braucht dich niemand mehr an diese Vorstellungen zu erinnern, denn die Gedanken an die geliebte Gottheit sind dann die einzigen Gedanken, die spontan in deinem Mind auftauchen.

Kinder, bemüht euch, Liebe in euch und die Einstellung: ‚Gott ist mein Ein-und-Alles' zu entwickeln."

Kapitel 6

Freitag, den 15. November 1985

Es war am frühen Abend. Amma und ihre Kinder waren gerade im Haus eines Devotees in Kayamkulam angekommen. Dieser Devotee hatte Amma schon einige Male zuvor eingeladen, aber erst jetzt hatte sie die Einladung angenommen.

Ein kleiner Baldachin war für die Bhajans vor dem Haus errichtet worden. Es herrschte ein reges Getümmel. Die meisten Anwesenden waren ungebildet und hatten kaum spirituelles Verständnis. Ein Alkoholgeruch hing in der Luft und die Familienmitglieder machten kaum Anstrengungen, die Menge in den Griff zu bekommen. Den Brahmachārīs fiel es schwer, in dieser Atmosphäre Kīrtans zu singen. Vielleicht hatte Amma die vorhergehenden Male die Einladungen nicht angenommen, weil sie dies vorausgesehen hatte.

Wiederholt hatte Amma geäußert: „Amma ist bereit, überall hinzugehen; sie ist gewillt, in einem Basar zu singen und Beleidigungen von egal wem einzustecken, das bereitet ihr keine Probleme. Singt Amma nicht Gottes Namen? Welche Schande liegt darin? Doch Ammas Kinder ertragen es nicht, wenn jemand etwas Schlechtes über sie sagt. Auch gibt es ein paar Mädchen unter uns. Sie können nicht einfach überall singen. Sie brauchen Schutz. Deshalb kann Amma nicht ohne weiteres jede Einladung annehmen."

Das Karma Geheimnis

Die Rückfahrt zum Āśhram im kleinen Bus war eine gute Gelegenheit für einen Satsang mit Amma. Ein Brahmachārī fragte: „Amma, ist es unumgänglich, dass wir für jeden begangenen Fehler leiden müssen?"

Amma: „Wir müssen die Strafe selbst für kleine Fehler annehmen. Sogar Bhīṣhma[7] musste die Folgen seiner Fehler erleiden."

Brahmachārī: „Worin lag sein Fehler? Wie wurde er bestraft?"

Amma: „Er schaute tatenlos zu, als Draupadi entkleidet wurde, nicht wahr? Auch wenn er wusste, dass Duryōdhana und seine Brüder niemals auf seine Einwände hören würden, hätte er sie trotzdem mindestens an ihr Dharma erinnern müssen. Das tat er jedoch nicht. Er äußerte kein Wort. Er hätte die Übeltäter über ihr Dharma belehren sollen, unabhängig davon, ob sie nun auf seinen Rat hören oder nicht. Da er kein Wort gegen sie sagte, wurde er zum Mittäter. Aus diesem Grunde musste er später auf dem Bett aus Pfeilen liegen.

Bei einem Unrecht wortlos zuzuschauen, obwohl du weißt, dass es gegen Dharma, das Prinzip der Rechtschaffenheit, verstößt, ist die größte Ungerechtigkeit überhaupt. Das ist das Verhalten eines Feiglings, nicht das eines mutigen Menschen. Niemand, der eine solche Sünde begeht, soll glauben, dass er ungeschoren davonkommt. Für solche Menschen ist die Hölle gedacht."

Brahmachārī: „Wo befindet sich die Hölle?"

---

[7] Bhisma war der Großvater der Pāṇḍavas und Kauravas. Er war ein großer Krieger, der über viel Weisheit verfügte. Obwohl seine Sympathie den Pāṇḍavas galt, stand er im Mahābhārata-Krieg aufgrund eines abgelegten Schwurs auf der Seite der Kauravas.

Amma: „Auf Erden selbst."

Brahmachārī: „Aber ist es nicht Gott, der uns richtig und falsch handeln lässt?"

Amma: „Sohn, das trifft für jemanden zu, der überzeugt ist, dass alles Gottes Werk ist. In diesem Fall sollte es uns möglich sein zu sehen, dass uns alles von Gott gegeben wird, dass wir die Früchte unserer guten Handlungen genießen aber auch, dass wir die Strafen für unsere Fehler erleiden.

Nicht Gott ist für unsere Fehler verantwortlich, sondern wir selbst. Verschreibt ein Arzt uns ein körperaufbauendes Tonikum mit der Angabe, in welcher Dosierung man es täglich einnimmt, wir uns jedoch nicht an seine Anweisungen halten, sondern die ganze Flasche auf einmal austrinken und dadurch gesundheitlichen Schaden erleiden, können wir dann den Arzt beschuldigen? Oder können wir dem Benzin die Schuld geben, wenn wir unaufmerksam fahren und dadurch einen Unfall verursachen? Wie können wir dann Gott für unsere Probleme verantwortlich machen, die wir durch unsere eigene Ignoranz verursachen? Gott hat uns klare Anleitungen für unser Dasein auf Erden gegeben. Es ist nutzlos, Ihn für die Folgen unserer Verstöße gegen seine Gebote verantwortlich zu machen."

Brahmachārī: „In der Bhagavad Gītā heißt es, wir sollen handeln, ohne nach den Früchten unserer Taten zu trachten. Amma, wie können wir das bewerkstelligen?"

Amma: „Um uns vom Leid zu befreien, gebot uns der Herr, unsere Handlungen mit Śhraddhā[8] auszuüben, ohne an die Ergebnisse zu denken oder uns um diese zu sorgen. Wir

---

[8] Auf Sanskrit bedeutet Śhraddhā in Weisheit und Erfahrung wurzelnder Glaube, auf Malayāḷam hingegen aufmerksame Bewusstheit bei jeder Handlung, sich ganz seiner Aufgabe widmen. Amma gebraucht den Begriff im Sinne von „wache Aufmerksamkeit".

werden dann mit Sicherheit den Lohn erhalten, den unsere Taten verdienen. Wenn du z.B. ein Student bist, lerne deine Lektionen mit großer Aufmerksamkeit, ohne darüber grübeln, ob du die Prüfung bestehen wirst oder nicht. Baust du ein Haus, gehe sorgfältig nach Bauplan vor, ohne Sorge, ob das Gebäude stehenbleiben oder zusammenbrechen wird.

Gute Taten führen zu guten Ergebnissen. Wenn ein Landwirt Reis guter Qualität anbietet, kaufen die Leute ihn. Somit erhält er für seine Arbeit entsprechenden Lohn. Verkauft er jedoch in der Hoffnung auf Extraprofit ein verfälschtes Produkt, folgt die Strafe dafür früher oder später und er wird seinen inneren Frieden verlieren. Seid bei all euren Handlungen achtsam und voller Hingabe. Jede Tat erhält ihr Ergebnis im vollen Umfang, ob du dich nun darum sorgst oder nicht. Warum also Zeit damit verschwenden, sich um die Früchte der Handlungen zu sorgen? Warum nicht die Zeit nutzen, um an Gott zu denken."

Brahmachārī: „Wenn das Selbst alldurchdringend ist, weilt es dann nicht auch in einem toten Körper? Wie kann dann der Tod überhaupt eintreten?"

Amma: „Wenn eine Glühbirne durchbrennt oder sich ein Ventilator nicht mehr dreht, ist das kein Indiz dafür, dass keine Elektrizität mehr vorhanden wäre. Wenn wir aufhören, uns mit einem Fächer Luft zu zuwedeln, bedeutet dies nicht, dass keine Luft vorhanden ist. Oder platzt ein Luftballon, so existiert die Luft, die darin enthalten war, auch weiterhin. In der gleichen Weise sind das Selbst und Gott überall. Der Tod tritt nicht wegen der Abwesenheit des Selbst ein, sondern weil das Instrument, der Körper, nicht mehr funktioniert. Zum Zeitpunkt des Todes hört der Körper auf, das Bewusstsein des Selbst zu manifestieren. Der Tod kennzeichnet daher den Zusammenbruch des Instrumentes und nicht irgendeinen Mangel im Selbst."

Amma begann nun, mit zwei Brahmachārīs einen Bhajan einzuüben. Sie sang jeweils eine Zeile, welche die beiden dann wiederholten:

bhagavānē bhagavānē

Oh Herr, oh Herr!
Oh Herr, dem die Devotees lieb sind;
Oh Du Reiner, Du Zerstörer der Sünden;
auf dieser Welt scheint es nur Sünder zu geben.
Gibt es jemanden, der uns den richtigen Weg weisen kann?

Oh Nārāyaṇa, Tugendhaftigkeit ist verschwunden.
Der Mensch hat allen Sinn für Wahrheit und Tugend verloren.
Spirituelle Wahrheiten gibt es nur noch in den Büchern.
Alles, was man sieht, trägt das Gewand der Heuchelei.
Belebe und schütze das Dharma, oh Kṛiṣhṇas!

Anschließend sang Amma einen weiteren Bhajan:

ammē kaṇṇuturakkūlē

Oh Mutter, willst Du nicht deine Augen öffnen und kommen?
Entferne diese Dunkelheit.
Ich werde nicht aufhören, Deine zahllosen Namen
mit großer Ehrerbietung zu wiederholen.

Wer außer Dir könnte in dieser unwissenden Welt,
meine Unwissenheit beseitigen?
Du bist die Essenz der Weisheit,
die hinter dem Universum stehende Kraft.
Oh Mutter, die Ihre Devotees innig liebt,

Du bist fürwahr das Blut unseres Lebens.
Wenn wir uns zu Deinen Füßen verneigen,
wirfst Du uns dann nicht einen gnadenvollen Blick zu?

Die sieben Weisen singen ohne Unterlass
Deine Lobpreisung,
Nun rufen wir Dich aus unserem Elend heraus.
Oh große Mutter, willst Du nicht kommen?

Der Wagen hielt am Bootssteg in Vallickavu. Die Zeit war so schnell verflossen, dass alle erstaunt waren, als sie bemerkten, dass sie schon fast den Āśhram erreicht hatten.

Am Tor des Āśhrams wartete ein Devotee in Begleitung eines jungen Mannes auf Amma. Er verbeugte sich, als er Amma erblickte, während der junge Mann lässig danebenstand. Amma führte beide zum Kalari und setzte sich mit ihnen auf die offene Veranda des kleinen Tempels.

Amma: „Kinder, wann seid ihr gekommen?"

Devotee: „Vor ein paar Stunden. Wir saßen in Oachira gerade im Bus auf dem Weg hierher, als wir deinen Wagen in entgegengesetzter Richtung vorbeifahren sahen. Wir befürchteten schon, dich heute gar nicht mehr zu sehen. Bei unserer Ankunft jedoch teilte man uns mit, dass du am Abend zurückkehrst. Da waren wir erleichtert."

Amma: „Amma besuchte das Haus eines Sohnes in Kayamkulam. Es sind arme Leute, die Amma schon seit einiger Zeit um einen Besuch gebeten hatten. Als Amma sah, wie traurig sie waren, versprach sie schließlich, sie heute zu besuchen. Wie geht's mit deinem Sādhanā, Sohn?"

Devotee: „Dank Ammas Gnade geht alles gut. Amma, darf ich eine Frage stellen?"

Amma: „Natürlich, Sohn."

Einweihung ins Gurus Mantra

Devotee: „Amma, ein Freund von mir hat von einem Sannyāsī ein Mantra erhalten. Kürzlich versuchte er, mich dazu zu überreden, mir ebenfalls von dem Sannyāsī ein Mantra geben zu lassen. Obwohl ich ihm erklärte, dass ich schon ein Mantra von dir habe, ließ er nicht nach. Schließlich gelang es mir, von ihm loszukommen. Amma, wenn man ein Mantra von einem Guru erhalten hat, ist es dann richtig, ein Mantra von jemand anderem anzunehmen?

Amma: „Hast du dich für einen Guru entschieden und dann jemand anderen als Guru betrachtest, ist das wie eheliche Untreue. Hast du jedoch noch kein Mantra von einem Guru erhalten, ist es kein Problem.

Hast du von einem Satguru ein Mantra erhalten, dann brauchst du nirgendwo anders hinzugehen. Dein Guru wird sich in jeglichen Belangen um dich kümmern. Du kannst andere Gurus respektieren und ehren; das ist in Ordnung. Aber du wirst keinen Nutzen davon haben, wenn du nicht an irgendetwas festhältst. Zu einem anderen Guru zu gehen, solange der Guru, der dich in ein Mantra eingeweiht hat noch lebt, ist vergleichbar mit einer Frau, die ihren Mann betrügt und einen anderen nimmt. Du hast ein Mantra von deinem Guru angenommen, weil du ihm völlig vertraut hast. Jemand anderen als deinen Guru zu wählen, bedeutet, dass du dieses Vertrauen verloren hast."

Devotee: „Was sollte man tun, wenn man den Glauben an den Guru verliert, der einem ein Mantra gegeben hat?"

Amma: „Es sollte alles darangesetzt werden, den Glauben aufrecht zu erhalten. Ist das jedoch unmöglich, ist es sinnlos, beim Guru zu bleiben. Der Versuch, verlorenen Glauben wiederzubeleben, ist wie der Versuch, auf einer Glatze Haare wachsen zu lassen. Ist der Glaube, das Vertrauen einmal verloren, ist es äußerst schwierig, ihn wiederzuerlangen. Bevor man jemanden als Guru akzeptiert, sollte man ihn zuvor eingehend beobachten. Am besten ist es, ein Mantra von einem Satguru zu erhalten."

Devotee: „Welcher Vorteil liegt darin, ein Mantra von einem Satguru zu bekommen?"

Amma: „Durch sein Saṅkalpa kann der Satguru die spirituelle Kraft in dir wecken. Man erhält keinen Joghurt, wenn man Milch in Milch gießt. Wenn du jedoch eine kleine Menge Joghurt in die Milch gibst, wird die ganze Milch zu Joghurt. Wenn ein Mahātmā dir ein Mantra gibt, ist sein Saṅkalpa einbezogen. Seine göttliche Kraft fließt in den Schüler."

Devotee: „Es gibt viele, die in die Rolle eines Gurus schlüpfen, indem sie reihenweise Mantras vergeben. Bringen solche Mantren einen Nutzen?"

Amma: „Es gibt diejenigen, deren Vorträge ausschließlich auf Buchwissen beruhen und jene, die das Bhāgavatam oder Rāmayana laut vorlesen und damit ihren Lebensunterhalt verdienen. Solche Menschen können sich nicht einmal selbst retten, wie sollte es ihnen dann möglich sein, andere zu retten? Wenn du von solch einem Menschen ein Mantra erhalten hast und begegnest nachher einem Satguru, solltest du dich auf jeden Fall durch den Satguru neu einweihen lassen.

Nur derjenige, der, spirituelle Übungen praktiziert und das Selbst verwirklicht hat, ist geeignet, anderen Mantren zu geben. Diejenigen, die vorgeben, Gurus zu sein, sind wie Boote aus Schwamm. Sie können niemanden zum anderen Ufer bringen. Wer in ein solches Boot steigt, geht mitsamt dem Boot unter. Ein Satguru dagegen ist wie ein riesiges Schiff, das alle, die es besteigen, ans andere Ufer führt. Jemand, der Schüler annimmt und andere einweiht, ohne selbst durch eigenes Sādhanā dazu die notwendige Kraft zu haben, gleicht einer Babyschlange, die versucht, einen großen Frosch zu verschlingen. Die Schlange ist unfähig, den Frosch zu verschlucken, der Frosch jedoch kann auch nicht entkommen."

Junger Mann: „Die Schriften empfehlen, Zeit in der Gegenwart von Weisen zu verbringen. Worin liegt der Vorteil von Satsang mit einem Mahātmā?"

Amma: „Sohn, wenn wir durch eine Fabrik gehen, die Räucherwerk herstellt, wird der Duft an uns haften bleiben. Dazu müssen wir nicht dort arbeiten oder Räucherwerk kaufen; es ist nicht einmal notwendig etwas anzufassen. Wir müssen lediglich die Fabrik betreten, dann bleibt der Duft ohne die geringste Bemühung an uns haften.

Gleichermaßen findet in der Gegenwart eines Mahātmās unbemerkt eine innere Veränderung statt. Der Wert der Zeit, die du bei einem Mahātmā verbringst, ist unmessbar. Die Gegenwart einer großen Seele schafft positive Vāsanās, Eigenschaften und Saṁskāras in uns. Die Gesellschaft von Menschen mit dunklem Mind hingegen ist vergleichbar mit dem Betreten eines Kohlenkellers. Selbst wenn wir die Kohle nicht berühren, sind wir schwarz, wenn wir wieder hinausgehen.

Gelegenheiten, viele Jahre Tapas zu üben, trifft man häufiger an, als die Gesellschaft eines Mahātmās zu finden, Diese ist äußerst selten und schwer zu erhalten. Eine solche Möglichkeit sollte niemals verschwendet werden. Wir sollten sehr geduldig sein und bemüht, den größten Nutzen aus der Erfahrung zu ziehen. Lediglich eine Berührung oder ein Blick können uns mehr bringen als 10 Jahre Tapas. Um jedoch den Gewinn wirklich zu erfahren, müssen wir von unserem Ego ablassen und Glauben und Vertrauen haben."

Sādhanā in Zurückgezogenheit

Junger Mann: „Wir haben heute einen Rundgang durch das Āśhramgelände gemacht und uns umgesehen."

Amma: „Was gibt es hier zu sehen, Sohn?"

Junger Mann: „Ich verstehe nicht, wozu die Höhle hinter dem Kalari ist."

Amma: „Am Anfang ist Rückzug für den Sucher wesentlich. Dadurch vermeidet er es, abgelenkt zu werden und so wendet sich der Mind nach innen. Folgst du den Anweisungen des Gurus, kannst du Gott in allem sehen.

In dieser Gegend gibt es keine Berge und keine Rückzugsmöglichkeiten, da überall nur Häuser stehen. Aufgrund des vielen Wassers können wir nicht einmal tief in den Boden graben, um eine Meditationshöhle zu errichten. Deshalb ist die Höhle nur 60 - 90 cm tief. Man kann es nicht wirklich eine Höhle nennen.

Bevor man die Saat sät, ist es notwendig, das Feld vorzubereiten. Das Unkraut muss beseitigt, der Boden gepflügt und eingeebnet werden, bevor wir schließlich mit dem Pflanzen beginnen. Keimt die Saat und wächst, müssen wir weiterhin Unkraut jäten. Später jedoch, wenn die Pflanzen ihre volle Größe erreicht haben, erübrigt sich das Jäten, da die Pflanze stark genug ist und das Unkraut ihr nicht mehr schaden kann. Am Anfang, wenn die Pflanzen noch zart sind, kann das Unkraut sie leicht vernichten. Genauso ist es zunächst am besten, spirituelle Übungen in Zurückgezogenheit auszuüben. Wir sollten in Japa und Meditation eintauchen ohne allzu viel Umgang mit anderen zu haben. Unser Feld sollte frei von hinderlichem Unkraut sein. In einem späteren Stadium, wenn wir einige Zeit Sādhanā praktiziert haben, sind wir stark genug, um über alle äußeren Hindernisse hinauszuwachsen.

Versuchst du, Wasser auf eine höhere Ebene zu pumpen, wird es dir nicht gelingen, wenn sich unten im System ein Loch befindet. In gleicher Weise gilt es, den Verlust von angesammelter spiritueller Energie zu verhindern, dafür sollten wir die äußeren Interessen aufgeben. Wir brauchen eine Zeit der Zurückgezogenheit, um unseren Mind von in der Vergangenheit angesammelten schlechten Gewohnheiten zu reinigen. Wir sollten den Kontakt mit zu vielen Menschen vermeiden.

Ein Student kann nicht in einem lauten, überfüllten Bahnhof lernen, nicht wahr? Er braucht eine Umgebung, die fürs Lernen förderlich ist. Ähnlich benötigt ein Sādhak am Anfang Zurückgezogenheit. Ist er geübt, kann er unter allen Bedingungen meditieren. Zunächst jedoch braucht es besondere Vorkehrungen.

Außer Zurückgezogenheit gibt es noch einen weiteren Grund für Meditation in einer Höhle. Die besonderen Schwingungen unter der Erdoberfläche und ebenso in den Bergen verleihen unserem Sādhanā spezielle Kraft. Mahātmās sagen, dass Höhlen unterhalb der Erdoberfläche für spirituelle Übungen besonders geeignet sind. Aussagen von Mahātmās sind wie Vēden für uns. Wenn wir krank sind, suchen wir einen Arzt auf und akzeptieren seine Worte. Entsprechende Autorität haben die Worte eines Mahātmās für unseren spirituellen Pfad.

Früher gab es Wald und viele Höhlen, wo die Suchenden Entsagung üben konnten. Sie lebten von Früchten und Wurzeln und völlig losgelöst von der Welt. Heute jedoch sind die Umstände anders. Brauchen wir eine Höhle, müssen wir eine bauen. Aber obwohl von Menschenhand geschaffen, ist diese Höhle für Rückzug und Meditation gut."

Junger Mann: „Benötigt denn der spirituell Suchende eine Höhle, um Tapas auszuüben? Sind wir in einer Höhle nicht von der Welt abgeschnitten? Ist das nicht Schwäche?"

Amma: „In einem Stausee kann es Wellen geben, jedoch geht kein Wasser dadurch verloren. Bricht allerdings der Damm, fließt alles Wasser ab. Vergleichsweise verliert der Sādhak seine feinstoffliche Energie beim Sprechen und im Umgang mit anderen. Um das zu vermeiden, ist der Rückzug anfangs gut. Es ist Übungszeit für den Sādhak. Möchtest du Fahrrad fahren lernen, suchst du dir ein offenes, menschenleeres Gelände, wo du üben kannst, ohne andere zu stören. Das betrachtet man nicht als Schwäche. Die Kinder[9] hier benötigen diese Höhle und die Rückzugsmöglichkeit, die sie bietet. Später werden sie hinausgehen und der Welt dienen."

Junger Mann: „Warum gehen sie denn nicht nach Mookambika[10] oder in den Himalaja, um Tapas zu praktizieren? Dort gibt es die richtige Umgebung."

Amma: „Sohn, durch die Gegenwart des Gurus erübrigt sich ein Aufenthalt in Mookambika oder im Himalaja. In den Schriften heißt es, dass die Füße des Gurus den Zusammenfluss aller heiligen Gewässer darstellen. Außerdem sind die Kinder hier Sādhaks; Sādhaks müssen in der Nähe ihres Gurus verweilen, damit sie die notwendigen Anweisungen erhalten. Ein Schüler sollte sich ohne die Erlaubnis des Gurus niemals von ihm entfernen.

Ein Arzt gibt einem schwerkranken Patienten nicht einfach Medizin und schickt ihn dann nach Hause. Er behält den Patienten zur Behandlung im Krankenhaus. Er untersucht den

---

[9] Amma nennt ihre Schüler und Devotees ihre Kinder.

[10] Die Hügel in der Nähe des berühmten Mookambika-Tempels sind ideal für Sādhanā in Einsamkeit.

Patienten häufig und ändert die Dosis der Medizin je nach Krankheitsbefund. Gleiches gilt für den spirituellen Schüler, der Sādhanā ausübt. Er sollte sich stets unter der Beobachtung des Gurus befinden. Der Guru sollte verfügbar sein, um aufsteigende Zweifel zu bereinigen und bei jedem Schritt des Sādhanās mit Rat und Tat zur Seite zu stehen. Ferner sollte es ein Guru sein, der den Weg selbst gegangen ist.

Erhält ein Sādhak nicht die richtige Führung, kann er das innere Gleichgewicht verlieren.

Der Körper erhitzt sich bei zu viel Meditation. Wenn das geschieht, benötigt der Sādhak Ratschläge, wie er seinen Körper abkühlen kann. Die Nahrung sollte in diesem Stadium geändert werden. Es bedarf der Zurückgezogenheit und gemäßigten Meditierens. Hat jemand die Kraft, mehr als 40 kg zu heben und versucht sich plötzlich an 100 kg, dann wird er zuerst wanken und schließlich hinfallen. Ebenso kann es zu vielen Problemen führen, wenn du mehr meditierst als dein Körper ertragen kann. Deshalb sollte der Guru in der Nähe sein, damit er dem Schüler die notwendigen Anweisungen geben kann.

Geht etwas mit der Meditation schief, so kann man dafür nicht von vornherein Gott oder die Meditation als solche verantwortlich machen. Das Problem liegt bei der gewählten Meditationstechnik. Im gegenwärtigen Stadium brauchen die hier anwesenden Kinder Ammas Nähe, damit sie richtig meditieren und Fortschritte machen können. Es ist für sie noch nicht die Zeit für eigenständiges Sādhanā, deshalb sollten sie sich nicht weiter entfernen. Zu einem späteren Zeitpunkt dagegen wird das kein Problem mehr sein.”

Junger Mann: „Was erzielt man eigentlich durch Tapas?”

Amma: „Der Durchschnittsmensch kann mit einer kleinen Kerze verglichen werden, während ein Tāpasvī wie ein

elektrischer Transformator ist, der einem großen Bereich Energie schenken kann. Tapas verleiht dem Sādhak innere Stärke. Er wird durch Konfrontation mit Hindernissen nicht geschwächt. In allen seinen Tätigkeiten ist er höchst effizient. Tapas weckt Losgelöstheit, so dass der Sādhak handelt, ohne Früchte seiner Taten zu erwarten. Durch Tapas erwirbt er die Fähigkeit, alle Menschen als gleichwertig zu betrachten. Er fühlt sich zu niemandem besonders hingezogen, noch begegnet er jemandem feindselig. Von diesen Fähigkeiten profitiert sowohl der Sādhak selbst als auch die Welt.
Man kann leicht sagen: ‚Ich bin Brahman', selbst wenn man voller Eifersucht und Feindseligkeit ist. Tapas dient als Schulung, um den unreinen Mind in einen göttlichen Mind zu verwandeln.

Bevor du erfolgreich an einer Prüfung teilnehmen kannst, musst du dafür lernen. Man kann nicht erwarten, sie zu bestehen, wenn man nicht gelernt hat, nicht wahr? Bevor du dich ans Steuer eines Autos setzt, musst du lernen, wie man fährt. Das lässt sich mit Tapas vergleichen. Ist der Mind einmal unter Kontrolle, kannst du voranschreiten, ohne dass irgendwelche Umstände dich schwächen können. Alleine durch Buchwissen lässt sich dies nicht erreichen; Tapas ist notwendig. Das Ergebnis von Tapas kann man mit einer Sonne vergleichen, die einen wunderbaren Duft verbreitet. Diejenigen, die Tapas ausüben, bewegen sich auf einen Zustand der Ganzheit zu. Ihre Worte sind von lebendiger Kraft durchdrungen. Menschen fühlen sich in ihrer Gegenwart glückselig. Die Tāpasvīs sind für die Welt nützlich, da sie durch ihr Tapas die Kraft haben, andere zu erheben."

Junger Mann: „Was versteht man unter Selbst-Verwirklichung oder dem höchsten Zustand des Erwachens?"

Amma: „Gott in allem zu sehen, alles als Ein- und Dasselbe wahrzunehmen, zu erkennen, dass alle Wesen dein eigenes Selbst sind, das ist Verwirklichung. Wenn alle Gedanken verebbt sind, es keine Wünsche mehr gibt, der Mind vollkommen still ist, dann erfährst du Samādhi. In diesem Zustand gibt es kein ‚ich' oder ‚mein'. Du bist dann für alle dienlich und nicht länger eine Last für die anderen. Der Durchschnittsmensch kann mit einem kleinen, stehenden Teich verglichen werden, während eine verwirklichte Seele wie ein Fluss oder ein Baum ist, der jedem, der zu ihm kommt, Trost und Kühle spendet."

Es war schon recht spät. Amma stand auf um zu gehen. Sie wandte sich an den jungen Mann mit den Worten: „Mein Sohn, warum bleibst du nicht bis morgen? Wenn Amma weiter hier sitzenbleibt, gehen diese Kinder auch nicht und verpassen die morgendliche Āśhram-Routine. Amma wird euch morgen wiedersehen."

Samstag, den 16. November 1985

Am nächsten Morgen verpassten mehrere Brahmachārīs das Archana, da sie die Nacht zuvor so lange mit Amma zusammen gewesen waren. Später, kurz bevor die Meditation begann, kam Amma und fragte, warum sie nicht beim Archana waren. Sie erklärte: „Wer Vairāgya (Losgelöstheit) hat, wird die tägliche Routine niemals unterbrechen, ganz egal, wie müde er ist. Kinder, verpasst das tägliche Archana nicht. Wenn ihr es verpasst, dann beginnt eure Meditation erst, nachdem ihr das Archana gemacht habt."

Alle hörten auf zu meditieren und begannen das Lalitā Sahasranāma zu rezitieren, während Amma dabeisaß. Als das Archana zu Ende war, erhob sich Amma und ging zum Platz auf der Nordseite des Āśhrams. Ein paar Brahmachārīs und der gestern angekommene junge Mann gesellten sich dazu.

Brahmacharya

Junger Mann: „Ist Zölibat hier obligatorisch?"

Amma: „Amma hat die hier wohnenden Kinder gebeten, ihre sexuelle Energie in Ōjas (feinstoffliche Energie) umzuwandeln; dann können sie ihre wahre Natur erkennen. Das ist das wahre Glück. Das ist ihre Lebensweise. Nur diejenigen, denen diese Lebensweise möglich ist, sollten hierbleiben. Die anderen können gehen und als Gṛihasthāśhrama leben (spirituell orientiertes Familienleben). Die hier ansässigen Kinder sind angehalten, zölibatär zu leben. Wer hingegen das Gefühl hat, es nicht einhalten zu können, kann jederzeit gehen.

Die Polizei hat ihre eigenen Regeln, ebenso das Militär. Entsprechend gelten die Brahmacharya-Vorschriften für die im Āśhram lebenden Brahmachārīs und Brahmachāriṇīs. Im Zölibat zu leben ist wesentlich für diejenigen, die sich entschlossen haben, hier zu leben und dies bezieht sich nicht nur auf den sexuellen Aspekt. Es ist wichtig, alle Sinne im Zaum zu halten: Die Augen, die Nase, die Zunge und die Ohren. Amma zwingt niemanden. Sie sagt ihnen nur, dass dies der Weg ist.

Amma riet ihnen sogar zu heiraten; davon wollten sie jedoch nichts wissen. Daraufhin erklärte ihnen Amma, dass sie sich dann an eine bestimmte Lebensweise halten und bestimmte Regeln einhalten müssen. Wenn ihnen das nicht möglich ist, steht es ihnen frei zu gehen. Niemandem wird dieser Lebensstil aufgezwungen. Nicht jedem ist es möglich, diesen Weg zu gehen. Amma rät ihnen, nichts zu unterdrücken. Du kannst diesen Weg ausprobieren, und wenn er für dich nicht funktioniert, dann heirate.

Kleidet man sich für eine bestimmte Rolle, sollte man sie auch gut spielen, ansonsten fängt man besser gar nicht erst damit an. Wenn du das höchste Ziel erreichen willst, ist Brahmacharya unerlässlich. Was haben unsere Mahātmās darüber gesagt?"

Junger Mann: „Wen meinst du damit?"

Amma: „Buddha, Rāmakṛiṣhṇa, Vivēkānanda, Ramaṇa, Ramatirtha, Chattampi Swāmī, Nārāyaṇa Guru. Was sagen sie alle? Warum verließen Buddha, Ramatirtha, Tulsidas und andere Mahātmās ihre Frauen und ihr Zuhause? Warum nahm Śhaṅkarāchārya[11] so früh Sannyāsa? Deuten ihre Handlungen etwa auf die Tatsache hin, dass Brahmacharya nicht notwendig wäre? Hat Rāmakṛiṣhṇa nicht Brahmacharya selbst nach seiner Eheschließung befolgt, um anderen ein Beispiel zu geben?

Brahmacharya ist nicht nur etwas Äußerliches; es bedeutet mehr, als nicht zu heiraten. Jeder Schritt soll in Einklang mit dem höchsten Prinzip geschehen. Nicht einmal ein Gedanke sollte jenes Prinzip verletzten. Brahmacharya schließt auch mit ein, andere in keiner Weise zu verletzen, nicht ohne notwendigen Grund jemandem zuzuhören beziehungsweise etwas anzuschauen und nur zu sprechen, wenn es nötig ist.

Da es dir schwerfallen kann, die Gedanken zu beherrschen, kannst du mit äußerlichem Brahmacharya beginnen. Wird Brahmacharya nicht eingehalten, verlierst du alle Kraft, die du durch Sādhanā gewonnen hast. Amma rät nicht zur gewaltsamen Unterdrückung. Für diejenigen, die über Lakṣhya-Bōdha

---

[11] Sri Śhaṅkarāchārya war ein großer Mahātmā und Philosoph des 8. Jahrhunderts. Er war ein Exponent der Advaita-Philosophie.

(kontinuierliche Ausrichtung auf das spirituelle Ziel) verfügen, ist Selbstbeherrschung nicht allzu schwierig.

Männer, die in den Ländern des Persischen Golfs arbeiten, kehren oft erst nach mehreren Jahren zurück[12]. In dieser Zeit leben sie weit entfernt von ihrer Frau und Kindern. Wenn es darum geht, Arbeit zu finden, sind die Bindung an die Familie und Land kein Hindernis. Wenn dein Ziel Selbst-Verwirklichung ist, denkst du an etwas anderes. Alle anderen Gedanken verblassen, ohne dass man sie zwangsweise kontrollieren muss. Die Menschen glauben, dass man Glück in äußeren Dingen findet. Daher arbeiten sie hart dafür und vergeuden all ihre Energie. Wir sollten darüber nachdenken und die Wahrheit verstehen. Stark werden wir durch unsere Liebe zu Gott und Konzentration auf Tapas. Es wird nicht so schwerfallen, denn wir verstehen, dass wir mit der Suche nach äußerem Glück nur Energie verschwenden.

Bestimmte Pflanzen tragen keine Früchte, wenn sie zu viele Blätter haben. Nur wenn man sie beschneidet, bringen sie Blüten und Früchte hervor. Desgleichen werden wir die innere Wahrheit nicht finden, wenn wir uns von äußeren Vergnügungen bestimmen lassen. Auf unser Verlangen nach weltlichen Freuden müssen wir verzichten, wenn die Ernte die Selbst-Verwirklichung sein soll."

Junger Mann: „Negiert die spirituelle Kultur Indiens das weltliche Leben völlig?"

Amma: „Nein, nicht wirklich. Sie besagt nur, dass darin kein wahres Glück zu finden ist."

Junger Mann: „Warum ist es nicht möglich, das Ziel zu erreichen und sich gleichzeitig am weltlichen Leben zu erfreuen?"

---

[12] Seit den siebziger Jahren ist eine große Anzahl von Indern, insbesondere aus Kerala, zum Arbeiten in die Golfländer gegangen.

Amma: „Wenn sich jemand wirklich nach Selbst-Verwirklichung sehnt, denkt er nicht einmal ans weltliche Leben oder an körperliche Freuden. Wer ein Familienleben führt, kann ebenfalls das Ziel erreichen, vorausgesetzt, man erkennt die Grenzen des weltlichen Lebens, steht völlig über den Dingen und führt ein von Japa, Meditation und Enthaltsamkeit geprägtes Leben."

Junger Mann: „Es ist also sehr schwierig, Selbst-Verwirklichung zu erreichen, wenn man ein weltliches Leben führt?"

Amma: „Wie sehr du es auch versuchen magst, es ist unmöglich, die Seligkeit des Selbst zu genießen, wenn du gleichzeitig weltliches Glück suchst. Wenn du Pāyasam aus einem Gefäß isst, das zum Aufbewahren von Tamarinde verwendet wird, wie willst du dann den wirklichen Geschmack von Pāyasam kosten?"

Junger Mann: „Könntest du das noch eingehender erklären?"

Amma: „Wenn du dich körperlichen Freuden hingibst, erfährst du ein gewisses Maß an Glück, nicht wahr? Ohne Selbstbeherrschung jedoch kannst du nicht zur Ebene spiritueller Glückseligkeit aufsteigen. Du kannst heiraten und mit deiner Frau und deinen Kindern leben, darin liegt nicht das Problem, doch du musst dich gleichzeitig auf das höchste Selbst konzentrieren. Wie will jedoch jemand, der nach weltlichem Glück strebt, die Freude, die nicht von dieser Welt ist, erlangen?"

Junger Mann: „Aber sind die weltlichen Freuden nicht Bestandteil des Lebens? Zum Beispiel schon die Tatsache, dass wir hier sitzen, ist das Ergebnis der körperlichen Beziehungen zweier Menschen. Wenn es die Beziehungen zwischen Mann und Frau nicht geben würde, wie sähe die Welt dann aus? Wie können wir das negieren? Außerdem wird die höchste

Glückseligkeit jemandem wegen einer körperlichen Beziehung vorenthalten?"

Amma: „Amma sagt nicht, dass weltliche Vergnügungen völlig zurückgewiesen werden sollten, sondern dass es notwendig ist zu verstehen, dass wahres Glück in solchen Freuden nicht zu finden ist. Die Süße einer Frucht liegt nicht in der Schale, sondern im Inneren der Frucht. Wenn dir das klar ist, gibst du der Schale nicht mehr Bedeutung als ihr zukommt. Wenn du begreifst, dass in Sinnesfreuden nicht der wirkliche Lebenszweck liegt, dann wirst du dich nur an Paramātman ausrichten. Ja, es ist möglich, das Ziel zu erreichen, wenn man ein Familienleben lebt, vorausgesetzt, man kann völlig losgelöst bleiben wie ein Fisch im Sumpf.[13] Früher folgten die Menschen den verschiedenen gesellschaftlichen Regeln. Sie lebten nach den Grundsätzen der Schriften, und sie suchten nicht bloße Sinnesfreuden. Gott war ihr Lebensziel. Nach der Geburt eines Babys behandelte der Mann seine Frau, die sein Ebenbild in Form des Kindes zur Welt brachte, wie seine Mutter. Wenn der Sohn erwachsen wurde, übertrugen die Eltern alle Verpflichtungen auf ihn und zogen sich für ein Leben in Einsamkeit in den Wald zurück. Durch ihr Leben als Haushälter verfügten sie dann über die benötigte Reife für diesen Lebensabschnitt. Ihre Arbeit, die Aufgabe, Kinder großzuziehen und das Ringen mit den verschiedenen Problemen hat sie reifen lassen. Während Vanaprastha blieb die Frau weiterhin bei ihrem Mann. Aber am Ende wurde auch dieses Band aufgeben, nämlich als sie Sannyāsis, völlig Entsagende, wurden. Und schließlich erreichten sie ihr Ziel. So verlief der übliche Lebensweg. Aber heutzutage ist es anders. Aufgrund der Anhänglichkeit der Menschen

---

[13] In Indien gibt es einen Fisch, der im Sumpf lebt. Der Fisch ist wie Teflon: Der Matsch haftet nicht an ihm.

an ihren Reichtum, Familie und ihren Egoismus lebt niemand mehr so. Das muss sich ändern. Wir müssen den wahren Sinn des Lebens erkennen und danach leben."

Junger Mann: „Sagen nicht manche Leute, dass die Vereinigung von Mann und Frau das größte Glück ist und dass selbst die Liebe einer Mutter für ihre Kinder sexuellen Ursprungs ist?"

Amma: „So begrenzt ist ihr Wissen. Das ist alles, was sie sehen. Selbst im Eheleben sollte nicht die Lust die treibende Kraft sein. Wirkliche Liebe sollte die Basis der Beziehung zwischen Mann und Frau sein. Liebe nährt alles. Liebe ist die Essenz des Universums. Ohne Liebe findet keine Schöpfung statt. Der wirkliche Ursprung dieser Liebe ist Gott, nicht der sexuelle Trieb.

Manche Paare erzählen Amma: ‚Unser sexuelles Verlangen schwächt unseren Mind. Es ist uns nicht möglich, wie Bruder und Schwester zusammenzuleben. Wir wissen nicht, was wir tun sollen.'

Was ist die Ursache für diesen Zustand? Der Mensch lebt heutzutage als Sklave seiner Lust. Wenn das noch weiter gefördert wird, in was für einen Zustand wird dann die Welt geraten? Daher rät Amma den Menschen, sich nach innen zu wenden und nach der Quelle echter Glückseligkeit zu suchen. Was sollten wir tun: Die Menschen dazu ermutigen, auf den Irrwegen ihrer gedankenlosen Impulse weiterzuschreiten oder sie auf dem Weg der Unterscheidung von diesen Irrtümern wegführen??

Es gibt Menschen, die in der Vergangenheit zahllose Fehler begangen hatten, dann jedoch durch Sādhanā ihre Gedanken beherrschen lernten und schließlich der Welt dienten. Sogar Menschen, die ihre eigenen Schwestern lustvoll betrachteten, wurden fähig, alle Frauen als ihre Schwestern anzusehen.

Betrachten wir einmal das Beispiel einer Familie von fünf Brüdern: Einer ist Alkoholiker, der zweite jagt dem Luxus nach, der dritte hat mit allen Streit, der vierte stiehlt alles, was ihm unter die Augen kommt. Der fünfte unterscheidet sich jedoch von den anderen. Er führt ein einfaches Leben, verfügt über ein gutes Naturell, Mitgefühl und Freude am Geben. Er ist ein wahrer Karma Yōgi. Dieser eine Bruder erhält die Harmonie in der Familie. Welchem der fünf sollten wir nacheifern?

Amma kann keine andere Meinung vertreten. Das heißt nicht, dass sie den Menschen mit anderer Lebensweise den Rücken zuwendet. Amma betet, dass sie ebenfalls auf diesen Weg kommen, denn nur dadurch kann es Frieden und Zufriedenheit in der Welt geben."

Junger Mann: „Amma, könntest du noch etwas mehr über die Glückseligkeit des Selbst sagen, über die du zuvor gesprochen hast?"

Amma: „Das ist etwas, was man selbst erfahren muss. Kannst du die Schönheit einer Blüte erklären oder die Süße von Honig beschreiben? Wenn jemand dir einen Schlag versetzt, so kannst du sagen, dass es schmerzvoll war, aber kannst du exakt in Worten wiedergeben, wie viel Schmerz du fühlst? Wie also lässt sich die Schönheit des Unendlichen beschreiben?

Spirituelle Glückseligkeit kann nicht durch den Intellekt erfahren werden. Das Herz wird dazu benötigt. Der Intellekt nämlich zerschneidet Dinge wie eine Schere. Das Herz jedoch näht sie zusammen wie eine Nadel. Das soll nicht heißen, dass der Mind überflüssig ist: Wir benötigen das Herz und auch den Mind. Wie die zwei Flügel eines Vogels hat beides seinen Platz. Was ist, wenn ein Damm in einem Fluss zu brechen droht und das ganze Dorf dann überflutet wird? Hier muss sehr schnell eine Lösung gefunden werden. In solchen Situationen ist der

Intellekt gefragt. Manche Menschen brechen selbst angesichts kleiner Probleme zusammen und weinen. Es sollte uns möglich sein, jedem Hindernis ohne Schwäche entgegenzutreten. Es ist wichtig, unsere innere Stärke zu entdecken. Das geschieht durch spirituelle Übungen."

Wie ein sanfter Wind vertrieben Ammas Worte die Wolken der Unwissenheit in der vertrauten kleinen Runde der spirituell Suchenden. Die Worte ermöglichten ihnen, sich im Licht von Ammas Weisheit zu erquicken.

Dienstag, den 7. Januar 1986

Kurz vor zehn Uhr gesellte sich Amma zu den Brahmachārīs im Meditationsraum.

Amma: „Kinder, wenn ihr an Amma in dieser Gestalt und diesem Körper hängt, werdet ihr keine Fortschritte machen. Ihr solltet die Mutter des Universums lieben, nicht diesen physischen Körper. Bemüht euch darum, das wahre Prinzip hinter Amma zu erkennen, sie als das Selbst in euch zu entdecken und in allen Lebensformen, in jedem Gegenstand. Fährst du mit dem Bus, bindest du dich nicht an den Bus. Der Bus ist lediglich ein Transportmittel, um zum Ziel zu gelangen."

Ein junger Mann mit dem Namen Jayachandra Babu ging zu Amma und verbeugte sich vor ihr. Er lebte in Trivandrum und war am Vortag zum ersten Mal zu ihrem Darśhan gekommen. Jetzt war er wieder da, nachdem er seiner Familie eine Notiz hinterlassen hatte, dass er für immer in den Āśhram gehen würde.

Amma sagte zu ihm: „Mein Sohn, wenn du jetzt hierbleibst, wird deine Familie einen Streit inszenieren und Amma beschuldigen. Sie werden sagen, dass Amma dich ohne ihre

Einwilligung hierbehält. Deshalb musst du für eine Zeitlang wieder nach Hause zurückkehren."

Zunächst wollte Babu nicht gehen, aber als Amma darauf bestand, willigte er schließlich ein, nach Hause zurückzukehren. Er verneigte sich wieder vor Amma und stand auf.

„Sohn, hast du genügend Geld für den Bus?, erkundigte sich Amma.

„Nein, ich habe nicht genügend dabei, da ich ja nicht vorhatte, zurückzufahren." Amma bat Brahmachārī Kunjumon, ihm etwas Geld für den Bus zu geben. Babu ging mit ihm mit, während Amma weiter zu den Brahmachārīs sprach.[14]

Verehrung einer Form

Amma: „Manche Leute sagen: ‚Meditiere nicht über eine Form, da Brahman formlos ist, Daher sollte man über das Formlose meditieren.' Was für eine Logik ist das? Normalerweise machen wir uns ein Bild von unserem Meditationsthema, nicht wahr? Selbst wenn wir über eine Flamme oder einen Ton meditieren, ist unsere Vorstellung mit inbegriffen. Welcher Unterschied besteht zwischen dieser Art der Meditation und der über eine Form? Diejenigen, die über das Formlose meditieren, sind ebenfalls von der Vorstellungskraft abhängig. Manche stellen sich Brahman als reine Liebe, Unendlichkeit oder als das Alldurchdringende vor. Einige wiederholen: ‚Ich bin Brahman', oder fragen ‚Wer bin ich?' Aber es handelt sich immer noch um mentale Konzepte. Also kann man nicht von wirklicher Meditation über Brahman sprechen. Welcher Unterschied liegt dann zwischen solcher Meditation und der über eine Form? Um einem durstigen Mann Wasser zu bringen, benötigen wir

[14] Bald darauf kam Babu in den Āśhram und wurde ein Brahmachārī.

einen Behälter. Genauso ist ein Hilfsmittel notwendig, um den formlosen Brahman zu verwirklichen. Wenn wir uns zudem für Meditation über das Formlose entscheiden, wie soll das möglich sein, ohne Liebe für Brahman zu haben? Es handelt sich doch um nichts anderes als Bhakti. Der individuelle Gott ist daher nichts anderes als Brahman, der die Form einer Person annimmt."

Brahmachārī Rao[15]: „Das ist Gott, den wir als Amma sehen."

Amma (lachend): „Stell dir Brahman mit einem Kopf, zwei Augen, einer Nase und Gliedmaßen vor! Wie sieht das aus?"

Ein Brahmachārī: „Was für einen Sinn hat es, sich solch ein Wesen vorzustellen?"

Amma: „Die Verehrung fällt leichter, wenn wir uns Brahman in einer bestimmten Form vorstellen. Dann können wir durch unser Prēma (höchste Liebe) leichter das dahinterstehende ewige Prinzip verwirklichen. Das gesamte Wasser in einem Tank kann durch einen einzigen Wasserhahn hinausfließen. Durch den Wasserhahn ist es leichter möglich, unseren Durst zu stillen."

Brahmachārī Venu[16] stellte eine andere Frage: „Amma, es heißt, dass Jarāsandha sogar Kṛiṣhṇa dazu brachte, vom Schlachtfeld zu fliehen. Wie war das möglich?"

Amma: „Ein Avatār wie Kṛiṣhṇa würde niemals aus Furcht fliehen, sondern nur um uns etwas zu lehren."

Venu: „Jarāsandha war nicht das Schicksal vergönnt, durch die Hände des Herrn zu sterben. Daher floh der Herr. Stimmt das, Amma?"

---

[15] Einige Jahre später, als er Sannyas-Einweihung erhielt, bekam Brahmachārī Rao den Namen Swāmī Amritatmananda.

[16] Swāmī Pranavamritananda.

Amma: „Ja, das stimmt. Außerdem würde Kṛiṣhṇa den Stolz einer Person erst zerstören, nachdem der Stolz sich voll entfaltet hat. Wenn das Kind ein furchterregendes Gesicht macht, wird der Vater mitspielen und so tun, als hätte er Angst, was in Wirklichkeit natürlich nicht der Fall ist."

Ein anderer Brahmachārī fragte: „Amma, in letzter Zeit fühle ich mich beim Meditieren so schläfrig. Was soll ich tun?"

Amma: „Laufe am Morgen eine Weile oder verrichte eine Arbeit, bei der du dich bewegst. Lass Rajas (Aktivität) Tamas vertreiben. Ohne physische Bewegung kommen Vatta, Pitta und Kapha aus dem Gleichgewicht[17] und du fühlst dich zu müde um zu meditieren." Mit einem Lachen fügte Amma hinzu: „Gott wird denen, die zu faul zum Arbeiten sind, letzten Endes viele Probleme bereiten."

Amma und ein Gelehrter

Als Amma aus dem Meditationsraum kam, fand sie einen Śhāstrī (Religionsgelehrten) vor, der auf sie wartete. Bei ihrem Anblick band der alte Mann als Zeichen des Respekts sein Baumwolltuch um die Hüfte und verbeugte sich vor Amma. Dabei brachte er zu ihren Füßen ein paar mitgebrachte Früchte dar. Er hielt auch eine Ausgabe der Brahma Sūtras in der Hand. Er nahm das Buch

---

[17] Gemäß der indischen Āyurvēda-Wissenschaft, gibt es drei Hauptlebenskräfte bzw. biologische Temperamente, genannt Vāta, Pitta, Kapha, die den Elementen Luft, Feuer und Wasser entsprechen. Diese drei Elemente bestimmen die Lebensabläufe wie Wachstum und Abbau. Sie stellen ursächliche Kräfte im Krankheitsverlauf dar. Die Vorherrschaft von einem oder mehreren dieser Elemente bestimmt die psycho-physische Natur des Menschen.

seit 40 Jahren überall mit hin und las täglich darin. Amma setzte sich mit ihm auf die Veranda des Meditationsraumes.
Amma: „Wann bist du angekommen, Sohn?"

Śhāstrī : „Ich bin noch nicht lange hier. Ich komme gerade von Trivandrum und bin auf dem Weg nach Hause. Mein Sohn ist im letzten Monat hier gewesen und hat mir von Amma erzählt. Daher entschloss ich mich, den Heimweg zu unterbrechen, um dir einen Besuch abzustatten."

Amma schloss ihre Augen und meditierte eine Weile. Als sie ihre Augen wieder öffnete, fuhr der Śhāstrī fort: „Amma, die vergangenen vierzig Jahre habe ich mich mit dem Vēdānta-Studium befasst und darüber gesprochen, aber bis zum heutigen Tag habe ich keinen inneren Frieden gefunden."

Amma: „Sohn, Vēdānta hat wenig mit Lesen und Abhalten von Vorträgen zu tun. Vēdānta sollte eine Lebensweise sein. Man kann einen ausgezeichneten, farbigen Plan eines Hauses anfertigen, aber man kann in dieser Skizze nicht leben, nicht wahr? Selbst wenn man nur eine kleine Unterkunft als Schutz vor Regen und Sonne möchte, ist es notwendig, Steine und Holz zum Bauplatz zu transportieren und eine Hütte zu errichten. Entsprechend lässt sich das Höchste nicht ohne Sādhanā erreichen. Wenn du deinen Mind nicht unter Kontrolle hast, bringt es dir nichts, die Brahma Sūtras zu wiederholen. Ein Papagei oder Recorder können auch die Schriften wiedergeben."

Der Gelehrte hatte Amma nicht erzählt, dass er die Brahma Sūtras und die Pañchadaśhi täglich rezitierte. Erstaunt über ihren Hinweis, sprudelten nun all seine Probleme aus ihm heraus. Amma nahm ihn in den Arm und sprach ihm Trost zu. Dann ließ sie ihn neben sich sitzen und begann, Darśhan zu geben. Der alte Mann beobachtete Amma aufmerksam. Plötzlich füllten sich seine Augen mit Tränen und er begann zu weinen. Amma wandte sich ihm zu und tröstete ihn.

Śhāstrī : „Amma, ich fühle einen Frieden, den ich in vierzig Jahren nicht fand! Nun brauche ich all mein Wissen und meine Gelehrtheit nicht mehr. Ich wünsche nur deinen Segen, damit ich diesen Frieden nicht mehr verliere."

Amma: „Namaḥ Śhivāya! Es reicht nicht, Vēdānta zu lernen und mit dem Mind zu verstehen. Das vedantische Wissen muss das Herz erreichen. Hörst du etwas über die Süße des Honigs, kannst du auch etwas davon in die Hand nehmen; doch nur, wenn du ihn mit der Zunge schmeckst, erfährst du die Süße. Das angesammelte Wissen im Mind sollte mit dem Herzen verbunden werden, denn dort findet die wirkliche Erfahrung statt. Es wird die Zeit kommen, wo dein Herz und dein Mind eins werden. Dieser Zustand lässt sich nicht in Worten beschreiben. Es handelt sich um direkte Erfahrung, unmittelbare Wahrnehmung. Man kann alle Bücher lesen, die es gibt, ohne je diese Erfahrung zu haben. Du musst überzeugt sein, dass nur Gott real ist und sich ständig an ihn erinnern. Reinige dein Herz. Sieh Gott in allem und liebe alle Wesen. Mehr ist nicht notwendig. Dir wird alles gegeben, was du brauchst."

Śhāstrī : „Amma, ich habe viele Mahātmās und Āśhrams aufgesucht, aber erst heute ist mein Herz aufgegangen, das spüre ich deutlich." Äußerst liebevoll wischte Amma seine Tränen ab, als er fortfuhr: „Es ist deine Gnade, die mich schließlich zu dir geführt hat. Wenn Amma einverstanden ist, würde ich gern für ein paar Tage bleiben."

„Wie du wünschst, Sohn."

Amma bat einen Brahmachārī, sich um die Unterkunft des Śhāstrīs zu kümmern und ging dann auf ihr Zimmer.

Abhyāsa Yōga, Yōga der Übung

Um drei Uhr nachmittags endete Ammas Darśhan. Mit dem Śhāstrī und ein paar Brahmachārīs ließ sie sich in der Nähe des Kuhstalls nieder.

Ein Brahmachārī: „Amma, wie können wir ununterbrochen an Gott denken?"

Amma: „Dazu bedarf es der ständigen Übung. Stets an Gott zu denken ist für die meisten Menschen nicht natürlich, keine Gewohnheit, daher ist es notwendig, diese Gewohnheit zu entwickeln. Das Rezept dafür ist Japa. Unterbrich dein Japa nicht mal für einen Moment, selbst nicht beim Essen oder Schlafen.

Kleine Kinder, die gerade Rechnen lernen, wiederholen: ‚Eins plus eins ist zwei, eins und zwei ist drei' und so weiter während sie sitzen, herumlaufen und zur Toilette gehen. Sie haben Angst vor der Strafe während des Unterrichts, wenn sie das Einmaleins nicht auswendig können. Deshalb üben sie ständig, ganz egal, was sie gerade tun. Das Gleiche müsst ihr tun.

Erkenne, dass alles in der Welt Gott ist und dass nichts in der Welt ohne ihn funktioniert. Du solltest Gott in allem sehen, was du berührst. Wenn du einen Kamm in die Hand nimmst oder die Kleidung, die du anziehen möchtest, so stell dir vor, dass sie Gott sind.

Denke bei all deinen Tätigkeiten an Gott und bete: ‚Du bist meine einzige Zuflucht. Nichts anderes ist ewig. Keine andere Liebe ist dauerhaft. Weltliche Liebe kann mir eine zeitlang ein gutes Gefühl vermitteln, aber letztendlich wird sie nur verletzen. Es ist, als ob jemand einen streichelt und dabei Gift auf den Handflächen hat, so dass am Ende einer solchen Liebe immer Leid steht. Sie bringt keine Erlösung. Nur Du, Gott, kannst mein Sehnen erfüllen!' Auf diese Weise sollten wir ständig beten.

Ohne solche Losgelöstheit können wir uns nicht weiterentwickeln oder anderen helfen. Wir sollten fest davon überzeugt sein, dass nur Gott ewig ist.
Wir müssen uns von allen angesammelten Vāsanās befreien. Es ist schwierig, sich aller auf einmal zu entledigen. Ständige Übung ist notwendig. Wir sollten unser Mantra ununterbrochen rezitieren, beim Sitzen, Essen, Gehen und Liegen. Indem wir das Mantra wiederholen und uns die göttliche Form vorstellen, verblassen unsere Gedanken und wir erreichen innere Reinheit. Um das Gefühl von ‚Ich' abzuwaschen, benötigen wir die ‚Du'-Seife. Wenn wir alles als Gott wahrnehmen, verblasst das ‚Ich', d.h., das Ego, und das höchste Ich leuchtet in uns auf."

Brahmachārī: „Ist es nicht schwierig, sich beim Japa die bevorzugte Gottheit vorzustellen?"
Amma: „Sohn, in diesem Augenblick sprichst du zu Amma. Fällt es dir schwer, zu ihr zu sprechen, weil du sie siehst? Du kannst mich gleichzeitig sehen und zu mir sprechen, nicht wahr? In gleicher Weise können wir uns die Form der geliebten Gottheit vorstellen und Japa machen. Aber nicht einmal das ist wirklich notwendig, wenn du mit ganzer Intensität die Mutter anrufst und betest: ‚Oh Mutter, verleihe mir Stärke! Vernichte meine Unwissenheit! Hebe mich auf deinen Schoß! Dein Schoß ist meine einzige Zuflucht; nur dort finde ich Frieden. Mutter, warum drängst du mich in diese Welt? Nicht einen Augenblick lang möchte ich ohne dich sein. Bist du es, bei der alle Menschen Zuflucht finden? Bitte, sei mein! Übernimm meinen Mind!' Bete in dieser Weise."

Brahmachārī: „Aber ich empfinde keine Hingabe. Muss ich nicht Hingabe haben um so beten zu können? Amma, du rätst uns, nach Gott zu weinen und zu rufen, aber dazu muss mir doch erst einmal danach zu Mute sein!"

Amma: „Wenn du am Anfang nicht weinen kannst, wiederhole die Worte wieder und wieder, bringe dich selbst zum Weinen. Ein Kind bedrängt die Mutter, damit sie ihm das Gewünschte kauft. Es läuft ihr nach und hört nicht auf zu weinen, bis es den gewünschten Gegenstand in der Hand hat. Ebenso müssen auch wir die Göttliche Mutter bedrängen. Wir müssen dasitzen und weinen. Lass ihr keinen einzigen Augenblick der Ruhe! Rufe und bete immer wieder: ‚Zeige dich mir! Zeige dich!' Sohn, wenn du sagst, dass du nicht weinen kannst, heißt es, dass du keine wirkliche Sehnsucht hast. Jeder weint, wenn die Sehnsucht ihn ergreift. Kannst du nicht weinen, so bringe dich selber dazu, auch wenn es einige Mühe kostet. Nehmen wir einmal an, du bist hungrig, aber du hast weder Geld noch etwas zu essen. Du wirst irgendwo hingehen oder etwas tun, um Nahrung zu bekommen, nicht wahr? Rufe zur göttlichen Mutter und flehe: ‚Warum gibst du mir keine Tränen?' Frage sie: ‚Warum bringst du mich nicht zum Weinen? Heißt das, dass du mich nicht liebst? Wie kann ich leben, wenn du mich nicht liebst?' Dann wird sie dich stärken und du wirst weinen. Kinder, so hat Amma es früher gemacht. Ihr könnt es ebenso.

Solche Tränen fließen nicht aus Leid, sondern sie sind ein Zeichen innerer Seligkeit. (Diese Art) Die Tränen strömen, wenn der Jīvātmān (die individuelle Seele) in Paramātman (das höchste geistige Sein) eingeht. Die Tränen kennzeichnen einen Augenblick der Einheit mit Gott. Wer uns dabei zuschaut, mag es vielleicht als Kummer auslegen. Für uns jedoch ist es Glückseligkeit. Doch man braucht eine kreative Vorstellungskraft, um diesen Zustand zu erreichen. Versuch es, Sohn!"

Brahmachārī: „Ich habe früher über die Gestalt Bhagavans (Kṛiṣhṇas) meditiert. Aber nachdem ich Amma begegnet bin, wurde das unmöglich, weil ich dann nur über Ammas Gestalt meditieren konnte. Jetzt gelingt auch das nicht mehr, denn wenn ich an dich denke, kommt mir Bhagavan in den Sinn; wenn ich an Ihn denke, taucht deine Gestalt auf. Das stimmt mich traurig, weil ich nicht entscheiden kann, über wen ich meditieren soll. Zurzeit meditiere ich über den Klang des Mantras."

Amma: „Konzentriere dich auf das, was dich am meisten anspricht. Verstehe, dass alles darin enthalten ist und nicht getrennt von dir ist. Denke daran, dass es sich bei jedem und allem, dem du begegnest, um verschiedene Aspekte der einen Form handelt."

Liebe ist wesentlich

Śhāstrī : „Amma, was sollten wir tun, damit die Gestalt unserer geliebten Gottheit während der Meditation klar und deutlich erscheint?"

Amma: „Die Gestalt wird erst dann deutlich, wenn du reine Liebe für sie entwickelst. Solange du Gott nicht sehen kannst, sollte dir das tiefste Qualen verursachen.

Ein Sādhak sollte die gleiche Haltung Gott gegenüber haben, wie ein Liebhaber gegenüber seiner Geliebten. Die Liebe sollte so stark sein, dass er die Trennung von Gott nicht ertragen kann, nicht einmal für einen Augenblick. Wenn ein Liebender seine Geliebte zuletzt in blau gekleidet gesehen hat, dann wird ihn auch nur das kleinste bisschen Blau irgendwo an sie und ihr Aussehen erinnern. Beim Essen und selbst beim Schlafen, ist er im Mind ganz bei ihr. Wenn er am Morgen aufsteht, seine Zähne putzt und seinen Kaffee trinkt, fragt er sich, was sie wohl gerade macht. Dieser Art sollte unsere Liebe für unsere bevorzugte

Gottheit sein. Wir sollten an nichts anderes denken können, als an unsere verehrte Gottheit. Selbst eine bittere Melone verliert ihren bitteren Geschmack und wird sogar süß, wenn sie eine Weile in Zucker liegt. Eine negative Haltung des Mindes wird durch Hingabe und eine unterbrochene Erinnerung Gottes bereinigt. Als eine Gōpī einmal durch Vṛindāvan ging, sah sie im Boden unterhalb eines Baumes eine kleine Vertiefung. Sie begann sich vorzustellen: ‚Hier ist sicherlich Kṛiṣhṇa entlanggegangen. Die Gōpī, die bei Kṛiṣhṇa war, hatte ihn um eine Blume von dem Baum gebeten. Er nahm ihre Schulter als Stütze und sprang dann auf den Baum. Dieses Loch im Boden ist offensichtlich durch seinen Fuß entstanden, als er hochsprang.' Die Gōpī rief die anderen Gōpīs und zeigte ihnen die Fußspur von Kṛiṣhṇa. In Gedanken an ihn vergaßen sie alles andere.

Diese Gōpī sah in allen Kṛiṣhṇa. Wenn jemand ihre Schulter berührte, stellte sie sich vor, es sei Kṛiṣhṇa; und durch ihre intensive Hingabe verlor sie alles Außenbewusstsein. Wenn die anderen Gōpīs an Kṛiṣhṇa dachten, vergaßen sie ebenfalls ihre Umgebung und vergossen Tränen der Verzückung. Auch wir sollten uns bemühen, den Zustand zu erreichen, wo wir alles, was wir sehen, mit Gott in Verbindung bringen. Für uns sollte es keine andere Welt geben als Gottes Welt. Dann bedarf es keiner besonderen Bemühung, ihn in unserer Meditation zu sehen, weil es in unserem Mind keinen Moment ohne ihn gibt. Unser Mind sollte allem, was wir sehen, entgegenrufen: ‚Liebe Bäume und Pflanzen, wo ist meine Mutter? Oh, Vögel und Tiere, habt ihr sie gesehen? Lieber Ozean, wo ist die Allmächtige Mutter, die dir die Kraft verleiht?' Wir können unsere Vorstellungskraft in dieser Weise einsetzen. Sind wir darin beständig, wird unser Mind alle Hindernisse überwinden. So gelangen wir zu den Füßen des höchsten Wesens und halten daran fest. Nutze deine Phantasie in dieser Weise. Dann wird die Gestalt deiner Gottheit mit Sicherheit klar in dir erscheinen."

Brahmachārī: „Manchmal bin ich der Meinung, dass andere etwas verkehrt machen und das raubt mir den Seelenfrieden. Wie kann man lernen, anderen zu vergeben?"

Amma: „Nehmen wir einmal an, eine deiner Hände gerät versehentlich ins Auge. Schlägt deshalb die andere Hand sie? Die Frage der Bestrafung kommt gar nicht auf. Du vergibst deiner Hand einfach. Verletzt du deinen Fuß, wenn du versehentlich über etwas stolperst oder schneidest du dir in die Hand, erträgst du es einfach. Man ist so geduldig mit seinen Augen, Händen und Füßen, weil man weiß, dass sie zum eigenen Körper gehören. Ganz gleich, wie viel Schmerz sie dir von Zeit zu Zeit bereiten, du nimmst es hin. In der gleichen Weise sollten wir alles als Teil von uns selbst betrachten. Wir sollten verstehen, dass wir selbst die Ursache von allem sind und nichts von uns getrennt ist. Dann beachten wir die Fehler der anderen nicht; auch wenn wir sie sehen, behandeln wir sie wie unsere eigenen und vergeben ihnen.

Wir können auch Hingabe wie Kuchēla[18] entwickeln: Was immer geschieht, es ist Gottes Wille. Wir sollten uns als Diener

---

[18] Kuchēla war ein lieber Freund und Mitschüler des jungen Kṛiṣhṇa. Später heiratete Kuchēla und lebte ein einfaches Leben als armer, jedoch zufriedener Brahmane, der über Selbstbeherrschung verfügte. Der Armut überdrüssig, bat seine Frau ihn eines Tages, seinen alten Freund Kṛiṣhṇa aufzusuchen und Ihn um finanzielle Hilfe zu bitten. Kuchēla entschloss sich, Kṛiṣhṇa einen Besuch abzustatten, einfach, um seinen lieben Freund zu sehen, um Hilfe hingegen wollte er nicht bitten. Kṛiṣhṇa hieß Kuchēla herzlich willkommen. Kuchēla wurde mit Freude und Frieden erfüllt. Seine schwierige Lage erwähnte er mit keinem Wort. Kṛiṣhṇa kannte jedoch sein Herz und entschloss

Gottes betrachten. Dann wird es uns nicht mehr möglich sein, uns über jemanden zu ärgern und wir entwickeln Demut.

Eine Möglichkeit besteht darin, alle als sich selbst zu sehen, eine andere, jeden als Gott zu betrachten und ihm zu dienen. Lebe jeden Augenblick mit Śhraddhā. Nimm deine Mahlzeit erst zu dir, nachdem du dein Mantra gesungen hast, begleitet von folgendem Gebet: ‚Oh Herr, haben alle anderen zu essen gehabt? Haben alle, was sie brauchen? Bitte segne alle, dass sie alles Notwendige erhalten.' Wir sollten Mitgefühl für diejenigen empfinden, die es schwer haben. Dann werden wir innerlich rein. Unser Mitgefühl wird uns Gott nahebringen."

Mit diesem Lobpreis auf die universelle Liebe beendete Amma ihre Ausführungen über Hingabe. Ihre Ratschläge waren für den aufmerksam zuhörenden Śhāstrī und die Brahmachārīs wie Nektar und ihre Herzen öffneten sich wie Blüten.

Mittwoch, den 15. Januar 1986

Amma mit ihren Devotees

Es war kurz nach acht Uhr morgens. Amma saß mit den Brahmachārīs im Meditationsraum.

---

sich insgeheim, Seinen Freund mit großem Reichtum zu überraschen. Ohne eine Ahnung davon zu haben, machte sich Kuchēla auf den Heimweg. Sein einziger Kummer war, dass er seiner Frau sagen müsste, dass er Kṛiṣhṇa nicht um Hilfe gebeten hat. Zu seinem Erstaunen fand er bei seiner Ankunft statt seiner armseligen Hütte einen Palast mit einem schönen Garten vor. Seine Frau war mit kostbaren Kleidern und Juwelen geschmückt und von Dienern umringt. Kuchēla betete darum, niemals an seinem erhaltenen Besitz zu hängen und den Herrn stets um Seiner selbst willen zu lieben.

Amma: „Kinder, wenn ihr euch hinsetzt und einfach nur denkt: ‚Ich fange jetzt an zu meditieren', wird das Bild eurer Gottheit nicht vor euch erscheinen. Ihr sitzt lediglich mit geschlossenen Augen da und nach einer Weile erinnert ihr euch: ‚Oh, ich sollte ja meditieren!' Wenn ihr euch zum Meditieren hinsetzt, so betet innerlich zu Gott: ‚Oh Herr, willst Du nicht in mein Herz kommen? Ohne Deine Hilfe kann ich Dich nicht sehen. Du bist meine einzige Zuflucht!' Stellt euch vor, dass eure geliebte Gottheit vor euch steht. Nach einer Weile wird Seine, beziehungsweise Ihre Gestalt dann klar in eurem Mind leuchten."

Um halb zehn Uhr kam Amma aus der Meditationshalle. Sie traf mit einer Besucherin zusammen, die ein paar Tage im Āśhram verbracht hatte und nun nicht mehr heimgehen wollte. Amma bemühte sich sie umzustimmen, aber die Frau entgegnete, dass sie Amma nicht verlassen möchte. Zu den Umstehenden machte Amma die Bemerkung: „Amma hat ihr gesagt, dass sie bleiben kann, wenn sie eine schriftliche Zustimmung von ihrem Mann bringt. Es wäre nicht richtig, dass sie ohne seine Zustimmung bleibt. Was soll denn Amma sagen, wenn er herkäme, um sich zu beschweren? Auch könnten andere versuchen, ihrem Beispiel zu folgen. Einige Tage zuvor hatte sie behauptet, ihr Mann würde in ein oder zwei Tagen kommen; er ist jedoch nicht aufgetaucht. Außerdem hat sie zu Hause eine Tochter." Zur Frau gewendet sagte sie: „Amma kann nicht länger warten. Morgen musst du gehen."

Die Frau brach in Tränen aus: „Amma, wenn er am Sonntag nicht kommt, verspreche ich, Montag zu gehen."

Angesichts der unter Tränen hervorgebrachten Bitte schmolz Ammas Herz und sie erlaubte ihr zu bleiben.

Auf dem Weg zur Darśhan-Hütte warf Amma einen Blick in den gerade stattfindenden Vēdānta-Unterricht. Als sie sah, wie ein Brahmachārī dasaß, gegen die Wand gelehnt und zuhörte, wies sie ihn mit folgenden Worten zurecht: „Ein spirituell Suchender sollte sich an einem Ort des Lernens nicht anlehnen, sondern aufrecht sitzen und zwar mit voller Aufmerksamkeit, ohne die Arme und Beine zu bewegen. Ansonsten verstärkt sich das Tamas. Ein Sādhak sollte in sich ruhen und von keiner äußeren Stütze abhängig sein. Spirituelles Leben bedeutet nicht, herumzuhängen und tamasische Eigenschaften zu fördern. Wie schwer es auch sein mag, man sollte mit geradem Rücken sitzen."

Dann ging Amma zur Darśhan-Hütte weiter, trat hinein und setzte sich auf ein einfaches Holzbett, auf dem eine Decke aus Baumrinde lag. Die wartenden Menschen kamen nacheinander hinein und verneigten sich. Einer von ihnen litt an einer Nackenverletzung. Es war sein zweiter Besuch bei Amma. Bei seinem ersten Besuch war es ihm nicht einmal möglich gewesen, seinen Kopf aufrecht zu halten, und seine Schulter war gelähmt. Zuvor hatte er sich operieren lassen, aber es war keine Besserung eingetreten. Amma hatte ihm etwas Bhasma, heilige Asche, gegeben und ihn gebeten, Asche von einem Bestattungsfeuer zu holen.

Amma: „Wie geht es jetzt, mein Sohn?"

Besucher: „Viel besser. Ich kann meinen Kopf aufrecht halten und ohne Probleme reisen. Das ging vorher nicht; ich musste immer im Bett liegen. Das erste Mal war es sehr schwierig hierher zu kommen, heute war es jedoch kein Problem. Ich habe Asche von einer Bestattung mitgebracht." Er überreichte Amma das Päckchen.

Amma öffnete das Päckchen und gab etwas Asche in ihre Hand.

Amma: „Sohn, in dieser Asche ist viel Erde. Du solltest reine Asche ohne Erde bringen. Achte beim nächsten Mal darauf. Dieses Mal gibt Amma dir das übliche Bhasma von hier."

Amma nahm etwas heilige Asche von einem Teller und rieb seinen Nacken damit ein. Sie bat einen Brahmachārī, etwas Papier zu holen, um die Asche darin einzupacken. Er brachte ein Stück, das er von einem sauberen Blatt abgerissen hatte.

Amma: „Sohn, wie konntest du solch gutes Papier zerreißen? Ein Stück Zeitung wäre zum Einpacken der Asche gut genug gewesen. Auf dieses weiße Papier kann man schreiben. Amma denkt an den Nutzen von allem. Verschwende niemals etwas. Keine Verschwendung-das ist Śhraddhā. Nur mit Śhraddhā kannst du Fortschritte machen."

Eine Frau aus der Schweiz saß in Ammas Nähe. Sie war gerade im Āśhram angekommen und begegnete Amma zum ersten Mal. Sie hatte Amma einige Geschenke mitgebracht, die sie jetzt öffnete und ihr zeigte.

Die Frau: „Ich habe viel Zeit damit verbracht, diese Dinge auszusuchen, denn ich wusste nicht, was Amma mag."

Amma: „Amma weiß, wie sehr du an sie beim Kauf dieser Geschenke gedacht hast. Aber Amma braucht diese Dinge nicht. Sie möchte deinen Mind.

Du hast diese Geschenke aus Liebe gebracht. Aber es wird nicht immer möglich sein, solche Geschenke zu bringen. Sei nicht traurig, wenn du später einmal nichts mitbringen kannst. Höre nicht auf zu kommen, nur weil du nichts hast, was du mir geben kannst. All diese Dinge sind vergänglich. Wenn du aber deinen Mind darbringst, wird der Nutzen dauerhaft sein und du erhältst deinen Mind gereinigt zurück."

Die Frau: „Heißt es nicht, dass man nicht mit leeren Händen beim Guru erscheinen sollte, dass man stets etwas bringen sollte?"

Amma: „Aber nicht, weil der Guru irgendetwas braucht. Man bringt etwas als Symbol der Hingabe des Minds. In dieser Weise wird dem Guru das Prārabdha zu Füßen gelegt. Wenn man nichts anderes hat, ist eine Zitrone ausreichend. Ist selbst das unmöglich, heißt es, dass auch ein Stück Feuerholz genügt."

Während Amma sprach, ging eine Frau zu ihr, legte ihren Kopf in ihren Schoß und brach in Tränen aus. Unter Schluchzen sagte sie: „Amma, gib mir Hingabe! Du hast mich bis jetzt zum Narren gehalten, aber das funktioniert nicht mehr!" Liebevoll tröstete Amma sie, aber die Frau fuhr fort: „Dieser Trick funktioniert nicht mehr. Amma, die alles weiß, stellt mir all diese höflichen Fragen nur um mich zum Narren zu halten. Amma, stell mir nicht solche Fragen! Was kann ich dir schon sagen? Du kennst mich besser, als ich mich selbst!"

Die Frau wollte dem Āśhram ihr Haus vermachen, aber Amma nahm das Angebot nicht an. Sie weinte nun, weil sie Ammas Zustimmung wünschte. Doch Amma gab nicht nach.

Erst um halb vier Uhr kehrte Amma zum Mittagessen in ihr Zimmer zurück. Zwei Brahmachārīs warteten dort. Beim Essen sprach sie zu ihnen.

„Meine Kinder, ihr solltet die Menschen begrüßen, die hierherkommen und ihnen die Hilfe geben, die sie brauchen. Verschwendet jedoch nicht viel Zeit im Gespräch mit ihnen. Es bringt nichts, ihren Glauben durch Reden stärken zu wollen. Wenn man einen Setzling pflanzt, mag er ein paar Blätter haben, aber erst wenn die Pflanze Wurzeln hat, kann man anhand der neuen Blätter das wirkliche Wachstum feststellen. Nur der Glaube, der auf eigener Erfahrung beruht, wird dauerhaft sein, wie die neuen Blätter, die nach den Wurzeln kommen. Sprecht nur mit den Besuchern länger, die wirklich nach Wissen fragen."

Am Tag zuvor hatte einer der Brahmachārīs lange Zeit mit einem Besucher gesprochen, der zum Darśhan kam. Durch diese Worte wurde dem Brahmachārī klar, dass Amma, die in uns allen innewohnt, alles auch von dem Gespräch weiß.

Brahmachārī: „Amma, was sollen wir tun, wenn sie uns folgen und uns viele Fragen stellen?"

Amma: „Erzähl nur so viel wie nötig, um ihre Zweifel zu beseitigen."

Sorgen der Mitfühlenden

Es war fünf Uhr nachmittags. Ein Teenager hielt sich seit ein paar Tagen im Āśhram auf. Nun waren seine Verwandten gekommen, um ihn nach Hause zu holen. Sie standen vor dem Gebäude an der Nordseite des Āśhrams und sprachen lange mit ihm. Aber er wollte nicht gehen. Seine Mutter regte sich auf. Schließlich erschien Amma. Sie führte die Frau zur Veranda des Gebäudes und sprach eine Zeitlang mit ihr. Die Frau weinte und bat Amma, ihren Sohn heimzuschicken. Amma stimmte zu. Der Jugendliche akzeptierte Ammas Worte und verließ den Āśhram mit seiner Familie. Anschließend saß Amma mit einigen Brahmachārīs auf der Veranda des Gebäudes.

Amma: „Was kann Amma machen? Wie viele Mütter mit solch bitteren Tränen muss sie sehen? Amma kann vorhersehen, dass viele Brahmachārīs hierherkommen werden. Von den Anzeichen her sieht es so aus, als wenn sie bald eintreffen. Erst neulich kam ein Sohn aus Nagercoil und wurde zurückgeschickt, um die Zustimmung seines Vaters einzuholen. Dem Sohn, der gerade gegangen ist, hatte Amma beim letzten Besuch gesagt, er solle erst nach einiger Zeit zum Āśhram zurückkehren. Sie sagte ihm, er solle erst mit Zustimmung der Eltern wiederkommen. Aber er hat nicht darauf gehört.

Wo sollen sie alle wohnen? Amma denkt daran, ein paar Richtlinien für die Aufnahme von Brahmachārīs aufzustellen."

Nun wendete sich das Gespräch einem anderen Thema zu.

Amma: „Eine Tochter kam zum Bhāva Darśhan aus Pandalam. Sie hat das Tīrtham nicht genommen, das Amma ihr gab. Sie hat sehr viel gelitten, aber ihr Kummer ist noch nicht zu Ende. Amma hat ihr das Tīrtham mit vollstem Mitgefühl angeboten, aber was kann Amma machen, wenn es nicht angenommen wird? Das Mädchen glaubt nicht an Amma, aber ihr zukünftiger Ehemann ist ein Devotee. Er brachte sie hierher in der Hoffnung, dass seine zukünftige Frau Hingabe entwickelt. Amma hatte Mitgefühl mit ihnen. Wird das Mädchen nicht Ammas Sohn heiraten? Ammas Mind und all ihr Mitgefühl flossen zu ihnen durch das Tīrtham und das Prasād, das sie erhielten. Nachdem sie fortgegangen waren, rief Amma den Bruder dieses Sohnes, der sich im Āśhram befand und erklärte ihm: ‚Amma sieht viel Leid in ihrer Zukunft. Eine Gefahr liegt in der Zukunft. Bitte sie ernsthaft zu beten. Als sie das Tīrtham ablehnten, nahm Amma es nicht zurück, sondern goss es auf den Boden. Dadurch werden sie nicht ganz so viel leiden müssen.'

Diese Tochter wird mit Sicherheit zurückkommen. Schließlich wird sie die Frau eines Sohnes von Amma. Amma wird es nicht zulassen, dass sie auf Abstand geht. Aber sie wird sehr viel Mühe aufwenden müssen, um ihrem Prārabdha zu entkommen. Hätte sie das Tīrtham, das Amma ihr reichte, angenommen, müsste sie nicht so viel leiden."

Es ist ein großes Glück, wenn man fähig ist, Ammas Gnade aufzunehmen und zu behalten, denn Amma ist die Verkörperung des Mitgefühls. Aber wie können wir die Strahlen ihrer Gnade empfangen, wenn wir es vernachlässigen, unser Herz zu öffnen? Aus diesem Grund rät Amma uns, ihre Worte genauestens zu befolgen, nicht zu ihrem, sondern zu unserem eigenen Wohl.

Freitag, den 17. Januar 1986

Amma, ein Strom des Mitgefühls

Am Morgen machten sich Amma und die Brahmachārīs auf den Weg nach Ampalappara in Nordkerala. Als sie die Ufer des Flusses Bhārata erreichten, ließ Amma für ein Bad anhalten. Der Wasserspiegel war niedrig und das sandige Flussbett größtenteils trocken. Nur nahe dem gegenüberliegenden Ufer floss ein wenig Wasser. Der Wagen begann gerade, die Brücke zur anderen Seite zu überqueren, als Amma den Fahrer plötzlich bat anzuhalten. Sie ließ ihn umdrehen und in eine kleine Seitenstraße direkt vor der Brücke einbiegen. Der Weg führte zum Portal eines großen Hauses. Jeder fragte sich, warum Amma sie hierherführte, da der Fluss an dieser Stelle nicht leicht zugänglich war.

Kaum hatte der Wagen angehalten, bat Amma um heißes Reiswasser. Aber es war nur kaltes Wasser da. Ein Brahmachārī fragte, ob er aus dem Haus in der Nähe etwas für sie zu trinken holen solle. Sie war sofort damit einverstanden. Das war erstaunlich, denn auf solchen Fahrten nahm Amma gewöhnlich nichts von den Häusern auf dem Weg an. Sie tranken nur, was sie mitgebracht hatten.

Der Brahmachārī eilte zu dem Haus. Ein paar Minuten später kam eine alte Frau, gefolgt von einem kleinen Jungen, aus dem Haus gerannt. Der Brahmachārī ging langsamer hinterher mit einem Glas Reiswasser in der Hand. Als die Frau am Wagen ankam, streckte Amma ihr ihre Arme durch das offene Fenster entgegen und nahm ihre Hände. Die alte Frau sang unter Tränen ‚Nārāyaṇa, Nārāyaṇa.' immer wieder aufs Neue. Jedoch war sie durch das schnelle Laufen so außer Atem, dass sie den göttlichen Namen nicht richtig aussprechen konnte. Ihre Hingabe war tief beeindruckend.

Als sie schließlich wieder sprechen konnte, erklärte sie mit stockender Stimme: „Ottur Unni Namboodiripad hat mir von Amma erzählt. Seitdem sehne ich mich danach dich zu sehen. Aber ich bin sehr alt und es ist schwierig für mich zu reisen. Ich war so traurig darüber, nicht zu dir kommen zu können. Es vergeht kein Tag, an dem ich nicht an dich denke. Ich hörte, dass du die Kōvilakam[19] in Tripunittura besucht hast. Ich gehöre zu dieser Familie. Ich hoffte, dass deine Gnade es mir ermöglichen würde, dich auf irgendeine Weise in diesem Leben zu sehen. Ich hätte nie erwartet, dass es so bald geschehen würde! Es ist alles nur deine Gnade. Ein junger Mann kam und bat mich um etwas Reiswasser für die Mutter (Amma). ‚Welche Mutter?', fragte ich. Als er deinen Namen aussprach, wusste ich, dass es die Mutter war, nach deren Anblick ich mich gesehnt hatte. Ich reichte ihm etwas Kañji und Mangopickles und lief dann mit meinem Enkelsohn hierher." Ihre Stimme versagte.

„Ach, außer diesem Reiswasser habe ich nichts, was ich dir geben könnte! Bitte entschuldige, Amma!" Tränen überströmten das Gesicht der alten Frau.

---

[19] Residenz für Mitglieder der königlichen Familie.

Amma wischte die Tränen der Frau mit ihren heiligen Händen ab und sagte sanft: „Meine Tochter, Amma braucht nichts. Sie möchte nur dein Herz."

Amma trank das Reiswasser fast aus und aß einige der Mangopickles. Die alte Frau erklärte Amma den Weg zum Fluss und als Amma zusammen mit den anderen losging, bat die Frau: „Amma, wenn du mit dem Schwimmen fertig bist, segne mich bitte damit, in mein Haus einzukehren!"

Als Amma vom Fluss zurückkam, erfüllte sie ihren Wunsch und betrat das Haus, wo sie mit ihrem Mann wartete. Die alte Frau führte Amma zu einem Stuhl auf der Veranda und war voller Freude überwältigt, dass sie alles andere vergaß. Ihr Mann ging ins Haus, um etwas Wasser zu holen. Zusammen wuschen sie Ammas Füße. Als Reaktion auf ihre reine Hingabe ging Amma in einen Samādhi über. Da es Zeit gekostet hätte, von drinnen ein schönes Tuch zu holen, wischte die Frau Ammas Füße mit dem Ende ihres Sāris ab. Als sie sich dazu niederbeugte, fielen ihre Tränen auf Ammas Füße.

Nachdem Amma noch eine Weile mit ihnen verbracht hatte, machte sie sich mit ihren Kindern wieder auf den Weg. Auf der anderen Seite der Brücke wartete Shashi in seinem Auto auf sie. Er war ein Devotee Ammas, der ein Familienleben führte. Da er darauf bestand, fuhr Amma den verbleibenden Teil der Strecke mit ihm.

Gegen zwei Uhr dreißig am Nachmittag erreichten Amma und ihre Kinder das Haus Narayanan Nairs in Ampalappara, einem kleinen Dorf ungefähr 250 km nordöstlich vom Āśhram. Die natürliche Schönheit von Keralas ländlichen Dörfern, die in den meisten Gegenden zerstört worden war, war hier noch vorhanden. Umgeben von bewaldeten Hügeln, lag das Dorf mit seinen Strohdächern eingebettet in einem üppigen tropischen

Garten aus Kokospalmen, blühenden Bäumen und Büschen. Viele Menschen warteten dort auf Amma.

Als Amma das Haus betrat, ließ die Familie, die sie sehr verehrte, Amma auf einem Pīṭham sitzen. Sie wuschen ihre Füße und verzierten sie mit rotem Kumkum und Sandelholzpaste. Anschließend vollzogen sie das Ārati mit Kampfer. Der Raum war erfüllt vom Klang vedischer Mantren, die die Brahmachārīs sangen. Alle waren vom Anblick der göttlichen Gestalt Ammas tief ergriffen. Nach der Pāda Pujā[20] wechselte Amma über in den nächsten Raum, wo sie Besucher zum Darśhan empfing.

Die Familie reichte den Brahmachārīs Tassen mit Jāppy. Alle mochten das heiße, süße Milchgetränk.

Amma beobachtete, wie eine ihrer Devotees einem Brahmachārī beim Händewaschen half, indem sie Wasser über seine Hände goss. Später machte sie dazu folgende Bemerkung: „Als Sādhaks solltet ihr von niemandem Hilfe annehmen, da ihr dann die durch Tapas gewonnene Kraft wieder verliert. Lasst niemanden nicht einmal ein Blatt für dich aufheben. Stattdessen sollten wir den anderen so viel wie möglich helfen."

Fürs Bhajan-Singen breitete ein Brahmachārī die Öllampen und einige andere Dinge vor. Als er die Lampen anzünden wollte, unterbrach Amma ihn mit den Worten: „Sohn, zünde Lampen in Richtung Norden an." Der Brahmachārī begriff ihre Worte nicht. So nahm Amma die kleine Lampe. Mit viel Sorgfalt arrangierte sie die Dochte der Lampe und bedeckte den mit Wasser gefüllten Kindi[21] mit einem Blatt. Dann stellte sie den Kindi vor die Lampen, legte Blumenblätter auf das Blatt und zündete die Lampen an. Zu dem Brahmachārī sagte sie: „Stehe nicht in südlicher Richtung, wenn du eine Lampe anzündest.

---

[20] Zeremonielle Waschung von Ammas Füßen.

[21] Ein traditionelles Bronze- oder Messinggefäß mit Tülle.

Entzünde außerdem die Dochte einer Lampe im Uhrzeigersinn wie beim Pradakṣhiṇa im Tempel."

Amma legt großen Wert auf solche Details, insbesondere bei der Unterweisung von Brahmachārīs. Sie sagt: „Morgen werden sie in die Welt hinausgehen, daher müssen sie sehr wachsam sein bei allem, was sie tun."

Als die Bhajans begannen, kroch bald darauf ein Kleinkind auf Amma zu. Sie hob es auf ihren Schoß, drückte ihm Zimbeln in die Hände und während sie den Kīrtans weitersang, half sie den kleinen Händen des Kindes, die Zimbeln im Rhythmus der Musik zu spielen.

gōpī vallabha gōpāla kṛiṣṇā

Oh Gopala Kṛiṣhṇa,
Geliebter der Gopis,
Du hobst den Gōvardhana-Hügel,
hast Augen wie eine Lotusblume,
Du bist das Leben in Rādhās Mind
und hast die Farbe einer blauen Lotusblume.

Oh Kṛiṣhṇas Du gehst in Vṛindāvan umher,
Deine Augen sind wie die Blätter einer roten Lotusblüte;
oh Sohn Nandas, befreie mich von allen Bindungen.

Oh schönes Kind,
oh Kṛiṣhṇa,
Du gewährst Befreiung.

Mittwoch, den 22. Januar 1986

Im Meditationsraum meditierten zwei Frauen aus dem Westen. Ein kleines Mädchen, die Tochter einer der Frauen, saß in der

Nähe und malte in einem Malbuch. Ihre Mutter hatte ihr das Malen als Aufgabe gegeben, damit sie bei der Meditation nicht gestört würde. Amma betrat den Raum, gefolgt von einigen ihrer Schüler. Sie betrachteten, wie das kleine Mädchen still seine Bilder malte.

Nach der Meditation zeigte Amma auf das Kind und sagte zu den anderen: „Wir sollten die Aufmerksamkeit der Kinder auf positive Beschäftigungen wie Malen und Singen richten, solange sie noch sehr jung sind. Könnte dieses Kind Bilder ohne Geduld malen? Geduld lernen sie beim Malen mit Pinsel und Stiften und entwickeln außerdem Konzentration. Andererseits, wenn wir Kinder einfach sich selbst überlassen, rennen sie herum, verschwenden ihre Zeit und stellen Dummheiten an."

An dem Tag waren kaum Besucher da, außer einer kleinen Gruppe aus dem Westen, die vor ein paar Tagen angekommen war. Sie verbrachten ihre Zeit damit, bei den Āśhram-Arbeiten zu helfen und Bücher aus der Bibliothek zu lesen. Diese spirituell Suchenden aus dem Westen, die materiellen Komfort und Vergnügen des Lebens kennen, verspürten intensive Sehnsucht nach der Wahrheit. Sie waren der feindseligen, auf Wettbewerb ausgerichteten Welt überdrüssig und sahen in Amma die Quelle reiner, selbstloser Liebe und überquerten Meere, um von dieser Liebe zu trinken.

Ein Brahmachārī teilte Amma mit, dass ein Jugendlicher auf sie wartete. Sie bat ihn, den jungen Mann zu rufen, setzte sich auf der westlichen Seite des Meditationsraumes hin und winkte den Jugendlichen an ihre Seite.

Amma: „Bist du schon lange hier, Sohn?"

Junger Mann: „Nein, ich bin gerade angekommen."

Amma: „Wie hast du vom Āśhram erfahren?"

Junger Mann: „Ich habe schon seit einiger Zeit verschiedene Āśhrams besucht. Im letzten Monat war ein Freund von mir hier. Er meinte, ich sollte auf jeden Fall zu Amma kommen."

Amma: „Hast du deine Ausbildung beendet?"

Junger Mann: „Ich habe ein Diplom (M.A.) und habe mich um eine Stellung bemüht. Zwischenzeitlich habe ich eine Übergangstätigkeit an einem privaten College. So verdiene ich etwas Geld. Aber ich habe mich entschlossen, nicht mehr nach einer anderen Arbeit zu suchen. Ich habe eine Schwester und sobald sie verheiratet ist, möchte ich gern einem Āśhram beitreten."[22]Amma: „Wird deine Familie nicht dagegen sein?"

Junger Mann: „Warum sollte sie?"

Amma: „Wird es deine Eltern nicht verletzen?"

Junger Mann: „Sie können von ihrer Rente leben. Außerdem besitzen sie Land."

Amma: „Wer wird sich um sie kümmern, wenn sie älter werden? Bist du nicht dafür zuständig?"

Junger Mann: „Welche Garantie gibt es, dass ich in ihrem Alter in der Nähe bin. Ich könnte irgendwo im Ausland arbeiten, dann könnte ich ihnen auch nicht zu Hilfe eilen oder? Was ist, wenn ich vor ihnen sterbe?"

Amma sagte lachend: „Kluger junger Mann!"

Junger Mann: „Mein Freund wollte, dass ich dich um Hilfe bitte, um eine Arbeit zu finden. Aber ich sagte ihm, wenn ich Amma aufsuche, bitte ich sie nur um mein spirituelles Weiterkommen."

---

[22] Traditionsgemäß tragen in Indien die Eltern und die älteren Brüder der Familie die Verantwortung dafür, dass die Mädchen verheiratet werden und damit deren Zukunft gesichert ist.

Der Sādhak und der Wissenschaftler

Junger Mann: „In welcher Hinsicht ist das Leben eines Sādhaks dem eines Wissenschaftlers überlegen? Beide brauchen völlige Konzentration, der Sādhak, um sein Ziel zu erreichen und der Wissenschaftler für erfolgreiches Forschen. Worin unterscheiden sie sich? Ist das Leben eines Wissenschaftlers nicht auch eine Art Sādhanā?"

Amma: „Ja, es ist Sādhanā. Der Forscher denkt jedoch über ein Objekt nach. Wenn er sich zum Beispiel mit Computern befasst, ist sein ‚Meditationsgegenstand' ausschließlich der Computer. Er denkt viel über ihn nach und kennt sich gut damit aus. Aber er ist nur während seiner Forschungsarbeit konzentriert. Zu anderen Zeiten wandert sein Mind in alle möglichen Richtungen und er befasst sich mit alltäglichen Dingen. Deshalb erwacht die unendliche Kraft in ihm nicht. Bei einem Tāpasvī ist es ganz anders. Durch seine spirituelle Praxis beginnt er, die Einheit von allem wahrzunehmen. Ein Sādhak strebt danach, ‚Das' zu verwirklichen, was in allem latent vorhanden ist. Erreicht er die Verwirklichung, verfügt er über alle Kräfte. Für ihn gibt es nichts mehr zu wissen. Stell dir ein Becken mit Brackwasser vor. Gießt du etwas Wasser in eine Seite des Beckens, sinkt der Salzgehalt dort für eine Weile. Wenn es hingegen regnet, hat das Auswirkung auf das ganze Becken. Genauso verhält es sich bei einem Sādhak, der mit einem weiten Bewusstsein Tapas ausübt. Eine unendliche Kraft erwacht in ihm und er verwirklicht alles. Das geschieht nicht bei einem Wissenschaftler, da sein Ansatz ganz anders ist."

Junger Mann: „In den Schriften heißt es, dass alles ein- und dasselbe Selbst ist. Bedeutet das nicht, dass im Augenblick der

Selbstverwirklichung einer Person die Verwirklichung auch bei allen anderen eintreten sollte?"

Amma: „Sohn, wenn du den Hauptschalter anschaltest, ist im ganzen Haus Elektrizität. Aber damit du in deinem Zimmer Licht hast, musst du trotzdem noch den Schalter dort einschalten, nicht wahr? Wenn man Licht in einem Raum anschaltet, sind nicht automatisch alle anderen Zimmer beleuchtet. Alles ist dasselbe Selbst, aber nur wer durch Sādhanā den Mind reinigt, verwirklicht es.

Denk an einen mit Entenkraut bedeckten Teich. Entfernst du es an einer Seite des Teiches, wird diese frei von dem Unkraut sein und man kann das Wasser sehen. Das bedeutet jedoch nicht, dass der ganze Teich sauber geworden ist.

Fragen zu Sādhanā

Junger Mann: „Viele sagen, dass ein Suchender sich streng an die Yamas und Niyamas (Gebote und Verbote auf dem Yōga-Pfad) halten sollte. Ist das wirklich wichtig? Reicht es nicht, einfach die Prinzipien zu kennen? Zu Erkenntnis zu gelangen ist doch schließlich das Wesentliche, nicht wahr?"

Amma: „Sohn, zieht nicht die Erde alles an? Wenn du auf dem schwarzen Sandstrand[23] schläfst, wirst du dich beim Erwachen am nächsten Morgen entkräftet fühlen, da der Sand deine Energie absorbiert. Im jetzigen Stadium befindest du dich unter der Herrschaft der Naturkräfte; aus diesem Grund hast du dich an bestimmte Gesetze und Grenzen zu halten.

---

[23] In einigen Gegenden Keralas, einschließlich dem Gebiet, in dem sich der Āśhram befindet, sind die Sandstrände schwarz aufgrund eines hohen Metallgehaltes.

Jetzt sind diese Gesetze und Grenzen ein wesentlicher Faktor. Wenn man über die Herrschaft der Naturgesetze hinauswächst, besteht kein Problem mehr. Dann geht deine Kraft nicht verloren, weil du die Naturkräfte beherrschst. Bis dahin sind jedoch gewisse Einschränkungen und Vorschriften notwendig.

Wenn du einen Samen säst, ist am Anfang Schutz notwendig, damit ein Huhn ihn nicht freigekratzt und frisst. Wenn aus dem Samen ein Baum geworden ist, gibt er Vögeln, Menschen und allem anderen Schutz. Am Anfang muss der Samen jedoch selbst vor einem kleinen Hühnchen geschützt werden. Vergleichsweise braucht unser schwacher Mind am Anfang Regeln und Grenzen, bis wir stark genug sind."

Junger Mann: „Um diese Stärke zu entwickeln, muss der Mind da nicht die Disziplin von ernsthaftem Sādhanā mögen?"

Amma: „Ja, dir muss Disziplin genauso lieb sein wie Gott selbst. Wer Gott liebt, mag Disziplin. Wir sollten Disziplin mehr als alles andere schätzen.

Wer sich daran gewöhnt hat, zu einer bestimmten Zeit Tee zu trinken, bekommt Kopfschmerzen oder fühlt sich in anderer Weise unwohl, wenn er seinen Tee nicht trinkt. Wer regelmäßig Gañja raucht, wird unruhig, wenn dies zur gewohnten Zeit nicht möglich ist. Die Gewohnheit von gestern macht sich heute zu einer bestimmten Zeit bemerkbar. In gleicher Weise wird sich eine Gewohnheit entwickeln, wenn wir für unsere Tätigkeiten einen Plan aufstellen und uns strikt daranhalten. Die Gewohnheit wird uns sogar zur rechten Zeit daran erinnern, was wir zu tun haben. Es ist höchst hilfreich, mit unserem Sādhanā solcher Routine zu folgen."

Ein Haushälter, der zugehört hatte, wandte sich an Amma mit den Worten: „Amma, ich meditiere täglich, aber ich scheine überhaupt keine Fortschritte zu machen."

Amma: „Sohn, dein Mind beschäftigt sich mit vielen verschiedenen Dingen. Spirituelles Leben erfordert viel Disziplin und Selbstbeherrschung, ohne diese kannst du schwerlich so viel vom Sādhanā profitieren, wie du es gerne hättest. Es stimmt, dass du Sādhanā ausübst, aber weißt du, womit es sich vergleichen lässt? Es ist, als wenn man eine Unze Öl nimmt und dies nacheinander in hundert verschiedene Behälter verteilt. Am Ende ist kein Öl mehr übrig, nur ein dünner Film haftet an den Innenwänden der Behältnisse. Sohn, du machst deine spirituellen Übungen, aber dann beschäftigst du dich mit verschiedenen Dingen. Alle Kraft, die du durch Konzentration gewonnen hast, geht durch die Ablenkungen wieder verloren. Wenn du die Einheit in der Vielfalt erkennen könntest, würde nicht so viel Energie verlorengehen. Gelingt es dir, in allem die göttliche Essenz wahrzunehmen, wirst du deine spirituelle Kraft nicht verlieren."

Besucher: „Daheim fürchtet mich jeder. Ich werde sehr wütend, wenn die anderen nicht nach meinem Regiment leben."

Amma: „Sohn, aus deinem Sādhanā ziehst du keinen wirklichen Nutzen, wenn bei deinen spirituellen Übungen gleichzeitig Wut und Stolz in dir sind. Es ist, als würde man Zucker auf die eine Seite tun und auf die andere Ameisen: Diese werden allen Zucker auffressen; man ist sich dessen nicht einmal bewusst! Was man durch Sādhanā gewinnt, verliert man durch Wut. Eine Taschenlampe, die von Batterien gespeist wird, verliert ihre Lichtstärke, wenn du sie ein paar Mal anschaltest, nicht wahr? Ebenso verlierst du durch die Wut Energie durch deine Augen, Nase, Mund, Ohren und jede Pore deines Körpers. Nur wenn du mentale Selbstbeherrschung lernst, kannst du die durch Sādhanā gewonnene Energie bewahren."

Besucher: „Sagst du damit, dass jemand, der wütend wird, keine Seligkeit durch sein Sādhanā erfahren kann?"

Amma: „Nehmen wir einmal an, du lässt einen Eimer in einen Brunnen, um Wasser heraufzuholen, aber der Eimer ist voller Löcher. Mit viel Mühe gelingt es dir, den Eimer hochzuziehen. Aber wenn er oben ankommt, ist kein Wasser darin. Alles Wasser ist durch die Löcher verlorengegangen. Sohn, so sieht dein Sādhanā aus. Dein Mind hat sich in Wut und Verlangen verstrickt. Dadurch verlierst du von Zeit zu Zeit alles, was du dir mühevoll durch dein Sādhanā erarbeitet hast. Obwohl du spirituelle Übungen machst, hast du keinen Nutzen daraus, noch erkennst du den wirklichen Wert. Halte dich fern von Situationen, die deine Wut oder deine Lust wecken. Dann wirst du mit Sicherheit die Quelle aller Kraft erkennen."

Besucher: „Amma, zu manchen Zeiten kann ich mein Verlangen nicht unter Kontrolle halten. Versuche ich es, wird es nur noch machtvoller."

Amma: „Es ist schwer, Wünsche in den Griff zu bekommen. Trotzdem sollte man sich an gewisse Einschränkungen halten, ansonsten ist es unmöglich, den Mind zu bändigen. Nahrungsmittel wie Fleisch, Eier und Fisch steigern die Samenproduktion und damit das sexuelle Verlangen. Dann agieren die Sinne in entsprechender Weise, um das Verlangen zu stillen und du verlierst deine Energie. Der Verzehr sattvischer Nahrung in mäßigen Mengen schadet in keiner Weise. Kontrolliertes Essen ist wesentlich fürs Sādhanā, insbesondere für Menschen mit schwachem Willen, da die Wirkung auf sie besonders stark ist. Auf einen Menschen mit starker Willenskraft werden sich Änderungen in der Ernährung nicht so stark auswirken."

Junger Mann: „Bestimmt die Ernährungsweise das Wesen eines Menschen?"

Amma: „Ja, auf jeden Fall. Jede Nahrung besitzt ihre eigene Qualität; und Geschmacksrichtungen wie scharf, sauer und süß haben einen eigenen Einfluss. Selbst sattvische Nahrung sollte in Maßen gegessen werden. Milch und Ghee z.B. sind sattvischer Natur, aber man sollte nicht zu viel davon verzehren. Jedes Nahrungsmittel hat eine andere Wirkung auf uns. Der Verzehr von Fleisch führt zu einem unruhigen Mind. Für diejenigen, die Sādhanā mit dem intensiven Wunsch ausüben, Energie zu bewahren und das Selbst zu verwirklichen, ist anfänglich Disziplin beim Essen absolut notwendig.

Setzt man einen Samen, braucht er Schutz vor der Sonne. Aber wenn er zu einem Baum geworden ist, kann er die Sonnenstrahlen vertragen. So wie ein Genesender auf eine gesunde, geeignete Ernährung achten muss, sollte jemand, der Sādhanā ausübt, Achtsamkeit gegenüber seiner Nahrung walten lassen. Später, wenn man einigen Fortschritt in seinem Sādhanā gemacht hat, sind Einschränkungen in der Ernährung nicht mehr wesentlich."

Junger Mann: „Es wird oft gesagt, ein Sādhak solle bescheiden und demütig sein. Mir erscheinen diese Eigenschaften jedoch als Zeichen von Schwäche."

Amma: „Sohn, wenn du gutes Saṁskāra entwickeln möchtest, solltest du demütig mit anderen umgehen. Demut ist keine Schwäche. Wirst du aus deiner eigenen Wichtigkeit heraus ärgerlich oder verhältst du dich anderen gegenüber hochmütig, verlierst du Energie, sowie deine Bewusstheit für Gott.

Kaum jemand möchte demütig sein. Die Menschen besitzen keine Demut, weil sie stolz auf das sind, was nicht real ist. Der Körper ist eine Form, die mit nichts anderem gefüllt ist als mit Ego, dem „Ich"-Gefühl. Der Körper[24] wird vom Ego, von Ärger und Begierden verunreinigt. Für die Reinigung müssen wir Eigenschaften wie Demut und Bescheidenheit entwickeln. Wenn

[24] Wenn Amma hier vom Körper spricht, bezieht sie das Denken mit ein.

wir das Ego aufrechterhalten, wächst Stolz im Körper. Damit das Ego zerstört werden kann, benötigen wir die Bereitschaft, uns vor anderen zu verbeugen und allgemeine Demut zu zeigen.

Es bringt nichts, Wasser in einen schmutzigen Eimer zu gießen, weil dann ganze Wasser schmutzig wird. Wenn du etwas Saures mit Pāyasam vermischst, kannst du nicht den Geschmack von Pāyasam genießen. Ebenso erhält man aber das Ego aufrecht, kann man nicht vollkommen in Gott Zuflucht suchen und auch nicht die Früchte des Sādhanās erleben und genießen. Doch wenn man Ich-Gefühl durch Demut zerstört, treten die guten Eigenschaften hervor und der Jīvātmā wird zu Paramātman erhoben.

Derzeit bist du wie eine kleine Tischlampe, die gerade genügend Licht spendet, um ein Buch zu lesen, wenn man es nahe an die Lampe hält. Wenn man jedoch Tapas ausübt und das Ego zerstört, erstrahlt man wie die Sonne."

Hingabe an den Guru

Junger Mann: „Amma, heutzutage betrachten viele Menschen Gehorsam gegenüber einem Guru als Schwäche. Sie glauben, es sei unter ihrer Würde, sich vor einer großen Seele zu verbeugen."

Amma: „In alten Zeiten war die Eingangstür eines Hauses sehr niedrig. Ein Grund dafür war, Demut zu entwickeln. Um den Kopf nicht anzustoßen, musste man ihn beim Eintreten neigen. Dementsprechend neigen wir den Kopf vor dem Guru, dann vermeiden wir die Gefahren, die vom Ego ausgehen, wodurch das Erwachen des Selbst möglich ist.

Heutzutage sind wir alle ein Abbild der acht Formen des Stolzes oder Ich-Gefühls. Wollen wir uns ändern und unser wahres Sein zum Vorschein bringen, ist es notwendig, die

Rolle eines Schülers anzunehmen und den Worten des Gurus mit Demut zu gehorchen. Halten wir uns heute an die Worte des Gurus, so können wir morgen eine Zufluchtsstätte für die ganze Welt werden. Durch die Nähe des Gurus erwacht die göttliche Kraft (Śhakti) in uns und unser Sādhanā wird diese zum Erblühen bringen."

Junger Mann: „Amma, heißt es nicht in den Schriften, dass Gott in uns ist und nicht getrennt von uns? Warum brauchen wir dann einen Guru?"

Amma: „Ja, Sohn, Gott ist wahrlich in dir. Eine Schatztruhe voller Diamanten liegt in dir; aber da dir das nicht bewusst ist, suchst du außerhalb von dir danach. Der Schlüssel für die Truhe ist in deinem Besitz, doch da er lange nicht benutzt wurde, ist er verrostet. Du musst den Rost wegpolieren und die Schatztruhe öffnen. Deswegen wenden wir uns an den Guru. Wenn du Gott erkennen möchtest, musst du das Ego beseitigen, indem du dich dem Guru anvertraust und Ihm mit Demut und Hingabe gehorchst.

Ein Baum kann vielen Menschen Früchte geben. Im jetzigen Stadium bist du aber lediglich ein Saatkorn; du bist noch kein Baum. Durch Tapas ist der Guru Pūrṇam vollständig geworden. Für dich ist es somit notwendig, dich an einen Guru zu wenden und gemäß seinen, beziehungsweise ihren Anweisungen Sādhanā auszuüben.

Wenn du oben auf einem Berg einen Brunnen gräbst, findest du wahrscheinlich kein Wasser, selbst wenn du hunderte Meter tief gräbst. Gräbst du aber nur ein kleines Loch in Flussnähe, findest du bald Wasser. Desgleichen wird die Nähe des Satguru schnell deine guten Eigenschaften hervorbringen und deine spirituellen Übungen werden bald Früchte tragen. Zurzeit bist du Sklave deiner Sinne; lebst du jedoch dem Willen des Gurus gemäß, werden die Sinne zu deinen Sklaven.

Wer mit seinem Guru lebt, braucht sich nur um dessen Gnade zu bemühen. Durch diese Gnade strömt die Tapas-Kraft des Gurus zu einem. Berührt man etwas, das elektrisch geladen ist, elektrisiert man sich selbst, nicht wahr? Wenn du Zuflucht bei einem Guru suchst, fließt seine oder ihre Energie in dich ein.

Der Guru ist selbstlos. Er ist eine Quelle guter Eigenschaften, wie Wahrheit, Dharma, Liebe und Mitgefühl. Worte wie ‚Wahrheit' und ‚Dharma' tragen kein Leben in sich selbst, aber ein Satguru ist die lebendige Verkörperung dieser Qualitäten. Die Welt empfängt nur Gutes von solchen Wesen. Eine befreundete Person mit schlechten Eigenschaften wird einen schlechten Einfluss auf uns ausüben. Ein Freund mit guten Eigenschaften hingegen wird positive Veränderungen in uns auslösen. Entsprechend werden Menschen bei einem Guru zu fruchtbaren Feldern, in denen gute Eigenschaften gedeihen.

Jätest du das Unkraut nicht, wird es die Saat zerstören. Übst du Sādhanā aus, ohne das Ego zu beseitigen, bleibt das Sādhanā fruchtlos. Für die Betonherstellung muss der Kies zunächst gewaschen werden. Ähnlich festigt sich der Gedanke an Gott nur in einem reinen Mind. Wird Sādhanā selbstlos, d.h. ohne Ego, ausgeübt, erfährst du die Wahrheit, dass du ein göttliches Wesen bist."

Ammas nektargleiche Worte der Weisheit hörten einen Augenblick auf zu fließen. Sie wandte sich an einige Devotees, die im Āśhram zu Besuch waren, mit den Worten: „Der Bereich um die Küche herum ist schmutzig. Amma kam zum Saubermachen herunter, aber auf dem Weg sah sie dieses kleine Mädchen beim Bildermalen und blieb stehen, um ihm zuzuschauen. Dann kam dieser Sohn hier und Amma setzte sich, um mit ihm zu sprechen. Kinder bleibt doch noch bis nach dem Darśhan morgen? Amma sieht euch später." Dann ging sie in Richtung Küche.

Kapitel 7

Freitag, den 7. Februar 1986

Nach der Morgen-Pūjā und dem Ārati im Kalari brachte Brahmachārī Unnikrishnan[25] den brennenden Kampfer nach draußen, wo die Devotees warteten. Sie berührten die Flamme und anschließend ihre Stirn. Einige nahmen auch etwas Bhasma von dem Teller, auf dem der Kampfer brannte und trugen es auf die Stirn auf. Einige Minuten später erschien Amma im Kalari und jeder verneigte sich. Nach ihrer Meditation kamen auch Rao und Kunjumon. Sie verbeugten sich vor Amma und setzten sich dann neben sie.

Zweifel beseitigen

Rao: „Amma, du sagst, wir sollten voller Sehnsucht danach trachten, Gott zu sehen. Aber du bist hier unter uns. Wenn wir über deine Form meditieren, wie können wir dann traurig sein?"

Amma: „Du solltest den Trennungsschmerz von Gott spüren. Das ist der Schmerz, den du fühlen solltest!"

Rao: „Wenn wir einen echten Meister oder Guru haben, wird er uns doch nicht diesen Kummer bereiten?"

---

[25] Swāmī Turyamritananda.

Amma: „Namaḥ Śhivāya! Es genügt nicht, einen Guru mit den höchsten Qualifikationen zu haben, auch der Schüler muss qualifiziert sein."

Kunjumon: „Wir haben Amma erreicht, deshalb müssen wir uns um nichts sorgen! Wir sind gerettet!"

Amma: „Der Glaube ist zwar gut, Kinder. Begrenzt euch jedoch nicht auf die äußere Amma, die ihr als diesen Körper seht. Tut ihr das, verliert ihr eure Stärke und geratet ins Schwanken. Versucht die wirkliche Amma zu sehen, das wirkliche Prinzip. Bemüht euch, diese Amma in jedem zu sehen."

Kunjumon: „Gestern fragte jemand nach Ammas Absicht hinter der Gründung dieses Āśhrams."

Amma: „Er ist dazu gedacht, den Glauben der Menschen an Gott zu stärken, Menschen zu inspirieren, gute Taten zu tun und ihnen zu helfen, den Weg der Wahrheit und Rechtschaffenheit zu beschreiten. Das ist unser Ziel."

Eine Devotee: „Amma, diejenigen, die nach Gott rufen, scheinen viel Leid in ihrem Leben zu erfahren."

Amma: „Kinder, Tränen, die beim Gebet aus Liebe zu Gott fließen, sind keine Tränen des Leids, sondern Tränen der Seligkeit. Heutzutage beten die Menschen nur zu Gott, wenn sie Probleme haben. Betest du in Zeiten der Freude als auch der Traurigkeit zu Gott, leidest du nicht länger. Selbst wenn sie etwas Leid erfahren, leiden sie nicht."

Als sie von der Liebe zu Gott sprach, ging Amma in einen erhobenen Zustand der Hingabe über. Sie begann die Tage zu beschreiben, die sie in Prēmabhakti versunken verbracht hatte.

„Oh, mit welchen Schwierigkeiten Amma damals zu ringen hatte! Sie konnte nicht auf die Straße treten, ohne von den Leuten verhöhnt zu werden. Sie war eine Zielscheibe des Spotts. Niemand war bereit, ihr auch nur eine Mahlzeit zu geben. Sie hätte sich gewünscht, wenigstens ein spirituelles Buch zu lesen, aber es gab keines, auch keinen Guru. Kinder, ein spirituelles Leben ohne einen Guru ist wie das Leben eines Kindes ohne Mutter. Amma wuchs wie ein mutterloses Kind auf. Die Menschen um sie herum verstanden nichts von Spiritualität. Meditierte Amma, so kam jemand und goss kaltes Wasser über sie oder schlug sie. Man warf sie aus dem Haus. So wurde Amma behandelt. Trotzdem litt sie dabei nicht, da sie fest daran glaubte, dass Gott sie niemals im Stich lassen wird. Obwohl sie so viel zu ertragen hatte, vergaß sie alles, sobald sie Dēvīs Namen aussprach. Immer wenn sie traurig war, vertraute sie sich nur Dēvī an. Unter Tränen unterhielt sie sich mit Dēvī."

Amma saß eine Weile schweigend da. Dann sang sie mit bewegter Stimme:

oru tuḷḷi snēhamen

Oh Mutter, gib einen Tropfen Deiner Liebe
in mein brennendes Herz,
damit mein Leben Erfüllung findet.
Warum gibst Du brennendes Feuer
als Dünger für diese ausgedörrte Kletterpflanze?

Immer wieder breche ich in Tränen aus.
Wie viele heiße Tränen muss ich Dir darbringen?
Hörst Du nicht mein pochendes Herz und all meine Qualen,
die in den unterdrückten Seufzern hervorbrechen?

Lass das Feuer nicht hereinkommen
und durch den Sandelholzwald tanzen.
Lass nicht zu, dass dieser Schmelzofen der
Traurigkeit seine Intensität offenbart

und wie splitternde Fliesen zerbersten. Lass die Traurigkeit nicht hervorbrechen
wie zerspringende Ziegelsteine.

Oh Dēvī, "Durgā, Durgā" singend
hat mein Mind alle anderen Wege vergessen.
Ich wünsche nicht den Himmel oder Befreiung,
ich möchte nur reine Hingabe an Dich.
Ich wünsche weder Himmel noch Befreiung,
ich möchte nur reine Hingabe an Dich.

Die letzten zwei Zeilen sang Amma immer wieder. Tränen stiegen in ihre Augen. Sie wischte sie weg mit den Worten: „Damals sang Amma diese Zeilen spontan. Jedes Mal wenn Sie vom Kummer überwältigt wurde, weinte sie bei jeder Zeile. Manchmal brach sie beim Aussprechen des göttlichen Namens immer wieder in Lachen aus. Sugunacchan (Ammas Vater), der dies beobachtete, dachte: ‚Es ist alles vorbei! Das Kind ist verrückt geworden!' Er lief dann zu ihr und schlug ihr auf den Kopf. Die Menschen glaubten damals, diese Person würde wieder normal werden, wenn man ihr auf den Kopf schlüge. Zeigte sich keine Änderung bei ihr, rief er ihre Mutter: ‚Damayantī, das Mädchen ist verrückt geworden! Hol schnell etwas Wasser und gieß es über ihren Kopf, beeil dich!' Dann begann das Dhara[26], wobei man einen Topf nach dem anderen über Ammas Kopf goss. Sobald sie nach Gott rief, brachte man ihr Medizin, weil man glaubte, sie sei krank.

---

[26] Ein ununterbrochener Strom an Flüssigkeit. Dieser Ausdruck wird für eine Behandlungsmethode verwendet, bei der flüssige Arzneimittel ohne Unterbrechung über den Patienten gegossen werden. Diese Bezeichnung wird auch für das zeremonielle Baden eines Gottesbildnisses verwendet.

Jüngere Kinder kamen und fragten: ‚Warum weinst du, Chēchi (ältere Schwester)? Hast du Kopfschmerzen?' Sie setzten sich nahe zu ihr und begannen auch zu weinen. Nach einiger Zeit wurde ihnen klar, warum Chēchi weinte: Weil sie ‚Mutter Dēvī' nicht sehen konnte! Dann zogen die kleinen Mädchen Sāris an, gingen zu ihr und gaben vor, Mutter Dēvī zu sein. Amma umarmte sie, als sie sie so gekleidet sah. Sie betrachtete sie nicht als Kinder, sondern als die Göttin selbst.

Manchmal, wenn Amma unkontrolliert weinte, nahm ihr Vater sie, hielt sie gegen seine Schulter und tröstete sie mit den Worten: ‚Weine nicht, Liebes. Ich zeige dir Dēvī gleich.' Sie war so arglos, dass sie ihm glaubte und aufhörte zu weinen.

In jener Zeit mochte Amma mit niemandem sprechen. Wenn jemand kam, um mit ihr zu reden, malte sie ein Dreieck auf den Boden und stellte sich vor, wie Dēvī darinsitzt. Ihrem Gegenüber wurde bald klar, dass Amma sich in einer anderen Welt befand und so ging er bald danach. Amma stellte sich jeden als Dēvī vor. Wenn die Dorfkinder vorbeikamen, versuchte sie daher manchmal sie zu umarmen."

Rao: „Warum erleben wir solch unschuldige Hingabe nicht?"

Amma: „Ist es nicht Hingabe, die euch veranlasst hat, hierher zu kommen und euer Heim und eure Familie zu verlassen?"

Rao: „Amma, nach wem sollen wir rufen und nach wem weinen, wenn wir dich vor uns sehen?"

Amma lachte und wechselte das Thema: „Ist es nicht Zeit für euren Unterricht? Verschwendet eure Zeit nicht damit, mit Amma herumzusitzen."

Amma nahm ein Kleinkind, das neben ihr saß, auf den Arm und ging mit dem Kleinen zur Darśhan-Hütte und rief: „Kommt, meine Kinder!" Die Anwesenden folgten ihr.

Die Verkörperung der Schriften

Amma stand vor Otturs Zimmer und horchte eine Weile. Die Tür verdeckte sie dabei. Aus dem dunklen Raum schallte mit bebender Stimme Kṛiṣhṇas Name: „Nārāyaṇa, Nārāyaṇa, Nārāyaṇa."

Schließlich betrat Amma Otturs Zimmer. Als der alte Mann Ammas schöne Gestalt vor sich erblickte, sprang er auf und verbeugte sich vor ihr trotz ihrer Proteste. Noch bevor sie auf seinem Bett Platz genommen hatte, kniete er vor ihr und legte mit der Freiheit eines kleinen Kindes seinen Kopf in ihren Schoß.

Amma: „Mein Sohn, Amma konnte nicht anders als stehenbleiben, als sie hörte, mit welcher Hingabe du den Namen des Herrn rezitierst!"

Ottur: „Ich glaube nicht, dass ich wirkliche Hingabe für Kṛiṣhṇa habe, denn sonst hätte der all-mitfühlende Kaṇṇa mir seinen Darśhan gewährt."

Ein Brahmachārī, der zugehört hatte, sagte: „Aber siehst du Amma denn jetzt nicht hier?"

Ottur: „Man sagt, dass Śhāradā Dēvī einmal zu Rāmakṛiṣhṇa Dēva gesagt hat: ‚Weißt du, ich habe nicht die Geduld, so lange wie du zu warten. Ich ertrage es nicht, meine Kinder leiden zu sehen.' Ich glaube, dieselbe Person hat mir heute Darśhan gegeben. Amma spricht immer über Hingabe, so wie Śhāradā Dēvī."

Amma: „Wisst ihr, warum Amma über Hingabe spricht? Weil es ihre eigene Erfahrung ist. Es gibt heute so viele Gelehrte und Sannyāsīs. Sie alle sprechen über Advaita, jedoch leben sie nicht danach. Sie tragen Zorn und Lust in sich. Advaita ist etwas, das man erfährt, nicht etwas, worüber man spricht. Es gibt eine Geschichte in den Upaniṣhaden. Ein Vater schickte seinen Sohn zum Studium der Schriften. Als der Sohn zurückkehrte und der Vater seinen Stolz sah, wurde ihm klar, dass der Junge das Wesentliche nicht verinnerlicht hatte. Er beschloss, seinem Sohn das wahre Prinzip zu lehren. Er bat ihn, etwas Milch und Zucker zu bringen. Dann ließ er ihn den Zucker in der Milch auflösen. Anschließend fütterte er seinen Sohn mit Milch von verschiedenen Bereichen des Gefäßes und fragte nach dem Geschmack. Der Sohn antwortete, die Milch sei süß. ‚Wie süß?', fragte der Vater. Aber der Sohn konnte es nicht beschreiben. Er stand schweigend da. Plötzlich begriff er die Wahrheit. Der junge Mann, der so viel Aufhebens um das Selbst machte, verstand, dass das Selbst etwas ist, das man erfahren muss und nicht in Worte fassen kann.

Niemand kann Brahman beschreiben. Brahman kann man nicht mit dem Intellekt erfassen. Man kann ihn nur erleben. Jeder kann sagen ‚Ich bin Brahman,' ohne jedoch etwas anderes als Freud und Leid des Lebens zu erfahren. Bei denen Brahman erlebt haben, verhält es sich anders. Weder Feuer noch Wasser kann ihnen etwas anhaben. Geschah Sītā etwas, als sie ins Feuer sprang? Nein. Einige Leute behaupten, sie seien Brahman; hältst du jedoch diese sogenannten Brahmanen unter Wasser, schnappen sie nach Luft und fürchten um ihr Leben. Ins Feuer geworfen, würden sie verbrennen. Ohne diszipliniertes Sādhanā kannst du unmöglich erfahren, dass du Brahman bist. Amma zeigte auf eine Kuh in der Nähe und fuhr fort: „Seht ihr diese Kuh? Könnt ihr Milch bekommen, indem ihr sie an den Ohren zieht? Könnt ihr sagen, dass sich in allen Körperteilen Milch befindet? Nur ihr Euter enthält Milch und die bekommen wir nur, wenn wir die Kuh melken.

Es stimmt zwar, dass Gott allgegenwärtig ist, aber um ihn wirklich zu erfahren, muss Sādhanā unter der Führung eines

Gurus ausgeübt werden und zwar konzentriert und auf das Ziel ausgerichtet (Lakṣhya-Bōdha)."

Brahmachārī: „Amma sagt, sie habe keine Schriften studiert, und trotzdem stammt alles, was sie sagt, direkt aus den Schriften!"

Amma: „Sohn, die Schriften basieren auf Erfahrungen, nicht wahr? Amma spricht über Dinge, die sie gesehen, gehört und erfahren hat, also muss das in den Schriften stehen."

Brahmachārī: „Amma, wird Rāmarajya (das Königreich Rāmas) jemals zurückkehren?"

Amma: „Rāmarajya wird kommen, aber es wird auch mindestens einen Rāvaṇa geben. Auch Dwārakā wird es erneut geben, allerdings ebenso Kaṁsa und Jarāsandha."

Brahmachārī: „Amma, manche Leute behaupten, es gebe keine Reinkarnation. Stimmt das?"

Amma: „Letzten Monat übten einige von uns gemeinsam ein Lied. Wenn wir uns jetzt nicht mehr daran erinnern, können wir dann behaupten, das Lied nicht gelernt zu haben? Es gibt viele Zeugen dafür. Es mag euch unmöglich sein, sich an vorhergehende Leben zu erinnern, ein Tāpasvī jedoch kann es. Es wird möglich, wenn der Mind durch Sādhanā subtil wird."

Später am Nachmittag kam Puthumana Damodaran Namboodiri, ein bekannter Tantra-Priester aus Kerala, in Begleitung einer Gruppe zu Ammas Darśhan. Es war Puthumanas erster Besuch. Amma sagte nicht viel. Die meiste Zeit saß sie mit geschlossenen Augen da und schaute nach innen. Sie schien zu meditieren.

Puthumana las laut ein Gedicht auf Sanskrit vor, das er über Amma geschrieben hatte und reichte es ihr. Er sagte: „Ich weiß, es ist verkehrt, sich Reichtum zu wünschen, aber das Verlangen ist da. Ich weiß, dass es nicht richtig ist, die Früchte seiner eigenen Handlungen zu begehren, aber was kann man tun, wenn wunschloses Handeln nicht erreicht werden kann?”

Amma antwortete nicht. Sie sah ihn nur an und lächelte. Ihr Schweigen drückt oft mehr aus als ihre Worte.

Puthumana (in Bezug auf Amma und Ottur, der an ihrer Seite saß): „Es freut mich, euch zwei hier wie Kṛiṣhṇa und Kuchēla zu sehen!”

Ottur: „Wie wahr! Aber andererseits hat es wahrscheinlich noch nie einen Anblick wie diesen zuvor gegeben. Die Dunkelheit flieht, wenn die Sonne aufgeht, aber hier kannst du verkörperte Dunkelheit sehen (er wies auf sich selbst).”

Alle lachten. Glücklich kann sich der Devotee schätzen, der in der Gegenwart der Mutter des Universums, die reines Mitgefühl ist, zur Verkörperung der Hilflosigkeit wird! Was kann da den Fluss ihrer Gnade noch aufhalten?

Sonntag, den 16. Februar 1986

Ammas Saṅkalpa, die Wahrheit selbst

An diesem Morgen kehrte Amma von Alappuza (Alleppey) zurück. Sie hatte dort zwei Tage mit ihren Kindern verbracht; dort hatte eine Rāmayana Yajña (mehrtägige Erörterung des Rāmayana) stattgefunden. Die meisten Brahmachārīs kehrten erst später in der Nacht zurück, erst nachdem sie an der Lichterprozession am Ende der Yajña teilgenommen hatten.

Auf dem Rückweg hatte Amma zu einer Brahmachāriṇī gesagt: „Tochter, koche Reis, sobald du im Āśhram ankommst.” Aber als sie ankamen, war bereits Reis und Gemüse gekocht. Die Brahmachāriṇī war unschlüssig. Sie sagte zu den anderen: „Warum hat Amma mich gebeten zu kochen? Alles ist schon zubereitet. Wenn ich noch mehr koche, müssen wir es wegwerfen, nicht wahr? Außerdem sind weniger Leute als üblich da. Aber wenn ich nicht koche, gehorche ich Amma nicht." Obwohl die anderen ihr rieten, nicht noch mehr zu kochen, da es Verschwendung sein würde, beschloss sie, einfach Ammas Anweisungen zu befolgen. Sie kochte den Reis mit dem Gedanken, dass alles Übrige fürs Abendessen verwendet werden kann.

Als sie das Mittagessen ausgaben, war es offensichtlich, dass sich alle in ihren Einschätzungen geirrt hatten, außer Amma. Viel mehr Besucher waren eingetroffen und am Ende war nichts mehr übrig. Es hatte gerade gereicht. Wäre die Brahmachāriṇī nicht Ammas Anweisungen gefolgt, hätten alle ein schlechtes Gewissen gehabt, weil für die Besucher nicht genug zu essen dagewesen wäre. Jedes Wort von Amma hat Sinn; es mag nicht immer gleich so aussehen, aber das liegt nur an unserer Unfähigkeit tiefer zu schauen.

Als Amma am Abend für die Bhajans und Bhāva Darśhan zum Kalari ging, fragte sie ein Brahmachārī: „Da der Āśhram nicht über ausreichende Mittel verfügt, um das neue Gebäude weiterzubauen, könnte man nicht im Matruvani[27] um Spenden bitten?"

In ernstem Ton entgegnete Amma: „Meinst du das wirklich, Sohn? Es scheint, dass du aus deinen bisherigen Erfahrungen nichts gelernt hast. Wer sich Gott hingibt, muss sich um nichts sorgen. Wir sollten uns nie jemandem mit einem Wunsch im Mind nähern, denn das wird uns nur Leid bringen. Bei Gott allein sollen wir Zuflucht suchen. Er wird uns bringen, was wir benötigen. Wo es Tāpasvīs gibt, da gibt es keinen Mangel, alles kommt automatisch wenn es gebraucht wird.

[27] Monatliches Magazin des Āśhrams.

Haben wir diesen Bau mit Bargeld in der Hand begonnen? Hatten wir eine Hilfsquelle in unserem Sinn, als wir anfingen? Bis jetzt haben wir ausschließlich in Gott Zuflucht gesucht und deshalb hat er auch keine Hindernisse für das Vorhaben zugelassen und er wird sich weiter um uns kümmern.

Als der Grundstein für das große Gebäude gelegt wurde, das wir jetzt errichten, wunderte sich jeder. Der Āśhram verfügte über keine nennenswerte Mittel. Jedoch besaß der Āśhram zwei Häuser in Tiruvannamalai in der Nähe des Ramana-Āśhramsund es kam auch der Gedanke auf sie zu verkaufen. Aber als Amma dort Darśhan gab, erschienen so viele Menschen, dass einigen die Idee des Verkaufs nicht gefiel. Als Amma nach ihrer Rückkehr davon hörte, sagte sie: ‚Wenn wir uns so nahe bei einem anderen Āśhram befinden, ist es sehr wahrscheinlich, dass etwas Wettstreit entsteht. Lasst uns daher keinen Āśhram in der Nähe des Ramana-Āśhrams haben. Wir verkaufen die Häuser und bauen hier weiter. Dort ist kein Āśhram von uns notwendig, da Bhagavans Ramana-Āśhram sich schon dort befindet.'

Die zwei Häuser in Tiruvannamalai wurden verkauft und ein Datum für die Grundsteinlegung des Āśhram-Gebäudes in Amritapuri festgelegt. Gleichzeitig boten die Eigentümer von benachbartem Land ihre Grundstücke zum Verkauf an. Der Āśhram erwarb das Land mit dem Geld, das für das neue Gebäude gedacht war. Zu der Zeit machte ein Brahmachārī die Bemerkung, dass die Grundsteinlegung für ein Āśhram-Hauptgebäude sinnlos sei, da das Baugeld fehle. Amma antwortete: ‚Lasst uns trotzdem mit unserem Plan weitermachen. Gott wird sich um alles kümmern. Er wird es zuwegebringen.'

Die Grundsteinlegung fand nach Plan statt. Seitdem ist der Bau ohne Hindernisse vorangeschritten. Irgendwie ist alles, was gebraucht wurde, immer zur rechten Zeit eingetroffen. Amma bestand darauf, nicht nach Hilfe zu bitten, wenn etwas für das Gebäude benötigt wurde."

Auf dem Weg zum Kalari machte Amma nun die Bemerkung: „Wenn wir alles als Gottes Willen akzeptieren, werden alle Lasten von uns genommen und wir werden keine Schwierigkeiten erleben. Es gibt ein kleines Mädchen, das Amma sehr liebt. Es nennt Amma , Mātaji'. Eines Tages fiel das Mädchen von der Schaukel, aber ihm geschah nichts. Es stand auf mit den Worten: ‚Mit Mātajis Kraft saß ich auf der Schaukel; dann schubste sie mich hinunter und passte auf, dass mir nichts geschieht.' So sollten wir sein. Während andere Freude oder Leid als ihr Prārabdha betrachten, sollten wir beides als Gottes Willen annehmen."

Amma wandte sich an einen jungen Mann, der seinen Wunsch, im Āśhram zu leben, zum Ausdruck gebracht hatte: „Spirituelles Leben ist, als ob man inmitten eines Feuers steht, ohne verbrannt zu werden." Im Kalari angekommen, setzte Amma sich zum Bhajansingen. Die heilige Musik erklang von Hingabe durchdrungen.

gajānanā hē gajānanā

Oh Herr mit dem Elefantengesicht,
Oh Sohn Pārvatī
Herberge des Mitgefühls,
höchste Ursache.

Dienstag, den 25. Februar 1986

Unsichtbare Fäden in Ammas Hand

Eine Frau mittleren Alters aus Bombay und eine junge Deutsche, die gerade eingetroffen war, kamen gemeinsam zu Amma, verneigten sich und brachten einen Teller Obst zu ihren Füßen dar. Amma umarmte sie. Die junge Frau war das erste Mal im Āśhram. Tränen strömten aus ihren Augen.

Amma: „Woher kommst du, Tochter?"

Aber die junge Frau weinte so sehr, dass sie keine Antwort hervorbrachte. Amma hielt sie und strich ihr über den Rücken. Ihre Begleiterin erklärte schließlich die Umstände, welche die junge Frau in den Āśhram geführt hatten.

Sie stammte aus Deutschland und war eine Devotee Śhāradā Dēvīs. Sie hatte viele Bücher über sie gelesen und ihre Verehrung war ständig gewachsen. Es war unerträglich für sie, der verehrten Göttin nicht begegnen zu können. Eines Morgens sah sie während der Meditation innerlich deutlich eine lächelnde, in reines Weiß gekleidete Frau, deren Kopf mit dem Ende ihres Sāris bedeckt war. Die junge Frau fragte sich, wer das sein könne, da ihr die erschienene Frau völlig unbekannt war; auch hatte sie von ihr noch nie Bilder gesehen. Sie war überzeugt, dass dies eine andere Erscheinungsform von Śhāradā Dēvī ist, die sie so sehr liebte. Sie glaubte, Śhāradā Dēvī persönlich zu sehen und ein Gefühl der Glückseligkeit durchdrang sie.

Drei Tage später erhielt sie von einem Freund einen Brief mit einem Foto derselben Frau, die sie in ihrer Meditation gesehen hatte. Ihre Freude kannte keine Grenzen. Sie schrieb dem Freund und bat um Einzelheiten über die Frau auf dem Bild. Er wusste jedoch nichts über sie. Ein Freund von ihm war nach Indien gereist und hatte ihm dieses Bild geschickt. Da er selbst nicht spirituell interessiert war, aber von ihren spirituellen Neigungen wusste, hatte er es ihr zugeschickt. Der einzige Hinweis war die Anschrift auf der Rückseite des Fotos.

Sie verlor keine Zeit, traf sofort alle Vorbereitungen für die Reise nach Indien und flog nach Mumbai (Bombay). Von dort nahm sie ein Flugzeug nach Cochin mit dem Foto in der Hand. Selbst im Flugzeug schaute sie es ständig an. Eine ältere Inderin neben ihr bemerkte dies und erkundigte sich nach dem Bild. Die junge Frau begann zu erzählen. Sie zeigte ihr die Adresse hinten auf dem Bild. Sie sei zum ersten Mal in Indien und kenne den Weg nicht. Zu ihrer Überraschung erklärte ihr die Inderin, selbst auf dem Weg zu dem Āśhram zu sein und sie würde sie dorthin mitnehmen! Sie sei eine Devotee Ammas! Auf diese Weise gelangte die junge Frau ohne Probleme zum Āśhram."

An dieser Stelle sei darauf hingewiesen, dass ein Mahātmā den Suchern auf dem spirituellen Pfad hilft, indem er sie entsprechend deren Saṁskāra anzieht und sie auf ihrem Weg führt. Viele Menschen glauben, dass Amma Kṛiṣhṇa, Śhiva, Rāmakṛiṣhṇa Paramahaṁsa, Kāḷī, Durgā, Mukambika oder Ramaṇa Mahāṛiṣhi sei. Amma hat sogar Darśhan in diesen Formen gegeben. Aber es ist unmöglich zu erraten, wer sie in der vorherigen Inkarnation war.

Amma wies einen Brahmachārī an, für die Unterkunft der zwei Frauen zu sorgen. Anschließend ging sie hinter die Hütten der Brahmachārīs, wo viel Unrat herumlag, und begann, den Bereich zu aufzuräumen. Den Brahmachārīs war dies peinlich und sie eilten zu Hilfe. Einige Besucher kamen ebenfalls um zu helfen. Amma unterhielt sich während der Arbeit mit ihnen und gab ihnen Ratschläge.

Kinder aufziehen

Eine Familie aus dem Norden Keralas, die am Vortag in den Āśhramgekommen war, arbeitete neben Amma. Der Vater nahm die Gelegenheit wahr, ihr vom Studium seiner Tochter zu erzählen. „Amma, sie studiert überhaupt nicht. Bitte bringe sie zur Vernunft. Meine Frau verwöhnt sie nur."

Ehefrau: „Aber Amma, sie ist doch noch ein Kind! Ich schlage sie nicht oder bestrafe sie auch nicht, da mein Mann dies schon tut und das reicht. Ich möchte nicht, dass wir beide sie bestrafen!"

Ein Besucher: „Heutzutage verwöhnt meist die Mutter die Kinder."

Amma: „Warum nur die Mütter beschuldigen? Die Väter spielen auch eine Rolle in der Erziehung ihrer Kinder. Heute denken Eltern nur daran, ihre Kinder so früh wie möglich zur Schule zu schicken, dass sie so viel wie möglich lernen und dann eine Arbeit finden. Sie achten nicht auf die spirituelle Entwicklung oder die Veredelung des Charakters der Kinder. Als erstes sollten sich die Eltern jedoch um den Charakter der Kinder kümmern. Sie sollten ihnen gutes Verhalten beibringen und das heißt, sie spirituell zu unterweisen. Die Eltern sollten den Kindern Geschichten erzählen, die moralische Werte und Prinzipien vermitteln. Außerdem sollte man ihnen Meditation und Japa beibringen. Durch Sādhanā wird sich die Intelligenz und das Gedächtnis des Kindes verbessern. Selbst ein kurzer Blick in ein Textbuch und sie erinnern sich an alles, was sie im Verlaufe des Jahres gelernt haben. Wenn sie dann eine Frage hören, wird die Antwort in ihnen wie bei einem Computer auftauchen. Auch werden sie sich gut verhalten. Sie werden spirituelle Fortschritte machen und auch auf der materiellen Ebene erfolgreich sein."

Als die Arbeit beendet war, setzte sich Amma unter eine Kokospalme. Ihre Devotees versammelten sich um sie. Einer von ihnen stellte einen jungen Mann vor, für den der Āśhram neu war.

Besucher: „Er kommt aus Malappuram. Er setzt seine ganze Zeit für den Naturschutz ein. Er und einige seiner Freunde bemühen sich um den Erhalt von Tempeln und Tempelwasserbecken."

Der junge Mann lächelte schüchtern und verbeugte sich mit betenden Händen vor Amma.

Amma: „All das Āśhram-Land hier wurde den ‚Backwaters' (lagunenartige Gewässer verschiedener Größe) abgerungen. Die Kinder haben Kokospalmen, Bananenbäume und blühende Pflanzen angepflanzt, wo immer es möglich war."

Amma wusch ihre Hände und ging zum Kalari hinüber. Ihre Devotees folgten ihr.

Wo sollte man nach Glück suchen?

Amma setzte sich auf die Veranda des Kalari. Die Besucher verneigten sich und setzten sich zu ihr. Der Neu-Ankömmling fragte: „Obwohl es so vielen materiellen Komfort gibt, sind die Menschen unglücklich. Warum ist das so, Amma?"

Amma: „Ja, das stimmt. Heutzutage finden die meisten Menschen keinen Frieden und keine Zufriedenheit. Sie errichten große, palastartige Häuser und begehen darin schließlich Selbstmord! Wenn luxuriöse Häuser, Reichtümer, komfortable Lebensweise und Alkohol Glück bringen könnten, bestünde dann ein Grund, an Depressionen zu zerbrechen? Wirkliches Glück ist also nicht in diesen Dingen zu finden. Frieden und Zufriedenheit hängen von unserem Bewusstseinszustand ab.

Was ist Bewusstsein? Wo kommt es her? Was ist der Sinn des Lebens? Wie sollen wir unser Leben führen? Wir versuchen nicht, diese Dinge zu verstehen. Würden wir sie verstehen und entsprechend leben, gäbe es keine Notwendigkeit, irgendwo hinzugehen und nach innerem Frieden zu suchen. Aber stattdessen sucht jeder den Frieden außerhalb von sich selbst.

Zu diesem Thema erinnert Amma sich an eine Geschichte. Eine alte Frau suchte intensiv nach etwas vor ihrem Haus. Ein Passant fragte: ‚Oma, wonach suchst du denn?' ‚Ich suche nach einem verlorenen Ohrring', antwortete sie. Der Mann half ihr bei der Suche. Wie sehr sie sich auch bemühten, sie fanden den Ohrring nicht. Schließlich sagte der Mann zu der alten Frau: ‚Erinnere dich genau, wo du ihn verloren hast.' Sie sagte: ‚Eigentlich habe ich ihn irgendwo im Haus verloren.' Der Mann entgegnete gereizt: ‚Warum, um Himmels willen, suchst du dann hier draußen, wenn du die ganze Zeit wusstest, dass du ihn drinnen verloren hast?' Die alte Frau antwortete: ‚Weil es drinnen so dunkel ist. So dachte ich, ich suche besser hier draußen im Licht der Straßenlaterne.'

Kinder, wir sind wie diese alte Frau. Wenn wir in unserem Leben Frieden genießen wollen, müssen wir die wahre Quelle finden und dort suchen. In der äußeren Welt werden wir niemals echten Frieden oder wirkliches Glück finden."

Der Nutzen von Yagas

Junger Mann: „Kürzlich fand ein Yaga (umfassendes vedisches Ritual) statt. Einige waren dagegen und klagten über unnütze Geldausgaben."

Amma: „Ja, es wurde die Frage aufgeworfen, warum man für Gott Geld ausgeben soll. Sohn, Gott braucht keine Yagas; es ist der Mensch, der davon profitiert. Yagas reinigen die Atmosphäre. So wie man den Schleim im Körper durch Nasayam, eine ayurvedische Behandlungsmethode, beseitigt, so reinigt der aus dem Ritual aufsteigende Rauch die Atmosphäre. Damit meint

Amma nicht, dass wir übermäßige Geldbeträge für Homas, Yagas und Ähnliches ausgeben sollten. Es besteht keine Notwendigkeit, Gold oder Silber ins Feuer zu opfern. Aber hinter diesen Zeremonien steht ein Prinzip. Wenn wir etwas, an dem wir hängen, dem Feuer darbringen, so ist das wie das Loslösen dieser Abhängigkeit. Das größte Yaga findet statt, wenn wir unser Ego aus Liebe zu Gott opfern. Das ist es, was wahres Jñāna (höchste Weisheit) bedeutet. Wir sollten die Vorstellung von ‚ich, und ‚mein, ablegen und alles als eine Wahrheit, als Gott, sehen. Es ist wichtig, dass wir verstehen, dass nichts von uns selbst getrennt ist. Wenn wir unser Ego im Homa-Feuer opfern, werden wir vollständig.

Homas nützen nicht nur denen, die sie ausführen, sondern auch allen Menschen in der Umgebung. Wenn wir solche Rituale nicht ausführen, sollten wir viele Bäume und Heilkräuter pflanzen, da sie ebenfalls die Luft reinigen. Viele Krankheiten könnte man vermeiden, wenn wir Luft einatmen würden, die mit Heilkräutern in Berührung kam.

Der Mensch ist sehr materialistisch geworden. Er beeilt sich, Bäume zu fällen, um sie in Geld umzuwandeln. Er rodet Wald und macht Ackerland daraus. Dies bewirkt tiefe Veränderungen in der Natur. Regenfall und Sonnenschein geschehen nicht mehr zur rechten Zeit. Die Atmosphäre ist sehr verschmutzt. Der Mensch lebt in Unkenntnis von sich selbst. Er lebt nur für seinen Körper und vergisst dabei Ātman, der dem Körper das Leben verleiht.

Die Menschen fragen: ‚Warum sollten wir Geld für Yagas und Homas ausgeben? Gott benötigt sicherlich solche Dinge nicht.' Aber dieselben Menschen beschweren sich nicht über Millionen, die dafür ausgegeben werden, eine Handvoll Erde vom Mond mitzubringen. Es sind die Menschen selbst, die von Ritualen wie Yagas und Homas profitieren.

Heutzutage lachen die Menschen, wenn jemand eine Öllampe daheim anzündet. Aber der Rauch der Lampe reinigt die Atmosphäre. Während der Dämmerung ist die Luft von unreinen Schwingungen durchdrungen. Aus diesem Grunde singen wir zu diesen Zeiten die göttlichen Namen oder Bhajans. Erinnern wir uns nicht an Gott oder praktizieren kein Japa, dann verstärken sich unsere weltlichen Tendenzen. Außerdem sollten wir bei Sonnenuntergang nichts essen. Mahlzeiten zu dieser Tageszeit führen zu Krankheit, weil bei Zwielicht die Luft giftig ist. Es heißt, dass der Dämonenkönig Hiraṇyakaśhipu während Sandhyā, der Stunde des Zwielichts, getötet wurde. Zu dieser Zeit ist das Ego am stärksten. Nur indem wir Zuflucht in Gott suchen, können wir das Ego zerstören. Aber heute schauen die Leute während dieser Stunde fern oder hören Filmlieder.

Wie viele Heime haben einen Pūjā-Raum? Früher wurde dem Pūjā-Raum beim Hausbau höchste Wichtigkeit beigemessen. Heute wird Gott in der Regel auf einen Platz unter der Treppe verwiesen. Gott, der in unseren Herzen wohnt, sollte das Herz des Hauses erhalten. Auf diese Weise bringen wir unsere Beziehung zu Gott zum Ausdruck. Gott selbst braucht nichts.

Gott benötigt nichts von uns. Braucht die Sonne das Licht einer Kerze? Wir sind es, die im Dunkeln leben und Licht brauchen. Ist es notwendig, einem Fluss Wasser zu geben, um seinen Durst zu stillen? Indem wir in Gott Zuflucht suchen, sind wir es, die ein reines Herz erhalten. Wenn wir ein reines Herz haben, können wir ständig in Glückseligkeit verbringen. Wir sind es, die Frieden erhalten, wenn wir uns Gott hingeben. Trotzdem neigen wir dazu, Gott in einer Weise zu verehren, als würde Er etwas benötigen!

Obwohl Gott allmächtig und allgegenwärtig ist, können ihn nur jene sehen, die ein reines Herz haben. Es ist schwierig, die Spiegelung der Sonne in schmutzigem Wasser zu sehen. In klarem Wasser jedoch ist das Bild klar sichtbar.

Erheben wir Gott zu einem stetigen Bestandteil unseres Lebens, wird es geheiligt und wirkt heiligend auf das Leben anderer. Wir beginnen dann, Frieden und Zufriedenheit zu erfahren. Denkt an einen vollen und reinen Fluss. Wir sind es, die davon profitieren. Mit dem Flusswasser können wir unsere verschmutzten Rinnsteine und Kanäle säubern. Ein stehender, fauliger Teich kann durch eine Verbindung zum Fluss gereinigt werden. Gott ist wie ein klarer Fluss. Indem wir eine Beziehung mit Gott pflegen, weitet sich unser Bewusstsein immer mehr, bis es schließlich die ganze Welt umfasst. Auf diese Weise kommen wir Gott näher und auch anderen nützt dies."

Besucher stellen weitere Fragen

Eine Devotee: „Amma, sind die Āśhram-Bewohner hierhergekommen, weil du sie darum gebeten hast?"

Amma: „Amma hat niemanden gebeten hier zu bleiben. Ein Haushälter kümmert sich nur um eine Familie, ein Sannyāsī jedoch muss die Last der ganzen Welt tragen. Wir müssen alle eventuellen Probleme bedenken, wenn wir jedem, der den Wunsch hat, ein Sannyāsī zu werden, erlauben würden zu bleiben, denn die meisten von ihnen sind unfähig, ihre anfängliche Losgelöstheit aufrecht zu erhalten. In der Tat hat Amma all ihren Kindern gesagt, dass sie sie nicht hierbehalten möchte; aber sie wollten nicht gehen. Schließlich erklärte Amma ihnen, dass sie bleiben könnten, wenn sie eine schriftliche Zustimmung der Eltern brächten. Einige von ihnen kehrten mit der

Erlaubnis ihrer Familien zurück. Auf diese Weise wurden die meisten der Kinder Āśhram-Bewohner. Man kann bei ihnen echte Losgelöstheit sehen.

Einige von ihnen blieben jedoch ohne Erlaubnis, weil ihre Sehnsucht und Loslösung so stark waren. Zu Hause kamen dadurch große Probleme auf. Die Eltern versuchten, durch Klage vor Gericht den Aufenthalt ihrer Kinder hier zu beenden. Sie kamen mit der Polizei und schleppten ihre Kinder weg, brachten sie sogar ins Irrenhaus!

(Lachend) Wisst ihr auch warum? Weil einige von ihnen, die zuvor Alkohol getrunken hatten, damit aufhörten, als sie Amma begegneten! Ihre Eltern verweigerten es ihren Kindern, Sannyāsīs zu werden und der Welt zu dienen, selbst wenn dies bedeutete, sie ins Grab zu schicken!!"[28]Junger Mann: „Hat irgendjemand von ihnen später die Wahl des Āśhram-Lebens bereut?"

Amma: „Niemand von denen, die ein klares Ziel hatten, hat diese Wahl bereut. Ihr Weg ist sehr segensreich. Sie fürchten nicht einmal den Tod. Wenn eine Glühbirne durchbrennt, heißt das nicht, dass keine Elektrizität mehr vorhanden ist. Auch wenn der Körper stirbt: Ātman bleibt bestehen. Das ist ihnen klar. Sie haben ihr Leben in Gottes Hände gelegt. Sie denken weder an die Vergangenheit, noch an die Zukunft, machen sich keine Sorgen darüber. Sie sind nicht wie ein Mensch, der zu einem Vorstellungsgespräch geht. Sie gleichen jemandem in fester Anstellung. Jemand, der zu einem Vorstellungsgespräch geht, macht sich Sorgen über den Ausgang, d.h. darüber, ob er die Arbeit erhält oder nicht. Aber nur derjenige, der die

[28] Mit Ammas Segen und aufgrund ihrer Entschlossenheit, gelang es diesen jungen Leuten schließlich, sich im Āśhram niederzulassen.

Stellung bekommt, geht in Frieden. Die meisten der Kinder hier vertrauen vollkommen darauf, dass ihr Guru sie zum Ziel führt."

Junger Mann: „Amma, worum sollte ein spiritueller Mensch beten?"

Amma: „Er sollte beten: ‚Oh Herr, zahllose Menschen leiden, gib mir die Kraft, sie zu lieben! Verleih mir die Kraft, sie selbstlos zu lieben!' Dieses Ziel sollte ein spiritueller Mensch haben. Tapas sollten wir ausführen, um die Kraft zu entwickeln, andere zu retten. Ein wirklicher Tāpasvī gleicht einem Räucherstäbchen, das sich selbst verglühen lässt, während es seinen Duft an andere verströmt. Ein spiritueller Mensch findet Glück, indem er jedem liebevoll und mitfühlend begegnet, selbst denjenigen gegenüber, die ihm feindlich gesinnt sind. Ein echter Tāpasvī wünscht sich, anderen durch Selbstaufopferung zu dienen, so wie eine Kerze anderen Licht spendet, während sie schmilzt und abbrennt. Sein Ziel ist es, anderen Freude zu schenken, während er seine eigenen Kämpfe vergisst. Hierum beten Tāpasvīs. Diese Einstellung erweckt in ihnen die Liebe zu Gott. Amma wartet auf solche Menschen. Die Befreiung sucht nach ihnen und wird sie wie ein Dienstmädchen umsorgen. Die Befreiung fliegt ihnen zu, wie die Blätter in einem Wirbelwind. Andere, die nicht über ein solch weites Bewusstsein verfügen, werden die Verwirklichung nicht erreichen, ganz gleich, wie viel Tapas sie ausüben. Dieser Ort ist nicht für Leute, die nur ihre eigene Verwirklichung suchen.

Kinder, Sādhanā bedeutet nicht nur zu beten und Japa auszuüben. Echtes Gebet beinhaltet Mitgefühl und Demut gegenüber anderen, jemandem zuzulächeln und ein freundliches Wort zu sprechen. Wir sollten lernen, die Fehler anderer zu vergeben und tiefes Mitgefühl zu hegen, so wie unsere eine Hand automatisch die andere reibt, wenn sie schmerzt. Durch die Entwicklung von Liebe, Verständnis und Großherzigkeit können wir den Schmerz so vieler Menschen lindern! Unsere Selbstlosigkeit wird es uns außerdem ermöglichen, inneren Frieden und Freude zu genießen.

In ihren jungen Jahren betete Amma: ‚Oh Herr, Du brauchst mir nur Dein Herz zu geben! Lass mich die ganze Welt in derselben selbstlosen Weise wie Du lieben!' Amma rät ihren Kindern jetzt, das gleiche zu tun. In dieser Weise sollten sie sich nach Gott sehnen."

Amma hörte auf zu sprechen und saß eine Weile mit geschlossenen Augen da. Als sie ihre Augen öffnete, bat sie einen Brahmachārī, einen Kīrtans zu singen. Alle wiederholten traditionsgemäß jede von ihm vorgesungene Zeile.

vannālum ambikē tāyē manōharī

Komm, oh Mutter, die Du unseren Mind verzauberst.
Oh Ambika, gewähre mir Deinen Anblick!
Lass Deine schöne Gestalt im Lotus meines Herzens leuchten!
Wann wird dieser gesegnete Tag anbrechen?
Wann wird mein Herz voller Hingabe für Dich sein?

Ekstatisch erhob Amma beide Arme und fuhr fort zu singen:

nāmam japichu samtṛiptanayennu

Wann werde ich in Freudentränen baden,
die durch das Singen des göttlichen Namens entspringen?
Wird jeder Tag dämmern,
an dem mein Mind und Herz rein sein werden?

Wird der Tag kommen,
an dem ich meinen Stolz und meine Scham aufgebe,
meine Gewohnheiten und Mühen?

Wann werde ich die berauschende Hingabe trinken
und den Mind in Liebe verlieren?
Wann werde ich in Tränen ausbrechen
inmitten von seligem Lachen?

Amma wiederholte die Zeilen wieder und wieder. Nach Beendigung der Hymne blieb sie in einem höheren Zustand, wobei Tränen ihr Gesicht hinunterflossen. Alle Anwesenden verneigten sich still in ihrem Herzen vor ihr.

Es war nun Zeit für die regulären Bhajans.

kēzhunnen mānasam ammā

Oh Mutter, mein Mind weint.
Oh Mutter, meine Mutter, kannst Du mich nicht hören?
Mit schwermütigem Herzen bin ich durchs ganze Land
gewandert, auf der Suche nach Dir.

Was soll ich nur tun, oh Mutter?
Welche Sünde hat dieser hilflose Mensch begangen,
dass Du ihm solche Gleichgültigkeit entgegenbringst?
Oh Mutter, ich werde Deine blumenhaften Füße
mit meinen heißen Tränen waschen.

Oh Mutter, ich werde schwächer
durch die unerträgliche Last vergangener Taten.
Oh Mutter, zögere nicht länger, diesem demütigen
dienenden Kind, das völlig erschöpft ist, Zuflucht zu
gewähren.

Amma, die vor ein paar Minuten Dienen gleichgesetzt hatte mit Hingabe, weinte nun vor Liebe zur Mutter des Universums. Wer würde nicht ins Staunen geraten, angesichts des Spiels von Ammas unergründlichen, schnell wechselnden Bhāvas?

Mittwoch, den 26. Februar 1986

Die Mutter, die mit dem Stock erzieht

Manju, ein Mädchen, das im Āśhram lebte, hatte Amma einige Tage nicht sehen können. Sie ging heute nicht zur Schule in der Hoffnung, etwas Zeit mit Amma zu verbringen. Als Amma den Grund für Manjus Schulschwänzen herausfand, drohte sie dem Mädchen mit dem Stock und begleitete es zur Fähre. Als Amma zur Hütte zurückkehrte, um dort Darśhan zu geben, wurde Amma von einem kleinen Jungen und seinem Vater begrüßt.

Der Vater des Jungen: „Mein Sohn bestand darauf, dich zu besuchen, Amma. Deshalb musste ich ihn herbringen. Ich ließ ihn deshalb sogar die Schule schwänzen. Er ließ sich nicht auf den schulfreien Sonntag vertrösten."

Amma (lachend): „Gerade hat Amma ein Mädchen mit dem Stock zur Schule getrieben! Willst du nicht zur Schule gehen, Sohn?"

Der Junge: „Nein, ich möchte bei Amma sein!"

Amma (lachend): „Wenn du hierbleibst, wird Ammas Laune sich ganz plötzlich ändern. Kennst du den Baum mit den vielen kleinen Ästen, der vorne steht? Wir pflanzen diesen Baum nur, um Kindern den Hintern zu versohlen! Also, schwänze nicht die Schule, um hierher zu kommen, Sohn. Du bist doch Ammas Kind, nicht wahr? Dann geh zur Schule und bestehe alle Prüfungen, dann wird Amma dich sicherlich hierbleiben lassen."

Der Junge wurde weich bei Ammas Zuneigung, insbesondere als sie ihm einen Kuss als Liebessiegel auf seine Wange drückte.

Sannyāsa ist nur für die Mutigen

Ein Besucher ging nach vorn zu Amma und verneigte sich zu ihren Füßen. Er erzählte Amma, dass einer seiner Freunde, der verheiratet war und zwei Kinder hatte, gerade seine Familie verlassen hatte. Trotz unregelmäßiger Einkünfte hatte er auf großem Fuße gelebt und sich hoch verschuldet. Als die Schuldner ihn zu Hause bedrängten und er keinen Ausweg aus seinen Schwierigkeiten fand, verließ er schließlich sein Heim mit dem Argument, er wolle Sannyāsī werden. Der Besucher stellte Amma die Frage: „Ist das Āśhram-Leben für viele nicht eine Flucht vor der Realität des Lebens? Leute wählen Sannyāsa, wenn die Probleme und Schwierigkeiten unerträglich werden."

Amma: „Solche Menschen werden nicht fähig sein, dabei zu bleiben. Sie können das spirituelle Leben nicht durchhalten. Das spirituelle Leben ist für diejenigen, die stark und mutig sind. Manche Menschen legen ohne viel zu überlegen aus der Laune des Augenblicks heraus das orangefarbene Gewand an. Ihr Leben wird voller Enttäuschungen verlaufen.

Ein Haushälter kümmert sich nur um seine Frau und seine Kinder; er muss sich nur mit ihren Problemen befassen. Ein spiritueller Mensch jedoch muss die Last der ganzen Welt mittragen. Er darf in keiner Situation zögern. Er darf nicht schwach sein. Er muss unerschütterlich in seinem Glauben und seiner spirituellen Weisheit sein. Selbst wenn jemand ihn schlägt oder eine Frau versucht sich ihm zu nähern, sollte er keinen Moment lang ins Wanken geraten. Sein Leben sollte in keiner Weise von den Worten oder Taten anderer beeinflusst werden.

Aber die Menschen von heute sind nicht so. Spricht jemand aus Wut heraus ein paar beleidigende Worte, so sind sie bereit, den Betreffenden umzubringen. Wenn sie sich nicht sofort rächen können, denken sie ständig darüber nach, wie sie die Beleidigung heimzahlen könnten. Das Wohlergehen hängt von ein paar Worten ab, die anderen über die Lippen gekommen sind. Ein wirklich spiritueller Mensch verhält sich keinesfalls so. Er trainiert sich selbst, um fest in seiner Mitte zu stehen. Er lernt, worauf es im Leben wirklich ankommt. Spirituelles Leben ist ohne echte Unterscheidungsfähigkeit und Losgelöstheit unmöglich.

Es gab einmal eine Frau, sie war nie mit den Einkünften ihres Mannes zufrieden. Sie beklagte sich ständig. Da sie immer größeres Verlangen zeigte, wurde er schließlich des Lebens selbst überdrüssig. Er dachte an Selbstmord, aber war nicht fähig dazu. Er entschloss sich, sein Heim zu verlassen und Sannyāsī zu werden. Er reiste eine Weile, bis er einen Guru fand. Bevor er ihn als Schüler annahm, fragte der Guru: ‚Bist du wegen Familienstreitigkeiten von zu Hause weggegangen oder weil du wirkliche Loslösung erreicht hast?'

Der Mann antwortete: ‚Ich ging von zu Hause fort, in der Hoffnung Sannyāsī zu werden.'

‚Hast du nicht irgendwelche Wünsche?'

‚Nein, ich habe keine Wünsche.'

‚Du hast also kein Verlangen nach Reichtum oder Macht?'

‚Nein, ich möchte nichts. Ich bin an nichts interessiert.'

Nach einigen weiteren Fragen nahm der Guru den Mann als seinen Schüler an und gab ihm einen Kamandalu[29] und einen Stab.

Ein paar Tage später begannen Guru und Schüler eine Pilgerreise. Als sie ermüdeten, rasteten sie an einem Flussufer. Der Schüler legte Kamandalu und Stab ab und nahm ein Bad

[29] Ein Kessel mit einem Henkel und einer Tülle, der von Mönchen verwendet wird, um Wasser und Nahrung zu holen.

im Fluss. Als er zurückkam, konnte er seinen Kamandalu nicht finden. Er suchte überall danach, und als er ihn nicht fand, war er sehr bestürzt darüber.

Der Guru meinte: ‚Du sagtest, du fühlst dich an nichts gebunden. Warum regst du dich dann so über ein Kamandalu auf? Lass los und lass uns den Weg fortsetzen.'

Der Schüler entgegnete: ‚Aber ohne Kamandalu kann ich nichts trinken! Ich habe keinen Behälter für Wasser!'

Der Guru antwortete: ‚Du solltest wunschlos sein und trotzdem hängst du an einer solchen Kleinigkeit? Betrachte alles als Gottes Willen.'

Der Schüler blieb jedoch beunruhigt. Als der Guru das sah, gab er ihm seinen Kamandalu zurück. Er hatte ihn versteckt, um den Schüler zu prüfen.

Sie setzten ihren Weg fort. Gegen Mittag wurde der Schüler sehr hungrig, aber der Guru gab ihm nichts zu essen. Als er sich darüber beschwerte, entgegnete der Guru: ‚Ein spiritueller Mensch braucht Geduld und Durchhaltekraft. Er sollte fähig sein, ohne Zaudern weiterzumachen, selbst wenn er den ganzen Tag keine Nahrung erhält. Wie kannst du jetzt schon so schwach vor Hunger sein? Es ist erst Mittag! Sich mit Essen zu verwöhnen, sollte eines der ersten Dinge sein, die der spirituelle Sucher aufgibt. Im spirituellen Leben sollte der Magen als erstes schrumpfen.'

Der Guru gab dem Schüler ein mit Wasser vermischtes Kräuterpulver, um dessen Hunger zu unterdrücken. Der Schüler verkraftete den bitteren Geschmack nicht und erbrach sich. Er entschied, dass er genug hatte. Er zog es vor, lieber die Tiraden seiner Frau zu Hause zu ertragen, als das Leben eines Sannyāsī. Somit bat er den Guru um die Erlaubnis heimzukehren.

Der Guru fragte: ‚Wie hast du dir das Leben eines Sannyāsī vorgestellt, als du dich dafür entschlossen hattest?'

Der Schüler antwortete: ‚Auf keinen Fall so. Ich dachte, ich müsse einfach täglich ein Bad nehmen, heilige Asche tragen und irgendwo mit geschlossenen Augen herumsitzen. Ich nahm an, Leute würden kommen, sich verneigen und mir Bhikṣā geben und dass ich genügend zu essen erhalte und zwar zu regelmäßigen Essenszeiten, ohne zu arbeiten.' So kehrte er zu seiner Frau zurück.

So sehen die Folgen aus, wenn man Sannyāsa aufgrund eines Streits mit anderen annimmt, beziehungsweise aus Gehässigkeit, oder wenn man einfach dem Leben entfliehen möchte, ohne wirklich Vairāgya zu haben.

Wir sollten nicht das Leben eines Entsagenden antreten, ohne zuerst unterscheiden zu lernen zwischen dem Ewigen und dem Vorübergehenden und ohne zunächst Loslösung zu entwickeln. Es sollte auf dem spirituellen Pfad unser Ziel sein, Mitgefühl mit den Kranken, Armen oder anderweitig Leidenden zu haben, ein Leben selbstlosen Dienens zu führen, das dem Wohlergehen anderer gewidmet ist. Jeder Atemzug eines spirituellen Menschen sollte mit Sympathie für die Leidenden dieser Welt gefüllt sein. Sein Leben darf nicht auf eigene Bequemlichkeit ausgerichtet sein. Gleichzeitig sollte innere Stärke durch ununterbrochenes Gebet gewonnen werden. : ‚Oh Herr, wo bist Du? Wo bist Du?'

Der Durchschnittsmensch gleicht einer Kerze, wogegen ein Sannyāsī wie eine Sonne leuchtet, die Tausenden Licht spendet. Er sorgt sich nicht einmal um seine eigene Erlösung. Entsagung bedeutet, gewillt zu sein, der Welt alle im Sādhanā gewonnene Kraft zu geben. Das ist das einzige Ziel des Sannyāsī. Spirituell ist jemand, der nichts anderes wünscht, als ein Leben wahrer Entsagung zu leben.

Erst nach verschiedenen Tests erlaubte Amma denen, die herkamen, zu bleiben. Sie gab ihnen nur eine Mahlzeit am Tag und zwar geschmacklose Nahrung ohne Salz oder Gewürze. Sie akzeptierten es frohgemut. Sie zeigten Selbstbeherrschung. Amma prüfte, ob sie sich selbst Schmackhaftes besorgten, nachdem sie sich für ein Leben in Enthaltsamkeit entschieden hatten. Sie beobachtete auch, ob sie sich mit der Ausrede zu meditieren, sich um jegliche Arbeit drücken würden. Ganz gleich, wie viel Tapas sie ausüben, sie müssen auch zur notwendigen Arbeit im Āśhram beitragen. Sind sie dazu nicht willig, werden sie bequem und schaden nur der Gesellschaft.

Amma sagte ihnen, dass sie zumindest den Boden rund um die paar Kokospalmen lockern könnten, wenn sie sonst keine bestimmte Aufgabe haben. Sie erledigten alle möglichen Arbeiten und hielten trotz all der Prüfungen durch.

Amma hat die gleiche Aufmerksamkeit bei denen gesehen, die bislang hierhergekommen sind. Wer nicht darüber verfügt, wird nicht bleiben können und wird schließlich zum weltlichen Leben zurückkehren."

Es war drei Uhr, als Amma auf ihr Zimmer ging.

Freitag, den 28. Februar, 1986

Das Prinzip von Ahiṁsa

Die Matruvani-Magazine sollten am nächsten Tag verschickt werden. Viel Arbeit war noch zu tun und es war schon spät am Nachmittag. Amma und die Brahmachārīs saßen auf der Veranda außerhalb des Meditationsraumes, steckten die Magazine in Umschläge und klebten Briefmarken darauf. Peter aus Holland näherte sich der Veranda. Ärgerlich fragte er Brahmachārī Nealu[30]: „Wer hat beschlossen, dass Insektizide auf die Rosen gesprüht werden sollen? Die armen wehrlosen Insekten sollten nicht auf diese Weise getötet werden!" Nealu übersetzte seine Worte für Amma, die jedoch kommentarlos weiterarbeitete. Sie warf Peter nur einen Blick zu.

Mit einem traurigen Gesichtsausdruck stand Peter allein in gewissem Abstand von der Gruppe da.

Nach einer Weile rief Amma ihn. „Peter, mein Sohn, hole Amma von der Brahmachāriṇī im Zimmer etwas Wasser zu trinken.

Peter war noch immer traurig, als er Amma das Wasser brachte.

Amma nahm das Glas und sagte: „Dies ist abgekochtes Wasser, nicht wahr? Frisches Wasser reicht für Amma."

Peter: „Ich bringe gefiltertes Wasser, Amma. Oder möchtest du etwas Kokosnusswasser?"

Amma: „Amma möchte einfaches, ungekochtes Wasser."

Peter: „Trinke lieber kein ungekochtes Wasser, Amma. Du kannst krank werden."

Amma: „Aber so viele Lebewesen sterben, wenn wir das Wasser abkochen. Ist das nicht eine Sünde, Sohn?"

Peter wusste darauf keine Antwort.

Amma: „Denke daran, wie viele Leben wir beim Gehen mit unseren Füßen zertreten. Wie viele Organismen sterben, wenn wir atmen! Wie können wir das vermeiden?"

Peter: „Ich gebe zu, das liegt nicht in unserer Macht; aber zumindest das Spritzen der Pflanzen können wir vermeiden."

---

[30] Swāmī Paramatmananda.

Amma: „Nun denn. Nimm einmal an, dein Kind oder Amma wird krank. Würdest du nicht darauf bestehen, dass wir Medizin nehmen?"

Peter: „Ja natürlich. Es wäre am wichtigsten, dass ihr wieder gesundwerdet."

Amma: „Aber bedenke, wie viele Millionen Erreger sterben, wenn wir die Medizin nehmen?"

Wiederum wusste Peter keine Antwort.

Amma: „Also ist es nicht damit getan, Mitgefühl mit den Krankheitserregern zu haben oder? Wem wird der Rosenbusch sein Leid klagen, wenn er von Würmern angegriffen wird? Sollten wir ihn nicht schützen, da er unter unserer Obhut steht?"

Der Schatten verschwand von Peters Gesicht.

Zeichen zur Erinnerung

Eine Gruppe junger Männer kam, um Amma zu sehen. Sie schauten ihr eine Weile aus der Entfernung zu, bis sie schließlich herankamen und und mit anpackten. Sie schienen Amma einige Fragen stellen zu wollen, aber etwas hielt sie zurück. Einer von ihnen hatte Bhasma über seine ganze Stirn gestrichen und an der Stelle zwischen und gerade oberhalb der Augenbrauen hatte er Sandelholzpaste mit einem Kumkumpunkt in der Mitte aufgetragen. Er stupste seinen Nachbarn und sagte: „Siehst du, Amma trägt auch Bhasma."

Amma erkundigte sich: „Worum geht's, ihr Kinder?"

Junger Mann: „Amma, meine Freunde finden es blöd, dass ich diese Zeichen auftrage. Sie machen sich über mich lustig. Sie sagen, so angepinselt sähe ich wie ein Tiger aus."

Man sah den Jungen an, dass ihnen die Angelegenheit peinlich war. Einer von ihnen fragte: „Warum tragen die Leute all die Asche und Sandelholzpaste auf ihre Stirn auf? Wozu soll das gut sein?"

Amma: „Kinder, wir tragen Sandelholzpaste und heilige Asche, aber denken wir an die dahinterstehende Bedeutung? Wenn wir Asche in unsere Hände nehmen, sollten wir an die Vergänglichkeit dieses Lebens denken. Früher oder später werden wir zu einer Handvoll Asche. Um uns diese Tatsache stärker ins Bewusstsein zu bringen, wird Asche getragen. Wenn ein Liebhaber nur den Saum des Sāris seiner Geliebten erblickt, erinnert er sich an sie. In der gleichen Weise sollen uns heilige Asche, Sandelholzpaste und Rudrākṣha-Perlen an Gott erinnern, damit wir uns wieder an das Selbst in uns erinnern. Ganz gleich wie wichtig oder gewöhnlich wir sind, wir können in jedem Augenblick sterben. Deshalb sollten wir an niemandem außer an Gott hängen. Die Menschen, mit denen wir uns verbunden fühlen, werden am Ende nicht mit uns kommen."

Ein Jugendlicher: „Was hat es mit den Sandelholzzeichen auf sich?"

„Sandelholz hat hervorragende Heilwirkung. Wenn man Sandelholzpaste auf bestimmte Körperteile aufträgt, wirkt das kühlend auf die Nerven und den Körper; sie werden gesünder. Hinter dem Tragen von Sandelholzpaste steht auch eine symbolische Bedeutung. Sandelholz duftet. Dieser Duft befindet sich im Holz und nirgendwo anders. Als Parallele dazu sollte uns klarwerden, dass unendliche Glückseligkeit nur in uns selbst ist. Entsprechend dieser Wahrheit sollten wir leben.

Wenn ein Stück Sandelholz draußen im Schlamm liegt, wird der äußere Teil faulen und stinken. Aber welch wunderbaren Duft können wir von demselben Stück Sandelholz erhalten, wenn wir es säubern und auf einem Stein reiben! Desgleichen können wir nicht den Duft des inneren Selbst genießen, solange wir eingetaucht sind ins weltliche Leben. Wir zerstören unser innerstes Bewusstsein, wenn wir trivialen Sinnesfreuden nachgehen. Ohne es zu bemerken, verschwenden wir Körper und Sinne für flüchtige Vergnügen. Daran erinnert uns die Sandelholzpaste. Wenn wir das Leben für Selbsterkenntnis nutzen, können wir für immer in Glückseligkeit weilen."

Jugendlicher: „Warum tragen die Leute Rudrākṣha-Perlen?"

Amma: „Der Rudrākṣha versinnbildlicht völlige Selbstaufgabe. Die Perlen werden auf einen Faden aufgezogen und ergeben eine Mālā. Durch den Faden werden die Perlen zusammengehalten. Jeder von uns ist eine Perle auf dem Faden des Selbst. Eine Rudrākṣha-Mālā erinnert uns an diese Wahrheit und lehrt uns völlige Hingabe an Gott."

Verehrung im Tempel

Jugendlicher: „Amma, wenn wir erzählen, dass wir einen Āśhram besuchen, macht man sich über uns lustig. Wir bekommen zu hören, dass Tempel und Āśhrams etwas für alte Leute ist."

Amma: „Man kritisiert heute Tempel, aber sie sind dazu gedacht, spirituelle Gedanken zu fördern und gute Eigenschaften in den Menschen zu entwickeln.

Wir sehen politisch Engagierte mit ihren Fahnen marschieren. Würde jemand es wagen, diese Fahnen zu zerreißen, zu verbrennen oder darauf zu spucken, so würde man ihn wahrscheinlich zu Tode prügeln! Doch woraus besteht eine Fahne? Es ist nur ein Stück Stoff. Verlierst du sie, kannst du eine neue in jeder beliebigen Anzahl kaufen. Doch eine Fahne ist mehr als nur das Material. Sie symbolisiert ein Ideal; aus diesem Grund tolerieren die Leute ihr gegenüber keine Respektlosigkeit.

Desgleichen symbolisiert ein Tempel Gott. Wir sehen Gott in dessen Bildnissen. Wenn wir den Tempel betreten und die göttlichen Abbilder erblicken, erblühen gute Gedanken in uns und wir denken an das wahre Ideal. Die Atmosphäre in einem Tempel unterscheidet sich sehr von der in einer Metzgerei oder in einer Bar. Die Atmosphäre ist gereinigt durch die heiligen Gedanken zahlloser Devotees. Solch ein Ort der Hingabe spendet Leidenden Trost, wie der kühlende Schatten eines Baumes in der heißen Sonne oder eine warme Decke in der Kälte. Wir können spirituell weiterkommen durch die Verehrung Gottes in einem Tempel, und indem wir die guten Saṁskāras eines solchen Ortes in uns aufnehmen.

In jedem Dorf sollte es mindestens einen Tempel geben. Heutzutage ist jedermann mit selbstsüchtigen Gedanken beschäftigt. Ein Tempel kann die schlechten Schwingungen, die durch diese Gedanken erzeugt werden, beseitigen. Selbst durch nur zwei Sekunden völliger Konzentration während einer Tempelandacht erfährt die Atmosphäre eine Reinigung.

Die Leute fragen: ‚Wie kann Gott in einem Bildnis leben? Sollten wir nicht den Bildhauer verehren, der die Statue geschaffen hat?' Aber wen seht ihr bei der Betrachtung eines Gemäldes eures Vaters, euren Vater oder den Maler? Gott ist überall. Du kannst Ihn nicht mit deinen Augen sehen, aber beim Betrachten der Gottesbilder im Tempel denkst du an Ihn. Gedanken an Gott bringen Segen und reinigen den Mind."

Ein junger Mann: „Amma, du hast unsere Zweifel beseitigt. Ich trage gewöhnlich ein Zeichen aus Sandelholzpaste, hatte jedoch keine Ahnung von dessen Bedeutung. Meine Eltern tragen es, so tat ich es ebenfalls. Wenn meine Freunde den Grund wissen wollten, konnte ich nichts sagen. Viele Menschen, die als Kinder an Gott glaubten, haben ihren Glauben verloren. Sie sind dem Alkohol und Tabak verfallen. Wenn jemand da wäre, der ihnen die Dinge logisch erklären könnte, dann hätten sie sich nicht ruiniert. Nur Furcht davor, mich ganz von Gott abzuwenden, hat mich vor dem gleichen Schicksal bewahrt. Amma, ich werde mit ein paar Freunden hierher zurückkommen. Nur du kannst sie auf den rechten Weg zurückbringen."

Amma (lachend): „Namaḥ Śhivāya! Sohn, ein Mensch, der an Gott glaubt und den göttlichen Prinzipien folgt, kann kein Sklave schlechter Gewohnheiten werden. Er bleibt nach innen gewendet, daher sucht er das innere Glück und nicht das äußere. Er empfängt Seligkeit von Gott, der in ihm wohnt. Nichts Äußeres kann ihn binden. Amma besteht nicht darauf, dass jeder Gott in sein Leben einbezieht; aber warum sollte man ein Sklave schlechter Gewohnheiten werden? Warum eine Last für deine Familie und die Gesellschaft werden? Es ist heutzutage modern zu trinken, zu rauchen und Geld zu verschwenden. Es ist traurig, dass Politiker und andere einflussreiche Menschen sich nicht darum bemühen, die jungen Menschen davon abzubringen. Wenn sie kein Vorbild sind, wie sollen dann die anderen je spirituelle Ideale lernen und aufnehmen?

Amma öffnete ein Matruvani-Heft. Als sie sah, dass eine Seite aufgrund eines Knicks darin nicht richtig bedruckt war, sagte sie: „Kinder, bevor ihr die Hefte verpackt, solltet ihr sie durchgehen und alle Seiten überprüfen. Denkt ihr nicht, die Āśhram-Bewohner sollten achtsam sein und alles beachten?"

Ein Brahmachārī brachte einen Teller mit Bhasma-Päckchen und Süßigkeiten. Amma winkte die jungen Besucher zu sich: „Kommt meine Kinder!" Die jungen Männer, die ihr zum ersten Mal begegneten, erhielten Prasād aus ihren heiligen Händen und verabschiedeten sich dann, dankbar, dass sich einige der Zweifel, die sie geplagt hatten, nun endlich geklärt hatten.

Montag, den 10. März 1986

Sādhanā mit dem Guru

Die Wasserleitung zum Āśhram war kaputt. Die Reparatur würde einige Tage dauern. Die vergangenen Nächte hatten die Bewohner Wasser von der anderen Seite der ‚Backwaters' geholt, wo es einen einzigen öffentlichen Wasserhahn gab. Tagsüber benutzten die Anwohner ihn für ihre Bedürfnisse, deshalb holten die Āśhram-Bewohner während der Nacht Wasser. Nachdem sie mit dem Boot den Kanal überquert hatten, füllten die Brahmachārīs ihre Behälter und kehrten zur Anlegestelle zurück. Dort warteten Amma und die anderen Brahmachārīs um ihnen zu helfen, das Wasser vom Boot zum Āśhram zu tragen. Die Arbeit dauerte meist bis vier oder fünf Uhr morgens.

Es war jetzt Mitternacht. Eine Ladung Wasser war gerade zum Āśhram gebracht worden. Die Brahmachārīs setzten wieder auf die andere Kanalseite über, um die nächste zu holen. Amma lag auf dem Sand am Rand der ‚Backwaters'. Jemand hatte für sie ein Tuch ausgebreitet, aber sie war auf den Sand gerollt. In einem Feuer in der Nähe brannten trockene Blätter und Abfälle, um durch den Rauch die Mückenschwärme zu vertreiben.

Während sie auf die nächste Ladung Wasser warteten, saßen die Brahmachārīs um Amma herum und meditierten. Das Wasser auf der anderen Seite floss so langsam aus dem Hahn, dass es mindestens zwei Stunden dauern würde, bis das Boot zurückkehrte. Nach einiger Zeit erhob sich Amma vom Sand und warf mehr trockene Blätter ins Feuer, dessen Flammen daraufhin laut knisternd emporzüngelten.

Amma: „Kinder, stellt euch vor, dass die Gestalt eurer bevorzugten Gottheit in diesem Feuer ist. Meditiert darüber."

Ein Brahmachārī kümmerte sich darum, das Feuer zu erhalten. Die umliegende Landschaft und die ruhigen ‚Backwaters' glänzten im Mondlicht, so dass es aussah, als ob ein mit schimmernden Silberfäden gewebtes Tuch über Land und Wasser ausgebreitet läge. Ein tiefer Friede durchdrang die Nacht. Die Stille wurde nur gelegentlich durch das Heulen einiger Hunde am anderen Ufer unterbrochen. Dann erfüllte Ammas schöne Stimme die Luft mit folgendem Lied:

ambikē dēvī jagannāyikē namaskāram

Oh Mutter, Göttin des Universums,
ich verneige mich vor Dir.
Oh, die Du Freude schenkst,
ich verneige mich vor Dir.

Oh Mutter, Frieden ist Deine Natur,
und Du bist allmächtig.
Du webst die große Täuschung
ohne Anfang und ohne Ende.
Oh Mutter, Du bist das innerste Selbst,
ich verneige mich vor Dir.

Wissen, Sprache und Intelligenz,
alles bist nur Du allein.
Oh Dēvī, Du bist die Herrin meines Minds.
Da dies so ist, oh Glückverheißende,
wie könnte ich je Deine Größe beschreiben?

Ich kenne die Wurzel-Mantras nicht,
die notwendig sind, um Dich zu verehren.
Alles was ich tun kann, ist, mich vor Dir zu verneigen.
Oh Mutter, Du verströmst dein großes Mitgefühl

zu dem Devotee, der ständig an Dich denkt.
Deine Herrlichkeit liegt jenseits aller Vorstellungen.

Nach Beendigung des Kīrtans sang Amma dreimal „Aum“. Daraufhin erklang dann von allen gemeinsam die göttliche Silbe.

Amma: „Kinder, stellt euch ein stilles, helles Feuer wie dieses in eurem Herzen oder zwischen den Augenbrauen vor. Die Nacht ist die ideale Zeit zum Meditieren.”

Das Boot kehrte mit Wasser zurück und die Arbeit ging weiter. Als das Boot schließlich mit leeren Behältern für weiteres Wasser wieder übersetzte, bat Amma alle, mit der Meditation fortzufahren. So verging die Nacht mit einer Kombination aus Arbeit und Meditation bis 5 Uhr. Da es ein Darśhan-Tag war, würde bald der Besucherstrom einsetzen. Wann würde Amma ruhen? Für sie schien es so etwas nicht zu geben.

Kapitel 8

Mittwoch, den 12. März 1986

Meditation, arbeiten mit Śhraddhā

Alle Arbeit in Zusammenhang mit dem Āśhram wurde von den Bewohnern ausgeführt. Dabei wechselte die Arbeitsaufteilung häufig. Amma sagte oft: „Den Brahmachārīs sollte es an keiner Fähigkeit fehlen. Sie sollten jede Arbeit verrichten können."

An diesem Morgen machte Amma um 7 Uhr morgens einen Rundgang durch den Āśhram. Dabei las sie Bonbonpapier und Ähnliches vom Boden auf. Als sie den Kuhstall an der Nordseite des Āśhrams erreichte, hoben die Kühe die Köpfe und schauten sie an. Amma streichelte die Stirn der Kühe mit der Zuneigung einer Mutter für ihre Kinder. Auf dem Boden vor einer der Kühe war mit Wasser vermischter Piṇṇāk[31] vergossen. Die Kuh hatte beim Trinken den Eimer umgeworfen. Amma säuberte den Eimer, holte Wasser und reinigte den Boden. Die Brahmachāriṇī, die sie begleitete, wollte helfen, aber Amma erlaubte es nicht. Ammas Gesichtsausdruck machte klar, dass es sie schmerzte zu sehen, dass die Kuh mit mangelnder Aufmerksamkeit getränkt worden war. Als Amma mit der Reinigung des Bodens fertig

[31] Der Schlamm, der nach der Öl-Extraktion von Kokosnüssen und anderer Saat übrigbleibt.

war, ging sie geradewegs zur Hütte des Brahmachārī, dem die Kühe anvertraut waren.

„Mein Sohn", sagte sie, „bist du es nicht, der die Kühe jeden Morgen tränkt?"

Durch Ammas Frage war dem Brahmachārī klar, dass er einen Fehler gemacht hatte, aber nicht, worin dieser bestand. Er stand schweigend da.

Amma fuhr fort: „Sohn, die erste gute Eigenschaft eines Sādhaks sollte Achtsamkeit (Śhraddhā) sein. Gibt man so Kühen zu trinken? Eine der Kühe hat alles verschüttet. Ist nicht deine mangelnde Achtsamkeit daran schuld? Du wurdest gebeten, bei den Kühen zu bleiben, bis sie mit dem Trinken fertig sind. Die Kuh hat den Piṇṇāk vergossen, weil du nicht gehorcht hast, stimmt's? Kannst du nicht bleiben, bis die Arbeit fertig ist, wird Amma sie selbst machen. Du solltest die Kuh als Mutter betrachten. Sich um Kühe zu kümmern ist eine Art Gottesdienst. Sohn, diese Kuh musste wegen deiner Achtlosigkeit hungern. Weil du sie allein gelassen hast, wurde viel Piṇṇāk verschwendet."

Dem Brahmachārī wurde sein Fehler klar. Er versuchte zu erklären, warum er den Kuhstall verlassen hatte. „Ich ging früher, weil es Zeit zum Meditieren war."

Diese Antwort war für Amma nicht zufriedenstellend. „Wenn dir wirklich die Meditation am Herzen läge, hättest du die Kühe etwas früher gefüttert, um früh genug für die Meditation fertig zu sein. Es ist eine Sünde, die armen Tiere im Namen der Meditation hungern zu lassen. Was ist Meditation? Heißt es lediglich, mit geschlossenen Augen dazusitzen und sonst nichts? Jede Arbeit, die du mit Gottes Namen auf den Lippen und in ständigen Gedanken an Gott verrichtest, ist Meditation."

Brahmachārī: „Amma, neulich hast du gefastet und nicht einmal Wasser zu dir genommen, weil zwei Brahmachārīs zu spät zur Meditation gekommen waren. Ich wollte nicht, dass das wegen mir noch einmal geschieht." Seine Augen füllten sich beim Sprechen mit Tränen.

Amma wischte seine Tränen fort und sagte beruhigend: „Was hat Amma gesagt, das dich so trifft, Sohn? Sie möchte nur, dass du von jetzt an achtsam bist. Amma war es neulich sehr ernst, weil jene zwei Söhne absichtlich die Meditation versäumt hatten. Sie hätten ihr Lesen und Schreiben auch später verrichten können. Aber dein Fall liegt anders. Du hast eine Arbeit verrichtet, die Amma dir aufgetragen hat. Das unterscheidet sich nicht von Meditation, da hingebungsvolles Arbeiten eine Form von Meditation ist. Dein Einsatz für die dir anvertraute Arbeit zeigt das Niveau deiner Selbstaufgabe und die Intensität deiner Ausrichtung auf das Ziel. Zu arbeiten, um Meditation zu vermeiden und zu meditieren, um der Arbeit auszuweichen, beides sollte man unterlassen."

Amma duldete keine Verstöße gegen die Āśhram-Regeln. Alles musste pünktlich ausgeführt werden. Es gab kein Zuspätkommen oder Nichterscheinen bei der Meditation oder dem Vēdānta- und Sanskritunterricht. Einige Male würde sie die Brahmachārīs schelten. Wenn auch das nicht half, lenkte sie die Strafe auf sich selbst, indem sie fastete, manchmal sogar das Wasser wegließ. Die schlimmste Strafe war es für die Brahmachārīs, wenn Amma ihretwegen nicht aß.

Amma und der Brahmachārī begaben sich zur Kalari-Veranda, wo alle meditierten. Amma setzte sich im Lotussitz in die Nähe der Wand Richtung Osten. Der Brahmachārī, der mit ihr zusammenkam, saß in ihrer Nähe. Nach der Meditation gingen alle zu Amma, verneigten sich und scharten sich um sie.

Ausgerichtete Konzentration

Einer der Brahmachārīs nahm die Gelegenheit wahr, ihr von seinem Problem zu berichten:

„Amma, ich kann mich bei der Meditation einfach nicht konzentrieren. Das macht mir sehr zu schaffen."

Amma lächelte und meinte: „Kinder, ihr erreicht Ēkāgrata nicht plötzlich. Fortlaufende Bemühung ist notwendig. Brecht das Sādhanā nicht ab, weil euer Mind abschweift. Führt euer Sādhanā mit strikter Regelmäßigkeit und Disziplin aus. Ihr braucht unerschütterlichen Enthusiasmus. Keine Sekunde lang solltet ihr vergessen, dass ihr spirituell Suchende seid.

Es gab einmal einen Mann, der zu den ‚Backwaters' zum Fischen ging. Er entdeckte einen Schwarm großer Fische in Ufernähe. Er entschloss sich, einen Schlammdamm um die Fische herum zu errichten und dann das Wasser herauszuschöpfen, um so die Fische zu fangen. Der Damm brach immer wieder, aber er gab nicht auf. Als der Damm fertig war, begann er, das Wasser mit den Händen weg zu schöpfen, da er keinen Behälter bei sich hatte. Mit großer Geduld fuhr er mit seiner Arbeit fort. Er hatte absolutes Vertrauen in das, was er tat, und er dachte an nichts anderes. Am Abend hatte er seine Arbeit beendet und er fing viele Fische. Zufrieden ging er nach Hause. Reichen Lohn hatte ihm seine harte Arbeit eingebracht, die er mit so viel Geduld, Vertrauen und unermüdlicher Hingabe ausgeführt hatte.

Kinder, seid nicht entmutigt, wenn all eure Bemühungen keine Ergebnisse zeigen. Jedes Chanten des Mantras hat eine Wirkung, ihr seid euch dessen nur nicht bewusst. Auch wenn ihr nicht volle Konzentration erreicht, profitiert ihr trotzdem von regelmäßiger Meditation. Durch konstantes Japa verschwinden eure inneren Unreinheiten unmerklich und eure Konzentration während der Meditation nimmt zu.

Es fällt euch nicht schwer, an eure Eltern, Verwandten, Freunde oder ans Lieblingsgericht zu denken. Ihr könnt sie euch sofort vorstellen, sobald ihr an sie denkt und zwar so lange es euch beliebt. Das ist durch euren langen Umgang mit ihnen möglich. Der Mind braucht keine Übung, um an weltliche Dinge zu denken, weil er daran gewöhnt ist. Genauso sollten wir eine entsprechende Verbindung zu Gott aufbauen. Darin liegt der Sinn von Japa, Meditation und Satsang. Es bedarf jedoch der ständigen Bemühung. Als Resultat dieser Bemühung wird die Gestalt eurer bevorzugten Gottheit mit dem dazugehörigen Mantra so natürlich im Mind auftauchen, wie die weltlichen Gedanken. Ganz egal, was ihr denkt oder seht, ihr werdet dann ständig das Göttliche im Bewusstsein bewahren. Dann gibt es für euch keine Welt, die von Gott getrennt ist.

Kinder, seid also nicht entmutigt, wenn es euch am Anfang nicht gelingt, euch wirklich zu konzentrieren. Wenn ihr euch dauerhaft bemüht, tritt der Erfolg mit Sicherheit ein. Eure ständige Einstellung sollte sein: ‚Nur Gott ist ewig. Wenn ich Ihn nicht erkenne, bleibt mein Leben fruchtlos. Ich muss Ihn sobald wie möglich erblicken!' Dann werdet ihr euch automatisch konzentrieren. Kinder, es gibt keine Hindernisse auf dem Weg eines Menschen, der ständig das Ziel im Auge behält. Er betrachtet alle Situationen als positiv."

Brahmachārī: „Ich kann morgens nicht meditieren, da ich so schläfrig bin."

Amma: „Sohn, wenn du dich während der Meditation müde fühlst, chante dein Mantra und bewege deine Lippen dabei. Wenn du eine Mālā hast, halte sie dabei an dein Herz. Dadurch wirst du wacher. Man sollte bei der Meditation aufrecht sitzen.

Bequemlichkeit lässt das Bedürfnis aufkommen sich hängen zu lassen. Wenn du trotzdem noch müde bist, steh auf und chante dein Mantra. Lehne dich beim Stehen nirgends an. Anlehnen bindet den Mind an diese Bequemlichkeit. Hast du deine Müdigkeit immer noch nicht überwunden, laufe eine Weile und nimm dann die Meditation wieder auf. Verscheuche Tamas mit Rajas. Haṭha-Yōga hilft auch.

Nur wenn du wahres Lakṣhya-Bōdha hast, wird deine Schläfrigkeit verschwinden. Manche Leute, die in der Nachtschicht arbeiten, schlafen zwei oder drei Nächte hintereinander nicht. Trotzdem schlafen sie nicht vor den Maschinen ein, denn wenn ihre Konzentration auch nur einen Augenblick lang fehlte, könnten die Hände in die Maschinen geraten. Es besteht die Gefahr, ihre Hände sowie ihre Arbeit zu verlieren. Da ihnen das bewusst ist, gelingt es ihnen, den Schlaf zu überwinden – egal wie stark das Bedürfnis auch sein mag. Wir sollten dieselbe Wachheit beim Meditieren aufbringen und verstehen, dass wir unser Leben verschwenden, wenn wir dem Schlaf nachgeben und die Meditationszeit nutzlos verstreicht. Nur dann werden wir den Schlaf überwinden."

Der Egoismus weltlicher Beziehungen

Als Amma den Meditationsraum verließ, fand sie einige Besucher vor, die auf sie warteten. Sie verneigten sich vor ihr. Amma führte sie zur Kalari-Veranda und setzte sich mit ihnen hin. Einer von ihnen brachte Amma einen Teller mit Früchten. Amma erkundigte sich: „Wie geht es dir, Sohn?"

Der Mann senkte schweigend seinen Kopf. Seine Frau hatte ihn wegen eines anderen Mannes verlassen und aus reiner Verzweiflung hatte er zu trinken begonnen. Vor vier Monaten hatte ein Freund ihn zu Amma gebracht. Er war so betrunken zum Darśhan erschienen, dass er nicht mehr wusste, was er tat. Amma hatte ihn nicht sofort gehen lassen, sondern für drei Tage im Āśhram behalten. Seitdem rührte er keinen Tropfen Alkohol mehr an und kam, so oft es die Zeit erlaubte. Aber es schmerzte ihn offensichtlich immer noch, dass seine Frau ihn verlassen hatte.

Amma: „Sohn, niemand liebt den anderen mehr als sich selbst. Hinter jedermanns Liebe steht eine selbstsüchtige Suche nach eigenem Glück. Wenn wir von einem Freund nicht das erwartete Glück bekommen, wird er zum Feind. So ist es in der Welt. Nur Gott liebt uns selbstlos. Nur durch Liebe zu Ihm können wir andere selbstlos lieben und ihnen dienen. Nur Gottes Welt ist frei von Egoismus. Wir sollten all unsere Liebe und Anhänglichkeit nur auf Ihn richten. Dann verzweifeln wir nicht, wenn uns jemand im Stich lässt oder uns jemand etwas antut. Halte an Gott fest. Er ist alles, was man braucht. Warum der Vergangenheit nachhängen und bekümmert sein?"

Der Mann: „Es geht mir schon besser als zuvor, da ich jetzt Amma habe, die mich in jeder Hinsicht beschützt. Dein Mantra ist meine Unterstützung, wenn ich mich schlecht fühle." Amma reichte ihm etwas Bhasma und er erhob sich um zu gehen.

Als er weg war, sagte Amma zu den anderen: „Seht, welche Erfahrungen die Menschen machen! Das sollte uns eine Lehre sein. Liebt ein Mann seine Frau wirklich? Ist ihre Liebe für ihn echte Liebe und warum lieben Eltern ihre Kinder? Sie lieben sie nur, weil sie ihrem eigenen Blut und Samen entstammen! Würden sie sonst nicht alle Kinder gleichermaßen lieben?

Wie viele Menschen sind bereit, für ihre Kinder oder Ehepartner das Leben zu lassen? Dieser Sohn war zwar bereit zu sterben, als seine Frau ihn verließ, aber nicht aus Liebe zu ihr, sondern zu sich selbst aus der Enttäuschung heraus, dass er sein eigenes Glück verloren hatte. Hätte er seine Frau wirklich geliebt, wäre es für ihn annehmbar gewesen, dass sie mit einem anderem glücklicher ist. Ihr Glück wäre ihm dann wichtiger gewesen als alles andere. Auf diese Weise äußert sich selbstlose Liebe. Hätte seine Frau ihn wirklich geliebt, hätte sie nicht einmal in das Gesicht eines anderen Mannes geschaut.

Wir sagen, wir lieben unsere Kinder, aber wie viele Menschen sind bereit, ihr eigenes Leben einzusetzen, um ihr Kind vor dem Ertrinken zu retten? Eine Tochter kam mit ihrer Geschichte zu Amma. Ihr Kind war in einen tiefen Brunnen gefallen. Sie sah ihr Kind fallen, konnte aber nichts tun. Bis die Taucher eintrafen, war das Kind tot. Warum kam es der Mutter nicht in den Sinn, in den Brunnen zu springen, um ihr Kind zu retten? 99 Prozent der Menschen sind so. Nur sehr selten ist jemand bereit, das eigene Leben zu riskieren, um einen anderen zu retten. Daher sagt Amma, dass nur Gott dich selbstlos liebt. Haltet fest an Ihm. Das bedeutet nicht, dass du andere nicht lieben solltest. Sieh Gott in allen und liebe diesen Gott. Dann wirst du nicht in Kummer versinken, wenn die Liebe schwindet."

Ein junger Mann, der zum ersten Mal den Āśhram besuchte, saß hinter den anderen und hörte Amma zu, allerdings ohne jedes Zeichen von Respekt oder Ehrerbietung auf dem Gesicht. Als Amma aufhörte zu sprechen, zeigte er auf ein Bild von Amma in Kṛiṣhṇa Bhāva und fragte: „Bist das nicht du mit der Krone, den Pfauenfedern und anderen Dingen? Warum kleidest du dich so? Ist das irgendein Spiel?"

Als sie solch eine unerwartete Frage vernahmen, drehten sich alle Devotees um und starrten ihn an.

Rollenspiel für die Gesellschaft

Amma: „Sohn, weißt du, ob nicht diese Welt selbst ein Spiel ist? Jeder spielt in diesem Spiel mit, ohne es zu merken. Dieses Spiel ist dazu gedacht, die Menschen aus einem anderen Spiel aufzuwecken. Es ist eines, das Unwissenheit beseitigen soll.

Sohn, du wurdest nackt geboren. Warum trägst du Kleidung, wenn du weißt, dass deine wahre Gestalt nackt ist? "

Junger Mann: „Ich bin ein soziales Wesen und lebe in einer Gesellschaft, da habe mich an ihre Normen zu halten, ansonsten wird die Gesellschaft mich verurteilen."

Amma: „Also trägst du die Kleidung wegen der Gesellschaft. Amma trägt ihr Kostüm für die gleiche Gesellschaft. Diejenigen, die das Ziel durch den Pfad der Weisheit erreichen, kann man an den Fingern einer Hand abzählen. Amma kann nicht all die anderen ignorieren, die nur über den Weg der Hingabe weiterkommen können. Sri Śhaṅkarāchārya, ein Advaita-Vertreter, hat Tempel gegründet, nicht wahr? Er sagte, Gott sei Bewusstsein, aber zeigte er nicht auch, dass ein einfacher Stein ebenfalls Gott ist? Verfasste er nicht ebenso die Saundarya Laharī, in der er die Gestalt der Göttlichen Mutter beschrieb? Derselbe Vyāsa, der die Brahma Sūtras schrieb, verfasste auch die Śhrīmad Bhāgavatam. Sie wussten, dass die Philosophie der Nicht-Dualität und Vēdānta vom durchschnittlichen Mind nicht verarbeitet werden kann, dadurch bemühten sie sich, die Hingabe in den Menschen zu stärken.

Sohn, Amma kennt ihre eigene Natur und wirkliche Gestalt sehr gut, aber die heutigen Menschen benötigen einige Hilfsmittel, um jenes höchste Prinzip zu erkennen. Bilder Gottes sind notwendig, um den Glauben und die Hingabe der Menschen zu stärken. Es ist leichter, ein Hühnchen zu fangen, wenn man ihm Futter anbietet, als wenn man ihm hinterherläuft. Wenn es das Futter sieht, kommt es nahe heran und man kann es leicht fangen. Um Durchschnittsmenschen auf die spirituelle Ebene zu führen, ist es zunächst einmal notwendig, sich auf deren Ebene zu begeben. Ihr Mind kann nur Namen und Formen erfassen, folglich kann man ihnen nur über Namen und Formen helfen ihn zu erheben. Denk an die Uniform eines Anwalts oder eines Polizisten. Wenn der Polizist in seiner Uniform auftaucht, herrschen Ordnung und Disziplin. Die Haltung der Leute ist ganz anders, wenn er seine Freizeitkleidung trägt, nicht wahr? Darin liegt die Bedeutung von Kostümen und Verzierungen.

Diejenigen, die in einer Statue den Stein sehen, das Gold im Ohrring, das Rohr im Stuhl, das Grundmaterial von allem, die wirkliche Essenz von allem, brauchen all das nicht. Sie haben schon eine Advaita-Sichtweise. Die meisten Menschen jedoch haben diese Ebene noch nicht erreicht. Deshalb brauchen sie all diese Dinge."

Der junge Mann stellte keine weitere Frage. Amma schloss ihre Augen und meditierte eine Weile.

Das Geheimnis von Karma-Yōga

Als Amma Ihre Augen wieder öffnete, fragte ein Devotee: „Hören die Handlungen eines Karma-Yōgi, welcher der Welt dient auf, wenn er spirituell weiter fortschreitet?"

Amma: „Nicht unbedingt, möglicherweise werden sie bis ganz zum Schluss fortgesetzt."

Devotee: „Amma, was ist höher, Bhakti- oder Karma-Yōga?"

Amma: „Man kann nicht sagen, dass Bhakti- und Karma-Yōga sich wirklich voneinander unterscheiden, da ein echter

Karma-Yōgi über wirkliche Hingabe verfügt und ein wahrer Devotee ein echter Karma-Yōgi ist.

Nicht jede Handlung ist unbedingt Karma-Yōga, sondern nur die selbstlosen, die man Gott darbringt, gelten als Karma-Yōga. Ebenso wenig kann man viermaliges Umrunden (eines Heiligtums), das Heben der Arme und Begrüßung der Gottheit als Bhakti einordnen. Unsere Gedanken sollten bei Gott sein und all unser Tun sollte eine Verehrung des Göttlichen sein. Wir sollten unsere geliebte Gottheit in allem und jedem sehen und ihm Liebe und unsere Dienste anbieten. Wir sollten uns Gott von ganzem Herzen hingeben. Nur dann können wir sagen, dass wir Bhakti haben.

Ein echter Karma-Yōgi hat bei jeder Handlung seinen Mind auf Gott ausgerichtet. Wir sollten die Einstellung hegen, dass alles Gott ist. Dann ist es Bhakti. Andererseits, wenn wir beim Durchführen einer Pūjā an andere Dinge denken, kann man die Handlung nicht als Bhakti-Yōga bezeichnen, da es sich nur um eine äußere Tätigkeit handelt und keine echte Verehrung ist. Wenn unsere Aufgabe dagegen darin besteht, Toiletten zu reinigen und wir das Mantra dabei mit der Einstellung singen, dass es Gottes Arbeit ist, dann ist es beides Bhakti- und Karma-Yōga.

Es gab einmal eine arme Frau, die vor jeder Tätigkeit die Worte sagte: Kṛiṣhṇarpanam astu (Möge dies eine Darbringung an Kṛiṣhṇa sein). Ob sie nun den Vorhof säuberte oder ihr Kind badete, sie sprach stets: ‚Kṛiṣhṇarpanam astu.' Neben ihrem Haus stand ein Tempel. Der Tempelpriester mochte die Gebete der Frau nicht. Er konnte den Gedanken nicht ertragen, dass sie beim Wegschütten von Abfall ‚Kṛiṣhṇarpanam ' sagte. Er pflegte die Frau dafür zu tadeln, aber sie antwortete nie.

Eines Tages hob sie Kuhfladen auf, die auf dem Vorhof lagen und warf sie fort. Wie üblich sagte sie ‚Kṛiṣhṇarpanam astu'.

Die Fladen landeten vor dem Tempel. Als der Priester das sah, kochte er vor Wut. Er zerrte die Frau zum Tempel und ließ sie die Kuhfladen beseitigen. Anschließend schlug er sie und jagte sie davon.

Am nächsten Tag konnte der Priester seinen Arm nicht mehr bewegen; er war völlig gelähmt. Er betete innig. In der darauffolgenden Nacht erschien ihm Kṛiṣhṇa im Traum und sagte: ‚Ich habe mich viel mehr über die Kuhfladen gefreut, die meine Devotee mir dargebracht hat, als über den süßen Pāyasam von dir. Was du tust, kann man nicht als Verehrung bezeichnen, wogegen alle ihre Handlungen Verehrung sind. Ich toleriere es nicht, dass du einer solchen Devotee Schaden zufügst. Nur wenn du ihre Füße berührst und um Vergebung bittest, wirst du genesen.' Der Priester sah seinen Irrtum ein. Er bat die Frau um Vergebung und wurde bald gesund.

Wende dich jetzt sofort Gott zu

Besucher: „Ich habe sehr viel Arbeit und finde keine Zeit zum Meditieren. Wenn ich versuche Japa auszuüben, kann ich mich überhaupt nicht konzentrieren. Amma, wäre es in meinem Fall nicht besser, mit Japa und Meditation zu warten, bis ich nicht mehr so beschäftigt und innerlich etwas ruhiger bin?"

Amma: „Mein Sohn, du denkst vielleicht, du wirst dich Gott zuwenden, wenn dein Arbeitspensum geringer ist, oder wenn du genug von weltlichen Freuden hast, aber das wird nicht geschehen. Du solltest dich jetzt sofort inmitten all deiner Probleme Gott zuwenden; er wird dir sicherlich eine Möglichkeit zeigen.

Amma nennt dir ein Beispiel. Nehmen wir einmal an, eine junge Frau hat eine psychische Störung. Ein junger Mann kommt mit einem Heiratsantrag. Als er jedoch von ihrer Krankheit erfährt, sagt er, dass er sie erst heiraten will, wenn sie geheilt ist. Der Arzt ist jedoch der Meinung, dass sie sich nur von ihrer Krankheit erholen wird, wenn sie heiratet. Also ist es für sie sinnlos zu warten, bis sie geheilt ist, bevor sie heiratet!

Oder stell dir vor, das Wasser würde sagen: ‚Du darfst erst zu mir kommen, wenn du Schwimmen kannst.' Wie sollte das möglich sein? Um Schwimmen zu lernen, muss man ins Wasser gehen! Desgleichen kannst du nur durch Gott deinen Mind reinigen. Denkst du bei der Arbeit an Gott, so wirst du die Arbeit gut ausführen. Jegliches Hindernis wird verschwinden, und vor allem wird dein Mind gereinigt.

Wenn du glaubst, dass du deinen Mind auf Gott ausrichten kannst, wenn all deine Schwierigkeiten vorüber sind und dein Mind friedlich ist, dann irrst du dich, denn das wird nie geschehen. Auf diese Weise erreichst du Gott nie. Es ist sinnlos zu warten, dass mehr innere Ruhe in deinen Mind einkehren würde. Beharrlichkeit ist der einzige Weg sich zu bessern. Du kannst jederzeit deine Gesundheit oder mentalen Fähigkeiten verlieren, dann wäre dein Leben verschwendet. Deshalb lasst uns sofort den Weg zu Gott beschreiten. Das ist es, was wir brauchen."

Ein Besucher: „Amma, eine Anzahl junger Leute ist von zu Hause weggegangen und hierhergekommen, um Gott zu suchen. Aber sind sie nicht in einem Alter, wo sie das Leben genießen sollten? Können sie nicht an Gott denken und später Sannyāsa annehmen?"

Amma: „Sohn, wir haben diesen menschlichen Körper erhalten, um Gott zu verwirklichen. Jeden Tag kommen wir dem Tod näher. Durch weltliche Vergnügungen verlieren wir unsere Kraft. Denken wir jedoch unablässig an Gott, wird unser

Mind gestärkt. Dadurch gewinnt unser positives Saṁskāra an Kraft und wir können sogar über den Tod hinauswachsen. Daher sollten wir uns bemühen, Herr unserer Schwächen zu werden, solange wir gesund und voller Vitalität sind. Dann gibt es keinen Grund, sich um die Zukunft sorgen.

Amma fällt eine Geschichte ein. In einem gewissen Land konnte jeder König werden, aber die Zeit der Regentschaft war auf fünf Jahre begrenzt. Danach wurde der König auf eine einsame Insel gebracht und dort dem Tod überlassen. Es gab keine Menschen auf dieser Insel, nur Raubtiere, die ihn sofort töteten und fraßen. Obwohl die Leute das wussten, meldeten sich viele mit dem Wunsch, König zu werden, weil sie sich der Macht und dem Vergnügen dieser Position erfreuen wollten. Jeder war bei seiner Thronbesteigung in Hochstimmung. Aber danach gab es nur Kummer, da sie den Tag fürchteten, an dem sie von den wilden Tieren auf der Insel gefressen würden. Deshalb waren all die Könige in Aufruhr und lächelten nie. Obwohl ihnen jeder nur denkbare Luxus zur Verfügung stand, köstliche Speisen, Diener, Tanz und Musik, interessierte sie nichts von all dem. Sie waren unfähig, irgendetwas zu genießen. Vom Augenblick der Krönung an sahen sie nur den Tod vor Augen. Sie wollten Glück, erlebten doch keinen Augenblick ohne Leid.

Als die Zeit des zehnten Königs abgelaufen war, wurde er auf die Insel gebracht und wie alle anderen von den wilden Tieren gefressen. Der Nachfolger der zum König gekrönt werden sollte, war ein junger Mann. Aber er war völlig anders als die vorherigen Könige. Nach der Krönung war er kein bisschen unglücklich. Er lachte mit allen, tanzte, ging auf die Jagd und machte oft Rundritte, um sich nach dem Wohlbefinden der Menschen zu erkundigen. Jedem fiel auf, dass er frohen Mutes war.

Als schließlich seine Tage als König gezählt waren, änderte sich sein Verhalten ebenfalls nicht. Jeder war erstaunt. Sie sagten zu ihm: ‚Eure Hoheit, die Zeit für das Leben auf der Insel rückt näher, aber ihr scheint überhaupt nicht traurig zu sein. Gewöhnlich beginnt das Leid mit der Krönung, aber ihr seid sogar jetzt noch guter Dinge!'

Der König antwortete: ‚Warum sollte ich etwas bedauern? Ich bin bereit, zur Insel zu gehen. Es gibt dort keine gefährlichen Tiere mehr. Als ich König wurde, habe ich als erstes das Jagen gelernt. Dann ging ich mit meinen Truppen auf die Insel und wir jagten und töteten alle Raubtiere. Ich rodete den Wald auf der Insel und machte Ackerland daraus. Ich grub Brunnen und errichtete einige Häuser. Nun werde ich mich dort hinbegeben und leben. Wenn ich diesen Thron aufgebe, werde ich weiter wie ein König leben, denn alles was ich brauche, ist auf der Insel vorhanden.'

Wir sollten wie dieser König sein und die Welt der Glückseligkeit entdecken, solange wir in dieser materiellen Welt leben. Stattdessen gleicht fast jeder den vorhergehenden Königen, ohne je einen Augenblick frei von Furcht und Sorgen um die Zukunft zu sein. Aus diesem Grund können sie nicht einmal die heutige Arbeit richtig ausführen. Bis zum Ende gibt es Tränen. Aber wenn wir heute jeden Moment achtsam verbringen, müssen wir morgen nicht leiden, dann wird jeder folgende Tag ein Tag der Glückseligkeit werden.

Kinder, glaubt nicht, dass ihr die Welt der Sinne jetzt genießen und später an Gott denken könnt. Die Sinneswelt vermag uns niemals zur wirklichen Befriedigung führen. Nachdem wir etwas Pāyasam gegessen haben, mögen wir vielleicht erst einmal zufrieden sein; aber schon bald werden wir doppelt so viel wollen! Also denkt nie daran, erst die materielle Welt zu genießen und Gott später zu suchen! Die Sinne werden niemals genug haben. Verlangen hört nicht so leicht auf. Nur wer alle Wünsche aufgibt, ist vollendet. Kinder, übergebt euch Gott und handelt aus diesem Bewusstsein heraus. Dann könnt ihr sogar den Tod überwinden und Glückseligkeit wird ewig mit euch sein."

Mittwoch, den 16. April, 1986

„Trotzdem handele ich"[32]

Bhagavad Gītā. III:22

Das Betongießen für das neue Gebäude begann diesen Morgen. Da es eine grobe Arbeit war, bat jeder Amma sich nicht zu beteiligen.

Brahmachārī Balu:[33] „Amma, wir machen Beton. Zement und Kies werden auf dich fallen und Zement verursacht Verbrennungen."

Amma: „Wird er nur auf meinem Körper brennen, bei euch Kindern nicht?"

Balu: „Aber es ist nicht nötig, dass du hilfst. Wir sind hier, um die Arbeit zu tun."

Amma: „Sohn, Arbeit macht Amma nichts aus. Als sie aufwuchs, saß sie nicht in ihrem Zimmer herum. Sie hat hart gearbeitet."

Als Amma das äußerte, wusste jeder, dass sie „besiegt" waren. Amma stellte sich in die Reihe der Leute, die Eimer mit Zement trugen.

---

[32] Bhagavad Gītā III:22

[33] Swāmī Amṛitaswarūpānandā

Ein Eimer mit gemischtem Beton entglitt plötzlich der Hand eines Brahmachārīs und fiel zu Boden. Er machte schnell einen Satz zurück, so dass der Eimer nicht auf seine Füße fiel, aber etwas Beton spritzte auf Ammas Gesicht. Sie säuberte ihr Gesicht mit einem Tuch, das ihr ein Brahmachārī reichte, anschließend band sie es um ihren Kopf und nahm im Spaß eine Pose ein, die Lachtiraden inmitten der schweren Arbeit hervorrief.

Als die Sonne heißer wurde, begannen Schweißperlen Ammas Stirn hinunter zu rinnen. Als ein Devotee sie in der heißen Sonne arbeiten sah, kam er mit einem Schirm, um ihn über Ihren Kopf zu halten; aber sie ließ es nicht einmal zu, ihn zu öffnen. „Wenn so viele von Ammas Kindern mit der heißen Sonne bei der Arbeit kämpfen, soll Amma da die Annehmlichkeit eines Schirms annehmen?"

Als die Arbeit weiterging, erinnerte Amma ihre Kinder: „Stellt euch vor, dass die Person neben dir deine geliebte Gottheit ist und ihr ihr den Eimer reicht. Dann verliert ihr keine Zeit."

Alle waren ganz bei Ammas Worten und ihrem Lachen, so dass niemand die Schwerarbeit als solche empfand oder bemerkte, wie die Zeit verstrich. Wenn Amma feststellte, dass ihre Kinder von ihrem Mantra abschweiften, sang Amma die göttlichen Namen.

Ōm Namaḥ Śhivāya, Ōm Namaḥ Śhivāya

Die Arbeit dauerte bis zum Abend. Da sie solch harte körperliche Arbeit nicht gewohnt waren, bekamen die meisten Brahmachārīs Blasen an den Händen. Aber nach der Arbeit blieb keine Zeit zum Ruhen. Sie duschten und trafen dann

Vorbereitungen zur Abfahrt nach Thiruvanantapuram (Trivandrum), wo ein Bhajan-Programm stattfinden sollte.

Einer der Brahmachārīs hatte sich nicht an der Arbeit beteiligt, sondern den ganzen Tag mit Sanskritstudium verbracht. Als sie ihn an der Fähre sah, ging Amma zu ihm und sagte: „Mein Sohn, ein Mensch, der kein Mitgefühl für das Leiden anderer hat, ist überhaupt nicht spirituell. So jemand kann Gott niemals erfahren. Amma kann nicht dastehen und ihren Kindern beim Arbeiten zuschauen. Ihr Körper wird schon bei dem Gedanken schwach, dass die Kinder ganz allein arbeiten. Sie leistet ihnen Gesellschaft mit der Einstellung, dass sie ihnen wenigstens ihre Erschöpfung abnehmen kann. Wie kannst du nur so wenig Mitgefühl haben, Sohn? Wenn so viele arbeiten, wo nimmst du den Mut her fern zu bleiben?"

Der Brahmachārī wusste keine Antwort. Als sie ihn mit hängendem Kopf reuevoll dastehen sah, sagte Amma: „Amma wollte dir mit ihren Worten keine Schmerzen bereiten, Sohn, sondern dafür sorgen, dass du beim nächsten Mal mehr überlegst. Es nützt nichts, den Intellekt mit Wissen vollzustopfen; es ist notwendig, liebevoll und mitfühlend zu sein. Das Herz muss sich mit dem Intellekt zusammen erweitern. Dazu ist Sādhanā da. Niemand kann das Selbst erfahren, solange das Herz nicht voller Mitgefühl ist."

Das Fährboot traf ein. Bis Amma und die Brahmachārīs am anderen Ufer ankamen, stand Brahmachārī Ramakrishnan[34] mit dem Fahrzeug bereit zur Abfahrt da. Er war am Morgen nach Kollam gefahren, um den Wagen zu reparieren und war gerade rechtzeitig eingetroffen, um Amma und die anderen zum Programm zu fahren. Er war den ganzen Tag nicht dazu gekommen

---

[34] Swami Ramakrishnananda.

etwas zu essen. Amma stieg in den Wagen und forderte ihn auf, sich neben sie zu setzen.

Ramakrishnan: „Meine Kleidung ist dreckig und ich stinke nach Schweiß. Wenn ich neben dir sitze, wird deine Kleidung schmutzig und du wirst auch riechen, Amma."

Amma: „Das ist für Amma kein Problem, komm her, Sohn! Amma ruft dich. Es ist der Schweiß eines meiner Kinder, der Schweiß harter Arbeit. Er ist wie Rosenwasser!"

Da Amma darauf bestand, kam Ramakrishnan schließlich und setzte sich neben sie, während ein Brahmachārī den Wagen fuhr. Unterwegs ließ Amma anhalten, um vom Haus eines Devotees etwas zu essen für Ramakrishnan zu holen.

Satsang unterwegs

Bei der Gruppe, die Amma begleitete, befand sich auch ein junger Mann in gleichem Alter wie die Brahmachārīs. Er war an diesem Tag zum ersten Mal in den Āśhram gekommen. Mit erstaunten Augen beobachtete er die Szene mit Amma, die mit ihren Kindern unterwegs war. Es war nicht gerade leise und es wurde viel gelacht.

„Komm her, Sohn" rief Amma und machte Platz für ihn.

Amma: „Ist es hart für dich, so eingequetscht zu fahren?"

Junger Mann: „Nein, Amma. Als ich aufs College ging, stand ich oft auf der Stufe außen am Bus, weil die Busse so voll waren. Deshalb fällt es mir nicht schwer."

Amma: „Anfangs fuhr Amma mit dem öffentlichen Bus zu Bhajan-Programmen und machte Besuche bei Devotees. Dann nahm die Zahl der Kinder zu und es war nicht immer allen möglich, im selben Bus zu fahren. Es war auch schwierig, Tabla und Harmonium im Bus zu befördern; zudem war es manchmal unmöglich, pünktlich ans Ziel zu kommen. So versuchten alle, Amma dazu zu bringen, einen kleinen Bus zu kaufen. Schließlich stimmte sie zu. Aber mittlerweile haben die Reparaturkosten den Kaufpreis überstiegen! Ist das richtig, Ramakrishnan?"

Alle lachten. Laute Unterhaltung kam aus dem hinteren Teil des Fahrzeugs. Amma drehte sich um und rief: „Balu, mein Sohn!"

„Ja, Amma!"

„Sing einen Bhajan!"

Brahmachārī Srikumar hob das Harmonium auf seinen Schoß.

> *„Manasa bhajare guru charanam"*
> Oh Mind, verehre des Gurus Füße.

Amma und die anderen sangen noch ein paar weitere Lieder. Danach waren alle für ein paar Minuten still und ließen die Süße der heiligen Namen, die sie gerade besungen hatten, auf sich wirken. Amma lehnte mit halb geschlossenen Augen an die Schulter einer Brahmachāriṇī.

Als der Neuling sah, dass Amma ihn anschaute, entschloss er sich, eine Frage zu stellen. „Amma, heißt es nicht, dass Sādhaks keinen Umgang mit Frauen haben sollten? Wie kann dann eine Frau sie als ihr Guru führen?"

Amma: „Gibt es auf der Ebene der Wahrheit Mann oder Frau? Für einen Mann ist es weitaus besser, einen weiblichen als einen männlichen Guru zu haben. Meine Kinder sind in dieser Hinsicht gesegnet. Wer einen männlichen Guru hat, muss alle Frauen transzendieren, wer hingegen einen weiblichen hat, tut dies, indem er lediglich über die Frau im Guru hinauswächst."

Junger Mann: „Hat nicht Ramakrishna Dēva strikte Einschränkung hinsichtlich Frauen und Gold vorgeschrieben?"

Amma: „Ja, seine Worte sind sicherlich zutreffend. Ein Sādhak sollte nicht einmal das Bild einer Frau anschauen. Hat jemand jedoch einen Guru, so steht ihm damit jemand zur Verfügung, der ihm den richtigen Weg weist und führt. Man muss dann dem Guru nur folgen, das ist alles.

Das Gift einer Schlange kann tödlich für dich sein, trotzdem wird das Gegengift daraus gewonnen, ist es nicht so? Ein wahrer Guru wird dem Schüler alle möglichen Hindernisse in den Weg legen, da dieser nur auf diese Weise die Stärke entwickelt, alle Hindernisse zu transzendieren. Wer aber nicht unter der direkten Obhut eines Gurus steht, muss sicherlich sehr vorsichtig sein.

Mein Sohn, schau beim Fahren nach vorn!" Lachend sagte Amma: „Er schaut beim Fahren Amma im Spiegel an!"

Junger Mann: „Amma, du scheinst, selbst nachdem du den ganzen Tag ohne die kleinste Pause gearbeitet hast, nicht müde zu sein. Uns hingegen bereitet der Körper ständig Kummer!"

Amma: „Ja, es heißt, dass der Körper ein Sack voller Leiden ist. Nichtsdestotrotz sagen die Weisen, welche die Wahrheit erfahren haben, dass diese Welt voller Segen ist. Für die in Unwissenheit Lebenden ist der Körper in der Tat ein Sack voller Leiden. Doch durch ständige Bemühung kann eine Lösung gefunden werden. Durch die Unterscheidung zwischen dem Ewigen und dem Vorübergehenden wird das Leid beseitigt.

Betrachtet einmal eine schwarze Krähe inmitten eines Schwarms weißer Kraniche. Das Schwarze hebt die Schönheit des Weißen hervor. Nur durch die Anwesenheit von schwarz wissen wir die Schönheit von weiß zu schätzen. Desgleichen lehrt uns Leid den Wert von Freude. Wenn wir Leid erfahren, werden wir vorsichtiger sein.

Ein Mann machte einen Spaziergang, dabei stach ihn ein Dorn in seinen Fuß. Danach lief er äußerst vorsichtig und vermied dadurch, in eine nahegelegene, tiefe Grube zu fallen. Ein kleines Leiden kann uns also ein größeres ersparen. Wer mit vollkommener Aufmerksamkeit vorangeht, wächst über alles Leid hinaus und erreicht ewige Glückseligkeit. Wer das Unendliche erkannt und die Wahrheit verwirklicht hat, leidet nicht, sondern erfährt nur Glückseligkeit. Leiden entsteht aus der Identifikation mit dem Körper. Wenn man hingegen denselben Körper als das Vehikel betrachtet, das man benutzt, um ewige Glückseligkeit zu erreichen, dann gibt es kein Problem."

Junger Mann: „Wie viel Freude man diesem Leben auch zuschreibt, in der tatsächlichen Erfahrung scheint es voller Leid zu sein."

Amma: „Sohn, warum bewusst in die Grube fallen? Warum weiter leiden, wenn es sich vermeiden lässt? Wie die Wärme der Sonne und die Kühle des Wassers, so entsprechen Leid und Freude der Natur des Lebens. Warum also alle Kraft durch Kummer verlieren? Warum ohne Lohn arbeiten? Wenn du glaubst, es bringt dir etwas, so steht es dir natürlich frei kummervoll zu sein!

Hat man eine Wunde am Körper, sitzt man nicht nur heulend da, sondern versorgt sie mit Medizin und verbindet die Wunde, ansonsten könnte sie sich entzünden und dich schwächen. Hast du das Wesentliche des spirituellen Lebens begriffen, werden triviale Dinge dir nicht zusetzen. Wenn du weißt, dass ein Knallkörper jeden Augenblick losgehen kann, wirst du dich nicht erschrecken, wenn er explodiert. Ist man nicht darauf vorbereitet, kann man sich so erschrecken, dass es sich sogar auf die Gesundheit auswirkt.

Die Weisen haben uns gesagt, wie man diesen Saṁsāra-Ozean überquert. Die Schriften enthalten ihre Anweisungen für uns. Wir müssen sie nur befolgen. Es ist notwendig, die wesentlichen Prinzipien durch das Studium der Schriften und durch Satsangs zu verinnerlichen. Wir sollten uns niemals die Gelegenheit entgehen lassen, in die Nähe eines Mahātmās zu kommen. Wir sollten uns ganz und gar dem Guru hingeben. Wenn wir mit Aufmerksamkeit voranschreiten, werden wir von allem Leid frei."

Das Fahrzeug schwankte heftig. Der Brahmachārī hatte nur knapp einem entgegenkommenden Lastwagen ausweichen können.

„Sohn, fahr vorsichtig!"

„Amma, der Lastwagen fuhr auf der falschen Seite!"

Ammas Aufmerksamkeit richtete sich auf die bandagierte Hand eines Brahmachārīs. Behutsam nahm sie seine Hände in Ihre. „Oh, deine Hände sind ganz kaputt! Tut es weh, Sohn?"

Brahmachārī: „Nein, Amma. Nur die Haut ist ab. Ich habe den Verband angelegt als Schutz gegen Schmutz; das ist alles."

Amma küsste liebevoll seine von der Arbeit zerschundenen Hände.

Das Programm endete spät und sie fuhren mitten in der Nacht zurück. Schlafende Köpfe stießen aneinander. Ammas Kopf ruhte im Schoß einer Brahmachāriṇī. Durch das offene Fenster strich ein kühler Wind über Locken, die in Ammas halbmondförmige Stirn fielen. Im Licht der vorbeigleitenden Straßenlaternen glitzerte ihr Nasenschmuck wie ein Stern.

Samstag, den 19. April 1986

Anwälte auf der Suche nach Gerechtigkeit

Es war vier Uhr nachmittags und Amma hatte noch nicht mit dem Darśhan für ihre Devotees aufgehört. Ein Rechtsanwalt, der regelmäßig zum Āśhram kam, betrat die Hütte zusammen mit einem Freund, der Amma bei dieser Gelegenheit zum ersten Mal begegnete. Nachdem sie sich vor Amma verbeugt hatten, setzten sich die zwei jungen Männer auf eine Strohmatte.

Anwalt: „Amma, dies ist mein Freund, der mit mir zusammenarbeitet. Wegen Problemen mit der Familie hat er sich entschlossen, sich von seiner Frau scheiden zu lassen. Sie ist jedoch dagegen. Sie hat vor, auf Unterhalt für sich und ihr Kind zu klagen."

Amma: „Sohn, warum willst du dich von ihr trennen?"

Freund: „Ihr Verhalten ist nicht gut. Mehrmals habe ich erlebt, dass sie wirklich schlimme Sachen gemacht hat."

Amma: „Hast du es selbst gesehen, Sohn?"

Freund: „Ja."

Amma: „Du solltest nichts unternehmen, ohne es wirklich selbst gesehen zu haben, Sohn. Denn das wäre eine große Sünde. In einer unschuldigen Person Tränen hervorzurufen ist schlimmer als irgendeine üble Tat. Wenn du sie verlässt, wächst dein Kind ohne Vater auf. Sollte deine Frau wieder heiraten, hat es auch keine richtige Mutter[35]. Hat man ein Kind in diese Welt gesetzt, ist es dann nicht traurig, wenn das Leben dieses Kindes in einer Misere endet? Wenn du das schlechte Verhalten deiner

[35] Es sollte bedacht werden, dass Amma sich auf diese bestimmte Frau bezieht und nicht auf alle anderen Frauen in solcher Situation.

Frau tolerieren könntest, wäre es dann nicht besser, mit ihr in Einklang zu leben?"

Freund: „Nein, Amma, es ist unmöglich, zumindest in diesem Leben. Schon wenn ich an sie denke, kommt Hass in mir hoch. Ich vertraue ihr nicht mehr."

Amma: „Stabilität basiert auf Vertrauen. Verliert man es, ist alles verloren. Amma sagt das nur, weil du sagtest, dass du selbst Zeuge ihres schlechten Verhaltens warst und dass du nicht länger mit ihr leben kannst. Es wäre besser, wenn ihr irgendwie wieder zueinander findet. Aber Amma will dich nicht drängen, bei deiner Frau zu bleiben. Denke nochmals darüber nach und triff dann deine Entscheidung, Sohn. Viele sind mit ähnlichen Problemen hierhergekommen. In den meisten Fällen war die Frau unschuldig. Der Argwohn der Ehemänner verursachte all die Probleme."

Freund: „Viele Male habe ich ihr vergeben, Amma. Aber jetzt kann ich es nicht mehr. Ich habe sogar an Selbstmord gedacht."

Amma: „Solche Gedanken solltest du nicht hegen. Hängt dein Leben von den Worten und Handlungen einer anderen Person ab? All deine Probleme beruhen darauf, dass du keinen festen Stand in dir selbst hast. Sohn, verschwende deine Zeit nicht damit hierüber zu grübeln. Lies stattdessen spirituelle Bücher, wann immer es dir möglich ist. Mit einigem spirituellen Verständnis kannst du es vermeiden zu leiden."

Freund: „Wir suchten einen Astrologen auf, der meinte, es sei für mich richtig, Japa zu machen, ich solle jedoch nicht meditieren, da es sehr schaden könne."

Amma (lachend): „Das ist interessant! Keine Meditation? Natürlich gibt es da einen Punkt: Wenn du ein neues Auto kaufst, solltest du es am Anfang nicht zu schnell fahren und ihm etwas Pause gönnen, wenn du einige Zeit gefahren bist, damit der Motor nicht überhitzt. Ähnlich sollte man zu Beginn nicht zu lange meditieren, weil dann der Körper heiß wird. Manche meditieren bei ihrem anfänglichen Vairāgya-Schub zu viel. Das tut nicht gut.

Wenn du Japa ausübst, versuche dich dabei zu konzentrieren. Wenn du dein Mantra rezitierst, visualisiere deine bevorzugte Gottheit oder konzentriere dich auf die Buchstaben des Mantras. Meditation wird dir nicht schaden, Sohn. Sobald du die Gestalt der geliebten Gottheit klarsiehst, konzentriere dich einfach darauf. Ohne Konzentration bringt es nichts."

Freund: „Der Astrologe riet zum Tragen von Ringen mit bestimmten Steinen, wodurch die üble Wirkung von Planetenkonstellationen beseitigt würde."

Amma: „Es stimmt, dass man jedem Planeten bestimmte Steine zuordnet, aber nichts kann dir so viel nützen wie Meditation. Sohn, dein Mantra zu chanten wird dich so wie eine Rüstung vor allen Gefahren schützen."

Die zwei Männer verbeugten sich vor Amma und erhoben sich dann. Der Anwalt bat seinen Freund, einen Augenblick draußen zu warten. Nun wandte er sich persönlich an Amma: „Er ist nur gekommen, weil ich darauf bestand. Wenn ich an ihr kleines Mädchen denke, bete ich dafür, dass die Familie nicht auseinandergeht.

Amma, bitte finde einen Weg, sie zur Vernunft zu bringen."

Amma: „Im Herzen dieses Sohnes ist nur Wut für seine Frau. Aber trotzdem wird Amma ein Saṅkalpa machen."

Der Anwalt kannte aus Erfahrung die Bedeutung der Worte: ‚Amma wird ein Saṅkalpa machen.'

Erleichterung war in seinem Gesicht zu sehen. Er hatte das Gefühl, eine schwere Last wurde von ihm genommen. Ammas mitfühlender Blick folgte den zwei Freunden, als sie sich zusammen entfernten.

Samstag, den 10. Mai 1986

Unerwartete Prüfungen

Es war 2 Uhr morgens. Sand wurde für das Fundament des Hauptgebäudes herangetragen. Zusammen mit den Brahmachārīs hatten sich auch einige Besucher dieser Arbeit spät in der Nacht angeschlossen. Alle wollten die seltene Gelegenheit wahrnehmen, an Ammas Seite zu arbeiten und später ihr Prasād erhalten.[36]Viele versuchten vergebens, Amma vom Sandtragen abzuhalten, als sie sich nach den Bhajans der Arbeit angeschlossen hatte. Ihr Argument lautete: „Kann Amma nur dasitzen und ihren Kindern bei der Arbeit zuschauen? Solche Last wäre für Amma doppelt so schwer! Amma hat früher um die Gelegenheit gebetet, den Devotees zu dienen. Gott ist der Diener der selbstlos Dienenden.

Aber lasst uns jetzt aufhören, Kinder. Ihr habt seit dem Morgen gearbeitet." Amma rief eine Brahmachāriṇī und erkundigte sich: „Tochter, haben wir Vadas (ein pikanter Imbiss aus Hülsenfrüchten) für die Kinder?"

Die Brahmachāriṇī blickte zu den Sternen hinauf. Sie schienen sie zwinkernd anzulächeln und zu sagen: „Viel Glück dabei, zu dieser Nachtzeit Vadas zu finden!"

Amma sagte: „Geh und mahle geteilte Erbsen. Wir machen schnell Vadas."

---

[36] Wenn Amma zusammen mit ihren Devotees und Anhängern spät in der Nacht mit der Arbeit aufhörte, verteilte sie gewöhnlich an alle einen kleinen Imbiss und ein warmes Getränk als Prasād.

Die Brahmachāriṇī ging, um den Teig zu machen und ein Feuer wurde entfacht. Als sie etwas später zurückkam, machte sich Amma selbst daran, die Vadas zu frittieren. Die fertigen Vadas legte sie in ein Behältnis und gab einige davon einem Brahmachārī mit den Worten: „Sohn, verteile sie an alle."

Er verteilte sie an die Anwesenden und ging dann zu denen, die sich in einem anderen Bereich aufhielten. Amma gab jeweils einen weiteren Vada an diejenigen, die sich um sie herum befanden. Gleich darauf kehrte der Brahmachārī zurück. Nachdem er ein Vada für sich selbst genommen hatte, blieb einer übrig.

Amma: „Hat Amma dich nicht gebeten, allen gleich viel zu geben?"

Brahmachārī: „Ich habe jedem einen gegeben. Einer ist übrig. Wir können ihn in Stücke brechen und allen etwas davon geben."

Amma: „Nein, nimm du ihn. Amma hatte allen einen zweiten gegeben, doch du hast nur einen bekommen. Amma wollte sehen, ob du den letzten essen würdest, ohne ihn zurückzubringen.

Die Gutherzigkeit eines Sādhaks kann man an seiner Bereitschaft erkennen, alles, was er hat, selbstlos anderen zu geben. Außerdem zeigt sich die Reife im Bestehen von unerwarteten Prüfungen. In der Schule gibt es manchmal auch Tests ohne vorherige Ankündigung. Erst wenn du am Morgen in der Schule ankommst, erfährst du davon. Das Bestehen solcher Tests zeigt die wirkliche Fähigkeit des Schülers. Alle kennen die Daten der anderen Prüfungen und haben Zeit sich darauf vorzubereiten. Was für einen Sinn hätte es, wenn Amma euch vorher mitteilen würde, dass sie euer Verhalten prüft? Nach Vorwarnung wäre es, als wenn du für eine Rolle probst und sie dann spielst. Nein, es gilt, die Überraschungstests zu bestehen. Darin zeigt sich eure Wachsamkeit.

Jedes Wort und jede Handlung eines wahren Suchers ist begleitet von großer Achtsamkeit und Unterscheidungskraft. Es wird kein einziges Wort unnütz ausgesprochen. Jede Anordnung des Gurus führt er freudig aus im Wissen, dass jedes Wort des Gurus zu seinem Besten ist. Ein Schüler sollte selig jedes Wort des Gurus befolgen. Man muss bereit sein, jegliche Arbeit mit der Einstellung auszuführen, dass dies zum Ziel führt."

Alle fassten den festen Entschluss, Ammas Worte im eigenen Leben anzuwenden.

Brahmachāriṇī Lila[37] stellte die Frage: „Amma, war Rāvaṇa eine wirkliche Person oder repräsentiert er nur ein Prinzip?"

Ein Brahmachārī: „Wenn Rāvaṇa keine reale Person, sondern lediglich ein Symbol war, dann müssten wir das auch von Rama sagen."

Amma: „Rāma als auch Rāvaṇa waren Personen, die wirklich gelebt haben. Aber die Darstellung von Rāvaṇa mit zehn Köpfen sollte ihn als Menschen bezeichnen, der ein Sklave seiner zehn Sinne war."[38]Brahmachārī Śhakti Prasād : „Wenn Ziegen und Menschenbabys mit zwei Köpfen geboren werden können, warum dann nicht Rāvaṇa mit zehn Köpfen?"

Amma: „So es der Wille Gottes ist, ist nichts unmöglich. Kinder, geht jetzt zu Bett. Ihr müsst morgen früh aufstehen."

---

[37] Swāmini Atmaprana.

[38] Dies bezieht sich auf die fünf Wahrnehmungsorgane: Augen, Nase, Ohren, Haut und Zunge, sowie die fünf Organe der Handlung: Hände, Beine, Mund, Genitalien und Ausscheidungsorgan.

Sonntag, den 18. Mai 1986

Sonntags ist der Āśhram üblicherweise sehr voll, besonders wenn ein Feiertag aufs Wochenende fällt. Solch ein Sonntag war heute und die Darśhan-Hütte war überfüllt. Der Strom war ausgefallen und ohne Ventilator war es sehr heiß in der Hütte. Trotzdem schien die große Menschenansammlung Amma besonders zu erfreuen. Sie bestand darauf, dass man nicht ihr, sondern den Anwesenden mit den Handfächern Luft zuwedelte und gab ferner den Brahmachārīs die Anweisung, für die Kranken und Älteren Stühle zu holen, sowie ihnen wenn nötig Wasser zu bringen. Besonders besorgt war sie um die Menschen, die draußen in der Sonne warteten. Wegen der vielen Menschen war es für Amma schwierig, sich alle Einzelheiten anzuhören oder auf die Sorgen und Beschwerden der Devotees näher einzugehen. Daher empfahl Amma, die die Gedanken der Besucher lesen konnte, Lösungen und gab ihnen ihren Segen, bevor viele von ihnen ihre Probleme überhaupt aussprachen.

Amma: „Kinder, kommt schnell! Macht keine Umstände mit Verbeugungen oder so!" Denn nur, wenn die Leute hinausgingen, die sich in der Hütte befanden, konnten die draußen in der Sonne Wartenden hereinkommen und Platz nehmen.

Mitgefühl mit den Armen

Eine Devotee berichtete Amma unter Tränen von ihrem Problem: „Amma, alle Hühner in unserer Gegend sind krank. Unsere Henne fängt auch an krank zu werden. Amma, kannst du sie bitte retten?"

Ein in der Nähe stehender Brahmachārī zeigte eine gewisse Missachtung für diese Frau, die bei solch einem Andrang Amma mit einer derartig trivialen Angelegenheit ansprach, statt schnell wegzugehen, nachdem sie Ammas Darśhan empfangen hatte. Aber schon im nächsten Moment, warf ihm Amma einen solch strengen Blick zu, dass er sich dabei ertappt fühlte und beschämt war. Liebevoll tröstete sie die Frau und gab ihr Bhasma, um es auf die Henne zu tun. Zufrieden ging die Frau weg.

Als die Frau fort war, rief Amma den Brahmachārī zu sich. „Sohn, du verstehst ihr Leid nicht. Hast du eine Ahnung, wie viel Leid es in dieser Welt gibt? Wenn du es wüsstest, hättest du diese Frau nicht so geringschätzig betrachtet. Durch Gottes Gnade hast du alles, was du brauchst. Du musst dich um nichts sorgen. Das einzige Einkommen dieser Frau kommt von den Eiern ihrer Henne. Ihre Familie würde hungern, wenn die Henne stirbt. Wenn Amma über das Leben dieser Frau nachdenkt, empfindet sie ihren Kummer nicht als trivial. Sie verwendet einen Teil ihrer geringen Ersparnisse vom Eierverkauf dazu hierher zu kommen. Da Amma weiß, wie schwer es diese Frau hat, gibt Amma ihr ab und zu das Fahrgeld für den Bus. Sieh mal, welche Haltung der Selbsthingabe sie inmitten solcher Misere aufbringt! Amma steigen die Tränen in die Augen, wenn sie daran denkt! Jemand, der beliebig viel essen kann, kennt die Qualen des Hungers nicht, dazu muss man erst selbst hungern.

Höre jedem einzelnen Menschen aufmerksam zu. Vergleiche keine Person mit einer anderen. Wir sollten uns auf die jeweilige Ebene der Menschen begeben; nur dann können wir ihre Belange verstehen, angemessen darauf reagieren und Trost spenden."

Ein junger Mann hatte Amma aufmerksam von dem Augenblick an beobachtet, als er die Hütte betrat. Er war ein Collegelehrer aus Nagpur und vor ein paar Tagen eingetroffen. Bei seiner Ankunft hatte er verkündet, er müsse sofort nach dem Darśhan heimkehren, da er dringend in seine Heimatstadt müsse. Aber das war einige Tage zuvor gewesen und er war immer noch nicht abgereist. Amma sagte nun zu allen um sie herum: „Dieser Sohn ist seit ein paar Tagen hier. Amma hat ihn mehrmals gebeten, heim zu fahren und später wieder zu kommen. Aber er möchte nicht. Er ist immer noch hier."

Der junge Mann wusste nicht, was Amma sagte, da er kein Malayāḷam verstand. Aber als alle sich umdrehten und ihn anschauten, war ihm klar, dass sie über ihn sprach. Ein neben ihm sitzender Mann übersetzte ihm Ammas Worte. Der junge Mann antwortete: „Da ich gar nicht erst weggehe, warum übers Wiederkommen sprechen?"

Amma (lachend): „Amma kennt den Trick, um dir Beine zu machen!"

Betteln für ihre Kinder

Oh Annapurna, Du bist immer gefüllt
mit den Elementen, die das Leben erhalten.
Oh Du, Shankaras Geliebte,
gewähre mir die Almosen der Weisheit und Entsagung!

–Śhrī Śhaṅkarāchārya

Schon vor einer Weile hatte die Glocke für das Mittagessen geläutet, aber viele hatten noch nicht gegessen, da sie sich nicht von Amma losreißen konnten. Die Zeit verging und schließlich kam ein Āśhram-Bewohner und richtete Amma aus, dass diejenigen, die das Essen ausgaben, warteten. Auf Ammas Drängen hin gingen noch ein paar Leute zum Essen. Aber einige Devotees wollten sich nicht erheben, bevor Amma soweit war, die Darśhan-Hütte zu verlassen. Das Essen kümmerte sie nicht. Ihre Erfüllung lag vielmehr darin, nicht einen einzigen Augenblick zu verpassen, den sie in Ammas Gegenwart verbringen konnten. Die Āśhram-Bewohner nahmen die Unannehmlichkeit hin, bis drei oder vier Uhr nachmittags zu warten, um ihr Mittagessen zu empfangen.

Es war nach drei Uhr nachmittags, als Amma sich schließlich erhob. Die Devotees drängten sich um sie, verneigten sich vor ihr und versperrten ihr damit unabsichtlich den Weg. Einige von ihnen griff sie und ließ sie aufstehen, wobei sie ihnen liebevoll Klapse gab und sie streichelte, als sie sich einen Weg zur Küche bahnte.

In der Küche fand Amma diejenigen, die das Mittagessen ausgaben, mit einem Problem vor. Wie an anderen Dēvī-Bhāva-Tagen hatte man mehr als nötig gekocht, trotzdem war alles schnell weg. Daraufhin wurde noch mehr Reis gekocht, aber auch der war in kurzer Zeit aufgegessen. Den ganzen Nachmittag über waren unerwartet noch mehr Menschen eingetroffen. Man hatte ein drittes Mal Reis gekocht, aber auch davon war kaum mehr etwas übrig. Aber viele hatten noch nichts gegessen. Weiterer Reis stand auf dem Feuer, aber es gab kein Gemüse mehr. Das Küchenpersonal fragte sich, was sie tun sollten, als Amma hereinkam.

In keiner Weise beunruhigt öffnete Amma einige Dosen mit Tamarinde, Senfkörnern und Curryblättern. In ein paar Minuten war Rasam (Tamarinde in Wasser mit Salz, Chili, Zwiebeln usw. gekocht) zubereitet. Eine Besucherin hatte am Morgen ein Gefäß mit Joghurt gebracht. Einige Zwiebeln, Tomaten und grüner Chili wurden geschnitten und zum Joghurt gegeben. Schon bald war alles, auch der Reis, fertig. Amma selbst gab nun das Mittagessen an ihre Kinder aus. Die Devotees aßen das Prasād aus Ammas heiligen Händen mit mehr Genuss als ein üppiges Mahl.

Schließlich kamen die Letzten zum Essen und Amma bediente auch sie. Nachdem man sicher war, dass alle Haushälter gegessen hatten, setzten sich die Āśhram-Bewohner zum Essen hin. Es gab nur noch Reis und Rasam. Drei Brahmachārīs bedienten die anderen. Als sie damit fertig waren, gab es keinen Reis mehr. Amma konnte es nicht ertragen, dass drei ihrer Kinder hungern sollten, nachdem sie mehrere Stunden lang ununterbrochen gearbeitet hatten. In der Küche gab es nichts mehr außer ungekochtem Reis und es würde dauern, bis er fertig war.

Als die drei Brahmachārīs Ammas Besorgnis sahen, versicherten sie, keinen Hunger zu haben und nichts zu wollen. Aber Amma gab sich damit nicht zufrieden. „Kinder, wartet zehn Minuten" bat sie. „Amma ist gleich wieder da!" Dann ging sie mit einem Gefäß hinaus. Ging sie zu Sugunacchans Haus? Vielleicht war sie auch in ihr Zimmer gegangen, um zu sehen, ob es dort etwas Essbares gab, das Devotees vielleicht dargebracht hatten. Während sie warteten, spülten die Brahmachārīs das Geschirr und reinigten die Küche.

Bald darauf kam Amma zurück. Ihr Gesicht strahlte mit einem Lächeln, so hell wie der Vollmond. Sie hatte offensichtlich etwas zu essen gefunden für ihre Kinder. Die Brahmachārīs konnten ihre Neugier nicht zurückhalten. Als sie einen Blick in das Gefäß warfen, sahen sie, dass darin verschiedene zusammengemischte, gekochte Reissorten waren.

Tränen stiegen in die Augen der Brahmachārīs. „Amma!", rief einer von ihnen aus. Amma hatte in den benachbarten Hütten um Nahrung für Ihre Kinder gebeten. Nun war sie mit ihren Almosen zurückgekehrt. Das war die Ursache für ihr freudestrahlendes Gesicht.

Alle Nachbarn waren arme Fischer, die selbst kaum genügend zu essen hatten. Da Amma das wusste, hatte sie von jeder Hütte nicht mehr als eine Handvoll Reis genommen.

Die Brahmachārīs warfen einen Blick auf ein Bild an der Wand, das Śhiva als Bettler zeigte, der Dēvī Annapurneshwari, die auf einem Thron saß, und um Nahrung bat.[39] Nun hatte Dēvī selbst an die Tür der Fischer geklopft, um Bhiksha für ihre Kinder zu erbitten. Amma setzte sich auf den Boden und lehnte sich gegen die Tür; die Brahmachārīs nahmen um sie herum Platz. Sie formte kleine Bälle aus dem Reis mit etwas Sambar aus dem Gefäß und fütterte ihre Kinder mit ihren eigenen Händen.

Amma: „Noch einen Ball!"

„Nein, Amma, dann bleibt nichts mehr für dich übrig."

„Kinder, wenn ihr genug zu essen gehabt habt, hat Amma keinen Hunger mehr!" Sie fütterte einen von ihnen mit einem weiteren Reisball. Es waren kaum mehr zwei Handvoll Reis übrig und ein Stückchen Sambar-Kartoffel. Als Amma dies zu sich genommen hatte, stand sie vollkommen zufrieden auf.

Donnerstag, den 25.Mai 1986

Ramakrishnan lag mit Fieber im Bett. Amma saß bei ihm. Ein Brahmachārī kam in die Hütte mit Tee, der mit Basilikumblättern, schwarzem Pfeffer und Ingwer zubereitet worden war.

An der Wand hing ein altes Foto von Amma in einem farbigen Sāri und einer farbigen Bluse. Als Ihr Blick darauf fiel, ließ sie die Bemerkung fallen: „Zu jener Zeit musste Damayantī-Amma zwingen, einen Sāri anzuziehen. Als Amma sich vorbereitete um wegzugehen, bekam sie eine kräftige Tracht Prügel, weil sie keinen Sāri trug. Also zog sie einen an, aber sobald sie

[39] Göttin des Überflusses, ein Aspekt Durgās.

im Boot war, zog sie ihn aus und hielt ihn aufgerollt in ihren Händen." Amma lachte.

Anna Prasanna

Eine Frau hatte ihr Baby zu Ammas Darśhan gebracht. Viele Jahre hatte sie sich ein Kind gewünscht, aber konnte keines empfangen. Nachdem sie Amma begegnet war, schenkte sie schließlich dank Ammas Saṅkalpa einem Sohn das Leben. Nun war sie mit ihren Verwandten zum Anna Prasanna (das Baby erhält das erste Mal feste Nahrung) des Kindes gekommen. Sie hatten es eilig mit der Zeremonie, weil sie möglichst bald heimkehren wollten.

Die Frau bat: „Ammaji, bitte füttere das Kind jetzt gleich. Wir können mit dem Baby nicht über Nacht bleiben, da es nicht ohne sein Bettchen schläft. Ich habe auch keine Milch für ihn mitgebracht. Wenn wir gleich wieder gehen, können wir vor dem Abend zu Hause eintreffen."

Amma: „Meine Tochter, sprich nicht auf diese Weise! Du hast das Kind durch Gottes Segen erhalten. Du bist zu einem göttlichen Ort gekommen. Nur wenn die Menschen zu einem solchen Ort kommen, haben sie es plötzlich eilig! Sobald sie den Tempel oder die Gurukula erreichen, wollen sie schnell zurückkehren. Wenn ihr ein krankes Kind ins Krankenhaus bringt, sagt ihr dann zum Arzt: ‚Ich hab's eilig! Bitte lassen sie mich möglichst bald gehen?' Sagt ihr: ‚Doktor, ich habe keine Milch oder keinen Korb für das Kind dabei und es ist müde, also müssen sie es sofort anschauen?' Wenn wir einen Tempel oder Āśhram besuchen, sollten wir Geduld und Hingabe an Gott haben. Tochter, durch gute Taten, den Besuch von Tempeln und

Āśhrams, sowie Gedanken an Gott wird unser Prārabdha viel leichter. Ist dir das nicht klar?

Ihr eilt von hier weg, und wenn der Bus auf dem Weg kaputtgeht, bei wem beschwert ihr euch dann? Es stimmt Amma traurig, dass du so sprichst, nachdem du jahrelang hierhergekommen bist. Du solltest niemals auf diese Weise reden, Tochter. Überlass es dem Willen Gottes. Warum hast du nicht gedacht: ‚Amma wird das Baby füttern, wenn sie es für richtig hält?' Das wäre Hingabe. Geht ihr jetzt, so wird es auf dem Weg viele Schwierigkeiten geben, deshalb möchte Amma euch zu diesem Zeitpunkt nicht zurückkehren lassen."

Es war das erste Mal für die Frau, dass sie Amma so streng sprechen hörte und ihr Gesicht wurde blass. Als Amma das sah, winkte sie sie in ihre Nähe und sagte: „Amma hat so gesprochen, weil sie sich frei dir gegenüber fühlte. Also fühle dich nicht schlecht!"

Das Gesicht der Frau hellte sich bei diesen Worten auf.

Obwohl Amma zunächst dagegen war, gab sie dem Kind sofort die erste feste Nahrung aus Reis und schickte die Familie fort, damit sie vor Einbruch der Nacht nach Hause kommen konnte.

Freitag, den 30. Mai 1986

Es war fast 12 Uhr mittags. Amma sprach zu den Besuchern in der Darśhan-Hütte. Darunter befand sich ein Brahmachārī aus einem anderen Āśhram in Kidangoor. Sie sagte zu ihm: „Sohn, es ist etwas anderes, ob man Medizin für die Wunde an der eigenen Hand oder für die Schmerzen von jemand anderem besorgt. Letzteres zeigt ein liebendes Herz. Das braucht ein spirituell Suchender; dazu sind spirituelle Übungen gedacht.

Sādhanā sollte nicht für die eigene Befreiung ausgeführt werden, sondern damit man liebevoll, mitfühlend und verständnisvoll genug wird, um Leid in der Welt zu beseitigen. Es führt zu nichts, irgendwo mit geschlossenen Augen dazusitzen und sonst nichts zu tun. Unser Herz muss so weit werden, dass wir das Leid der Welt als unser eigenes empfinden und etwas unternehmen, um es zu erleichtern."

Ammas Behandlung

Seit dem Morgen hustete Amma stark. Ein Brahmachārī ging Dr. Lila holen.

Die Woche zuvor war ein Devotee mit einem schweren Husten in den Āśhram gekommen. Sein Husten hallte im ganzen Āśhram wider. Stoßweise plagte ihn der Husten, als er zum Kalari kam und sich vor Amma verneigte. Aber als er nach Ammas Darśhan den kleinen Tempel wieder verließ, war sein Husten weg. Er hörte von dem Augenblick an auf, als er das heilige Wasser trank, das Amma ihm gegeben hatte. Nach einwöchigem Āśhram-Aufenthalt war er an diesem Morgen zufrieden abgereist.

Als sich Amma einmal in Tiruvannamalai aufhielt, erkrankte sie. Nealu entschied, dass sie ohne Verzögerung einen Arzt aufsuchen sollte. Obwohl es am Ort einige Ärzte gab, die Ammas Devotees waren, brachte man sie zu einem anderen Arzt. Ungebeten war Amma geradewegs in den Behandlungsraum des Arztes gegangen. Der Arzt war sehr verärgert darüber und schickte sie wieder hinaus. Amma erinnerte sich immer wieder lachend daran: „Es gibt keinen Grund, ihm Vorwürfe zu machen; er untersuchte gerade jemanden, als Amma plötzlich hereinplatzte! Er muss seine Konzentration verloren haben!"

Als sie das Zimmer des Arztes verlassen hatte, riefen Arzt als auch Krankenschwester sie zurück. Sie wussten nicht, wer Amma war oder warum sie gekommen war. Später ließ Amma verlauten: „Amma wird keinen Arzt mehr aufsuchen. Wenn einer gebraucht wird, soll einer der Ärzte unter ihren Kindern zum Āśhram kommen."

Ammas Worte bewahrheiteten sich. Als erstes ließ sich die Medizinerin Brahmachāriṇī Lila im Āśhram nieder. Als sie Amma begegnete, arbeitete sie in einem Krankenhaus des Sri Ramakrishna Math in Thiruvanantupuram. Lila sah in Amma ihr höchstes Lebensziel. Bald darauf gab sie ihre Arbeit auf und kam, um im Āśhram zu leben. Jetzt kümmerte sie sich um alle Behandlungen Ammas. Da es Lila klar war, dass Ammas Beschwerden nicht durch Medizin allein zu heilen waren, war sie in keiner Weise beunruhigt, wenn Amma erkrankte, selbst wenn sie sehr schwach erschien. Sie betrachtete Ammas Krankheiten als Līlā der geliebten Gemahlin Śhivas, der selbst dem Herrn des Todes den Tod brachte. Mit anderen Worten: Sie sah Ammas Krankheiten lediglich als Spiel der Göttlichen Mutter an.

Lila erkundigte sich: „Soll ich dir ein paar Tabletten bringen, Amma? Sie legte die Hand auf Ammas Stirn und sagte: „Du hast kein Fieber. Es ist nichts Schlimmes. Es wird dir bald wieder gut gehen."

Amma entgegnete lachend: „Selbst wenn Amma tot ist, wird meine Tochter Lila den Körper untersuchen und sagen: „Es ist nichts Ernstes. Bald wird es dir wieder gut gehen!" Alle stimmten in das Lachen ein.

Samstag, den 31. Mai 1986

Sādhanā sollte vom Herzen kommen

Ein Brahmachārī kam zu Amma und bat um praktische Ratschläge für sein Sādhanā. Amma gab ihm Hinweise für die Meditation: „Sohn, konzentriere dich auf den Punkt zwischen den Augenbrauen. Sieh deine bevorzugte Gottheit dort, so wie du dein eigenes Bild in einem Spiegel betrachtest." Sie legte ihren Finger zwischen seine Augenbrauen und fügte hinzu: „Stell dir dort einen Schrein vor, in dem deine geliebte Gottheit sitzt.

Wer nur pflichtgemäß nach Zeitplan meditiert, wird Gott niemals sehen. Du musst dich Tag und Nacht nach Ihm sehnen ohne Gedanken an Essen oder Schlaf. Nur wer dies tut, hat Gott verwirklicht. Diese Art von Losgelöstheit müssen wir entwickeln. Wenn jemand Chilipaste auf deinen ganzen Körper schmieren würde, stell dir vor, wie sehr du darum ringest, um dem Brennen zu entrinnen! Mit der gleichen Intensität solltest du dich nach Gott sehnen, nach seiner Vision rufen und weinen, ohne auch nur einen Augenblick zu verlieren. Nur wenn alle anderen Gedanken so wie im Tiefschlaf schwinden, wirst du die Ebene der göttlichen Erfahrungen erreichen.

Wenn die Fischer ein Boot ins Meer lassen, schließen sie ihre Augen und unter lauten Rufen schieben sie es mit aller Kraft an, um hinter die Wellen zu gelangen. Jeder rudert kräftig und ununterbrochen und stößt laute Rufe aus, bis sie jenseits der Wellen sind. Danach können sie die Ruder beiseitelegen und ruhen. Vor und hinter den Wellen befindet sich der gleiche Ozean, aber der eine Teil führt durch den Wellengang, während der andere ruhig ist. Am Anfang sollten wir ebenfalls nicht ruhen, nicht einmal kurz. Wir müssen achtsam sein. Nur dann können wir die innere Stille erreichen. Totapuri[40] war in Advaita etabliert. Trotzdem stand er inmitten eines Feuerrings und vollzog Tapas. Ramakrishna Dēva erreichte die Verwirklichung durch ununterbrochenes Erinnern an Gott. Für die Verwirklichung ist es unerlässlich, sich ständig an Gott zu erinnern. Ein echter Sādhak praktiziert Japa und Meditation nicht nur nach Zeitplan. Seine Liebe zu Gott ist jenseits aller Regeln. Am Anfang muss der Sādhak bestimmte Regeln einhalten, aber spirituelle Praktiken sollten nicht nur als Pflicht angesehen werden. Man sollte unter Tränen zu Gott flehen und beten. Nur nach Gott allein sollten wir rufen und weinen und nach nichts anderem. Haben das nicht Rāmakṛiṣhṇa und Meera gemacht?"

Dieselbe Wahrheit mit verschiedenen Namen

Brahmachārī: „Wenn jemand auf Kṛiṣhṇa meditiert, ist es dann verkehrt, ein Dēvī-Mantra zu chanten oder Dēvīs tausend Namen?"

Amma: „Das ist kein Problem. Welches Mantra oder welchen heiligen Namen du auch rezitierst, deine Gedanken sollten auf deine bevorzugte Gottheit gerichtet werden."

Brahmachārī: „Wie ist das möglich? Sind da nicht die besonderen Bījākṣharas für jede Gottheit? Wie kann es dann richtig sein, das Mantra einer anderen Gottheit zu chanten?"

Amma: „Welchen Namen du auch verwendest, die göttliche Kraft ist ein und dieselbe. Ob man eine Kokosnuss nun ‚Tēnga'[41] oder Kokosnuss nennt, sie verändert sich nicht oder? Ebenso hegen die Menschen in ihrem Herzen Vorlieben für verschie-

[40] Ein großer Asket des Jñāna-Weges (Weg höchster Weisheit), der Sri Rāmakṛiṣhṇa in SannyāsaSannyāsa einweihte.

[41] Malayāḷam für „Kokosnuss"

dene Gottesbilder, je nach ihrem Saṁskāra. Sie kennen Gott anhand von verschiedenen Namen, aber das allesdurchdringende Bewusstsein ist jenseits aller Namen. Gott ist nicht jemand, der nur reagiert, wenn er den Ton eines bestimmten Rufes hört; er wohnt in unserem Herzen und kennt es. Gott hat unendlich viele Namen. Jeder Name ist Sein.

Eine Pūjā sollte an die Gottheit gerichtet werden, der sie zugeordnet ist und mit den entsprechenden Mantren. Aber wenn du Selbstverwirklichung anstrebst, spielt es keine wirkliche Rolle, ob die göttliche Gestalt über die du meditierst, eine andere ist, als die, auf die sich dein Mantra bezieht, denn wir sehen alles als verschiedene Formen des Höchsten Selbst. Wir sollten sehen, dass alles in diesem einen Prinzip enthalten ist und dass dieses Prinzip in uns allen existiert. Es ist ein und das gleiche Bewusstsein, das alles durchdringt, einschließlich uns selbst. Obwohl es anfänglich besser ist, den Fokus auf einen bestimmten Namen oder eine entsprechende Gestalt zu lenken, sollte man jedoch beim Voranschreiten fähig sein, das höchste Prinzip in allen Namen und Formen zu sehen.

Mantra-Japa hat zum Ziel, uns zur höchsten Stille des Selbst zu führen, von dem alle Töne und Formen ausgehen. Wird Mantra-Japa mit dem richtigen Verständnis dieses Prinzips ausgeführt, wird es uns schließlich zur Quelle führen. Dann verwirklicht der Sucher den göttlichen Aspekt, über den er meditiert hat, als auch alle anderen Aspekte, die ihm innewohnen und Manifestationen des einen Selbst sind.

Als Kṛiṣhṇa mit den Gōpīs in Brindavan lebte, wollten die Gōpīs ihn ständig sehen und immer in seiner Gegenwart sein. Sie verehrten ihn so sehr, dass sie ihn Hṛidayeśha, Herr ihrer Herzen, nannten. Eines Tages begab sich Kṛiṣhṇa nach Mathura und kehrte nie mehr zurück. Einige Leute gingen zu den Gōpīs und ärgerten sie: ‚Wo ist euer Hṛidayeśha jetzt? Es scheint, dass er nicht Hṛidayeśha, sondern Hṛidayaśhūnya (herzlos) ist.' Die Gōpīs entgegneten: ‚Nein, er ist immer noch unser Hṛidayeśha. Früher sahen wir Kṛiṣhṇa nur in seiner körperlichen Gestalt und konnten seine Stimme nur mit unseren Ohren hören. Aber nun können wir ihn in allen existierenden Formen sehen: Sogar unsere Augen sind Kṛiṣhṇa selbst. Wir hören ihn jetzt in allen Tönen: Unsere Ohren sind zu Kṛiṣhṇa geworden. Wahrlich, wir selbst sind Kṛiṣhṇa geworden!'

Ähnlich sehen wir Gott zunächst in einer bestimmten Gottheit und nennen diese bei einem bestimmten Namen, aber wenn unsere Hingabe reift und voll erblüht, gelangen wir dahin, Gott in allen Formaspekten und Namen zu sehen und in uns selbst."

Die abendlichen Bhajans waren zu Ende. Es gab Dośhas (Pfannkuchen) zum Abendessen. Da unerwartet viele Leute eintrafen, lief die Zubereitung weiter bis 10:30 Uhr. Jeder fertige Pfannkuchen wurde sofort serviert. Amma ging in die Küche und schickte einen Brahmachārī in das Haus ihrer Eltern, um eine weitere Dośha-Pfanne zu holen. Als sie gebracht wurde, stellte Amma sie sogleich aufs Feuer und begann, Dośhas zu machen. Heißt es nicht, dass Gott als Brot vor den Hungrigen erscheint, sei dieser Hunger nun konkret oder spirituell?

Jede Handlung eine Verehrung Gottes

Nach dem Abendessen arbeitete Amma bei den Brahmachārīs mit, die Kies zur Betonherstellung brachten. Sie bildeten eine Kette und reichten den Kies in runden Stahlpfannen von einer Person zur nächsten. Diejenigen, die nicht einmal ihre eigene Kleidung waschen mochten, bevor sie in den Āśhram kamen, nahmen nun zusammen mit Amma an diesem ‚Fest' harter Arbeit teil. Sie lernten jetzt einige praktische Lektionen der Spiritualität.

Mitten bei der Arbeit erklärte Amma: „Kinder, das ist auch Sādhanā. Selbst bei der Arbeit sollten die Gedanken bei Gott sein. Jede Arbeit, bei der ihr eure Gedanken auf Gott richtet, ist Karma-Yōga. Wenn ihr den Kies an den nächsten weiterreicht, stellt euch vor, es sei eure bevorzugte Gottheit und ebenso die Person, die euch den Kies übergibt."

Amma sang einen Kīrtan und alle sangen mit, während die Arbeit weiterging.

tirukathakaḷ pādam

Oh Göttin Durgā, oh Kāḷī,
beseitige mein trauriges Schicksal.
Jeden Tag bitte ich um Deinen Anblick.
Bitte erfülle mir einen Wunsch.

Lass mich durch Singen
Deine heiligen Taten preisen.
Wenn ich Dich lobpreise,
komm bitte in mein Herz.

Oh Du die Essenz der Vēden,
ich weiß nicht, wie man meditiert,
und meiner Musik fehlt die Melodie.
Lass Mitgefühl in mir walten
lass mich in Glückseligkeit eintauchen.

Du bist Gāyatri.
Du bist Ruhm und Befreiung,
Kārtyāyanī, Haimavati und Dakshayani.

Du bist die Seele der Verwirklichung selbst,
meine einzige Zuflucht.

Oh Dēvī, verleihe mir die Fähigkeit,
über die wesentlichen Grundsätze zu sprechen.
Ich verstehe, dass ohne Dich,
der Verkörperung des Universums,
Śhiva, das kausale Prinzip, nicht existiert.

Es war weit nach Mitternacht. Mit Fäden silbernen Lichts wob der Mond einen zarten, glitzernden Schleier über die sich weithin erstreckenden Wipfel der Kokospalmen. In diesen stillen Stunden der Nacht war eine Mutter mit ihren Kindern in die Arbeit vertieft, um ein Haus des Friedens zu errichten, das morgen Unzähligen als Zuflucht dienen würde. Die Szene rief die nektargleiche Weisheit der Bhagavad Gītā in Erinnerung: „Ist es Nacht für alle Wesen, bleibt der Mensch ‚wach‚, der über Selbstbeherrschung verfügt." Diese Worte wurden hier in Szene gesetzt: Während die ganze Welt schlief, arbeitete die Mutter des Universums hart und ohne Ruhepause, um eine Welt ewigen Lichts zu errichten.

Kapitel 9

Montag, den 9. Juni 1986

An diesem Morgen begannen die traditionellen Riten für Anishs Einweihung in Brahmacharya. Für die Homa und weitere Einweihungsriten war ein Priester aus Alleppy gekommen. Das heilige Feuer loderte im Kalari und die Luft war erfüllt vom Klang der vedischen Mantren, während Ammas göttliche Anwesenheit jeden mit Glück erfüllte.

Amma befand sich in kindlicher Stimmung. All ihre Worte und Handlungen riefen Freude in jedem hervor. Sie amüsierte sich über den Anblick Anishs mit geschorenen Haaren und dem traditionsgemäß stehen gelassenen Haarbüschel am Hinterkopf als Vorbereitung für den Empfang des gelben Gewandes. Sie nahm eine Hibiskusblüte und befestigte sie an dem Haarbüschel! Alle, die das mit ansehen konnten, mussten lachen.

Gleich darauf wechselte ihr Gesichtsausdruck plötzlich und wurde ernst. Die Atmosphäre wurde auf einmal sehr ruhig. Die Stille wurde nur unterbrochen von dem Klang der vedischen Mantren und dem Knacken des Homa-Feuers, das mit Baumholz (Jackfruit) aufrechterhalten wurde. An den Gesichtern konnte man ablesen, dass jeder sich in einem Zustand jenseits dieser Welt befand.

Amma gab ihrem Sohn seinen neuen Namen: Brahmachārī Satyatma Chaitanya[42]. Nach der Einweihung verbeugte sich Satyatma vor ihr und ging dann nach draußen, um traditionsgemäß Biksha zu empfangen.[43]

Eine Familie moslemischer Devotees war in den Āśhram gekommen, um Ammas Darśhan zu erhalten. Es war ein Feiertag für Moslems und sie wollten ihn mit Amma verbringen. Nach den Einweihungszeremonien ging Amma mit der Familie in die Hütte. Sie sprach lange Zeit mit ihnen, bevor sie auf ihr Zimmer ging.

Später am Nachmittag saß Amma mit einigen Brahmachārīs auf der Dachterrasse. Schon seit Tagen hatten die Brahmachārīs versucht, Ammas Erlaubnis für ein Gruppenfoto mit ihr zu erhalten, das man für ihre Biographie verwenden sollte. Sie hatte sich wiederholt geweigert. Nun brachte ein Brahmachārī das Thema erneut hervor: „Amma, wir haben von vielen Mahātmās gehört, aber von den meisten gibt es keine Bilder. Wie sehr bedaueren wir es nicht zu wissen, wie sie aussahen! Wenn wir von dir kein Foto machen, so enthalten wir es der kommenden Generation vor. Amma, zumindest aus diesem Grund solltest du es erlauben.“

Amma: „Wenn Amma sich damit einverstanden zeigt, wird eure Achtsamkeit von jetzt an nur auf solchen Dingen liegen. Das würde eurem Sādhanā schaden. Außerdem kann ich mich nicht so herrichten, wie ihr es gerne hättet; das liegt mir nicht.

---

[42] Inzwischen hat Brahmachārī Satyatma Chaitanya die Sannyāsa-Einweihung erhalten und ist jetzt bekannt unter dem Namen Swāmī Amritagitananda.

[43] Brahmachārīs und Sannyāsīs sollen der Tradition nach nur Nahrung zu sich nehmen, die sie als Almosen erhalten haben. Heutzutage begeben sie sich am Tag ihrer Einweihung hinaus, um Biksha zu erbitten.

Ich kann nicht für ein Bild posieren." Der ernste Ton Ihrer Ablehnung ließ die Brahmachārīs schweigen und stimmte sie traurig. Aber wie lange kann Amma ihre Kinder traurig sehen? „Geht und ruft alle", sagte sie schließlich.

Die Gesichter leuchteten auf und alle stürmten die Treppe hinunter. Alle Āśhram-Bewohner versammelten sich auf der Dachterrasse für das Bild. Der ehrwürdige alte Ottur Unni Namboodiripad, der älteste von Ammas Brahmachārī-Kindern, war auch anwesend. Als das Foto gemacht war, bat Amma Ottor, einen Sāri zu geben. Kṛiṣhṇas Līlā ergossen sich in einem ununterbrochenen Strom aus dem Mund dieses sanftmütigen Gläubigen, dessen inneres Selbst schon lange an das Kind Ambādis[44] übergeben war. Ganz hingerissen lauschte Amma zusammen mit den anderen den ewig frisch bleibenden Geschichten über die Streiche des kleinen Butterdiebes Kṛiṣhṇa. Als Ottur endete, sagte er in bestimmtem Ton: „Und nun möchten wir gerne Ammas Satsang hören!"

Amma: „Amma weiß nicht, wie man Satsang gibt. Wenn man ihr Fragen stellt, platzt sie einfach mit der Verrücktheit heraus, die ihr gerade in den Mind kommt, das ist alles."

Ottur: „Es mag Verrücktes sein, aber das ist es, was wir hören möchten. Amma, wir haben nicht die intensive Hingabe, die du beschreibst. Was sollen wir tun?"

Amma schaute Ottur an und lächelte. Er legte seinen Kopf auf ihren Schoß. Sie umarmte ihn sehr liebevoll und nannte ihn: „Unni Kaṇṇa (Baby Kṛiṣhṇa)!"

---

[44] Ambādi heißt der Ort, in dem Kṛiṣhṇa aufwuchs.

Sādhanā für sich selbst auszuüben ist unzureichend

Amma schaute zu einem Brahmachārī, der hinter ihr saß. Der Brahmachārī senkte seinen Kopf, um ihrem Blick auszuweichen. Da sie seinen Mind kannte, sagte Amma: „Kinder, wisst ihr welche Erwartungen Amma an euch hat? Ihr solltet wie eine Sonne sein, nicht wie eine Feuerfliege, deren Licht nur ihren eigenen Bedürfnissen dient. Selbstlosigkeit ist alles, was ihr euch je wünschen solltet. Ihr solltet diejenigen sein, die ihre Hände heben, um anderen zu helfen, selbst im Augenblick des Todes."

Diese Aussage ging insbesondere dem Brahmachārī, der hinter ihr saß, zu Herzen. Am Vortag war Bhāva Darśhan mit besonders vielen Besuchern gewesen. Der Brahmachārī, der für die Ausgabe des Mittagessens zuständig war, benötigte dringend Hilfe. Er hatte diesen Brahmachārī gebeten, der mit ihm die Hütte teilte, ihm zu helfen. Aber dieser hatte weitermeditiert, ohne einen Finger zu rühren. Amma war dies zu Ohren gekommen und der Brahmachārī mied sie den ganzen Morgen über.

Amma fuhr fort: „Kinder, wir sollten darauf achten, dass all unsere Handlungen für andere von Nutzen und zu ihrem Wohl sind. Wenn das nicht möglich ist, sollten wir zumindest darauf achten, dass unser Verhalten anderen keinen Leid oder Probleme verursacht. Es ist wahres Gebet, Gott darum zu bitten, dass keine unserer Gedanken, Worte oder Taten jemals anderen Schaden zufügen, sondern dass sie hilfreich für andere sind. Wir sollten willig sein, für den Fortschritt anderer zu beten statt für unseren eigenen. Meine Kinder, solch selbstlose Liebe zu entwickeln, ist der größte Fortschritt, den wir machen können. Wahrer Dienst an Gott besteht darin, die Leiden anderer als die eigenen anzusehen und sich über das Glück anderer zu freuen. Wahre Devotees sehen sich selbst in anderen. Ihre Welt ist eine Welt des Friedens und der Zufriedenheit." Amma hielt inne. Ihr Blick ruhte in weiter Ferne.

Die Zeit für Bhajans rückte heran. Amma führte alle zum Kalari. Als sie Platz einnahm, legte ein Brahmachārī eine Tambura vor sie hin. Sie begann, das Instrument zu spielen und stellte den Ton für das erste Lied ein. Sie sang einen Kīrtan, den Krishnan Nair, ein Haushälter, für sie geschrieben und ihr gewidmet hatte. Alle stimmten ein, alles andere vergessend.

kātinnu kātāyi manassin manassāyi

Oh Mutter, die Du leuchtest als das Ohr der Ohren,
als der Mind des Mindes, als das Auge der Augen,
Du bist das Leben des Lebens,
das Leben der Lebenden.

Was der Ozean für die Wellen ist,
das bist Du für die Seele.
Du bist die Seele der Seelen.
Du bist der Nektar des Nektars der Weisheit.

Oh Mutter, Du bist die Perle des unsterblichen Selbst,
die Essenz der Glückseligkeit.
Du bist die große Māyā.
Du bist das Absolute.

Die Augen können Dich nicht wahrnehmen.
Der Mind kann Dich nicht erfassen.
Worte verstummen in Deiner Gegenwart, oh Mutter.
Wer sagt, er hätte Dich gesehen, hat Dich nicht gesehen,
denn Du, oh große Göttin, bist jenseits des Intellekts.

Die Sonne, der Mond und die Sterne
leuchten nicht von selbst,
sondern werden durch Deinen Glanz erhellt.
Durch Unterscheidungskraft allein kann der Mutige
den Weg zur Wohnstatt des ewigen Friedens
und der höchsten Wahrheit gehen.

Nach den Bhajans meditierten alle für kurze Zeit, bevor sie zum Abendessen gingen. Der bezaubernde Klang der Tambura unter Ammas Fingern und ihr Singen hallten noch seelig in ihrem Innern nach:

Mittwoch, den 11. Juni 1986

Schutz für alle, die sich ihr anvertrauen.

Es war kurz nach zwei Uhr morgens. Ein Brahmachārī kehrte still vom Strand zurück, wo er meditiert hatte. Er ging zum Kalari und machte das Licht aus. Sein Āsana und seinen Schal legte er auf der Veranda ab, dann weckte er den Brahmachārī, der dort schlief und gebeten hatte, ihn um zwei Uhr zur Meditation zu wecken. Es war seine Aufgabe, um vier Uhr die Glocke zu läuten, um alle fürs Archana zu wecken. Als der Brahmachārī zu seiner Hütte ging um sich schlafen zu legen, sah er einen Mann und eine Frau vor der Vēdānta-Schule sitzen.

„Wir möchten zu Amma", sagten sie in demütigem Ton, als sie sich erhoben.

Brahmachārī: „Amma ist um Mitternacht auf ihr Zimmer gegangen. Sie stieg gerade die Treppe zu ihrem Zimmer hoch, als ich zum Strand ging.

Besucher: „Es muss kurz nach Mitternacht gewesen sein, als wir ankamen."

Plötzlich hörten sie herannahende Schritte. Amma kam lächelnd auf sie zu. Die Besucher verbeugten sich zu ihren Füßen mit einer Mischung aus Ehrerbietung und freudiger Überraschung.

Amma: „Meine Kinder, wann seid ihr gekommen?"

Besucher: „Wir kamen, kurz nachdem du auf dein Zimmer gegangen warst, Amma. Wir saßen hier und waren traurig darüber, dich in der Nacht nicht mehr treffen zu können."

Amma: „Amma hatte gerade ihre Augen geschlossen, als sie den Eindruck hatte, ihr stündet vor ihr. Sohn, ist mit eurer Tochter alles in Ordnung?"

Besucher: „Übermorgen wird sie operiert. Nach Einschätzung des Arztes handelt es sich um einen komplizierten Fall. Unsere einzige Hoffnung ist dein Segen! Darum sind wir gekommen."

Amma: „Warum kamt ihr so spät, Kinder? Hatte euer Auto eine Panne?"

Besucher: „Ja, Amma. Wir brachen mittags auf, aber hatten auf dem Weg Probleme mit dem Auto. Die Reparatur nahm einige Stunden in Anspruch. Deshalb wurde es so spät. Sonst wären wir bis acht Uhr hier gewesen."

Amma: „Mach dir keine Sorgen, Sohn. Kommt, setzen wir uns hin." Sie nahm ihre Hände und führte sie zur Kalari-Veranda. Sie sprach lange Zeit mit ihnen. Dann nahm sie etwas Bhasma aus dem Kalari und reichte es ihnen als Prasād. „Richtet meiner Tochter aus, sie brauche sich nicht zu sorgen. Amma ist bei ihr." Als die Uhr vier schlug, verneigten sich beide vor ihr. Amma trug einem Brahmachārī auf, sie mit dem Fährboot überzusetzen. Als die Besucher den Āśhram verließen, wandten sie sich noch einmal um und schauten zurück. Im selben Augenblick warf auch Amma, die gerade die Treppe zu ihrem Zimmer hinaufging, einen Blick zurück und lächelte sie an, ein Lächeln, das ohne Zweifel ein Zeichen des Schutzes war.

Es wehte eine erfrischende Brise. In Freude über die trost spendende innere Kühlung von Ammas Gnade, begleitet von der angenehmen äußeren Kühle des frühen Morgens, bestiegen die Besucher das Fährboot und fuhren ab. Der Morgenstern leuchtete hell und verlieh der Oberfläche der ‚Backwaters' einen sanften Glanz.

Freitag, den 13. Juni 1986

Amma saß auf den Stufen zum Büro, umgeben von ein paar Leuten. Ein Brahmachārī versuchte, die Notwendigkeit zu erläutern, gewisse Personen, die einen Zweig-Āśhram leiteten, abzulösen und die Verantwortung anderen zu übertragen. Amma hörte sich alles an, was er zu sagen hatte. Schließlich sagte sie: „Ammas Ziel ist es, Eisen und Rost in Gold zu verwandeln. Es besteht keine Notwendigkeit, Gold zu Gold zu verwandeln!"

Der Brahmachārī versuchte erneut, seinen Standpunkt darzulegen.

Amma: „Sohn, bringe die Geduld auf zuzuhören. Amma selbst hat diese Personen in das Komitee gebracht, nicht wahr? Begreife, dass Amma damit vielleicht eine bestimmte Absicht verfolgt. Zunächst erkannte Amma sich selbst, dann die ganze Welt. Erst danach hat sie diese Rolle angenommen. Amma weiß sehr wohl, wie solche Menschen zu führen sind. Amma hat die Leiden und das Ringen von Hunderttausenden Menschen gesehen. Wer sonst hat solche Gelegenheit gehabt? Amma hat auch erlebt, wie sich der Charakter zahlreicher Menschen änderte. Wenn wir die Komiteemitglieder entlassen, werden sie ein Leben führen, das niemandem nützen wird. Wenn wir sie behalten, dann kümmern sie sich wenigstens um einige der Āśhram-Angelegenheiten. Dann können sie wenigstens in dieser kleinen Weise von Nutzen sein und den Verdienst davon erhalten. Ist das nicht besser, als sie ohne Aufgabe gehen zu lassen? Amma weiß, wie man sie dazu bringt, sich an Anweisungen zu halten.

Durch ihre Tätigkeit werden sie innerlich gereinigt, wodurch sie der Befreiung entgegenschreiten. Wir können sie nicht einfach auf dem Weg stehen lassen. Es ist unsere Pflicht sie zu retten. Unser Ziel ist es, anderen zu helfen, Hingabe für Gott zu entwickeln und inneren Frieden zu genießen. Wenn wir ernsthaft solche Absicht hegen, vergeben wir ihnen alle Fehler und werden uns bemühen, sie auf den rechten Pfad zu führen. Wir können nicht erwarten, dass alle gut sind. Einige werden es nicht sein. Aber wenn wir sie hinauswerfen und im Stich lassen, werden sie in der Welt noch mehr Fehler begehen. Wir verfügen über mehr Wissen als sie, somit müssen wir uns auf ihre Ebene begeben. Dann werden sie spirituelle Fortschritte machen. Stufe keinen als schlecht ein und denke nicht, er sollte entlassen werden, nur weil er ein oder zwei Fehler begangen hat.

Amma ist aber nicht der Meinung, dass deine Auffassung ganz und gar verkehrt ist. Viele Leute sammeln Geld im Namen des Āśhrams, aber einige von ihnen leiten nur ein Viertel davon an den Āśhram weiter. Amma weiß davon, aber sie handelt so, als wüsste sie es nicht. Sie gibt ihnen weitere Gelegenheiten, ihre Fehler zu korrigieren. Wenn sie trotzdem nicht lernen oder ihr Verhalten nicht ändern, dann gehen sie in der Regel von selbst. Amma musste noch niemanden zwingen zu gehen. Sie gehen von sich aus.

Sind nicht auch diejenigen, die den falschen Weg einschlagen, unsere Brüder und Schwestern? Sie haben vielleicht noch nicht ausreichende Weisheit; aber wir können Gott darum bitten. Das wird auch für uns von Nutzen sein, weil sich dadurch unser Bewusstsein erweitert."

Der Brahmachārī verneigte sich und zog sich zurück.

Eine Lektion in Achtsamkeit (Śhraddhā)

Amma bemerkte, dass ein Brahmachārī tief in Gedanken versunken dasaß und sich dabei über seinen Bart strich.

Amma: „Nimm deine Hand weg. Solche Angewohnheiten sind bei einem Brahmachārī nicht gut. Wenn man irgendwo sitzt, sollten Körper und Glieder sich nicht unnötig bewegen. Gewohnheiten, wie mit den Füßen zu wippen, mit den Händen umherzuwandern und den Bart zu streichen, sind unpassend für einen Sādhak. Man sollte sich bemühen still zu sitzen."

Eine Brahmachāriṇī kam zu Amma und berichtete, dass viele Teller und Becher des Āśhrams fehlten. Amma erwiderte: „Bring alle Teller und Becher her. Lass nichts irgendwo stehen. Bring alles her."

Jeder Āśhram-Bewohner hatte einen Teller und ein Glas erhalten, beides bewahrten sie in ihrer Hütte auf. Amma ermahnte die Anwesenden: „Kinder, ihr solltet alle achtsam mit diesen Dingen umgehen. Viele Teller und Gläser sind verlorengegangen, weil sie irgendwo liegengelassen wurden. Daraufhin erhielt jeder einen mit dem Namen versehenen Teller und ein Glas und nun fehlt davon auch wieder etwas. Wenn jemandem der Teller fehlt, nimmt er einfach einen vom Nachbarzimmer, ohne zu überlegen, dass der Betreffende ihn braucht. Wie soll der dann ohne Teller klarkommen? Schließlich endet es damit, dass Amma konsultiert wird, um den Streit zu schlichten." Amma lachte. „Diese Kinder sind schlimmer als kleine Babys!"

Die Brahmachārīs kamen mit ihren Tellern und Gläsern und Amma nahm eine ernste Haltung an.

Amma: „Von nun an darf niemand den Teller eines anderen benutzen. Wer seinen Teller verloren hat, sollte es zugeben. Lüge niemals zu deinem eigenen Vorteil, selbst wenn es das Leben kostet. Wenn du den Teller oder andere Dinge wieder durch Nachlässigkeit verlierst, isst Amma nichts. Denkt daran, Kinder!"

Innerhalb weniger Minuten wurden alle Teller und Gläser vor Amma hingestellt und sie zählte alles. Vieles fehlte.

Amma: „Kinder, ist es nicht eurer Nachlässigkeit zuzuschreiben, dass so viele Teller und Gläser abhandengekommen sind? Alle möglichen Leute kommen hierher. Wenn ihr eure Gebrauchsgegenstände nach dem Benutzen irgendwo liegenlasst, dann werden sie einfach von denen genommen, die sie brauchen. Warum andere bezichtigen, wenn ihr ihnen die Gelegenheit zum Stehlen gebt? Die Schuld liegt bei euch. Mit mehr Achtsamkeit eurerseits verschwinden die Teller nicht. Niemand von euch weiß den Wert von Geld zu schätzen, was macht es euch also aus, wenn ihr was verliert?

Als Amma aufwuchs, lernte sie Not kennen. Sie weiß um den Wert jedes Paisas (Cents). Es war für sie sogar schwierig, genügend Feuerholz zu bekommen, um Tee zu machen. Sie kennt die Härten der Armut; daher lässt sie nicht einmal einen Krümel verkommen. Wenn sie ein Stückchen Holz sieht, denkt sie an dessen Wert und wie es verwendet werden kann. Aber wenn es meine Kinder auf ihrem Wege sähen, dann würden sie es einfach nur zur Seite stoßen. Oder wenn ihr es bei einem Regenguss entdecken würdet, kämt ihr niemals auf die Idee es aufzuheben, zu trocknen und aufzubewahren. Amma jedoch würde es nicht als wertlos betrachten. Kinder, würden wir ein

5-Paisa-Stück wegwerfen? Nein, denn es sind fünf Paisas. Dafür können wir aber nicht einmal ein kleines Stück Feuerholz kaufen. Wie können wir ohne trockenes Holz etwas kochen? Selbst wenn wir Hunderte von Rupien in unserer Hand haben, benötigen wir trotzdem noch Feuerholz, um ein Feuer zu entfachen, nicht wahr? Wir sollten uns des Wertes und des Nutzens aller Dinge bewusst sein. Dann werden wir es uns nicht erlauben, irgendetwas zu verschwenden.

Betrachtet einmal die Situation in Krankenhäusern. Sie verfügen über kein reines Wasser für Injektionen. Es kostet ein oder zwei Rupien, es außerhalb zu kaufen. Viele Patienten ertragen stundenlange Schmerzen, weil sie nicht einmal diesen Betrag aufbringen können. Eine Spritze würde ihre Schmerzen erleichtern, aber sie können sich keine leisten. Sie werden dann vom Schmerz verzehrt. Für sie haben zwei Rupien einen großen Wert! Kinder, Amma hat so viele kranke Menschen gesehen, die sich vor Schmerzen wanden, weil sie nicht das Geld hatten, das Schmerzmittel zu kaufen. Bei allen Handlungen solltet ihr an diese Menschen denken.

Gott wohnt in jedem. Diejenigen, die unerträgliche Schmerzen erleiden, sind auch Gottes Kinder. Sie sind unsere Brüder und Schwestern. Indem ihr sie nicht außer Acht lasst, entwickelt ihr echte Achtsamkeit. Verschwendet ihr achtlos eine Rupie, denkt daran, dass jemand euretwegen zehn Stunden Schmerzen erleidet. Ihr seid die Ursache der Qual dieses armen Menschen. Eure Unachtsamkeit kann damit verglichen werden, Schmutz in das Trinkwasser der Gemeinde zu werfen. Euer Verhalten lässt Amma an jene kranken Menschen denken, denn mit dem vergeudeten Geld hättet ihr ihnen Medizin kaufen können. Aber vor allen Dingen vergebt ihr die Gelegenheit, einen Edelstein in euch zu kultivieren.

Amma rief die Brahmachāriṇī, die sie über die fehlenden Teller informiert hatte.

Amma: „Von heute an trägst du die Verantwortung für das Küchengeschirr. Gib am Morgen die notwendige Anzahl Teller und Gläser an diejenigen, die das Essen ausgeben und sammle am Abend die Menge an Geschirr ein, die du am Morgen verteilt hast. Was jetzt weg ist, ist weg. Wenn mehr verlorengeht, wirst du dafür Rechenschaft ablegen müssen.

Die Achtsamkeit, die wir jedem Detail entgegenbringen, führt uns näher zu Gott. Wie viel Śhraddhā wir für äußere Handlungen aufbringen, enthüllt den in uns versteckten Schatz. Folglich, liebe Kinder, achtet auf eurem Weg auf alles. Nur weil Amma die kleinen Dinge beachtet, kennt sie die großen."

Von der Küche ging Amma zur Nordseite des Āśhrams. Dabei spuckte sie zur Seite. Der Speichel fiel auf eine wilde Spinatpflanze. Es war ihre Absicht gewesen, dorthin zu spucken, wo keine Pflanzen standen. Aber durch den Wind fiel die Spucke auf das Spinatblatt. Amma holte einen Topf mit Wasser und wusch vorsichtig die Blätter ab. Anschließend säuberte sie ihre Hände über derselben Pflanze, um kein Wasser zu verschwenden.

Amma war stets darauf bedacht, kein Wasser zu verschwenden. Selbst wenn ein Wasserhahn vorhanden war, wusch Amma ihre Hände und ihr Gesicht mit Wasser aus einem Gefäß. Sie erklärte, dass wir dazu neigen, mehr Wasser als notwendig zu verbrauchen, wenn wir den Hahn öffnen. Jede überflüssige Handlung sei Adharma und das Unterlassen einer notwendigen Handlung ebenfalls. Wenn man Amma danach fragte, was Dharma sei, antwortete sie immer: „Es ist die Ausführung der notwendigen Handlungen zur richtigen Zeit und in angemessener Weise."

Der Brahmachārī, der Amma begleitete, stimmte Ammas Ausführungen zu und schätzte ihr Beispiel. Trotzdem kam ihm ein gewisser Zweifel und er dachte: „Aber war es denn wirklich notwendig, dass Amma die Blätter der Pflanzen abwusch, nur weil ein bisschen Spucke darauf gefallen war?"

Als Amma weiterging, sagte sie wie als Antwort auf die unausgesprochene Frage des Brahmachārīs: „Diese Pflanzen sind auch Lebewesen!"

Amma schaute einen Augenblick lang um sich; dann ging sie in die Kantine. Einige Brahmachārīs schälten für das Abendessen Cassava-Wurzeln und schnitten sie in Stücke. Sie setzte sich zu ihnen und half bei der Arbeit.

Brahmachārīs und Familienbande

Ein Brahmachārī begann mit der Konversation: „Es sind einige Briefe von zu Hause gekommen. Ich habe keinen beantwortet. Sollte ich schreiben, Amma?"

Amma: „Sohn, am Anfang solltest du keine Briefe an die Familie schreiben. Schreibst du, so antworten sie und dann schreibst du wieder. Möchtest du wirklich schreiben, z.B. wenn deine Eltern krank sind, so lass es mit ein paar tröstenden Zeilen genug sein. Übergib deinen Vater und deine Mutter Gott und schreibe ihnen aus dieser Einstellung heraus. Dann wird es dich nicht binden. Erhältst du Briefe von zuhause, lies sie nicht immer wieder durch. Lege sie beiseite, sobald du den Inhalt erfasst hast. Die Briefe enthalten Neuigkeiten über deine Familie und Freunde. Beim Lesen wirst du davon beeinflusst, auch wenn du das nicht möchtest. Kinder, ihr solltet stets daran denken, aus welchem Grund ihr hierhergekommen seid.

Nehmen wir einmal an, du besuchst einen Kranken auf der Intensivstation und du berichtest ihm ausführlich über die Leiden seiner Familie. Was ist das Ergebnis? Sein Zustand wird sich weiter verschlechtern; vielleicht stirbt er sogar. Ähnlich befindet auch ihr euch zurzeit in Behandlung und große Vorsicht ist geboten. Wenn der menschliche Mind sich so weit entwickelt hat, dass keine Umstände ihn schwächen oder beeinflussen können, entstehen auch keine Probleme mehr. Bis dahin jedoch sind solche Einschränkungen notwendig. Gegenwärtig seid ihr alle wie Setzlinge, die im Schatten eines Baumes wachsen. Deshalb ist es notwendig, sich an bestimmte Regeln und Einschränkungen zu halten.

Befinden sich Familienmitglieder in sehr schlechtem Zustand und es gibt niemanden, der sich um sie kümmert, dann könnt ihr gehen, um ihnen die notwendige Pflege und Hilfe zu geben. Ihr solltet Gott in ihnen sehen und ihnen mit dieser Einstellung dienen. Wenn ihr hingegen die familiäre Bindung innerlich lebendig erhaltet, werdet ihr nicht viel vom Leben im Āśhram profitieren, weder ihr noch eure Familie. Ist es euch nicht möglich, die Bindung zur Familie zu lösen, so ist es am besten, ihr lebt zuhause und kümmert euch um eure Eltern.

Selbst wenn ihr sie nicht besucht, sondern durch Briefe von all ihren Neuigkeiten und Problemen erfahrt, werden all eure Gedanken darum kreisen. Die Gedanken an die Nöte zuhause werden sich automatisch in eurem Unterbewusstsein wiederfinden. Euer Mitgefühl bringt ihnen jedoch nichts. Habt ihr einmal eine bestimmte Entwicklung durch eure spirituellen Übungen erreicht, könnt ihr als Hilfe ein Saṅkalpa für sie machen. Aber das ist im jetzigen Stadium nicht möglich. Durch Sorgen um sie endet es nur damit, dass ihr die gewonnenen Kräfte verliert.

Wenn eure Familie euch schreibt, so ermuntert sie nicht dazu euch zu schreiben. Eine Kokosnuss kann nicht aufgehen, bevor sie nicht vom Baum fällt. Durch eure Bindung entfernt ihr euch lediglich von Gott. Ihr werdet keinen Fortschritt machen, wenn ihr die Bindungen zu Familie und Freunden aufrechterhaltet, obwohl ihr Sādhanā ausübt. Übt ihr jetzt Sādhanā in Zurückgezogenheit aus, ohne die Gedanken um andere Dinge kreisen zu lassen, so könnt ihr die Kraft entwickeln, nicht nur eure Familie sondern die ganze Welt zu retten."

Brahmachārī: „Aber wie können wir uns keine Sorgen machen, wenn wir über die Probleme zu Hause erfahren?"

Amma: „Sohn, hast du einmal den spirituellen Pfad gewählt, solltest du alles dem Allerhöchsten überlassen und vorwärtsschreiten. Füllt man einen Speicher, erhalten damit alle angeschlossenen Leitungen Wasser. Indem wir Gott lieben, lieben wir alle, da er in allen innewohnt.

Wenn deine Familie dich besucht, kannst du sie mit einem Lächeln begrüßen, dich respektvoll vor ihnen verneigen[45] und ein paar freundliche Worte sprechen. Das ist in Ordnung; soviel sollte sogar von dir kommen, aber auch nicht mehr. Vertraue darauf, dass Gott sich um all ihre Bedürfnisse kümmert. Diese Haltung der Hingabe an Gott solltest du haben. Bist du es letzten Endes, der sie tatsächlich beschützt? Liegt das in deiner Macht?"

Brahmachārī: „Warum wird das Aufgeben der Familienbande als so wichtig erachtet?"

Amma: „Sohn, so wie die Erde alles anzieht, so richten sich die Gedanken auch schnell auf unsere Familie. Blutsverwandtschaft birgt diese besondere Eigenschaft in sich. Ein Sādhak sollte fähig sein, alle Menschen als gleich zu betrachten. Nur

---

[45] Es ist Brauch in Indien, dass sich junge Leute vor den älteren Familienmitgliedern verneigen und ihre Füße berühren.

wenn wir unsere Bande zu allem aufgeben, können wir unsere wahre Natur erkennen. Anhänglichkeit zu ‚meinem' Vater, ‚meiner' Mutter oder Schwester ist tief in uns verwurzelt. Ohne diesen Zustand zu beseitigen, können wir unser Bewusstsein nicht erweitern. Ruderst du ein Boot, das am Ufer festgebunden ist, erreichst du das andere Ufer nicht."

Brahmachārī: „Amma, ich schreibe niemandem. Ich wollte nur wissen, was richtig ist."

Amma: „Erfordern es die Umstände zu schreiben, so beschränkt euch auf zwei oder drei Sätze. Achtet darauf, dass das Geschriebene einen spirituellen Bezug hat. Dann wird das Lesen dieser Zeilen wenigstens ein wenig reinigend auf ihren Mind wirken. Ein Mensch, der den spirituellen Pfad eingeschlagen hat, kann einen großen Einfluss auf seine Familie und deren Art zu denken haben. Schreibe an sie ausschließlich über Positives. Einige Mitglieder von Ramakrishnans Familie haben begonnen, seinen Aufenthalt hier gut zu finden. Durch ihren Umgang mit ihm fingen sie an, das Bedürfnis nach spirituellem Leben zu schätzen."

Brahmachārī: „Du erwähntest, dass wir die Einstellung ‚das ist meine Familie', aufgeben sollten, aber wie können wir ihnen ohne diese Haltung dienen? Stimmt es nicht, dass wir nur dann etwas wirklich gut ausführen, wenn der Sinn von ‚mein' vorhanden ist?"

Amma: „Der Dienst eines spirituellen Menschen ist gleichzeitig sein Sādhanā. Sein Ziel besteht in Freiheit von allen Bindungen. Er sehnt sich nach vollständiger Freiheit. Er dient anderen, um sich innerlich zu reinigen und Losgelöstheit zu erreichen, damit er das höchste Ziel erreicht. Wer Gott liebt und sich ihm hingibt, kann jede Handlung auch ohne ein Gefühl von ‚mein' bestens ausführen. Sich zu bemühen und dann die Ergebnisse Gottes Willen zu überlassen, das sollte unsere Verhaltensweise sein. Ohne innere Losgelöstheit zieht sogar der Dienst an anderen Bindung nach sich.

Jedoch sollte unser Wirken für andere ohne jegliche Erwartungshaltung sein. Bewerfen uns andere mit Dornen, sollte es uns möglich sein, Blumen zurückzuwerfen. Reicht man uns Gift, sollten wir Pāyasam geben. So sollten wir denken. Der Welt zu dienen hat das Ziel, solche Einstellung zu entwickeln. Wenn wir uns für andere einsetzen, sollten wir Gott in ihnen sehen. Mit jeder unserer Handlungen sollten wir Gott verehren. Alles Tun wird dann zu einem göttlichen Mantra."

Brahmachārī: „Was ist falsch daran, seiner Familie auf diese Weise zu helfen?"

Amma: „Sobald du eine solche Haltung hast, dann besteht kein Problem mehr. Aber im jetzigen Stadium hängst du noch an deiner Familie. Deshalb würde es dir schwerfallen, deinen Einsatz für sie als Dienst an Gott zu betrachten. Am Anfang ist Umgang mit der Familie ohne eine gewisse Gebundenheit schwierig. Nur durch viel Übung kann sie überwunden werden. Aus diesem Grunde wird dem spirituell Suchenden empfohlen, sich von seiner Familie zu distanzieren. Bei wahrer Liebe zu und Bindung an Gott ist es nicht mehr möglich, andere Bande aufrecht zu erhalten.

Die Saat muss vollständig mit Erde bedeckt sein und die Schale brechen, bevor sie keimen kann. Für einen Sādhak ist es notwendig, die Identifikation mit dem Körper aufzugeben, als auch die Einstellung von ‚mein Vater' und ‚meine' Mutter. Es ist notwendig, Gott selbst in allen zu sehen."

Als Amma aufstand, nahm sie die Cassava-Schalen in die Hand und bat jemanden, sie in den Trinkeimer für die Kühe zu geben. Gesegnet durch den Nektar ihrer Worte, standen die Brahmachārīs auf, um zu ihrer Arbeit zu gehen.

Sonntag, den 16. Juni 1986

Amma saß mit einigen Besuchern in der Darśhan-Hütte. Da es den ganzen Morgen über geregnet hatte, waren nicht sehr viele Leute gekommen.

Amma (lachend): „Die Āśhram-Kinder meinen, dass wir Aussagen in der Bhagavad Gītā ändern sollten. Der Herr sagte: ‚Ich bin für diejenigen da, die in mir Zuflucht suchen und alles andere aufgeben.' Sie sagen, hier ist es gerade umgekehrt, sie meinen, dass Amma die Haushälter mehr liebt als die Entsagenden. Braucht denn eine Lampe, die schon leuchtet, Licht? Die in Dunkelheit lebenden Menschen benötigen Licht. Wer aus der Hitze kommt, braucht kaltes Wasser.

Amma sagt den hier lebenden Kindern, dass die Haushälter unter der Hitze des weltlichen Lebens leiden, während sie sich hier immer der Kühle erfreuen. Da Amma so nahe ist, könnt ihr mit jeglichem Problem zu ihr laufen. Diese Möglichkeit haben die anderen nicht. Inmitten all ihrer Belange gelingt es ihnen, einen Tag zu finden, an dem sie zu Amma kommen. Wenn Amma ihnen nicht genügend Aufmerksamkeit schenkt, brechen sie zusammen. Ihr hingegen habt das weltliche Leben aufgegeben und seid hergekommen, um das Selbst zu verwirklichen. Die Haushälter müssen sich mit ihrem Heim, ihren Kindern und ihrer Arbeit befassen. Sie sind an ihre Verpflichtungen gebunden, suchen aber inmitten all dessen trotzdem nach Spiritualität. Es ist ihnen nicht möglich, all diese Bande sofort aufzugeben. Nur durch ständiges Sādhanā werden sie die notwendige Loslösung erreichen. Das Leben eines Haushälters bedeutet, im Feuer zu stehen ohne zu verbrennen. Sie müssen ohne Schuhe über Dornen gehen und sollten sich dabei nicht verletzen. Schuhe symbolisieren Freiheit von weltlichen Bindungen. Da die Haushälter nicht über die erwähnte Freiheit verfügen, ist es unsere Pflicht sie zu trösten. Wenn die Kinder all dies hören, sagen sie nichts mehr", schloss Amma lachend.

Ein junger Mann mit dem Namen Sudhir saß in Ammas Nähe. Vor fünf Jahren hatte er die Magisterprüfung in Naturwissenschaften abgelegt, aber anstatt sich um Arbeit zu bemühen, hatte er sich um seine betagte Mutter gekümmert, da niemand anderer da war. Um seinen Lebensunterhalt zu verdienen, unterrichtete er die Kinder aus der Umgebung. Nach dem Tod seiner Mutter hatte er begonnen, ein spirituelles Leben zu führen. Er verbrachte Zeit mit Sādhanā und damit, anderen zu helfen. Es dauert nicht lange, bis ihm klar wurde, dass er einen Guru brauchte, der ihm die notwendige, richtige Führung zuteilt, denn er entwickelte Abneigung gegenüber spirituellen Aktivitäten. Gleichzeitig jedoch ließ sein Interesse an weltlichen Angelegenheiten nach.

Mit einem Gefühl der Unruhe war Sudhir vor drei Tagen zum ersten Mal in den Āśhram gekommen, um Amma aufzusuchen. Er hatte sie um Erlaubnis gebeten, einige Zeit im Āśhram zu bleiben, und Amma hatte dem zugestimmt. Mit großem Enthusiasmus und Śhraddhā beteiligte er sich an den Arbeiten im Āśhram. Zudem hatte Sudhir eine schöne Stimme und hatte schon mehrere Kīrtans zu singen gelernt.

Sudhir: „Amma, ist selbstloses Dienen nur spirituell Suchenden möglich?"

Amma: „Sohn, nur jemand mit Vertrauen in Gott kann anderen wirklich selbstlos helfen. Wenn ein Mensch ohne religiösen Glauben fähig ist, anderen selbstlos zu dienen und ihre Fehler und Schwächen zu vergeben, dann spielt der Glaube keine Rolle. Wer anderen ohne persönliches Interesse beistehen kann, ohne an Gott zu glauben, verdient unseren tiefsten Respekt.“

Sudhir: „Was wird mit Meditation bezweckt?”

Amma: „Wir verunreinigen unseren Mind durch die vielen verschiedenen Gedanken, die ständig auftauchen. Meditation richtet all diese Gedanken auf ein Thema, auf das man sich konzentriert.

Wir sind wie reines Regenwasser, das in die Gosse gefallen ist und dadurch schmutzig wurde. Das Wasser aus dem Rinnstein muss man reinigen. Dazu wird es mit dem nächsten Fluss verbunden. Eine solche Reinigung wird durch Sādhanā bewirkt. Obwohl wir in Wirklichkeit Ātman sind, haben wir andererseits durch unsere Bindung an die grobe materielle Welt unreine Vāsanās in uns. Wir müssen unseren Mind durch Unterscheidung zwischen dem Ewigen und dem Vorübergehenden und durch Meditation reinigen. Durch die klärende Wirkung der Meditation werden wir stark.”

Amma bat Sudhir ein Lied zu singen. Er sang:

kāruṇyamurttē kāyāmbūvarṇṇā

Oh, Wohnstätte des Mitgefühls,
Dunkelhäutiger, bitte, öffne Deine Augen.
Oh Zerstörer allen Leids,
bitte beseitige meine Leiden.

Oh Erleuchteter,
mit Augen wie die Blätter der roten Lotusblume,
Du bist mein Schutz in dieser Welt.
Oh Kṛiṣhṇa, ich werde Dich auf ewig verehren
mit den Blumen meiner Tränen.

Oh Gopala, Du verzauberst den Mind,
ich tappe im Dunkeln umher.
Oh Shridhara, der alle vierzehn Welten durchdringt,
öffne Deine Augen und befreie mich von meinem Leid.

Eine junge Frau meditierte in Ammas Nähe. Amma zeigte auf sie und sagte: „Diese Tochter möchte auch hier im Āśhram leben. Obwohl sie verheiratet ist, will sie nicht mehr nach Hause gehen. Sie ist zu ihren Eltern zurückgekehrt. Die Familie ihres Mannes erlaubt ihr nicht, ihr eigenes Kind zu sehen. Jetzt ist sie nicht mehr an ihrem Mann oder Kind interessiert. Amma hat sie gebeten noch zu warten. Ihre momentane Losgelöstheit ist aus ihrer Enttäuschung entstanden und nicht aus wahrem Verstehen. Sie braucht die Gelassenheit, die sich aus dem wahren Verständnis der spirituellen Prinzipien ergibt, sonst wird sie nicht in der Lage sein, das Āśhram-Leben einzuhalten."

Devotee prüft Dēvī

Die Glocke läutete zum Mittagessen. Nachdem Amma den paar noch verbleibenden Leuten Darśhan gegeben hatte, ging sie in Begleitung einiger Devotees zur Essenshalle. Amma verteilte das Essen selbst und blieb dort, bis fast alle fertig waren. Als sie ging, drehte sie sich nach ein paar Schritten plötzlich um und kehrte zurück. Sie ging auf einen Mann zu, der noch vor seinem Teller saß, nahm einen Reisball, den er auf seinem Teller zur Seite gelegt hatte und steckte ihn in ihren Mund. Daraufhin übermannten den Mann seine Gefühle. Unter strömenden Tränen sang er immer wieder: „Kāḷī, Kāḷī, Kāḷī." Amma setzte sich an seine Seite und strich liebevoll über seinen Kopf und Rücken. Schließlich stand sie auf und ging auf ihr Zimmer.

Für diesen Mann war Ammas ungewöhnliches Verhalten von großer Bedeutung. Er war geschäftlich von Kalkutta nach Cochin gereist und hatte durch einen Freund von Amma gehört. Da er wie viele Bengalis die Göttliche Mutter verehrte, hatte die Beschreibung seines Freundes von Ammas Dēvī Bhāva ihn sehr angesprochen. Daher beschloss er, sie vor der Rückkehr nach Kalkutta zu besuchen. An diesem Morgen traf er mit seinem Freund im Āśhram ein und empfing dort Ammas Darśhan. Als Amma etwas später das Mittagessen ausgab, formte er einen Reisball und legte ihn auf seinem Teller zur Seite mit dem Gedanken: „Wenn Amma wirklich Kāḷī ist, wird sie den Reisball essen. Dann bleibe ich heute Nacht hier, um am Dēvī Bhāva teilzunehmen. Ansonsten fahre ich gleich nach dem Mittagessen." Als Amma nach der Essensausgabe den Speisesaal verließ, sank sein Herz und ein Gefühl der Verzweiflung übermannte ihn. Aber nachdem sie einen Augenblick später wiedererschien und den Reisball aß, den er für Kāḷī beiseitegelegt hatte, verlor er völlig seine Fassung. Die Wolken, die sich in ihm zusammengezogen hatten, ergossen sich in einem Tränenstrom. Er blieb zum Dēvī Bhāva, während sein Freund am Nachmittag heimkehrte.

Anweisungen für Schüler

Am Nachmittag regnete es. Um vier Uhr ging Amma zum Lager und begann, es mit einigen Brahmachārīs zu reinigen. Draußen im Regen errichteten Neelakantan und Kunjumon auf der Nordseite des Āśhrams einen Zaun.

„Bleibt nicht im Regen draußen, Kinder!" rief Amma zu ihnen hinaus.

„Es ist o.k., Amma. Unsere Arbeit ist fast fertig!", antworteten sie und legten an Tempo zu. Als Amma das sah, meinte sie: „Weil ihr eure Arbeit Amma darbringt und sie mit so viel Freude, Ernsthaftigkeit und Hingabe ausführt, werdet ihr kein Fieber bekommen. Anders verhält es sich bei Menschen, die nur halbherzig für jemand anderen arbeiten."

Ein paar Brahmachārīs, die den Regen gemieden hatten, tauschten beschämt Blicke aus.

Eine Brahmachāriṇī hatte ihre Aufgabe, Feuerholz zu sammeln, vernachlässigt. Eine Āśhram-Bewohnerin hatte sich bei Amma darüber beschwert, weil das Kochen wegen mangelnden Feuerholzes schwierig war.

Amma: „Amma erinnerte kürzlich diese Tochter daran, dass Feuerholz gebraucht wird, aber trotzdem hat sie noch keins gebracht. Wo bleiben ihr Respekt und ihre Hingabe? Amma ist nicht der Ansicht, dass jeder sie respektieren beziehungsweise achten solle. Aber wenn man ein Kanu herstellt, wird das Holz erhitzt um es zu biegen; nur dadurch kann man ein Kanu daraus formen. Ähnlich verhält es sich mit uns: Wir wandeln uns zum Besseren, nur wenn wir uns aus ehrfürchtiger Hingabe vor dem Guru beugen. Sonst wächst nur das Ego und keine spirituelle Entwicklung kann stattfinden. Demut und Gehorsam sind für die Entwicklung eines Sādhaks wesentlich."

Als Amma mit der Zurechtweisung der Brahmachāriṇī geendet hatte, erhob eine weitere Bewohnerin Beschwerden über sie.

Amma: „Tochter, dieses Kind war ungehorsam, aber wir sollten ihr nicht böse sein. Wir sollten niemals jemanden aus Feindseligkeit schelten oder kritisieren, sondern ausschließlich für den Fortschritt dieser Person. Schelten oder kritisieren wir aus Ärger oder Eifersucht, begehen wir einen viel größeren Fehler, wodurch unser Mind nur verunreinigt wird. Ein Sādhak sollte sich niemals dazu hinreißen lassen. Ein wichtiger Aspekt des Sādhanā ist es, in anderen nur das Gute zu sehen. Nur dann wird die Negativität in uns schwinden.

Wenn wir andere aus Liebe kritisieren und haben ausschließlich ihre Besserung im Sinn, führt es sie von falsch zu richtig. Doch geht es uns nur ums Fehlerfinden, so verunreinigt dies unseren eigenen Mind und stärkt zudem die Feindseligkeit in dem anderen. Dies wird ihn zu weiteren Fehlern verleiten. Kinder, schaut nicht auf die Fehler der anderen! Spricht jemand zu dir über die Schwächen eines anderen, weise auf dessen gute Eigenschaften hin, ohne dich mit den Fehlern zu befassen. Sage zu der kritisierenden Person: ‚Du findest bei ihm Fehler, aber er hat nicht auch diese und jene guten Eigenschaften?' Dann wird der Betreffende automatisch mit dem Kritisieren aufhören und sich nicht mehr an dich wenden, um schlecht über andere zu sprechen. Auf diese Weise bessern wir uns selbst und helfen dem anderen, die Gewohnheit aufzugeben, Fehler zu finden. Metzgereien und Spirituosengeschäfte können nur bestehen, weil Leute dort einkaufen, nicht wahr? Fehlersucher werden ihr Wesen nur dann ändern, wenn niemand ihnen zuhört."

Es war Zeit für Bhajans. Amma ging zum Kalari und begann zu singen. Im Verlaufe der Bhajans kam ein Gewitter auf und es regnete heftig. Die Donnerschläge klangen wie Trommelschläge, die den Tāṇḍava-Tanz von Lord Śhiva begleiteten.

Mittwoch, den 18. Juni 1986

Die Mutter, die ihre Kinder weinen sehen möchte

Es war elf Uhr vormittags. Amma befand sich mit allen Brahmachārīs im Meditationsraum. Sie schimpfte mit ihnen wegen ihrer mangelnden Achtsamkeit gegenüber ihrem Sādhanā. Am Ende empfahl sie: „Meine lieben Kinder, ruft Gott eindringlich! Amma schimpft nicht, weil sie verärgert ist. Ihr Herz ist voller Liebe für euch; zeigt sie euch jedoch nur Liebe, so entwickelt ihr euch nicht weiter. Zudem gehen eure Sünden auf Amma über, sobald andere euch tadeln.

Kinder, bindet euch nicht an äußerliche Liebe. Wer ein weltliches Leben führt, zeigt seine Liebe im Äußeren, weil nur so die anderen sie erkennen. Im weltlichen Leben hängt jedermanns Seelenfrieden von äußerer Liebe ab. Ohne sie entstehen Disharmonie und Unfrieden. Im spirituellen Leben hingegen finden wir Glückseligkeit in uns selbst.

Wenn du an der Einstellung festhältst und nach Liebe nur in der äußeren Welt suchst, ist es unmöglich, die göttliche Essenz in dir selbst zu finden. Nur wenn du dies erkennst, ist wahre Zufriedenheit möglich. Lebst du in deinem eigenen Heim, bist du frei darin. Gehört es dir aber nicht und die Miete wird nicht pünktlich gezahlt, kommt der Besitzer und es gibt Ärger. Amma ist glücklich, wenn ihr die Glückseligkeit in eurem Inneren findet und traurig, wenn sie sieht, dass ihr von der äußeren Liebe und äußeren Dingen abhängt, da es euch später Leid bringt.

Zeigt Amma zu viel Liebe, entsteht ein Problem, weil ihr dann eure Aufmerksamkeit nur auf diese äußere Mutter richtet, statt nach innen zu schauen. Zeigt Amma jedoch Ärger, wendet ihr euch nach innen mit dem Gedanken: ‚Oh Gott, was habe ich falsch gemacht? Gib mir die Kraft, gemäß Ammas Wünschen zu handeln.' Dadurch konzentriert ihr euch auf euer eigenes inneres Selbst. Amma hört den Kummer von Tausenden von Menschen, die leiden, weil sie durch äußere Liebe getäuscht wurden. Niemand liebt jemand anderen mehr als sich selbst.

Außerdem hat Amma Millionen von Kindern. Machst du dich nur von ihrer äußeren Liebe abhängig, bist du eifersüchtig, wenn andere liebevoller behandelt werden. Die äußere Amma, die ihr jetzt seht, gleicht der Spiegelung einer Blume in einem mit Wasser gefüllten Kessel. Du kannst diese Blume niemals besitzen, da es sich lediglich um ein Bild handelt. Um die Wahrheit zu verwirklichen, ist es notwendig, das Wahre zu suchen. Zuflucht in einer Spiegelung zu suchen, ist nicht ausreichend: In der Wirklichkeit musst du Zuflucht suchen. Liebt ihr Amma, so sollte dies auf Basis des Bewusstseins des wahren Prinzips sein. Sobald du das wahre Prinzip vollständig verstehst, hält sich der Mind an nichts Äußerem mehr fest. Also Kinder, bemüht euch darum nach innen zu schauen, während ihr unter Ammas Schutz steht. Nur auf diese Weise könnt ihr euch dauerhafter Glückseligkeit erfreuen.

Amma ist traurig, weil ihre Kinder sich nicht genug bemühen, den Mind auf einen Punkt auszurichten. Ruft mit aller Intensität nach Gott, nur dadurch richtet sich der Mind schließlich auf das Eine, auf Gott aus. Ohne Hingabe an Gott ist nichts möglich. Ein wahrer Devotee sehnt sich nicht einmal nach Befreiung. Hingabe ist für ihn noch höher als Befreiung. Ein Devotee erfährt immer die Glückseligkeit seiner Liebe zu Gott. Wofür braucht man dann noch Befreiung? Der Devotee befindet sich in Glückseligkeit, solange er sich in dieser Welt befindet, warum sollte er also über eine andere Welt nachdenken?“

Amma zeigte eine Fingerspitze. „Angesichts von Bhakti ist Mukti nicht mehr als das."

Amma nahm einen Schluck von dem Kaffee, den ein Brahmachārī ihr gebracht hatte. Mit der Tasse in der Hand erhob sie sich und schüttete jedem etwas Kaffee in den Mund. Dabei flüsterte sie jedem ins Ohr: „Mein Kind, rufe und weine nach Gott! Rufe unter Tränen nach Gott, mein Kind!"

Als alle Prasād erhalten hatten, setzte Amma sich und begann Meditationshinweise zu geben. „Kinder, betet mit sehnsüchtigem Herzen. Bindet den Mind an den Paramātman, ohne ihn abschweifen zu lassen. Betet: ‚Oh höchstes Selbst, entferne die Beschichtung auf dem inneren Spiegel in mir! Lass mich mein wahres Gesicht in diesem Spiegel klar erkennen! Wann immer der Mind abschweift, bringe ihn zurück und fixiere ihn wieder an die heiligen Füße deiner geliebten Gottheit."

Die Brahmachārīs begannen zu meditieren. Mit dem Widerhall von Ammas Worten in ihrem Mind fiel ihnen die Meditation leicht. Ihr Mind wurde still, denn sie brauchten nur mit ihren inneren Augen die Form der göttlichen Essenz sehen, deren physische Verkörperung sie gerade mit ihren äußeren Augen erblickt hatten.

Mittwoch, den 25. Juni 1986

Vorübergehende Loslösung

Im Monat zuvor war ein junger Mann mit dem Wunsch gekommen, im Āśhram zu leben. Zuerst gab Amma nicht ihr Einverständnis. Da der junge Mann aber beharrlich war, erklärte sie ihm: „Sohn, das spirituelle Leben ist nicht so leicht. Es ist schwierig, spirituelles Leben ohne klare Unterscheidungskraft und Loslösung durchzuhalten. Nur derjenige, der das Ziel unter keinen Umständen aus den Augen verliert, kann erfolgreich sein. Sohn, dein Herz hängt noch an deiner Familie und deshalb ist Amma sich nicht sicher, wie lange du hierbleiben kannst. Aber wenn es dir so sehr am Herzen liegt, versuche es, mein Sohn. Amma hat nichts dagegen."

So begann der junge Mann, im Āśhram zu leben. Er eroberte die Herzen der Bewohner dadurch, dass er sich fest an die Āśhram-Regeln hielt und sein Sādhanā mit intensiver Loslösung ausübte. Als ein Brahmachārī Letzteres Amma gegenüber erwähnte, sagte sie: „Pflanzen wir einen Baumsteckling, sprießen vielleicht bald ein paar neue Blätter. Das bedeutet jedoch noch nicht, dass der Steckling Wurzeln entwickelt hätte, da diese Blätter bald wieder abfallen. Man sollte beobachten, ob danach weitere Blätter kommen. Ist das der Fall, können wir davon ausgehen, dass die Pflanze begonnen hat zu wachsen. Nur wenn die Pflanze Wurzeln schlägt, wachsen weitere Blätter."

Dann tauchten eines Tages der Vater und Bruder des jungen Mannes im Āśhram auf. Der Vater sagte zu ihm: „Sohn, deine Mutter ist sehr unglücklich darüber, dich nicht sehen zu können. Sie isst nicht richtig und spricht ständig von dir."

Die Augen des jungen Mannes füllten sich mit Tränen und er bat Amma: „Darf ich nur einmal nach Hause gehen, um meine Mutter zu sehen?"

„Wie du wünschst, Sohn." lautete Ammas Antwort. Wie ein Arzt einem Patienten, der nicht mehr im Krankenhaus bleiben will, Medizin mitgibt, so fügte Amma dann hinzu: „Du solltest zu Hause ebenfalls Japa ausüben, Sohn."

Heute, eine Woche später, als der junge Mann immer noch nicht zurückgekehrt war, fragte ein Brahmachārī, der in Ammas Nähe saß: „Amma, warum verlieren so viele Menschen ihre anfängliche Loslösung?"

Amma: „Die meisten beginnen mit viel Enthusiasmus. Viele von ihnen spüren zunächst etwas Loslösung. Erfolg tritt jedoch nur ein, wenn diese Losgelöstheit aufrechterhalten wird. Sobald die anfängliche Begeisterung abklingt, zeigen sich nach und nach die latenten Vāsanās zahlloser vergangener Leben. Dann richtet der Sādhak seine Aufmerksamkeit auf äußere Dinge. Intensive Bemühungen und große Opfer sind notwendig, um die Vāsanās zu transzendieren. Die meisten verlieren den Mut, wenn ihnen mehr Schwierigkeiten als erwartet begegnen. Es ist auch üblich, dass der Fortschritt in ihrem Sādhanā nachlässt, dann sind sie enttäuscht. Aber diejenigen, die wahres Lakṣhya-Bōdha haben, werden nicht aufgeben. Trotz der Hindernisse und der Misserfolge bemühen sie sich stets erneut. Nur wer unbeirrt das letztendliche Ziel im Auge behält, ist fähig, ununterbrochene Loslösung zu bewahren."

Amma stand auf und ging in die Nähe der Küche. Dort bemerkte sie, wie ein Besucher aus dem Westen sich bemühte, seine Kleidung zu waschen. Nicht daran gewöhnt, Kleidung mit der Hand zu waschen, versuchte er, zuerst das ganze Stück Seife auf dem großen Waschstein zu reiben. Sie beobachtete ihn eine Weile, dann ging sie zu ihm und zeigte ihm, wie man das macht. Ein Brahmachārī übersetzte Ammas Anweisungen ins Englische. Der Mann war hocherfreut darüber, dass Amma ihm beibrachte, wie man Kleidung wäscht.

Anschließend ging Amma zur Darśhan-Hütte. Auf dem Weg sah sie einen Brahmachārī, der ockerfarbene Kleidung trug.

Amma: „Sohn, du solltest das nicht tragen. Dafür bist du noch nicht bereit. Zeige der Farbe Ocker gegenüber Respekt, wo immer du sie siehst, aber trage sie nicht. Ocker symbolisiert, dass der eigene Körper im Feuer verbrannt wurde![46] Wenn wir diese Farbe sehen, sollten wir an die Abstammungslinie der Ṛiṣhis denken. Ehren wir jemanden, der diese Kleidung trägt, so ehren wir diese Abstammung damit ebenfalls."

Ein Besucher aus dem Westen war bei diesem Gespräch zugegen. Als er von einem Brahmachārī erfuhr, dass Amma über ockerfarbene Kleidung sprach, fragte er, ob er sie nicht auch erhalten könne. Amma lächelte als Antwort. Aber er brachte sein Anliegen ganz ernsthaft erneut vor.

---

[46] Dies bezieht sich darauf, das Körperbewusstsein im Feuer der Erkenntnis zu verbrennen.

Amma: „Sohn, das ist nicht die Art von Kleidung, die man in einem Geschäft kauft. Dazu bedarf es erst der entsprechenden Reife."

Der Mann war immer noch nicht zufrieden. „Andere tragen sie, warum kann ich sie dann nicht auch tragen?"

Amma: „Sohn, wirst du zu einer Frau durch das Tragen von Frauenkleidung? Wird eine Frau zu einem Mann, wenn sie sich wie ein Mann kleidet? Niemand wird zu einem Sannyāsī, indem er ein Stück ockerfarbenes Tuch nimmt und sich darin einhüllt. Die erste Voraussetzung besteht darin, seinen Mind in Ocker zu tauchen. Hast du das getan, wird Amma dir das ockerfarbende Tuch geben."

Der Mann schwieg.

Brahmachārī: „Manche Leute laufen nach einem Streit mit ihrer Familie fort und legen ockerfarbene Kleidung an, nicht wahr?"

Amma: „Manche verlassen ihr Heim nach einem Streit, und wenn sie dann hungrig sind, legen sie die Kleidung eines Sannyāsī an, nur um etwas zu essen zu bekommen. Andere wiederum tragen diese Kleidung aus Verzweiflung darüber, dass ihre Frau sie verlassen hat. Das Gefühl der Loslösung ist gut, jedoch sollte der wirkliche Sinn begriffen werden; ansonsten ist das Tragen dieser Kleidung bedeutungslos. Heutzutage ist es schwierig, einem echten Sannyāsī zu begegnen. Wir sollten herausfinden, ob das Ocker-Gewand in der Gurukula gemäß den etablierten Riten verliehen wurde. Wahre Gurus geben nicht einfach Ocker, sondern schauen auf die Reife des Empfängers."

Erwartung, die Prüfung ohne lernen zu bestehen

Als Amma die Darśhan-Hütte erreichte, verneigten sich alle und setzten sich. Eine Familie von Devotees aus Pattambi war eingetroffen. Rajendran, der Mann, war Lehrer und Sarojam, seine Frau, Näherin. Sie hatten zwei Kinder, einen Sohn in der achten Klasse und eine Tochter in der dritten.

Rajendran: „Amma, unsere Tochter lernt überhaupt nicht!"

Sarojam: „Sie meint, sie brauche nicht zu lernen, da Amma dafür Sorge trage, dass sie besteht!"

Amma zog das Mädchen näher zu sich hin und streichelte es liebevoll.

Amma: „Meine Tochter, werden nicht alle Amma die Schuld geben, wenn du nicht lernst? Wie willst du ohne zu lernen bestehen?"

Mit süßer, unschuldiger Stimme meinte das Mädchen: „Aber mein Bruder hat auch bestanden ohne zu lernen!"

Alle lachten.

Amma: „Wer hat dir das gesagt, Tochter?"

Mädchen: „Er selbst hat es mir erzählt."

Sarojam: „Amma, immer, wenn wir sie auffordern zu lernen, ist das ihre Antwort. Sie sagt, dass du ihm während der Prüfung erschienen seist, dich neben ihn gesetzt und ihm alle Antworten gesagt hättest. Als er nach Hause kam, behauptete er: ‚Ich habe überhaupt nicht gelernt. Ammaji hat mir alles gesagt.'"

Rajendran: „Er sagt die Wahrheit, Amma. Er lernt nie, sondern spielt immer nur. Aber in der Prüfung bekam er gute Noten. Der Lehrer war erstaunt darüber."

Sarojam: „Jetzt ist dies Mädchen überzeugt davon, dass Ammaji auch sie durch die Prüfung führt." Amma lachte und gab dem Mädchen einen liebevollen Kuss. „Tochter, wenn du nicht lernst, spricht Amma nicht mehr mit dir. Versprich, dass du lernst!"

Das Mädchen gab ihr Versprechen und Amma reichte ihr einen Apfel. Das hübsche Gesicht des Mädchens strahlte vor Freude.

Spiritualität und Weltlichkeit

Ein Devotee Ammas, Damodara Menon, kam heran und verneigte sich vor ihr.

Amma: „Oh, wen haben wir denn da? Mein Sohn Damu?" Herr Menon lächelte und senkte seinen Kopf in Ammas Hände hinein.

Amma: „Warst du ein paar Tage fort, Sohn?"

Damu: „Ich war unterwegs, Amma. Ich bin gerade aus Bangalore zurückgekommen. Ich war noch nicht einmal zu Hause. Ich bin in Kayamkulam aus dem Zug gestiegen, da ich zuerst Amma sehen wollte."

Amma: „Geht's den Kleinen gut, Sohn?"

Damu: „Dank Ammas Gnade gibt es zu Hause keine Probleme. Jedoch habe ich gerade einen Freund getroffen, um den ich mir Sorgen mache."

Amma: „Aus welchem Grund, Sohn?"

Damu: „Ich traf ihn in Bangalore. Wir waren einmal Kollegen. Er hat dann irgendwann seine Arbeit aufgegeben und sein Heim verlassen, um ein Sannyāsī zu werden. Als er vor fünf Jahren zurückkam, trug er Ocker."

Amma: „Wo lebt dieser Sohn?"

Damu: „Er war in einem Āśhram in Ṛiṣhikēśh, aber als ich ihn dieses Mal sah, hatte er sich völlig verändert: Kein ockerfarbendes Gewand, keine Rudrākṣha-Kette, keine langen Haare und keinen Bart. Er sah gut aus. Vor vier Jahren hat er Sannyāsa aufgegeben. Er verliebte sich in ein Mädchen, das häufig den Āśhram besucht hatte und heiratete sie. Sie leben jetzt in Bangalore. Er hat eine Arbeitsstelle dort; aber aus seinen Worten schließe ich, dass er zutiefst enttäuscht ist."

Amma: „Wendet man sich vom spirituellen Leben ab und kehrt ins weltliche Leben zurück, leidet man als Ergebnis davon äußerlich und innerlich. Ein Mind, der sich einmal spirituellen Gedanken zugewandt hat, kann kein Glück mehr in weltlichen Dingen finden; lediglich Rastlosigkeit entsteht. Die feinstoffliche Aura, die durch spirituelle Praktiken um den Körper herum entsteht, verhindert die Freude an weltlichem Vergnügen.

Aus Mitgefühl erschaffen die geliebte Gottheit des Sādhak und die Götter, die diese Gottheit umgeben, das Doppelte der üblichen Hindernisse und leiden, denn sie wollen, dass er zum spirituellen Leben zurückkehrt. Dieser Kampf ist nicht Ausdruck des Missfallens Gottes, sondern ist sein Segen! Erhielte der Sādhak mehr Besitz und Glück, würde er mehr Fehler machen und sein Ego größer werden. Dann müsste er wieder und wieder geboren werden. Um dies zu verhindern und um seinen Mind von der Welt abzulenken, schenkt Gott ihm Leid. Wenn der Mind auch nur ein wenig von dem wahrhaftigen Geschmack der Spiritualität erfahren hat, kann er kein Glück mehr in weltlichen Dingen finden. Heiratet ein Mann nicht das Mädchen, das er liebt, sondern eine andere Frau, so wird er mit ihr nicht glücklich werden, denn seine Gedanken werden bei dem geliebten Mädchen sein. Ebenso kann der Mind, der sich der Spiritualität zugewandt hat, keine Befriedigung mehr in der materiellen Welt finden.

Da die Ehe schon geschlossen wurde, sollte dein Freund unbedingt sein Sādhanā fortsetzen. Folgt ein Mensch dem Dharma eines Haushälters richtig, kann er ein erfülltes Leben führen. Wenn man spirituelle Übungen ohne Unterbrechungen ausübt, ist es möglich, Glückseligkeit in diesem Leben zu erfahren. Wer Gott wirklich zu lieben beginnt, dessen Mind zieht sich vom physischen Vergnügen zurück; Wünsche nehmen ab, was automatisch zu innerem Frieden führt. Begehren bedeutet Kummer und Leid. Wo Feuer ist, ist auch Rauch und wo es Verlangen gibt, da gibt es auch Leid. Allerdings ist es unmöglich, ganz ohne Wünsche zu leben. Deshalb lasst uns die Wünsche alle auf Gott richten.

Wird Sādhanā regelmäßig durchgeführt, können die spirituellen und weltlichen Aspekte des Lebens Seite an Seite in perfekter Harmonie bestehen. Um das zu erreichen, müssen die Handlungen in dem Bewusstsein ausgeführt werden, dass das Ziel des Lebens die Befreiung ist. Das wird dich retten.

Dennoch ist die Größe von Sannyāsa etwas Besonderes. Ein Sannyāsī hat die Möglichkeit, Gott zu kontemplieren und sich der Glückseligkeit zu erfreuen, ohne von weltlichen Nöten und Sorgen belastet zu sein. Selbst wenn er dem Guru oder der Organisation dient, wird er das nicht als Last empfinden, da er nicht an die Handlungen gebunden ist.

Ein Sannyāsī ging einmal eine Straße entlang, als ein Mann ihn einholte und die Frage stellte: ‚Swāmī, was ist Sannyāsa?' Der Sannyāsī drehte nicht einmal den Kopf, um ihn anzuschauen. Der Mann wiederholte jedoch hartnäckig seine Frage. Plötzlich blieb der Sannyāsī stehen, legte das Bündel ab, das er trug und ging weiter. Er war nur ein paar Schritte gegangen, als der Mann seine Frage wiederholte: ‚Was ist Sannyāsa?' Nun wandte sich der Sannyāsī ihm zu und entgegnete: ‚Hast du nicht gesehen, dass ich mein Bündel abgelegt habe? Sannyāsa bedeutet, das Gefühl von ‚ich, und ‚mein, aufzugeben und sich aller Habe zu entledigen.'

Der Sannyāsī setzte seinen Weg fort. Der Mann folgte ihm weiterhin und fragte: ‚Was kommt danach?' Daraufhin drehte sich der Sannyāsī um und ging zu dem Bündel zurück, hob es auf, legte es auf seine Schulter und ging weiter seines Weges. Der Mann verstand dies auch nicht, deshalb wiederholte er seine Frage. Im Weitergehen antwortete der Sannyāsī: ‚Siehst du dies? So trägt man dann die Bürde der Welt. Jedoch nur wenn man allem entsagt, kann man die Last der Welt auf seinen Schultern tragen.'

Wenn du dich um ein wildes Tier kümmerst, dann musst du es ununterbrochen im Auge behalten um sicherzustellen, dass es nicht wegläuft. Lässt du es frei herumlaufen, musst du ihm überallhin folgen, sonst kann es entlaufen. Fütterst du es, musst du die ganze Zeit dabeibleiben, bis es aufgefressen hat. Du hast nie frei. Wer sich jedoch um einen Garten kümmert, braucht nur das Tor zu bewachen um sicherzugehen, dass niemand die Blumen stiehlt. Außerdem kann er sich am Duft der Blumen erfreuen. Wenn du nach dem weltlichen Leben strebst, wird dein Mind dich auch ständig plagen; er bleibt nie ruhig. Spiritualität hingegen erlaubt dir, die Schönheit und den Duft des Lebens zu genießen. Es gibt keinen Tumult, keine Unruhe. Selbst wenn Leiden durch dein Prārabdha entsteht, wirst du es aufgrund deiner Hingabe nicht als Leiden erfahren. Sogar das Leid ist eine Form göttlicher Gnade, die dir die Hand reicht, um dich mit Frieden zu erfüllen."

Mit gespannter Aufmerksamkeit hörten alle Ammas ausführlicher Beschreibung der Natur des spirituellen und materiellen Lebens zu. Als sie aufstanden, leuchteten ihre

Gesichter mit einem neuen Verständnis dafür, wie sich das Leben gestalten kann.

Samstag, den 28. Juni, 1986

War Kṛiṣhṇa ein Dieb?

Amma befand sich in einer der Hütten mitten in einer Diskussion mit einem Brahmachārī, der ein Devotee Kṛiṣhṇas war.

Amma: „Dein Kṛiṣhṇa ist ein großer Dieb! Ist nicht der Diebstahl in die Welt gekommen, weil er Butter stahl? Denk an all die Streiche, die er ausgeheckt hat!"

Dem Brahmachārī waren Ammas Worte unerträglich. Tränen rannen über seine Wangen, als er protestierte: „So ist Kṛiṣhṇa überhaupt nicht, Amma!"

Er weinte weiter wie ein kleines Kind. Amma wischte seine Tränen ab mit den Worten: „Was für ein Baby du doch bist! Amma wollte nur sehen, wie stark deine Bindung an den Herrn ist. Er war kein Dieb. Er verkörperte die Ehrlichkeit. Mit seinen Streichen und dem Butterdiebstahl wollte er anderen eine Freude bereiten. Mit der Butter stahl er ihre Herzen. Nur der Herr konnte so etwas. Er tat niemals etwas für sich selbst. Er nahm die Butter nicht für sich selbst, sondern für die armen Kuhhirtenkinder, die seine Gefährten waren. Gleichzeitig gelang es ihm, die Herzen der Gōpīs an Gott zu binden.

Zuvor hatten die Gōpīs an ihrer Arbeit gehangen. Sie waren darin vertieft, den Lebensunterhalt durch Verkauf von Milch, Butter und Joghurt zu verdienen. Indem er ihnen diese Dinge wegnahm, befreite er sie von ihrer Anhaftung und konzentrierte ihren Mind auf sich. Obwohl er die Butter stibitzte, aß er sie nicht selbst, sondern gab sie den jungen Kuhhirten, wenn diese beim Küheweiden hungrig wurden. Auf diese Weise erreichte er gleich zweierlei: Er gab seinen hungrigen Gefährten zu essen und befreite gleichzeitig den Mind der Gōpīs von deren Anhaftungen.

Kṛiṣhṇa war ein echter Revolutionär. Die modernen Revolutionäre möchten von denen, die etwas haben, nehmen und den Mittellosen geben. Um dieses Ziel zu erreichen, beabsichtigen sie allerdings, eine Menschengruppe auszuschalten. Das ist die materialistische Methode. Die spirituelle sieht anders aus: Sri Kṛiṣhṇa lehrte, alle zu retten: die Reichen und die Armen, die Rechtschaffenen als auch die Nicht-Rechtschaffenen. Heute sagen die Leute, man solle den Hund töten, wenn er Tollwut hat. Er sagt jedoch, wir sollen den ‚tollwütigen' Mind transformieren. Das war seine Revolutionstheorie. Die Lösung liegt also nicht im Töten, sondern den Mind des Menschen zu verändern und zu erheben. Im Individuum sollte eine Veränderung stattfinden. Der begrenzte, egoistische und menschliche Mind sollte weit und allumfassend werden, voller Liebe und Mitgefühl. Das ist es, was Kṛiṣhṇa uns lehrt.

Selbst Kṛiṣhṇas Heirat beruhte nicht auf seiner eigenen Wahl. Er willigte in die Eheschließung ein, um diejenigen, die ihm am Herzen lagen, glücklich zu machen. Sein Ziel war es, jeden die Glückseligkeit des Selbst erfahren zu lassen. Um dies zu erreichen, wandte er viele verschiedene Methoden an. Ein gewöhnlicher Mind kann sein Vorgehen nicht verstehen. Nur ein subtiler Mind, der sich mit Kontemplation vertieft hat, kann ein wenig von der inneren Bedeutung von Kṛiṣhṇas Leben erfassen.

Und nun sing einen Kīrtan, Sohn!"

Das Gesicht des Brahmachārīs leuchtete auf, und als er zu singen begann, bekam die Liebe in seinem Herzen Flügel.

nīlāñjana mizhi nīrada varṇṇā

Oh Du, mit der Hautfarbe einer Regenwolke,
mit wässerigen blauen Augen,
Du bist meine einzige Zuflucht bis in alle Ewigkeit.
Das ist die Wahrheit, Kṛiṣhṇa,
denn nur Du beschützt mich.

Oh dunkler, schöner Kṛiṣhṇa,
verspielt wie ein Kind, das unsere Herzen stiehlt,
angezogen vom Klang der Tambura Nāradas,
oh ewig strahlender Kṛiṣhṇa,
der Du zu hingebungsvollen Liedern tanzt,
alle Gier zerstörst, und Du, der ewige Zeuge,
gewähre mir eine reine Vision Deiner.

Oh, der Du Befreiung schenkst,
der Du durch Māyā betörst,
Dessen Lotusfüße den Menschen dienen.
Oh Kṛiṣhṇa, erlöse mich von dieser weltlichen Existenz.

Während er sang, gesellten sich weitere Brahmachārīs mit Harmonium, Zimbeln und anderen Musikinstrumenten hinzu. Da die Hütte war bald voll war, nahmen andere draußen Platz und stimmten in den Gesang des Brahmachārīs ein.

Amma konnte das Lied nicht bis zu Ende singen. Aus ihren Augen strömten Tränen. Langsam schloss sie ihre tränenerfüllten Augen und saß still da; dabei formte eine Hand ein Mudrā. Wellen unermesslicher Kraft gingen von ihr in diesem göttlichen Zustand aus, in dem sie sich befand und erweckten die Herzen der Anwesenden. Nach einer Weile öffneten sich ihre Augen, schlossen sich aber gleich wieder. Es schien, als wenn Amma darum kämpfte, aus ihrem erhabenen Zustand zurückzukommen. Bei früheren Anlässen war Amma während der Bhajans in Samādhi gegangen und erlangte erst nach Stunden ihr normales Bewusstsein wieder. Damals hatte sie gesagt: „Wenn das geschieht, solltet ihr Kinder Kīrtans singen. Ansonsten könnte Amma Monate lang so sitzen oder sie könnte zu einem Avadhūta werden." Sich daran erinnernd, fuhren die Brahmachārīs fort, Kīrtans zu singen, bis Amma aus diesem Zustand zurückkam. Sie brauchte längere Zeit, um sich ihrer Umgebung wieder völlig bewusst zu werden.

Bhāva Darśhan

Am Abend saß ein Besucher aus Madras in Ammas Nähe; sein Name war Subrahmanian. Er bat sie, die Bedeutung des BhāvaDarśhans zu erklären.

Amma: „Sohn, die Menschen leben in einer Welt der Namen und Formen. Um sie zur Wahrheit zu führen, nimmt Amma diese Rolle an.

Ohne den Mind gibt es keine Welt. So lange du einen Mind hast, existieren Namen und Formen. Sobald der Mind nicht mehr existiert, gibt es nichts mehr. Diejenigen, die diesen Zustand erreicht haben, brauchen nicht mehr zu beten oder Japa auszuüben. Schlafen oder Wachen kennt man dann nicht mehr: Man ist sich keiner objektiven Existenz bewusst: es gibt nur vollkommene Stille, Glückseligkeit und Frieden. Um diesen Zustand zu erreichen, muss man sich weiterentwickeln. Daher sind Methoden wie Bhāva Darśhan notwendig."

Subrahmanian: „Es gibt Leute, die es kritisieren, dass Amma ihre Kinder umarmt."

Amma: „Sohn, du solltest sie fragen: ‚Hast du in deinem Alter den Mut, die Mutter zu umarmen, die dir das Leben geschenkt hat? Selbst wenn du es zu Hause tust, würdest du sie auch mitten auf der Straße umarmen?' In der Tat können sie es nicht wegen ihren Hemmungen.[47] Aber solche Gefühle kennt Amma nicht.

Eine Mutter empfindet große Liebe, Zärtlichkeit und Zuneigung für ihr Baby, kein physisches Verlangen. Amma sieht alle als ihre Babys. Das mag verrückt sein und ihr könnt sie einsperren, wenn es euch beliebt, aber es ist ihre Art sich so zu verhalten. Wenn ihr wissen möchtet, warum sie die Menschen umarmt, so lautet die Antwort: Es ist der äußere Ausdruck ihres inneren Mitgefühls. Es fließt automatisch, wenn ihr zu ihr geht, so wie die Blätter rascheln, wenn der Wind weht. So wie es die Natur einer Frucht ist, süß zu sein, so entsprechen mütterliches Empfinden und der Strom von Mitgefühl Ammas Natur. Was soll sie denn machen? Es ist sehr real für sie. Eine Kuh kann schwarz, weiß oder rotbraun sein, aber die Milch ist stets weiß. Ähnlich gibt es nur ein einziges Selbst, nicht viele. Es erscheint nur für diejenigen so, die sich als individuelle Seele betrachten. Das ist alles, was es dazu zu sagen gibt, denn Amma fühlt die Unterscheidung nicht. Darum sieht sie auch Männer und Frauen nicht als verschieden voneinander.

Woran es in der Welt heutzutage am meisten mangelt, ist selbstlose Liebe. Die Frau hat keine Zeit, den Sorgen des Mannes zuzuhören oder ihn zu trösten; und der Mann tröstet seine Frau nicht oder hört ihr nicht zu, wenn sie das Bedürfnis hat, ihm von ihren Sorgen zu berichten. Menschen lieben einander für ihr eigenes Glück. Keiner geht darüber hinaus und liebt jemanden so sehr, dass er bereit ist, eigene Annehmlichkeiten aufzugeben. Wir erleben bei niemandem die Opferbereitschaft, für andere das eigene Leben einzusetzen. Statt der Einstellung

---

[47] In Indien ist es unüblich, sich in der Öffentlichkeit zu umarmen.

‚ich bin für dich da' findet sich nur die Haltung ‚du bist für mich da.' Für Amma ist ein solches Verhalten unmöglich.

Von ihrem Blickpunkt aus mag dies den Leuten eigenartig erscheinen. Aber das ist nicht Ammas Fehler. Sie mögen ihre eigene Art von Verrücktheit haben, dies ist Ammas Verrücktheit. Ein Kuhhirte sieht Gras als Viehfutter; ein Wanderheiler betrachtet dasselbe Gras als Medizin. Jeder bewertet die Dinge gemäß seinem Saṁskāra. Dazu folgende Geschichte:

Ein Guru und sein Schüler gingen einmal auf eine Pilgerreise. Auf dem Weg mussten sie einen Fluss überqueren. Ein Mädchen stand weinend am Flussufer. Sie musste auf die andere Seite, aber das Wasser war zu tief für sie. Der Guru zögerte nicht. Er hob das Mädchen auf seine Schultern, überquerte den Fluss und setzte sie am anderen Flussufer ab. Guru und Schüler gingen weiter. Als sie das Abendessen einnahmen, hatte der Schüler ein betrübtes Gesicht. Der Guru erkundigte sich: ‚Was ist mit dir los?'

Der Schüler antwortete: ‚Ich habe einen Zweifel. War es richtig, das Mädchen auf der Schulter zu tragen?'

Der Guru lachte und entgegnete: „Nun, ich habe sie auf der anderen Seite des Flusses abgesetzt. Trägst du sie noch immer in dir?'"

Subrahmanian: „Ich habe nun schon so viele Jahre Sādhanā ausgeübt, aber immer noch keine besonderen Erfahrungen gehabt. Wie kommt das?"

Amma: „Wenn man zehn Gerichte vermischt, kann man sich dann am Geschmack eines speziellen Gerichtes erfreuen? Geh voran mit nur einer Sehnsucht: Gott zu erreichen. Dann werden dir Erlebnisse zuteil."

Einige Jugendliche waren wegen Ammas Darśhan gekommen. Amma saß eine Weile mit ihnen zusammen und sprach mit ihnen über spirituelle Angelegenheiten. Schließlich verneigten sie sich vor ihr und erhoben sich. Vor dem Hinausgehen bat einer der jungen Männer: „Amma, bitte gib mir deinen Segen für einen stärkeren Glauben an dich!"

Amma: „Glaube sollte nicht blind sein, Sohn. Man sollte sorgfältig prüfen, woran man glaubt. Ihr seid alle jung. Beginnt nicht unüberlegt sofort mit dem Glauben. Was ihr seht, ist nicht Ammas wahre Natur. Sie ist eine verrückte Frau. Glaubt nicht blind daran, dass sie gut ist!"

Junger Mann: „Steht es dem Kind zu zu entscheiden, ob die Mutter gut ist?"

Seine Worte lösten Lachsalven aus. Er war Amma erst gerade begegnet und fühlte sich ihr trotzdem schon so nahe! Aber wer könnte sich den Wellen der Zuneigung entziehen, die von Amma, dem Ozean der Liebe, ausgehen?

Kapitel 10

Dienstag, den 1. Juli 1986

Die in die Irre gehen, sind auch ihre Kinder

Amma und die Brahmachārīs waren in Ernakulam gewesen. Gegen Mittag kehrten sie in den Āśhram zurück. Viele der wartenden Devotees verneigten sich, als Amma auf den Āśhram zuging. Ohne ihr Zimmer für eine Ruhepause aufzusuchen, ließ sie sich auf der Veranda der Vēdānta-Schule nieder und begann, Darśhan zu geben.

Während eines Empfangs für Amma am Vortag hatten die Organisatoren einen Mann daran gehindert, Amma eine Girlande umzuhängen. Ein Brahmachārī sagte dazu: „Der Mann war gestern völlig am Boden zerstört. Erst als Amma ihn rief und ihm etwas Prasād gegeben hatte, fühlte er sich etwas besser. Es hätte ihn gebrochen, wenn Amma das nicht getan hätte. Die Organisatoren waren der Auffassung, dass man Amma kritisieren würde, wenn man einen Mann mit solch schlechtem Ruf zu ihr ließe.

Amma: „Bis jetzt mag dieser Mann viele Fehler gemacht haben, aber gestern kam er zum ersten Mal zu Amma. Wir sollten nur darauf sehen, wie er sich von nun an verhält. Licht benötigt kein Licht; es ist die Dunkelheit, die das Licht braucht. Würde Amma dieses Kind abweisen, was wäre sein Los?

Aufgrund seiner Unwissenheit hat er einige schlimme Fehler begangen, aber was Amma anbelangt, so ist er trotzdem einer ihrer Söhne. Ist irgendjemand hier, der noch nie etwas falsch gemacht hat? Der größte Fehler besteht darin, das Falsche zu tun, obwohl man weiß, was richtig ist. Wir praktizieren Spiritualität um zu lernen, anderen ihre Fehler zu vergeben und sie zu lieben – und nicht um sie abzulehnen. Jeder kann andere ablehnen, jedoch jeden anzunehmen ist das eigentlich Schwierige. Nur durch Liebe können wir andere vom Falschen zum Richtigen hinführen. Lehnen wir jemanden wegen seiner Fehler ab, wird er sie weiterhin begehen.

Der Weise Vālmīki lebte im Wald und raubte und mordete. Eines Tages wollte er gerade ein paar Weise, die durch den Wald kamen, ausrauben und töten. Sie reagierten mit Vergebung und behandelten ihn sehr liebenswürdig. Hätten die Weisen ihm gegenüber nicht dieses Mitgefühl gezeigt, hätte es keinen Vālmīki[48] gegeben und auch kein Rāmāyaṇa, das in so vielen Menschen die Dunkelheit vertrieben hat. Durch das Mitgefühl entstanden Vālmīki als auch das Rāmāyaṇa. Deshalb, Kinder, solltet ihr die Fehler anderer vergeben und ihnen liebenswürdig den Weg weisen. Bezieht euch nicht immer wieder auf Fehler, die jemand in der Vergangenheit gemacht hat; das führt nur dazu, dass er weitere Fehler begeht.

Gestern sagte dieser Sohn zu Amma: ‚Bis ich dir begegnete, konnte ich an nichts anderes als an Selbstmord denken. Aber heute ist das alles weg. Nun möchte ich plötzlich leben. Letzte

---

[48] Ratnadasan, wie Vālmīki in seiner früheren Zeit als Räuber genannt wurde, wurde später der große Weise Vālmīki, der Liebe und Mitgefühl verkörperte. Er schrieb das Rāmayana, welches das erste Epos auf Sanskrit war und selbst heute noch die indische Kultur beeinflusst und inspiriert.

Nacht habe ich sogar gut geschlafen! Ich war der Meinung, dass meine Familie immer zu mir halten würde, unter allen Umständen; aber als ich harte Zeiten durchmachte, hat mich einer nach dem anderen im Stich gelassen. Einige von ihnen wollten nichts mehr mit mir zu tun haben. Jetzt ist mir klar, dass nur Gott wahr und ewig ist. Hätte ich mich gleich an Gott gewandt, hätte ich nicht so viel leiden müssen.'

Kinder, lasst uns Zuflucht in Gott suchen. Jeder, selbst ein sehr beschäftigter Geschäftsmann, kann eine Stunde am Tag die Gedanken auf Gott richten. Gott kümmert sich um diejenigen, die ihm vertrauen. In schwierigen Zeiten wird unsere bevorzugte Gottheit uns beistehen. Gott ändert sogar die Einstellung unserer Feinde zu unseren Gunsten. Aber wer braucht Gott überhaupt noch heutzutage?"

Ein Besucher: „Ich habe gehört, dass letztendlich die ganze Welt zum Hinduismus übertreten wird."

Amma: „Das ist sehr unwahrscheinlich, jedoch werden viele Menschen die Prinzipien des Sanātana Dharma in sich aufnehmen."

Ein anderer Besucher: „Es muss so geschehen, denn die Menschen aus dem Westen, welche nie etwas annehmen, ohne es genau geprüft zu haben, können gar nicht anders, als Sanātana Dharma annehmen, da es auf absolut logischen Grundsätzen beruht."

Amma: „Allerdings hat das Überprüfen seine Grenzen. Etwas ausschließlich nach der Überprüfung zu glauben, ist nicht sinnvoll. Glaube und Erfahrung stellen das Fundament dar."

Besucher: „Heutzutage genießen Mahātmās generell kein hohes Ansehen. Der Glaube beschränkt sich bei der Allgemeinheit auf Tempel."

Amma: „Das liegt an der mangelnden Wertschätzung der Schriften, beziehungsweise der spirituellen Prinzipien. Der Mensch erbaut den Tempel, erschafft das Bildnis und stellt es auch auf. Es ist wiederum der Mensch, der das Abbild der Gottheit verehrt und sich davor verneigt. Die Kraft eines jeden Tempels kommt von den Devotees, die ihn verehren. Weiht ein Mahātmā einen Tempel ein, überträgt er dem Tempel einen Teil auch seiner Energie. So ist die Energie wesentlich stärker, da er das Göttliche voll in sich verwirklicht hat. Dennoch glauben die Leute nicht an die göttliche Kraft im Menschen. Über welche Kraft verfügt ein Tempel denn, wenn kein Mahātmā ihm göttliche Energie verleiht oder niemand dort betet oder Gott verehrt?"

Als der Besucherstrom anstieg, ging Amma in die Darśhan-Hütte hinein. Ein Devotee brachte eine Staude Kokosnüsse mit weichem Fleisch. Er legte sie vor der Hütte ab, bevor er eintrat und sich vor Amma verneigte.

Devotee: „Das ist die erste Staude von unserer neuen Kokospalme. Von Anfang an hatte ich vor, sie Amma zu bringen."

Amma: „Haben sich die Leute nicht über dich lustig gemacht, als du sie im Bus transportiertest, Sohn?"

Devotee: „Und wenn schon! Für Amma bin ich bereit, jede Menge Spott hinzunehmen. Darf ich eine der Kokosnüsse für dich öffnen, Amma?"

Amma stimmte zu. Der Mann ging mit der Kokosnuss zur Küche, und Amma setzte ihr Gespräch mit den Besuchern fort.

Das eigene Heim ein Āśhram

Besucher: „Kann man als Gṛihasthāśhramī[49] Gott verwirklichen?"

Amma: „Ja, möglich ist es. Jedoch muss man dann ein echter Gṛihasthāśhramī sein, für den sein Heim ein Āśhram ist. Aber wie viele gibt es davon heute? Ein wirklicher Gṛihasthāśhramī hat sein Leben in Gottes Hände gelegt und ist an nichts gebunden, er ist an keine seiner Handlungen gebunden. Dharma ist für ihn das Wichtigste im Leben. Obwohl er mit seiner Familie zusammenlebt, weilen seine Gedanken stets bei Gott. Er vernachlässigt weder seine Frau und Kinder, noch den Dienst am Nächsten, denn er betrachtet dies als seine von Gott anvertraute Pflicht, der er mit großer Achtsamkeit nachkommt. Er hängt nicht an seinen Tätigkeiten, wie es allgemein bei den Menschen heutzutage der Fall ist.

Wer die spirituellen Grundsätze versteht, kann auch zu Hause ununterbrochen Sādhanā ausüben. Allerdings ist das nicht so leicht, wie man sich das vielleicht vorstellt. Läuft vor uns der Fernseher, während wir uns bemühen, eine Arbeit zu verrichten, so endet das damit, dass wir fernsehen. Unsere Loslösung muss außergewöhnlich stark sein, um dieses Vāsanā zu überwinden. Es ist eine großartige Sache, wenn wir es schaffen, inmitten aller Familien-Prārabdhas nach Gott zu rufen und zu suchen. Viele von Ammas Kindern, die Haushälter sind, meditieren regelmäßig mit und führen Japa und Archana durch. Viele von ihnen haben ein Gelübde abgelegt, nicht vor dem Archana

[49] Ein Gṛihasthāśhramī ist ein Haushälter, der in der Welt lebt und seinen Pflichten nachkommt, während er gleichzeitig ein wahrhaft spirituelles Leben führt.

zu essen oder zu schlafen. Wenn Amma an sie denkt, fließt ihr Herz vor Liebe über."

An die Brahmachārīs gewendet fuhr Amma fort: „Ihr Brahmachārīs seid hier, um euch ganz der Welt zu opfern. Euer Mind sollte völlig auf Gott ausgerichtet sein. Lasst keinen Raum für irgendeinen anderen Gedanken. An eure Familie oder Freunde zu denken, schafft nur neue Vāsanās. Man braucht nur in einem Raum voller Kohlen zu sitzen und der Körper wird mit Kohlenstaub bedeckt. Ähnlich wird Zuneigung zur Familie und die Bindung an sie den Mind des Sādhaks herunterziehen."

Amma gab Dēvī Bhāva Darśhan. Die Brahmachārīs saßen im Kalari Maṇḍapam und sangen Kīrtans. Es schien, als wenn selbst die Natur auf Schlaf verzichtete und ganz in den Bann der Bhajans gezogen war. Der Besucherstrom hatte nicht nachgelassen, seit vor zwei Stunden der Darśhan begonnen hatte.

Die Männer betraten den kleinen Kalari durch die linke Tür und die Frauen durch die rechte. Sie verbeugten sich vor Amma, die auf einem Pīṭham saß und übergaben ihren Kummer ihren heiligen Füßen. Jeder kniete vor ihr, legte den Kopf in ihren mütterlichen Schoß und wurde von ihr umarmt. Nachdem sie aus Ammas Händen Prasād und heiliges Wasser erhalten hatten, verließen sie tief erfüllt den Tempel. Zu ihren Füßen dargebracht, erhielt Amma die zahllosen Prārabdhas ihrer Devotees. Wie der heilige Ganges, der die Gefallenen erhebt, wusch sie mit dem Strom ihrer Liebe ihre Sünden weg. Gleich dem alles verzehrenden Feuergott Agni reinigte Amma sie in ihrem heiligen Feuer, das Vāsanās verbrennt.

Wie gewöhnlich erschrak Amma angesichts der Größe des Besucherstroms nicht. (In der Tat, je mehr Leute kamen, desto mehr erstrahlte sie.) Die unüberwindbare Gegenwart des

Höchsten, der zahllose kosmische Reiche beschützt, strahlte durch sie und sie lachte mit der Unschuld eines Kindes, das auch andere zum Lachen brachte.

Ein Mann betrat mit seinem vierjährigen Sohn den Kalari. Der Vater verneigte sich vor Amma. In dem Moment begann der Sohn, kindlichen Unfug zu treiben: Er trommelte auf dem Rücken des Vaters und zog an seinem Hemd. Als der Vater weiterhin demütig vor Amma kniete, nahm der Junge das als Einladung wahr, auf dessen Rücken zu hüpfen und ihn wie einen Elefanten zu reiten.

Amma amüsierte das Spiel des Jungen. Sie neckte ihn damit, heiliges Wasser auf sein Gesicht und seinen Körper zu gießen. Um dem Wasser auszuweichen, sprang das Kind zurück. Amma tat so, als stelle sie den Wassertopf weg. Sogleich kam der Junge wieder nach vorn und Amma goss erneut Wasser über ihn, woraufhin er wieder zurücksprang. Dieser Spaß ging noch eine Weile weiter und alle vergnügten sich daran. Als das Kind mit seinem Vater den Kalari verließ, war es völlig durchnässt.

Entsprechend dem eigenen Saṁskāra

Dēvī Bhāva endete um ein Uhr morgens. Die meisten Besucher gingen schlafen. Aber Amma, die Brahmachārīs und ein paar der Devotees Ammas von außerhalb blieben auf, um die Ziegel, die am nächsten Morgen für den Bau des Hauptgebäudes gebraucht würden, an die entsprechende Stelle zu bringen. Da Regenzeit war, flossen die „Backwaters" um den Āśhram herum über und der Vorplatz des Āśhrams stand unter Wasser. Eine junge Frau aus Delhi befand sich unter den Helfern. Sie war am Vortag mit ihrer Mutter eingetroffen und Amma zum ersten Mal begegnet. Als die Frau erst einmal begonnen hatte, mit den Brahmachārīs zu sprechen, hörte sie nicht wieder auf. Den Brahmachārīs war das unangenehm. Schließlich ging sie fort. Nach beendeter Arbeit ließ sich Amma mit einigen ihrer Kinder auf der Südseite des Kalaris nieder. Die Brahmachārīs berichteten Amma von der übertriebenen Vertraulichkeit der jungen Frau.

Brahmachārī: „Sie redet zu viel und weiß nicht, wie man mit Menschen spricht. Als sie mich sah, meinte sie, ich erinnere sie an ihren Mann. Ich hätte sie schlagen können, als sie das sagte!"

Amma: „Sohn, es handelt sich um eine Schwäche in ihr, die auf Unwissenheit beruht. Aber du hättest die Stärke aufbringen sollen, die aus Weisheit rührt. In einer solchen Situation solltest du nach innen schauen. Beim kleinsten Anzeichen von Schwäche heißt es Abstand zu nehmen. Bei wirklicher Reife ist man imstande, den Menschen einen angemessenen Rat zu erteilen. Sich zu ärgern bringt nichts. Die Frau brachte einfach nur ihr Saṁskāra zum Ausdruck. Sie verfügt über keine spirituellen Kenntnisse. Du hingegen solltest das Saṁskāra haben, ihr die notwendigen Hinweise hinsichtlich korrekten Verhaltens zu geben. Bevor wir jemanden bestrafen, sollten wir seine Kultur sowie die Umstände, unter denen er aufgewachsen ist, bedenken. Durch sanfte Wegweisung können wir sein Unwissen beseitigen."

Umgang mit Frauen

Besucher: „Sagte Sri Ramakrishna nicht, dass ein Sādhak nicht mit Frauen sprechen und nicht einmal Bilder von ihnen anschauen sollte?"

Amma: „Wer einen Guru hat, braucht nichts zu befürchten. Es reicht, die Anweisungen des Gurus zu befolgen. Hat nicht

Ramakrishna eigener Schüler, Vivēkānanda, in den Vereinigten Staaten Frauen als Schüler akzeptiert? Am Anfang sollte ein Sucher jedoch von Frauen so viel Abstand wie möglich halten. Er sollte nicht einmal das Bild einer Frau betrachten. Weibliche Sādhaks sollten die gleiche Distanz gegenüber Männern wahren. Solche Wachsamkeit ist nötig. Während der Sādhanāzeit ist es am besten, den Sinnen ganz zu entsagen und in Abgeschiedenheit zu bleiben. Später muss der Sādhak verschiedene Situationen in der Nähe des Gurus durchlaufen. Dies sollte er als Teil seines Sādhanā verstehen. Er muss diese Hindernisse überwinden. Zum Beispiel kann man das Ziel nicht erreichen, ohne sexuelle Anziehung zu transzendieren. Ein Sādhak, der sich dem Guru hingegeben hat, wird dazu fähig sein. Wer keinen Guru hat, muss die äußeren Einschränkungen strikt befolgen, ansonsten besteht jederzeit die Gefahr zu fallen.

Ein Sādhak sollte im Umgang mit Frauen achtsam sein. Jedoch Frauen aus Angst zu meiden bringt nichts. Letztendlich muss man die Angst überwinden. Wie kann man Gott erreichen, ohne die Kraft des Mindes zu entwickeln, alles zu transzendieren? Niemand erreicht Selbst-Verwirklichung, ohne das höchste Selbst in jedem zu sehen. Aber während der Sādhanā-Zeit sollte der Sucher den engen Umgang mit Frauen vermeiden. Ein gewisser Abstand sollte bleiben. Zum Beispiel sollte ein Sādhak es vermeiden, mit einer Frau ohne die Gegenwart anderer alleine in einem Raum zu sprechen oder an einem menschenleeren Ort mit einer Frau allein zu sein. Ohne es überhaupt zu bemerken, findet der Mind Gefallen an solchen Situationen und wer nicht stark genug ist, erliegt ihnen. Wenn es unumgänglich ist, mit jemandem des anderen Geschlechts zu sprechen, bittet eine weitere Person hinzuzukommen. In Anwesenheit eines Dritten ist man achtsamer.

Die Kombination von Mann und Frau ist wie Benzin und Feuer: Benzin brennt, wenn es mit Feuer in Berührung kommt. Deshalb sollte man stets auf der Hut sein. Wenn du irgendeine Schwäche in dir fühlst, gehe in dich und frage: ‚Was ist so attraktiv an einem Körper voller Urin und Exkrementen?' Allerdings muss man eine solche Aversion am Ende ebenfalls überwinden und alles als eine Form der Mutter des Universums sehen. Versucht, Kraft daraus zu schöpfen, das alles durchdringende Bewusstsein in jedem zu sehen. Bis du diese Kraft entwickelt hast, heißt es, musst du sehr wachsam sein. Das andere Geschlecht ist wie ein Sog, der dich nach unten zieht. Es ist schwierig, solch hinderlichen Umstände ohne ständiges Sādhanā, Lakṣhya-Bōdha und insbesondere ohne Hingabe an den Guru zu überwinden."

Ein Besucher: „Ist all das Ziegelschleppen, die anderen Arbeiten und Fahrten, die sie unternehmen, nicht erschöpfend für die Brahmachārīs?"

Amma: „Selbst an Bhāva-Darśhan-Nächten tragen die Kinder nach dem Darśhan Steine. Sie sind vielleicht ins Bett gegangen, nachdem sie den ganzen Darśhan über Bhajans gesungen hatten; und dann werden sie plötzlich zum Steinetragen gerufen. Amma möchte sehen, wie viele von ihnen über Selbstlosigkeit verfügen, beziehungsweise ob sie ein Leben körperlicher Bequemlichkeiten führen. Bei solchen Anlässen lässt sich erkennen, ob ihnen ihre Meditation nützt. Es ist unerlässlich, Hilfsbereitschaft gegenüber der Not anderer zu entwickeln. Was sonst ist der Sinn, Tapas zu üben?

Besucher: „Amma, wird es eine Zeit geben, wo jeder auf der Welt gut ist?"

Amma: „Sohn, wo es Gutes gibt, da gibt auch Böses. Angenommen, eine Mutter hat zehn Kinder. Neun von ihnen sind Prachtkinder und nur eines ist schlecht. Dieses eine Kind reicht, um alle anderen zu ruinieren. Aber weil es da ist, sind die anderen gezwungen, Gott anzurufen. Es kann keine Welt ohne Gegensätze geben."

Es war schon spät in der Nacht. Da alle in Ammas Worte vertieft waren, hatte niemand bemerkt, wie die Zeit verstrichen war.

Amma: „Kinder, es ist sehr spät. Ihr solltet jetzt schlafengehen. Amma sieht euch morgen."

Amma erhob sich. Ihre Devotees verneigten sich vor ihr und standen ebenfalls auf. Amma wies allen Besuchern einen Schlafplatz zu. Als sie Amma durch das Wasser des überschwemmten Geländes waten sahen, baten sie Amma, sie nicht zu begleiten, da sie ihre Räume auch allein finden könnten.

Amma: „Mit dem ganzen Wasser wird es schwierig für euch sein, Kinder, den Weg zu finden. Amma kommt mit."

Bis Amma ihnen ihre Zimmer gezeigt hatte und schließlich auf ihr Zimmer ging, war es drei Uhr geworden. Bis zur Morgendämmerung blieb den Besuchern nur kurze Zeit zum Schlafen.

Donnerstag, den 10. Juli, 1986

Es war Bhāva-Darśhan-Tag. Den ganzen Morgen über trafen Leute ein. Ungefähr um zwei Uhr nachmittags verneigte sich Amma vor der Mutter Erde und wollte gerade die Hütte verlassen, als erneut eine Gruppe eintraf. Mit einem gemieteten Bus waren sie aus Nagercoil gekommen. Sie hofften, Amma am Nachmittag begegnen zu können und anschließend gleich wieder heim zu fahren.

Lächelnd setzte sich Amma wieder auf den Pīṭham. Die Neuankömmlinge kamen zu ihr vor und verbeugten sich.

Diejenigen, die einige Zeit in der Hütte gesessen hatten, machten Platz für sie. Unter den gerade eingetroffenen Besuchern befanden sich drei kleine Kinder, die gut singen konnten. Daher bat Amma um ein Lied. Sie sangen:

paccai mavaḷamalai

Oh, ihr Leute von Srirangam,
wie ich die Süße Achyutas genieße.
Sein Körper gleicht einem üppigen, grünen Berg,
Sein Mund ist wie Koralle und Seine Augen wie Lotusse.
Es ist der Kuhhirtenjunge, nach dessen Anblick
sich die großen Seelen sehnen.
Ich liebe Seine Süße mehr als den Geschmack des Himmels.

Nachdem Amma den Darśhans für die Neuankömmlinge beendet und einen Brahmachārī damit beauftragt hatte, ihnen Mittagessen zu geben, ging Amma schließlich gegen drei Uhr auf ihr Zimmer. Dort fand sie einen Brahmachārī vor, der auf sie wartete. Amma nahm auf dem Boden Platz und eine Brahmachāriṇī servierte ihr das Mittagessen. Ein Stoß Briefe, der mit der heutigen Post gekommen war, lag neben ihr. Sie hielt die Briefe in der linken Hand und las sie beim Essen. Ohne Übergang beantwortete sie plötzlich die Frage des Brahmachārī. Auch ohne dass er diese ausgesprochen hatte, wusste Amma bereits, was er auf dem Herzen hatte.

Meditieren mit Konzentration

Amma: „Sohn, halte deine Gedanken bei der Meditation völlig auf Gott konzentriert und achte darauf, dass deine Aufmerksamkeit nicht abschweift und sich auf andere Dinge richtet. Du solltest ausschließlich an deine geliebte Gottheit denken.

Entsprechende Losgelöstheit von weltlichen Dingen musst du dafür aufbringen.

Ein Sannyāsī saß einmal in Meditation, als ein Mann schnell an ihm vorbeirannte. Dem Sannyāsī missfiel das sehr. Etwas später kam der Mann denselben Weg mit einem Kind an der Hand zurück. Der Sannyāsī fragte ihn verärgert: ‚Warum zeigst du nicht etwas mehr Rücksicht? Siehst du nicht, dass ich hier meditiere?' Sehr respektvoll antwortete der Mann: ‚Es tut mir leid, ich habe sie hier nicht sitzen sehen.' Der Sannyāsī daraufhin: ‚Wieso, bist du blind?' Der Mann entgegnete: ‚Mein Sohn war mit einem Freund spielen gegangen, aber er kam nicht zurück und es war mittlerweile schon geraume Zeit verstrichen. Ich befürchtete, dass er in den nahegelegenen Teich gefallen sein konnte. So lief ich so schnell wie möglich, um nach ihm zu schauen. Deshalb habe ich sie nicht gesehen.'

Der Mann bat um Verzeihung, aber der Sannyāsī blieb verärgert: ‚Es war äußerst unhöflich von dir, mich bei der Meditation über den Herrn zu stören!' Der Mann antwortete darauf: ‚Sie meditierten über den Herrn, konnten mich dabei aber vorbeilaufen sehen, ich jedoch habe sie hier nicht sitzen sehen, als ich auf der Suche nach meinem Sohn an ihnen vorbeirannte. Es scheint mir, dass ihre Beziehung zu Gott nicht annähernd so stark ist wie die meine zu meinem Kind. Was für eine Art von Meditation ist das dann? Außerdem, wenn sie über keine Geduld und Demut verfügen, was bringt dann das Meditieren?'

Unsere Meditation sollte nicht wie die des Sannyāsī in der Geschichte sein. Wir sollten bei der Meditation fähig sein, uns ganz auf die geliebte Gottheit zu konzentrieren. Ganz gleich, was um uns herum geschieht, wir dürfen uns davon nicht ablenken lassen. Wenn es doch passiert, so müssen wir darauf achten, die Aufmerksamkeit sofort zurückzubringen und fest auf das Meditationsobjekt richten. Üben wir uns ständig darin, wird unser Mind nicht mehr umherwandern.

Wenn du dich zum Meditieren hinsetzt, fasse den festen Entschluss, für eine bestimmte Anzahl von Stunden weder die Augen zu öffnen, noch deine Gliedmaßen zu bewegen. Was auch geschieht, weiche nicht davon ab. Das ist wahres Vairāgya."

Brahmachārī: „Amma, es tauchen viele Gedanken auf und erzeugen Ruhelosigkeit. Manchmal ist alles, was ich möchte, Gott sehen und Ihn von ganzem Herzen lieben. Zu anderen Zeiten wünsche ich, die Geheimnisse des Universums kennenzulernen; durch die Ausübung von Sādhanā möchte ich sie entschleiern. Dann wiederum ist mir nach nichts von alldem, sondern ich wünsche, die mir innewohnende Kraft zu erkennen. Wegen dieser verschiedenen Gedanken habe ich keine Stabilität in meinem Sādhanā."

Amma: „Glaubst du nicht, wenn du dein Selbst entdeckst, dass du gleichzeitig all jene Geheimnisse spontan verstehst? Was geschieht, wenn du dich auf deiner Suche nach den verborgenen Geheimnissen in sie eintauchst? Bei einer Busfahrt kommen und gehen alle Landschaften. Desgleichen wird alles verschwinden, was du heute siehst. Achte nicht auf diese Geheimnisse und lasse keine Anhaftung an sie entstehen. Zahlreiche Fachleute bemühen sich, die Geheimnisse des Universums zu entziffern, aber bis jetzt ist es ihnen nicht gelungen oder? Doch wenn du Gott verwirklichst, so wirst du das ganze Universum verstehen. Deshalb nutze dafür alle dir zur Verfügung stehende Zeit. Gedanken an irgendetwas anderes sind nutzlos."

Verehrung einer göttlichen Form

Brahmachārī: „Amma, ist Gott innen oder außen?"

Amma: „Nur wegen deines Körperbewusstseins denkst du überhaupt in Begriffen wie „innen" und „außen". In Wirklichkeit existiert kein ,innen, oder ,außen,. Führt nicht das Ichbewusstsein zur Vorstellung eines getrennten ,Ich' und ,Du'? Solange allerdings das Ichgefühl besteht, können wir nicht behaupten, die Trennung sei nicht real. Gott ist die lebendige Kraft, die alles durchdringt. Wenn man ihn sich außerhalb von sich selbst vorstellt, sollte es einem dabei bewusst sein, dass man visualisiert, was einem innewohnt. Nichtsdestotrotz wird durch solche Hilfsmittel der menschliche Mind gereinigt."

Brahmachārī: „Es gibt eine besondere Kraft, die das Universum lenkt, aber es fällt schwer zu glauben, dass es sich dabei um einen Gott mit einer bestimmten Form handelt."

Amma: „Alle Kraft und Macht sind niemand anderer als Gott. Er ist der Allmächtige, der alles steuert. Akzeptierst du ihn als die Kraft hinter allem, wieso kann dann diese alles kontrollierende Kraft nicht eine Form annehmen, die dem Devotee gefällt? Warum fällt es schwer daran zu glauben?" Mit großer Bestimmtheit in ihrer Stimme fuhr Amma fort: „Es gibt eine Urkraft in diesem Universum. Ich betrachte diese Kraft als meine Mutter. Sie ist in der Tat meine Mutter und selbst dann, wenn ich mich entscheide, hundertmal wiedergeboren zu werden, ist sie weiterhin meine Mutter und ich ihr Kind. Folglich kann ich die Aussage ,Gott ist formlos' nicht machen.

Ohne sich auf eine Gottheit (einen Aspekt Gottes) zu beziehen, fällt es den meisten Menschen schwer, den Mind zu beruhigen und zu kontrollieren. Du solltest dich bemühen, die andere Seite mit deiner bevorzugten Gottheit als Brücke zu erreichen.

Allein ist es unmöglich, du kannst nicht hinüberschwimmen. Was willst du machen, wenn dir auf halber Strecke die Kraft ausgeht? Du brauchst unbedingt eine Brücke. Der Guru wird mit dir sein und dir den Weg durch jede Schwierigkeit oder Krise weisen, den entsprechenden Glauben und Hingabe an Gott solltest du allerdings aufbringen. Warum unnötig kämpfen? Lege jedoch die Hände auch nicht in den Schoß, nur weil jemand da ist, der dich führt und zur anderen Seite bringt. Du musst dich bemühen.

Hat ein Boot ein Leck, reicht es nicht, dazusitzen und Gott um die Reparatur des Loches zu bitten. Beim Beten sollst du dich auch bemühen, das ‚Loch, selbst zu stopfen. Man muss sich selbst bemühen und gleichzeitig um Gottes Gnade bitten."

Brahmachārī: „Wie lange wird es dauern, bis ich die Selbst-Verwirklichung erreiche?"

Amma: „Sohn, Selbst-Verwirklichung ist nicht so leicht zu erreichen, weil du, beziehungsweise jeder, viele negativen Neigungen angesammelt hat. Was geschieht, wenn wir nach einer langen Reise die Kleidung waschen? Wir haben unterwegs keine Pause eingelegt, uns auch nicht irgendwo in den Schmutz gesetzt. Trotzdem ist die Kleidung stark verschmutzt! Desgleichen sammelt sich in deinem Mind unmerklich Schmutz an. Nicht nur mit der Last dieses Lebens bist du hierhergekommen, sondern auch mit dem, was du in allen Vorleben angesammelt hast. Es ist unmöglich, das Selbst zu verwirklichen, indem man nur einfach ein oder zwei Jahre mit geschlossenen Augen dasitzt. Das ist nicht genug, um dich innerlich zu reinigen. Zunächst muss der Wald gerodet und das Gestrüpp beseitigt werden; erst dann kann man dort einen eigenen Baum pflanzen. Wie soll es möglich sein, mit einem unreinen Mind das Selbst zu erblicken? Auf einem verschmutzten Stück Glas lässt sich keine

Beschichtung anbringen, um einen Spiegel daraus anzufertigen. Zunächst muss der Mind gereinigt werden. In der Bemühung ? darum heißt es, alles in Gottes Hände zu legen."

Der Brahmachārī verneigte sich und erhob sich. Amma beendete die Mahlzeit und ging, nachdem sie noch einige weitere Briefe gelesen hatte, nach unten zu den Bhajans, die immer dem Bhāva Darśhan vorausgehen.

Ein leichter Regen setzte mit der Dämmerung ein. Im Verlaufe des Abends wurde er stärker und am Ende des Bhāva Darśhans um zwei Uhr nachts goss es in Strömen. Die Besucher suchten in der Vēdānta-Schule und auf der Veranda des Kalari Schutz. Wo immer es möglich war, schliefen Menschen. Als Amma nach dem Dēvī Bhāva den Kalari verließ, bemerkte sie, dass viele noch keinen Schlafplatz gefunden hatten. Sie führte sie zu den Hütten der Brahmachārīs, wobei eine Brahmachāriṇī sich bemühte, einen Schirm über Amma zu halten, um sie vor dem Regen zu schützen. Amma ließ in jeder Hütte drei oder vier Leute schlafen. Als sie allen persönlich einen Platz zuwiesen hatte, trocknete sie ihre Haare mit einem Handtuch. Im Fluss ihrer mütterlichen Liebe wurden alle zu kleinen Kindern.

Einer der Besucher erkundigte sich: „Amma, wo schlafen denn die Brahmachārīs? Bereiten wir ihnen nicht viele Unannehmlichkeiten?"

Amma: „Sie sind hier um euch zu dienen. Diese Kinder sind gekommen, um Selbstlosigkeit zu praktizieren. Sie nehmen für euch gern ein bisschen Unbequemlichkeit auf sich."

Die Brahmachārīs gingen zur Kalari-Veranda, um dort bis zur Morgendämmerung Platz zu nehmen. Drei Seiten der Veranda waren offen und die Windstöße bliesen Regen hinein. An Schlaf war also nicht zu denken. Wenigstens mussten sie nicht mehr lange bis zur Dämmerung ausharren.

Amma entdeckte dann vier ältere Besucher, die noch einen Schlafplatz brauchten. Sie führte sie zu einem Raum an der Nordseite des Kalari. Die Tür war verschlossen. Amma klopfte und zwei verschlafen dreinschauende Brahmachārīs öffneten die Tür. Sie hatten sich vor Beendigung des Darśhans ins Bett gelegt und fest geschlafen; daher wussten sie von nichts.

„Kinder, lasst diese Leute hier schlafen." Mit diesen Worten vertraute sie den zwei Brahmachārīs die Besucher an und ging auf ihr Zimmer. Die Brahmachārīs überließen ihre Betten den Gästen. Sie selbst setzten sich auf die Veranda des Meditationsraumes und zwar dicht an den Eingang, wo sie dem mittlerweile nachlassenden Regen nicht so ausgesetzt waren.

All die Brahmachārīs waren gekommen, um in der Gegenwart der Verkörperung von Selbstlosigkeit zu leben. Sie hatten ihr Leben in ihre Hände gelegt. Jetzt brachte sie ihnen in jedem Augenblick richtige Lebensführung bei.

Donnerstag, den 7. August, 1986

Vairāgya

Gegen halb drei Uhr nachmittags kehrte Amma von der Darśhan-Hütte auf Ihr Zimmer zurück. Dort fand sie Brahmachāriṇī Saumya[50] auf sie wartend vor. Saumya, eine gebürtige Australierin, hatte die letzten Tage die Hoffnung gehabt, mit Amma zu sprechen. Amma hatte sie für heute zu sich gebeten. Amma saß auf dem Boden und Saumya stellte das Mittagessen vor sie hin.

Saumya: „Seit einiger Zeit habe ich den Wunsch, Amma einige Fragen zu stellen. Ist es jetzt recht?"

Amma: „In Ordnung Tochter, frage."

---

[50] Swāmīni Krishnamritaprana.

Saumya: „Wenn ich das Gefühl habe, an etwas zu hängen und mich entschließe, es dann nicht zu erwerben oder anzunehmen, ist das Vairāgya (Losgelöstheit)?"

Amma: „Würde das Anhaften an die Sache zu etwas Irrealem führen, so ist deine Haltung Vairāgya.

Es ist notwendig, die wahre Natur eines jeden Gegenstandes zu kennen. Uns muss klar sein, dass materielle Dinge kein echtes Glück geben können. Selbst wenn wir vorübergehende Befriedigung daraus gewinnen, führen sie letztendlich doch zu Leid. Haben wir das verstanden, nimmt unsere Leidenschaft für Sinnesobjekte automatisch ab. Es gelingt dann leicht, uns davon abzuwenden.

Ein Mann mit Vorliebe für Pāyasam wurde zur Geburtstagsparty eines Freundes eingeladen. Das Hauptgericht des Festes war Pāyasam. Darüber war er sehr erfreut. Er bekam eine große Schale mit dem süßen Reispudding und probierte etwas davon. Er war hervorragend. Der Reis war gerade mit der richtigen Menge Milch und Zucker gekocht. Weitere Zutaten waren Kardamom, Rosinen und Cashewnüsse. Als er gerade einen weiteren Löffel voll nehmen wollte, fiel ein Gecko von der Decke in seine Schale. Obwohl er so gerne Pāyasam mochte, schüttete er alles weg. In dem Augenblick, als er wusste, dass der Gecko hineingefallen und damit sein Pāyasam nicht mehr genießbar war, hatte er kein Interesse mehr an der Süßspeise. Genauso werden wir fähig sein, die Dinge zu meiden, die normalerweise für uns sehr anziehend sind, sobald wir begreifen, dass Abhängigkeit von den Sinnen uns nur Leid bringt. Loslösung ist dann leicht. Das ist Vairāgya. Ein Kind, das nichts vom Gift einer Kobra weiß, würde vielleicht versuchen sie anzufassen. Wir hingegen kommen nicht auf den Gedanken oder?

Tochter, es ist besser, Losgelöstheit gegenüber den Dingen zu entwickeln, indem man ihre guten und schlechten Eigenschaften kennenlernt, anstatt den Mind mit Gewalt von ihnen abzuwenden. Dann wird die Kontrolle über den Mind auf natürliche Weise geschehen."

Saumya: „Es scheint mir, dass wirkliches Glück durch Loslassen entsteht und nicht durch Abhängigkeit von Gegenständen, die. angesammelt oder genossen werden."

Amma: „Du meinst, Losgelöstheit bringt Freude? Nein, das ist nicht der Fall. Glück entspringt aus höchster Liebe. Was man braucht, um das Selbst, beziehungsweise Gott zu verwirklichen, ist Liebe. Durch Liebe allein erfährt man völlige Loslösung."

Saumya: „Dann brauchen wir auf nichts zu verzichten?"

Amma: „Tyāga allein ist unzureichend. Fühlst du inneren Frieden im Mind, wenn du über jemanden verärgert bist? Stimmt es nicht, dass man völligen Frieden nur empfindet, wenn man liebt? Du freust dich über den Duft einer Blume. Lässt sich mit verschlossenen Nasenlöchern die gleiche Freude empfinden? Genießt du den Zuckergeschmack nicht am meisten, wenn du ihn im Mund nachwirken läßt? Entsteht die Freude des Genusses durch Vairāgya dem Zucker gegenüber? Nein, sie stammt aus Liebe.

Beim Anblick von Exkrementen hältst du dir die Nase zu. Das ist Abneigung. Darin liegt weder Liebe noch irgendeine Freude. Du kannst es Vairāgya nennen, wenn du auf weltliche Dinge verzichtest, indem du denkst: ‚All die Freude, die ich von außen bekomme, ist vergänglich und wird mir später Leid verursachen. Die Freude, die ich von weltlichen Dingen erhalte, ist nicht dauerhaft, sie ist flüchtig und daher unwirklich., Um echtes Glück zu erfahren, ist es jedoch nicht ausreichend, den illusionären Dingen der Welt mit Vairāgya zu entsagen; sondern man muss durch Liebe auch das verwirklichen, was wahr ist. Das ist der Weg zur ewigen Glückseligkeit.

Es ist nicht notwendig, die trügerische, unwirkliche Welt zu hassen. Von dieser Scheinwelt kannst du lernen, wie man die reale, ewige Welt erreicht. Wir streben die ewige Welt an; jedoch nur durch Liebe können wir uns zu diesem Zustand hin ausdehnen. Geht der Mond auf, steigen alle Wasser der Seen und Ozeane der Erde ihm aus Liebe entgegen. Die Blume erblüht, um sich der Berührung des Windes zu erfreuen, auch dies geschieht aus Liebe. Was gibt uns also Glückseligkeit? Nicht Losgelöstheit, sondern Liebe."

Saumya (mit etwas Unbehagen): „Ich möchte nicht die Freude, die Glückseligkeit, die aus Liebe zu etwas entsteht."

Amma: „Der Sucher liebt nicht etwas von ihm Getrenntes, er liebt sein eigenes Selbst, das alles um ihn herum durchdringt. Je mehr die Liebe für das Ewige wächst, desto stärker wird der Drang, das Ewige zu erkennen. Lieben wir das Ewige, entwickelt sich daraus echtes Vairāgya.

Nehmen wir einmal an, wir erfahren, dass ein Freund von weit her sich auf dem Weg zu uns befindet. Von dem Augenblick an, wo wir wissen, dass er kommt und jederzeit eintreffen kann, warten wir auf ihn, verzichten auf Schlaf und Essen. Geschieht es nicht aus Liebe zu ihm, dass wir warten, ohne uns um Essen oder Schlafen zu kümmern?"

Saumya: „Was sollte zuerst kommen, Selbstbeschränkung oder Liebe?"

Amma: „Echte Selbstbeherrschung wächst aus Liebe. Ohne Liebe kann Selbstbeherrschung nicht entstehen. Zügelung ohne Liebe wird niemals lange andauern, denn der Mind wird müde und kehrt zu dem ursprünglichen Zustand zurück. Sobald wir erfuhren, dass der Freund unterwegs ist, verzichteten wir auf

Essen und Schlafen durch unsere Wiedersehensfreude. Dies geschah aus Liebe zu ihm, dadurch kam die Enthaltsamkeit auf ganz natürliche Weise. Aufgrund unserer Liebe erschien uns dies überhaupt nicht als Härte oder Opfer. Aber wenn es keine Liebe gibt, wird sich die Enthaltsamkeit als schreckliche Härte anfühlen. Verzichten wir auf eine Mahlzeit aufgrund von Einschränkungen, die wir uns selbst auferlegt haben, denken wir an nichts anderes als an Essen.

Um von etwas losgelöst zu sein, muss man etwas anderes lieben. Tochter, nur aufgrund deiner Liebe, die du für das Ziel der Selbstverwirklichung hast, ist es dir möglich, hier mit einer Haltung der Geduld und Akzeptanz zu leben. Menschen haben Begierden, Wut, Gier, Eifersucht und Stolz in sich. Wie ist es dann möglich, dass einige wenige Menschen diese negativen Eigenschaften kontrollieren und hier mit einer vergebenden und nachsichtigen Haltung leben? Dies geschieht nur durch die Liebe zur Selbstverwirklichung. Ansonsten würden all diese negativen Eigenschaften zum Vorschein kommen. Aber wegen dieser Liebe können diese Eigenschaften nicht in eurem Mind leben und gedeihen. Die Liebe zum Ziel hemmt all diese Eigenschaften."

Saumya: „Wenn das der Fall ist, warum musst du dann so streng hinsichtlich der Einhaltung der Āśhram-Regeln sein? Würde das nicht einfach spontan geschehen?"

Amma: „Amma sagte nicht, dass du Vairāgya nicht brauchst. Du solltest Loslösung praktizieren, aber nur durch Liebe wird Vairāgya vollkommen. Anfangs sind Einschränkungen absolut notwendig. Es leben hier jetzt ungefähr dreißig Entsagende. Alle wünschen Verwirklichung, aber ihr Mind ist der Sklave ihres Körpers. Sie möchten das Selbst erfahren, dennoch fällt es ihnen schwer, körperliche Bequemlichkeiten aufzugeben. Dadurch wird es notwendig, einige Regeln aufzustellen.

Muss jemand am frühen Morgen irgendwo hingehen, wacht jedoch nicht auf, so müssen wir den Betreffenden aufwecken, nicht wahr? Sagen wir einmal, ein Kind möchte den Sonnenaufgang sehen. Doch durch den Einfluss körperlicher Bequemlichkeit kann es am Morgen nicht aufstehen. Dann weckt die Mutter das Kind auf.

Du solltest wach sein, bereit für die göttliche Morgendämmerung. Die Zeit wartet nicht auf dich. Meine Kinder kommen ihrer Pflicht jedoch nicht nach. Sind sie nicht wach, muss ihre Mutter sie aufwecken. Ansonsten würde die Mutter sie ernsthaft täuschen. Amma ist der Auffassung, dass ihre Strenge in dieser Hinsicht ihr größter Akt der Liebe gegenüber ihren Āśhram-Kindern ist."

Wichtigkeit der Āśhram-Regeln

Saumya: „Manchmal erscheinen die Āśhram-Regeln sehr streng."

Amma: „Regeln sind notwendig in einem Āśhram, in dem viele Menschen leben und zudem eine große Anzahl an Besuchern kommt. Zum Beispiel sollten die jungen Männer und Frauen nicht allzu frei miteinander sprechen. Wer im Āśhram lebt, soll ein Beispiel für andere sein. Ferner haben nicht alle hier das gleiche Naturell. Die neuen Kinder, die gerade angekommen sind, verfügen noch nicht über so viel Selbstbeherrschung. Sie haben soeben erst mit ihrem Sādhanā begonnen. Die Kinder hingegen, die von Anfang an hier sind, haben eine gewisse Selbstbeherrschung erworben. Die Neueren können mit ihren Zweifeln zu ihnen gehen, daran gibt es nichts auszusetzen. Amma ist jedoch der Meinung, dass es gewisse Grenzen geben muss. Es sollte nur das Notwendigste gesprochen werden, nicht mehr.

Saumya: „Wir fühlen uns sehr wach an den Tagen, an denen du uns aufweckst, Amma!"

Amma: „Die Kinder, die Amma lieben und sich nach Verwirklichung sehnen, stehen am Morgen auf, ohne darauf zu warten, dass irgendjemand sie aufweckt. Wenn Amma in der Nacht zu ihrem Zimmer zurückkehrt, hat sie viele Briefe zu lesen. Selbst danach kann sie noch nicht zu Bett gehen, bevor sie sich nicht erkundigt hat, ob für den nächsten Tag genügend Gemüse, Reis, Geld und so weiter vorhanden ist. Fehlt es an irgendetwas, hat sie Anweisungen zu geben, was gekauft oder getan werden soll. Auch um die Besucher hat sie sich zu kümmern, darüber hinaus den Tagesablauf der Kinder hier zu bedenken und sich um deren Bedürfnisse zu kümmern. Wie kann man nach all dem von ihr erwarten, in alle Räume zu gehen und jeden einzelnen von ihnen aufzuwecken?

Liebt man Amma, ist es ausreichend, ihren Worten sorgfältig zu folgen. Amma zu lieben heißt, ihr zu gehorchen. Du musst den Durst fühlen. Hast du einen Guru, wird deine Liebe für ihn und seine Institution als auch deine Beziehung zu ihm dir helfen, alles andere zu vergessen und zur Unendlichkeit hin zu wachsen. Nur wenn die Saat mit dem Boden verschmilzt, kann ein Baum daraus werden."

Saumya: „Amma, wie kommt es, dass du so wenig mit mir schimpfst?"

Amma: „Mache ich das nicht? Schimpfe ich im Kalari beim Dēvī Bhāva nicht mit dir?"[51]

---

[51] Swāmīni Krishnamritaprana dient Amma gewöhnlich beim Dēvī Bhāva.

Saumya: „Nur wenig."

Amma (lachend): „Tochter, in dir sieht Amma nur den Fehler, dass du nicht früh am Morgen aufstehst. Nach harter Nachtarbeit gehst du ins Bett. Und verbringst du nicht den ganzen Dēvī Bhāva stehend im Kalari? Auch bemühst du dich sehr, das Ziel der Selbst-Verwirklichung zu erreichen. Du hast den Willen, regelmäßig der Routine im Āśhram zu folgen. Du versuchst nie, ihr zu entkommen, indem du dich versteckst oder entfernst. Deshalb besteht kein Grund dazu dich zurechtzuweisen."

Fehler beseitigen

Saumya: „Hier leben sowohl Männer als auch Frauen. Entspricht es nicht deinem Wunsch, liebenswürdig allen gegenüber zu sein?"

Amma: „Es ist nicht notwendig, zu allen hinzugehen und ihnen deine Liebe zu zeigen. Es reicht, keinerlei negative Gefühle zu haben, in keiner Weise. Wahre Liebe ist völlige Abwesenheit jeglicher negativeren Gefühle gegenüber jeglichem Wesen. Indem du all diese negativen Gefühle loslässt, wird die Liebe, die immer in dir gegenwärtig ist, hervor strahlen. Dann gibt es keine Unterscheidungen, kein Gefühl des Unterschieds. Hast du beobachtet, wie Menschen, die sich noch gestern liebten, einander heute verachten? Das bedeutet, ihre Liebe war also nie wahre Liebe. Wo Anhaftung vorhanden ist, gibt es auch Ärger. Unser Ziel ist es, keine Anhaftung und keinen Zorn zu haben. Dann ist es wahre Liebe. Außerdem dienen wir selbstlos; darin liegt die größte Liebe."

Saumya: „Ich bemühe mich darum, niemandem gegenüber negative Gefühle zu hegen."

Amma: „Anhaftung und Ablehnung sind nicht etwas, das wir einfach aufheben und wegwerfen können. Die Blasen im Wasser platzen, wenn wir versuchen sie zu fangen. Es ist unmöglich sie anzufassen. Genauso ist es nicht möglich, unsere Gedanken und Gefühle einfach aus unserem Mind zu werfen. Versuchen wir sie zu unterdrücken, werden sie doppelt so stark und schaffen Schwierigkeiten. Nur durch Kontemplation können wir uns von unseren negativen Gefühlen befreien. Wir sollten unsere negativen Neigungen untersuchen und durch gute Gedanken schwächen. Sie lassen sich nicht mit Gewalt beseitigen.

Gießen wir frisches Wasser in einen Becher mit Salzwasser und fahren damit fort, auch nachdem er voll ist, nimmt der Salzgehalt ab und irgendwann haben wir ein Glas voll mit frischem Wasser. Ähnlich können wir schlechte Gedanken nur dadurch loswerden, indem wir den Mind mit guten Gedanken füllen. Gefühle der Begierde und der Wut lassen sich nicht ausrotten; wir können jedoch darauf achten, ihnen keinen Raum in unserem Mind zu geben. Wir sollten erkennen, dass wir Gottes Instrumente sind und somit die Haltung eines Dieners entwickeln.

Wir sollten uns sogar als Bettler betrachten. Ein Bettler kommt zu einem Haus, um Bhiksha zu erbetteln. Es mag sein, dass die Leute in dem Haus sagen: ‚Hier gibt es kein Bhikṣā. Verschwinde! Warum kommst du zu uns?' Aber ganz gleich, was gesagt wird, er bleibt still. Er denkt: ‚Ich bin nur ein Bettler. Es gibt niemanden auf der Erde, mit dem ich meinen Kummer teilen kann. Nur Gott kennt mein Herz.' Würde er versuchen, dies der Familie zu erklären, würden sie es nicht verstehen; das weiß er. Wenn also jemand ärgerlich auf ihn wird, geht er schweigend weg zum nächsten Haus. Sind auch diese Leute verärgert, macht er sich wiederum ohne zu klagen auf zum benachbarten Haus. So sollten auch wir uns verhalten. Sobald wir die Haltung eines Bettlers annehmen, verschwindet das Ego weitgehend. Wir merken dann, dass wir keine andere Zuflucht als Gott haben. Dann werden die negativen Vāsanās von selbst verschwinden. Lediglich durch die Bemühung, kleiner als das Kleinste zu werden, wird man größer als das Größte. Indem man die Haltung entwickelt, jedermanns Diener zu sein, wird man der Herr der Welt. Nur wer bereit ist, sich selbst vor einer Shava (Leiche) zu verneigen, wird Śhiva."

Saumya: „Besitzt man etwas, das jemand hier braucht, ist es dann falsch es abzugeben?"

Amma: „Da du eine Brahmachāriṇī bist, solltest du das nicht tun, Tochter. Du bist hergekommen, um Sādhanā auszuüben. Möchtest du jemandem etwas zukommen lassen, so gib es ins Büro oder Amma. Amma wird es an die Person, die den Gegenstand benötigt, weiterreichen. Händigst du es persönlich aus, wird die Haltung ‚ich gebe' vorhanden sein, und du entwickelst eine gewisse Bindung an diese Person. Gib daher nicht selbst. Erreicht man die Stufe eines Gurus, gibt es kein Problem mehr, da keine weiteren Gedanken an die Person, der man gibt, vorhanden sind. Auf deiner derzeitigen Stufe sollte deine Liebe jedoch nicht nach außen gezeigt werden, sie sollte in dir genährt werden. Ist keine Abneigung oder Feindseligkeit mehr in dir, so ist das wahre Liebe. Verschwindet jede Spur von Abneigung aus dem Mind, wird der Mind zu Liebe selbst. Er wird wie Zucker: Jeder kann kommen, sich davon etwas nehmen und an der Süße erfreuen, ohne dass du dafür etwas geben musst.

Fällt eine Fliege in Sirup, stirbt sie. In diesem Stadium entsprechen diejenigen den Fliegen, die mit einem Wunsch an dich herantreten, allerdings aus unreinem Motiv heraus, dessen du dir nicht bewusst bist. Sich an dich zu wenden, tut ihnen in keiner Weise gut. Sie ruinieren sich nur selbst und für dich wäre es ebenfalls schädlich.

Eine Motte nähert sich einer Lampe auf der Suche nach Nahrung. Die Lampe ist dazu gedacht, Licht zu geben, aber die Motten kommen in der Absicht der Nahrungsaufnahme. Diesen Versuch der Annäherung bezahlen sie mit dem Leben. Möglicherweise verlischt auch die Lampe. Also sollten wir anderen nicht die Möglichkeit bieten, sich selbst und uns zu ruinieren. Wir sind voller Mitgefühl, aber diejenigen, die zu uns kommen, können ganz anders sein. Wenn du in Zukunft eine verantwortliche Stellung in einem Āśhram oder Gurukula einnimmst, kann es vorkommen, dass sich Leute mit nicht ganz einwandfreien Absichten an dich wenden. Wenn du bis dahin ausreichenden Fortschritt gemacht hast, werden ihre unreinen Gedanken durch deine Liebe zerstört. Ein Waldbrand wird auch dann nicht beeinflusst, wenn ein Elefant hineingerät. Im jetzigen Stadium jedoch wird deine Liebe nur dazu führen, dass die Schwächen der anderen zunehmen.“[52]

Saumya: „Also sollten wir viel Liebe in uns tragen, aber nicht zeigen?"

Amma: „Amma meint nicht, dass du sie dir nicht anmerken lassen solltest, sondern, dass du dich gemäß dem Āśhram-Dharma verhalten solltest. Achte stets auf die Umstände. Sehen die Gäste Brahmachārīs und Brahmachāriṇīs miteinander sprechen, werden sie anfangen es nachzumachen. Sie kennen die Reinheit deines Herzens nicht. Außerdem müsst ihr nicht miteinander reden. Liebe meint nicht solche Dinge. Wahre Liebe

---

[52] Hier symbolisiert das Feuer den fortgeschrittenen Sādhak, während der Elefant die unreinen Gedanken anderer repräsentiert.

bedeutet, keine negativen Gefühle in dir zu hegen, überhaupt keine."

Saumya: „Wir sprechen hier doch lediglich über spirituelle Angelegenheiten beziehungsweise über Fragen bezüglich der Lehren."

Amma: „Das wissen die Leute aber nicht, Tochter. Außenstehende sehen nur, dass eine Unterhaltung zwischen einem Brahmachārī und einer Brahmachāriṇī stattfindet. Wann immer Menschen einen Mann und eine Frau miteinander sprechen sehen, interpretieren sie das falsch. So ist die Welt heutzutage."

(Aufgrund ihres Mitgefühls gab Saumya früher jedem, worum er bat. Viele Āśhram-Besucher hatten angefangen, sie um Geld für die Rückfahrt mit dem Bus zu bitten. Amma hatte Saumya verboten, weiterhin in dieser Weise zu geben, da einige Leute versuchten sie auszunutzen. Außerdem verstieß es gegen die Āśhram-Regeln, Bewohner um Geld zu bitten. Obwohl Saumya zunächst darüber verstimmt war, stellten Ammas Erklärungen sie nun zufrieden.)

Zwischen richtig und falsch unterscheiden

Saumya fuhr mit ihren Fragen fort:

„In manchen Situationen habe ich so gehandelt, wie ich es für richtig hielt, aber es erwies sich später als verkehrt, aber davon hatte ich zur Zeit der Ausführung keine Ahnung. Wie kann ich verkehrt und richtig unterscheiden, um angemessen vorzugehen?"

Ammas: „Amma weist die Brahmachārīs und Brahmachāriṇīs an, im Anfangsstadium nicht miteinander zu sprechen. Nach einer bestimmten Zeit der Ausübung von Sādhanā ist das kein Problem mehr. Amma ist in diesem Verbot nicht so streng mit ihren westlichen Kindern, da sie aus einer anderen Welt kommen. In ihrer Kultur herrscht nicht die gleiche Unterscheidung zwischen männlich und weiblich.

Saumya: „Wenn wir aus unseren Handlungen die richtigen Ergebnisse erhalten, weist das auf die richtige Einstellung hin oder ergeben sie sich aus der äußeren Handlung selbst?"

Amma: „Die richtigen Ergebnisse beruhen auf der Reinheit unserer Motivation. Trotzdem haben wir auf die Tat selbst zu achten und diese zu beobachten, was daraus entsteht. Mit innerer Reinheit zu handeln, erfordert Übung."

Saumya: „Vergibt Gott uns die begangenen Fehler?"

Amma: „Er verzeiht bis zu einem bestimmten Punkt, aber nicht darüber hinaus. Er vergibt uns jegliche unbewusst begangenen Fehler. Aber wenn wir wissentlich falsch handeln, toleriert er dies jedoch über einen bestimmten Punkt hinaus nicht länger. Dann wird er uns bestrafen. Das Kleinkind nennt seinen Vater ‚da-da'. Der Vater weiß, dass er gemeint ist und lacht darüber. Ruft das Kind ihn aber weiterhin so, sobald es alt genug ist, um die richtige Anrede zu kennen, lacht der Vater nicht mehr, sondern verpasst ihm einen Klaps. Desgleichen wird uns Gott bestrafen, wenn wir trotz besseren Wissens falsch handeln. Doch selbst diese Strafe ist eine Art der Gnade. Es ist möglich, dass Gott einen Devotee selbst für einen kleinen Fehler bestraft, damit er einen ähnlichen Fehler nicht noch einmal begeht. Solche Strafe rührt aus Gottes grenzenlosem Mitgefühl und zielt auf die Rettung des Betreffenden ab. Die Strafe ist wie ein Licht in der Dunkelheit.

Ein Junge hatte die Angewohnheit, über einen Stacheldrahtzaun zu springen, um zum Nachbarhaus zu gelangen. Seine Mutter warnte ihn: ‚Sohn, klettere nicht über den Zaun, denn wenn du ausrutschst, wirst du dich verletzen. Nimm den normalen Weg, auch wenn es etwas länger dauert.' ‚Bis jetzt ist mir nichts passiert!' protestierte der Junge und änderte seinen Weg nicht. Eines Tages fiel er bei seinem Sprung über den Zaun und verletzte seinen Fuß. Weinend rannte er zu seiner Mutter, die ihn liebevoll tröstete, seine Wunde versorgte und ihm verbat, weiter seine Abkürzung zu nehmen. Aber der Junge gehorchte ihr nicht, rutschte wieder aus, fiel in den Zaun und schnitt sich. Erneut lief er unter Tränen zur Mutter, die ihn dieses Mal jedoch schlug, bevor sie Medizin auf seine Wunden auftrug.

Hätte der Junge beim ersten Mal wirklich Schmerzen gehabt, hätte er seinen Fehler nicht wiederholt. Beim zweiten Mal gab ihm die Mutter nicht aus Verärgerung Prügel, sondern aus Liebe. Ähnlich ist die Strafe Gottes, die er uns aus Mitgefühl zukommen lässt. Sie ist dazu gedacht, uns von weiterem Fehlverhalten abzuhalten.

Viele Bleistifte haben auf einer Seite ein Radiergummi, damit wir unsere Fehler sofort ausradieren können. Machen wir jedoch immer an derselben Stelle Fehler, reißt schließlich das Papier."

Amma beendete die Mahlzeit, wusch sich die Hände und nahm wieder Platz.

Saumya: „Manchmal erscheint mir ein Gedankengang richtig, bald darauf jedoch denke ich, dass er falsch sein könnte. Dann kann ich mich für keine Handlungsweise entschließen. Ich bin immer im Zweifel darüber, ob etwas richtig oder verkehrt ist."

Amma: „Ist es einem nicht möglich, zwischen richtig und falsch zu unterscheiden, sollte man den Rat des Gurus oder einer anderen weisen Person einholen. Dadurch wird der richtige Weg klar. Es ist schwer, Fortschritte zu machen, ohne sich selbst zu überantworten, beziehungsweise ohne Vertrauen in einen Menschen, der uns zum Ziel führen kann. Finden wir solch eine Seele, die uns die richtige Vorgehensweise zeigen kann, sollten wir uns in deren Hände geben und ihren Ratschlägen folgen. Gelingt es uns nicht, einen solchen Menschen ausfindig zu machen, so ist es ratsam, uns Wissen über das Lebensziel und den zu verfolgenden Weg durch die Lektüre von Büchern zu verschaffen. Bei ernsthafter Sehnsucht werden wir mit Sicherheit einen Guru finden. Es reicht jedoch nicht, einen Guru gefunden zu haben, sondern es steht an, sich ihm vollständig hinzugeben, wenn wir Fortschritte machen wollen. Wir können nicht weiterkommen durch Beschuldigung des Gurus, wenn er uns auf unsere Fehler aufmerksam macht oder uns zurechtweist."

Saumya: „Wie werden Wünsche zu Hindernissen für unsere spirituellen Übungen?"

Amma: „Nehmen wir einmal an, ein Rohr, an das ein Wasserhahn angeschlossen ist, hat viele Löcher. Dann wird nur ein schwacher Wasserstrahl aus dem Hahn kommen. Ähnlich ist es, wenn unser Mind voller selbstsüchtiger Wünsche ist: Dann können wir uns nicht vollständig auf Gott konzentrieren und kommen ihm auch nicht näher. Wie vermag jemand, der nicht einmal über einen kleinen Fluss schwimmen kann, den Ozean zu überqueren? Ohne alle Selbstsucht aufzugeben, ist es unmöglich, den höchsten Zustand zu erreichen."

Saumya: „Japa, Meditation und Gebet, welche dieser Praktiken beseitigt Vāsanās am wirksamsten?"

Amma: „Gebet mit absoluter Konzentration reicht allein schon aus. Jedoch beten nur wenige Leute unablässig, außerdem mangelt es ihnen an Konzentration dabei. Deshalb verwenden wir andere Methoden wie Japa, Meditation und hingebungsvolles Singen. Auf diese Weise halten wir die Erinnerung an Gott kontinuierlich lebendig. Neu gesäte Saat müssen wir düngen, regelmäßig gießen, vor Tieren schützen, sowie die Würmer und Insekten vernichten, die sie befallen. All diese Tätigkeiten geschehen zur Verbesserung der Ernte. Vergleichsweise dienen die verschiedenen spirituellen Übungen der Beschleunigung unseres Voranschreitens zum Ziel."

Saumya: „Amma hat mich gebeten, von sieben bis acht Uhr abends ‚Ōm Namaḥ Śhivāya' zu chanten; daher kann ich nicht an den Bhajans teilnehmen."

Amma: „Sorge dich darum nicht, Tochter. Amma wird jemand anderen bitten, diese Zeit zu übernehmen."

Amma sah auf die Uhr an der Wand. Es war viertel vor fünf. Sie schloss das Gespräch mit den Worten: „Es ist Zeit für Bhajans. Lass Amma jetzt ein Bad nehmen. Tochter, wann immer du Probleme hast, solltest du kommen und Amma davon berichten."

Saumya verneigte sich vor Amma. Ihr Gesicht leuchtete vor Freude über das lange Gespräch mit Amma, und dass nun ihre Zweifel ausgeräumt waren.

Kurz darauf begab sich Amma zum Kalari und es begannen die Bhajans, die stets dem Dēvī-Bhāva Darśhan vorausgehen. Dieselbe Mutter, die als Guru geduldig so lange Zeit die Fragen ihrer Schüler beantwortet hatte, begab sich jetzt in den Zustand einer verehrenden Devotee, deren Herzenssehnsucht ins Singen hineinströmt. Sie sang mit ihrem ganzen Wesen; durch die tiefe Hingabe in Verzückung geratend, vergaß sie alles um sich herum.

Mittwoch, den 20. August 1986

Den Ärger kontrollieren

Alle hatten im Āśhram seit dem Morgen ohne Ruhepause gearbeitet. Jetzt war später Nachmittag. Bei der Arbeit ging es darum, das Āśhram-Gelände aufzuräumen und Baumaterial zu transportieren, das zum Betongießen für das neue Gebäude verwendet wurde. Amma half beim Tragen einiger Stahlstangen. Ihr weißer Sāri war von den feuchten Stangen voll grüner Algen.

Ein Devotee, der in Rajasthan arbeitete, war die Nacht zuvor eingetroffen. Er geriet leicht in Wut und hatte zu Amma gebetet, ihm dabei zu helfen diese zu überwinden. Amma, die in allen wohnt, wusste davon. Sie wendete sich lächelnd an ihn und sagte: „Mein Sohn, Amma findet, dass du etwas zu viel Wut in dir hast. Beim nächsten Ausbruch solltest du Ammas Bild vor dich stellen und mit ihr schimpfen. Sage ihr: ‚Ist es der Ärger, den ich durch Verehrung von dir erhalte? Du musst ihn sofort beseitigen! Wenn nicht, dann...' Nimm ein Kissen und schlage darauf ein in der Vorstellung, es sei Amma. Du kannst sogar Schmutz auf Amma werfen, wenn dir danach ist. Aber, mein Sohn, ärgere dich nicht über andere."

Ammas Liebe ließ Tränen in die Augen des Mannes steigen.

Bei Sonnenuntergang war die Arbeit fast fertig. Amma beteiligte sich gerade am Steine-tragen. Als ihre Kinder sahen, wie sie soeben den größten Stein auf ihren Kopf lud, versuchten sie, sie davon abzubringen. Sie baten Amma, nur die kleineren Steine zu nehmen. Es war ihr jedoch schmerzlich zu sehen, wie ihre Kinder die schwereren Steine trugen. Ihre Antwort lautete: „Kein physischer Schmerz ist so schlimm wie innerer Schmerz."

Harte Arbeit wurde zu einer Form der Anbetung Gottes. Alle versuchten mehr zu tragen, als sie eigentlich konnten. Ihr Schweiß fiel gleich Blumen der Anbetung zu den Füßen der Mutter des Universums, Blumen, welche die goldene Saat eines neuen Zeitalters enthielten.

Samstag, den 23. August 1986

Amma saß mit ein paar Haushältern auf der Veranda des Kalari. Vijayalakshmi, eine seit ungefähr einem Jahr verheiratete Frau, befand sich darunter. Eine Freundin hatte sie kürzlich zu Amma mitgenommen. Sie verehrte Amma vom ersten Augenblick der Begegnung an und vertraute ihr völlig. Sie kam seitdem regelmäßig, ihr Mann hatte jedoch nicht viel Vertrauen in Amma. Er hatte kein Interesse an Spiritualität, hatte aber nichts gegen die Besuche seiner Frau bei Amma. Nach ihrer Begegnung mit Amma hörte Vijayalakshmi auf, auf ihre äußere Erscheinung zu achten. Sie legte ihren Schmuck und teuren Sāris beiseite und trug nur weiße Kleidung. Das allerdings missfiel ihrem Mann, der ein erfolgreicher Ingenieur mit einem großen Freundeskreis war.

Amma: „Tochter, gefällt es meinem Sohn, wenn du weiß trägst?"

Vijayalakshmi: „Das tut nichts zur Sache, Amma. Ich habe all meine anderen Sāris und Blusen abgelegt. Ich möchte sie Bedürftigen geben. Ich habe viel Kleidung, die ich nicht brauche."

Amma: „Mache im Moment nichts dergleichen, Tochter! Tue nichts, was deinen Mann verletzen könnte. Du hast ein bestimmtes Dharma, vernachlässige es nicht. Mein Sohn hat nichts dagegen, dass du hierherkommst; ist das nicht großartig?"

Vijayalakshmi: „Amma, er findet Zeit für Hunderte von Sachen, aber er hat nicht die Zeit, ein einziges Mal zu dir zu kommen. Jahrelang habe ich mich herausgeputzt und ging überall mit ihm hin; aber damit ist jetzt Schluss. Ich habe all diesen Pomp und dieses Theater satt. Dieser Baumwollsāri und diese Bluse sind mehr als ausreichend für mich."

Amma: „Sprich nicht so, Tochter. Es stimmt zwar, dass er Amma nicht besucht, aber er hat trotzdem viel Hingabe."

Vijayalakshmi: „Wie meinst du das? Er besucht nicht einmal einen einzigen Tempel. Als ich ihn bat, mich zum Guruvayoor-Tempel zu begleiten, antwortete er: ‚Als ich im College war, beschloss ich, niemals einen Fuß in einen Tempel zu setzen. Deinetwegen habe ich einmal meinen Schwur gebrochen. Da deine Familie so fromm ist, war ich gezwungen, gegen mein eigenes Wort zu handeln.' Amma, ich muss mir immer noch seine Klage darüber anhören, dass wir in einem Tempel geheiratet haben."

Amma lachte und entgegnete: „Tochter, er kommt vielleicht nicht hierher oder geht in keinen Tempel, aber er hat ein gutes Herz. Er hat Mitgefühl mit den Leidenden. Das allein reicht. Tochter, tue nichts, was er nicht mag."

Vijayalakshmis Gesicht war voller Enttäuschung.

Amma: „Kein Anlass zur Sorge. Ist es nicht Amma, die dir dies sagt? Trägst du nur weiß, so regt dein Mann sich darüber auf. Was sagt er dann seinen Freunden? Kleide dich also in Weiß, wenn du hierherkommst, zu Hause jedoch, oder wenn du mit ihm unterwegs bist, lege die übliche Kleidung und Schmuck an. Ansonsten werden die Leute Amma dafür verantwortlich machen, nicht wahr? Dein Mann ist ebenfalls Ammas Sohn, also gräme dich nicht, Tochter."

Vijayalakshmi hatte hierauf nichts mehr zu sagen, ihr Gesichtsausdruck ließ erkennen, dass sie Ammas Worte akzeptierte.

Handlungen ausführen

Ein anderer Besucher, Ramachandran, warf eine Frage auf: „In vielen Büchern heißt es, dass in den alten Gurukulas den Handlungen mehr Bedeutung beigemessen wurde als der Ausübung von Sādhanā. Obwohl in den Upaniṣhaden steht, dass Karma-Yōga allein nicht zur Selbst-Verwirklichung führt, haben die Gurus neue Schüler mit der Aufgabe betraut, in den ersten zehn oder zwölf Jahren die Kühe zu weiden oder Feuerholz zu schneiden. Warum haben sie das getan?"

Amma: „Innere Reinigung ist unmöglich ohne selbstloses Handeln. Als erstes benötigt ein spiritueller Mensch Selbstlosigkeit. Dem Schüler wurden bestimmte Aufgaben zugewiesen, um ihn daraufhin zu prüfen. Zeigte er bei seiner Arbeit Opferbereitschaft und Selbstlosigkeit, wies das auf die Festigkeit seines Entschlusses hin, das Ziel zu erreichen.

Die Bereitschaft des Schülers, jedes Wort des Gurus mit Hingabe anzunehmen, macht ihn zum König der Könige; er wird dadurch der Herrscher aller drei Welten.

Ein Aspirant muss ausreichend geprüft werden, bevor er als Schüler im eigentlichen Sinn angenommen wird. Ein echter Meister nimmt einen neuen Schüler nur nach solchen Prüfungen an.

Schließlich geht es darum, einem Erdnussverkäufer die Leitung eines Diamantengeschäftes anzuvertrauen. Es macht nichts aus, eine Erdnuss zu verlieren, aber ein Diamant ist sehr viel wertvoller. Eine spirituelle Person soll in der Welt Frieden und Glück verbreiten. Es ist die Pflicht des Gurus zu prüfen, ob der Schüler das notwendige Śhraddhā und die Reife dafür hat, da er ansonsten viel Schaden anrichtet.

Ein junger Mann begab sich einmal zu einem Āśhram in der Hoffnung, dort ansässig zu werden. Der Guru bemühte sich, ihn davon abzubringen. Er erklärte ihm, dass der Zeitpunkt dafür noch nicht gekommen sei. Der junge Mann wollte jedoch nicht heimkehren. Schließlich gab der Guru nach. Er betraute den neuen Schüler mit der Aufgabe, auf den Obstgarten in der Nähe des Āśhrams aufzupassen.

Als der junge Mann am Abend zum Āśhram zurückkehrte, nachdem er den ganzen Tag über seiner Pflicht nachgegangen war, erkundigte sich der Guru: ‚Was hast du heute gegessen?' Der Schüler antwortete: ‚Ich habe ein paar Äpfel von den Bäumen gegessen.' Sein Lehrer wies ihn zurecht: ‚Wer hat dir das erlaubt?' Der Schüler schwieg.

Am nächsten Tag ging der Schüler wieder zu seiner Arbeit. Dieses Mal pflückte er keine Früchte von den Bäumen, sondern aß lediglich, was zu Boden gefallen war. Am Abend schimpfte der Guru erneut mit ihm. Am darauffolgenden Tag aß er kein Obst aus dem Garten mehr. Als er hungrig war, verzehrte er stattdessen einige Beeren von einer wilden Pflanze. Da diese Beeren giftig waren, brach er zusammen und unfähig, sich zu erheben, blieb er im Obstgarten liegen.

Er rief laut nach dem Guru und flehte um Vergebung. Einige Schüler, die die Rufe vernommen hatten, kamen herbei und fanden ihn. Sie boten ihm etwas zu trinken an, aber er lehnte mit den Worten ab, dass er nichts ohne die Erlaubnis des Gurus essen oder trinken wolle. In dem Augenblick erschien Gott vor ihm und sagte: ‚Ich will dir deine Kraft zurückgeben und dich zu deinem Guru bringen.' Er entgegnete: ‚Nein, Gott! Nur wenn mein Guru seine Zustimmung gibt, möchte ich Deine Stärkung.' Da er diese Ebene der Hingabe erreicht hatte, kam der Guru selbst zu ihm und segnete ihn. Augenblicklich erlangte er seine Kräfte zurück. Auf dem Boden langgestreckt verneigte er sich vor dem Guru und erhob sich dann.

Dieser Art von Prüfungen unterzogen die Gurus in früheren Zeiten die angehenden Schüler, um deren Eignung zu prüfen."

Geduld

Ramachandran: „Amma, bei der Beobachtung deines Verhaltens mit deinen Kindern erhält man den Eindruck, dass dein Tadel mehr zu ihrem Wachstum beiträgt als dein Lob."

Amma: „Um die rechte Disziplin und Demut zu entwickeln, sollte der Schüler sowohl ehrfürchtig als auch hingebungsvoll dem Guru gegenüber sein. Anfänglich lernen die kleinen Kinder ihre Lektionen aus Furcht vor dem Lehrer. Bis zum College-Besuch lernen sie aus eigener Initiative, da sie ein Ziel haben.

Geduld ist die einzige Eigenschaft, die vom Anfang bis zum Ende des spirituellen Lebens notwendig ist. Bevor ein Baum wachsen kann, muss die Schale des Samens brechen. Ähnlich muss das Ego brechen, bevor wir die Wirklichkeit erkennen können. Der Guru ersinnt viele Prüfungen, um zu sehen, ob der Schüler lediglich aus vorübergehendem Enthusiasmus zu ihm kam oder aus wirklicher Liebe zum Ziel. Wie die Überraschungstests in der Schule schickt der Guru seine Prüfung ohne Vorankündigung. Es ist die Pflicht des Gurus, die Geduld, Selbstlosigkeit und das Mitgefühl zu prüfen. Er beobachtet, ob der Schüler über die Stärke verfügt, verschiedene Tests durchzustehen. Morgen ist der Schüler dazu bestimmt, die Welt zu führen. Tausende kommen vielleicht zu ihm und vertrauen ihm.

Damit solche Leute nicht getäuscht werden, muss der Schüler über eine gewisse Stärke, Reife und über Mitgefühl verfügen. Geht er in die Welt hinaus ohne diese Eigenschaften, wird er die Welt ernsthaft hintergehen.

Um den Schüler zu formen, stellt der Guru ihn auf viele Proben. Ein Guru gab einem Schüler einmal einen großen Stein und trug ihm auf, daraus eine Skulptur für den Altar zu erschaffen. Der Schüler verzichtete auf Essen und Schlaf und es dauerte nicht lang, bis er die Statue fertig hatte. Er stellte sie dem Guru zu Füßen, verbeugte sich mit gefalteten Händen und ging dann zur Seite.

Der Guru warf einen Blick auf die Statue, dann warf er die Figur fort, wobei sie in Stücke zerbarst. ‚Macht man so eine Statue?', fragte er verärgert. Der Schüler betrachtete das zerbrochene Werk und dachte: ‚Viele Tage habe ich an dieser Statue gearbeitet ohne Pause für Essen oder Schlaf und mein Guru hat mich nicht mal mit einem Wort gelobt.' Der Guru kannte seine Gedanken und reichte ihm einen anderen Stein mit der Aufforderung, es nochmals zu probieren.

Mit viel Achtsamkeit fertigte der Schüler eine noch schönere Statue als zuvor und brachte sie zum Guru. Er war sich sicher, dass der Guru dieses Mal zufrieden sein würde. Aber des Gurus Gesicht verfärbte sich augenblicklich rot vor Ärger, als er die Statue erblickte. ‚Erlaubst du dir einen Scherz mit mir? Diese ist ja noch schlechter als die vorhergehende!' Mit diesen Worten feuerte er die Statue zu Boden, wo sie wiederum in Stücke zersprang. Der Schüler stand mit demütig gesenktem Kopf da. Er war nicht verärgert, sondern nur traurig. Der Guru überreichte ihm einen weiteren Stein mit der Anweisung, erneut eine Statue anzufertigen.

Gehorsam schuf der Schüler mit großer Sorgfalt eine weitere Figur. Sie war sehr schön. Er brachte sie wiederum den Füßen des Gurus dar. Sofort ergriff sie der Guru und schleuderte sie unter harten Vorwürfen fort. Dieses Mal war im Schüler weder Verärgerung noch Traurigkeit über die Reaktion des Lehrers vorhanden, da er inzwischen Hingabe entwickelt hatte. Er dachte: ‚Wenn das dem Willen meines Gurus entspricht, so ist es mir recht. Jedes Verhalten von ihm ist zu meinem Besten.' Er erhielt einen neuen Stein, den er freudig entgegennahm. Er kehrte mit einer weiteren schönen Statue zurück, die der Guru wieder zerschmetterte, was der Schüler ohne die leiseste Gefühlsregung hinnahm. Erfreut darüber schloss ihn der Guru in die Arme, legte die Hände auf seinen Kopf und segnete ihn.

Hätte eine dritte Person das Verhalten des Gurus beobachtet, wäre sie vielleicht erstaunt über seine Grausamkeit gewesen oder hätte möglicherweise gedacht, er sei verrückt. Nur der Guru und der hingebungsvolle Schüler konnten wissen, was wirklich vor sich ging. Mit jedem Zerbrechen einer Staute bewirkte der Lehrer, ein wahres Gottesbild im Herzen des Schülers zu erschaffen. Was dabei brach, war des Schülers Ego. Nur ein Satguru kann das bewirken und nur ein echter Schüler kann die darin enthaltene Freude erfahren.

Der Schüler sollte begreifen, dass der Guru besser weiß, was gut oder schlecht für ihn ist als auch was generell gut oder schlecht ist. Man sollte sich niemals an einen Guru wenden mit dem Wunsch, sich einen Namen zu machen oder um Ruhm zu erwerben, sondern ausschließlich mit dem Ziel, das eigene Selbst zu finden. Ärgern wir uns darüber, dass der Guru uns oder unsere Handlungen nicht lobt, dann ist die Erkenntnis notwendig, dass wir als Schüler noch nicht geeignet sind. Wir sollten den Lehrer bitten, diesen Ärger zu entfernen. Es ist notwendig zu verstehen, dass jede Handlung des Gurus nur unserem eigenen Wohl dient.

Hätte der Schüler in dieser Geschichte den Guru aus dem Gefühl heraus verlassen, weil seine Arbeit nicht das verdiente Lob erhielt, wäre für ihn das Tor zur ewigen Glückseligkeit verschlossen geblieben. Die Gurus teilen ihren Schülern verschiedene Aufgaben zu in dem Wissen, dass Geduld und Reife nicht allein durch Meditation erworben werden können. Die durch Meditation gewonnenen Eigenschaften sollten sich in den Handlungen zeigen. Es ist kein Zeichen tiefer Spiritualität, wenn man Frieden nur in der Meditation erfährt und nicht zu anderen Zeiten. Jede Handlung sollte als eine Art der Meditation durchgeführt werden. Dann wird Karma wahres Dhyāna (Meditation)."

Vijayalakshmi: „Eine Freundin von mir erhielt Mantra Dīkṣhā vom Ramakrishna-Āśhram. Amma, was ist der Sinn und Zweck einer Mantra-Einweihung?"

Amma: „Milch wird nicht von allein zu Joghurt. Wir müssen der Milch eine kleine Menge Joghurt beigeben, um den Prozess in Gang zu setzen. Nur so erhalten wir Joghurt. Auf ähnliche Weise erweckt das vom Guru gegebene Mantra die spirituelle Kraft im Schüler.

So wie ein Sohn das Leben durch die Keimzelle des Vaters erhält, so lebt der Schüler durch das Prāṇa des Gurus. Das bei der Einweihung eingeflößte Prāṇa und der dabei gefasste Entschluss des Gurus helfen ihm, die Vollkommenheit zu erreichen. Während der Initiation bindet der Guru den Schüler mit dem inneren Faden an sich."

Vijayalakshmi: „Gibst du mir ein Mantra, Amma?"

Amma: „Wenn du das nächste Mal kommst, Tochter."

Eine Gruppe von Besuchern kam nun hinzu und nahm um Amma herum Platz. Einer von ihnen erwähnte einen SannyāsīSannyāsī, der kürzlich Mahāsamādhi erreichte.

Besucher: „Ich wohnte der Beisetzung in einer Gruft bei. Es wurde eine Zelle errichtet, die mit Salz, Kampfer und heiliger Asche gefüllt wurde. Dahinein wurde der Körper gegeben."

Ramachandran: „Wird der Körper nicht von Würmern verzehrt, selbst wenn er in Salz und Kampfer gelegt wird?"

Ein anderer Besucher: „Ich hörte, dass Jnanadeva einem Devotee viele Jahre nach seinem Mahāsamādhi im Traum erschienen war. Darin gab er die Anweisung, die Gruft, die seinen Körper enthielt, zu öffnen. Als der Devotee dem nachkam, entdeckte er, dass Baumwurzeln den Körper umschlungen hatten und Druck ausübten. Der Körper wies keine Anzeichen der Verwesung auf. Die Baumwurzeln wurden entfernt und die Samādhi-Gruft wieder geschlossen."

Amma: „Wenn das Leben entwichen ist, was macht das für einen Unterschied? Empfinden wir Bedauern, wenn Würmer in unseren ausgeschiedenen Exkrementen wachsen? Dem entspricht der Körper; er ist vergänglich. Nur die Seele ist unsterblich."

Nun berichtete ein Devotee Amma von einer Geschichte, die er in der Zeitung über den Āśhram gelesen hatte. Sie betraf Śhakti Prasād, einen jungen Mann, der in den Āśhram gekommen war, um ein Brahmachārī zu werden. Um ihn zu zwingen zurückzukommen und seinen Eintritt in den Āśhram zu vereiteln, hatte der moslemische Vater Klage beim obersten Gerichtshof erhoben.

Amma flüsterte: „Śhiva!" Dann saß sie eine Weile schweigend da. Schließlich fuhr sie mit einem Lachen fort: „Lasst uns das dem Uralten (Śhiva) erzählen. Er befindet sich jedoch in tiefer Meditation und wird durch nichts von alledem berührt. Er hat ein Auge mehr als alle anderen; trotzdem scheint er dies hier nicht zu sehen. Er kommt nicht auf unsere Ebene hinunter, also sind wir es, die kämpfen müssen."

Besucher: „Amma, was meinst du damit?"

Amma: „Śhivas drittes Auge ist das Auge der Weisheit, des höchsten Wissens. Er befindet sich in Jñāna Bhāva, nichts berührt ihn. Amma hingegen ist die Mutter. Sie betrachtet alle Wesen als ihre eigenen Kinder und sie wird von Mitgefühl bewegt."[53]

Als Amma sprach, strömten einem Brahmachārī, der in ihrer Nähe saß, die Tränen über die Wangen. Er war berührt von der Nachricht, dass Amma für eine Tour durch die Vereinigten Staaten abreisen würde. Er war nicht unglücklich über die Tour als solche. Ihm war nur der Gedanke unerträglich, drei Monate von ihr getrennt zu sein. Die Nachricht über Ammas Auslandsbesuch löste Trauer im ganzen Āśhram aus. Zum ersten Mal würde Amma für solch lange Zeit nicht im Āśhram sein. Obwohl die Abfahrt noch Monate hin war, brachen viele der Āśhram-Bewohner in Tränen aus, wann immer sie daran dachten. Amma wandte sich dem Brahmachārī zu und wischte sanft seine Tränen ab. Sie sagte zu ihm: „Mein Sohn, bei solchen Anlässen sieht Amma, wer von euch sich als würdig erweist. Sie möchte wissen, wer von euch die Ausrichtung auf das spirituelle Ziel (Lakṣhya-Bōdha) und Disziplin aufrechterhält, selbst wenn sie weit weg ist."

[53] Śhakti Prasāds Vater verlor den Prozess schließlich. Das Urteil des Obersten Gerichtshofs brachte einen Wendepunkt in der Rechtsprechung Indiens, wodurch jetzt der freien Religionswahl des Individuums der Vorzug gegeben wird.

In diesem Moment gab die mütterliche Liebe der Pflicht als Guru nach, der seine Schüler unterweist. Trotzdem schien der göttliche Strom ihrer Liebe nahezu überzuströmen, da ihr Herz immer beim Anblick der Tränen ihrer Kinder schmolz. Selbst ihre Rolle als Guru wurde durch ihre mütterliche Zuneigung stark abgemildert.

Kapitel 11

Montag, den 25. August 1986

Kuttan Nair aus Cheppad war ein Haushälter-Devotee Ammas. Bei seiner ersten Begegnung mit Amma hatte er, wie viele andere, gedacht, dass die Göttliche Mutter Ammas Körper während des Dēvī Bhāva einnahm. Aber durch die Beobachtung von Ammas Verhalten nach dem Dēvī Bhāva gelangte er allmählich zu der Überzeugung, dass die Gegenwart der Göttlichen Mutter fortwährend in ihr erstrahlt. Nachdem sein ältester Sohn, Srikumar, ständiger Āśhram-Bewohner geworden war, besuchte Amma häufig das Heim Herrn Nairs. Jeder ihrer Besuche war ein Fest für die Kinder dieser Familie. In der Süd-West-Ecke des Hauses wurde ein Zimmer für Amma reserviert. Sie meditierte häufig in dem Raum. Bei ihren Aufenthalten sangen Amma und ihre Kinder Bhajans im Pūjā-Zimmer der Familie. Bei diesen Anlässen führte Amma ebenfalls eine Pūjā aus.

Amma hatte den Nairs einen Besuch für diesen Morgen zugesagt, da das Haus sich auf ihrem Weg nach Kodungallur befand. Mittlerweile war es fast Mittag, und Amma war mit ihren Kindern noch nicht eingetroffen. In Erwartung ihrer Ankunft hatte keines der Familienmitglieder bis jetzt gegessen. Da der Vormittag nun so gut wie vorbei war, nahmen sie an, Amma habe es sich anders überlegt. Was sollten sie mit all dem

Essen machen, das für Amma und ihre Begleitung hergerichtet worden war?

Kuttan Nair begab sich in den Pūjā-Raum und schloss die Tür. Er vernahm draußen Rufe, ignorierte sie jedoch. Er schaute auf Ammas Bild und beschwerte sich in Gedanken: „Warum hast du vergebliche Hoffnung in uns erweckt?"

Im selben Augenblick erhob sich draußen Ammas Stimme wie ein klarer Glockenschlag. „Wie hätten wir eher kommen können? Denkt einmal, wie schwierig es schon für eine Familie mit zwei Kindern ist, reisefertig zu werden! Es waren im Āśhram so viele Vorkehrungen zu treffen, insbesondere, da wir zwei Tage lang abwesend sind. Viele Dinge mussten bedacht werden. Die Arbeiter sind dort und es musste Sand gesiebt werden. Darüber hinaus brauchten die zurückbleibenden Kinder Trost. Es gab so vieles zu erledigen."

Ein Brahmachārī erklärte: „Amma kam um sieben Uhr morgens aus ihrem Zimmer und gab den anwesenden Besuchern einen frühen Darśhan. Dann half sie uns, zwei Bootsladungen Sand von der Fähre zum Āśhram zu tragen. Inzwischen war es elf Uhr geworden und wir hätten schon früh morgens nach Kodungallur abfahren sollen. Wir brachen dann eilig auf ohne etwas gegessen zu haben."

Auch jetzt blieb keine Zeit zum Essen. Amma ging direkt in den Pūjā-Raum, sang einige Kīrtans und führte eine Pūjā durch. Als sie herauskam, umringten sie die jungen Kinder.

Amma sagte zu ihnen nur kurz: „Amma kommt später wieder. Heute ist keine Zeit." Enttäuschung stand in den Augen der Kinder. Es bestand jetzt selten die Chance, so wie früher mit Amma zu spielen. Streichelnd tröstete Amma jedes Kind und gab ihnen Süßigkeiten. Es wurde ein Frühstück zusammengepackt und im Fahrzeug verstaut. Nach einem Darśhan für alle setzten Amma und ihre Schüler ihre Fahrt mit der Absicht fort, das „Frühstück" unterwegs zu essen.

Brahmachārī Balu wartete am Stadtrand von Ernakulam auf Amma. Zur Erledigung von Āśhram-Angelegenheiten war er schon am Vortag abgereist. Er berichtete Amma nun, dass ein Devotee aus Ernakulam in der Hoffnung auf einen Besuch in seinem Heim auf sie wartete.

Amma: „Wie könnten wir dort hingehen, wo die Kinder in Kodungallur Amma für letzten Freitag und Samstag eingeladen hatten und wir den Besuch auf heute verschoben haben, da eines meiner Kinder am Sonntag nach Europa zurückkehren musste? Morgen müssen wir nach Ankamali fahren. Also haben wir das Zwei-Tage-Programm auf ein eintägiges verkürzt. Wenn wir nicht so bald wie möglich in Kodungallur eintreffen, tun wir den Leuten dort Unrecht. Daher können wir nirgendwo anders einen Besuch abstatten. Das Frühstück haben wir schon für eine Mahlzeit irgendwo unterwegs in den Kleinbus gepackt, um die Zeit eines Hausbesuches einzusparen."

Wieder unterwegs, nutzten die Brahmachārīs sogleich die Gelegenheit, Amma Fragen zu stellen.

Brahmachārī: „Amma, ist es möglich, ohne die Hilfe eines Gurus, allein durch Sādhanā und Satsang, das Ziel zu erreichen?"

Amma: „Das Reparieren einer Maschine kann man nicht einfach durch die Lektüre eines Buches lernen. Man muss eine Reparaturstelle aufsuchen und dort von einem Fachmann ausgebildet werden. Es ist notwendig, von jemandem zu lernen, der Erfahrung hat. Desgleichen ist ein Guru unerlässlich, um jeden einzelnen auf die Hindernisse im Verlaufe des Sādhanās aufmerksam zu machen und zu lehren, wie man sie überwindet und das Ziel erreicht."

Brahmachārī: „In den Schriften steht viel über die Hindernisse beim Sādhanā. Reicht es nicht, die Schriften zu lesen und danach seine Übungen auszurichten?"

Amma: „Auf einer Medizinflasche mag zwar eine Dosierung angegeben sein, aber trotzdem sollte die Medizin nicht ohne unmittelbare Anweisung eines Arztes genommen werden. Die Aufschrift enthält lediglich allgemeine Hinweise; der Arzt hingegen entscheidet, welches bestimmte Medikament in welcher Dosierung und in welcher Weise eingenommen werden soll. Er richtet sich nach der jeweiligen individuellen Konstitution und dem momentanen Gesundheitszustand. Bei falscher Einnahme kann eine Medizin mehr Schaden als Nutzen bringen. Ähnlich kann man durch Satsang und Bücher bis zu einem gewissen Grad spirituelles Wissen erwerben. Bei ernsthaftem Engagement in spirituellen Praktiken könnte es jedoch ohne Guru gefährlich werden. Das Ziel lässt sich ohne einen Satguru nicht erreichen."

Brahmachārī: „Reicht es nicht aus, einen Guru zu haben? Ist es notwendig, sich in seiner Nähe aufzuhalten?"

Amma: „Sohn, wenn wir einen Setzling umpflanzen, bleibt etwas Erde vom ursprünglichen Platz an der Pflanze. Dadurch kann sie sich leichter an die neuen Bedingungen gewöhnen. Ansonsten könnte es schwierig für sie sein, in der neuen Erde zu wurzeln. Die Gegenwart des Gurus wirkt wie Erde vom Ursprungsort, die der Pflanze bei der Anpassung hilft. Dem spirituell Suchenden fällt es anfänglich schwer, ohne Unterbrechungen regelmäßig sein Sādhanā auszuführen. Die Anwesenheit des Gurus verleiht ihm die Stärke, alle Hindernisse zu überwinden und konsequent auf dem spirituellen Pfad zu bleiben.

Apfelbäume brauchen zum Wachsen ein geeignetes Klima und zur richtigen Zeit Wasser und Dünger, außerdem müssen Schädlinge und Krankheiten bekämpft werden, die den Baum befallen. Vergleichsweise befindet sich ein Sādhak in einer? Gurukula in der günstigsten Umgebung für spirituelle Praktiken und der Guru schützt ihn vor allen Hindernissen."

Brahmachārī: „Ist es nicht ausreichend, nur die Art von Sādhanā auszuüben, die einem am meisten liegt?"

Amma: „Der Guru verordnet das Sādhanā, das für den Schüler am besten geeignet ist. Er entscheidet, ob er kontemplieren sollte oder sich dem selbstlosen Dienen widmen bzw. ob Japa und Gebet ausreichend sind. Manche Menschen verfügen nicht über die geeignete Konstitution für Yōga-Praktiken. Andere wiederum sind nicht fähig, längere Zeit zu meditieren. Was wird das Ergebnis sein, wenn hundertfünfzig Leute in einen Bus steigen, der nur für fünfundzwanzig gedacht ist? Ein kleiner Mixer lässt sich nicht in derselben Weise verwenden wie eine große Mühle, denn wenn wir ihn längere Zeit laufen lassen, überhitzt er und geht kaputt. Der Guru verschreibt die spirituellen Übungen gemäß der körperlichen, psychischen und intellektuellen Konstitution."

Brahmachārī: „Ist es denn nicht für jeden gut zu meditieren?"

Amma: „Der Guru kennt den körperlichen und geistigen Zustand besser als man selbst. Seine Ratschläge richten sich nach dem Entwicklungsstand des spirituellen Suchenden. Wird dieser Punkt nicht verstanden, kann Sādhanā, das gemäß irgendwo gefundener Anweisungen übernommen wurde, mentales Ungleichgewicht auslösen. Ein Übermaß an Meditation kann den Kopf überhitzen, als auch zu Schlaflosigkeit führen. Der Guru berät jeden einzelnen Schüler gemäß dessen Naturell hinsichtlich Dauer der Meditation und auf welchen Körperbereich er sich dabei konzentrieren sollte.

Wenn wir zu einem bestimmten Ort in Begleitung einer Person fahren, die dort wohnt und den Weg kennt, können wir leicht das Ziel erreichen. Ansonsten könnte es leicht geschehen, dass ein Weg von einer Stunde zehn Stunden in Anspruch nimmt. Selbst mit einer Karte können wir uns verfahren oder Räubern in die Hände fallen. Reisen wir mit ortskundiger Begleitung, haben wir nichts zu befürchten. Eine ähnliche Rolle spielt der Guru bei unseren spirituellen Übungen. In jedem Sādhanā-Stadium können sich Hindernisse in den Weg stellen; es wäre dann schwierig, ohne Guru weiterzukommen. Der Aufenthalt in der Gegenwart eines Satgurus ist wahrer Satsang."

Während Ammas spiritueller Ausführungen nahmen ihre Kinder kaum wahr, wie die Zeit verstrich. Aber Amma wusste besser als sie selbst, wie hungrig sie waren. Sie erkundigte sich: „Wie spät ist es, Kinder?"

„Drei Uhr, Amma."

„Haltet an, wenn ihr einen schattigen Platz seht."

Sie hielten fürs Mittagessen am Straßenrand und setzten sich unter einen Baum. Die Brahmachārīs rezitierten das fünfzehnte Kapitel der Bhagavad Gītā. Selbst unterwegs besteht Amma auf der üblichen Rezitation der Gītā vor dem Essen. Sie teilte das Essen, das aus Reis und Chamandi bestand, an alle aus. Wasser wurde von einem nahegelegenen Haus geholt.

Während des Essens raste ein Pärchen auf einem Motorroller vorbei. Auf das Paar zeigend fragte Amma: „Möchtet ihr so mit jemandem reisen? Amma meint nicht, dass bei euch nicht solche Wünsche auftauchen könnten. Wenn das der Fall ist, solltet ihr sie jedoch durch eingehende Betrachtung sofort wieder loslassen. Ihr könnt euch vorstellen, eure Phantasiefrau bei der Fahrt in einen tiefen Graben zu werfen. Dann kehrt sie nicht mehr zurück!" Amma brach in Lachen aus.

Darśhan am Straßenrand

Da sich die Straße in sehr schlechtem Zustand befand, empfahlen einige der Brahmachārīs, eine andere Route zu nehmen, die durch die Stadt Alwaye führt. Amma lehnte jedoch ab. So setzten sie den Weg auf derselben Straße fort. Schon bald sahen sie einige Leute, die am Straßenrand auf Amma warteten. Vielleicht war es ihretwegen, dass Amma die andere Strecke nicht nehmen wollte. Die Leute baten Amma, vor der Weiterfahrt eine kurze Pause einzulegen.

Sehr liebevoll sagte Amma zu ihnen: „Meine lieben Kinder, dazu ist leider keine Zeit! Aber beim nächsten Mal." Die Leute akzeptierten ihre Antwort. Als das Fahrzeug gerade dabei war anzufahren, kam aus einiger Entfernung eine Frau auf sie zugerannt und flehend zu warten bat.

Frau: „Amma, heute Morgen um zehn Uhr habe ich für die Brahmachārīs Kaffee gemacht. Die ganze Zeit habe ich hier gewartet. Ich musste nur gerade kurz heim. Amma, bitte komm vor der Weiterfahrt nur für einen Augenblick bei mir vorbei!"

Amma erklärte, dass es schon sehr spät sei und sie daher die Fahrt nicht unterbrechen könne.

Die Frau: „Du musst unbedingt kommen, Amma! Bitte! Nur für ganz kurz!"

Amma: „Wir haben versprochen, bis drei Uhr in Kodungallur einzutreffen, und es ist schon vier Uhr. Ein anderes Mal, Tochter. Amma wird wieder einmal Kodungallur besuchen."

Die Frau: „Dann warte hier bitte nur eine Minute. Ich habe Milch für dich in einer Flasche bereitgestellt und schicke meinen Sohn sie zu holen. Trinke wenigstens die Milch, bevor du abfährst!"

Amma gab dieser Bitte nach, die mit solch offensichtlicher Hingabe geäußert wurde.Die Frau schickte ihren Sohn, die Milch zu holen. Inzwischen legte eine alte Frau, die neben dem Wagen stand, Amma eine Girlande um. Amma nahm ihre Hände und segnete sie. Tränen der Hingabe stiegen in die Augen der Frau.

Inzwischen kehrte der Sohn mit der Milch zurück. Seine Mutter goss sie in ein Glas und reichte es Amma. Erst dann erinnerte sich die Frau an die Bananen, die sie für die Brahmachārīs gekocht hatte. Erneut ließ sie ihren Sohn nach Hause laufen. Erst nachdem die Bananen im Fahrzeug verstaut worden waren, ließ sie Amma abfahren. Dēvī ist in der Tat in den Händen ihrer Devotees!

Um fünf Uhr kamen sie in Kodungallur an und die Bhajans begannen um sieben Uhr. Wie immer ließ Ammas wunderbarer Gesang Wellen der Hingabe in die Atmosphäre aufsteigen!

Dienstag, den 2. September 1986

Amma befand sich in der Darśhan-Hütte und empfing Besucher. Ein Arzt und seine Familie waren aus Kundara eingetroffen. Die junge Tochter des Arztes saß neben Amma und meditierte.

Amma sprach über den Aufruhr, der am Vortag von einem der Āśhram-Nachbarn gegen die Brahmachārīs angestiftet worden war.

Amma: „Gestern hörten die Kinder ein paar richtige vedische Mantren! Unser Nachbar hielt kein Wort zurück. Da die Kinder sich das nicht anhören wollten, ließen sie sehr laut eine

Bhajan-Kassette abspielen. Widerrede konnten sie sich schlecht erlauben oder? Schließlich tragen sie dieses Gewand."

Amma wandte sich an die Brahmachārīs mit den Worten: „Wir sind Bettler, Kinder! Bettler ertragen alles, was sie hören. Diese Haltung brauchen wir jetzt. Verlieren wir schon unseren klaren Kopf durch ein paar Worte eines Nachbarn und machen dann selbst viel Lärm, verlieren wir unseren inneren Frieden. Soll die Kraft, die durch langes Sādhanā gewonnen wurde, für solche trivialen Angelegenheiten vergeudet werden? Schenken wir dem Nachbarn keine Beachtung, so bleiben seine Worte bei ihm. Seine Worte können nur auf uns wirken, wenn wir sie ernst nehmen. Gott prüft uns durch seine Worte. Er gibt uns die Gelegenheit zu beurteilen, wie gut wir Gelerntes verinnerlicht haben, wir sind nicht unser Körper, Mind oder Intellekt. Was können die Worte des Mannes uns anhaben? Hängt unser innerer Frieden von anderen ab?

Würde er sich einem Grobian gegenüber so verhalten? Er nahm sich dieses üble Verhalten gegenüber den Kindern nur heraus, weil sie so sanft wie kleine Kinder sind. Wisst ihr, was sie sagten? Ihre Worte waren: ‚Amma, obwohl er einen Krach inszenierte und nicht aufhörte uns zu beschimpfen, kam uns nicht der Impuls darauf einzugehen. Für uns war es, als ob eine gestörte Person zu uns sprach; und wer nimmt die Worte eines Verrückten ernst?'"

Der Arzt begann nun zu sprechen: „Die Familie, die neben unserem Krankenhaus wohnt, ist nicht einmal bereit, irgendjemandem etwas zu trinken zu geben. Sogar wenn wir sagen, dass wir das Wasser selbst mit einem Eimer und Seil aus dem Brunnen ziehen würden, lassen sie es nicht zu. Sie meinen, wir würden dabei den Schlamm im Brunnen aufwühlen. Nicht einmal den Patienten im Krankenhaus wollen sie Wasser geben.

Es ist traurig, dass es Menschen mit solch boshafter Einstellung, Mind gibt!"

Amma: „Lasst uns beten, dass sie bessere Menschen werden."

Der Arzt: „Gott verwandelt Meereswasser für uns in Regen. Es ist traurig, wenn jemand dieses Wasser als Besitz beansprucht."

Amma (auf seine Tochter blickend): „Meine Tochter meditiert seit dem Augenblick, wo sie sich hingesetzt hat. Was ist mit ihr geschehen?"

Der Arzt: „Amma, bei ihrem ersten Besuch hast du zu ihr gesagt: ‚Du solltest meditieren, dann wird Gott dich so intelligent machen, dass du in deinen Studien gut abschneiden wirst.' Seitdem hat sie täglich meditiert." Amma schaute liebevoll lächelnd auf das Mädchen.

Eine Frau verneigte sich vor Amma und erhob sich dann. Amma erkundigte sich: „Tochter bist du gekommen, weil mein Sohn Satish dir von Amma erzählt hat?"

Die Augen der Frau öffneten sich weit vor Verwunderung. Dann begann sie unbändig zu weinen. Amma wischte ihre Tränen ab. Nachdem sie sich ein wenig beruhigt hatte, antwortete die Frau: „Ja, Amma, ich komme aus Delhi. Bei einem Besuch in Sivagiri traf ich Satish. Er war es, der mir von Amma erzählt und mir den Weg hierher beschrieben hatte. Während ich mich vor dir verbeugte, überlegte ich, ob du mir wohl seinen Namen nennen könntest. Sobald ich aufstand, hast du seinen Namen ausgesprochen!" Amma lachte unschuldig wie ein Kind und die Frau setzte sich neben sie.

Meditation an den Backwaters

Einige Brahmachārīs waren nach Ernakulam gefahren, um Vorräte einzukaufen. Es war bereits spät in der Nacht und sie waren noch nicht zurückgekehrt. Amma saß am Ufer der ‚Backwaters' und wartete auf sie. Brahmachārīs saßen um sie herum. Wenn jemand aus dem Āśhram wegfuhr und nicht rechtzeitig zurückkam, wartete Amma in der Regel an der Bootsanlegestelle auf ihn, ganz gleich wie lang es dauerte. Erst nach der Rückkehr des Betreffenden ging sie schlafen.

Auf den ‚Backwaters' fuhr ein Boot schnell an ihnen vorbei und erzeugte Wellen, die gegen das Ufer klatschten.

Bald war das Geräusch verklungen. Amma: „Es kann sein, dass sie sehr spät kommen, also sitzt nicht untätig herum. Meditiert!" Alle rückten in Ammas Nähe.

Amma: „Lasst uns zuerst einige Male ‚Ōm' chanten. Stellt euch vor, dass der Klang im Mūlādhāra-Chakra beginnt, zum Sahasrāra-Chakra aufsteigt, sich überall im Körper ausbreitet und sich schließlich in Stille hinein auflöst."

Amma ließ dreimal das Ōm erklingen. Nach jedem Mal machte sie eine kleine Pause, bevor sie wieder ansetzte, damit alle mitsingen konnten. Die heilige Silbe schwoll wie der Ton eines Muschelhorns an, hallte in der Lautlosigkeit der Nacht wider und löste sich langsam in völlige Stille auf. Alle versenkten sich in die Meditation. Abgesehen vom Rauschen des nahegelegenen Meeres und der Brise, die durch die Palmen wehte, war alles still. Nach etwa zwei Stunden ertönte wieder ein gemeinsames Ōm.

Amma sang nun einen Kīrtan und die Gruppe wiederholte jede Zeile.

atbhuta charitrē

Oh, Du, vor der sich die himmlischen Wesen verneigen,
Deine Geschichte ist voller Wunder.
Gewähre mir die Kraft, Deinen Füßen zu dienen.
Ich bringe Dir all meine Taten dar,
die in der Dunkelheit meiner Unwissenheit geschahen.

Oh, Beschützerin der Unglücklichen,
vergib mir alles, was ich aus Unwissenheit getan habe.
Oh Herrscherin des Universums,
oh Mutter, bitte leuchte in meinem Herzen
wie die aufsteigende Sonne in der Morgendämmerung.

Lass mich alle als gleich ansehen,
frei von jeglichem Gefühl des Unterschieds.
Oh, große Göttin, Urgrund aller Handlungen,
der tugendhaften, als auch der sündhaften.

Oh Befreierin von aller Knechtschaft,
gib mir Deine Sandalen,
welche die grundlegenden Tugenden schützen
auf dem Pfad der Befreiung,
auf dem Weg des Dharmas.

Als sie den Bhajan beendet hatten, hörten sie am anderen Ufer das Hupen eines Autos. Die Scheinwerfer eines Lastwagens tauchten auf. Amma erhob sich sofort und fragte: „Kinder, ist das unser Lastwagen?"

Bald darauf glitt das Boot mit den Brahmachārīs durch das Wasser und erreichte das Ufer vor dem Āśhram. Die heimkehrenden Brahmachārīs waren voller Freude, als sie sahen, dass Amma auf sie wartete. Sie sprangen aus dem Boot und warfen sich voller Enthusiasmus vor ihr nieder, gerade so, als hätten sie sie wochenlang nicht gesehen.

Als sie das Boot entluden, fragte Amma: „Ist mein Sohn Ramakrishnan nicht mit euch zurückgekommen?"

„Er wird in Kürze hier sein. Er musste einen Mann ins Krankenhaus bringen. Auf dem Rückweg hat eine Gruppe von Leuten den Lastwagen angehalten und einen Mann gebracht, der bei einem Kampf verletzt worden war. Sie baten uns, ihn ins Krankenhaus zu bringen. Zuerst entgegneten wir, dass wir dich fragen müssten, Amma. Aber es stand kein anderes Fahrzeug zur Verfügung; so fuhr Ramakrishnan ihn ins Krankenhaus."

Amma: „Unter solchen Umständen braucht ihr Amma nicht zu fragen. Wenn irgendjemand zu euch kommt, der krank oder verletzt ist, solltet ihr versuchen, den Betreffenden auf der Stelle ins Krankenhaus zu bringen ganz gleich, ob Freund oder Feind. Helfen wir Menschen nicht in solchen Situationen, wann können wir es dann tun?" Es war 2 Uhr 30 am Morgen, als Ramakrishnan endlich zurückkehrte. Erst dann ging Amma auf ihr Zimmer.

Sonntag, den 14. September 1986

Auf dem Āśhram-Gelände herrschte völliges Chaos, da gerade das neue Gebäude errichtet wurde. Überall lagen Ziegelsteine verstreut. Auch wenn die Āśhram-Bewohner versuchten, alles in Ordnung zu bringen, war am nächsten Tag das Durcheinander genauso schlimm wie zuvor. Amma sah den Āśhram nicht gerne in solchem Zustand, deshalb begann sie jedes Mal aufzuräumen, wenn sie ihr Zimmer verließ.

An diesem Tag kam Amma früh heraus. Sie bat die Brahmachārīs, Schaufeln und Körbe zu bringen. Sie begannen, einen großen Sandhaufen, der in einer Ecke des Hofes lag, zu einer entfernten Stelle zu tragen. Amma band ein Handtuch um ihren Kopf und machte sich daran, die Körbe zu füllen. Sie arbeitete mit großem Einsatz und ihr Enthusiasmus steckte die anderen an. Als sie bemerkte, dass ein Brahmachārī während der Arbeit unaufhörlich redete, sagte sie: „Kinder, sprecht nicht bei der Arbeit. Rezitiert euer Mantra! Das ist nicht einfach nur Arbeit, das ist Sādhanā. Welcher Art von Tätigkeit ihr auch gerade nachgeht, wiederholt soweit wie möglich euer Mantra im Mind. Nur dann ist es Karma-Yōga. Es genügt nicht, nur über das spirituelle Leben zu lesen, davon zu hören oder lediglich darüber zu sprechen.-Ihr müsst es in die Praxis umsetzen. Aus diesem Grund müssen wir diese Art von Arbeit verrichten. Euer Mind sollte nicht einmal für eine Minute von Gott abschweifen."

Amma begann zu singen und alle stimmten ein.

nanda kumāra gopāla

Oh Sohn Nandas, Beschützer der Kühe,
Wunderschöner Knabe aus Brindavan.
Oh Du, der Du Rādhā verzaubert hast,
Oh, dunkelfarbiger Gopala.

Oh Gopala, der Du den Gōvardhana-Hügel
emporgehoben hast.
Und der im Mind der Gōpīs spielt.

Der Sandhaufen verschwand innerhalb von Minuten. Als nächstes machten sie sich daran, in zwei Ecken des Āśhrams den Kies zu waschen und Sand zu sieben (um den gröberen vom feineren zu trennen).

Ein Besucher, der mit seiner Familie ankam, bat dass Amma das Annaprāśhanam seines kleinen Sohnes ausführte. Nach

Beendigung der Arbeit ging Amma mit der Familie zum Kalari-Tempel. Dort waren die Vorbereitungen für die Feier bereits abgeschlossen. Amma setzte das Baby auf ihren Schoß. Sie trug Sandelholzpaste auf seine Stirn auf und streute Blütenblätter über seinen Kopf. Dann führte sie ein Kampfer-Ārati für das Baby aus. Sie hielt den kleinen Jungen, liebkoste ihn und fütterte ihn mit Reis. Bei der Betrachtung dieser Szene hätte man meinen können, sie sei Yaśhōdā, die Baby-Kṛiṣhṇa füttert und mit ihm spielt. Für Amma war dies nicht einfach irgendein Baby. Es war kein anderes als das geliebte Kind von AmbādiAmbādi.

Als Amma an diesem Abend zur Meditationszeit aus ihrem Zimmer kam, waren zwei Brahmachārīs außerhalb der Meditationshalle in eine hitzige Debatte verwickelt. Amma blieb stehen und hörte ihnen zu. Völlig in die Auseinandersetzung vertieft, bemerkten sie Ammas Gegenwart nicht.

Brahmachārī: „Die höchste Wahrheit ist Advaita Es gibt nichts als Brahman."

Zweiter Brahmachārī: „Wenn es nichts anderes als Brahman gibt, was ist dann die Grundlage des Universums, das wir erleben?"

Erster Brahmachārī: „Unwissenheit. Das Universum ist ein Produkt des Mindes.

Zweiter Brahmachārī: „Wenn es nur Einheit gibt, wer ist dann von der Unwissenheit betroffen? Brahman?"

„Kinder!", rief Amma. Die beiden drehten sich schnell um und wurden still, als sie Amma sahen.

Amma: „Es ist schon gut, über Advaita zu sprechen, aber um es zu erfahren, müsst ihr Sādhanā ausüben. Was nützt es einem, wenn man den Reichtum eines anderen verwahrt? Zu dieser Stunde solltet ihr meditieren, statt die Zeit mit Diskutieren zu verschwenden. Das ist der einzige Reichtum, den ihr habt.

Ihr solltet unaufhörlich Japa machen. Das ist der einzige Weg, etwas im spirituellen Leben zu erreichen und den Betrüger (das individuelle Ego) zu vertreiben, der sich in euch eingenistet hat.

Die Honigbiene sucht nach Honig, wohin sie sich auch immer wendet. Nichts anderes kann sie anlocken. Eine gewöhnliche Fliege dagegen setzt sich auf Exkremente selbst in einem Rosengarten. Jetzt gleicht unser Mind noch einer gewöhnlichen Fliege. Das muss sich ändern. Wir müssen einen Mind entwickeln, der nur das Gute in allem sucht, so wie eine Honigbiene, die überall, wo sie ist, nach Honig Ausschau hält. Argumentieren wird uns niemals helfen das zu erreichen, Kinder! Wir müssen versuchen, das Gelernte in die Praxis umzusetzen.

Nicht-Dualismus ist die Wahrheit, aber wir müssen sie in unser Leben bringen. Wir sollten in der Lage sein, in jeder Situation fest in dieser Wahrheit zu stehen."

Amma tröstet einen blinden Jugendlichen

Amma ging zum Gästehaus, in dem sich ein blinder junger Mann aufhielt und betrat sein Zimmer. Sobald er bemerkte, dass Amma anwesend war, verbeugte er sich zu ihren Füßen. Er befand sich seit einigen Tagen im Āśhram und hatte zu diesem Zeitpunkt völlig seine Fassung verloren.

Seit dem Tag seiner Ankunft im Āśhram hatten sich die Brahmachārīs um ihn gekümmert. Sie hatten ihn zum Speisesaal begleitet und ihm täglich bei seinen persönlichen Bedürfnissen geholfen. An diesem Tag waren viele Besucher zum Mittagessen eingetroffen und der Reis war schnell verzehrt. Es wurde mehr Reis gekocht. Der Brahmachārī, dessen Aufgabe es war, dem blinden Jugendlichen zu helfen, konnte ihn wegen der vielen Menschen nicht zu Beginn des Mittagessens in den Speisesaal begleiten.

Als der Brahmachārī schließlich kam um ihn abzuholen, sah er den jungen Mann mit Hilfe eines anderen Besuchers die Treppe hinunterkommen. „Entschuldige bitte", sagte der Brahmachārī. „In der Hektik habe ich vergessen, dich früher abzuholen. Heute sind so viele Menschen hier. Es ist kein Reis mehr da. Es wird gerade wieder welcher gekocht, er ist bald fertig."

Aber der junge Mann konnte dem Brahmachārī nicht vergeben. „Ich habe Geld. Wieso sollte es ein Problem sein, Reis zu bekommen, wenn ich zahlen kann?" Während er das sagte, ging er in sein Zimmer zurück. Obwohl er so barsch gesprochen hatte, schrieb der Brahmachārī dies dem Hunger des jungen Mannes zu. Er holte einige Früchte und brachte sie in dessen Zimmer. „Der Reis wird bald fertig sein. Ich werde ihn dir bringen. Bitte, iss doch inzwischen diese Früchte", sagte er. Doch der junge Mann schrie ihn an und lehnte die Früchte ab.

Amma begab sich zum Gästehaus, als sie von dem Zwischenfall hörte. Zum Brahmachārī sagte sie in strengem Ton: „Wie unachtsam du bist! Warum hast du ihm nicht rechtzeitig sein Essen gebracht? Begreifst du nicht, dass er nicht sehen kann und deshalb nicht alleine zum Speisesaal kommen kann? Wäre er nicht blind, wäre er sofort nach dem Läuten der Glocke zum Essen gegangen. Hätte es dir zu lange gedauert ihn abzuholen, weil du zu beschäftigt warst? Warum hast du ihm sein Essen dann nicht aufs Zimmer gebracht? Wenn du gegenüber Menschen wie ihm kein Mitgefühl aufbringst, wer wird dann jemals Mitgefühl von dir erfahren? Kinder, vergeudet keine einzige Gelegenheit, die ihr bekommt, denjenigen zu dienen, die Gott verehren. Es mag sein, dass eure Hilfe nicht immer angenommen wird, wenn es euch gerade gelegen ist. Der Dienst, den ihr Menschen wie ihm leistet, ist wahrer Dienst an Gott."

Während Amma den Rücken des jungen Mannes streichelte, sagte sie: „Hast du dich verletzt gefühlt, mein Sohn? Er konnte dich nach dem Glockenläuten nur deshalb nicht zum Essen abholen, weil er mit Arbeit überlastet war. Der Brahmachārī, der dich sonst zum Speisesaal begleitet, ist heute nicht hier. Und der andere Sohn, dem die Aufgabe, sich um dich zu kümmern, übertragen war, half den anderen bei der Essensausgabe, weil heute sehr viele Menschen da sind. Er vergaß dich, weil seine Arbeit ihn in Anspruch genommen hatte. Das ist der Grund, warum niemand rechtzeitig zu dir kam. Sohn, denke bitte nicht, dass es absichtlich war.

Wo immer man sich aufhält, ist es notwendig, sich den Umständen anzupassen. Bei allem brauchen wir Geduld. Hier im Āśhram haben wir die Gelegenheit zu lernen, mit einer Haltung des Verzichts zu leben. Nur dann können wir Gottes Gnade erlangen. Sohn, du solltest bedenken, dass dies ein Āśhram ist. Siehst du Schwächen bei anderen, solltest du ihnen verzeihen. Das ist ein Ausdruck deiner Verbindung mit Amma und dem Āśhram."

Der junge Mann brach in Tränen aus. Mit großer Zärtlichkeit wischte Amma seine Tränen fort und fragte: „Hast du etwas gegessen, mein Sohn?" Er schüttelte den Kopf. Amma bat einen Brahmachārī, etwas von dem Essen zu bringen, das inzwischen fertig war. Dann setzte sie sich auf den Boden, nahm die Hand des jungen Mannes und zog ihn zu sich, so dass er nahe bei ihr saß. Der Brahmachārī brachte einen reichlich mit Reis und Curry gefüllten Teller. Amma formte den Reis zu Bällen und fütterte den jungen Mann mit ihren eigenen Händen. In ihrer Liebe badend verwandelte er sich in ein kleines Kind. Nachdem sie ihn mit allem Reis und Curry auf dem Teller gefüttert hatte, ließ sie ihn aufstehen, führte ihn zum Wasserhahn und half ihm beim Waschen seiner Hände. Schließlich brachte sie ihn auf sein Zimmer.

Jeder Schlag seines Herzens muss mit lauter Stimme verkündet haben: „Obwohl ich nicht sehen kann, habe ich Amma heute mit den Augen meines Herzens gesehen!"

Montag, den 15. September 1986

Ōṇam-Fest im Āśhram

Das Ōṇam-Fest ist für die Menschen in Kerala ein Tag großer Freude, an dem traditionell die Familienmitglieder zusammenkommen und feiern. Aus allen Teilen des Landes waren Ammas Kinder angereist, um die Ōṇam-Festtage mit ihr zu verbringen. Viele kleine Kinder waren mit ihren Eltern eingetroffen. Amma spielte mit ihnen. Die Jungen und Mädchen nahmen sich bei den Händen und bildeten einen Kreis um Amma, um sie darin einzufangen. Normalerweise wurde einige Tage zuvor eine Schaukel aufgestellt, auf der Amma dann mit den Kindern während des Ōṇam-Festes schaukelte. Aber diesmal gab es keine Schaukel. Wegen des Baus des neuen Gebäudes war zurzeit kein Platz um sie aufzustellen. Doch als nun Amma all die Kinder beisammen sah, wollte sie eine Schaukel für sie. Daher brachten die Brahmachārīs Nedumudi und Kunjumon schnell einen Balken zwischen zwei Pfeilern an, die für das neue Gebäude errichtet worden waren und hängten eine Schaukel daran auf. Die Kinder brachten Amma dazu, sich darauf zu setzen und schoben sie dann zur Freude aller an.

Amma beteiligte sich auch an der Vorbereitung des Ōṇam-Festes für ihre Kinder. Sie schnitt Gemüse, half das Feuer an den Kochstellen zu entfachen und beaufsichtigte alles. Mittags ließ Amma alle kleinen Kinder in der nordwestlichen Ecke des Speisesaals Platz nehmen. Sie ließ sich in ihrer Mitte nieder und forderte sie auf, ‚Ōm' zu chanten. Amma sang zuerst, dann folgten die Kinder. Einen Augenblick lang hallte der heilige Klang nach. Die Töne, die den unschuldigen Herzen der Kinder entsprangen, erfüllten die Atmosphäre mit einer erquickenden Süße.

Als nächstes ließ Amma Bananenblätter als Teller vor den Kindern auslegen. Das Essen war zubereitet, aber noch nicht in die für die Essensausgabe vorgesehenen Kübel umgefüllt. Auch die Pappadams waren noch nicht frittiert. Aber Amma wollte nicht länger damit warten, die kleinen Kinder zu füttern. Deshalb gab sie die verschiedenen Speisen in kleine Behälter und begann sie auszuteilen. Damit nicht zufrieden, beugte sie sich zu jedem Kind hinunter und formte Bälle aus dem Reis, der auf den Bananenblättern lag und fütterte jedes Kind mit ihren eigenen Händen.

Bis Amma mit der Fütterung der Kleinen fertig war, hatten ihre erwachsenen Kinder (die Haushälter und Brahmachārīs) in den zwei angrenzenden Räumen Platz genommen. Nun teilte sie auch an sie das Essen aus. Für diesen Augenblick hatten ihre Haushälterkinder ihre Familien zurückgelassen und waren zu ihr gekommen. Indem sie sie mit ihren eigenen Händen bediente, beglückte Ammapurneswari[54] sie alle.

Während des Essens rief jemand aus: „Ayyo! (Oh, nein!)" Vielleicht hatte er in eine Chillischote gebissen. Als Amma das hörte, erklärte sie: „Kleine Kinder sagen niemals ‚Ayyo', ganz gleich, was ihnen zustößt. Sie rufen nur laut: ‚Amma!' Dieses ‚Ayyo!' schleicht sich ein, wenn wir älter werden. In jedem

[54] Der Aspekt der Göttlichen Mutter, der Nahrung gibt

Alter und unter allen Umständen sollte der Name Gottes als allererstes auf unserer Zunge sein. Dazu brauchen wir Übung, deshalb sollten wir ständig unser Mantra rezitieren. Kinder, ihr solltet euch darin schulen, ‚Kṛiṣhṇa Kṛiṣhṇa' oder ‚Śhiva' statt ‚Ayyo' zu rufen, wenn ihr euch euren Zeh stoßt oder euch sonst etwas zustößt."

Eine Besucherin: „Man sagt, dass wir den Gott des Todes rufen, wenn wir ‚Ayyo!' sagen."

Amma: „Das stimmt, denn wenn wir nicht Gottes Namen wiederholen, kommen wir dem Tod näher. Etwas anderes als den Namen Gottes zu äußern, ist eine Einladung an den Tod. Wollen wir nicht sterben, müssen wir einfach nur unaufhörlich Gottes Namen chanten!" Amma lachte.

Nachdem Amma Pāyasam an ihre Kinder verteilt hatte, gab sie ihnen Zitronenscheiben. Sie nahm selbst dies zum Anlass, einen spirituellen Samen in ihren Mind zu säen: „Kinder, Pāyasam und Zitronen gleichen Hingabe und Wissen. Die Zitrone hilft euch, den Pāyasam zu verdauen. Genauso hilft dir das Wissen, die Hingabe mit dem richtigen Verständnis ihrer Prinzipien zu verinnerlichen.

Weisheit ist unerlässlich, um den Genuss vollständiger Hingabe auskosten zu können. Aber Wissen ohne Hingabe ist bitter, es hat keine Süße. Diejenigen, die sagen: ‚Ich bin alles', haben selten Mitgefühl. Hingabe jedoch enthält Mitgefühl."

Amma vergaß nicht, jeden einzelnen zu fragen, ob er schon gegessen hatte. Wie das mütterliche Oberhaupt einer großen Sippe schenkte sie jeder Einzelheit, die ihre Kinder betraf, ihre Aufmerksamkeit. Eine Familie, die gewöhnlich frühzeitig zum Ōṇam-Fest eintraf, kam in diesem Jahr erst spät. Amma erkundigte sich nach der Ursache dafür und ebenfalls nach den schulischen Leistungen der Kinder.

Nach dem Essen begannen die Brahmachārīs zusammen mit den im Āśhram weilenden Haushältern, das Āśhram-Gelände aufzuräumen. Wegen der laufenden Bauarbeiten befand der Āśhram sich in einem ungeordneten Zustand und die Aufräumarbeiten zogen sich bis in den Abend hinein. Nach den Bhajans schloss sich Amma der Gruppe an. Sie füllten Löcher und Gräben vor der Baustelle mit Erde auf und bedeckten die Fläche mit sauberem, weißem Sand. All dies diente als Vorbereitung für Ammas Geburtstag, der schon in einer Woche bevorstand. Tausende von Devotees wurden für diesen Tag erwartet.

Nach dem Abendessen kamen noch mehr Devotees, die sich um Amma herum versammelten. Amma sprach eine Weile mit ihnen und legte sich dann in den Sand. Ihr Kopf ruhte dabei im Schoß einer Devotee. Amma blickte zu Markus, einem jungen Mann aus Deutschland und sagte lachend: „Schaut euch seinen Kopf an!" Markus Kopf war ziemlich kahl. Nur ein schmaler Kranz aus blondem Haar umgab eine große, kahle Fläche auf seinem Kopf. „Arbeit, Arbeit, immer nur Arbeit, ob im Regen oder Sonnenschein, am Tag oder bei Nacht", sagte Amma mit Bezug auf Markus.

Markus: „Alles Land wird für die Geburtstagsfeier benutzt. Es ist kein Land mehr übrig (er berührte seinen Kopf). Jetzt nutzen wir das hier für unsere Landwirtschaft." Alle lachten.

Ein Besucher: „Etwa weil sich viel Dreck (Erde) darin befindet?" Auf diese Bemerkung hin stimmte Amma in das allgemeine Gelächter ein. Auch Markus lachte. Ein anderer Devotee: „Das nennt man Chertala!"[55]

[55] Chertala heißt eine Küstenstadt nördlich vom Āśhram. Der Name bedeutet wörtlich ‚mit Erde (Schmutz) gefüllter Kopf' auf Malayāḷam (cher: Erde, Schmutz; tala: Kopf).

Ein Brahmachārī, der gerade von einem Besuch bei seiner Familie zurückgekehrt war, verneigte sich vor Amma und setzte sich neben sie. Amma sagte zu ihm: „Sohn, als du gerade im Begriff warst zu gehen, hat Amma dir da nicht gesagt, dass sie dir Pāyasam geben wird, wenn du heute zurückkommst?"

Brahmachārī: „Aber es kann kein Pāyasam mehr übrig sein, Amma. Alles Essen, das mittags serviert wurde, ist inzwischen aufgegessen."

Amma: „Gott wird welchen bringen. Würde er zulassen, dass Amma ihr Wort nicht hält?"

Genau in dem Augenblick kam eine Familie aus Kollam, die kurze Zeit zuvor eingetroffen war, auf Amma zu und überreichte ihr eine Schüssel mit Pāyasam. Amma verteilte es an den Brahmachārī und die übrigen Anwesenden. Sie selbst aß nur ein paar Cashewnüsse, die ein Kind aus dem Pāyasam herausgelesen und Amma gegeben hatte.

Amma: „Amma mag Cashewnüsse nicht so sehr. Sie hat eine Menge davon auf ihrem Zimmer. Kinder haben sie mitgebracht. Amma isst sie gewöhnlich nicht, aber manchmal mag Amma den Geschmack von Cashewnüssen in Pāyasam oder einigen Currygerichten." Amma nahm eine Weintraube, etwas Kardamon und ein Stück Cashewnuss aus dem Pāyasam und legte alles in Iire Handfläche. Sie sagte: „Dies verleiht dem Pāyasam seinen Geschmack, genau wie Spiritualität dem Leben Süße verleiht."

Brahmachārīs und Familienbesuche

Amma sagte zu einem Brahmachārī, der gerade von seiner Familie zurückgekehrt war: „Mein Sohn, du sagst, du hättest keine Verwandten, keinen Besitz und so weiter und dennoch bist du nach Hause gegangen. Gleichzeitig kommen aber jene, die behaupten, dass sie sich dir so sehr verbunden fühlen, nur ganz selten hierher. Bedenke alles, was du tust, sehr sorgfältig. Unser Ōṇam ist ein spirituelles Fest. Wenn wir eine Rolle in der Welt einnehmen, sollten wir sie gut spielen. Wir kamen zum spirituellen Leben, um von unserem ‚Ich'-Gefühl frei zu werden. ‚Meine Eltern, mein Bruder, meine Schwester, alle meine Bekannten und Verwandten' sind in jenem ‚Ich' enthalten. Wenn das ‚Ich' verschwindet, so verschwinden sie ebenfalls. Übrig bleibt dann das ‚Du', das heißt Gott. Wir sollten alles Seinem Willen überlassen und dementsprechend leben. Nur dann werden wir den Ertrag ernten, den das spirituelle Leben mit sich bringt

Wann immer du den Āśhram verlässt, verlierst du Zeit für dein Sādhanā. Jeder Augenblick deines Lebens ist wertvoll. Wenn dein Vater und deine Mutter eine solche starke Sehnsucht haben, am Ōṇam-Fest mit ihrem Sohn zu Abend zu essen, können sie hierherkommen. Alles ist dazu vorbereitet. Wenn du aber immer wieder nach Hause gehst, wirst du all das Saṁskāra verlieren, das du erreicht hast und nur deine Anhaftungen bleiben dir erhalten.

Zu Beginn ihres Sādhanā sollten Sādhaks ihren Familien fernbleiben. Sonst werden sie wegen ihrer Bindung an ihre Familien keinen Fortschritt in ihrem Sādhanā erzielen. Die Anhaftung an die Familie gleicht dem Aufbewahren von sauren Nahrungsmitteln in einem Gefäß aus Aluminium. Dieses wird Löcher bekommen und dann kann man nichts mehr darin aufbewahren. Jede Anhaftung an etwas anderes als Gott zehrt an unserer spirituellen Kraft. Anhaftung ist der Feind des Sādhaks. Er sollte sie als seinen Feind ansehen und sich von solchen Anhaftungen fernhalten. Versuchst du ein Boot zu rudern, das am Ufer angebunden ist, wirst du nirgendwohin gelangen.

Wir sind Kinder des Selbst. Wir sollten die gleiche Beziehung mit unserer Familie haben, wie mit jeder anderen Person. Wenn unsere Eltern alt und krank sind, ist es nicht falsch, wenn wir bei ihnen sind und uns um sie kümmern. Aber selbst in diesem Fall ist alles verloren, wenn wir das Gefühl von ‚meinem Vater' oder ‚meiner Mutter' haben. Wir sollten Mitgefühl haben und sie so behandeln als seien sie Gott. Diese Haltung gilt auch zu Hause. Wenn diejenigen, die von ‚meinem Sohn' oder ‚meiner Tochter' reden, wahre Liebe empfänden, würden sie dann nicht hierherkommen, um dich zu sehen? Wenn du als spiritueller Sucher in den Āśhram kommst, hast du als solcher zu leben, sonst wirst du weder deiner Familie noch der Welt nutzen. Das ist nicht recht, Kinder!

Wasser sollte an die Wurzel eines Baumes gegossen werden und nicht an die Spitze, denn nur dann wird das Wasser jeden Teil des Baumes nähren. In gleicher Weise werden wir alle Lebewesen des Universums lieben, wenn wir echte Liebe für Gott empfinden, weil Gott in den Herzen aller Wesen wohnt. Gott ist die Basis von allem. Deshalb sollten wir Ihn in allen Lebensformen sehen und Ihn in allen Formen lieben und ehren."

Gott ist im Tempel

Einer der Besucher begann, über Dayananda Saraswati[56] zu sprechen. Er beschrieb Dayanandas Ausführungen gegen die Verehrung von Bildnissen und erzählte, wie er zu seiner Auffassung kam.

[56] Der Gründer der Hindu-Reformbewegung Arya Samaj. Er war bestrebt, die vedischen Praktiken wiederzubeleben und sprach sich gegen die Verehrung von Bildnissen aus.

„Eines Tages beobachtete Dayananda, wie eine Maus eine Süßigkeit klaute, die als Opfergabe vor das Bildnis der Göttlichen Mutter (Dēvī) gelegt worden war. Er dachte: ‚Welche Kraft ist im Bildnis Dēvīs, wenn Sie nicht einmal verhindern kann, dass eine Maus das Ihr dargebrachte Essen stiehlt? Wie können wir dann erwarten, dass ein solches Abbild die Probleme lösen kann, die in unserem Leben auftauchen. Seit jenem Tag war Dayananda ein entschiedener Gegner der Verehrung von Bildnissen."

Amma, die ruhig zugehört hatte, entgegnete: „Wenn ein Sohn das Bild seines Vaters betrachtet, erinnert er sich dann an den Künstler, der es gemalt hat oder an seinen Vater? Die Symbole Gottes helfen uns, unsere Konzentration auf Ihn zu stärken. Wir zeigen auf das Bild eines Papageis und sagen einem Kind, dass das ein Papagei ist. Wenn das Kind erwachsen ist, kann es einen Papagei ohne die Hilfe eines Bildes erkennen. Wenn Gott überall und alles Gott ist, ist er dann nicht auch in jener Figur aus Stein? Wie können wir dann Bildnisse ablehnen? Wenn die Maus nahm, was Dēvī geopfert worden war, können wir dies so betrachten, dass das kleine Geschöpf, als es hungrig war, sich das nahm, was seiner eigenen Mutter dargebracht worden war. Denn schließlich ist Dēvī die Mutter aller Wesen."

Besucher: „Viele Brahmanen haben jahrelang Japa und Pūjā ausgeführt, ohne das Selbst zu verwirklichen."

Amma: „Wesentlich ist Loslösung und die Sehnsucht nach Erfahrung der Wahrheit. Durch Tapas allein kann Gott nicht erreicht werden. Voraussetzung dazu sind ein reines Herz und Liebe."

Besucher: „In der Gītā steht geschrieben, dass der Körper ein Tempel, Kṣhētra, ist."

Amma: „Wir machen Aussagen wie ‚Gott ist in uns und nicht außerhalb von uns', weil wir noch ein Gefühl von innen und außen haben. Wir sollten alle Körper als Tempel betrachten und alle Dinge als unseren eigenen Körper."

Bedeutungslosigkeit der Kastenunterschiede

Devotee: „Amma, auch heute noch befolgen die Menschen in Indien das auf dem Kastensystem beruhende Ayitham[57]. Selbst gelehrte Gurus halten sich daran."

Amma: „Kennst du die Geschichte des Straßenkehrers aus der niederen Kaste, der sich Śhrī Śhaṅkarāchārya näherte? Dieser sagte, er solle aus dem Weg gehen. Daraufhin fragte ihn der Straßenkehrer: ‚Was soll zur Seite treten, der Körper oder die Seele? Wenn sich die Seele entfernen soll, wohin könnte sie gehen? Die eine Seele ist überall. Wenn ich aber den Körper wegbewegen soll, sage mir den Unterschied zwischen meinem und deinem Körper? Beide bestehen aus demselben Stoff. Sie unterscheiden sich nur in der Hautfarbe."

Einer der anwesenden Devotees sang einen Reim aus einem Lied, der lautete: „Einige rühmen sich so sehr, Brahmane zu sein, als sei nicht einmal der Gott Brahman ihnen ebenbürtig." Amma lachte.

Amma: „Ein wahrer Brahmane ist jemand, der Brahman erkannt und seine Kuṇḍalinī bis hinauf ins Sahasrāra, den tausendblättrigen Lotus, am Scheitel des Kopfes emporgehoben hat. Der Grund für die Empfehlung ist, dass diejenigen, die ein

---

[57] Die Bezeichnung Ayitham auf Malayāḷam (in Sanskrit Asuddham) bezieht sich auf die Befolgung des Glaubens, dass eine Person aus der höheren Kaste durch die Annäherung oder die Berührung einer Person aus bestimmten niederen Kasten verunreinigt wird.

hochentwickeltes Saṁskāra haben, vermeiden sollten, mit jenen in Berührung zu kommen, die nur über ein grobes Saṁskāra verfügen, weil dann ihr eigenes beeinträchtigt wird. Aber wo kann man heutzutage noch einen wahren Brahmanen finden? In den Schriften steht geschrieben, dass im Kāḷī-Zeitalter Brahmanen zu Sūtras[58] und Sūtras zu Brahmanen werden. In heutiger Zeit sind also solche Vorschriften bedeutungslos.

In alten Zeiten wurde den Menschen die Art von Arbeit übertragen, die am besten ihrem Saṁskāra entsprach. Aber heute trifft man diese Praxis nicht mehr an. In jenen Tagen wurden hervorragende Brahmanen mit den Aufgaben im Tempel betraut. Heute können wir den Sohn eines Brahmanen nicht als Brahmanen und den Sohn eines Kṣhatriyas, der Kriegerkaste, nicht als Kṣhatriya bezeichnen. Es gibt viele Mitglieder der traditionellen Kaste der Fischer in dieser Gegend, die gut ausgebildet sind und gute Arbeitsstellen haben. Sie sind nicht einmal mit der traditionellen Arbeit ihrer Kasten-Gemeinschaft vertraut."

Ein junger Mann warf die Frage auf: „Sagt nicht der Herr in der Gītā, Ich selbst habe die vier Varṇas gegründet?' Ist deshalb nicht Er für all das Unrecht, das heute im Namen des Kastensystems und der Religion begangen wird, verantwortlich?"

Ein anderer Devotee antwortete darauf: „Warum zitierst du nicht auch noch die nächste Zeile? Dort heißt es: ‚Gemäß der Guṇas.' Das bedeutet, dass man zum Brahmanen oder

---

[58] Sūtras ist gemäß dem althergebrachten indischen Gesellschaftssystem die niederste der vier Hauptkasten. Die Brahmanen bilden die höchste Kaste.

ChaṇḍālaChaṇḍāla[59] durch seine Handlungen und sein Verhalten wird und nicht durch Geburt."

Amma: „Man wird erst durch die zeremonielle Übergabe der heiligen Schnur, Upanayana, zum Brahmanen, so wie man erst mit der Taufe zum Christen wird. Im Islam gibt es ähnliche Rituale. Was ist ein Kind vor einer solchen Zeremonie wirklich? Du siehst, der Mensch hat alle diese Kasten eingeführt und nicht Gott. Es führt daher zu nichts, Gott die Schuld an allem Unrecht zu geben, das im Namen des Kastensystems und der Religion begangen worden ist."

Durch Ammas Worte wurde die Diskussion beendet. Inzwischen war es spät geworden, aber nicht einmal die kleinen Kinder waren zu Bett gegangen. Eine Menschenmenge hatte sich um die Schaukel versammelt. Einige Erwachsene versuchten, ein kleines Mädchen zu überreden, ein Lied zum Ōṇam-Fest zu singen. Zuerst sträubte sie sich schüchtern, aber schließlich sang sie mit ihrer unschuldigen Stimme:

māveli nadu vanīdum kālam

„Als Māveli[60] über das Land herrschte,
waren alle Menschen gleichberechtigt.
Es gab weder Diebstahl noch Betrug,
und nicht ein einziges Wort der Falschheit."

[59] Ein Chaṇḍāla gehört zur niedersten Kaste, noch unterhalb der Sūtras.

[60] Māveli oder Mahābali war ein Dämonenkönig, der im Ruf stand, über sein Land mit Gerechtigkeit und Rechtschaffenheit geherrscht zu haben. Nach dem traditionellen Glauben in Kerala soll er jedes Jahr zum Ōṇam-Fest auf die Erde kommen, um zu sehen, wie es seinen früheren Untertanen ergeht.

Denen, die in Ammas Nähe saßen und beobachteten, wie die weichen Herbstwolken über den mondhellen Himmel trieben, schien Ōṇam ein Fest zum Erinnern an eine vergangene Zeit, als die Welt noch schön war, weil Gleichberechtigung herrschte. Hier in Ammas Gegenwart war jeden Tag Ōṇam, weil hier all die Menschen verschiedener Rassen, Kasten und Glaubensbekenntnisse als die Kinder der einen liebenden Mutter zusammenlebten.

Mittwoch, den 17. September 1986

Die Brahmachārīs erhielten gerade Unterricht, als Amma ihren Raum verließ und zum Kuhstall hinüberging. Der hinter dem Kuhstall gebaute Tank zum Auffangen der Ausscheidungen der Kühe war voll. Amma füllte einen Eimer mit dem Inhalt des Tanks und schüttete ihn unter den Kokosnusspalmen aus. Bald darauf erschienen die Brahmachārīs von ihrem Unterricht. Sie nahmen Amma den Eimer ab und setzten die Arbeit fort, die Amma begonnen hatte. Da die Brahmachārīs darauf bestanden, beendete sie ihre Tätigkeit und ging fort.

Ihre Hände, Füße und Kleidung waren mit Kuhdung beschmiert und bespritzt. Eine Devotee Ammas drehte den Wasserhahn auf und versuchte, Ammas Hände und Füße zu waschen, aber sie ließ es nicht zu.

„Nein, meine Tochter, Amma macht es selbst. Warum sollen auch deine Hände noch schmutzig werden?"

Devotee: „Amma, warum machst du diese Art von Arbeit? Hast du dafür nicht deine Kinder?"

Amma: „Tochter, wenn Amma nicht mitarbeitet, werden sie es ihr nachmachen, faul werden und der Welt eine Last sein. Das darf nicht geschehen. Amma macht es Freude zu arbeiten. Es tut ihr nur leid für die Brahmachāriṇī welche Ammas Kleidung wäscht. Bei solcher Arbeit werden Ammas Kleider schmutzig. Auch wenn Amma versucht, sie selbst zu waschen, die Brahmachāriṇī lässt es nicht zu. Aber manchmal überlistet Amma sie und wäscht ihre Kleidung selbst!" Amma lachte.

Eine andere Frau trat vor und verneigte sich vor Amma.

Amma: „Verneige dich nicht jetzt, Tochter! Ammas Kleidung ist voller Kuhdung. Lass Amma gehen, damit sie ein Bad nehmen kann. Sie kommt dann wieder." Amma ging auf ihr Zimmer und kehrte nach wenigen Minuten zurück. Die Devotees, die sich beim Kalari-Tempel aufhielten, versammelten sich um sie. Die Brahmachārīs kamen ebenfalls.

Satsang ist wichtig, Sādhanā unerlässlich

Ein Brahmachārī stellte die Frage: „Amma, warum misst du Satsang so viel Bedeutung zu?"

Amma: „Satsang lehrt uns die rechte Lebensweise. Wenn wir während der Reise zu einem fernen Ort eine Landkarte bei uns haben, können wir ihn rechtzeitig erreichen, ohne uns zu verirren. Ebenso können wir mit Hilfe von Satsang unser Leben richtig gestalten und allen Gefahren ausweichen. Hast du Kochen gelernt, kannst du mühelos ein Mahl zubereiten, und wenn du Landwirtschaft studiert hast, kannst du ohne Probleme Ackerbau betreiben. Dein Leben wird von Freude erfüllt sein, wenn du begreifst, worin das wahre Ziel des Lebens besteht, und wenn du dich in der richtigen Art und Weise darum bemühst, es zu verwirklichen. Satsang unterstützt uns dabei.

Mit Feuer können wir unser Haus niederbrennen oder es zum Kochen unserer Nahrung nutzen. Mit einer Nadel können wir uns ins Auge stechen oder unsere Kleidung nähen. So müssen wir für alles den richtigen Nutzen finden. Satsang hilft uns, die wahre Bedeutung des Lebens zu verstehen und dementsprechend zu leben. Durch Satsang erhalten wir einen Schatz, für das ganze weitere Leben."

Brahmachārī: „Ist Satsang allein ausreichend, um Gott zu verwirklichen?"

Amma: „Einen Vortrag über die Theorie des Kochens zu hören, reicht nicht, um den Hunger zu stillen. Dazu muss man das Essen kochen und zu sich nehmen. Um Früchte anzubauen, reicht es nicht aus, nur Landwirtschaft zu studieren. Du musst die Obstbäume anpflanzen und sie pflegen.

Das Wissen alleine, dass sich an einer bestimmten Stelle Wasser in der Erde befindet, ist unzureichend, dadurch erhält man noch kein Wasser. Du musst an der Stelle einen Brunnen graben. Deinen Durst kannst du auch nicht löschen, indem du bloß das Bild eines Brunnens betrachtest. Es ist notwendig, Wasser aus einem tatsächlich vorhandenen Brunnen heraufzubefördern und davon zu trinken. Nützt es dir etwas, in einem geparkten Auto zu sitzen und auf eine Landkarte zu starren? Um an dein Ziel zu kommen, musst du die Straße entlangfahren, die auf der Landkarte eingezeichnet ist. Genauso ist es unzureichend, lediglich an Satsangs teilzunehmen oder die Schriften zu lesen. Um die Wahrheit zu erfahren, musst du nach diesen Worten leben.

Nur durch Sādhanā können wir es verhindern, in die äußeren Umstände unseres Lebens verstrickt zu werden und erfahren, wie wir das durch das Studium der Schriften das Gelernte in unser Leben integrieren können. Wir sollten durch die Teilnahme an Satsangs die spirituellen Prinzipien lernen und dann ihnen gemäß leben. Wir sollten uns von allen Wünschen befreien und Gott ohne Wünsche oder Erwartungen verehren.

Auch wenn es in den Schriften heißt: ‚Ich bin Brahman', ‚Du bist das' und so weiter, muss zunächst die Unwissenheit aus uns entfernt werden, bevor die Erkenntnis der Wirklichkeit in uns erstrahlen kann. Ständig zu sagen: ‚Ich bin Brahman', ohne Sādhanā zu praktizieren, ist so, als ob man ein blindes Kind Prakasham (Licht) nennt.

Ein Mann sagte einmal in einer Rede: ‚Wir sind Brahman, nicht wahr? Deshalb besteht kein Grund für Sādhanā.' Nach dem Vortrag wurde ihm das Essen serviert. Der Kellner servierte ihm eine Platte mit Zetteln, die folgende Aufschriften trugen: Reis, Sambar und Pāyasam. Es war kein Essen auf der Platte. Der Redner wurde ärgerlich. ‚Was meinst du, was du da tust! Willst du mich beleidigen?', fragte er.

Der Kellner antwortete: ‚Ich habe vorhin ihren Vortrag gehört, in dem sie erklärten, dass sie Brahman seien und diese Vorstellung allein ausreichend sei. Sādhanā sei nicht nötig. So dachte ich, dass sie sicherlich zustimmen, dass der Gedanke an eine Mahlzeit genügt, um ihren Hunger zu stillen. Es besteht offensichtlich kein Grund zu essen.'

Reden allein genügt nicht, Kinder! Wir müssen handeln. Nur durch Sādhanā können wir die Wahrheit verwirklichen. Für jemanden, der keine Mühe unternimmt, ist Satsang wie eine Kokosnuss, die man einem Schakal gibt: Sein Hunger wird davon niemals gestillt. Ein Stärkungsmittel verbessert deinen Gesundheitszustand, vorausgesetzt du befolgst die Gebrauchsanweisung auf der Flasche und nimmst die richtige Dosierung. Satsang gleicht dem Lernen dieser Gebrauchsanweisung und Sādhanā entspricht dem Einnehmen des Stärkungsmittels. Satsang lehrt uns, das Ewige vom Vergänglichen zu unterscheiden, aber nur durch Sādhanā können wir erfahren und verwirklichen, was wir gelernt haben.

Wenn wir die verschiedenen Teile eines Radios in der vorgeschriebenen Weise zusammensetzen und es an eine Batterie anschließen, können wir die Sendungen einer weit entfernten Radiostation hören, ohne unser Haus zu verlassen. Wir können in unserem Körper unendliche Glückseligkeit erfahren, indem wir durch Sādhanā in der richtigen Weise auf unseren Mind einwirken und unser Leben gemäß den Lehren der Mahātmās führen. Wir brauchen nichts weiter als Sādhanā und selbstloses Dienen zu praktizieren.

Wie viel Vēdānta wir auch studieren, ohne Sādhanā können wir die Wirklichkeit nicht erfahren. Was wir suchen, ist in uns, aber um dies zu erreichen, müssen wir Sādhanā praktizieren. Damit aus dem Samen ein Baum wird, müssen wir ihn in die Erde pflanzen, ihm Wasser geben und düngen. Es genügt nicht, ihn nur in unseren Händen zu halten."

Niemand bemerkte, wie die Zeit verstrich, während sie Ammas nektargleichen Worten lauschten. Schließlich forderte Amma alle auf: „Geht zu Bett, Kinder. Es ist sehr spät geworden. Müsst ihr nicht morgen früh zum Archana aufstehen?"

Alle erhoben sich und gingen nur halbherzig fort. Nachdem sie ein wenig gegangen waren, schauten sie sich um und sahen Ammas bezaubernde Gestalt, die ins Mondlicht getaucht war. War es nicht der strahlende Glanz ihres Gesichts, der sich im Mond, in der Sonne und in den Sternen spiegelte?

Tameva bhantam anubhati sarvam
Tasya bhasa sarvamidam vibhati.

Wenn er strahlt, erstrahlt alles in seinem Gefolge.
Durch sein Licht leuchtet alles.

– Kathōpaṇiṣhad

Glossar

Abhiṣhēka: Zeremonielles Bad, das üblicherweise Gottheiten in einem Tempel gegeben wird.

Abhyāsa: Unablässige spirituelle Praxis, ständige Bemühung.

Acchamma: Malayāḷam-Wort für „Vaters Mutter" (Großmutter). Auch Acchāmma genannt.

Āchāras: Traditionelle Bräuche und Rituale.

Achyuta: Jemand, der das Wesentliche der Schriften vereinigt, in der Tradition verankert und in der Praxis befolgt.

Adharma: Der Unvergängliche, der Ewige, einer der Namen von Viṣhṇu.

Ādi Śhaṅkarāchārya: Heiliger, der als Guru und Hauptvertreter der Advaita Philosophie (Nicht-Dualität) verehrt wird.

Advaita: Non-Dualismus. Die Philosophie, die lehrt, dass die höchste Realität „Eins und unteilbar" ist.

Ahiṁsa: Nicht-Verletzen, Gewaltlosigkeit, kein Lebewesen durch Gedanken, Worte oder Taten zu verletzen.

Ambādi: Name des Dorfes, in dem Kṛiṣhṇa aufwuchs.

Ambādī Kaṇṇa: Ambādī bedeutet „Kuhhirtendorf" in Malayāḷam und ist auch der Name des Dorfes, in dem Kṛiṣhṇa aufwuchs.

Ambarīṣha: König und ergebener Herrscher, bekannt für seine unerschütterliche Hingabe an Lord Viṣhṇu, sein Festhalten an Dharma (Rechtschaffenheit) und seine Demut.

Ambika: Mutter, die Göttliche Mutter.

Amritapuri: Der internationale Hauptsitz von Mata Amritanandamayi Math, der sich an Ammas Geburtsort in Kerala in Indien befindet.

Ananta: Der unendliche und ewige Aspekt Gottes, oft in Verbindung mit der Schlangengottheit Śheṣha, auf der Lord Viṣhṇu ruht.

Anna Prāśhana: Zeremonielle Fütterung eines Säuglings mit der ersten festen Nahrung. Eines der Rituale, die Amma regelmäßig durchführt.

Ārati: Ein traditionelles Ritual, bei dem Guru oder der Gottheit eine brennende Lampe geschwenkt wird, normalerweise gegen Ende der Pūjā oder der Verehrung. Bei einigen von Ammas Programmen schwenken mehrere Devotees abwechselnd die brennende Lampe zu Amma, während sie sie mit Blumenblättern überhäuft und das Ārati-Lied gesungen wird.

Archana: Das Singen der 108 oder 1.000 Namen einer bestimmten Gottheit (z.B. Lalitā Sahasranāma: die 1000 Namen der göttlichen Mutter).

Ariyunda: Süße Kugeln aus Kerala mit Jaggery und Kokosnuss.

Arjuna: Großer Bogenschütze und einer der Helden des Mahābhārata. Es ist Arjuna, den Kṛiṣhṇa in der Bhagavad Gītā belehrt.

Āsana: Viereck. eine quadratische Matte, die auf den Boden gelegt wird, um darauf in Meditationshaltung zu sitzen. Wird oft während Ammas Programmen im Āśhram verwendet.

Āśhram: „Ort des Strebens“. Ein Ort, an dem spirituelle Sucher und Aspiranten leben oder sich aufhalten, um ein spirituelles Leben zu führen. In der Regel ist das die Wohnstätte eines spirituellen Meisters, Heiligen oder Asketen, der die Aspiranten anleitet.

Āśhrama: Sanātana Dharma hat das Leben in vier Stufen (Āśhramas) eingeteilt. Das Leben eines Studenten wird

Brahmachārya (Studentenleben) genannt. In der Lebensphase des Hausherrn, die als Gṛihasthā bekannt ist, erwirbt der Mensch Reichtum und erfüllt sich Wünsche, während er ein tugendhaftes Leben führt. Sobald die Kinder erwachsen sind, geben Ehemann und Ehefrau ihre weltlichen Pflichten ab und konzentrieren sich auf die Verbreitung des Dharma und die Durchführung spiritueller Praktiken. Dies wird Vānaprastha (Leben im Ruhestand) genannt. Sannyāsa ist das letzte Stadium des Lebens. Es ist durch völlige Entsagung und Loslösung von allen weltlichen Bindungen gekennzeichnet. Der Sannyāsi konzentriert sich auf Mōksha (Befreiung) und führt ein einsames Leben.

Ātmā (Ātman): das wahre Selbst. Die wesentliche Natur unserer wahren Existenz. Eine der grundlegenden Lehren des Sanātana Dharma ist, dass wir nicht der physische Körper, die Gefühle, der Mind, der Intellekt oder die Persönlichkeit sind. Wir sind das ewige, reine, unbefleckte Selbst.

Avadhūta: Eine verwirklichte Person, deren Verhalten oft sonderbar und im Widerspruch zu gesellschaftlichen Normen ist.

Aval: Reisflocken.

Avatār: Von der Sanskrit-Wurzel „ava-tarati" - „herabsteigen". Göttliche Inkarnation.

Ayitham: Unantastbarkeit.

Āyurvēda: Traditionelles indisches System der Medizin.

Backwaters: Ein Netz von Brackwasserflüssen, das sich fast über die gesamte Länge des Bundesstaates Kerala erstreckt. Amma,s Āśhram ist teilweise von den Backwaters umgeben.

Bādarāyaṇa: Ein anderer Name von Veda Vyāsa; der Autor der Brahma Sūtras.

Bhagavad Gītā: Eines der drei grundlegenden Werke, die einen zum endgültigen Ziel des Lebens führen. Die Bhagavad Gītā (wörtlich: Lied des Herrn) besteht aus 18 Kapiteln mit Versen, in denen Sri Kṛiṣhṇa Arjuna auf dem Schlachtfeld von Kurukṣhētra berät, kurz bevor die rechtschaffenen Pāṇḍavas gegen die ungerechten Kauravas kämpfen. Es enthält die Essenz der vēdischen Weisheit und ist gleichzeitig ein praktischer Leitfaden zur Bewältigung von Krisen im persönlichen oder gesellschaftlichen Leben.

Bhāgavatam: Eines der achtzehn Purāṇas und auch als Śhrīmad Bhāgavatam bekannt, ist eine hingebungsvolle Sanskrit-Komposition, die das Leben, die Taten und die Lehren verschiedener Inkarnationen von Viṣhṇu erzählt, hauptsächlich die von Lord Kṛiṣhṇa.

Bhajan: „Hingebungsvolles Lied oder Hymne zum Lob Gottes.

Bhakti: Hingabe für Gott.

Bhakti-Yōga: Vereinigung durch Bhakti. Der Weg der Hingabe. Der Weg der Selbstverwirklichung durch Hingabe und vollständige Hingabe an Gott.

Bhārata: Figur im Rāmāyaṇa-Epos und Bruder von Lord Rāma, der für seine unerschütterliche Liebe und Treue zu seinem Bruder gepriesen wird und als Symbol für Dharma und Hingabe gilt.

Bhasma: heilige Asche.

Bhāva: Göttliche Stimmung.

Bhāva Darśhan: Eine Vision des Göttlichen; eine Audienz bei einem Heiligen, der das Eins-Sein und die Identität mit einer Gottheit offenbart. Amma offenbarte während Dēvī bhāva ihr Einssein mit der Göttlichen Mutter. Amma während Krishna Bhava offenbarte ihr Eins-Sein und ihre Identität mit Sri Kṛiṣhṇa.

Bhāvanā: Manifestation vor dem inneren Auge.

Bhikṣā: Um Almosen bitten, um das Ego zu überwinden.

Bhīṣhma: Charakter im Mahābhārata; Patriarch des Pāṇḍava- und Kaurava-Klans. Obwohl er während des Mahābhārata-Krieges auf der Seite der Kauravas kämpfte, setzte er sich für das Dharma ein und sympathisierte mit den rechtschaffenen Pāṇḍavas.

Bījākṣhara: Keimsilben oder phonetische Laute, die energetische Potenz tragen, auch als Mantras verwendet.

Brahmā: Herr der Schöpfung in der Dreifaltigkeit von Brahmā, Viṣhṇu (Herr der Erhaltung) und Śhiva (Herr der Zerstörung).

Brahma Muhūrta: Die Zeit zwischen drei und sechs Uhr morgens. Während dieser Zeit herrschen in der Natur sattvische (reine, heitere) Qualitäten vor; der Geist ist klar und der Körper energiegeladen. Die beste Zeit, um die persönliche spirituelle Praxis auszuüben.

Brahma Sūtras: Ein zentraler philosophischer Text, der die Lehren der Upaniṣhaden zusammenfasst, auch bekannt als die Vēdānta Sūtras.

Brahmachārī: Zölibatärer männlicher Schüler, der unter der Anleitung eines Gurus spirituelle Disziplinen praktiziert.

Brahmachāriṇī: Die weibliche Entsprechung von Brahmachārī.

Brahmacharya: Zölibat; das studentische Lebensstadium, in dem man das Studium der Vēdas mit Selbstdisziplin unter der Anleitung eines Āchārya (Lehrer) betreibt; siehe ‚Āśhrama'.

Brahman: Die letzte Wahrheit jenseits aller Eigenschaften; die höchste Wirklichkeit, die allem Leben zugrunde liegt; der göttliche Grund der Existenz.

Brahmārpaṇam: Ein Vers aus dem 4. Kapitel der Śhrīmad Bhagavad Gītā und wird Bhojana Mantra genannt; d.h. Anrufung vor dem Essen. Es ist eine Darbringung der Nahrung an den

Herrn, bevor man sie zu sich nimmt. Die eingenommene Nahrung wird zum Prasād (gesegnete Gabe).

Brāhmin: Mitglied der Priesterkaste, dessen Aufgabe es ist, die Vēdas zu studieren und zu lehren; auch bekannt als Brāhmaṇa; siehe ‚Varṇa‚.

Buddha: Von „Budh", was „aufwecken" bedeutet; auch ein Hinweis auf den Weisen Gautama Buddha, einen spirituellen Meister, dessen Lehren die Grundlage des Buddhismus bilden.

Chaitanya: Göttliches Bewusstsein.

Chakra: Energiezentren innerhalb des feinstofflichen Körpers.

Chammandi: Kokosnuss-Chutney auf Malayālam

Chaṇḍāla: Ein Ausgestoßener, eine unzivilisierte Person.

Chāṇḍikā: Die oberste Göttin Mahiṣhāsuramardinī; der grimmige Aspekt der Muttergöttin, die die Dämonen tötet.

Chandrakānta: Mondstein; es wird gesagt, dass der Mondstein unter dem Einfluss des Mondes wächst und die magischen Kräfte des Mondes absorbiert.

Chattampi Swami: Spiritueller Führungspersönlichkeit (1853 - 1924), der die spirituelle und kulturelle Landschaft Keralas maßgeblich beeinflusste und sich um die Reform der stark ritualisierten Gesellschaft des späten 19. Jahrhunderts bemühte.

Chembu: Pflanze, die auch ‚Elefantenohr‚ genannt wird; ihre Wurzeln werden in Kerala als Snack gegessen.

Chēchi: „Ältere Schwester" in Malayāḷam.

Chinmaya Mission: Mission, die von Devotees von Swami Chinmayananda gegründet wurde, um die Weisheit des Vēdānta und die praktischen Mittel für spirituelles Wachstum zu verbreiten.

Dakṣhiṇa: Geld- oder Sachspenden an den Guru.

Dama: Selbstbeherrschung; Selbstbeschränkung.

Damayantī: Die Mutter von Amma.
Dāna: Die Praxis des Gebens oder der Großzügigkeit
Darśhan: Audienz mit einer heiligen Person oder eine Vision des Göttlichen. Ammas charakteristischer Darśhan ist die Umarmung.
Daśharatha: Figur in dem Epos Rāmāyaṇa; Vater von Rāma und König von Kōśhala.
Dayā: Mitgefühl.
Dayananda Saraswati: Spiritueller Führer (1824-1883); Gründer der Reformbewegung Arya Samaj. Er versuchte, die vēdischen Praktiken wiederzubeleben und prangerte die Verehrung des Göttlichen in Bildern an.
Dēva: Gottheit oder Gott; göttliches Wesen; himmlisches Wesen. Dēva ist die maskuline Form. Die weibliche Entsprechung ist Dēvī.
Dēvī: Die Göttliche Mutter
Dēvī Bhāva: Die „göttliche Stimmung von Dēvī"; Gelegenheit, bei der Amma ihr Eins-Sein mit der Göttlichen Mutter offenbart.
Dhāra: Ständiges Fließen, eine Form des zeremoniellen Badens von Gottheiten in Tempeln.
Dharma: „Das, was (die Schöpfung) aufrechterhält". Bezieht sich im Allgemeinen auf die Harmonie des Universums, einen rechtschaffenen Verhaltenskodex, eine heilige Pflicht oder ein ewiges Gesetz.
Dhṛitarāṣhṭra: Figur im Epos Mahābhārata, der blinde König und Vater der Kauravas.
Dhyāna: Meditation.
Dośha: Dünner und schmackhafter Pfannkuchen.
Draupadī: Frau der Pandavas, auch bekannt als Pāñchālī.

Durgā: Eine Manifestation der Göttlichen Mutter, die oft als Trägerin mehrerer Waffen und Reiterin eines Löwen oder Tigers dargestellt wird.

Durvāsa: Berühmter Weiser in der Hindu-Mythologie, bekannt für sein hitziges Temperament. Durvāsa bedeutet wörtlich einer, „mit dem es schwierig ist zu leben".

Duryōdhana: Figur im Mahābhārata-Epos; der älteste Sohn des blinden Königs Dhṛitarāṣhṭra und der Hauptwidersacher.

Dwārakā: Alte Hauptstadt von Krishnas Königreich, heute in West-Gujarat.

Ēkāgrata: Die Sammlung des Geistes auf einen Punkt.

Gaṇēśha: Gottheit mit einem Elefantenkopf und menschlichem Körper, Sohn von Lord Śhiva und der Göttin Pārvatī.

Gañja: Marijuana oder Cannabis.

Ghee: Geklärte Butter, die ursprünglich aus Indien stammt. Es wird häufig zum Kochen, als traditionelle Medizin und für religiöse Rituale verwendet.

Gītā: Siehe Bhagavad Gītā.

Gōpī: Milchmädchen aus Vṛindāvan. Die Gōpīs waren für ihre glühende Hingabe an Lord Kṛiṣhṇa bekannt. Ihre Hingabe ist ein Beispiel für die intensivste Liebe zu Gott.

Gōvardhan: Hügel, auf den im Bhāgavata Purāṇa Bezug genommen wird und der von Kṛiṣhṇa wie ein Regenschirm hochgehalten wird, um das Volk von Vriṇdāvan vor den von Indra gesandten sintflutartigen Regenfällen zu schützen.

Gṛihastha: Hausherr; Mitglied der zweiten von vier Āśhramas (Lebensstufen), zu denen Brahmacharya (zölibatäres Studentenleben), Gṛihasthāśhrama (Berufs- und Familienleben als Verheirateter), Vānaprastha (Leben im Ruhestand und in Kontemplation) und Sannyāsa gehören.

Gṛihasthāśhramī: Haushälter, der seinen weltlichen Pflichten nachkommt und sich gleichzeitig voll und ganz dem spirituellen Leben widmet.

Guṇa: Eine von drei Arten von Eigenschaften, nämlich Sattva, Rajas und Tamas. Der Mensch drückt eine Kombination dieser Qualitäten aus. Sattvische Qualitäten werden mit Ruhe und Weisheit assoziiert, rajasische mit Aktivität und Unruhe und tamasische mit Dumpfheit oder Apathie.

Guru: Spiritueller Lehrer / Meister.

Gurukula: Traditionelle Schule, in der Kinder bei einem Guru leben, der sie in den heiligen Schriften und in akademischem Wissen unterrichtet und ihnen gleichzeitig spirituelle Werte vermittelt.

Hari: Ein Name von Sri Viṣhṇu oder Kṛiṣhṇa.

Hariśhchandra: König, der für sein unerschütterliches Engagement für die Wahrheit bekannt ist.

Haṭha-Yōga: Körperübungen oder Asanas, die das allgemeine Wohlbefinden steigern, indem sie den Körper straffen und die verschiedenen Körperkanäle öffnen, um den freien Fluss der Energie zu fördern.

Himālaya: riesige Bergkette, die in der Tradition des Sanātana Dharma als heilig gilt. Der Mount Everest, der höchste Punkt der Erde, ist einer der Gipfel der Himālayas.

Hiraṇyakaśhipu: ungerechter Dämonenkönig und Vater von Prahlāda.

Homa: Ritual der Darbringung in ein geweihtes Feuer, eine heilige und traditionelle Praxis in der Tradition des Sanātana Dharma.

Hṛidayaśhūnya: Herzlos.

Hṛidayeśha: Herr des Herzens.

Īśhavāsya Upaniṣhad: Auch bekannt als Īśha Upaniṣhad, eine der wichtigsten Upaniṣhaden.

Jaganmōhinī: Ein Name der Göttin Durgā, was soviel wie Verführerin des Universums bedeutet.

Jaggery: Traditionelles braun gefärbtes zuckerähnliches Süßungsmittel.

Jānakī: Ein anderer Name der Göttin Sītā, der Gemahlin von Lord Rāma. Jānakī ist abgeleitet von ihrer Verbindung zu König Jānaka, ihrem Vater und dem Herrscher von Mithila.

Japa: Das wiederholte Rezitieren eines Mantras.

Jāppy: Pflanzlicher Ersatz für Tee und Kaffee.

Jarāsandha: Figur im Mahābhārata; König, der sich gegen Lord Kṛiṣhṇa stellte.

Jīvanmukta: Jemand, der zu Lebzeiten spirituell befreit ist.

Jīvātman: Individuelle Seele oder individuelles Selbst. Manchmal auch nur als „Jīva" bezeichnet.

Jñāna: Wissen um die Wahrheit.

Jñānī: Eine Person, die Gott oder das Selbst verwirklicht hat; jemand, der die absolute Wahrheit kennt.

Kabīrdās: Mystischer Dichter und Heiliger des 15. Jahrhunderts. Auch Sant (Heiliger) Kabīr genannt.

Kachil: Violettes Wurzelgemüse.

Kadi: Das Wasser, in dem Reis gewaschen wurde.

Kaikēyī: Charakter aus dem Epos Rāmāyaṇa; zweite Frau von Daśharatha und Mutter von Bharata (im Rāmāyaṇa).

Kaḷari: Ursprünglicher kleiner Tempel in dem Amma Kṛiṣhṇa Bhāva und Dēvī Bhāva Darśhans zu halten pflegte.

Kaḷari Maṇḍapam: Ein speziell konzipiertes Übungsgelände für Kalaripayattu, eine traditionelle Kampfkunst aus Kerala.

Kāḷī: Göttin von furchterregendem Aussehen; dargestellt als dunkel, eine Girlande aus Schädeln tragend, und einen Gürtel aus menschlichen Händen; weiblich von Kāla (Zeit).

Kaṁsa: Sri Kṛiṣhṇas dämonischer Onkel.

Kañji: Reisbrei.

Kaṇṇa: Er, der schöne Augen hat. Ein Spitzname von Kṛiṣhṇa als Baby. Es gibt viele Geschichten über Kṛiṣhṇas Kindheit, daher wird er manchmal in Form eines göttlichen Kindes verehrt.

Kapha: Die drei primären Lebenskräfte werden nach dem Ayurvēda Vāta, Pitta und Kapha genannt, was den Elementen Luft, Feuer und Wasser entspricht. Die Vorherrschaft eines oder mehrerer dieser Elemente im Individuum bestimmt dessen psychophysische Natur.

Karma: Handlung; geistige, verbale und körperliche Aktivität; Kette von Wirkungen, die durch unsere Handlungen hervorgerufen werden.

Karma-Yōga: ‚Vereinigung durch Handeln'. Der spirituelle Weg des losgelösten, selbstlosen Dienens und der Hingabe der Früchte aller eigenen Handlungen an Gott.

Karma Yogī: Spiritueller Suchender, der dem Pfad des selbstlosen Handelns folgt.

Kāruṇya: Mitgefühl; Freundlichkeit.

Kauravas: Die 100 Kinder von König Dhṛitarāṣhṭra und Königin Gāndhārī, von denen der ungerechte Duryōdhana der Älteste war. Die Kauravas waren die Feinde ihrer Vettern, der tugendhaften Pāṇḍavas, die sie im Mahābhārata-Krieg bekämpften.

Kaustubha: Kronjuwel von Sri Viṣhṇu. Er gilt als der prächtigste Rubin der hinduistischen Mythologie.

Kindi: Ein traditionelles Gefäß aus Bronze oder Messing mit einem Ausguss, das in der Regel für die Verehrung verwendet wird.

Kīrtan: Gemeinschaftliches andächtiges Singen oder Rezitieren göttlicher Hymnen und Namen, oft begleitet von Musik und Tanz.

Kṛiṣhṇa: Von „Kṛiṣh", was „zu sich ziehen" oder „Sünde entfernen" bedeutet; Hauptinkarnation von Sri Viṣhṇu. Er wurde in eine königliche Familie hineingeboren, aber von Pflegeeltern aufgezogen und lebte als Kuhhirtenjunge in Vṛindāvan, wo er von seinen ergebenen Gefährten, den Gōpīs (Milchmädchen) und Gōpas (Kuhhirtenjungen), geliebt und verehrt wurde. Kṛiṣhṇa gründete später die Stadt Dwāraka. Er war ein Freund und Berater seiner Vettern, der Pāṇḍavas, insbesondere von Arjuna, dem er während des Mahābhārata-Krieges als Wagenlenker diente und dem er seine Lehren als Bhagavad Gītā offenbarte.

Kṛiṣhṇa Bhāva: Die „göttliche Stimmung von Kṛiṣhṇa", Gelegenheit, bei der Amma ihr Einssein mit Lord Kṛiṣhṇa offenbart.

Krishnamurti: Ein Philosoph, Redner und Schriftsteller (1895-1986), der für seine tiefgreifenden Einsichten in die Natur des Minds, des Bewusstseins und der menschlichen Existenz bekannt ist.

Kṣhatriya: Herrscher oder Krieger; eine der vier Varṇas (soziale Ordnung) der alten Hindu-Gesellschaft. Siehe Varna

Kuchēla: Kindheitsfreund und großer Verehrer von Sri Kṛiṣhṇa, dessen Geschichte im Śhrīmad Bhāgavatam erscheint.

Kumkum: Rötlich-oranges Pulver aus Kurkuma und anderen natürlichen Substanzen, das oft als Punkt oder Bindi auf die Stirn aufgetragen wird.

Kuṇḍalinī: Latente weibliche Energie, von der angenommen wird, dass sie sich an der Basis der Wirbelsäule zusammenzieht. Sie wird durch intensive spirituelle Praktiken erweckt. Siehe Ammas Lehren über Kundalini Shakti.

Kurukṣhētra: Schlachtfeld, auf dem der Krieg zwischen den Pāṇḍavas und den Kauravas ausgetragen wurde; auch eine Metapher für den Konflikt zwischen Gut und Böse.

Kurūr Amma: Große Verehrerin von Sri Kṛiṣhṇa, der sich im Tempel von Guruvayur manifestiert hat. Es gibt viele

Geschichten, in denen Kṛiṣhṇa ihr in Zeiten der Not zu Hilfe kam.

Lakśhmaṇa: Bruder von Lord Rāma.

Lakṣhya Bōdha: Absicht und ständige Konzentration auf das Ziel (der Befreiung).

Lalitā Sahasranāma: Tausend Namen der Göttlichen Mutter in der Form von Lalitāmbika.

Līlā: Göttliches Spiel.

Mahāsamādhi: Der Akt des bewussten und absichtlichen Verlassens des eigenen Körpers im Moment des Todes.

Mahābhārata: Altindisches Epos, das der Weise Vyāsa verfasste und in dem der Krieg zwischen den rechtschaffenen Pāṇḍavas und den ungerechten Kauravas geschildert wird.

Mahātmā: „Große Seele"; Bezeichnung für jemanden, der spirituelle die Verwirklichung erlangt hat.

Mahāvākya: Die großen Sprüche,; tiefgründige Aussagen, die die Essenz der nicht-dualen Natur der Realität zusammenfassen. Es gibt vier primäre Mahāvākyas, die jeweils aus einem der vier Vēdas hervorgehen. ,Tat Tvam Asi, (Du bist Das) ist ein Beispiel für eine der vier Mahāvākyas.

Mālā: Girlande; Rosenkranz, üblicherweise aus Rudrākṣha-Samen, Tulsī-Holz oder Sandelholzperlen gefertigt.

Malayāḷam: Sprache, die im indischen Bundesstaat Kerala gesprochen wird.

Mānasarovar: Die Kombination der beiden Sanskrit-Wörter „Mānasa" - Mind, und „Sarovar" - See oder großer Teich. See am Fuße des Berges Kailasa in den Himālayas.

Mānasa Pūjā: Verehrung in Gedanken durchgeführt.

Mantra: Ein Klang, eine Silbe, ein Wort oder Worte mit spirituellem Inhalt. Den vēdischen Kommentatoren zufolge sind Mantras Offenbarungen Ṛiṣhis, die aus tiefer Kontemplation hervorgehen.

Mantra Japa: Wiederholung des Guru-Mantras, einer heiligen Phrase, zum Zweck des spirituellen Wachstums, der Konzentration und der Verwirklichung.

Mantra Siddhi: Das Erreichen von Vollkommenheit durch die Wiederholung und Praktizierung eines Mantras.

Mātaji: Mutter; das Suffix „ji" bedeutet Respekt.

Matruvani: Das Flaggschiff des Āśhram, das sich der Verbreitung von Ammas Lehren und der Chronik ihrer göttlichen Mission widmet. Sie wird derzeit in siebzehn Sprachen (darunter neun indische Sprachen) veröffentlicht; wörtlich: „Stimme der Mutter".

Māveli: Māveli oder Mahābali war ein Dämonenkönig, der das Land mit Gerechtigkeit und Rechtschaffenheit regierte. Die Tradition in Kerala besagt, dass er jährlich zurzeit von Onam die Erde besucht, um zu sehen, wie es seinen ehemaligen Untertanen geht.

Māyā: ‚Illusion‚. Die göttliche Kraft oder der Schleier, mit dem Gott in seinem göttlichen Schöpfungsspiel den Eindruck des Vielen erweckt und damit die Illusion der Trennung schafft, ist verborgen. Da māyā die Realität verschleiert, täuscht sie uns und lässt uns glauben, dass die Vollkommenheit außerhalb von uns selbst zu finden ist. Der letztendliche Zweck von māyā ist jedoch, spirituelles Wachstum und Verwirklichung zu ermöglichen.

Mōkṣha: Spirituelle Befreiung, d.h. Befreiung vom Kreislauf der Geburten und Tode.

Mudrā: Esoterische Handgesten, die bestimmte Energien oder Kräfte ausdrücken.

Mūkāmbikā: Die göttliche Mutter, wie sie in einem berühmten Devī-Tempel in Kallur, Südindien, verehrt wird.

Mukti: Befreiung vom Kreislauf von Geburt und Tod.

Mūlādhāra: Das Wurzelchakra (Energiezentrum) befindet sich an der Basis der Wirbelsäule.

Munda: Dämonischer Charakter im Dēvī Mahatmya, das Abneigung symbolisiert.

(Ōm) Namaḥ Śhivāya: „Gruß an Śhiva, den Verheißungsvollen, das innere Selbst“, ein berühmtes Mantra; Gruß, der in Ammas Āśhrams verwendet wird.

Nanda: Ziehvater von Kṛiṣhṇa

Nārada: Ein wandernder Weiser, der stets das Lob von Viṣhṇu besang. Er verfasste die Nārada Bhakti Sūtras, Aphorismen über Hingabe.

Nārāyaṇa: Einer der Namen des Sri Viṣhṇu, der bedeutet: ‚höchstes Wesen, das die Grundlage aller Menschen ist,.

Narayana Guru: Spirituelle Führungspersönlichkeit (1856 -1928) aus Kerala, dessen Lehren die Menschen inspirieren, sich für eine gerechtere, harmonischere und mitfühlendere Gesellschaft einzusetzen.

Nāsyam: Ayurvēdische Behandlung, bei der in der Regel medizinische Öle oder Kräuterpräparate in die Nasenlöcher verabreicht werden, die dann tief eingeatmet werden.

Niyama: Positive Pflichten oder Verhaltensweisen (die „Do,s“); Das zweite „Glied“ der vom Weisen Patañjali formulierten Aṣhṭāṅga Yōga (acht Glieder), zu denen Śhaucha (Reinheit), Santōṣha (Zufriedenheit), Tapas (Enthaltsamkeit), Svādhyāya (Studium der Schriften) und Īśhvara-praṇidhāna (Kontemplation über Gott) gehören; wird oft in Verbindung mit Yama erwähnt.

Ōjas: Eine subtile Essenz im Körper, die für Vitalität, Immunität, Stärke und allgemeines Wohlbefinden steht. Es wird angenommen, dass sie im Herzen wohnt und für das gesunde Leuchten und die Ausstrahlung verantwortlich ist, die man bei Menschen mit guter körperlicher, geistiger und emotionaler Gesundheit beobachtet.

Ōm: Urklang im Universum; der Keim der Schöpfung. Der kosmische Klang, der in tiefer Meditation gehört werden kann; das heilige Wort, das in den Upaniṣhaden gelehrt wird und Brahman, den göttlichen Grund der Existenz, bezeichnet.

Ōm namaḥ śhivāya: Eines der bekanntesten und am meisten verehrten Mantras in der Tradition des Sanātana Dharma; Standardgruß der Verehrung, der in Ammas Aśhram und Organisationen weltweit verwendet wird.

Ōṇam: Das größte Fest in Kerala, das im Monat Ciṅṅam (August - September) stattfindet.

Ottur Unni Nambudiripad: Komponist von Amma,s Aṣhṭōttaram.

Pāda Pūjā: Zeremonielles Waschen der Füße als Form der Verehrung.

Pañchadaśhi: Text aus dem 14. Jahrhundert, der die zentrale Lehre der Advaita-Vedantischen Philosophie vorstellt.

Pañchāmṛitam: Süßer und duftender Pudding aus Milch, Bananen, Rohzucker, Rosinen und Kandiszucker.

Pāṇḍavas: Die fünf Söhne von König Pāṇḍu und Cousins von Kṛiṣhṇa, die die Hauptfiguren im großen Mahābhārata-Epos sind.

Pappadam: dünner, knusprig frittierter Snack aus Linsenblüten.

Paramātman: Höchstes Selbst, Brahman.

Pārvatī: ‚Tochter des Berges,. Die Gefährtin Śhivas. Ein Name der göttlichen Mutter.

Pāyasam: Süßer Pudding.

Pīṭham: Kleine Plattform; Sitz für den Guru; auch: ein Zentrum des Lernens und der Macht.

Pitta: Siehe ‚Kapha,

Pradakṣhiṇam: Umrundung; wird im Sanatana Dharma praktiziert, um uns daran zu erinnern, dass Gott das Zentrum unseres Lebens ist. Ein heiliges Objekt oder eine heilige Person wird normalerweise im Uhrzeigersinn umrundet, als Zeichen der Ehrfurcht und der spirituellen Verbindung.

Prāṇa: Lebenskraft.

Prāṇāyāma: Technik zur Kontrolle des Mindes durch Atemkontrolle.

Prārabdha: Auch bekannt als Prārabdha Karma; bezieht sich auf den Teil unseres vergangenen Karmas, der die Ursache für unsere gegenwärtige Geburt ist.

Prasād: Gesegnete Gabe oder Geschenk einer heiligen Person oder eines Tempels, oft in Form von Nahrung.

Prēma: Tiefe Liebe.

Prēma Bhakti: Höchste Form der Liebe zu Gott, vergleichbar mit Parābhakti.

Pūjā: Rituelle oder zeremonielle Verehrung.

Purāṇa: Kompendium von Geschichten, einschließlich der Biographien und Geschichten von Göttern, Heiligen, Königen und großen Menschen; Allegorien und Chroniken großer historischer Ereignisse, die darauf abzielen, die Lehren der Vēdas einfach und für alle zugänglich zu machen.

Pūrṇa (Pūrṇam): Voll oder ganz / spirituelle Fülle.

Rādhā: Ewiger Begleiter des Herrn Kṛiṣhṇa, Gōpī, der die höchste Form der Hingabe vorlebt.

Rajas: Aktivität; Leidenschaft. Eine der drei Guṇas oder grundlegenden Eigenschaften der Natur; siehe Guṇa.

Rāma: Göttlicher Held des Rāmāyaṇa. Er ist eine Inkarnation von Lord Viṣhṇu und gilt als der ideale Mann des Dharma und der Tugend. „Ram“ bedeutet „schwelgen“; jemand, der in sich selbst schwelgt; das Prinzip der Freude im Inneren; jemand, der die Herzen anderer erfreut.

Ramakrishna Paramahamsa: Spiritueller Meister (1836 - 1886) aus Westbengalen, der als Apostel der religiösen Harmonie verehrt wird. Er löste eine spirituelle Renaissance aus, die bis heute das Leben von Millionen Menschen berührt.

Ramana Maharshi:: Spiritueller Meister (1879 - 1950), der in Tiruvannamalai, Tamil Nadu, lebte. Er empfahl die Selbsterforschung als den Weg zur Befreiung, obwohl er eine Vielzahl von Wegen und spirituellen Praktiken anerkannte.

Ramatirtha: Einer der ersten namhaften Lehrer des Sanātana Dharma, der 1902 in die Vereinigten Staaten reiste, gefolgt von Swami Vivekananda 1893 und Paramahansa Yogananda 1920.

Rāmāyaṇa: 24.000 Verse umfassendes episches Gedicht über das Leben und die Zeiten von Rāma.

Rasam: Tamarinde, gekocht mit Wasser, Salz, Chili, Zwiebel usw.

Rāvaṇa: Mächtiger Dämon und der Hauptgegner des Epos Rāmāyaṇa.

Ṛiṣhi: Seher, dem Mantras in tiefer Meditation offenbart werden.

Ṛiṣhikēśh: Heilige Stadt am Gaṅgā-Fluss in Nordindien.

Rudrākṣha: Ein heiliger Same (Perle) mit spirituellem und medizinischem Wert.

Sādhak (sādhaka): Spiritueller Aspirant oder Suchender. Jemand, der sich dem Erreichen des spirituellen Ziels widmet, jemand, der Sādhanā praktiziert.

Sādhanā: Ein Programm disziplinierter und hingebungsvoller spiritueller Praxis, das zum höchsten Ziel der Selbstverwirklichung führt.

Sādhu: Ein religiöser Asket, Bettler (Mönch) oder eine heilige Person im Hinduismus und Jainismus, die dem weltlichen Leben entsagt hat.

Sahasranāma: Siehe ‚Lalitā Sahasranāma'.

Sahasrāra: Der tausendblättrige Lotos (Chakra) am Scheitel.

Samādhi: Eins-Sein mit Gott; ein Zustand tiefer, auf einen Punkt gerichteter Konzentration, in dem alle Gedanken verschwinden.

Saṁsāra: Kreislauf der Geburten und Tode; die Welt des Flusses; das Rad von Geburt, Verfall, Tod und Wiedergeburt.

Saṁskāra: Abdrücke oder Eindrücke, die als Ergebnis vergangener Erfahrungen, Handlungen und Gedanken im Mind hinterlassen werden. Diese Abdrücke formen den Charakter, die Tendenzen und die Reaktionen eines Menschen in zukünftigen Situationen. Aus diesem Grund werden die traditionellen Riten im Sanātana Dharma auch Saṁskāras genannt.

Sanaka: Einer der vier Kumaras, die während ihrer gesamten Existenz zölibatär und kindlich blieben und die Essenz von Reinheit, Wissen und spiritueller Verwirklichung verkörperten.

Sanātana Dharma: „Ewige Lebensweise"; der ursprüngliche und traditionelle Name des Hinduismus.

Sandhyā: Die Dämmerungsstunde oder der Verbindungspunkt von Tag und Nacht; ‚san, bedeutet gut und ‚dhya, bedeutet ‚meditieren,; eine gute Zeit für spirituelle Praktiken wie Meditation, Japa, Bhajans.

Saṅkalpa: Göttlicher Entschluss, gewöhnlich in Verbindung mit Mahātmās verwendet.

Sannyāsa: Individuelle Lebensphase, die durch den Verzicht auf weltliche Bindungen und das uneingeschränkte Streben nach spirituellen Zielen gekennzeichnet ist; siehe Aśhrama.

Sannyāsī: Mönch, der das Gelübde der Entsagung abgelegt hat.

Sannyāsini: Nonne, die das Gelübde der Entsagung abgelegt hat.

Sanskrit: Die Sprache des ältesten heiligen Textes, des Ṛik Vēda, und der anderen drei Vēdas; die Sprache der meisten alten Hindu-Schriften.

Sarasvatī: Göttin des Lernens und der Künste.

Sāri: Traditionelles Gewand der indischen Frauen, das aus einem langen, nicht genähten Stück Stoff besteht, das um den Körper gewickelt wird.

Satguru: „Wahrer Meister". Alle Satgurus sind Mahātmas, aber nicht alle Mahātmas sind Satgurus. Der Satguru ist jemand, der, während er noch die Glückseligkeit des Selbst erfährt, beschließt, auf die Ebene der gewöhnlichen Menschen herabzusteigen, um ihnen zu helfen, spirituell zu wachsen.

Satsang: „Gemeinschaft in der höchsten Wahrheit". Auch das Zusammensein mit Mahātmās, das Studium der Schriften und das Anhören der erleuchtenden Vorträge eines Mahātmā; eine Zusammenkunft von Menschen, um spirituelle Angelegenheiten zu hören und/oder zu diskutieren; ein spiritueller Diskurs.

Saundarya Laharī: Hingebungsvolle Hymne von Śhrī Śhaṅkarāchārya, die an die göttliche Mutter gerichtet ist.

Sēvā: Selbstloser Dienst, dessen Ergebnisse Gott gewidmet sind.

Śhakti: Personifikation des kosmischen Willens und der kosmischen Energie; Kraft; siehe Māyā.

Śhrī Śhaṅkarācārya: Verehrt als Heiliger, Philosoph und spiritueller Persönlichkeit (788-820 v. Chr.), dem die Wiederbelebung und Systematisierung der Advaita-Vēdānta-Philosophie zugeschrieben wird und der eine bedeutende Rolle bei der Gestaltung des Sanātana-Dharma spielte.

Śhabarimala: Berühmter Tempel in Kerala, der Lord Ayyappa gewidmet ist.

Śhāstrī: Ein Gelehrter oder eine gelehrte Person, typischerweise auf dem Gebiet der Vēdic-Studien oder der Sanskrit-Literatur.

Śhiva: Der statische Aspekt von Brahman als männliches Prinzip. Wird als Erster in der Linie der Gurus verehrt und als formloses Substrat des Universums in Beziehung zur Schöpferin Śhakti. Er ist der Herr der Zerstörung in der Trinität von Brahmā (Herr der Schöpfung), Viṣhṇu (Herr der Erhaltung) und Śhiva. Meistens wird er als Mönch dargestellt, mit Asche am ganzen Körper, Schlangen im Haar, nur mit einem Lendenschurz bekleidet und mit einer Bettelschale und einem Dreizack in den Händen.

Śhraddhā: Bewusste Achtsamkeit in jeder Handlung. Im Sanskrit bedeutet Śraddha Glaube, der in Weisheit und Erfahrung verwurzelt ist, während derselbe Begriff in Malayāḷam Hingabe an die eigene Arbeit und aufmerksames Bewusstsein in jeder Handlung bedeutet. Amma verwendet den Begriff oft in letzterem Sinne.

Śhūdras: Diensterbringende; eine der vier Varṇas (soziale Ordnung) der alten Hindu-Gesellschaft.

Siddhi: Vollendung, Vollkommenheit (in einer Praxis oder einem Thema); übernatürliche Kraft (gewöhnlich werden acht solcher Kräfte erwähnt).

Sītā: Figur aus dem Epos Ramayana; die Gefährtin von Rāma, die als Ideal der Weiblichkeit gilt.

Śhrīmad Bhāgavatam: Siehe Bhāgavatam.

Sudarśhana Chakra: Eine der mächtigsten und symbolträchtigsten Waffen in der vēdischen Mythologie, die von Lord Viṣhṇu zur Aufrechterhaltung der kosmischen Ordnung und zum Schutz der Rechtschaffenheit (Dharma) eingesetzt wird.

Sugunacchan: Ammas Vater

Swāmī: Titel einer Person, die das Sannyāsa-Gelübde abgelegt hat (siehe Sannyāsī); Swāminī ist die weibliche Entsprechung.

Swāmī Vivēkānanda: Bekanntester Schüler (1863 - 1902) von Śhrī Rāmakṛiṣhṇa Paramahaṁsa, einem Pionier bei der Einführung der Hindu-Philosophie in den Westen und Gründer des Ramakrishna Math und der Ramakrishna Mission.

Tabla: Ein Paar indischer Handtrommeln.

Tāli: Kleiner Anhänger, der traditionell von verheirateten Frauen getragen wird

Tamas: Dunkelheit; Trägheit; Apathie; Unwissenheit. Tamas ist eine der drei Guṇas oder grundlegenden Qualitäten der Natur.

tamasic: Die Natur des Tamas.

Tambura: Langhalsiges, viersaitiges Instrument, das ursprünglich aus Indien stammt und einer Laute ähnelt.

Tāṇḍava: Śhivas-Tanz, symbolisiert die kosmischen Zyklen der Schöpfung, Erhaltung und Zerstörung. Er stellt den ewigen Rhythmus und die Dynamik des Universums dar, mit Śhiva als kosmischem Tänzer, der die Zyklen von Geburt, Leben und Tod orchestriert.

Tapas (Tapasya): Enthaltsamkeit; Buße; die Praxis der Selbstdisziplin mit dem Ziel, sich zu reinigen und spirituelle Einsicht zu erlangen.

Tāpasvī: Jemand, der Tapas oder spiritueller Enthaltsamkeit praktiziert.

Tattva: Prinzip; Prinzip hinter einer Gottheit.

Tattvattile Bhakti: Hingabe, die auf dem Verständnis der tieferen spirituellen Prinzipien und der Praxis der Hingabe beruht.

Tēnga: Wort in Malayālam für Kokosnuß

Tīrtham: Heiliges Wasser, das mit einem Tempel oder einer Gottheit verbunden ist. Gemäß dem religiösen Glauben der Hindus ist das Wasser das wichtigste Reinigungsmittel.

Totapuri: Ein großer Asket, der dem Pfad der Jñāna (höchsten Weisheit) folgte und Sri Ramakrishna in Sannyāsa einweihte.

Tulasī: Eine heilige Pflanze (Tulsi), die mit dem Basilikum verwandt ist.

Tulsidas: Heiliger aus dem 16. Jahrhundert, der die Rāmcharitmānas, Hanumān Chālīsā und andere Werke schrieb.

Tyāga: Entsagung; der Akt des freiwilligen Verzichts auf weltliche Anhaftungen und Wünsche, um das spirituelle Ziel zu verfolgen.

Unniyappam: Süßer Snack aus Reismehl, Jaggery, Banane, gerösteten Kokosnussstücken, Ghee und gerösteten Sesamsamen, in Öl gebraten.

Upādhi: Instrument, das etwas anderes bedingt, indem es seine Eigenschaften aufgrund der Nähe zwischen ihnen auf dieses andere Ding überträgt. Das übliche Bild ist das einer roten Blume, die ihre Eigenschaft der Röte auf einen klaren Kristall überträgt. In diesem Fall ist die rote Blume das Upādhi des Kristalls. Dieses Beispiel stellt die Beziehung zwischen dem individuellen Selbst (Jīva) und der letztendlichen Realität (Brahman) dar, in der das Jīva aufgrund seiner Nähe seine Begrenzungen scheinbar auf das unbegrenzte Brahman überträgt.

Upaniṣhad (Pl Upaniṣhaden): Teile der Vēdas, die sich mit der Selbsterkenntnis befassen.

Vada: Herzhafter Snack aus Linsen

Vairāgya: Verhaftungslosigkeit.

Vālmīki: Weiser und Autor des Ramayana.

Vānaprastha: „Waldleben"; ein Hinweis auf das Leben im Ruhestand, das spirituellen Praktiken gewidmet ist; die dritte der vier Lebensstufen (siehe Aśhrama).

Varṇa: Das viergliedrige System der alten indischen Gesellschaft, das die soziale Ordnung, den sozialen Fortschritt und die soziale Harmonie aufrechterhalten sollte. Durch die Zugehörigkeit zu einem der vier Varnas, Brāhmins, Kṣhatriyas, Vaiśhyas und Śhūdras, wird jeder Einzelne als soziales Mitglied und verantwortungsbewusster Bürger der Welt betrachtet.

Vāsanā: Latente Tendenz oder subtiler Wunsch, der sich als Gedanke, Motiv und Handlung manifestiert; unbewusster Eindruck, der aus Erfahrung gewonnen wird.

Vāsudēva: Vater von Krishna

Vāta: Siehe ‚kapha'

Vēdānta: ‚Ende des Vēda‚. Die Philosophie der Upaniṣhads, der abschließende Teil der Vēdas, die die ultimative Wahrheit für „eins ohne ein zweites" hält.

Vēdāntin: Einer der Vēdānta folgt.

Vēda(s): Zeitlose, von Gott stammende Schriften; die Vēdas wurden nicht von einem menschlichen Autor verfasst, sondern den alten Sehern in tiefer Meditation „offenbart". Diese weisen Offenbarungen wurden als die Vēdas bekannt, von denen es vier gibt: Ṛig, Yajur, Sāma und Atharva.

Vēdic: Zu den Vēdas gehörend.

Vibhūti: Heilige Asche.

Vīṇā: Saiteninstrument, das immer im Schoß von Sarasvatī, der Göttin des Wissens, gehalten wird.

Vijayādaśhamī: Der letzte Tag des Navarātri-Festes „Vijayādaśhamī", bedeutet „der zehnte Tag des Sieges". Das Fest erinnert an den Sieg des Guten über das Böse, der

Wahrheit über die Unwahrheit und der Rechtschaffenheit über die Ungerechtigkeit.

Vişhņu: Der „alles Durchdringende", Herr des Lebensunterhalts in der Trinität von Brahmā (Gott der Schöpfung), Vişhņu und Śhiva (Gott der Zerstörung).

Vivekananda: Hauptschüler (1863 - 1902) von Sri Ramakrishna Paramahamsa, einem Pionier bei der Einführung der Hindu-Philosophie in den Westen und Gründer des Ramakrishna Math und der Ramakrishna Mission.

Vŗindāvan: Heilige Stätte im Bezirk Mathura in Uttar Pradesh, die als der Ort gefeiert wird, an dem Kŗişhņa seine frühen Tage als Kuhhirt verbrachte.

Vyāsa: Wörtlich: „Kompilator". Der Name, der dem Weisen Kŗişhņa Dvaipāyana gegeben wurde, der die Vēdas zusammengestellt hat. Er ist auch der Chronist des Mahābhārata und eine Figur darin, und Autor der 18 Purāņas und der Brahma Sūtras.

Yamas und Niyamas: Die vom Weisen Patañjali formulierten Gebote und Verbote. Dazu gehören Ahiṁsā (Gewaltlosigkeit), Satya (Wahrhaftigkeit), Astēya (Nichtstehlen), Brahmachārya (Keuschheit) und Aparigraha (Nicht-Gefälligkeit); oft in Verbindung mit Niyama erwähnt.

Yaśhōdā: Die Pflegemutter von Kŗişhņa.

Yōga: „Sich vereinigen". Vereinigung mit dem höchsten Wesen. Ein weit gefasster Begriff, der sich auch auf die verschiedenen Methoden der Praktiken bezieht, durch die man das Eins-Sein mit dem Göttlichen erreichen kann. Ein Weg, der zur Selbstverwirklichung führt.

Yōgi: Ein Praktizierender oder ein Adept des Yōga

Yōginī: Eine weibliche Yoga-Praktizierende oder eine Yoga-Adeptin

Yuga: Nach der hinduistischen Weltanschauung durchläuft das Universum (vom Ursprung bis zur Auflösung) einen Zyklus, der aus vier Yugas oder Zeitaltern besteht. Es heißt, dass sich die Zeitalter in Bezug auf moralische und ethische Werte, Lebensdauer und allgemeine Lebensqualität zunehmend verschlechtern. Die vier Yugas sind: Kṛita oder Satya Yuga, Trēta Yuga (in dem Lord Rāma regierte), Dvāpara Yuga (das Zeitalter, in dem Kṛiṣhṇa geboren wurde), und die vierte und gegenwärtige Epoche ist als Kālī Yuga bekannt.

www.ingramcontent.com/pod-product-compliance
Lightning Source LLC
Chambersburg PA
CBHW060827190426
43197CB00039B/2526
* 9 7 8 1 6 8 0 3 7 9 1 1 2 *